顧頡剛全集

顧頡剛日記

卷 十

中 華 書 局

目　　録

一九六四年

　　一九六四年一月二十日，袁家驊住院，與同室。尚有潘菽、夏康農、陳萬里等人同院。

　　廿四日，《史林雜識初編》出版。以僅印二千二百部，兩星期即售罄。

　　二月廿六日，姨丈王碩輔先生病逝。

　　三月二日，到北京大學，住專家招待所，靜秋同往。十四日起上“經學通論”課，每周四小時。至廿七日，即發見大便有血。四月二日，返城診治。七日到校。四月十八日，又上一課。廿一日，疾又作。遂住北大續爲《尚書》工作。廿三日，到人民醫院診。廿六日到校。三十日又進城就醫。五月三日返校。作《古代東方民族在周人壓力下留遷情況表》。十四日，又便黏液與血，以是靜秋必不令予上課。自是就西苑醫院徐季涵醫師診。然至六月初仍有血。六月六日返城。住入張政烺原住屋。十三日，取北大書物歸。前後留朗潤園三個月。自此不擬再教書矣。

　　七月，編《大誥考證引用書目》，并續改《考證》。大便仍有黏液。

　　八月五日與潮、湲、堪三兒至青島度暑，住科學院休養區（韶關路）。

　　八月十一日，爲朝鮮問題寫中華書局信，十三日鈔改訖寄出。

是月，讀胡厚宣《甲骨文商族鳥圖騰的遺迹》，録入《考證》。看《海上漁家》。

廿五日，潮兒等先歸。予遷入武勝關路。

九月，看李亞農《欣然齋史論集》，《糧老虎發家史》，《雙城記》。

九月一日，移居居庸關路。

九月七日，寫陳慧，徐伯昕函，述病況與業務情況，擬不參加學習。

九月十日，爲潮兒入市購書，感冒，由氣管炎轉爲肺炎，越兩旬始愈。

十月，續補《大誥考證》。

十月廿六日起，點讀曾運乾《尚書正讀》，至六五年一月讀畢。凡住青島八十七日。

十一月一日赴濟南參觀，許衍梁以牟庭《同文尚書》交予整理。徐眉生，姜守遷等導觀古物。九日返京。看楊寬《中國上古史導論》。

十五日，以《春秋史事勘》稿交劉鈞仁。

予任第四屆政協委員。十二月廿一日開大會，予發言錯誤，自檢討，并至尹達處請罪。

十二月，修改《考證》中《鳥夷族》。

張令琦　蘭州市力行新村 17 號
趙紹賢　張淑英　北大招待所
徐中舒　成都四川大學留青園二號
張頤　朗潤園 161
容媛　七公寓 306（樓西北角）
季羨林　十三公寓 106

老的定義：一、身體各部分功能衰退。二、無抵抗氣候變化的力量。三、不可能緊張地參加社會活動。此必到了老年才會深切地感到，年輕人及中年人均無法領會。

天意憐衰草，人間重晚晴。

負債表　（應在一九六四年內清還者）

一、中華書局：
 1.《尚書大誥譯證》
 2.《古籍考辨叢刊》第二集
 3.《古史質疑》第一冊
 4.《史林雜識續編》

二、上海中華書局：
 1.《吳中風土叢編》
 2.《中華文史論叢》中一文

三、民間文藝研究會：
 1. 程憬著《中國神話史》之審訂
 2.《孟姜女故事資料匯編》（古代資料之注譯）
 3.《民間文學論叢》中一文（六月雪故事）
 4.《山海經研究》

四、北京大學：
　　經學史課

五、文史資料委員會：
　　《我所知道的蔡元培》

六、歷史教學社：
　　《尚書簡介》

一九六四年一月

一月一號星期三（十一月十七　元旦）

看《一千零一夜》第二册訖。楊大夫來。杜任之來。張惠大夫來。靜秋來。

陳揚來，同室。靜秋來。潮、洪、湲、堪來。李民來。

十時服藥眠，翌晨五時半醒。

一月二號星期四（十一月十八）

抽血。主任醫師陶桓樂偕諸大夫來診。靜秋來。看《一千零一夜》第三册。

熊德基來。雁秋來。徐伯昕、張紀元來。與陳揚談。

十時服藥眠，十二時半醒，搓脚心。二時後朦朧，四時醒。待旦。

今日大便甚少。

一月三號星期五（十一月十九）

大便乾結。抽血。郭、楊大夫來。看《一千零一夜》。靜秋來。

灌腸，照結腸鏡。又赴透視室照 X 光，以腹內多氣，未成。伯祥偕女濬華來。靜秋來。與陳揚談。

九時服藥眠，翌晨五時醒。

照結腸鏡，插入廿五厘米之管子於肛門，緊張、疲勞甚。手術歷一小時，不特病人，即醫生亦覺其勞。始知患腸病者療治之難也！

以一下午緊張，一夜竟得酣眠，失于彼者償于此，亦佳。

一月四號星期六（十一月二十）

抽血。静秋來。看《一千零一夜》第三册畢。看《文史資料選輯》。

陳揚出院。木蘭來，贈物。汪采齡表妹來，贈物。静秋來。劉起釪來。杜任之、金岳霖來。

在屋内走路半小時。九時半服藥眠，翌晨三時醒。

一日未下大便，當以昨日灌腸之故。

下午，雪。

一月五號星期日（十一月廿一）

潮、洪、堪三兒來。杜任之來。看《文史資料選輯》。

静秋來。劉鈞仁來。葛志成、張紀元來。

王大琬、孫紹謙來，贈物。王大琪夫婦、大玫來，贈物。陳萬里夫人來。

下便。九時半服藥眠，翌晨四時半醒。

一月六號星期一（十一月廿二）

下便。理髮。尹受來。看《文史資料選輯》。郭普遠、楊超元兩大夫來診。

静秋來。張茂鵬來。灌腸兩次，四時到 X 光室，又灌一次。由包大夫檢查。護士長柳純安來談。

看《毛主席詩詞》。十時服藥眠，上午二時半醒，遂不寐。

X 光檢查結果，包大夫云看不出腸中有何毛病。

一月七號星期二（十一月廿三）

五次抽血，檢查血糖。腦系科王新民大夫來。楊大夫來。静秋來。看《文史資料選輯》。

静秋來。涂允檀來。趙公勤代表徐冰來。洗浴。看"檢查腸胃說明書"，驚其繁重，擬不做。

九時半服藥眠，翌晨三時醒。

終日未下大便。

一月八號星期三（十一月廿四）

下便，少，色轉淡黃。楊大夫來。静秋來。黃少荃來。十一時，打瞌睡。

看恩格斯《家庭、私有制和國家的起源》，《文史資料選輯》。静秋來。

尹受送毛綫褲來。九時半服藥眠，上午二時一刻醒，遂不寐。

静秋每日上下午均來，過于疲憊，一日拉稀數次。勸其勿來，終不見聽。

少荃談北京史學界近況，知某方作中國歷史，竟欲抹殺少數民族建國，謂中國少數民族無建國事，此之謂主觀唯心論！

一月九號星期四（十一月廿五）

上午五、六時間瞌睡，看恩格斯書。静秋來。作胃液檢查，歷三小時，楊大夫來作。打 B_{12} 針。

朦朧一小時。下大便甚多，色黃。看《文史資料選輯》。李伯球夫婦來。讀《毛主席詩詞》。

杜任之來。冶金部王君來同屋，旋別去。十時服藥眠，上午一時半醒。又眠，四時醒。

予本不願作胃液檢查，而楊大夫及静秋強之，橡皮管不能從喉中插入，改從鼻管進，自上午七時半作起，至十時半乃訖，方得進食。此又一緊張行動。

有一王君來同屋，而他要開燈睡，我則必須熄燈，彼此習慣不同，渠只得遷出矣。

一月十號星期五（十一月廿六）

大便。磅體重。看恩格斯書。抽血。打針。九時，瞌睡半小時。静秋來，看報。

未成眠。看《文史資料選輯》。吳榮來。胡厚宣來。

尹受來。十時服藥眠，上午一時半醒。又眠，五時醒。

一月十一號星期六（十一月廿七）

大便，色黄。打針。看恩格斯書。楊大夫來。静秋來。

未成眠。看《毛選》一卷首二篇。静秋來。看《人民畫報》。

十時服藥眠，上午一時半醒，遂不寐。

一月十二號星期日（十一月廿八）

大便乾結不暢。看恩格斯書。打針。看《毛選》一卷四篇。潮、洪、湲、堪來。王歷耕大夫來。

静秋來。尹受來。起釪來。

九時半服藥眠，翌晨三時醒。

一月十三號星期一（十一月廿九）

大便少。打針。看恩格斯書。看《毛選》五篇半。静秋來。楊大夫來。

未成眠。理髮。静秋來。張守平來，爲民進贈食物。李民來，告已得尹達許可，將住入所中八樓。

聽廣播。服藥，約十時眠，翌晨二時半醒。自己按摩後略一迷離。四時半醒。

晴和如春。

今晚聽廣播，播今日爲美帝侵巴拿馬，中國聲援，千餘人呼口號，爲之興奮。

尹達前年拒絕李民入所，受予指導。予遂以介入中華書局。今彼以住中華入城聽報告不便，自請于尹達，居然得其許可，豈其對我有解凍之意耶？辦公廳主任李士敏亦對彼言：“你來，我們可以知道一些顧先生的事了。”

一月十四號星期二（十一月三十）

大便仍少，色較深，早飯後又一次，多。打針。楊大夫來。看恩格斯書。讀《毛選》二篇半。静秋來，以予大便未送驗，一怒而去。

静秋來。程金造來。眼澀、痛，不敢多看書。

聽廣播。九時服藥眠，十一時醒。又服藥，二時半醒。

學部派人看房，估計修理費須萬元以上，此皆尹達前年昌群遷入新屋時不讓我家住于昌群舊地，而將北房放書，書與家分開之故。若彼時遷，則公家不必有此耗費，我家也省了許多氣力。

今日北京市爲巴拿馬運河事件游行者百餘萬人。

一月十五號星期三（十二月初一）

大便乾結而多，早飯後又一次，溏薄。看恩格斯書。打針。静秋來。張、郭、楊三大夫來診。

得眠二小時。李民來，爲寫李士敏信。尹受來。

看舊筆記一則。看報。服藥二次，十一時後眠，上午三時一刻醒。又眠，五時醒。

近日眼痛，蓋入院半月，看《一千零一夜》兩冊，《文史資料選輯》37—40四冊，《毛選》一冊，恩格斯書半冊，皆五號字，注則六號字，從老年人説來是太小。適李民送還我舊筆記二十册，因看之，一來作《史林雜識續編》編輯之準備，二則其中可以修改我《大誥考證》者亦不少，俟出院後可作增刪工作也。

一月十六號星期四（十二月初二）

打針。驗肝功能，抽血。大便色黃。看筆記二册。到杜任之、陳萬里室談。靜秋來。

靜秋來。楊大夫來談。羅儀鳳來，贈物。看筆記一册。

九時半服藥眠，上午一時半醒。又服藥，二時眠。六時醒。

晴，有風。

今日爲予第一次在院活動，看朋友。杜任之病胃潰瘍，陳萬里病高血壓（二百五十度，由聽兩次報告來），均住院。

楊大夫告予檢查結果，心臟與血壓均好，可享大年。所差者：一、氣管炎，二、腸胃功能衰退，三、習慣性失眠，四、輕度的糖尿。聞此自慰，予惟願重要著述出版後才死耳。

一月十七號星期五（十二月初三）

磅體重。打針。楊大夫來。護士夏翠香來，爲予洗足。靜秋來。看筆記一册。

未成眠。看筆記一册。陳萬里來。蕭項平來。靜秋來。開贈書名單。

服藥二次，十一時眠，上午三時醒。又眠，六時醒。

從今日起，行食物控制，試驗糖尿病。

今日爲冬至後“四九”之第一天，而猶如此不冷，大是奇事。

一月十八號星期六（十二月初四）

大便正常。八時半，夏翠香伴至 X 光室，吃白粉，攝腸片，九時半訖。十時進早餐。靜秋來。郭、楊二大夫來。

眠一小時。看筆記一册。三時三刻又拉一次，不稀，色純黃。尹受來。馬念祖來。連以農、趙公勤來。

服藥二次，十一時眠，翌晨五時醒。

静秋以堪兒考試，陪之早起，又惦記予須透視，欲早到院視予，心中一緊張，上午泄至三次。

楊大夫言，予胃酸多于常人。

所謂飲食控制者，即少吃主食，多吃肉類，以測驗糖尿病是否可減輕。

一月十九號星期日（十二月初五）

大便，色黃。静秋來。堪兒來。金振宇、擎宇來，贈水果。張紀元來。看筆記一册。

章元善來。静秋來。李民來，贈書。劉起釪來，長談。看《文史資料選輯》第四十一册。

十時服藥眠，上午三時醒，四時又醒，六時醒。

一月二十號星期一（十二月初六）

大便乾結甚，色黃。静秋來。袁家驊由其夫人錢國英伴來，與我同室。

理髮。看唐蘭《古文字學導論》。楊大夫來，勸予少服藥。與袁君談。

尹受來。十時服藥眠，上午一時半醒。又服藥，六時半醒。

自四日陳揚出院，予獨住一室，至今半月餘，袁君來，始有同室病人。渠爲北大中文系漢藏語教授，病高度糖尿。渠爲常熟人，其夫人錢國英爲江陰人，女師大英語系畢業，較静秋高二年。

今日下午静秋病，故不來。

一月廿一號星期二（十二月初七）

大便溏。靜秋來。楊大夫來。看《文史資料選輯》。

未成眠。趙德輝爲洗浴。續看《文史資料》。與家驊談。

與家驊同看電視《反美游行》、《孫安動本》。服藥二次，十二時後倚床眠，終夜在半醒狀態中。六時醒。

一月廿二號星期三（十二月初八）

大便乾。靜秋來。楊大夫等來。看筆記一册。

一時半，灌腸二次。三時，外科劉毅大夫來診。上樓，至手術室作檢查，到放射科透視照相。靜秋來。袁夫人來。楊向奎來，值檢查，未晤。

晚八時，拉黏沫。聽廣播。十時服藥眠，十二時醒。又服藥，倚床眠，六時醒。

今日復查，又插入廿五厘米之管，痛、脹、酸俱來，真緊張也。

晚拉黏沫，楊大夫云：灌腸後自有此現象。

今日檢查結果：一、有內痔，二、前列腺腫大，但不嚴重。

身長：一米七。身重：五九點四公斤。

一月廿三號星期四（十二月初九）

抽血兩次。楊大夫來。與袁君談。靜秋午間來，送報，因有燒，即歸。

看報多，眼痛又作。看筆記二册。出，遇王克俊。到陳萬里處，并晤其夫人。

十時服藥眠，上午一時醒。又服藥，三時醒。起坐，至五時後略一朦朧。

一月廿四號星期五 （十二月初十）

過磅。楊大夫來。静秋來送報。看筆記三册。

起釬來，帶到《史林雜識初編》十册，即看之。尹受來。

服通便藥。在廊中散步。洗脚。十時服藥眠，上午一時三刻醒。又服藥眠，六時半醒。

静秋帶着低燒三分來看我，使我不安。渠每日有低燒，晨作，下午四時退，心也覺得有些痛。定下星期到友誼醫院檢查。

《史林雜識》今日始見到，中華印刷，清楚悦目，惟點號（、）及括弧太粗大，看着還不舒服。此爲中華書局出版予寫作之嚆矢。

一月廿五號星期六 （十二月十一）

下便正常。柳純安來。楊大夫來。到門診部眼科檢查。遇翦伯贊、潘梓年。静秋來，同到廊下及電話室，遇莊炳松（潘菽之夫人），知潘菽病，往訪之。

未成眠。看《史林雜識》。堪兒來。楊大夫來，借書。

散步。上樓遇徐行之。洗足。服藥兩次，十一時後眠，上午六時醒。

今日檢查，知予左眼發炎，須滴眼藥。

潘菽以心臟病入院，當時危險甚，來此近一年，已轉好。徐行之以頸後生瘤入院，已開刀奏效。

一月廿六號星期日 （十二月十二）

大便正常。與袁君談。姚紹華來。看筆記一册。

略一朦朧。看筆記一册。静秋來。開贈書單付尹受照寄，第一批爲二十册。

在室散步。洗足。十時許服藥眠，上午四時醒。以室有二人，不容先起，倚枕待曉。

今日爲"五九"第一天。天陰，微雪。

醫院本發探視證與靜秋，每日上、下午都可來。近以檢查結果，予無大病，不肯續發，只得照一般人例，以下午來。靜秋不嫻此制，下午一時即來，爲號房所阻，待至三時乃入。寒天在門口久待，其苦可知也。

一月廿七號星期一（十二月十三）

過磅。遇夏康農，入其室。遇陳萬里，同坐談。腦系科王新民大夫來。頻入廁，未下大便。打靜秋電話。

略一朦朧。下便。看筆記二冊。李民來，長談。出理髮。遇李一平。堪兒送報紙及水果來。

散步。洗足。服藥，十時半眠，上午二時許醒。又眠，五時醒。

今晚八時，法國承認我國，從此世界局勢一變，美國更孤立，只有修正主義頭子與之爲好友矣。

夏康農以心臟病入院，彼患肺氣腫甚劇，因此牽及心臟。大會未開畢即來。

李民言，渠遷入城事爲中華辦公廳主任王春所阻，已不諧。又言尹達説我外邊輿論甚好，但研究所則不能以此一方面作爲總體方向。彼今日始知有輿論乎？我所學者固不能爲歷史學之總體方面，但亦爲應有之基本功，而彼乃公開言考據一萬年也無結果，何也？

一月廿八號星期二（十二月十四）

下便，深黃色。到陳萬里處。楊大夫來。打 Procain 針。看筆記一冊。李民送來之二十冊看完。

未成眠。看《史林雜識》。洗浴。尹受來。起釬來。點眼藥，頗緊張。

散步。洗足。又點眼藥。服藥兩次，十一時後眠，上午三時
醒。又眠，七時醒。

今日爲靜秋五十六歲生辰。

予眼睛最敏感，每次檢查均不能得結果。今以發炎，不得不
點眼藥，然亦使護士爲之縮手。

一月廿九號星期三（十二月十五）

大便正常。以大掃除，與袁君到夏康農處談。點眼藥。打電話
與靜秋。遇王鈞衡，談。杜任之出院，入其室道別。到陳萬里處。
與袁君談。張、郭、楊三大夫來。

未成眠。看《史林雜識初編》訖。看《孟姜女資料集・詩文
類》。靜秋來。陳萬里夫婦來。楊大夫來。滴眼藥。

看筆記一册。散步。洗足。與袁君談。十時服藥眠，十二時半
醒，一時半又醒，遂耿耿達旦。

史家胡同小學對堪兒評語，謂其理解力強，分析力亦強，但
不肯用功。肯勞動，不怕累與髒。如茅廁清潔工作，即樂任之。

一月三十號星期四（十二月十六）

大便正常，色深黃。與陳萬里談。打針。點眼藥。楊大夫來。
看筆記一册。與靜秋通話。

得眠半小時。滴眼藥。看筆記一册。尹受來。看《孟姜女資
料》。到萬里處送報。

散步。洗足。十時一刻服藥眠，翌晨二時三刻醒，遂不寐。

晴，寒。

一月卅一號星期五（十二月十七）

過磅。打針。滴眼藥。下樓，到耳鼻咽喉科檢查，由王大夫及

護士郭衍緒檢。出，遇黃任之夫婦、楊東蓴、巫寶三。看筆記一册。

　　未成眠。看筆記二册。堪兒送報來。到陳萬里處。遇康心之。中醫林大夫來按脉。點眼藥。

　　看《毛主席詩詞》。洗足。十時半服藥眠，上午二時半醒。再服藥，七時半醒。

　　晴，風。

　　今日爲耳鼻咽喉之檢查，知一般正常，惟左鼻有鼻膜炎，須塗藥。又喉頭易發炎，須當心寒暖耳。

　　周總理與陳副總理非洲之行，歷時五十五天，到十國：1. 阿拉伯聯合共和國　2. 阿爾及利亞民主人民共和國　3. 摩洛哥王國　4. 突尼斯共和國　5. 加納共和國　6. 馬里共和國　7. 幾内亞共和國　8. 蘇丹共和國　9. 埃塞俄比亞帝國　10. 索馬里共和國　此外，到摩洛哥後尚到阿爾巴尼亞。自六三年十二月十四日起程，至六四年二月五日歸國，約行十萬八千里。所訪問之非洲國家，領土占非洲大陸總面積百分之卅二點五，人口占百分之四十一。收獲巨大，爲美國及蘇聯之反動當局所痛心疾首，而中、非人民之團結則大大推進。此世界大事也！

一九六四年二月

二月一號星期六（十二月十八）

　　看《孟姜女資料》。到陳萬里處談。始服中藥。始塗鼻膏。與袁君談。郭、楊大夫來。

　　得眠近一小時。萬里來辭行，送之回室。四時，送之下樓，遇狄源渤。將筆記所提問題寫入別紙，爲分類目。到康心之處。静秋偕錢國英來。

　　看筆記一則。洗足。服藥兩次，十一時眠，上午四時醒。倚床，至六時略朦朧。

小便自今日起不留作檢查。

郭大夫謂予心、肺都好，皮膚潤，面雖癯而體則豐，可享大年，氣管炎無關係。予問其可活多少歲，渠云九十至一百，此則戲言矣。

家中温度，静秋室僅五攝氏度，潮兒室才二度，生火爐猶如此，以是静秋在家僵卧，不敢起床。醫院中則廿五至廿六度，真是温室，予是以不敢歸也。

尹阿姨已來家上工，尹受可一輕鬆矣。

二月二號星期日（十二月十九）

看筆記一册。上廁所，不下便。袁夫人偕其女袁文玲來。潮、洪、湲三兒來。

得眠半小時。劉起釪來。傅彬然來。看筆記一册。李民來。静秋來。

散步。洗足。服藥兩次，十一時眠。上午二時，以護士好意，將予左臂納入被中驚醒，三時又服藥，六時半醒。

近日脚冷，穿棉鞋。此倘爲予血氣不下降耶？

二月三號星期一（十二月二十）

大便下，色深黄。下樓理髮。遇王克俊。遇腦系科王新民大夫。看筆記一册。

打家電話。眠一小時。看筆記二則。堪兒送報來。尹受來。打電話至家。遇康心之夫人。聽廣播《七評蘇聯公開信》。十一時服藥眠，上午四時醒。又眠，六時半醒。

主食每天五兩，亦不覺少，胃呆可知。

七評題爲《蘇聯領導是最大的分裂主義者》，直揭中、蘇兩黨之不同面目，無復調停可能矣。

二月四號星期二（十二月廿一）

過磅（五九點八公斤）。大便不暢。楊大夫來。看筆記一册。林大夫來診脉。

未成眠。看筆記一册。又大便，甚燙。静秋來。潘菽夫婦來。譚惕吾來。

散步。十時服藥眠。上午一時醒。又眠，五時半醒。

今日多食水果，故便二次。主食每天五兩，亦不覺少。

静秋爲我買上海製絨綫衫一件，價卅八元。

惕吾與静秋每日均有低燒，前聞東燕亦有之，然皆撑持得下。五日，静秋將至友誼醫院診。

二月五號星期三（十二月廿二　立春）

大便不下。看筆記一册。張、郭、楊三大夫來診，囑多喝水。

未成眠。看筆記一册。孟默聞來。三姨、湲兒來。袁太太來。尹受來，送筆記。看報。

散步廊中。與袁君談。十時半服藥眠。上午二時醒，遂不寐。五時起。

昨夜降雪。

二月六號星期四（十二月廿三）

下便正常。看筆記一册。打針，眠一小時。秦伯未大夫及沐大夫來診。

打静秋電話。眠一小時。看筆記二册。潮、洪兒來。看報。

散步。十時服藥眠，翌晨四時醒。五時半起。

今晚十二時起床小便，已乃不知，其時袁君尚未眠，爲我言之，可見得睡之酣，前所未有也。

今日起打 Procain 針，居然得眠，亦以環境安靜也。

二月七號星期五（十二月廿四）

下便正常。過磅。楊大夫來。看筆記一冊。打針後迷糊半小時。打靜秋電話。

得眠半小時許。又下便。看筆記一冊。劉毓蘭、趙公勤來，送政協補助三百元。蕭項平來。靜秋來，看報。

洗浴。服藥二次，十一時眠，十二時半醒。又眠，六時醒。

又降雪。

聞修房事，學部與歷史所鬧糾紛，致尚未批下。張政烺家一時亦不能遷至新屋，尹達遷至新屋亦費一番唇舌。同在黨的領導下乃如此不協調，可詫也。

靜秋昨、今兩日均至友誼醫院診，十九日尚須照折光鏡。她近日睡眠更不好，入夜即緊張，發抖，出汗，不自知其所以，醫謂是高度神經衰弱。然緊張後常腹瀉，則又與慢性腸炎結合。膽固醇高至四百五十，不敢食肉已三月，然恐是內分泌不正常所致，不關飲食也。

二月八號星期六（十二月廿五）

打針後得眠三刻鐘。下便，不多。寫陰法魯信，爲北大課事，作授課綱要。郭、楊二大夫來。打靜秋電話。

略一朦朧。看筆記一冊。學部派董謙、張仲才等五人來，贈物。又下便一次，下樓理髮。潮兒來。看報。

在廊散步。洗足。十時服藥眠，十二時醒。又眠，四時醒。又眠，六時醒。

上午打針後易得眠，Procain 真有效，惜其安排在晨間耳。

兩日來均下便兩次，不知與服中藥有關否？夜中小便多，兩次即將尿壺灌滿，不知是否爲糖尿及前列腺腫脹之故。滴眼藥多日，左眼仍有紅絲，或室內太溫所致乎？

二月九號星期日（十二月廿六）

大便。上三樓訪張友漁，到二樓訪金燦然，并晤曹禺，又與徐行之談。鈔改經學課提綱。堪兒來。

未成眠。看筆記一册。靜秋來。許德珩來。開贈書名單。

到大廳參加春節聯歡會，看歌舞。十時服藥眠，十二時醒。又眠，四時醒。

《史林雜識初編》，去春印好，爲講少數民族事，各處送審查，今方發行。念平日人家幫助我，贈書與我，今日此書出版，不可不贈。然一開名單即覺應贈者太多了。

二月十號星期一（十二月廿七）

大便。打針。趙德輝爲洗澡。看筆記一册。科學院幹部局謝英、馬金文兩女同志來，贈食物。北京醫院行政幹部齊院長等八人來問候。打電話與靜秋。

眠一小時。看報。本所熊德基、李士敏、鄧自欒來，贈食物。寫自珍信。李民來。靜秋來。楊大夫來，爲我左足破裂處塗藥。

散步。看筆記。十時服藥眠，翌晨四時醒。近六時復一朦朧。

晴，大風。

二月十一號星期二（十二月廿八）

打針。大便。寫龐京周、起潛叔、陰法魯、張又曾、德輝信。楊大夫來，爲畫春節出游地點圖。林大夫來，按脉。

未成眠。寫周春元、朱士嘉信。原孝銓來。尹受來。起釪來。

看報。

　　散步，遇夏康農、王克俊，入克俊室小坐。十時服藥眠，上午二時醒。又眠，六時半醒，一夜未睡實。

　　晴，仍有風。

　　打針又失效矣。

二月十二號星期三（十二月廿九　除夕）

　　打針。看筆記一册。張、郭、楊三大夫來。大便不通，柳護士長爲注甘油入肛門，越兩小時乃下。與静秋通話。

　　未成眠。姚紹華來。袁夫人來，贈物。静秋來。啓鏗、木蘭來，贈物。政協趙增壽來。夏延自天津來。

　　與護士周澤蘭談。看報。十時服藥眠，上午一時半醒，尿污褲，烘乾。五時復眠，六時醒。

　　大便不通，當由腸熱來。腳冷，當由氣血不下降來。

二月十三號星期四（正月初一　甲辰春節）

　　康心之來。打針。下大便。郭、楊、柳來。潮、洪、湲來，與到夏康農、王克俊處，遇潘菽。看筆記一册。

　　未成眠。看筆記一册。袁文玲來。静秋、洪、湲、堪來。史先聲、唐守正來。夏康農、夏延來。劉起釪、李民來，贈物。

　　上樓，遇金燦然、徐行之。看電視，自六時半至八時半，春節聯歡會。遇王新民。十時服藥眠，上午二時一刻醒。又眠，六時醒。

二月十四號星期五（正月初二）

　　大便。打針。劉鈞仁來。楊大夫來。尹受來。看各處來信。

　　未成眠。無客來，看筆記二册。張惠大夫來。

　　上樓，到徐行之處，同看電視《龍江頌》，未畢。散步。十時服藥眠，上午二時醒。又眠，六時醒。

二月十五號星期六（正月初三）

大便。過磅。打針。看筆記一冊。靜秋來。

未成眠。袁夫人來。又大便。侯外廬來。看筆記一冊。

上樓看電視"體育競賽"。散步。十時服藥眠，上午二時半醒。又眠，四時半醒。良久，復眠，六時半醒。

晨四時下雪。

過磅數次，予體重永遠六十公斤上下。

外廬云，不知何故，凡患氣管炎者，血壓往往不高。

二月十六號星期日（正月初四）

大便甚少。打針。堪兒偕德融侄來，伴至樓上游藝室看畫報。看平心《略說周易與詩經的關係》。

得眠近一小時。看筆記一冊。陰法魯來。傅振倫來。散步。

翻筆記。十時服藥眠，上午二時二十分醒。五時後又眠，六時半醒。

近日有風較冷，予立即咳嗽，可見予氣管敏感之甚，只得遲些日子出院。聞北大學生參加"四清"下鄉，須三月十五日左右上課，甚望彼時天轉暖耳。

靜秋亦以寒致病。

看平心文，覺得他思想太曲折，流入新的附會。《易卦爻辭》自難解，能解則解，何須強作解人乎！

二月十七號星期一（正月初五）

過磅。打針。大便。遇周太玄。理髮。楊大夫來。看筆記一冊。與靜秋通話。

眠一小時。杜任之來。方慶瑛來。静秋來。楊東蒓來。李民來。湲兒來。起釪來，商《尚書》工作進度。

散步。與潘菽談。回室，與袁君談。看筆記半册。失眠，服藥兩次，十一時半後眠，一時醒。又眠，六時半醒。

堪兒來此，看《解放軍畫報》移時，自言願一世當兵。他以好勞動，手皮粗甚，雖幼，真像一勞動人民矣。

今晚失眠，無疑是來客多、談話多之故。下月到北大，必須吩咐學生，不可于傍晚來談。

二月十八號星期二（正月初六）

林大夫來，診脉，看筆記一册半。康心之來。郭、楊兩大夫來。與静秋通話。

未成眠。看筆記半册。尹受來。袁夫人來。静秋來，長談。看報。

在廊散步三小時。十時服藥眠。上午一時醒，五時醒，六時醒。

二月十九號星期三（正月初七）

抽血兩次。看筆記半册。趙德輝爲洗浴。張、郭、楊三大夫來。與静秋通話兩次。

眠近一小時。看筆記一册。潮、洪兩兒來，伴之到樓上看畫報。看報。

與静秋通話。散步，歷三小時。十時服藥眠，上午二時醒。又眠，五時半醒。朦朧至六時半。

張惠大夫囑我要控制飲食，使血壓不高，又要運動，使腹部脂肪減少，不再加胖。

夜中在廊下散步，真有功效。此後天暖，當至公園行之。

静秋之病，經醫診斷，爲内分泌混亂，神經失調，渠一切症候俱可以是解之。膽固醇已減至三一二，是一佳訊。

二月二十號星期四（正月初八）

看筆記一册半。楊大夫來。

未成眠。陳萬里夫人來。静秋來。看筆記半册。

與袁君上樓，看電視《保育魚類》、《激流勇進》話劇未畢。散步，遇周太玄。十時半服藥眠，十二時醒。又服其半，七時醒。

予舌苔前端已化，後部仍厚，此服中藥之效乎？

與中華書局約定，《大誥譯證》限四月竣工。自五月起，起釪譯《虞夏書》，李民譯《商書》，予譯《周書》。《周書》多而且難，劉、李兩君以餘力助之，并送黎劭西先生處作語法分析。如此，兩年庶可竣工。

二月廿一號星期五（正月初九）

過磅，仍六十公斤。看筆記一册。楊大夫來，告可出院。與静秋通話。

未成眠。看筆記半册。又大便。卜蕙蓀來。袁夫人錢國英來。看報。

上樓看電視《野豬林》未畢。散步。十時服藥眠，上午四時護士爲予蓋被醒。矇矓至七時。

二月廿二號星期六（正月初十）

楊、郭大夫來。柳純安來。與静秋通話。看筆記一册。寫陰法魯信。大便兩次，較稀。

未成眠。看筆記半册。送袁家驊出院。起釪來。

上樓看電視《小馬克》、《周總理訪問幾內亞、蘇丹》。散步。九時半服藥眠，十一時醒。又服藥，四時醒。又眠，五時半醒，遂起。

今日袁君方出院，未及兩小時，即有患胃炎并發燒之鋼鐵學院趙君來住，醫師護士都來，中夜不止，予睡眠大受影響，決早日離院矣。

二月廿三號星期日（正月十一）

看童丕繩、辛樹幟來信及《史林雜識》。看筆記半册。洪兒來。看報。大便兩次。

朦朧一小時。看筆記半册。陳慧來，贈花。靜秋、尹受來，取物回家。安若定來。連以農、張延來。遇李德全、申伯純。

上樓，與燦然話別。看電視《紅旗譜》。散步。九時半服藥眠，上午四時醒。又眠，七時醒。

二月廿四號星期一（正月十二）

過磅，仍爲六十公斤。晤郭大夫，言出院事。與靜秋通話。看報。看筆記半册。寫羅偉之信。大便兩次。

未成眠。又大便。理髮，到楊大夫處。到潘菽夫婦處告別。到夏康農處告別。遇康心之。看筆記半册。楊大夫來。

訪徐行之，告別。夏康農來。散步。九時半服藥眠，上午三時半醒。

將出院矣，却又下便一日三次，腸疾終不易痊，奈何！宜體重不長也。

從一月十五日起，看十二年來筆記，摘出我在此期間所注意之問題及所集之資料，歷四十日，共閱六十餘册，列題數百。《雜識》不愁無稿，只是體力與時間是否容我整理則不可知耳。

二月廿五號星期二（正月十三）

五時起，理物訖，續看筆記半册。大便。打針。到王克俊處告別。八時三刻，靜秋、如濬來，辦理出院事務。徐行之來送行。九時半抵家。看報。周達甫來。

眠，略一闔眼。看宋翔鳳《過庭録》。石德安來，送張令琦信。又大便，仍臥床。

服藥二次，十一時眠，翌晨六時醒。

尹阿姨以感寒咳嗽，兼患血壓高，今日請假回家。我家房屋，即壯年人亦不易居，即此可知。

二月廿六號星期三（正月十四）

大便。爲修改房屋事，靜秋與學部楊科長及歷史所翟福辰打電話，看報。記筆記二則。

得眠一小時。尚愛松來，長談。李民來，問索引作法。記筆記一則。

看《余嘉錫論學雜著》。大玫、大瑛來。服藥二次，十二時眠，翌晨七時醒。

修改房屋，爲保暖、通光及工作計，去年説得清楚，今乃又被壓起，學部諉謂計劃科未批下，靜秋因與爭論。

大玫姊妹來告，王碩輔姨丈于今晨三時病故，大珩已從長春飛歸，科學院爲辦理喪葬事宜，定明日下午二時入殮，三月一日在嘉興寺開吊。渠一生勤苦，年八十八，將歷代曆法考索一過，子女皆成立，爲專家，可無憾矣。

二月廿七號星期四（正月十五）

大便。看報。張紀元來。何叙父來。記筆記一則。

一時，與靜秋到王宅，二時三刻入殮，三時半歸。記筆記二則。頤萱嫂來，留宿。

看《余嘉錫雜著》。服藥兩次，又吃餅乾，十二時半眠，翌晨八時醒。

今日所晤人：竺可楨　陳遵嬀　周學孟　貝開珍　王大珩大琪夫婦　大玫　大琬夫婦　大珍　大瑜夫婦　大瑛

朱啓鈐先生由氣管炎轉肺炎，到北京醫院十餘日，大聲呼喊，日夜不停，與我僅間二室，聞之慘絶，即于我出院日逝世，年九十三，與王姨丈訃告同日見報。

二月廿八號星期五（正月十六）

與靜秋乘汽車到政協禮堂，聽統戰部副部長許滌新報告"中共中央對于農村社會主義教育問題的兩個文件"。乘顧均正車歸。

未成眠。咳。林劍華來，談《水經注》工作。記筆記二則。

頤萱嫂去。看《金石索》。十時服藥眠，上午三時醒。飲麥乳精，吃餅乾。又眠，六時醒。

今日所晤人：陳叔通　黃炎培　章元善　葉聖陶及至善　徐伯昕　葛志成　陳慧　張紀元　嚴景耀夫婦　黃樹芳　張夢麟戴克光　吳覺農　顧均正夫婦　樓朗懷　吳研因

今日天陰，欲雪，又有風，故使予咳。

二月廿九號星期六（正月十七）

寫中華丁樹奇、蕭項平信，告《尚書》工作。與靜秋乘汽車到政協禮堂，續聽許滌新報告。十二時出，乘聖陶車歸。遇羅麗、沈有鼎。

未成眠。理書，準備携至北大。尹受爲洗澡。到春風理髮，途遇張政烺。張覺非來。

十時服藥眠，上午二時半醒。以靜秋干涉飲水，與吵，遂耿耿達曉。

今日所晤人：（除昨記外）　楊東蒪　徐楚波　董守義夫婦
杜仁懿　鄺平樟　梁明　梁純夫　張志公

自醫院出後，迄未得佳眠，靜秋又同予爭吵，精神更興奮矣。

《史林雜識初編》發行未及一月，北京市上已無書。托原孝
銓君求之中國書店，亦未得。中華于此書印二千二百部，實在
太少。

一九六四年三月

三月一號星期日（正月十八）

出，遇馬念祖。與靜秋、潮、湲到嘉興寺，參預王姨丈追悼
會。十一時出。到李唐晏處贈書，長談。

未成眠。找《尚書譯證叙稿》，未得，生氣。林劍華來。爲改建
房事，寫學部劉導生等、歷史所熊德基等信。寫北京醫院取藥信。

尹受伴至東安市場買物，并散步。服藥二次，十一時眠，翌晨
六時半醒。

今日所晤人：竺可楨（主祭人）　錢寶琮　嚴濟慈　嚴希純
陳遵嬀　章守華夫婦　趙錫麟　葉企孫　祝叔屏

今日天甚暖，服棉衣流汗。

我放置書桌抽屜中之未完稿，在大掃除爲尹受徙置後屋，而
竟忘之，予累尋不得，爲之心跳手顫。以後房屋改建，予當獨占
一工作室，不許他人隨便移動。

三月二號星期一（正月十九）

理書、物。劍華來，同理，訖。記筆記二則。

未成眠。寫龍伯堅、謝剛主、王姨母信。寫整理信件辦法。三
時半，陰法魯來，携物上車，四時許到北大專家招待所，先入一樓

三號，繼改三樓十六號，與史英霞談。

携書上樓。洗浴。服藥兩次，十時眠，翌晨六時醒。

北大專家招待所在朗潤園北墻內，北窗對圓明園，極靜謐。有室二間，亦足用。惟飯菜不好，使靜秋蹙額耳。

校中本以予年老，派住樓下。兹以樓下陰冷，三樓塏爽而暖和，遂移居三樓。樓瀕北墻，臨馬路，而不聞喧囂聲，觀車馬往來，亦足喜也。

三月三號星期二（正月二十）

記筆記一則。寫李民、胡厚宣、張紀元信。理書。看陳漢章《經學通論》。

未成眠。又大便一次。向仍旦來。尹受來送物，開取書單與之。袁家驊來。寫《周易上下經卦序表》。

德融姪來，長談。服藥兩次，十一時後眠，翌晨六時半醒。

予課爲古典專業五、四兩年級所修，加上青年教師，爲數七十餘人。校中憐予年老多病，恐一經宣布，聽者必多，將使予高聲授課，累及健康，故爲"保密"，予甚感之。

近日學習"農村二十條"，學習解放軍及反修，正在高峰，予此來授課，迫不得已，向民進請假一月，俟四月中當每周進城一次，參加組會，以中委須每周三次，予不能勝也。入城時由民進派車來接。

三月四號星期三（正月廿一）

向仍旦來。陰法魯來。鈔《漢代通經致用之實例》并作評論，未畢。

未成眠。鈔龔自珍《六經正名》及《答問》訖。魏建功、游國恩、陰法魯來。

看電視《野火春風鬥古城》。服藥二次，十二時後眠，晨七時醒。

今日又拉兩次，倘以吃菠菜多耶？屁仍不斷，足知予腸病未痊。

昨德融侄來，爲言北大整風，職員中貪污甚多，有至萬元以上者。聞之咋舌。

飯菜問題，由校長室通知招待所改善。已買一鷄一鴨，素菜用花生油或麻油煮，晨飲牛乳，食煎蛋。

三月五號星期四（正月廿二）

與静秋散步，到鏡春園合作社。鈔廖平《漢藝文志今古學經傳師法表》。

未成眠。到海淀，入新華書店，到國營理髮館刮臉。歸，唐守文來。偕静秋到承澤園，訪袁家驊夫婦，長談。

李民來，以未得宿舍，暫住予室。服藥，約十一時眠，上午三時許醒。良久又眠，六時醒。

承澤園，予前所未知，在蔚秀園西，聞舊係袁世凱所有，後歸張鎮芳，故袁克定、張伯駒居之。袁家驊夫婦住迪吉軒，窗前有一叢竹，夾道皆海棠，環境自美，惟道路不修耳。

北大中熟人太多，如予一一往訪，則交際時間必將妨礙備課時間，失此來意義，故非彼來則便不往訪。俟授課畢，將逐一探之。

三月六號星期五（正月廿三）

到鏡春園散步，訪陰法魯，未遇。歸，向仍旦來，偕李民出。作《漢代今古文經學鬥争的實例》四千餘字，訖。

未成眠。與静秋同到魏建功處，晤其夫人。到黃子通處談。

看電視《李雙雙》。服藥，約十時半眠，翌晨四時半醒。

子通年七十七，去年續娶，但其新夫人在上海任教中學，一時未得調來。家中有一老傭人做飯，朝來晚去。曩日燕大教師，今日留居此者惟此一翁矣。

成府面貌未變。予舊居蔣家胡同三號屋，今已爲蘆席作場，門庭荒蕪矣。

三月七號星期六（正月廿四）

向仍旦來索稿。記筆記二則。寫按語及鈔資料約三千字，《第一講參考資料》三—五編訖，寫向仍旦信。

未成眠。靜秋代寫樹幟、念海信。與靜秋散步，遇季羨林、容媛。訪陰法魯。到合作社買物。

六時三刻，尹受偕堪兒來，同飯。堪兒留宿。尹受爲予洗澡。服藥兩次，約十一時眠，翌晨四時半醒。

北大多池塘，養魚苗不少，而管理者不措意，于結冰後未打廣洞以通空氣，故淺瀨之魚多悶死，朗潤園尤甚，徑尺之魚叢死冰下，儼如重慶大隧道慘案後之屍體，覽之悵嘆。

三月八號星期日（正月廿五）

記筆記二則。送堪兒至體育場。鈔《第一講參考資料》二千餘字。黃子通來。洪兒來。與洪、堪兩兒及李民同飯。

未成眠。洪、堪兩兒去。看《古微堂集》。

看電視三八節音樂會。服藥，十時眠，翌晨四時醒。

近日寒暖不均，予又垂清水鼻涕，易打噴嚏，知又患傷風矣。

三月九號星期一（正月廿六）

作《第一講參考資料二》按語約千字。記筆記一則，看《左盦集》。

又便一次。鈔《第一講參考資料一》千餘字，以胸前作悶，停止。與靜秋到容媛處談。歸遇王重民夫婦。靜秋爲寫童書業、李平心、陳懋恒信。

翻《左盦集》。十時服藥眠，翌晨四時半醒。又眠，六時半醒。

予進燕大任教之第一年，以工作太緊得疾，胸膈間悶不出氣，且作痛。此來七日，趕寫過劇，病又作矣。此固予之性情如此，易以致病，猶靜秋之發怒，亦不克自禁者也。

靜秋來此，睡眠較多，精神漸振，看物清楚，大是可喜。彼真能在此休養，而予苦未能也。

三月十號星期二（正月廿七）

靜秋返城看病。檢出《經的本質與其形成》材料交李民鈔入卡片。記筆記一則。大便兩次，服藥。

未成眠。作《經學通論第一講提綱》二千五百字，與李民同修改訖。

與李民同散步。看電視《第一屆新興力量運動會》。翻《左盦集》。失眠，服藥三次，上午二時眠，四時半醒。又眠，六時醒。

今日下午工作太緊張，精神興奮，以此不能入眠。此後寫各講提綱，當于上午爲之。以予之年齡與體力，萬事只得從容而不可趕作。此間五星期之課能否延長，當與建功、法魯商之。

三月十一號星期三（正月廿八）

翻《荀子》。以昨失眠故，到校園散步，入五齋理髮。看昨《人民日報》論主觀能動性一文，遇齊思和。記筆記二則。

未成眠。記筆記一則。靜秋自城回，談家事。劉起釪來，送覽所作《魏三體石經尚書殘文表》。

與靜秋、李民長談。九時服藥眠，翌晨三時一刻醒，四時半起。

潮、洪、湲三兒以學習雷鋒、學習解放軍，痛自策勵，功課及活動既忙，而葷菜、鷄蛋都不肯食，爲了吃飯問題常與靜秋、三姨爭吵。然體力不足，潮兒月經提前至十天，湲兒亦咳嗽甚劇，當此發身之際，如此儉約，將來有當社會工作之本錢乎？靜秋談此，不勝憂慮。

今日大雪，一望皚皚，冬間不下，春天儘下，不知與農業影響何如？

靜秋一回家，腸炎即作，以家中寒冷，且爲家事易生氣也。

聞房屋問題，以學部與歷史所鬧翻，將爲我別覓適當者，不再修理。

三月十二號星期四（正月廿九）

將《東塾讀書記》中《春秋》一卷點出備鈔。記筆記一則。

未成眠。讀《公羊傳》，將邾婁叔術一事記入筆記，得千五百字。與靜秋到郵局寄信，在校園散步。

看電視梆子劇《寇準背靴》。九時半服藥眠，翌晨四時半醒。又眠，六時醒。

靜秋自六日至九日，在此睡得好，精神轉佳。但十日回城，爲了房屋冷，孩子不聽話，兼車中勞頓，病又作，睡眠極難，腹瀉，精神委頓，爲之扼腕。

今日太陽好，除陰地外雪已全融。

三月十三號星期五（正月三十）

記筆記一則。看范家相《三家詩拾遺》，準備功課。校李民所鈔《論興詩》及《同型的詩和不同型的毛詩序》兩稿付印。

未成眠。與靜秋到西苑中醫院訪趙光，值其學習，留條出。到頤和園，茗于知春亭，并至玉瀾堂、宜芸館、樂壽堂。

趙光來，爲靜秋按摩。與李民到陰法魯處談。服藥兩次，約十一時眠，上午三時醒。又眠，六時醒。

今日因到西苑，遂游頤和園，初春猶寒，游人絕少，因得隨意觀覽，始知吾家前廊後厦蓋仿自宮殿，宮中物少地寬，自覺舒暢，非吾家書與人俱多者所可居也。

玉瀾堂爲光緒帝所居，戊戌政變後爲那拉氏所囚禁，四面砌墙，禁軍守之，不得自由出入，真是一所高等監獄。

三月十四號星期六（二月初一）

校講義。陰法魯來，同到第一教室，講課兩小時，述今、古文大概。黃先義來談。法魯送歸。

眠一小時。將李民所鈔《經書來源》資料編排一過。陸啓鏗來。

趙光來。看電視兒童劇《鑼又響了》等。服藥二次，約十一時眠，上午五時醒。又眠，六時半醒。

予自在上海學院參加"三反"以來，未嘗教課。自來北京十年，尹達不令予接近青年，又體力漸衰，亦自疑不適于教學。今日連上兩堂，居然勝任，自喜尚有能力。

自來北大，午睡迄未成眠，今日以上午授課故，竟得眠一小時，可見勞動之需要。

三月十五號星期日（二月初二）

黃先義、韓林德來，長談。寫字樣，交雁秋鈔資料。與靜秋到中關村飯。途遇陳景鑾。

與雁秋夫婦、又安、啓鏗夫婦談至三時半出，冒大風，乘三輪車返寓。看皮錫瑞《聖證論補評》、周予同《經學歷史序》。

看電視華東話劇團演《一家人》，至十時。十時半服藥眠，上午一時醒。約四時許又眠，六時一刻醒。

昨竟日陰霾，晚又下雪，何春雪之多耶？今晨旭日臨窗，精神爲之一爽。然午後大風起，至七級，雖乘車亦恐顛覆，春風之厲可知也。

今午同席：予夫婦　又安（以上客）　雁秋夫婦　啓鏗夫婦（以上主）

木蘭評潮、洪，功課雖好，但竭蹶以赴，潛力已揮盡，他日入大學未必能得優等。評湲，謂其游刃有餘，將來盡有潛力可發揮。此則天分之異也。

三月十六號星期一（二月初三）

寫尹如瀍信。到學校郵局發信，到合作社買物。鄭天挺來。續集《經學來源》資料，交李民鈔。

未成眠。到海淀買物，刮臉。到潘國宏處，與其母陳景鑾同回，晤靜秋。雁秋夫婦來，詢參考資料鈔寫法。趙光來。

與李民到四十四齋，觀其宿舍。又到十九齋，晤孫欽善，并晤侯忠義、陳鐵民。洗浴。九時半服藥眠，上午二時半醒。朦朧達曉。

昨遇陳景鑾于途，乃知其子潘國宏居備齋，今之德、才、均、備四齋，昔之燕大男生第一至第四宿舍也，皆住講師、助教。燕大之女生宿舍，則改爲銀行及黨部等機關。

昔之燕農園，今盡造宿舍，住學生及青年教師。學生活動區域，除體育場外大抵在是，故未名湖四圍人迹稀少，而花木葱蘢，春日花開，朝夕大可散步。

三月十七號星期二（二月初四）

預備今日課。向仍旦來。校所印講義。

未成眠。法魯來，同到附小一室上課，續講"經學發展"及其

"分析"兩小時。與李民到容媛處借《後漢書》等。趙光來。

尹如潛來。服藥兩次，十一時眠，翌晨五時半醒。

北大圖書館，藏書雖多，而不借與外人，以此我要用《後漢書》等，不得不向容媛借。學校大，辦事便不易。

北大現在區域，東南有中關園，北有鏡春園及朗潤園，東有王家花園及清華園公寓，西有承澤園，其廣袤與昆明城同樣大。然猶不足，故理科各系將遷至十三陵，今數學系及無綫電系已遷去千餘人。

三月十八號星期三（二月初五）

到陰法魯處，告功課及請求李民易室事。記筆記二則。翻《儀禮》、《楚辭》二書，檢祝、宗、巫、史資料。

眠一小時許。與静秋到頤和園買水果，游德和園戲臺，觀攝影展覽。以寒早歸。預備星期六課。

鄧恭三、盧啟助來。看電視《奪印》劇。服藥，十時眠，上午四時醒。五時許又眠，七時醒。

經學一課，内容複雜，北大借我五星期，予亦漫以五星期定計劃，今乃知萬不足用，只得延長。四月中，擬乞假十天，將《尚書大誥譯證》作序，將全稿整理一過。課業擬延至五月底，實上十星期。

北大給我之一套房間，計四間，一衛生間。李民原可住入，而招待所主者史英霞堅不允可，將兩室封閉。李民住四十四齋，予居校中東北角，彼居西南角，須步行四十分鐘，不經濟之甚。因托法魯向校長陳述，乞開一室。

三月十九號星期四（二月初六）

翻《史通》。頤萱嫂送雁秋所鈔《書序》、《逸周書序》，校點一過。得丕繩長函，再讀之。

　　未成眠。又拉一次。

　　趙光來。又拉一次。服藥兩次，十時眠，上午三時一刻醒。又眠，六時醒。

　　昨與靜秋到頤和園，適逢陰冷，入德和園觀照片，同覺脚冷。今日靜秋即有微燒，予亦下便三次，幸不稀。我二人均已爲氣候所征服，而北京無春，春間天氣反較冬日更無常，將奈之何！

　　北大招待所汽爐甚暖，然上下層溫度不同，以此不敢下視電視，甚矣予之衰也！

　　今天竟下便三次，何也？

三月二十號星期五（二月初七）

　　續備課。容媛來。靜秋回城，到婦産醫院就診。記筆記一則。爲房屋事，到陰法魯處談。

　　未成眠。記筆記一則。點本田成之《經學史論》中《經學的起源》章。向仍旦來。

　　與李民散步，到三公寓，訪周達甫，未晤。看《古微書》。服藥兩次，十一時後眠，上午五時醒。又眠，七時醒。

　　容媛記得予從前怕住洋房，爲的是汽爐暖，血液易上升至頭部。今則怕住中國式房屋，爲的是冬間不能保暖。此三二十年中，一個人變化到怎樣？思之可驚也。

　　李民住入招待所，已得校長室同意，而史英霞偏要李民住入我書室，不另開一室。予以書室已兼客廳，若再兼卧室，必更擁擠，且我所住一套屋中本有室，何以偏不讓住，頗發怒，因至法魯處言之，承其反映，得如所願。小史爲人過于弄權，非與鬥爭固不能得合理之處置也。

三月廿一號星期六（二月初八）

記筆記二則。九時許出，到第一教室樓，上課二小時，講經書之平面看法與立體看法。晤秦似、馮惠民。與静秋通電話。

未成眠。擬到海淀理髮，行至西門，逢大風雪，折歸。理書。王力、陰法魯來。作第二講提綱，未畢。

趙光來，與之同出東門，予至游國恩處談，八時許歸。翻《緯擔》。十時服藥眠，翌晨三時半醒。

今日又下雪。去冬暖，早知今春當寒，不慮其多雪如是。晚間雪止，故能至燕東園。然晨起遥望亭樹，又皚皚然。如此天時，焉得不傷農事？

静秋一回家即發燒，固由跋涉辛苦，亦以住屋高大，生火不暖也。

自今日起，予在招待所中有四室，一予與静秋住，一書室，均在南；一李民住，一會客室，均在北，自此有合理安排矣。

三月廿二號星期日（二月初九）

四時半起，翻《緯擔》。李民墜樓梯，受傷。向燕生來。記筆記七則。周達甫來。與静秋通電話。李民妻表妹黄英賢來，請其説服李民進城就醫。

未成眠。預備《詩經》課。四時，黄英賢送李民回家。與静秋通電話。

步至海淀，由老虎洞歸。看電視《小鈴鐺》木偶劇。翻《史林雜識》，服藥，至十一時半後眠，上午四時醒。又眠，七時半醒。

今晨李民持兩水壺上樓，腦中正在思索問題，足未踏穩而顛，兩壺悉碎，又折兩牙，出血不止，即到校醫室打止血針。此真"無妄之灾"也。然如由服務員送水而不自往取，則此禍亦可免。爲服務員不送水，我輩所取水亦便不知其果開與否矣。

李民墜傷了牙齒及嘴唇，竟不能進食，以此予一力勸其返家，并即到醫院挂急症號，請求住院，使從鼻孔進食，或打葡萄糖以代食，在北大則一切不便也。他説星期二要來聽講，予亦止之，以此種損傷非一二日所可痊也。

三月廿三號星期一（二月初十）

預備明日課。到五齋，由韓同志爲理髮。看今日《人民日報》所載曾文經《宗教和唯心主義哲學》。

到朗潤、鏡春兩園及島亭散步。遇王重民夫婦。看皮錫瑞《詩經通論》。四時，静秋回，長談家事。記筆記一則。

趙光來。到鄧廣銘處，并晤宿白、張傳璽。十時半服藥眠，翌晨五時半醒。

理髮師謂予，如予年齡而有此好身體者鮮矣。又謂予髮尚不禿，此亦老年人所少見。聞此自慰，然今日天暖，所由精神奮發也。

静秋回家，將尹阿姨辭去。三姨爲糧食事（徐州灾荒，玉舜不寄糧票來），心亦不安。修房事，學部批准九千元，不能照計劃辦。且裝一鍋爐，一冬須燒三十噸煤，又須用兩人專司其事，予之經濟力亦不勝任也。

堪兒喜罵人“混蛋”，静秋爲此生氣，恐其學壞，已與學校聯係。堪兒亦自作檢討。

三月廿四號星期二（二月十一）

管理員趙紹賢到職。準備下午課，至下午二時。記筆記一則。大便二次。

到附小，上課兩小時，講“東漢經學”及“五德終始説”。李民自城來聽講。到王重民處談。

趙光來。到樓下看電視北昆演《師生之間》劇，十時訖。服藥，一夜未得眠實。

大風。

三月廿五號星期三（二月十二）

静秋進城，到友誼醫院復診。記筆記四則。雁秋來，交鈔件。讀皮錫瑞《詩經通論》訖。大便兩次，服藥。

林劍華來，贈物。導之參觀全校，送至南門。與李民同到高級黨校訪趙紀彬，并晤胡思庸。

看電視《八女投江》影片。静秋回，爲我洗澡。十時一刻服藥眠，酣，翌晨五時一刻醒。

夜間風狂似虎，宛如千軍萬馬來襲孤樓。久居城中，今乃又親郊外風光。

紀彬年六十，病肝腫大，寬七指，以是一出去開會即病。

三月廿六號星期四（二月十三）

李民進城治病。鈔《詩經通論》目録。重寫《漢代今古文尚書篇目異同表》及注，未畢。大便二次。

眠一小時半。錢國英來談。爲静秋寄汪洋信到均樓，遇林超。

趙光來。林超來，長談。十時服藥眠，上午一時三刻醒。又眠，六時醒。

静秋昨夜歸時，在汽車門口爲人一撞，傷及脅骨。昨夜洗浴，又爲我洗，今日就浴池洗衣，勞動較劇。今夜十一時，痛轉甚，手足皆出冷汗，又泄瀉，疑得心臟絞痛症，決至阜外醫院診。

三月廿七號星期五（二月十四）

晤高鼎民。打尹受電話，囑其即赴阜外挂號。雇汽車，偕静秋至阜外醫院診心臟，晤尹受，看皮錫瑞《經學歷史》。十一時先歸，遇周一良。看報。打趙光電話。又大便一次。

一時，靜秋回。未成眠。預備明日課。又大便。

李民回。與靜秋同看電視豫劇《朝陽溝》電影。十時服藥眠，上午三時醒。又眠，六時醒。

靜秋到阜外醫院，經透視及照心電圖，知心臟尚正常，惟血壓較高（原130餘，今140餘）。知其回城六日，生活過于緊張，到郊外兩日，亦不得暇，以此致病也。此後應囑其竭力靜養，俾得復健。

四日來，予均大便兩次。每至上午九時，輒思再下，而食量則頗減，不思進食，今午僅吃半餅。收入少而支出多，總不是辦法。靜秋囑我不要太勞于備課，然予既來此，而以敷衍態度出之，如何滿足青年之望乎？

三月廿八號星期六（二月十五）

預備功課。熊迪之來。九時半，到第一教室樓上課，講劉歆、鄭玄學兩小時。晤陰法魯、向仍旦。

得眠半小時。又大便。鈔《漢代今古文尚書表》附注訖。與靜秋到合作社買物，并游覽朗潤、鏡春兩園。予到東門外合作社理髮部修面。李民進城。

到重民處。與靜秋到西門待潮、湲，遇鄧恭三。八時三刻，潮、湲到，同回。看報。十一時服藥眠，上午五時醒。朦朧至六時。

今日略有風，甚暖。

靜秋極要堪兒來此，可是母教過嚴，竟不肯來。潮湲兩兒放學晚，又回家吃飯後再行，以致晚九時方到，洗浴就寢已在十一時後了。

近兩日上午有事，大便雖忍住，但到下午即難忍，依然兩次，信乎脾虛也。趙大夫云：錢伯煊醫師正在西苑中醫院，已爲我介紹，準備下星期往診。

三月廿九號星期日（二月十六）

訪林超，晤其夫人。到王了一處，晤其子秦似。到齊思和處，晤其夫人。歸，補記醫院日記七天。

眠一小時。看謝濟世《梅莊先生遺集》。又大便，有血，靜秋大緊張，即與北京醫院急診室通電話。寫張惠、郭普遠、楊超元三大夫信。

晚飯後與靜秋送潮、湲上車，出西門。翻趙在翰《七緯》。九時服藥，十時後眠。十二時醒，三時半又醒，六時半醒。

自廿四日至今，日必大便兩次。今日下午，靜秋視之，發見血縷，黏膜裹之，大驚，各方打電話，後得醫院中檢查病歷後通知不必遽來，因先以檢取者送化驗。

三月三十號星期一（二月十七）

與靜秋步至中醫研究院西苑醫院，晤趙光大夫，由錢伯煊大夫診，宋祖懿女大夫開方。乘公共汽車歸。

未成眠。頤萱嫂來，送雁秋鈔件。齊思和來，長談。記筆記一則。陰法魯來。草致劉導生信，論屋事。

翻江俠庵譯《先秦經籍考》。九時服藥，十時後眠。上午四時醒。又眠，六時醒。

今早大便，靜秋檢視，仍有血。

錢大夫謂予，老年氣虛是病之本，消化不良，致生濕熱，是病之標。治病之法，以調整脾胃爲主。又謂予脉象尚好。

三月卅一號星期二（二月十八）

　　李民回。陰法魯來。静秋將予今日大便親送北京醫院。作《書序》按語。記筆記一則。

　　作《逸周書序》按語。二時半，到附小上課一小時半，講"漢代經學"訖。四時半，乘小汽車到北京醫院，就劉毅大夫檢查。六時，歸家飯。

　　八時半，李民來，雇汽車同回北大。看張舜徽《清代文集別録》。十一時眠，翌晨四時醒。又眠，六時半醒。

　　日來静秋爲我之病，焦躁殊甚，使我亦爲之刺促不寧。我所犯者係慢性病，而静秋偏以對急性病之態度出之，予遂不得不于今日減少一小時功課，赴北京醫院檢查矣。

　　雖送兩次大便，化驗不出結果。静秋必欲予住院，而大夫視予病歷，以爲無此嚴重，不允。劉大夫檢查，謂予前列腺腫大，爲老年通常現象。血説不定由内痔來，囑先治痔。定十七日赴院詳查。予對静秋之誇大病狀頗不滿意，因生口舌。

　　自去年十月廿六日起，參加學部會議，至十一月十六日畢。十七日起即開政協大會，至十二月四日止。四十日中，勞累過甚，會畢後疲勞至不能工作，十五日始泄瀉，廿五日上午拉三次，廿九日發現大便中有血，卅一日進北京醫院。自入院後精神鬆懈，此疾頗愈。今年二月廿五日出院，三月二日到北大，自此備課、上課又入一緊張階段，自廿四日起又大便兩次，至廿九日而又發現便中帶血。從此得一規律，知予腸疾不堪勞累。腸疾爲慢性病，抗日戰爭中予已多屁，勝利後到徐州，静秋方面親朋邀宴過多，爲之淹纏數月。自入科學院工作，爲住屋冬寒，一九五九年歷史所遷入建國門海軍大樓，分配與予之工作室，在一樓北嚮屋，又是洋灰地，忍耐數星期，不堪其寒，遂病腸炎，臥床甚久始瘥。以此知病乘年齡而增，一方面予體已衰，另一方面則社會給與予之任務又過重，條件又較差，以至今日一觸即發矣，可勝慨哉！

此後應注意下列數事：1. 伏老；2. 伏病；3. 盡力拒絕他人囑托之工作；4. 少生氣。

北大中文系古典文獻專業

五年級：黃先義　吳永坤　馮惠民　李永澤

四年級：于世明　黃霞弟　俞增元　楊輝君　秦晋　李致忠　羅成毅　林梓宗　李傳錦　祝林森　張明華　張衍田　王子祥　黃占三　卜維義　董校昌　馬秀娟　郝建昌　楊錦海　王寶堃　劉卓英　楊忠　吳澍平　安平秋

錢伯煊大夫所開方（六四年三月三十日）：生黃芪三錢　黨參二錢　白术二錢　茯苓一錢　炙草一錢　橘皮一錢　升麻炭一錢　柴胡一錢　白芍三錢　木香五錢　山藥一錢　大棗四枚

一九六四年四月

四月一號星期三（二月十九）

竟日看張舜徽《清代文集別録》，未竟。略鈔惠棟《古文尚書考》。記筆記一則。孫楷第來談。午飯時，静秋送鷄肉餛飩來。

未成眠。三時，與静秋出，遇雁秋，同到頤和園散步。遇饒毓泰。在長廊買水果，飲茶。五時歸，寫張紀元、李可染信。

熏肛水，塞藥。十時服藥，約十一時許眠，翌晨四時醒。又眠，五時半醒。

張舜徽同志一生治學，近年出版所著甚多，要在繼承揚州派之學統，"二王"、段、劉爲其矩矱。以此對于清人文集隨時注意，作提要六百餘篇，綜爲一集，褒貶精當，讀之欣佩。

今日上午天氣暖而無風，因于下午游頤和園，孰知南風大作，敗興而歸。然玉蘭、海棠、榆葉梅、桃花、丁香皆將發，此後必當常來，以培胸中春意。

四月二號星期四（二月二十）

静秋以予大便有血，挾予入城，十時到北京醫院，就沈瑾女大夫診，定明日檢查。在院遇馮芝生、李培基、王葆真、郭沫若、戴克光等。到"東單"理髮。

未成眠。張茂鵬自天津來，談《春秋史事勘》工作。看《清代文集別録》。鈔寫致劉導生信。

静秋到王家訪大玫。十時服藥眠，翌晨三時醒。又眠，五時醒。

静秋爲予復便血，急得要命，非立刻就醫不可，然大夫檢予病歷，則謂實不嚴重，而静秋則以予之年齡，不堪多病，非當重病看不可，且非中西醫兼看不可，故予只得停工一星期矣。

四月三號星期五（二月廿一）

看《文史資料選輯》第四十三輯中章錫琛《漫談商務印書館》等文。雁秋來，與尹受同搭葡萄架，留飯。

三時，静秋送至北京醫院，入治療室灌腸兩次，劉起釪、李民來視。五時，由北大醫院放射科主任張益瑛大夫診，打白粉自肛門入，歷一小時。六時半雇車歸。

看電視《千萬不要忘記》話劇，至十一時訖。服藥兩次，約十二時眠，翌晨五時醒。

以大玫表妹在北大醫院工作關係，今日檢查由張大夫作，查得特別仔細，X 光照片十餘，反復觀察，視一月中劉毅大夫所作遠爲縝密，但亦云檢查不出腸中破裂處，僅觀出我之腸子比他人爲長，不止三米耳。

　　昨靜秋爲房屋事，與學部房產科通電話，楊科長出言已不遜。今日與學部辦公室通電話，則董主任竟云："你們刻刻變，是什麼意圖？"不待答而去。靜秋欲到建國門看屋，竟不得允。爲此，則只得遵照原議改修舊屋矣，然保暖是一要事，不知將何以解決？

四月四號星期六（二月廿二）

　　看張茂鵬所作《春秋史事勘筆記》。張茂鵬來，取書。

　　未成眠。爲遼寧省博物館、四川江油縣李白紀念館、北京市書法展覽會、石德安寫字五幅。

　　爲堪兒溫書，默寫字詞。十時半服藥眠，上午四時醒。又眠，六時醒。

　　以昨洗腸，今日無大便。

　　今夜小便忽作酸痛，未知何故。幸起床後即無此現象。

四月五號星期日（二月廿三　清明）

　　理書。張茂鵬來，取書。看《歷史研究》中徐中舒《論〈戰國策〉的編寫諸問題》。

　　未成眠。爲張令琦、令瑄、令瑢、胡厚宣寫字。寫吳榮、李可染信，爲取扇面。

　　看邵長蘅《青門稿》。十時服藥眠，上午五時醒。

　　終日大雨。

　　今日大便有血少許。予舌苔不但厚，且發黑，內熱之重可知。

四月六號星期一（二月廿四）

　　理書。記筆記三則。雁秋來，留飯。羅麗來。與姚紹華通電話。

　　與靜秋同到市中醫院，就關幼波大夫診。記筆記一則。翟福辰來，與予及靜秋商定改造住屋事。

又安自鄉回。翻孫星衍《五松園》等集。服藥兩次，十二時眠，翌晨五時醒。

今日大便無血。

關大夫言予係濕熱在腸，又謂便血係由內痔來。

翟君言尹達累言不欲我處理藏書，既學部肯照原議修屋，只得應之。靜秋則謂不裝汽爐，冬間取暖終是一問題也。

靜秋自己有病，每日上午有熱，至下午而退。今日上午至卅七度六，而日為予病及堪兒之懶于讀書而發愁。其實予係慢性病，不當以急性治之，而堪兒語文雖差，算術却好，又喜製造，固自有其前途也。

四月七號星期二（二月廿五）

寫賈芝信，為編輯《孟姜女資料》事，交又安送去。九時，乘小車，與靜秋同回北大。補記日記五天。補記二月日記三天。

未成眠。翻姚鼐《左傳補注》、雷學淇《介庵經説》、宋鑑《尚書考辨》等書。記筆記一則。

尹受來，為我洗浴。九時半，服藥眠。上午三時醒。又眠，六時醒。

今日大便又無血。

今日司機謝維民言，渠送醫院病人，女性百分之八十為精神病，男性則僅占百分之二十，以男子心胸較寬，婦女則窄也。此可以箴靜秋矣。

四月八號星期三（二月廿六）

到未名湖看北大春色。記筆記一則。草《尚書大誥譯證序》二千餘字。李民進城就醫。

到東門外修面。遇陰法魯。翻《國語正義》。

李民自城歸。看電視《槐樹莊》話劇。十時服藥眠，上午二時三刻醒，遂不寐。五時半起。

北大校園，桃花盛開，柳亦發青，此爲北京最早之春色。

四月九號星期四（二月廿七）

記筆記三則。草《大誥譯證序》約千五百字，《凡例》三百字。散步，到孫楷第處，晤其夫婦。

眠一小時。三時半，與靜秋同出看桃花，上島亭，遇陳景鑾。送靜秋上車。記筆記一則。

與李民同到校園散步。遇聞家駟。歸，看《文史資料》四十三輯。十時服藥眠，上午三時醒。又眠，六時醒。

四月十號星期五（二月廿八）

翻《國語》，增補《尚書》校勘、注釋，記筆記三則。看東方明《加強史學方法論的研究》，并加以摘錄。

未成眠。翻《國語》。謝剛主自城來，長談，留飯。

與剛主到陰法魯處。與法魯同送剛主到西門，遇鄧廣銘。德融侄來，談至十點。十時半服藥眠，翌晨五時醒。

剛主言，陰曆二月八日爲伯祥生日，至其家吃飯者爲聖陶、雪村、乃乾、剛主等，蓋七十五歲家宴也。

廣銘言其夫人食道癌惡化，入阜外醫院，醫生束手。

靜秋今日到友誼醫院檢查，尚未得結果，明日當再去。

《國語·晋語》中有兩處"日"作"往日"解，且置在句首，與"日民獻有十夫"同例；又有三處以"戾"爲"定"，與"天降戾于周邦"同義：皆足證當時山西話與陝西話相通，大快。

四月十一號星期六（二月廿九）

翻《晋語》、《鄭語》訖，補《考證》及《解釋》。看白壽彝
《中國史學史研究任務的商榷》。

未成眠。靜秋自城回。

與靜秋同觀電視獨幕劇《第一和第二》、《母子會》。服藥二
次，十一時後眠，上午五時醒。

靜秋檢查兩日，且以同位素查，爲最科學之方法，而迄未得
致病原因，醫謂其服中藥故，使體內混亂。聞大玫言，予經詳細
檢查，亦未得結果。

今日陰雨，遥望湖中，空濛迷離，若在杭州之西湖中矣。

四月十二號星期日（三月初一）

翻《國語》畢，記筆記九則，約三千字。

眠一小時。靜秋爲洗浴。與靜秋上土岡遠望。

看劉祁《歸潛志》等。十時服藥，十一時半後眠，上午三時半
醒。又眠，六時半醒。

始服和血丹，每日兩次，每次九粒。此藥有調整腸胃機能之
效。靜秋聞樓朗懷、孟默聞兩人言之，故買與予吃。此沔陽國營
製藥廠出品，謝煥章祖傳秘方也。

靜秋爲予洗浴，説我瘦得多了，比去年要少兩公斤。

四月十三號星期一（三月初二）

寫尹受信，托李民帶去。將《考證一・三監人物及其疆地》統
改一過，并作《三監疆地各家説表》。

未成眠。與靜秋到合作社買草紙。遇黄子通。

看孟森《清初三大疑案考實》。十時半服藥眠，上午二時三刻
醒。又眠，五時三刻醒。

以服和血丹故，大便呈黑色。

四月十四號星期二（三月初三）

尹受來，送書物。將《考證二·周公執政稱王》、《考證三·三監及東方諸國的反周軍事行動和周公的對策》改訖。

未成眠。看《清初三大疑案考實》。

與靜秋同看電視《椰林曲》。九時半服藥眠，十時三刻醒。十一時三刻又醒。旋眠，上午六時半醒。

連日陰雨，不便散步，想理髮，也不能。

近日放屁太多，可知腸病依然，或未出外走動故耶？

四月十五號星期三（三月初四）

與靜秋出，遇陰法魯。到海淀，買蘋果、理髮。歸，遇陳景鑾，同回。修改《考證四·東方民族大遷徙》約五十頁，未畢。

眠半小時許。又下大便。看《清初三大疑案考實》畢。

與靜秋、李民散步，訪德融及唐守文，均不遇。看電視"音樂會"。十時一刻服藥眠，三時半醒。又眠，六時醒。

今日天晴，驟暖，花開有期矣。近日惟連翹樹發新花，嫩黃可愛。

今早所下大便太少，下午又拉一次，靜秋檢視甚好，惟以服丸藥故，色更黑耳。靜秋視予舌苔，亦說退得多了。如此，和血丹真有驗。

四月十六號星期四（三月初五）

修改《考證四·東方民族大遷徙》約八十頁，未畢。靜秋回城就醫。

未成眠。寫《愚修錄》四冊目。

略看電視。看劉祁《歸潛志》。服藥兩次，十一時後眠，翌晨五時一刻醒。又眠，七時一刻醒。

靜秋左頰起一核，甚痛，以熱水袋暖之不愈，因進城就口腔醫院診。今天終日陰雨，精神上甚不痛快，而予又不能出外散步矣，以此致失眠。

四月十七號星期五（三月初六）

修改《考證四》訖。大便兩次。向仍旦來。

略得朦朧。記筆記一則。與李民到頤和園，上山。歸，遇趙光。

翻《歸潛志》。服藥兩次，十一時後眠，翌晨六時半醒。

今日懲于昨之晚睡，九時後即熄燈，乃仍炯炯，不得不服藥兩次。何予病之頑強也？下午到頤和園，竟不生作用，可嘆。予腿尚健，能直上山，只是流汗多耳。

頤和園中，玉蘭盛開，榆葉梅始放。

今日招待所停放暖氣矣。春暖過遲，使我不敢晚間散步。

四月十八號星期六（三月初七）

預備功課。九時半，上課一小時，講《詩經》。靜秋自城回。遇陳景鑾。

眠一小時。修改《考證五·東土的新封國》訖。

洪兒來。翻《歸潛志》。服藥兩次，十二時眠，翌晨六時半醒。

三姨病頭暈，且嘔吐，今日由雁秋伴至協和醫院，驗得血壓170/90，只略高耳。

王姨母亦病在床。

四月十九號星期日（三月初八）

雨中，與靜秋、洪兒游頤和園，至樂壽堂看玉蘭，諧趣園聽泉。午歸。

略一矇矓。洪兒回城。五年（級）生馮惠民、呂永澤來談朱熹《詩集傳》研究，爲寫字條兩幅。

與靜秋、李民冒大雨到學生大飯廳看《新興力量運動會》電影。服藥兩次，上午一時半後眠，七時半醒。

四日來皆服藥兩次，且得眠甚遲，西藥多服已無效，然又不可不服，奈何？

春雨連綿，望昆明湖，不辨遠岸，宛然雨中西湖矣。

四月二十號星期一（三月初九）

寫《僞古文尚書贜證舉例》及節録丁晏《尚書餘論》訖，三千餘字。李民入城治病。

未成眠。與靜秋同到東門外，予修面，冒雨歸。

李民回。靜秋爲洗浴。九時半服藥眠，上午一時半醒。良久又眠，五時半醒。

今日舌苔忽作黑色，不知何故。晚浴，又服藥量多，故得佳眠。

三姨頭暈已好，振華又寄糧票五十斤來，可安居矣。

四月廿一號星期二（三月初十）

大便兩次。爲入城診病事，靜秋與李民分頭接洽。陳景鑾來，留浴及飯。校《書序》、《逸周書序》。

未成眠。一時半，與靜秋返城，到雁秋處，同至人民醫院，就黃萃庭大夫診。五時半歸。大便一次。

湲兒來，爲寫予履歷。翻雷學淇《介庵經説》，十時服藥，十一時半再服，眠，四時醒、六時醒。

大玫表妹好意，介紹黃萃庭大夫爲予診治，而約于今日下午，適爲課期。往返接洽，爲予請假，繼得電話，今日學生進城參觀，爲之大慰。

今日大便至三次，知舊疾又發作。

湲兒行將入團，爲填申請書，今晚來問予歷史。渠近日作
《在隊旗下成長》一文已逾五千字。

四月廿二號星期三（三月十一）

湲兒返校。予又便血，靜秋送城驗。雁秋來，詢鈔法。陶建
基、董森來，商《孟姜女資料集》事。修改《大誥考證・周公伐
楚》部分，重寫二千餘字。

匆匆修改訖，二時雇汽車進城，到北京醫院，由女大夫沈瑾等
檢查肛門及内痔。打 B_1、B_{12} 針。遇王遵明、唐棣華。歸，與三姨、
林劍華談。羅麗來。

看各處來信。十時服藥眠，上午二時醒。又眠，六時半醒。

今晨所拉，全爲黏沫與血，此不可不注意矣。

沈大夫斷予爲内痔出血，靜秋不信。待月底再檢查。今日量
血壓，爲 150/78。

予之年齡，生活上已不容許過度緊張。此次允到北大上課，
實是不度德、不量力。屢屢便血，即由雄心壯志，不肯伏老也。

四月廿三號星期四（三月十二）

理書。與林劍華談。看《周書》各篇，鈔出周公資料，備作
序。到北醫打針，遇陸殿棟、季方。步往，車返。

二時半，與靜秋同到人民醫院，雁秋來。由黃萃庭大夫檢查，
先灌腸三次，用結腸鏡及肛門鏡。六時雇車歸。遇楊景晨。

十時半服藥眠，上午一時醒。又眠，五時半醒。

結腸鏡長廿五厘米，直入肛門，不勝緊張。經一檢查，渾身
無力矣。予用此鏡三次，苦不可言，以此頗怨靜秋多事，蓋至今

日仍未查得病源也。

四月廿四號星期五（三月十三）

理書。記筆記一則。看皮錫瑞《書經通論》，未畢。看康熙本《艷陽天》。

未成眠。理《河圖洛書》端緒。與静秋到東單菜市買副食品。遇王道生。到北醫打針，遇潘菽。出，買水果。五時半歸。

看齊思和文。李伯球夫婦來。爲堪兒生氣。服藥二次。十二時後眠，翌晨七時醒。

堪兒恃愛而驕，上課不專心，三分、二分仍未消減。在校頗肯勞動，歸家即一事不作。與之語，不應。洗脚不倒洗脚水。十足少爺架子。予不能忍怒，取棍打之。

四月廿五號星期六（三月十四）

到“東單”理髮。到北醫打針。遇李覺、閻迦勒、常任俠、黃秉維。記筆記一則。

略一合眼。與静秋游中山公園，到水榭，看吕厚民訪問古巴攝影展覽。到來今雨軒東首，看蘭花展覽。遇汪静之、胡一雅。記筆記一則。

略看電視評劇演員清唱。翻《漢書》。電視十一時畢，予遂失眠，服藥兩次無效，上午四時半眠，七時醒。

今日公園中，榆葉梅已謝，丁香方發，牡丹含蕊未放。

近日予頗易發怒，想是病態。但歸家後處處不順眼，工作無固定地方，生活起居不能安定，與北大環境殊，亦其一因。今晚之失眠，即緣在大房間，不得先睡，而播送過久，竟越常軌，予遂受其挾制矣。

四月廿六號星期日（三月十五）

張覺非來。張協和來。與靜秋、三姨、協和雇車同到北大，游朗園。同飯。遇汪奠基。

送三姨、協和到西門上車。歸，眠半小時。補記日記四天。與靜秋到陰法魯處談課事。到合作社買物。

與靜秋、李民在校園散步。靜秋爲洗浴。服藥二次，十一時眠，翌晨六時醒。

北大校園，海棠初放，梨花亦盛。今日爲第一個好天氣。

夜浴，以暖氣已停，水又不熱，雖經李民到鍋爐房取熱水來，終受寒，咳嗽。予生活竟不能差一點，可嘆！

自廿一日起，大便天天有血，惟或多或少耳。

四月廿七號星期一（三月十六）

與靜秋到西苑，訪內科研究所顧問王文鼎，出楊允奎函，請診治。到氣功室訪趙光，請其代取藥。十一時半歸。

眠半小時。以又大便，倚沙發看今日《人民日報》蘇聯反華三文件。旋上床眠，翻黃先義《論史記標點》文。尹受送飯來。又大便。

十時服藥，十時半後眠，上午一時醒。又眠，六時醒。

今日大便三次，第一、二次均糞便帶血，第三次則但有黏沫與血。想是昨夜洗浴受涼之故。與十九日兩次冒雨出游，而廿一日即下便三次者同。

王醫師謂予"氣虛血熱，是功能性的病，非體質性的病"，其言與錢、關二醫同。

四月廿八號星期二（三月十七）

又便血。修改《考證》中《流亡東北的殷人》一節訖。李民夫人任翠萍自邯鄲來。

　　未成眠。看李民所鈔《大誥今譯》，未訖。看高亨《周易古經今注》。齊思和來，長談。

　　看《歷史教學》四期。服藥兩次，十二時後眠，上午一時半醒。又眠，七時半醒。

　　本月廿一、廿二、廿三屢次檢查，肛門受有輕傷，今晚作痛。此事固不可經常爲之也。

　　中醫謂我"氣虛"，西醫謂我"功能衰退"，思和云：氣即功能，其義一也。西醫能治體質性之病而不能治功能性之病，故對予病無術可治。予其常服中藥乎？

四月廿九號星期三（三月十八）

　　大便二次。改作《反周的三監和東方諸國》千餘字，訖。

　　未成眠。鈔出《東方民族遷徙》資料，備作表，未訖。趙紹賢來，換出入證。

　　德融侄來，長談。服藥，十一時眠，上午五時醒。又眠，七時醒。

　　昨晚服潤腸油，故今晨下便二次，甚暢，血甚少。其油名"石蠟"。

四月三十號星期四（三月十九）

　　八時，與靜秋進城，途中遇周達甫。到北京醫院，就沈瑾大夫診。遇徐伯昕、李明揚。打針。

　　未成眠。鈔《光明日報》中《兩點論與折衷主義》入手冊，訖。服藥兩次，十一時後眠。上午一時半醒。又眠，六時醒。

　　今日沈大夫亦謂予血不由痔瘡，則究從何處來乎？自廿二日至今，又連續九天有血矣。　血壓140/80，甚好。

是月二日昧爽，夢在北大，聞蔡校長將到，喜躍曰：我志其得酬矣，因擬研究民俗學計劃，并選定翻譯人才以相佐，心花既發，遽然而醒。自悲曰：我爲最能定計劃之人，最知學問之大，非集體工作無以攀世界高峰，故一生拔擢能治學之青年，使其能發展潛力而又彼此合作。孰意五四年入京以來，領導學部之潘梓年，領導歷史所之尹達，自身既未治學，對所領導之學術工作又無較遠之理想，惟以官僚主義、命令主義駕馭朋儕，予既在舊社會得名，便在新社會得謗，尹氏慮予不安池中，所以壓制之者尤嚴，除個人書齋生活外，更無活動餘地，予度鐵圍山之生活十年矣，多病之軀再能維持多時，而將以此終我生乎？此次出北京醫院，便至北大上課，始得一接青年，期其傳此火種，予安能不黽勉爲之，予之此課直當作屈原之賦《離騷》觀，此所以有今晨之夢也。噫，予之獻身學術乃不得求解于生人而惟乞援于逝者，是可痛矣！

是月便血多日，因想予一生責任心、事業心均太強，老年體弱，實不適于任事。尹達不讓我接近青年，亦不讓予顧問所中工作，其主觀願望固卑劣，但使我少些興奮，減去奔跑，實適于養老，其客觀效果使予多活數年，在學術上多些個人貢獻，則亦未始不可使壞事變成好事。如此一想，心亦平矣。

予年日長，當爲"最後一息"設想。平生志願雖弘，勢不可期其俱就。俟《尚書大誥譯證》交稿、北大課結束後，當不再接受新任務。後此三年中，除與劉起釪、李民兩君共同完成《尚書今譯》外，必將舊寫筆記及文集自編一過，筆記先成，文集後繼。此外則《尚書堯典譯證》、《尚書禹貢譯證》二書亦當起稿。此數事辦了，然後更作他事。此爲"分主、次"之最好辦法。僅此數事，功行圓滿，予已八十歲矣。予爲學術界服務亦説得過去矣。若此數事而不能爲，則當"最後一息"時將如何愧悔，一生所學將如何貢獻于中華人民共和國乎！

五月十二日，顧剛記。

　　記此數日，又想起兩個工作已集材，且與人約，不得不爲。其一，《孟姜女故事資料集》，此事有民間文藝研究會督促，姜又安又將生計靠在上面，以是静秋亦催完成。其二，《吴中風俗彙編》，爲上海中華書局囑作，亦已集稿，惟須標點耳。

五月十六日又記。

　　記此後，又想起劉鈞仁同志正爲我編《春秋地名彙考》，張茂鵬同志正爲我編《春秋史事勘》，此兩稿成後，不得不看一遍，使其所寫者不致與我説相衝突。自此以後，又有戰國、秦、漢之地名、史事陸續成篇，予之一生更有何暇日乎！

五月十九日又記。

一九六四年五月

五月一號星期五（三月二十）

　　記筆記三則。金振宇、擎宇來。趙啓騄、李明揚夫婦及其幼女來，長談。二時始飯。

　　眠一刻鐘。到"東單"理髮。與静秋到王姨母處，并晤大琪夫婦，大玫、大琬，留飯而歸。

　　看余嘉錫《四庫提要辨證》。服藥，十一時眠，翌晨六時醒。

　　今日潮兒上下午均有活動，洪兒則下午，湲兒則上午亦有活動。僅堪兒未得被選游園，與三姨、尹受持贈予票到中山公園一看熱鬧。晚間則以予歸晚，竟未出。聞今年花炮有新品。

五月二號星期六（三月廿一）

　　李民之母來。張覺非來。與三姨、静秋及四兒到王府井北京照相館攝影。雁秋夫婦來，留飯。晤宋家鈺夫人。

未成眠。章元善來，長談。繼續鈔溥儀所寫《日本軍部强迫令奉天照大神事》千餘言。校改雁秋所鈔予《儀禮》、《周禮》兩文。

雁秋夫婦歸。看向達《蠻書校注》。服藥兩次，十二時後眠，翌晨七時醒。

予後日生辰，静秋以今日諸兒在家，提前吃麵，并照"合家歡"以作紀念。

元善來談，謂中共以天下爲己任，一也；完成歷史使命，二也。氣魄之大，前無古人，毛主席并諄囑印尼、緬甸、澳大利亞、新西蘭諸國共產黨員，如將來中國走修正主義路綫，請其速來糾正。

五月三號星期日（三月廿二）

李民來。方慶瑛來，索稿。劉起釪來，商稿事。林劍華來，贈物。記張騫乘槎故事入筆記，約千五百字。

未成眠。三時與静秋同到北大，以携物多，數步一歇。四時一刻到宿舍。途遇王家楨。補記日記四天。

看《蠻書校注》。服藥兩次，十一時後眠，翌晨八時醒。

覽報，悉湯用彤先生昨日逝世，年七十一。渠久病，近年較瘥，致力研究，爲《高僧傳》中一問題用力過度，心臟病發，雖即送入醫院，迄難痊復矣。

離此僅四日耳，而窗外楊樹，其葉怒發，竟遮陽光，宛然珠簾矣。

我已三天未便血，静秋定六日就醫診，予請其七日來，免奔波，而彼不肯，甚矣彼之關心我也！

五月四號星期一（三月廿三　予七十一足歲）

草《古代東方民族在周人壓力下留遷情況表》，未畢。記筆記一則。與静秋、李民夫婦到未名湖照相，遇張頤夫婦及葉企孫。

眠一小時半。

與静秋到陸啓鏗處，并晤頤萱嫂及吳方。服藥，十一時三刻眠，翌晨六時三刻醒。

予所作《大誥考證》，中心爲《東方民族大遷徙》，此章已逾十萬字，若不列爲一表，頭緒即不能清楚。然一經列表，便發生若干問題，《考證》原文又須改矣。

覽報，全國政協委員、黑龍江省副省長杜光預卒，年亦七十一。既悲逝者，行自念也。

五月五號星期二（三月廿四）

與静秋到西苑中醫研究院，就王文鼎大夫診。到趙光大夫處托取藥。歸，檢《春秋三傳研究》稿，寫林劍華信，托其整理。

趙大夫來，送藥。迷離一小時。檢《鄭漁仲年譜》稿，寫宋湖民信。點陳奐《詩毛氏傳疏》有關楚、徐、淮夷諸篇。尹受來，送物。

與李民夫婦到鏡春園散步。静秋歸。尹受爲予洗浴。十時半服藥眠，翌晨五時一刻醒。

静秋近日臉、腿俱腫。本約友誼醫院六日檢查，今晚歸。渠大便本已好，近又每日兩次。與予相較，予體尚較强，可奈何哉？

今日天大熱，如夏。北京氣候，非寒則熱，才脱棉衣，即可穿單衣，竟無穿夾衣機會。懷念江南之春，不勝神往。

藤蘿花近日大開，朗潤園中不愁寂寞矣。

五月六號星期三（三月廿五）

記筆記一則。吳方來，還照相機。將陳奐《詩毛氏傳疏》語録入《考證》，并加評判，約寫二千餘字。

　　未成眠。到東門外修面。與李民夫婦到島亭。

　　與李民夫婦到蔚秀園及辦公樓。服藥兩次，十一時半眠，翌晨六時半醒。

　　予所苦的，爲在太陽下一走動即流汗，此大爲散步障礙。

　　今日散步甚久而猶失眠者，蓋以與李民夫婦談話太多之故。予禁忌重重，一些不得自由，真惱人！

　　木蘭懷孕，腿又腫，學校以上課須上四樓，特予照顧，令其回家休息。黨之關懷人真無微不至。

　　今日上午大便二次，不詳其故。

五月七號星期四（三月廿六）

　　看《東方民族大遷徙考證》，填入表中，未畢。静秋自城來。

　　眠一小時。向仍旦打電話來，問課事。

　　與静秋到陰法魯處，未晤，見其夫人。與静秋到鏡春園散步。回，看電視《奠邊府戰役》及《春燕展翅》。洗浴。十一時服藥眠，上午二時醒。又眠，六時醒。

　　今日大熱，坐定亦流汗。要由予體過虛，故汗盛也。

　　向仍旦問課事，此事予自當負責，但静秋必不允予上堂，則編講義總必想一辦法。

　　今晚洗浴，眠即較佳。此後當每晚爲之。此間甚方便也。

　　静秋一方面要管予之飲食，一方面又要管堪兒之功課，因此買一乘車月票，日日往返。渠責任心之重于此可見，然太勞矣。

五月八號星期五（三月廿七）

　　陰法魯來談課事。十時，送静秋到汽車站。到合作社買手紙。填表，并參考古籍，略訖。

未成眠。李民夫婦進城，予一人就飯堂進食。

看《史林雜識》。洗浴。九時半服藥眠，翌晨四時半醒。

與陰法魯談妥，俟《尚書》工作告一段落，即編講義兩種，爲提綱與參考資料，由學生自讀，定期分組討論，予與學生在招待所見面，從此不再上課矣。

今日上、下午大便各一次，上午成條，下午成堆而甚多，要之腸胃吸收功能已衰，實爲予之致命傷耳。

晚間洗浴，加速血液循環，易于入睡，殊爲爽快。惟回家後則無此方便耳。

五月九號星期六（三月廿八）

重寫《考證》中《太皥之後》三千餘字。偕李民夫婦游承澤園，遇袁家驊，入其室小坐。到校門口照相。尹受來，爲予鈔清《東方民族表》，至深夜去。

李民送其夫人到車站，赴臨汾。鄧廣銘來，長談。靜秋自城來。

與靜秋散步。看電視。洗浴。十時半服藥眠，翌晨五時半醒。

昨燈下看《史林雜識》，覺其優點有二：隨時隨地可以提出問題，亦隨時隨地可以解決問題，牖啓青年治學興趣，一也。文辭雅而能俗，謹而能肆，莊而能諧，開文言文之一派，二也。他日學校選讀文言文，其將有取于斯夫？

鄧廣銘之夫人竇氏，自去春患食道癌，至今年四月初惡化，四月廿九日逝世，年五十七。

近日園中盛開者爲刺梅之黃花，藤蘿之紫花，濛濛撲面者爲柳絮。

五月十號星期日（三月廿九）

黃先義來。頤萱嫂來，送雁秋所鈔稿。送之到大門。遇又安、堪兒來，同回。飯後偕静秋、又安到校園，同照相。又安回農場。

未成眠。看昨日《人民日報》所載《中共中央和蘇共中央來往的七封信》，訖。

與静秋散步。洗浴。十時半服藥眠，翌晨五時醒。

赫魯曉夫爲欲分裂社會主義陣營，主張今年五月舉行蘇中兩黨代表會談，六七月間召開廿六個兄弟黨代表的籌備會議，今秋舉行兄弟黨國際會議。我黨識破其詐，將雙方來往信件公開。時局有急轉直下之勢，但詐術必歸于失敗也。

堪兒固桀驁不聽勸告，功課亦不太好，但個性強，興趣高，喜采集生物、礦物，有獨立創造之精神，他年説不定爲一有爲人物。

以服石蠟油，大便兩次。

五月十一號星期一 （三月三十）

六時，與静秋送堪兒上車還城。爲黄先義及《史記及三家注校證》事，寫蕭項平信。向仍旦來。校尹受所鈔表。與静秋出買物，遇張頤夫婦。

朦朧一小時。步至海淀理髮，并購物。乘車歸。雁秋來，送鈔稿。以顧棟高《春秋大事表》校予所作表。

與静秋出散步。洗浴。十時半服藥眠，上午三時醒。又眠，六時半醒。

楊花已稀，榆錢滿地，洋槐又開。

黄先義君年廿五，而對《史記》有深入研究，對予舊印《史記白文》之標點抉摘誤謬，使予心服，因寫項平信，介入中華書局。如其能成，則以一生研究《史記》，其成就必大可觀矣。

五月十二號星期二 （四月初一）

看杜預《春秋釋例》。與静秋到西苑醫院，就徐季涵大夫診，并晤趙光大夫。乘三輪車歸。（寫方者：李玉波）

未成眠。寫劉起釪、原孝銓信。修改《東方民族表》，静秋助之剪粘。尹受來，送食物。

與李民散步。洗浴。十時半服藥，約十一時半入眠。翌晨三時醒。又眠，六時醒。

徐季涵大夫，湖南人，今年七十四，楊伯峻其女婿也。按予脉所言，與王文鼎大夫相類，謂便血無大礙，舌苔之厚，肺與胃熱所致也。

五月十三號星期三（四月初二）

黄先義來。點鄭玄《三禮目録》及孔廣森《大戴禮記序録》。

未成眠。改舊作《讀儀禮及禮經通論》入講義。

與静秋、李民到校門，迎潮兒，散步校園。洗浴。十時服藥，十一時眠，上午三時半醒。又眠，六時醒。

潮兒今日考畢，後日起，將至南口勞動十天，因于今晚來此一宿。

五月十四號星期四（四月初三）

六時半，送潮兒到大門。將所作《考證》與《表》互勘，改正錯誤，補充説明，訖。

未成眠。二時，静秋進城。記筆記一則。

向仍旦來。與仍旦及李民散步，到向覺明處談。歸看《蠻書校注》。十一時服藥，約十一時半入眠。上午三時半醒。五時又醒。再入眠，七時醒。

兩日來，静秋檢查予大便，又發見黏液與血，但量甚少耳。

日來飲水量猶是，而小便多于昔，不知何故。屁響如炮。

今日園中，洋槐突放花，其高大者一片白，芬芳滿鼻。

五月十五號星期五（四月初四）

重作《流亡東北的殷人》一章，四千餘字，未畢。

未成眠。到老虎洞理髮。遇王寶塑。出，遇靜秋。同到熊家。在熊家飯訖，談至八時出。靜秋回家。予步歸。洗浴。十時服藥眠，翌晨四時醒。

今晚同席：宗悦書女士及其母　予夫婦（以上客）　　熊慶來夫婦（主）　熊夫人做菜甚細，爲今晚宴，忙了兩天。予久未近筵席，今日得一佳餐。

聽熊老談，知王復初先生已于本月初逝世，年在七十五歲以上。渠能打拳、擊劍，逝世三日前尚與熊老會晤，不見其有病也。

五月十六號星期六（四月初五）

大便兩次。散步。改昨稿，又作千餘字，《流亡東北的殷人》一章重寫訖。記筆記一則。

朦朧一小時。又大便一次。復看《東北殷人》一過。翻筆記。靜秋自城來。看李民所編《參考書目》。

堪兒來。十時服藥，約十時半眠。上午二時醒。又眠，六時醒。

昨日一赴宴，今日便拉三次，甚矣予腸之不濟也。所幸予昨晚在席進食不多，熊太太煮菜又爛，故尚未出血耳。

靜秋此次到友誼醫院，用同位素檢查，得到結果則新陳代謝功能低得在一般人之下，突破其記録，究不知何病，囑其後日就內科診。

五月十七號星期日（四月初六）

翻舊筆記畢，補入《考證》未畢。黄先義來，爲寫字條兩幅。

未成眠。與静秋在朗潤園散步。

與静秋、堪兒在校園散步。十一時服藥，約十一時半入眠，上午二時半醒。是後在朦朧狀況中，迄曉。

予在滬時爲編《歷史地圖》，所記三代諸國遷徙之迹，而以前作《東方民族考證》，事忙竟未參考，今《考證》工作垂畢，而此項材料予已在北京醫院中用紙夾出，因得一補。

予與静秋結縭二十年，所生四兒漸成長，其性格大致可以看出，記下：

潮　優點方正　缺點過分嚴肅
洪　優點忠厚　缺點脾氣不好
湲　優點伶俐　缺點顧己不顧人
堪　優點活潑　缺點精神不集中

五月十八號星期一（四月初七）

堪兒回城。静秋回城就醫。以舊筆記中資料補入《考證》訖。作《古代東方民族在周人統治下留、遷、興亡表》説明五百字。

未成眠。

獨步校園一小時許。歸，與静秋通話。洗浴。十時服藥眠，上午三時半醒。又眠，六時半醒。

今日又大便兩次，不曉其故。惟腎囊已鬆多時而今日却緊，似身體有轉好徵象。

静秋就醫，内科亦言無法，只得聽之，擾攘數月之檢查得此結果，洵非意料。

近日校園中僅有刺梅及洋槐花未殘耳。綠肥紅瘦，又是一番景象。少數人家種有玫瑰、蝴蝶花，正開。

五月十九號星期二（四月初八）

到西苑醫院就診，大夫不來，看高亨、董治安合著《上古神話》垂盡。十一時四十分就得診。十二時半回，尹受爲煮飯。

未成眠。看《人民日報》平仄《樹立一分爲二的世界觀》。重作《祝融》一節，約二千字。

與李民送尹受回城。與李民在校園散步。到鄧恭三處談。洗浴。静秋自城來。十時半服藥眠，翌晨六時半醒。

徐季涵大夫治予腸病從治肺入手，此西醫所不能想象者也。此之謂全面看問題。

始聞布穀鳥聲，委婉可聽。此鳥所鳴，蘇州有"家家布穀"、"家中叫化"兩説，徐州有"燒香擺供"一説，此城中所不聞。洋槐花落，鏡春園中殆如以氍毹鋪地，使人足底芬芳。

五月二十號星期三（四月初九）

爲李民改定其所編《尚書大誥譯證參考書目》，俾其進城補充。

未成眠。李民進城。將《考證》翻檢一過，標出新加進之資料，備補入《參考書目》。四時半，與静秋到頤和園，六時歸。

與静秋同看電視《小鈴鐺》。洗浴。十時許服藥眠，上午四時醒。良久又眠，六時半醒。

頤和園中牡丹特多，大約五月初放，而予自四月十九日以後即因病不能游覽，竟爾錯過。今日往觀，花壇上僅留乾癟數朵，若衰颯之老婦矣。惟芍藥初放，黃嬌紫艷，可償損失耳。

近日睡眠與大便均較好，徐大夫方藥之功，洵可感謝。

看湲兒《在隊旗下成長》一文，叙述九歲入隊，至今十五歲六年中事，非常靈活而親切，可喜也。文長五千餘字。

五月廿一號星期四（四月初十）

重定《尚書大誥譯證》簡目。劉起釪來，原孝銓來，留飯，將前日所成表交之，請其繪圖。

眠半小時。起釬、孝銓談至三時三刻別去。以《詳目》校《考證》，增新入文，未畢。陰法魯到臨汾，來辭行。

送靜秋回家，予到海淀下車，理髮。步歸，洗浴。李民自城回，看《參考消息》。服藥，十一時許眠，翌晨五時三刻醒。

今日上午又拉二次，不知其故。

將所作表交原孝銓君，請其作地圖，圖成，此一問題更清晰矣。

今日中午，洪兒爲勸堪兒吃飯，堪兒怒，取予拐杖打之；三姨勸，復踢罵三姨；尹受勸，李民勸，皆踢之；使三姨、洪兒大哭，竟未吃飯。此兒懶于學習，勇于打架，蠻野如此，將來如何作人！此靜秋之所以不得不兩面跑也。然天熱如此，渠身體又不好，奈何！

五月廿二號星期五（四月十一）

以《詳目》校《考證》，增新入文，訖。將李民應補入《參考書目》諸條貼出。

未成眠。重定《考證》目次，又剪改《武庚》諸條。周達甫來談。

與李民到鄧廣銘處送稿。到大門迎靜秋。與靜秋看電視趙燕俠主演《蘆蕩火種》，十時半畢。十一時服藥，十二時眠，翌晨六時三刻醒。

靜秋頗不滿意于三姨之管孩子，謂其寬嚴不得當，使孩子起反感。好在玉華來信，囑其母早回徐州，俾數月後可返成都，她不久就離開了。

招待所中，住的條件很好，惟飲食不佳，厨房所備，每飯僅一菜，且均炒菜，不適予腸。鍋爐間所燒水，隨人取攜，亦隨時摻入冷水，以是難得開水，亦不適予腸。静秋爲王姨母道之，姨母以電爐一具見借，可感也。

五月廿三號星期六 （四月十二）

李民進城就醫。理數年來所草《尚書》序稿，備交李民綜合整理。看劉敦愿《古史傳説與典型龍山文化》及楊寬《中國上古史導論》。

未成眠。看劉師培《姒姓説》。準備再改《少皞與太皞》一節。與静秋到木蘭家，出游科學院自然科學各所外部。與啓鏗、頤萱嫂同飯。

八時出，送静秋上車。予步歸。遇朱光潛。洗浴。十時一刻服藥眠，上午三時半醒。又眠，五時三刻醒。

科學院各所之設于中關村者，連家屬有四萬人，視北大人數加倍。聞有幾所遷至十三陵，以中關村地不足用也。此科學大軍，豈解放前想得到者。

予四五年來，屢欲序述《尚書》真相及《尚書》學源流，爲作一總序，冠于《大誥譯證》之首，而以事以病迄不就，稿已九作，自顧傷嘆。今日檢齊，準備交與李民，請其分出章節，重寫一過，而後由予再改。

静秋晚飯時，頰内生一血泡，紫色，頗大，説話亦不便。

五月廿四號星期日 （四月十三）

自煮水，熬藥。下樓飯，與静秋通話。到齊思和處，長談二小時。出，遇鄭天挺。補記日記（二月份）十二天。尹受來，作飯。

未成眠。看《參考消息》。記筆記一則。傅振倫來。補記日記（一月份）十二天。到合作社買毛筆。

尹受爲洗浴。看郭沫若《釋支干》。十時許服藥眠，上午四時醒。

昨日予大便，靜秋細看，仍有星星點點之血，惟甚少耳。今日予自看則看不出。

王姨母假電爐，木蘭假提壺，有數利：得熱飲，一也。省時間，不致屢屢上下樓梯，二也。予亦能任操作，三也。

北大校園中，近日開花者有芍藥、玫瑰、薔薇等，但不多耳。

五月廿五號星期一（四月十四）

上午四時半起身。大便二次，第一次乾，第二次有黏沫。下樓飯。與靜秋通話。十時半，又拉一次。補記日記十九天（一月份），住院期間補訖。吳超來，長談至十二時。鄧廣銘來，送回《考證》，并提意見。尹受來，做飯。

未成眠。就鄧廣銘所提意見修改《考證》，補作數百字。

尹受回。看《孟子》及《觀堂集林》等集材。十一時服藥眠，翌晨六時三刻醒。

近日上午四時半即已天明，鳥雀聲喧，似催人起。五時，東方紅矣。如此環境，正好催人早起。但靜秋在此則必不許也。

今日上午忽拉三次，未知何故。幸不稀。予病傷風，常流鼻涕，打噴嚏。天熱，不敢常出散步矣。

今年一二月住院期間，不便帶筆墨，故日記皆書于手冊。久欲補登此本，而卒卒無暇。此兩日中，奮力爲之，了却一債。尚有三十年前在杭州一段，二十年前在成都一段，迄今未補録也。

五月廿六號星期二（四月十五）

終日改寫《考證》，約增入二千字。李民自城回。

尹受來作飯。潮兒來，留宿。

與李民、潮兒在校園散步二小時。洗浴。十時半服藥眠，上午四時一刻醒，拉稀。又眠，六時半醒。又拉稀。

今日改《考證》，在淮夷中增入《曾伯霥簠》、《晋姜鼎》兩銘，因以確定《泮水》一詩爲春秋前事，最是快事。文章不能寫得快，須慢慢來，即此可知。然非得朗潤園之静境，亦不能思也。

潮兒到南口國營農場内勞動十天，任擔土工作，昨日回城，今日到此小憩。

五月廿七號星期三（四月十六）

九時，又拉一次。潮兒返城。終日改寫《考證》，約增入二千餘字，訖。

静秋來。略一朦朧。

到海淀修面。與静秋同看電視（朝鮮電影《女教師》）。洗浴。服藥兩次，十一時眠，翌晨五時三刻醒。

何以忽然腹瀉？想來是昨日静秋交李民帶來的西紅柿吃了一個，昨午吃的是食堂的炸醬麵，有一盤黄瓜、蘿蔔絲是生的，我也吃了。那就會在肚子里作怪起來。此後必須吃熟食。

北大爲迎接建國十五年，鏡春、朗潤兩園修馬路，爲築湖邊，將朗潤園東湖水泄乾，日來正大捕魚。

五月廿八號星期四（四月十七）

與静秋同到西苑醫院，予就徐季涵大夫診。周吾聖開方。遇葉渚沛。静秋回城。予雇三輪車回校。將《流亡東北的殷人》一章重作，約增入兩千字，未畢。

未成眠。尹受來，熬藥。

與李民到校園散步。遇趙保緒。上鐘亭。洗浴。看《學術月刊》。十一時一刻服藥眠，翌晨六時醒。

尼赫魯昨日病死。世界當政之大反動分子，前稱"三尼一鐵"，乃半年中連喪兩"尼"，大是快事！

静秋云："我到北大，看你太認真，回到家裏，又看堪堪太不認真。你們父子二人太不同了。"堪兒今夏小學畢業，而猶不肯用功，恐考不上一個好中學，是則其母日夜操心者。

本月《學術月刊》有評論乾、嘉考據學數文，甚好，予當多看數遍，以予自少年時代即已受其影響，且認爲治學之標的者也。所不同者，乾、嘉學者志在翊衛道統，而我則志在推翻道統，欲以研究經學作釜底抽薪計耳。使我早治馬列主義，所成就必當超過今日。

五月廿九號星期五（四月十八）

將《流亡東北的殷人》一章再增改兩千餘字，統整一過。到合作社買物。尹受來，作飯。

朦朧一小時。寫北京醫院取藥信。尹受先歸，李民爲作飯。

與李民到鏡春園西島上坐，八時歸。洗浴。十時三刻服藥眠，翌晨四時半醒。

三姨于今日到雁秋處小住，明後日便到木蘭處住，自此往徐州，轉成都矣。家中少人，故尹受不能在此久留，然静秋不欲予吃食堂飯以損腸胃，則又不得不來也。

今日悶熱甚，北京之夏可畏也。北京冬、夏均長，春季特短，惟秋日爲可愛耳。

五月三十號星期六（四月十九）

補《遷居洛邑的殷人》二條，《楚遷丹陽》一條，約寫三千字。尹受來，作飯。

朦朧一小時。

與静秋通話。整理書物。洗浴。十時服藥眠，翌晨四時一刻醒。

《考證》文字，非改不可，改一次深入一次，其精湛處有想象不到者，真一樂也。

今日上午大便兩次，第一次量少故也。

五月卅一號星期日（四月二十）

改寫《楚遷丹陽，繼遷荆山》及《西周時周、楚民族鬥爭》二章，約三千餘字。黄先義來談。尹受來作飯。

李民提前作飯，五時食訖。

齊思和來，長談。與李民送之歸。遇雨，急回。洗浴。十一時服藥眠，翌晨五時醒。又眠，六時半醒。

四、五兩月全爲改《考證》稿，而迄今日猶未了，真使静秋聞之急死矣。

與思和談，昔日燕京大學師生今日尚留于北京大學者：（教員）齊思和　侯仁之　周一良　高名凱　陳芳芝　黄子通　陳鴻舜　（職員）梁思莊　容媛　陳意　只此十人矣。

五月十二日徐季涵大夫處方：南沙參五錢　生白芍五錢　槐花三錢側柏炭三錢　麥冬四錢　丹參三錢　玄參三錢　焦麥芽四錢　貫仲三錢

五月十九日方：生地五錢　白芍五錢　當歸三錢　槐花三錢　花粉四錢　桑白皮四錢　黄芩三錢　萊菔子三錢　石槲三錢

五月廿八日方：淮山藥五錢　杭白芍五錢　鮮側柏葉三錢　京玄參三錢　浙貝母三錢　地榆炭三錢　黨參三錢　麥冬四錢　竹茹三錢

羅麗同志所覓便血方：

一、炒黑荆介三錢　正雲連二錢　蓮蓬壳二個　水煎服（此係江西雩都仙下鄉湯子蓮大夫秘方）

二、藕節五錢　白果一兩　研末冲開水分三次服，或用豬肺湯將

藥末冲服。（非外感者方可用猪肺湯）

三、槐角方：當歸_二錢　炒槐花_一錢五分　粉甘草_七分　防風_一錢五分　皂角刺_一錢　炒枳壳_一錢五分　炒柏葉_一錢　煎水飯前服。

一九六四年六月

六月一號星期一（四月廿一）

寫《鳥夷鈎沈》約三千字。靜秋來，作飯。

未成眠。靜秋到木蘭處。四時半出，到海淀理髮。六時，到啓鏗家飯。

與靜秋同回。洗澡。服藥兩次，約十一時眠。翌晨五時醒。

大便色轉黃，今晨二次，不知何故。昨日風，今日雨，天氣驟凉，精神一爽。

鏡春、朗潤兩園修馬路已動工，予出入甚不方便。昨晚賴李民扶，今晚賴靜秋扶，倘予獨行，將無術歸家矣。

今晚同席：雁秋夫婦　三姨　予夫婦　啓鏗夫婦　啓鏗已升副研究員，可賀。渠到數學研究所十年，寫書二册，論文二十餘篇。每思問題，半夜起工作，常至晨五時始就眠，其勤奮如此。

六月二號星期二（四月廿二）

寫鄧廣銘信。看劉敦愿《古史傳説與典型龍山文化》訖。李爲衡自雲南來，長談。大便二次。記筆記一則。

尹受來。眠一小時。看《新中國的考古收獲》。齊思和來，長談。趙光大夫來送藥。

與靜秋、李民到科學會堂買物。車中遇金克木。九時歸。洗浴。十時一刻服藥眠，翌晨五時醒。

張苑峰家已遷入建國門外新屋，予家定本月五日動工，人遷張家住。

林劍華血壓仍高，上月點書工作僅有三十餘元。

昨張家將遷，出其廢紙秤斤售賣，堪兒見之，因以林先生爲予整理後之廢紙出售，凡八十余斤，得九元餘。予本擬將林先生定爲廢紙者親手檢理一過，今則已矣，其中説不定有予保存數十年之珍貴資料也。

六月三號星期三（四月廿三）

大便二次，後一次但有黏沫與血。續寫《鳥夷文化遺存》千餘字。静秋回城。尹受來作飯。

寫丁樹奇、原孝銓、劉鈞仁信。眠至四時方起，看徐中舒《左傳選後序》。與李民談，爲寫新建設《文史》編輯部信。李民進城。

看汪中《述學》及《古史辨》第七册。洗浴。十時一刻服藥眠，翌晨五時一刻醒。

今晨大便仍有血，静秋責予，上星期渠不在此，致予寫作太勤，乃致此也。予意，此蓋五月卅一日晚遇雨急奔所致，予真不能有一點緊張矣。

家中廊下藏有《尚書文字合編》版片四箱，《禹貢半月刊》紙型數捆，現將拆建房屋，無法保存，擬捐獻中華書局，請其即行取去，因寫丁樹奇信。

六月四號星期四（四月廿四）

續寫《鳥夷》二千五百字，訖。尹受來，作飯。

卧床，看《考古學報》、《考古通訊》等。五時，起身作飯。

續看《述學》。洗浴。十一時，李民歸。服藥，十一時一刻眠，翌晨五時半醒。

今晨大便一次，雖稀而多，開頭有一點血。

在《考古學報》上得到《大誥考證》之重要資料，必當補入，精神一振。

六月五號星期五（四月廿五）

看胡玉縉《四庫提要補正》。約寫二千五百字，《嬴姓》一章改訖。尹受來，作飯。

未成眠。臥至三時起。寫齊思和信，送文稿，由李民送去。

與李民同到西門，接靜秋，未得。遇鄧廣銘。九時回，靜秋旋至。洗浴。十時一刻服藥眠，翌晨五時三刻醒。

今晨大便又二次，第二次特少，未見有血。又一次，更少，成條。思今日之所以多者，昨日家中送蒸熟之香蕉來，以不可久存，午晚各食其二，殆以此乎？

今日家中將床鋪、衣櫃等移入張苑峰原住室，而以東屋書櫃移至中室西間，所中派老年男婦三人至，雁秋、靜秋、尹受助之，靜秋以是呼累不止。

六月六號星期六（四月廿六）

與靜秋同到西苑醫院，就徐季涵大夫診。遇趙光、葉渚沛、王載輿。回校，修改《東土的新封國》訖。趙光來送藥。

眠一小時。理出借人書，已稿。寫齊思和信。劉起釪來。四時，出，謝趙紹賢等。與靜秋、起釪、李民乘車到動物園，覓小汽車不得，半小時後仍乘無軌入城。

看梁玉繩《史記志疑》。洪兒爲洗浴。十時半服藥眠，上午四時半醒。良久眠，六時半醒。

爲了吃飯、吃藥的方便，大便帶血的憂慮，今日決定返城，放棄此清靜之北大工作環境。家中改造房屋，什物搬得亂橫，幸張苑峰原住屋尚可居也。

今日上午大便二次，下午大便一次，静秋檢查皆有血，而最後一次則無糞。腸病如此，誠不知能撑持下去否。

雁秋來我家幫助搬什物兩天，以流汗太多，致感冒，今晚歸。渠亦七十人矣。

六月七號星期日（四月廿七）

整理稿件、書籍。黄秉維夫婦來。盧振華來。補録伯戀父三器入《考證》，約寫八百字。

眠一小時。與堪兒同出，予到"東單"理髪。歸，遇賀昌群。

卧床，看《史記志疑》。静秋打堪兒，勸之。十時半服藥眠。翌晨二時醒。良久又眠，六時醒。

所中派三人來，先將東房及後房出清，雁秋、尹受助之，今日蔵事，塞西屋且滿，從此予不好檢書矣。故急將必要書提出，置入張家原住屋之壁櫃。

堪兒臨近小學畢業，將分配中學的時候，猶復不肯用功，星期天一直在玩，實至晚飯後始肯坐定做功課，又復寫出不通的句子，使静秋氣極，打之。此兒不知何故，性情與其三姊絶異，不想上進如此。

六月八號星期一（四月廿八）

檢陳夢家《西周銅器斷代》中之關于東方者，補入《考證》中，約寫二千五百字。

眠半小時。王哲卿來。頤萱嫂來，留飯。

在潮兒處看聖陶所作《夜》。看童書業《墨子姓氏辨》。洗浴。十一時一刻服藥眠，翌晨四時一刻醒。又眠，六時三刻醒。

静秋檢查予今日大便，不見有血。徐大夫藥之效也。

《禹貢半月刊》紙型，經與中國書店接洽後，今日由王哲卿取去。果能翻印數百部，供民族史及疆域沿革史者之參考，亦一佳事。至《尚書文字合編》的版子，中華書局及中國書店全不願接受，只得寄滬交起潛叔矣。

今日熱甚，至卅四攝氏度，不動亦流汗。予背上以汗多，痱子大起，癢甚。

洪兒今日下午到人大會堂，聽萬里副市長報告畢業生問題，主張能升學者升學，能就業者就業，建設新中國需要各方面之人才。近日中學生有"不到北大荒就是叛徒"的口號，得此可作一針砭。

六月九號星期二（四月廿九）

將《墨台》、《北殷》兩節寫入《考證》，得千餘字。將《武庚北奔》一章統看一過。雁秋夫婦來，留飯。

眠一小時。看《考古學報》，翻三冊。到東安市場及王府井購食物。雇車歸。

洗浴。看《水經注》。服藥，飲樂口福，十一時眠，上午三時醒。又眠，六時醒。

靜秋今晚爲堪兒事，又與雁秋説嗆了語言，囑其明日勿來。自己也心驚肉跳，睡眠不安。他們兩人一好教訓人，一好生氣。

吃一頓飯，流一身汗。步至市場，又流一身汗。此即予體虛之徵也。予尚能作幾年之工作計劃乎？

六月十號星期三（五月初一）

將《保卣》、《宜侯矢簋》補入《考證》，約寫三千餘字。翟福辰來。

與靜秋出，遇胡一雅夫婦、金荷青。到東單公園散步。

看《史記志疑》。十時服藥，迷糊至十二時，飲樂口福得眠，五時醒。又眠，六時三刻醒。

此四日中，大便雖只一次，而仍有黏沫。

東單公園中，盛開珍珠梅，然不美觀，反不如草花可愛。雨後較涼，與靜秋偕行又走得慢，故未出汗。

近日堪兒作文有進步，每篇能寫 500—700 字。

六月十一號星期四（五月初二）

將《吳、宜》一節重行修改，并及《徐、淮夷》，約寫二千字。孟默聞來，長談。雁秋來。

未成眠。記筆記一則。看商承祚《信陽楚墓簡》。

洗浴。十時半服藥眠。翌晨五時三刻醒。

三姨病，臥一天。靜秋亦不舒服，手足發麻，動彈不得，自言是肝氣所致。

六月十二號星期五（五月初三）

重行修補，將潘光旦《從徐戎到畬族》重寫入按語，約二千字。李民來。與洪兒到美術館參觀。到春風理髮。

又安自鄉來。看《甘肅武威磨咀子儀禮漢簡的發現》一文。十時服藥眠，上午二時醒。五時又眠，六時醒。

今日參觀展出品：1. 井岡山風物國畫。2. 袁曉岑人物雕塑。3. 上海連環圖畫原件。4. 黄翔攝影。

展覽館中，面積太大，走得予腳底痛，幸有皮椅，隨時休息。想予少壯時，數十里高山直上直落，今日乃一衰至此，爲之長嘆。

六月十三號星期六（五月初四）

與靜秋到西苑醫院，就徐季涵大夫診。十時出，游頤和園，飯于石舫活魚食堂。十二時，到長廊飲茶。看夏鼐《十年來的中國考古新發現》畢。

二時，到北大招待所。稍息，整理物件。尹受來，捆書。到陰法魯處辭行，未晤，留條而出。雇汽車二輛，運物歸。六時到家。爲李民開《尚書與道統》的提綱。

湲兒爲洗浴。十時一刻服藥眠，上午三時醒。良久又眠，六時醒。

雁秋又病，大概爲我家搬書累了。

頤和園中所開惟蜀葵。然樂壽堂院中有幾盆玉蘭正發花，花葉與舊有玉蘭樹不同，疑是洋種。

又安云：今年春寒，麥子有病，葉、幹多黃。幸近日天氣好，故收成當不劣。農場中所植桃、杏，則以春寒故，均未結實。

六月十四號星期日（五月初五　端午）

又安爲磨墨。爲人寫字三幅。寫北大招待所大字報一幅。寫魏建功、向仍旦、黃先義、容媛、顧德融信。張吉人、吉井來。

遵靜秋意，重寫大字報。眠近一小時。理洋鐵箱中破書。記筆記二則。理北大帶回稿件。

與靜秋到隆福寺散步。步歸。十時半服藥眠，上午二時醒。又眠，六時醒。

此次到北大上課，可謂"一場嘸結果"。但此事非我所願爲，故于今日致建功、仍旦函中云：將于此後一年中將《十三經提綱》作畢，寄校付印，分給同學。此後擬作兩書，一《經學通論》，一《經書選讀》，則俟時再議。

書必自理。一九五四年來京時，人多手雜，不知何人將一部分書置洋鐵箱，放在書櫃頂上，我久不見，以爲丟了一部分書。今以將修房，取下觀之，吾祖、吾父之手澤存焉，爲之大喜。

六月十五號星期一（五月初六）

修改《三監疆域各家異説表》付鈔。繼續修改，補《匽侯旨鼎》二及《憲鼎》，《水經・洍水注》等，約寫二千餘字。

未成眠。

與静秋到東單公園散步。李民來。洗浴。十時半服藥眠，上午二時半醒。又眠，六時半醒。

不知何故，昨夜起小便作青黑色，使静秋又發急，不欲予工作。

六月十六號星期二（五月初七）

又安返鄉。繼續修改，補《逸周書》、《史記志疑》等書資料，約寫一千五百字。黄先義來。

未成眠。吃西瓜三次。

與静秋到中山公園散步。九時三刻歸。洗浴。十時三刻服藥眠，上午四時一刻醒，遂不寐。

今日小便仍青黑色，静秋驚，囑尹受送北京醫院挂急診號檢查，乃未得病徵，并云血糖反比以前少。大約中藥有貫仲炭，雖經過濾，而仍注入小便也。

爲醫囑予多吃水果，故今日買西瓜一個，重八斤半，兩角一斤，計一元七角。予本口苦舌乾，食此口中轉爽快，可喜也。

六月十七號星期三（五月初八）

看胡愈之所譯法國 Maurice Besson《圖騰主義》訖。鈔《逸周書・明堂》入《考證》，又補綴數處，約寫二千餘字。

未成眠。吃西瓜二次。

在院乘凉。洗浴。爲待堪兒作課，服藥二次，十一時半眠，翌晨七時醒。

今日大便成條，只有極少之黏膜。小便仍青黑。

堪兒爲要考入好中學，而語文太差，發憤每天寫一篇，今日直至晚十一時後。這當然是好事，無如"臨上轎穿耳朵"，嫌過晚耳。

今日《北京晚報》載河南京劇團排演現代劇，說演員們"反復加工，不厭其煩"，這八字，予其當之無愧矣。惜静秋日爲予工作而焦急，使予不安心耳。

六月十八號星期四（五月初九）

重鈔《禮記·明堂位、文王世子》入《考證》，并作批評，約三千字。雁秋來，留飯。

未成眠。將《三監》一篇的標題移前。

翻《文史》二輯。服藥二次，十一時眠，翌晨四時醒。又眠，七時一刻醒。

前兩日天氣太熱，至卅五攝氏度。予埋頭工作，流汗甚多，以是痱子已生。今日下雨，得一涼爽。但静秋説，近日雨則對于收割麥子不利。

昨今二日，晚上都未出散步，故皆不易入眠，服過量之安眠藥。

得志堅來書，渠由武漢來天津開會，不久將到北京，看來改造好了。

六月十九號星期五（五月初十）

重寫《吳的東南遷和宜的分封》三千字，未畢。羅麗來。羅爾綱來。

眠一小時。劉起釪來。雁秋來。

到"東單"修面。到王府井購物。歸，洗浴。十時半服藥眠。

上午三時醒。又眠，五時醒。

　　理髮師謂予："你的鬍子一刮就長，這樣大的年紀可以留胡子了，不用花冤錢了。"歸以語靜秋，靜秋云："留了鬍子，吃飯時容易髒，還是不留了吧！"在舊社會，五十歲便留鬚，今則國家領導人，若兩主席，幾位總理皆不留，此亦風尚也。

　　今日大便二次，但不稀。

　　今日雨中夾雹，對農作物不利。麥子在收中，尚有小米（穀子）、玉米、高粱在田也。

六月二十號星期六 （五月十一）

　　寫顧志堅信。與靜秋到西苑醫院就徐季涵大夫診，途遇俞旦初。歸車中遇欒植新。歸後，臥床看報。

　　約眠半小時。續寫《吳的東南遷》約八百字。

　　看《鄭板橋集》。十時半服藥，約十一時眠。上午二時醒。又眠，五時三刻醒。

　　今日上午拉二次，下午拉二次，超過記錄。靜秋謂予工作過度所致，予則疑近日下雨，氣候突變，兼之昨晚洗澡，水雖熱而室則涼，予體已未能適應耳。

　　覽報，悉解放軍和農民一起趕收麥子，未受損失，今年京郊畝產可達四百斤以上。

六月廿一號星期日 （五月十二）

　　續寫《吳的東南遷》三千字。張覺非來。雁秋來，留飯。

　　未成眠。德融侄來，留飯。與三姨、靜秋、堪兒到兒童影院看電影。

　　續看《鄭板橋集》。尹受爲洗浴。十一時服藥眠，翌晨五時醒。

　　今日又熱至卅三度。

所看電影：1.《永遠不要忘記的地方》（重慶中美合作所）
2.《自有後來人》（鐵路工人李玉和一家革命）

今日大便只一次，又好了。這説明只要天氣熱就會好。但我是一個怕熱的人，可奈何！

六月廿二號星期一（五月十三）

續寫《吳的東南遷和宜的分封》訖。改《徐》、《淮夷》訖。改《祝融族》篇未訖。本日約寫二千字。雁秋來。

約眠半小時。

與堪兒到東單公園散步。歸，洗浴。十一時服藥眠，翌晨五時半醒。

趙啓騄日前逝世，年七十。今日在嘉興寺開吊，以天氣悶熱，予與静秋身體又不好，僅倩雁秋代寫一吊函致其女德如。渠向不與予來往，而今年五月一日忽與其婿李明揚同見過，其告別耶？

在美國太平洋司令費爾特宣布美國準備冒戰爭危險以阻止整個東南亞落入共產黨人之手的同一天，蘇聯《真理報》發表茹科夫文字，説：中國如果繼續反蘇運動，蘇聯的核力量將來不會自然而然地被認爲去保護中國。一拉一唱，美、蘇之勾結以共同對付中國非常明顯，但中國是嚇得倒的嗎？以中國人之努力而且堅持真理，敢信最後之勝利必歸于中國，核訛詐徒自形其骯髒而已。

美遣上將泰勒爲南越大使，駸駸乎有欲動之勢。然美帝以十個指頭壓十跳蚤，老撾、南越、委内瑞拉、古巴、剛果均在用兵，如果發動北越與中國之大戰，勢將不遑兼顧，顧此失彼，而其潰敗之勢成矣。此固世界革命人民所求之不得者也。

六月廿三號星期二（五月十四）

改《祝融族》篇訖，重寫千餘字。

未成眠。看《鄭板橋集》。商錫永自粵來。

洗浴。服藥，約十一時眠，翌晨五時半醒。

今日大熱，至卅八度。向來端午後是不會這樣熱的。我在室內工作，尚汗流浹背，背上痱子既癢且痛，則農夫在野，其勞苦將何如！

六月廿四號星期三（五月十五）

改《鳥夷族》篇訖，重寫千餘字。

眠一小時許。

與靜秋坐小院。看《鄭板橋集》。尹受爲洗浴。十一時服藥眠，上午三時半醒。又眠，六時三刻醒。

兩日來均作雲，雷電交加，而竟不下雨，使人暍死矣。

六月廿五號星期四（五月十六）

改《東土的新封國》訖。寫《考證簡目》訖。寫《考證詳目》，未訖。李民來，還書。

未成眠。賀昌群來，同步至王府井，予至“四聯”理髮，到市場買物。歸，遇張毓峰。

趙光來，爲靜秋按摩。尹受爲予洗浴。十一時服藥眠，上午三時半醒。又眠，六時半醒。

《考證詳目》，實爲提綱，使此二十餘萬字多而不亂，得一總結。此工作不可少也。

洪、堪兩兒俱應屆畢業，幾經商量，洪兒以師大女附中爲第一志願，女十二中爲第二志願；堪兒以二十五中爲第一志願，二十四中爲第二志願。女十二中及二十五中俱在燈市口，二十四中在外交部街，均不遠，惟師大女附中在西單耳。

六月廿六號星期五（五月十七）

蘗植新來。翟福辰來監工。寫起潛叔、童丕繩信。續寫《考證詳目》十四頁，至徐。

未成眠。顧志堅自天津來，即日返漢。

與靜秋步至東單公園。九時許歸。趙光來，爲靜秋按摩。尹受爲予浴。十一時服藥眠，上午三時一刻醒，遂不寐。

本說本月五日前來修房，但直到今日始來，以迎接國慶十五周年，各處修建，工人忙不過來故也。

天久不雨，旱象又將成矣。

志堅弟來，詢知九嬸母已于六〇年逝世，年七十三，病中風。志堅在香港將"大中國"存款化盡，今乃自束繩墨，此共產黨救之也。

今夜眠短，以少服安眠藥故。

六月廿七號星期六（五月十八）

雁秋來。與靜秋到西苑醫院，就徐季涵大夫診，并晤趙光。途中遇楚溪春、胡一雅。

送三姨上車。眠約半小時。建國門建築服務站主任李德懷來談。續寫《詳目》七頁，至楚。

看法式善《陶廬雜録》、方濬益《彝器考釋》。趙光來送藥。潮兒爲擦身。十二時服藥兩次眠，上午四時醒。又眠，七時三刻醒。

徐大夫謂我之病，根本係脾虛、肺熱二事，此外又有些肝熱耳。又謂予舌苔見好。以天熱，予擬請轉方，勿親往，以一往返間總須歷四小時，驕陽可畏也。

三姨自去年十二月卅一日由成都來我家，至今日赴徐州賈汪，一住半年，幫助我家勞動不少，以是此數月中未請保姆。渠子、媳、孫在賈汪，女、婿、外孫在成都，雙方均欲得其力，而又以戶口不易遷入，故年必旅行一次，然年不饒人，精力亦衰矣。

六月廿八號星期日（五月十九）

堪兒與靜秋吵。雁秋來。續寫《考證詳目》十二頁，至《東土的新封國》。

未成眠。李民偕劉萬鎮來。

趙光來。看《綴遺齋彝器考釋》。尹受爲洗浴。服藥兩次，約十二時眠，翌晨六時半醒。

昨靜秋到史家胡同小學開會，老師謂堪兒理解力甚高，而努力不足，只要分數能對付過去便自滿意。此在學校方面如此。在家庭言，則架子甚大，一切要人家服勞，自己儘玩與看書，吃飯時右手持箸，左手持書，太不嚴肅，管之則怒。

今日大熱，汗如雨下。然他人不汗而我汗，他人能耐而我不能耐，足見予體之不如人。

靜秋招買破爛的人來，將一大堆書紙賣去，內有徵蘭讀過之小學國文教科書及吳練青與靜秋書簡，甚可惜。然較之解放初期以好書好帖作還魂紙用，尚說得過。

六月廿九號星期一（五月二十）

雁秋來。續寫《考證詳目》十二頁，訖。以《三監》一篇寫得較略，又重寫三頁。

眠一小時許。將所鈔《考證詳目》復看一過。將《考證》先後移易數處。

尹受爲洗浴。看《綴遺齋彝器考釋》。十一時服藥眠，上午三時三刻醒。又眠，六時三刻醒。

夜雨，大慰。

《詳目》共寫五天。

前廊三間，今日拆去。正房得見日月之明矣。

六月三十號星期二（五月廿一）

看陳夢家《西周銅器斷代》、郭沫若《兩周金文大系考釋》，將《考證》重寫二千字。雁秋來。許順娟來。

略一朦朧。

出，遇夏作銘。到王府井買物。到中山公園散步。十一時服藥眠，上午三時醒。至五時又眠，七時醒。

今日陰，較昨稍涼，惜昨雨之不透也。

東房二間，今日拆修。

堪兒後日即考中學，而今日仍爲飛機不輟，其自由散漫爲何如？

靜秋傍晚忽咳出一石粒，頗致驚疑。

六月十三日徐季涵大夫所開方：

淮山_{五錢}　杭白芍_{五錢}　側柏炭_{三錢}　生首烏_{四錢}　紫苑_{三錢}
地榆炭_{三錢}　黃芩_{二錢}　甘草_{二錢}　貫仲炭_{三錢}

六月二十日所開方：

淮山藥_{五錢}　杭白芍_{五錢}　當歸_{三錢}　槐花_{三錢}　法半夏_{三錢}
黃芩_{三錢}　焦山楂_{四錢}　丹參_{三錢}　貫仲_{三錢}　甘草_{一錢五分}
地榆_{三錢}

一九六四年七月

七月一號星期三（五月廿二）

看胡厚宣《楚民族源于東方考》。寫《楚與申、呂、許的關係》三千字。記筆記一則。雁秋來。

眠一小時。起釬來。

擦身。十一時服藥眠,上午二時三刻醒。又服藥,三時半眠,六時半醒。

今日大便又有些血,得毋昨夜步行較久故耶?

七月二號星期四 (五月廿三)

以《左傳》資料加入《楚、申關係》,寫千餘字,訖。雁秋來。

眠一小時許。看胡厚宣文畢。李民來。胡厚宣來。

尹受爲洗浴。李民、劉萬鎮來。趙光來。服藥,十一時半眠,翌晨五時三刻醒。

今日大便又有些血,靜秋謂予工作太緊張之故,不許予再加資料。

七月三號星期五 (五月廿四)

以胡厚宣文所提出之資料補入《考證》,約寫三千餘字。雁秋來。

眠一小時許。到"春風"理髮,遇雨,尹受送傘來。

趙光來。擦身。乘凉。十一時服藥眠,翌晨五時半醒。

洪兒發燒。渠前數日犯中耳炎,今日又感冒,體何弱也?

今日下午大雨,夜又雨,農田可不患旱矣。

剛果(利)解放區日廣,阿杜拉幹不下去而辭職。美帝又要拼湊聯合政府,冲伯又歸國活動,但人民已覺醒,必不任其把持也。

七月四號星期六 (五月廿五)

續改寫《考證》二千餘字。雁秋來。頤萱嫂來。

眠一小時半。

與堪兒到中山公園，看文娛晚會。十時半歸。十一時半服藥眠，翌晨六時醒。

今日大便，静秋云血絲較前數日爲少。

洪兒退燒。

爲與堪兒往公園，故電影、相聲、皮影戲、木偶戲均不能不看，站立兩小時，兩足痛矣。

七月五號星期日（五月廿六）

洗浴。雁秋來。出，遇容元胎夫婦及其子。到羅爾綱夫婦處談。又到吳世昌夫婦處長談。遇卞之琳。歸，陰法魯來。

看吳世昌論《殘本脂硯齋評紅樓夢》。眠一小時許。看傅孟真《夷夏東西説》。劉起釪偕其甥女周瑞金來。

與羅麗、蕭風談。擦身。趙光來。十一時半服藥眠，翌晨五時醒。又眠，六時醒。

今日大便無血。

東屋，同時砌兩重墙，一後壁，一中間隔也。

七月六號星期一（五月廿七）

續修改《考證》約書兩千字。雁秋來。

眠半小時許。李民來，看其所作《道統》一節。

尹受爲洗浴。趙光來。十一時許服藥眠，上午三時一刻醒。約五時後又眠，七時醒。

今日大雨。

七月七號星期二（五月廿八）

續改寫《考證》約二千字。雁秋來。

未成眠。

與堪兒到北海，至濠濮間，下坡看電影《鐵道游擊隊》。十時半歸。尹受爲洗浴。十一時半服藥眠，上午三時三刻醒。天明後又朦朧，六時半醒。

今日較涼，静秋又拉三次。

《考證》至今日改畢矣，真不容易！

公園中有露天電影，堪兒不肯不看，但予站立一小時後脚痛甚，只得尋一椅子坐着，不克終場矣。

七月八號星期三（五月廿九）

寫《考證引用書目》十頁。《東土的新封國》中補一則。雁秋來。李德懷來，長談。

林劍華來，送核桃仁。

看趙明《寂静的山林》。尹受爲洗浴。佟志祥自貴陽來，與筆談。失眠，十二時半進食物，得眠，翌晨六時醒。

天又晴，酷熱。

《考證》改了三個月，增補太多，予去年所編《引用書目》已不適用，只得重寫，爲將來改寫李民所爲《引書表》張本。

予晚間真不能見客，一見客雖服藥依然無效。然外省人來開會，日間無暇，惟夜間得自由活動，予其奈之何哉！

七月九號星期四（六月初一）

續寫《引用書目》十頁，又改寫《考證》文兩千字。雁秋來。王姨母來，贈物。

朦朧片刻。

與堪兒、徐小融游中山公園。十時歸，車中遇大玫表妹。尹受爲洗浴。十一時服藥眠，上午三時一刻醒。約五時復眠，七時半醒。

日前見《參考消息》，知蔣夢麟在臺灣死了，年當在七十七左右。此一"高等華人"，只能作學閥而已。

七月十號星期五（六月初二）

魏廣洲來。雁秋來。續寫《考證引用書目》十三頁。

眠半小時。看阿爾巴尼亞《人民之聲報》斥赫魯曉夫文摘要。看潘昌煦《芯廬遺集》。

與静秋在院内乘凉。尹受爲洗浴。十一時許服藥眠，上午二時半醒。又眠，六時半醒。

今日大便又有些黏液。

奇熱，至卅六度。

潘由笙先生，昔日與予爲燕京大學同事，教法律，大予廿歲。七七事變前南還，艱苦樸素，以售字爲生。解放後與予同任蘇州市人民代表。兹得起潛叔寄其遺集來，知于一九五八年逝世，年八十六。其詩作甚有工夫，其爲人耿介更可師也。

七月十一號星期六（六月初三）

續寫《考證引用書目》十頁。

眠一小時。到"鼎新"修面。到市場買蠟燭。雇車歸。

趙大夫來，談。尹受爲洗浴。失眠，十二時半起吃餅乾，乃得眠，翌晨七時醒。

昨日天氣預告，今日爲陰兼雨，而今乃全晴，赤日炎炎，真可畏也。

雁秋羊肉胡同房屋亦須修理，以遷移什物，今日未來。

今晚趙大夫來，適值静秋洗浴，予因與談話。以此故，遂不能入睡。予夜中生活如此受限制，苦哉！然吃一點點心有效，亦佳事。

七月十二號星期日（六月初四）

到胡厚宣處談，并遇蔡秋萍。到容元胎處談。到賀昌群夫婦處談。歸，黃先義來，留飯。

眠一小時。看溥儀《我的前半生》，未畢。李民來。雁秋送木蘭來住宿。

尹受爲洗浴。十時服藥眠，翌晨四時半醒。又眠，七時醒。

今日將《鳥夷族》一章送至厚宣處，請其增加甲骨文資料。

溥儀《我的前半生》一書，久知之而未見，頃由李民借來，乃得讀。此書甚有歷史價值，二十世紀之前半，乃我輩之共同歷史也。

今日下午六時暴雨，住屋漏，幸修理工人尚未散，由艾師傅上屋蓋氈始止，一時間水自椽直注屋內，適當衣櫃，緊張甚矣。

七月十三號星期一（六月初五）

續看溥儀《我的前半生》未訖。

未成眠。雁秋夫婦來，頤萱嫂留宿。

十時半服藥眠，翌晨五時醒。又眠，七時醒。

昨夜及今日繼續雨，天氣較涼，傍晚乃止。田中需水，此雨正及時也。

木蘭下月當產，以住中關村入城赴婦產醫院檢查不便，而雁秋羊肉胡同屋又正在翻修，不能住，故住予處。頤萱嫂爲照顧木蘭，亦來住。三間屋子住八人，頗擠。

七月十四號星期二（六月初六）

頤萱嫂伴木蘭至產科醫院檢查。續看溥儀《我的前半生》，仍未訖。雁秋來。

未成眠。聽《九評》廣播。與洪兒到美術館，看第三屆解放軍畫展，自四時至六時。

　　趙光來。洪兒助洗澡。十時半服藥眠，上午五時醒。又眠，六時醒。

　　静秋手臉都腫，不知何病。渠每至下午，衰憊至不能張目。以予較之，可謂健甚。趙大夫謂静秋的病全是神經性的，中樞神經已失却控制作用。

　　今日看展覽會雖屢次休息，終覺脚痛，體真衰矣。

　　今日《人民日報》發表《九評蘇共中央公開信》，斥赫魯曉夫集團爲假共產主義，而中共則爲根除修正主義，將付以長時期之努力。

七月十五號星期三（六月初七）

　　續鈔《考證引用書目》三頁訖。補《東土的新封國》二節。雁秋來。

　　約眠半小時。將《考證》中甲文、金文資料鈔出，并加核對。静秋到協和醫院診。

　　容元胎來。尹受爲洗浴。續看《我的前半生》。十時許服藥眠，上午三時醒。又眠，六時醒。

　　今日大便又多黏沫，静秋責予昨日看展覽會所致。下午又拉一次，不敢與静秋言也。

　　静秋手上發炎，腫甚，醫爲敷藥。

七月十六號星期四（六月初八）

　　改寫《周公東征的勝利》前二頁成五頁，二千餘字。雁秋來。

　　未成眠。作《西周東征、南征將佐表》，未訖。到胡厚宣處，請其檢甲骨文資料，予自檢《太平御覽》，以與所引文對勘，自三時至五時。續改寫《考證》七百字。

遇汪静之。與堪兒到大華看《北國江南》電影。十時歸。尹受爲洗浴。十一時服藥眠，翌晨五時醒。

静秋手腫愈甚，作劇痛，有幾分燒。

《北國江南》一片，陽翰笙創作，秦怡等演，寫張家口附近某公社之掘井出水，使農産大豐收，及敵對分子之破壞不遂事。

厚宣云：今年八月科學中心會議在北京開，世界各國參加者甚多，而予在日本方面頗被器重，彼國所編《中國史大系》一書首列予照片，次乃及王國維、郭沫若，恐日人來者欲見予，囑予勿外出休假。然無如尹達之不請予參加何！

七月十七號星期五（六月初九）

雁秋來。又安自鄉來。看陳夢家《西周銅器斷代（一）》。重寫《周公伐楚的史實和周公居東的傳説》四千字。

未成眠。静秋到協和醫院診。

尹受爲洗澡。翻《兩周金文辭大系》。十一時服藥眠，上午三時醒。又眠，六時醒。

静秋今日到醫院開刀，擠出膿，痛較好。

静秋看予小便色濁，知有沉澱物，猶前藥中有炭，遂作青黑色也。

昨晚在電影院中想得《周公伐楚的史實和周公居東的傳説》一題，決將《金縢》、《大傳》加入，《周公伐楚》一章重寫，居然一氣寫得四千字，此問題遂不必在《金縢》篇中討論矣。

七月十八號星期六（六月初十）

寫北京醫院取藥信。雁秋來。到“四聯”理髮。到東安市場買物，出，遇劉子植。雇車歸。改寫《周公伐楚的史實和周公居東的傳説》二千字，本章訖。

未成眠。看譚戒甫《公孫龍子形名學發微》。

到章元善處。雇車歸。陸啓鏗來，留宿。洪兒助洗浴。十時半服藥眠，翌晨五時醒。

元善割痔瘡，今日方還家。渠前月曾赴大慶參觀，爲言其地石油産量豐富，今掘六百餘井，僅占其一小部分，現每星期可開一井。并言大慶人之精神非常可羨，迥異于蘇聯之以物質作刺激者。

予家至元善家只兩條胡同，而予已覺甚累，故元善爲予雇車歸。回想以前健步情況，宛如隔世矣。

得丕繩信，囑予壓縮舊作，并寫出《堯典》、《皋陶謨》、《禹貢》三篇之批判文字。又《炱報》、《郡制》二篇亦須重寫。

七月十九號星期日（六月十一）

雁秋來。王樹民來。與静秋到錫錕服裝社量衣。到桂香齋買西瓜，送王姨母處。姨母外出，與大琪弟長談。大玫、王儼堅留飯。下午二時歸。

略一朦朧。陸啓鏗回中關村。龔文清來，爲待又安，久坐，予陪之，談二小時。看陳夢家《西周銅器斷代（一）》。

與湲兒到百貨大樓及東安市場購物。九時歸。尹受爲洗浴。十時半服藥眠，上午三時醒。四時腹瀉，遂不寐。

今日同席：予夫婦（客）　　大琪夫婦　大玫　王鑫　楊洋
王晶

予真不能外飯。今日爲王家所留，中夜遂覺腹痛，就厠即拉稀，有黏沫有血，但不多耳。静秋謂予數日來大便已不好，蓋工作過緊張也。静秋亦徹夜無眠，以酬酢興奮也。一對病夫妻，可奈何！

與湲兒到王府井，一來回間，又浴汗矣，且疲甚。予昔自詡，飯量好，又健步，正有生存資本，今二者天奪之矣。

樹民四月間參加"四清"工作，到懷柔縣長城外，住農民家，知農民爲受幹部壓迫，告之于政府派往之工作隊，及工作隊去，幹部即行報復，虐待之者有加。聞之，知幹部中不少尹達在。何時至今日而騎在人頭上之"老爺"仍如此多也？

七月二十號星期一（六月十二）

雁秋來。爲審核戴澧《洛誥今譯》，寫歷史研究編輯部信。寫何叙父信。據陳夢家《西周銅器斷代（一）》改寫《考證》，增二千餘字。

未成眠。周達甫來。

與洪、堪兩兒乘車至天安門，乘涼，步至前門，乘車歸。趙光來。尹受爲洗浴。十一時服藥眠，翌晨六時醒。

今日起，三女均放假，可操作家務，分靜秋勞動。

七月廿一號星期二（六月十三）

寫傅振倫信，索厚宣稿。續據陳夢家文修改《考證》，寫三千餘字。雁秋來。記筆記一則。

未成眠。

休息。十時半服藥眠，上午三時一刻醒。又眠，六時一刻醒。

今晨仍拉稀。

終日大雨，傍晚始止。聞北京市區爲五六十毫米，遠郊有至七八十毫米者，大有利于農作物。

後軒三間，北窗今日砌墻。

七月廿二號星期三（六月十四）

李址麟偕朝鮮科學院考古所金基雄、李濟善來訪，并照相。與静秋到錫錩量衣，又到百貨大樓買凡而丁量衣。十二時雇車歸。

未成眠。雁秋來。將陳夢家《西周銅器斷代（一）》及胡厚宣所錄之甲文資料補入《考證》訖，約寫二千餘字。

訪謝剛主，未遇。尹受爲洗浴。十時服藥眠，翌晨六時醒。

覽報，悉地質古生物所所長斯行健在南京逝世，年六十三。此我中山大學之同事也。

到百貨大樓三層製衣，又使我脚痛半天。

七月廿三號星期四（六月十五）

雁秋來。復看《三監及其疆地》一章，改寫約二千字。

未成眠。看范文瀾《經學》。戴澧來。與家人到大華看《青山戀》電影。

尹受爲洗浴。十時半服藥眠，翌晨五時三刻醒。

戴澧爲人民大學教語文，有意于翻譯《尚書》，可與把臂論文者也。

《青山戀》由趙丹主演，寫上海青年到廣西林場工作，有前進，有落伍，而終于同肩并進，是皆路場長領導有方之效。

予與靜秋年歲雖差而病多同，數之，爲：1. 神經衰弱，易緊張。2. 不易入眠。3. 氣管炎，易感冒。4. 腸炎，易泄瀉。5. 腹鼓，易放屁。6. 香港脚。7. 體虛，多流汗。我所特有者：痰吐不完，氣喘，晨醒時滿身痛。靜秋所特有者：胸前作痛，常自疑是食道癌。

七月廿四號星期五（六月十六）

復看《三監及其疆地》訖，《周公執政稱王》未畢，改寫約千五百字。雁秋來。

得眠半小時。劉起釪來。

到"東單"修面。歸擦身。服藥兩次，十一時眠，二時半醒，耿耿至天明復眠，七時醒。

今晚以看毛主席一九五七年在全國宣傳會議上的講話，服藥二次方成眠。上午二時半靜秋開燈喚堪兒起溺，予遂醒。至天明乃入眠。予睡眠之不自由如此。

七月廿五號星期六（六月十七）

雁秋來。復看《周公執政稱王》畢，《三監及東方諸國的反周軍事行動和周公的對策》未畢。胡厚宣來，送稿。

眠半小時。李民來，送序稿。與靜秋同到百貨大樓試衣。

雁秋夫婦歸遷屋。趙光來。尹受爲洗浴。十時半服藥眠，翌晨四時醒。又眠，六時半醒。

今日頗涼爽，未流汗。接自珍信，南京熱至卅九攝氏度，可畏也。

聞厚宣言，劉晦之先生體智，前年在上海逝世，其遺稿未刊者均歸考古所。

七月廿六號星期日（六月十八）

復看《考證》，自《周公的對策》至《武庚的北奔》。寫自珍信。

未成眠。雁秋夫婦回。

與湲兒到文化宮散步。歸，尹受爲洗浴。十時半服藥眠，上午三時醒。又眠，六時醒。

靜秋傷風甚劇，大不舒服。

雁秋家亦修屋，自今日起，雁秋亦住我家，無床，便睡兩桌上。

爲了修屋，堪兒終日與木工、泥工、石工接近，此猶青年之下廠礦也，雖不讀書，而可得許多實際知識，手亦可以訓練得靈巧些。他理解力高，惟不愛正規功課，以此引得靜秋焦躁。

七月廿七號星期一（六月十九）

看羅爾綱《忠王李秀成的苦肉緩兵計》。復看《考證》，自《箕子的傳說》至《徐人的遷留》。

未成眠。章元善、王伯祥來。

與堪兒到文化宮散步。尹受爲洗浴。徹夜無眠，天明後始入夢。六時半醒。

今晚又散步，又洗浴，又服藥，而竟不能入眠，則失眠之故無疑由于工作太緊張矣。予已定八月五日赴青島療養，而手頭工作未了，不能不趕，而一趕則精神不免緊張，血壓亦或升高矣。

七月廿八號星期二（六月二十）

復看《考證》，《徐、淮夷》部分改訖。

未成眠。周達甫來，爲寫起潛叔信。夏作銘、黃展岳來。

看章式之先生手札。獨至東四散步。歸，尹受爲洗浴。看《唐詩》。十一時服藥眠，翌晨五時半醒。

爲昨日失眠，今日頗疲憊。今日工作做得較慢，晚間散步亦緩緩行，睡前服藥較多，故得酣眠。

七月廿九號星期三（六月廿一）

寫北京醫院取藥信。羅麗來。復看《考證》，《祝融族》部分未改訖。

得眠一刻鐘。章志雲來。木蘭同事高、孫二女士來。

與堪兒游東四人民市場。尹受爲洗浴。十一時服藥眠，翌晨七時醒。

予亦感染傷風。

七月三十號星期四（六月廿二）

改寫《楚丘》約三千字，訖。李民來，送還序文原稿。

到春風理髮。冒雨歸。

與靜秋到百貨大樓二度試衣。趙光來。尹受爲洗浴。服藥，十一時眠，翌晨五時一刻醒。

得德輝來信，知蘇滬一帶之熱爲六十年來所未有，每日超過華氏百度。杭州至于停市。北京今夏以雨多，較南京凉快矣。

趙光來按摩一月，靜秋以不見效辭之，而猶欲其在西苑醫院爲予取藥，予不欲，因又口角。

七月卅一號星期五（六月廿三）

復看《考證》，《祝融族》部分改訖。《東土的新封國》亦改訖。校對《引書目》未訖。

眠約半小時。

獨到景山散步。尹受爲洗浴。服藥二次，約十一時眠，翌晨六時半醒。

予到青島，本定帶湲、堪兩兒前往。今日靜秋以潮兒身體不好（月經色淡，脣亦不紅），欲其同往，休息三星期，且事鍛煉，潮兒亦以有同學在彼，意亦活動。渠實在太用功了，雖放暑假，同我一樣忙碌，而飯量反不如我。

今日下午，靜秋到北大醫院就醫，是否食道癌，醫謂前年已有此疑，在時間上不可能延至今日，囑下月四日再往。

今日工人將正屋三間中書籍全移入隔斷後。

《史林雜識》續編擬目：折獄　○肉刑　贖刑　象刑　軍刑　李

悝法經　封國　郡縣　三年之喪　五服　貞女與寡婦　烝報　九族
義莊　商人　奴隸　餘子　"人民"　四民　△航海（對于少數民族
之認識）　開發新地　從少數民族生活認識古代　田獵　經野　遷
國　地方基層組織　△九州名義　△太原　△大九州　△女國　東向與
南向　○握橋　珠　秦紀　秦刻石　"古公亶父"　巫　讖緯　聖人
與賢人　○△李冰故事　離朱　趙氏孤兒故事　六月雪故事　杜子春
故事　板橋三娘子故事　白蛇故事　小雅中之東周詩　所謂"笙詩"
　　大武　樂經與樂記　漢今古文學之爭論中心　史學界三妄人　皋陶
謨與論語　○△吐谷渾　△大夏　△昆侖　△汾水流域之燕　△晉與戎、
狄　尊號與謚法　西漢時之諸侯王　婦人封國　五霸
　　插圖○　插地圖△

　　我的病況
　　一、高度失眠，已歷四十七年，成爲非藥不眠之局。因此精神
容易緊張，不能適應集體生活，而藥也用得越來越多。
　　二、慢性氣管炎，一受凉即咳嗽、多痰，痰往往冲口而出，厚
如豆腐。此病已歷二十餘年。在北京度冬最苦，爲了室内外温度差
得太遠，所以逢冬必發，甚至轉爲肺炎。
　　三、腸胃功能衰退，舌苔厚膩，積久不化，不思進食，多放
屁。此病近五年始加劇。去年十二月，今年三、四月都鬧過大便帶
血，且有黏液。經檢查多次，醫生認爲器官無病象。
　　四、糖尿，此病發現約五年，尚不劇。但口渴頗甚，早晨醒
來，口中毫無津液，急欲飲茶。每天喝水多，故小便亦多。
　　五、睡熟時盜汗，已歷多年。白天流虛汗，則爲近年事，一勞
動即出一身大汗。
　　六、去年脚跟作痛，醫言是骨刺。今年脚跟痛稍好而脚心痛特
劇，走一華里以上即如鑽刺。站立時則五分鐘以後即痛得站不住。

七、手顫，已歷五年，病發時妨礙寫字，幸尚不常發作。

一九六四年九月十四日寫示劉文清大夫，并示楊祝成大夫，一西醫主任，一著名中醫師也。十七日晨，過錄于此，以志予體之衰。

《漢書·蒯通傳》：

臣聞勇略震主者身危，而功蓋天下者不賞。……今足下戴震主之威，挾不賞之功，歸楚，楚人不信，歸漢，漢人震恐，足下欲持是安歸乎？今勢在人臣之位，而有震主之威，名高天下，竊爲足下危之。

韓愈：

怠者不能修，而忌者畏人修。

王安石題張司業詩：

看似尋常最奇崛，成如容易却艱辛。

洪邁《容齋續筆》：

王荊公泊船瓜州云："京口瓜州一水間，鍾山衹隔萬重山。春風又綠江南岸，明月何時照我還？"吳中士人家藏其草，初云"又到江南岸"，圈去"到"字，注曰"不好"，改爲"過"。後又圈去而改爲"入"。旋改爲"滿"。凡如此十許字，始定爲"綠"。

郭沫若《沸羹集·綠》：

爲了一個字要費如許心思，足見名家爲文是怎樣在推敲上用苦功。

而名家手迹是怎樣的可以寶貴，也就在這則隨筆裏表現了出來。

文藝作品有時是要經過千錘百煉才能達到好處。但錘煉也并不是要弄得來極其生硬，而是要弄得來極其純粹。純粹則堅韌，無瑕可蹈，所謂“百煉鋼化爲繞指柔”也。

友人對《史林雜識初編》之評語：

于思泊（六四，八，廿八）

尊著每一篇都係解決問題之作，往來友朋都加贊譽。

沈瓞民（六四，九，十六）

接到大著，漏夜頌讀，所述各篇皆前人所未道，以實驗出之，皆有根據，掃盡疑義，使來者得以遵循。

辛樹幟（六四，二，十八）

大作寄到，我費了三整天工夫才把它閱讀畢，真是愛得不忍釋手。大作有四十篇係取之尊著《浪口村隨筆》，但兄對前作幾乎每篇修改都用了極大力量，無論在內容或文字方面都有所充實或提高。兄的這種猛勇精進的精神，這種對學術負責的態度，真令人起無限的敬仰。因之，弟有一種遐想，即《浪口村隨筆》之百冊油印本，可能是他年宇宙間的瑰寶。西農幸有一本，擬善裝秘藏，百代下研究吾兄學術思想發展之人定以發現此寶爲莫大榮幸也。

新加入十四篇俱精闢絕倫。弟尤愛讀《司馬談作史》、《三代世表》、《共和》、《韶》、《師摯之始，關雎之亂》、《徒詩與樂詩之轉化》等篇。其中如“韶”這個字，在古籍中就像有孫猴子大鬧天官時的本領，哪知不出兄三指之外就被擒着，這是如何痛快的事。《師摯》、《共和》二篇之考證本可作定案，而兄之謹嚴態度如是，真足益人神思。《談作史》、《三代世表》二篇，弟以爲若能起這二位文史之聖于九原，必當認兄爲二千年來第一知己。兄説“司馬遷作史記，最足表現其截斷衆流之魄力者爲三代世表”，然則自有歷史以來，在古史方面截斷衆流之魄力還有過吾兄者乎？

《徒詩與樂詩之轉化》最後二小段評語，讀之令人精神奮發。弟對廖平本不十分敬佩，得兄這一引用，知彼窺破古書亦有過人之處，不失爲豪杰之士。他日有暇，擬再取四譯等書細讀一過。

《職貢》，經兄這次修改後讀之，恍若現代修正主義者及新老殖民主義者即當時歷史上之人物。《抛彩球》、《尾生故事》，兄這次僅加重數語即覺"古爲今用"之精神無過是者。

再就文字説，這樣科學性嚴之考證文，寫得如生龍活虎，而又風趣橫生，兄真雄于文也。使用材料，不但民間故事得盡量應用，即發掘《山海經》中之寶藏亦爲前所未有。敬賀兄之大成功！

　　陳懋恒（六四，三，十一）

《史林雜識》……各篇莫不精賅淵博，又加以實地觀察所得，誠爲學界瑰寶。

　　陳奇猷（六四，四，十二）

尊著所稱各事，不但發前人所未發，且多予學者以啓發之功，爲惠學林，誠非淺鮮也。詳細研讀，得札記若干。

　　又（六四，九，十四）

尊著《史林雜識》，見解之高深，引證之淵博，誠學林所罕見。《黄帝》、《蚩尤》、《顓頊》等考，尤爲卓越，誠史學界之一大發見。早晚拜讀，不忍釋手。

　　李平心（六四，九，十二）

《史林》勝義繽紛，目不暇接，度越清儒筆記奚翅十倍。惟間有可商可益之處，容另箋奉録審改。

　　姜亮夫（六四，二，廿二）

大著雒誦三四，醰醰之味留舌本，爲近年所讀史志最精之作，論證精確，行文雅潔，圖表詳明，即短章亦至精審，讀古史者宜人手一編，所嘉惠于學術者至巨。弟左目已盲，右目亦已惡化，大著恨不能一氣讀完也。

　　胡道静（六四，四，二）

　　前久耳《浪口村隨筆》盛名，初未獲籀誦。乃蒙厚賜，得以細細學習，其慰平生之望爲何如也。年來拜讀宏撰，如《大誥今譯》、《逸周書世俘校注》，獲益至多，其要在解決古史上之重大疑點，但同時又爲清理古典文獻之至高典範，此爲無言之垂示，我業同志罔弗以此敬待也。

　　陳登原（六四，六，廿九）

　　比讀近著，非特諗起居康樂，兼佩詩人老去格律之細，非王世貞四部稿漫充插架，不久消沉之作可比。

　　張舜徽（六四，二，廿八）

　　承以尊著見貽，其中有關西北民族地理、風俗、名物諸篇，證以舜徽往游隴時所見聞，尤爲親切，深服先生考古證今，發疑訂誤，有裨于史林尤大，伏願從容造述，將未刊之稿，次第印布，以副多士之望。

　　顧起潛（六四，二，十九）

　　《史林雜識》，粗讀一過，深感考證精詳，許多歷史上遺留之問題得以解決，非讀破萬卷書者不辦，實駕《困學紀聞》、《日知録》而上。希望年出一冊，嘉惠來學。

[書店來信]

顧先生：

　　您贈送我店的《禹貢》期刊紙型壹份已收到，現正與有關部門聯繫復印，如可能實現時，當另奉告，特先奉函致謝。

　　此致

敬禮

公私合營・北京市・來薰閣書店（章）1964. 8. 1

一九六四年八月

八月一號星期六（六月廿四）

校對《引用書目》，至《淮夷》。《考證》文增改千餘字。

又安來，留宿。

看沈瓞民《三易新論》。十時半服藥眠，翌晨四時醒。

竟日大雨如注。念去年八月大雨四日，遂成水災，城中電車停開，城外則水漫及床，莊稼盡壞，願今年勿復爾也。

八月二號星期日（六月廿五）

校對《引用書目》，《祝融族》未畢。增寫《吳人南遷》二千五百字。羅麗偕其子胡丹宇來。

陸啓鏗來，留飯。

到空屋散步。看《積微居金文說》。服藥兩次，十一時後眠，翌晨七時醒。

竟日小雨淅瀝，夜十時雷電頻仍，雨點遂大，徹夜傾盆。哀我人民，重罹荼毒！

啓鏗言渠買電視機受到批評，且謂稿費將來要繳公。此懲羹而吹齏也。電視乃受社會主義思想之教育工具，況以啓鏗殘廢，活動不便，尤當有此相伴。"反修"運動固當作，但不必如此機械耳。

八月三號星期一（六月廿六）

校對《引用書目》，《祝融族》畢。增寫《豫章》千餘字。以尹受所鈔《考證詳目》校改一過。

所中人事室王真來，詢陳增敏事。

與堪兒到北海，前門進，後門出。尹受爲洗浴。服藥無效，上午一時再服後眠，七時醒。

今日陰晴，略有陣雨。晚見星，喜甚。

予近日集中精力工作，以是睡眠又不佳，好在將至青島療養，聽之而已。

帶出糧票：頡剛　月廿八斤　潮　月三十斤　湲　月三十斤
德堪　月廿九斤半　共一百十七斤半　帶去糧票九十七斤

八月四號星期二（六月廿七）

將《考證詳目》之底稿與鈔本合校一過，補正闕誤。將劉起釪所作《堯典校注》及《尚書版本錄》略看一過，寫一評語。寫交與起釪代辦各事項目。張覺非來。汪寶元、周工程師來。

未成眠。起釪來。林劍華來，贈物。馮國寶大夫來。

到"燈市口"修面。尹受爲洗浴。十時半服藥眠，翌晨五時醒。

晴，又熱。

馮大夫來，聽予心臟，云甚好。

堪兒今日在工地游玩，摔跤觸釘，傷及腿部，靜秋慮其犯破傷風，請雁秋伴至同仁醫院打針包扎；費二元餘。

今日將《考證》統計一過，約三十萬字，然則連序、例、校、注、比較資料、附錄等當五十萬字矣。此真予對于史學界之一貢獻也。

八月五號星期三（六月廿八）

看黃展岳所作文，爲擬一《王莽時文化區復原假想圖》。周達甫來。黃展岳來。張覺非來。題張茂鵬藏章式之先生手札冊。

未成眠。寫王伯祥信。劉起釪，李民來，交稿。理物及書。

八時半，與三兒同出。雁秋，尹受，洪兒送上車，李民亦來。九時五十分開車，至十二時服藥眠，上午六時醒。

今日下午又大雨兩次。

周達甫自上海歸，爲言滄州一帶田已被淹。

靜秋到北大醫院續查，醫謂係神經性的。

此次與潮，湲，堪三兒同往青島，渠等定八月廿五日先歸，以行將開學也。洪兒以升校，靜秋以改屋，均留家。

八月六號星期四（六月廿九）

獨至飯廳吃麵。車中與石油部劉君及太原工學院機械系主任張志傳談話。

與三兒同吃飯。三時五十分到青島，張雲弟來接，在站遇張曼筠、劉子衡。到韶關路。吳漢夫來，導至理療部洗浴。

到武勝關路飯，遇高亨、劉子衡。冒雨歸，理書。杜任之來。服藥二次，十時眠，翌晨四時醒。

車中悶熱不可堪，永在流汗中。夏天出門，真一苦事。青島已十餘日未雨，今日下午三時雷電霹靂交作，大雨如注，然仍不涼。

此次來青島，係由科學院組織，住入青島療養院內之科學院休養區，故予等居韶關路四十九號之七、八兩屋，與高亨對門居，與杜任之爲樓上下。此間無熱水洗浴，只有星期一、三、四可到理療部洗，又須到武勝關路吃飯，實大不便。

八月七號星期五（六月三十　立秋）

寫靜秋、起釪信。到武勝關路十號早餐。遇蘇秉琦。到治療室，由韓培德大夫診。到劉子衡處長談。子衡送歸。寫自明信，未訖。遇汪奠基、金德祥、陳宗基夫婦、鄭一橋。

未成眠。看李玄伯《中國古代社會新研》。到中山路購鬧鐘。進古籍書店略觀。出遇大雨，仍乘公共汽車歸。

冒大雨到食堂飯。到金德祥處談。與三兒打撲克。服藥兩次，十時半眠，上午二時半醒，直至天明朦朧半小時。

今日碰到兩件不幸事。其一，中午到武勝關路飯時，予將時錶置入塑料口袋，至食堂後將袋挂在椅背，未動也，及出食堂，潮兒問時間，予欲取觀，則亡之矣。此錶係居上海時由佘雪曼之弟子某君在香港代買，已用十餘年，今日失之，爲之惘然。然時計不可缺，只得入市，以八元四角買一鬧鐘。口袋底不漏，僅携至食堂，亦未掉地，不可能失去，而竟無存，則又不可能不疑人竊，其竊技可謂神乎其神矣。其二，入市時經雨，衣半濕；到食堂則上下衣及履盡濕，甚懼腸病之復作也。青島八月本是好天，今乃反常，使我不耐。

八月八號星期六（七月初一）

續看《中國古代社會新研》。到吳曉鈴室。訪蘇炳琦，未遇。到賀昌群處，并晤其子齡宇。賀麟來。徐中舒來。與中舒、昌群同到高亨處長談。中舒、高亨、昌群又同到我室。

未成眠。馮沅君來。到俱樂部看報。

與三兒同到嘉峪關路看電影《差不多》（動畫片）及《革命歷史歌曲表演唱》。服藥兩次，十時半後眠。翌晨五時一刻醒。

兩日未看報，今日到俱樂部，乃知美帝已轟炸北越，去了卅四架飛機，被擊落八架。此事引起全世界之憤怒，北京參加游行者達五十萬人。

遇武大教授周大孚，知李劍農先生于本年逝世，年八十餘。其雙目不明久矣。

昨夜睡不好，今日精神甚覺頹唐。然一上床便覺血液上升，不能入睡，多服藥，乃成眠。此間西藥少，不易滿足予之需要也。

八月九號星期日（七月初二）

看《中國古代社會新研》訖。寫靜秋、尹受信。與蘇秉琦到鄭一橋處。昌群偕譚季龍來，同到海邊坐談。同飯後別。

略一朦朧。到南海路理髮。錢琢如夫婦及其子克仁到，伴之觀海。

到寧武關路琢如處小坐。與堪兒玩撲克。九時半服藥眠，上午一時半醒。天明後又眠一小時。

今日酷熱，日夜流汗，恨不得終日伏浴盆中。惟到海邊則凉快。三兒皮膚已曬黑。

前日兩次遇雨，衣履盡濕，予大便居然不稀，此應感謝徐季涵大夫者也。

八月十號星期一（七月初三）

劉子衡來，爲修飾其所作《我對范明樞先生幾點回憶》。張雲弟來。寫蕭項平、張紀元、韓培德、黃先義信。

未成眠。偕潮、湲兩兒到湛山路合作社。予到理療部作水療，晤魏大夫、張護士。看莫爾根《古代社會》第一章。

到俱樂部看報。遇朱務善。與堪兒作接龍、摸對之戲。十時服藥眠，上午一時三刻醒，食餅，復眠，五時半醒。

今日下雨，稍凉，惟一凉則咳疾又作耳。

理療部水療只在上午作，今日勉強在下午。自明天起，只得破費上午時間矣。

報載北京爲美帝侵略越南，參加游行者已二百萬人。舉世譴責美帝，惟蘇聯言不由衷，係屬敷衍，美方博得之擁護，僅英國及澳大利亞、南朝鮮等數國耳。

八月十一號星期二（七月初四）

到理療部水療。寫致中華書局信，爲《大誥考證》中的朝鮮問題，成二千餘字，即謄清，未畢。到韓大夫處取藥。

未成眠。遇翁獨健及其四女如璉。

與湲、堪到嘉峪關路看古巴片《誓死保衛祖國》等。九時一刻歸，十時服藥眠，上午一時半醒。食麵包。良久又眠，惟不實，朦朧至七時醒。

潮、湲兩兒在海水浴場曬得頭面、手、腿紅紫，皮膚發熱，一觸即痛，甚至艱于走路。

中華書局受文化部指導，欲我删去朝鮮之章，因痛論其事。

今日又雨，氣候固較涼，但我到理療部一次便是一身汗，回來又是一身汗，簡直浴汗而行。青島八月份之熱而多雨，本地人亦以爲訝也。

八月十二號星期三（七月初五）

水療。遇杜任之之女洛伊。劉子衡來，長談至十一時半。同上食堂。

未成眠。又大便一次。將致中華書局信重鈔畢，再改。鈔第二遍，未訖。到續護士處打 Procain 針。

翁獨健偕其女如璉來。汪奠基來。十時一刻服藥眠，翌晨三時一刻醒。

予前數次來青島，恒于初到時泄瀉數天，以水土不服也。此次來已一星期，大便皆成條，有時且甚乾結。今日不知何故，大便兩次，惟仍不稀。

終日小雨，氣候仍不轉涼。

得洪兒信，知堪兒已考取燈市口中學，華而實亦在是校，徐小融則考取二中。

八月十三號星期四（七月初六）

李繼年來。水療。送堪兒至門診部女醫劉大夫處拆綫。高亨偕黃公渚來。吳漢夫來。

略一朦朧，鈔寫致中華書局信第二遍訖。約四千字。即到郵局寄，適逢休息，退回。寫靜秋信，未訖。打針。

與湲兒到獨健處。看《船長的兒子》。服藥二次，十一時後眠，翌晨五時醒。

朝鮮史學家以古朝鮮族曾居我東北，受自尊心之驅使，作"收復失地"的企圖，李址麟則係執行此任務之一人。其目的欲將古代東北各族（肅慎、濊貊、夫餘、沃沮等）悉置于古朝鮮族之下，因認我東北全部盡爲朝鮮舊疆。今更在東北作考古發掘，欲以地下遺物證實之。而我政府加以優容，甚至考古亦不派人參加，一切任其所爲。予迫于愛國心，既知其事，只得揭發。

八月十四號星期五（七月初七　七夕）

寫靜秋信訖。水療。到南海路寄信，修面。到中山公園問水蜜桃。

眠一小時許。劉子衡來，爲之題畫。續看《船長的兒子》。到劉子衡處。打針。

與湲、堪兩兒看電影朝鮮片《不要忘記敵人》。十時一刻服藥眠。三時一刻醒，進點。六時一刻醒。

今日視前數日尤熱，走南海路及公園一趟，身上化作傾盆雨矣。以此，下午竟未作事。

今日中午所以能眠者，午飯前先服一丸眠爾通也。

公園水蜜桃，以前來時可以零購，今則只有批發，蓋職其事者嫌零購麻煩，多費人力也。然一經批發，我輩就吃不到，何不爲人民需要服務？

八月十五號星期六（七月初八）

赴水療，遇李珩（曉舫）。水療畢，到臨淮關路一號李珩處談，并晤其子亞君。出，到俱樂部閱報。到汪奠基處，并晤其新夫人。

朦朧一小時。看《船長的兒子》訖。三時，與堪兒同到公園門口，乘汽車到中山路，入新華書店等處買物。步至車站，雇機器三輪車歸。吳漢夫來，送靜秋匯款。

冒大雨赴食堂。打針。到劉子衡、高亨處道別。吃西瓜。服藥二次，十二時後眠，上午三時醒。又眠，六時醒。

此間韓大夫、續護士均勸予勿吃安眠藥，即服亦須少量，以是蘄不與予藥，近數日殊有斷炊之苦。今日尹受取北京醫院藥寄來，情緒始一鬆動。予服安眠藥已四十七年，如何斷得！

驕陽高懸，實不欲出門，惟堪兒已將《一千零一夜》看完，如無他書可看，精神將無安頓處，故爲入市購取。然一來回間，汗濕重衣，人亦疲憊矣。

練青返國省親，將到北京，靜秋高興可知。

八月十六號星期日（七月初九）

易食堂，晤樂文照及其夫人張乃莊。與汪奠基夫婦到涂允檀夫婦處。與允檀同訪熊迪之，并晤鄒秉文。回允檀處飲碧蘿春。與允檀夫婦、奠基夫婦同到朱光潛、梁漱溟、張曼筠處。又至李雲亭、安若定、陳銘德、楊公庶處。十一時回。到俱樂部看報。遇蘇秉琦。

眠一小時許。看《格林童話集》選本。爲兒輩寫唐詩。與堪兒到公園看動物。理陳維輝文字，以《分野説》一篇交錢琢如。

遇臧克家及其女小平。看楊寬《贊見禮新探》。服藥兩次，十
一時半眠，三時醒、五時醒、七時醒。

青島熱，又潮濕，以是生了一身痱子，買痱子粉撲之。

美機無理掃射北越，中國表示美帝侵略越南即是侵略中國，
數日間游行者遍全國，約五千萬人。中國有此無私援助之精神，
美帝遂爲奪氣，對北越未再欺侮。可見惟不畏戰才能止戰。

八月十七號星期一（七月初十）

出，遇趙君邁，李珩。與堪兒同到理療部，予水療。出，遇李
伯球、浦熙修。寫靜秋信。施今墨夫人偕其子女如瑜、如雪來。

眠一小時許。看胡厚宣《甲骨文商族鳥圖騰的遺迹》，未畢。
到中山路"大新"理髮。到古舊書店，新華書店閱書。到黃公渚
家飯。

八時許散。車至第一浴場停，步歸，看新購書。失眠，服藥四
次，上午二時後眠。七時醒。

萬分疲憊，不能工作，不識其故。

得靜秋信，悉練青歸國，已來我家。

今晚同席：商錫永　謝靜之　杜宗甫　鄭鶴聲（以上客）
黃公渚及其弟君坦（主）　爲了吃一頓飯，又使予不易成眠，予
真不能預于酬酢之事矣。以此，予應守二規律：一、少説話，
二、少聽人説話。尤其在夜間，必須清静，開會最好少參加。

八月十八號星期二（七月十一）

八時，冒大雨往食堂。看《甲骨文商族鳥圖騰的遺迹》訖。以
頭暈，看《一千零一夜》以自遣。

眠一小時。赴打針，以缺藥退出。

與潮、堪到嘉峪關路看《中鋒在黎明前死去》電影。十時服藥

眠，一時醒，四時醒，六時醒。

以昨夜眠太不好，今日終日頭暈。

今日大雨，至晚仍止。希望氣候從此轉涼。

八月十九號星期三（七月十二）

理療。到蘇秉琦處，未遇。到賀昌群處。鈔《詩·商頌》中"玄鳥"、"有娀"、"玄王"之毛傳，鄭箋，孔疏及陳疏，訖。

康同璧及其女羅儀鳳、梁漱溟、李伯球來。續寫自明信，仍未畢。

與堪兒到中山公園，南門進，西門出。十時許服藥眠，上午一時一刻醒，四時一刻醒，六時醒。

得自珍信，悉本月五日，李炳墢在合肥師院圖書館辦公，突然中風，即施急救，幸轉好，惟右手不能動，亦不能走路。渠年五十五，已得此病，可駭也。自珍既仍留合肥，孩子托給李炳均照管。

與堪兒到公園散步，腳心痛甚，自嘆衰憊。

八月二十號星期四（七月十三）

到太平角，先至涂允檀處，再至康同璧處，并晤羅儀鳳、嚴希純、李國偉夫婦。再至施今墨處請為按脈。十一時半歸，遇錢琢如夫婦。

未成眠。看《海上漁家》。廈大教授傅家鱗、袁鎮岳來，同到金德祥處。續寫自明信訖。寫靜秋、自珍、德輝、又曾信。

晚飯後與昌群、獨健、琢如夫婦立談。到俱樂部看報。九時出，欲送昌群，至則已行。十時許服藥眠，上午四時醒。

施大夫謂予脈氣尚好，病係腸熱所致。又謂腳底作痛係氣血不能下達神經末梢所致，此係老年常態。予因想起予少壯時腳汗極多，年來脚竟無汗，而到冬天脚特別覺冷，穿了棉鞋也不暖，只得舉起兩足到火爐上烤，則氣血不能下貫已積累多年，今遂發展而爲脚心痛也。

八月廿一號星期五（七月十四）

到紡織工人療養院訪譚季龍，并晤商錫永、楊榮國。到榮國處小坐。訪韓儒林，不遇。到袁鎮岳處，并晤吳文祺。回，遇臧克家。張雲弟偕科學院幹部局王承杰來。

到李珩處。又到樂文照處小坐。眠近一小時。續鈔"玄鳥"資料。韓儒林、傅家鱗來，同到翁獨健處。

看《海上漁家》小説。十一時服藥眠，上午一時醒。又眠，五時醒。

今日有風，甚涼爽，而諸同人已陸續返旆矣。聞漢口今夏熱至四十三度，可駭。

天一凉，予身上覺爽，而氣管炎又作，多嗽，多痰，可奈何！

八月廿二號星期六（七月十五）

送堪兒上嶗山車。水療。到俱樂部修面。寫李民、劉子衡、李士敏信。到療養院辦公室接洽。

眠一小時。看《海上漁家》。寫鄭州大學校長龔依群信。到小賣部寄信，買物。打針。

與三兒談。服藥兩次，十一時後眠，上午二時醒。又眠，七時醒。

今晚失眠，殆以與孩子們談話太多耶？家人如此，則酬應場中自可知矣。

練青以十四日由西安到京，住我家，静秋伴之游。以今日去廣州。在此一星期中，静秋活動頻繁，不知其體何若？得洪兒信，説她好，蓋摯友至則高興，以此精神充足耳。

八月廿三號星期日（七月十六）

俞寰澄、熊慶來夫婦、陳達來。療養院鄭院長、楊書記、張雲弟來。寫劉起釪、尹如潛、賈芝、華訓義信。記筆記一則。

眠一小時。點歸有光《三吳水利録》。續鈔胡厚宣《商族鳥圖騰》文。

到俱樂部看報。九時歸。十時半服藥眠，上午三時醒。又眠，五時半醒。

覽報，陶里亞蒂在蘇聯休假，以總動脉粥狀硬化，前日死去。赫魯曉夫之好友，肯尼迪、尼赫魯、多列士、陶里亞蒂，不及一年皆死矣！

八月廿四號星期一（七月十七）

張雲弟來，同出看屋。交吳漢夫錢，買兒輩回京車票。續點《三吳水利録》。續鈔"王鬘"資料。

續看《海上漁家》，未訖。眠半小時，以咳醒。打針。

與三兒到武勝關路看《兩家人》電影。十時半服藥眠，上午三時醒。又眠，五時許醒。

三兒來此，身體均曬黑，過磅則惟潮兒長二斤，餘均未增。湲兒游泳，可至六百米以上，潮兒則惟六十米，堪兒僅二十米耳。

南越群衆（包括和尚）大示威，阮慶表示辭職，一年之間，吳庭艷、楊文明、阮慶，數易其人，而終不安于位，可見傀儡亦不易做。南越人民覺悟如此高，團結如此緊，南、北越統一日子愈來愈近，美帝所遣泰勒等可以滾蛋矣。

八月廿五號星期二（七月十八）

終日看王安友《海上漁家》，至九時半訖。楚溪春夫婦來，同到翁獨健處，未遇。張雲弟來收房租。

眠一小時。冒雨赴食堂。打針。

吳漢富來。金德祥來。九時半，三孩上汽車，十時十分開車。十時半服藥眠，上午四時醒。又眠，六時醒。

《海上漁家》大約記山東沿海徐家灣漁民生活及其組織合作社之歷程，讀之可知漁民生產之艱難，亦可知漁業合作社成立之不易也。此爲第一部，約四十萬言，因孩子們要帶歸，故趕緊看畢。

今日天氣悶熱，故傍晚降大雨，然熱卒不解。

三兒今晚回京，硬席票每張十五元八角，又加手續費一角，共四十七元七角。又他們在此需出房租，每人每日三角，共來十九天，共十七元一角。此外飯費尚未算也。

八月廿六號星期三（七月十九）

與琢如夫婦談。冒雨赴湛山路郵電局，門不開。到中山路郵電局，則不發電。到廣西路，乃得發。十時歸。點《三吳水利錄》。

眠四十分鐘。點《三吳水利錄》訖。續鈔甲骨文中"上甲微"資料。到辦公處接洽房屋。打針。與翁獨健話別。與蘇秉琦到徐眉生處。

看《牧齋詩鈔》。十時服藥眠，上午二時三刻醒。進食。約四時又眠，六時醒。

青島郵局雖稱"郵電局"而不發電報，雖中山路大街，亦不發電，必至廣西路乃發。此與公園桃不零賣，同爲不善爲人民服務之一種表現。

在市區買藥三種：一桑椹蜜，二腦靈素（吉林撫松縣制藥廠出品），三安神補心丸（上海中藥制藥廠出品），共四元五角，看有效否？

八月廿七號星期四（七月二十）

與張雲弟到武勝關路十二號看屋。歸，到杜任之處小坐。理物。金德祥來談。十時，遷入武勝關路十二號樓上九號屋。到俱樂部理髮，出遇雨。

與琢如夫婦及樂文照夫婦談。眠一小時。看陳嘉藹《江孔殷與省躬草堂的關係》。寫静秋、丁宜中、陳奇猷、馬念祖、方紀生信。與琢如夫婦到樂家談。

到蘇秉琦處話別，并晤徐眉生。到汪奠基處談。服藥二次，十一時後眠，上午三時醒。又眠，六時半醒。

日來悶熱，屢雨，似黄梅天，熱終不解，今日下午雨特大，此後當可轉凉。

算飯賬，自八月六日至廿五日，飯菜八十二元零八分，糧食六十七斤九兩，以四人分，每人爲二十元五角二分，二十日間，每人二十元，琢如夫婦説我們吃得省，此由潮兒之善于分配也。此後我一人獨吃，一月至少四十元。

八月廿八號星期五（七月廿一）

到理療部大便。到太平角，訪楚溪春夫婦，遇高樹勛夫婦。訪浦熙修。溪春伴至康同璧處，晤李國偉夫婦、嚴希純、羅儀鳳。又到涂允檀夫婦處，晤趙君邁。十一時半歸。

未成眠。寫李平心、張紫晨信。琢如來，長談陳維輝文，并及古代天文曆法史各問題。

與琢如夫婦同觀波蘭影片《虎口餘生》，九時歸。十時半服藥眠，上午四時醒。又眠，六時半醒。

今日政協同人回京，昨晚允檀伴朱光潜、鄒秉文、嚴希純等來話別，故今日前往送行。然各人住得太開，不易于半日內遍及也。

今晨忽然腹痛，而住所廁中有人，不能用，急往理療部解手，則拉稀，恐是昨日雨後受凉之故。今日中午不成眠，則上午談話太多所致也。

八月廿九號星期六（七月廿二）

與琢如談。水療。遇陳望道。到小賣部買郵票，出，遇鄭重、金德祥。寫陳登原信。到陳望道處。

未成眠。記筆記一則。寫靜秋、李鏡池信。三時，集體參觀貝雕美術品工廠。到工藝美術品服務部。打針。

到俱樂部看報。到錢琢如處話別，并晤王季甫。到汪奠基處話別，晤其新夫人王桂馨。十時半服藥眠，翌晨四時半醒。

昨日陰，仍悶熱。今日晴，則流汗遍體矣。

此間貝雕廠在西鎮東光路，做得比大連好，無匠氣。又以樺樹皮作山水，頗蒼勁，又以野鷄毛作鳥羽，此皆大連所無者。

今日同參觀者：張慶孚　郭英　陳望道　杜任之　汪奠基　布赫夫婦　韓培德　周樹德　王季甫夫婦　共約三十人。

在服務部時，他人選購物品，予在旁站着，兩足心痛極。決請加按摩，以活氣血。

八月三十號星期日（七月廿三）

寫辛樹幟信。金德祥來，同出，遇臧克家，談。到張慶孚處，與同出，看居庸關路九號屋。陳望道來。寫容希白、朱士嘉、孫海波、朱葆初信。

眠一小時半。看楊寬《冠禮新探》，蒙文通《〈山海經〉寫作時代及其產生地域》。寫王威、張鏡芙、周之風、于鶴年信。

　　杜任之來，同到俱樂部閱報。歸，看童教英《春秋末年魯國的改制》。服藥二次，十一時後眠，翌晨六時半醒。

　　居庸關路九號有空屋，而院中不欲我遷去者，以今年規定，劃分"療養"與"休假"爲兩部，凡療養者須由保健局通知，以三個月爲最短期限也。

八月卅一號星期一（七月廿四）

　　大雨。韓德培大夫來。與樂文照、王季甫等同乘汽車到理療部，水療。找吳大夫，加作按摩，由小劉作。遇張慶孚、徐眉生、鞏重起。歸，吳漢富來。寫靜秋、胡厚宣信，托杜任之帶回。

　　寫金德建信。理物入行囊。到金德祥處話別。訪朱務善，未晤。訪王季甫，談。看馬開梁《關于春秋時期階級鬥爭的幾個問題》。打針。樂文照來，韓培德來。遇張慶孚。

　　到俱樂部看報。到杜任之處話別，并晤孫堂、吳漢富、韓培德。服藥四次，十二時後眠。翌晨六時半醒。

　　今晨遇張慶孚，知其已與院長鄭統談好，本日即可遷至居庸關路，彼處隨時可洗浴，予可于每日睡前一浴，如北大招待所生活也。張爲林業部副部長，有此面子，乃得住入。

　　鞏重起前在西北農學院任教時曾見我，今日謂予，十年不見，氣色如舊。然此特虎豹之韓耳。小劉爲予按摩，謂予右腿呈萎縮現象，此則真病也。

　　今日爲多談話，竟不能眠，可見予晚間絕不能活動。

　　八月二十日施今墨大夫所定方：

　　（一）槐角地榆丸——每日早服一丸。

　　（二）黄連片——下午、夜晚均服三片。

　　　　上服十五天，白開水送下。

（三）氣管炎丸——每日早、晚服。

（四）通宣理肺丸——每日下午服一丸。

上與第一方間天服。

近來報紙上轟轟烈烈地討論四個問題：一、楊獻珍的"合二爲一論"，二、周谷城之"無差別"美學思想，三、陽翰笙之《北國江南》電影中之"人性論"，四、羅爾綱之忠王李秀成之"緩兵苦肉計"説。除最後一個爲歷史人物評價問題外，餘三題皆與階級鬥爭思想背道而馳，而與修正主義之和平共處思想接近，我國正在反修，故必須予以批判。楊獻珍爲高級黨校校長，陽翰笙爲全國文聯秘書長，均老黨員，而有此，奇矣。谷城任上海市政協副主席，在農工民主黨内爲高級領導，乃如此不謹耶？

一九六四年九月

九月一號星期二（七月廿五）

遇鄭統。移至居庸關路九號内第四室。理物。洗浴。到俱樂部修面。到飯廳，遇郭英等。

陳護士來。服藥，眠一小時半。寫尹如濬、潮兒信。到十五號潘忠祥大夫處診。歸，寫童書業、張舜徽、遼寧博物館、祝嘉信。

出，遇張慶孚，同觀《坦噶尼喀》、《回民支隊》電影。洗浴。十時半服藥眠。上午二時醒。又眠，六時半醒。

今日助我携物者：張忠堅（武勝關路十號衛生負責人）　張春花（居庸關路九號衛生負責人）

今日血壓爲 145/85，不高。

今日移居，即一九五七年所曾住的，面對蒼海，窗外長松森立，風濤起時，如居舶上，心中爲之寬廣。

九月二號星期三（七月廿六）

到山海關路、匯泉路一帶散步，觀海。到理療部水療。看《保健按摩》。按摩。十一時許歸，護士長閻淑良來，按脉量體溫。記筆記一則。

服藥，眠一小時。看陳子展《招魂試解》。寫靜秋、浦熙修、陳懋恒、趙儷生信。閻淑良來。

到俱樂部看報。出，走錯路，冒雨歸。洗浴。十時服藥眠。上午二時醒，四時起洗足。五時略睡。五時半起床。

脉搏六十二，體溫三十六，均甚正常。

九月三號星期四（七月廿七）

到理療部抽血，遇布赫。歸飯。王季甫來。記筆記一則。護士陳桂華來。水療。按摩。潘忠祥大夫來。

未成眠。寫黃少荃、譚健常、起潛叔、龐京周信。陳桂華來。到小賣部購物。

張慶孚來。到湛山大路辦公處。又到王季甫處談。洗浴。十時服藥眠。十二時醒。又眠，六時醒。

脉搏六十八，當以未午眠故激增耶？

政協文史資料會囑我寫北大，我自一九一三年至一九二七年，自讀書以至作事皆在北大，分當任此。故函健常，請其隨筆揮寫以助我。

口中膩渴，始買茶葉作飲料，不審此爲進一步之糖尿症狀否？且待今日抽血化驗結果。

九月四號星期五（七月廿八）

陳桂華來二次。記筆記一則。按摩。水療。晤理療部護士長張英。冒雨歸。記筆記一則。

服藥，眠三刻鐘。寫于思泊、郭篤士、陳伯衡、董森信。到小賣部買郵票。遇樂文照夫婦。

看電影《比學趕幫》、《彩蝶紛舞》。十時服藥眠，上午一時一刻醒。良久，又服藥，六時一刻醒。

得靜秋書，知洪兒考取第二志願女十二中，氣得生了四天病，但女附中離家遠，冬天要摸黑走，每天費一小時半在路上，實不值得也。

邇來予不思進食，吃二兩主食覺得困難，爲潘大夫道之，渠囑我每次飯後服酵母片三丸。此或以近日多雨潮濕，胃爲濕阻乎？

九月五號星期六 （七月廿九）

將致思泊書鈔入筆記，并補一表。水療。按摩。到湛山大路合作社買物。

服藥，未成眠。記筆記一則。到張慶孚處。同出，遇馮乃超夫婦。到俱樂部理髮。出，遇王普（貫三）。

到陳望道處，晤其夫人及范曉、張忠堅。范、張二人送歸。洗浴。服藥兩次，十時半眠，上午一時醒。又眠，五時半醒。

近日一到晚上，血即升至頭部，以是不易成眠，竟無精神工作，將奈之何！

得起釪信，知鄭大促李民返校任教及擔任政治工作，渠一星期内即走，要求將《商書》十七篇資料及予所譯各篇《周書》帶走。此君回校一忙，能作此乎？

九月六號星期日 （八月初一）

乘院中公共汽車，八時半開。到黃公渚處，并晤其弟君坦，看所藏清人墨迹。與同訪張鏡芙，未晤。十一時，乘汽車歸。鄭院長、崔大夫來。

到樂文照夫婦處話別。看《參考消息》。看黃公渚《勞山集》。記筆記二則。寫靜秋、劉起釪信。

到俱樂部看報。洗浴。十時服藥眠。上午二時醒，遂不寐。

在黃公渚家所見清人手迹：一、《崧高大雅集》（祝馮銓七十壽）　二、《長楊羽獵圖》（顏光敏像，康熙鴻博題）　三、《攝山玩松圖》（穆大展像，乾嘉吳中人題）　四、《清溪讀碑圖》（王宸爲王文治作，嘉道咸同中人題）　五、《江漢歸舟圖》（葉名澧作，咸同間人題）　五物時代貫串，有傅山父子，孔尚任，洪昇等書。又見顏習齋一帖，希有也。

九月七號星期一（八月初二）

四時起，看李亞農《欣然齋史論集總序》。寫起釪信。以困憊，未至理療部。臥床，看近日《參考消息》。

服藥，眠近一小時。寫陳慧、徐伯昕長函，述生活。朱務善來。

到閱報室，遇羅合如，談。又晤布赫。打針。洗足。十時服藥眠，上午四時醒。又眠，六時醒。

昨夜飲"水合氯醛"而眠，乃上午二時即醒，今日大無氣力。天之虐我何其甚耶？

久欲寫民進信，說明此後擬不出席各種會議，今日寫成，一快。

在前日《參考消息》上，看到美國共產黨主席弗林女士在莫斯科攻擊我國，而今日廣播已報其死，又折一赫魯曉夫之爪牙。蘇共欲開共產黨國際會議以開除中國，看來羅馬尼亞及意大利都不贊成，赫氏之威信掃地矣。

九月八號星期二（八月初三）

將致陳慧、伯昕函錄入本冊。到理療部按摩。看《漢書·趙充國傳》。

服藥，眠近一小時。看毛主席《關于正確處理人民內部矛盾的問題》首二章。陳望道來。寫靜秋、錢宗範信。將宗範來信鈔入其《朋友考》後。

到俱樂部看報。看朝鮮電影《一二一一高地保衛者》。打針。洗足。十時服藥眠，上午四時醒。朦朧至五時半。

錢宗範，年廿六，蘇州人，六一年畢業于北大史學系，到山東大學爲研究生。上月丕繩以其所作《朋友考》寄示，能貫通經典與金文，而以馬克思主義條理之，俊才也。因擬介紹其文入《中華文史論叢》，故來信。

今日未明，大雷雨，上午黑雲滿天，下午晴，晚間繁星滿天矣。青島的秋天到了。

九月九號星期三（八月初四）

寫沈颷民先生、上海中華書局編輯所信。到理療部作水療及按摩。到湛山大路合作社買梨。

服藥，未成眠。續看毛主席文。到南海路寄信，修面。回，看《參考消息》。寫自珍信。

看顧行《糧老虎發家史》。打針。洗足。服藥二次，十時半眠，上午五時醒。又眠，六時醒。

今日晴和，正可散步，然而我上下午走了兩趟，贏得兩身汗，亦累甚。

此間護士：閻淑良（長）　陳桂華　張興儀　王秀琴　楊廷璽　唐桂蘭　孫秀敏　續秀華　李文珍（伙食）

九月十號星期四（八月初五）

到理療部，接洽針灸，并下針五。作水療、按摩。晤張英、張慶孚。看《參考消息》。

　　未成眠。寫靜秋信。到中山路，寄信，買物。爲潮兒買書。二時半去，四時半歸。熱甚，脱衣，受凉，感冒。看《糧老虎發家史》畢。

　　雜翻楊樹達、李亞農集。小王來打針，量體温。服藥兩次，十時半眠，翌晨五時半醒。

　　今日我自不小心，自城歸來，一身是汗，不能忍耐，即脱襯衣，坐窗口看小説，遂覺渾身無力。量之，得卅六度九，服羚翹解毒丸。

　　今日爲春秋佳日，以下無療程，遂入城購物。然走至大窰溝已甚累，乃至美術服務樓上，在椅子上休息半小時。然歸來自公園站至居庸關路，累甚，一坐即不能起，可見予雙足已上鐐，行不得也。

九月十一號星期五（八月初六）

　　潘大夫來診病。陳序經、馮乃超夫婦、張雲弟來。點讀李亞農《中國的奴隸制與封建制》一章至七章。

　　未成眠。看毛主席《内部矛盾》一文畢。

　　到馮乃超夫婦處談。看電影《兄妹探寶》。打針。九時半服藥眠，上午三時醒。又眠，五時半醒。

　　李亞農同志晚年集合其著作五種爲《欣然齋史論集》，予前年購得之，迄未暇讀。其書近千頁，確須費一時間。自今日起，藉休養中讀之，恐須兩星期方畢耳。

　　得靜秋書，知歷史所通知保健局後，局方打官話，謂不合不先申請而徑自遷入療養病房，應自己擔負費用。予到青島，一下車即告張雲弟，謂俟兒輩行後擬遷入居庸關路療養，張即慨然允向保健局去函。孰知兒輩走後，彼竟諉爲無空，要我遷至武勝關路。不意忽逢張慶孚，告我居庸路有空屋，并代我向鄭院長接洽而鄭允之。我之遷來并非輕舉妄動，乃要我自費乎！

九月十二號星期六（八月初七）

看《毛澤東同志論帝國主義和一切反動派都是紙老虎》。點讀《中國的奴隸制與封建制》八章至二十章。

打針。洗腳。九時服藥眠，上午二時醒。又眠，迷離到五時。

今日大雷雨，大風，但頗悶熱。終日未出屋。

雖服羚翹解毒丸及白松糖漿，咳仍不止，且多痰。

九月十三號星期日（八月初八）

點讀《中國的奴隸制與封建制》至廿五章，訖。續點《周族的氏族制》前三章。記筆記一則。

未成眠。與趙鐵生，萬國鈞談。出寄贈潮兒書。黨書記楊光天來，與談保健局事。

翻《欣然齋史論集》。打針。洗足。十時服藥眠，上午四時醒。又眠，六時醒。

終日小雨，驟涼，穿毛綫背心矣。以天涼又感冒，不敢洗浴，乃每夜洗足，以溫水，涼則加熱，如是半小時，盡一暖壺水，可以引血歸根，加速睡眠。

今日見楊光天書記，允爲出信與保健局，此間當可住下。

九月十四號星期一（八月初九）

記筆記一則。點讀《周族的氏族制》第四章。到俱樂部理髮。到圖書室借書。張雲弟來。

開病狀單。記筆記一則。劉文清主任醫師及潘忠祥大夫、閻淑良護士長來，詳細診察。

徐眉生、陳叔騤來，同到李輝漢室談。出散步，遇王普。張興儀來打針，談。洗足。十時服藥眠，上午三時三刻醒。又眠，六時醒。

今日檢查結果，心臟甚好，血壓有波動，氣管發炎，血管硬化不劇，皮膚滋潤，腸胃失調，足病待照相，糖尿再抽血檢查。

張雲弟來，亦說保健局方面當即去信，然則我住韶關路時她何以延遲不辦，使有此釁隙乎！

咳嗽仍劇，護士爲打一針。

九月十五號星期二（八月初十）

點讀《周族的氏族制》二章，訖。續點《中國的封建領主制和地主制》第一章前二節。記筆記一則。小陳來，爲作"安息酸酊"噴氣。

翻郭沫若《天地玄黃》。到放射室，由劉炳榮女大夫爲透視兩足及肺部。寫靜秋信、許衍梁信。到徐眉生處，未晤。到嘉峪關路，就中醫楊大夫診。到朱務善處。遇馮乃超夫婦、王鳳雲、張慶孚。

看《雙城記》。小張來打針，談。洗足。十時服藥眠，以咳甚，再服藥。十二時眠，六時醒。

今日咳甚，多痰，尤以夜中就床後爲甚，致不能早入眠。血壓亦高於前。楊大夫見予舌苔，驚呼"阿呀"！可見厚膩之甚。渠謂予腳心痛是心腎交虧。予真成一病人矣！

王鳳雲大夫見予，謂予瘦了。

連雨五日，山東田地多淹，膠濟路一度衝壞，秋收又將不佳。聞浙江患旱，雨量何不均也？

九月十六號星期三（八月十一）

小陳來，爲作噴氣治療。點《中國的封建領土制和地主制》第一章第三節至第八節，本章訖。到理療部，抽血。記筆記二則。

　　服藥，眠一小時。到理療部，由趙同志按摩，張繼斌扎針。遇陳望道、范曉。噴氣。寫静秋信。

　　王季甫夫婦來，同觀長春片《冰雪金達萊》。與羅合如同步歸。打針。洗足。十時半服藥眠，上午三時一刻醒。良久又眠，六時醒。

　　今晨血壓155/90，又高了。今日始服中藥。

　　静秋頗不諒予之延期歸去，因作長函告之。

　　季甫謂予，康白情本在中山大學，嗜鴉片而不任課，前年回蜀死矣。此予大學同班同學，五四時曾以新體詩煊赫一時，其後赴美國，生活日趨墮落，加入洪門會，改名洪章，卒一事無成，可嘆！

九月十七號星期四（八月十二）

　　到厨房燙藥。噴藥。量表。點《中國的封建領主制和地主制》第二章《鐵製生産工具》三節訖。

　　記筆記一則。續點上書第三章《西漢時代的社會經濟情况》，二節，訖。小陳來，爲作紅外綫照射及噴射。

　　看郭沫若《天地玄黄》。潘大夫來。打針。洗足。十時服藥眠，翌晨五時醒。又朦朧到六時起床。

　　昨日才晴了一天，今日雨横風狂，又是一片愁慘的景象了。

　　今日予甚不舒服，聲音更啞，以温度表量之，得三十六度八，僅高三分。以是醫令服四環素片，四小時一次。

　　以夜中凉，囑張金花取一毛毯來，遂暖。

九月十八號星期五（八月十三）

　　記筆記一則。點《中國的封建領主制和地主制》第四章《古代賦稅制度》一節至三節。到理療部作心電圖，爲氣管炎抽血檢查。到黃海路二號王季甫新居。小陳來，作噴氣與照視。潘大夫來，聽肺部，量血壓。

按摩。噴氣。照紅外綫。

看《天地玄黃》。小張來，打針，照紅外綫。服藥兩次，十時半眠，翌晨六時半醒。

今晨血壓爲150/90，高壓降矣。下午又復舊。今日氣管炎較好，當以昨服四環素及照紅外綫耶？

下午轉晴。

九月十九號星期六（八月十四）

小閻來，量血壓。點《中國的封建領主制和地主制》第四章四、五節訖，第五章《商鞅變法》訖，第六章《戰國時代的社會經濟情況》訖。小閻來，作噴氣，照視。

到俱樂部理髮，看報，買物。遇潘大夫。小閻來，量血壓，作噴氣、照視。

看《史林雜識》。嘉峪關路服務員秦洪榮來談。小張來打針及照視。服藥，十時半眠，翌晨四時半醒。

今日小閻來，爲量血壓，予詢之，曰：154/92。既而彼去，遺其記録，予就觀之，則164/102也，可見予血壓高已多日，惟護士不直言耳。十四日劉大夫來，爲予量，予詢之，答曰"偏高"，而不言其數，蓋彼時已高也。何以突高，原因不詳。下午再量，據云較降。

日麗風和，又是一番景象。

九月二十號星期日（八月十五）

五時起，寫静秋、伯祥信。朱務善來。乘院中車到中山路買物，到大窰溝乘公共汽車歸。訪王鳳雲，未晤。點《中國的封建領

主制和地主制》第七章《管子書》訖。又點《殷代社會生活》第
一、二章。

　　小陳來，量血壓、噴氣、照視。翻曾運乾《尚書正讀》。記筆
記一則。

　　看吳夢起《青春烈火》。小陳來打針、照視。洗足。服藥，十
時眠，翌晨三時醒。矇矓到六時。

　　今日到中山路買物訖，以時間尚早，不欲待至十一時搭原車
歸，故乘公共汽車，以十時到。然自公園站走至寓舍，又是一身
大汗，怵于十日之事，不敢脫衣。

　　予口中乾渴且膩甚，甚思吃陳皮梅及廣東橄欖以清之，而走
遍青島食品店，皆但有糖及點心。詢之，則謂此等物來了也滯
銷，故不進。即此可見山東人生活之儉樸。

九月廿一號星期一（八月十六）

　　小陳來，量血壓。寫章元善、侯外廬信。劉文清、潘忠祥兩大
夫來。到理療部，由劉、潘兩大夫親作透視。小陳來，噴氣。點
《殷代社會生活》第三章，訖。記筆記二則。

　　出，遇李輝漢，同行。到理療部按摩，針灸。到居庸關路十五
號，由小唐爲打鏈黴素針，噴四環素霧，并先作試驗。小陳來，
噴氣。

　　出，遇張慶孚、王一飛。看電影，遇王季甫夫婦、馮乃超夫
人。歸，小王爲打針，照視。洗足。十時半服藥眠，上午四時半
醒。又眠，五時三刻醒。

　　今晨血壓，云是150/88。

　　今晚所看電影：一、《阿爾巴尼亞風物》，二、《旭日東升》
（解放軍文工團歌舞），三、《節約用煤》。

　　昨吃燒麥，用主食三兩，今日吃湯麵，亦然。當時吃下去了，

但放屁連連，證明我的腸胃已不能接受。此後，主食應吃準每頓二兩。我的透視結果，潘大夫說有些問題，可見此爲體質性之病。

九月廿二號星期二 （八月十七）

點《殷代社會生活》第四章。小陳來，量體温、脉搏、血壓。到十五號，由小唐打四環素針，噴鏈黴素霧。寫静秋信。

到理療部，張繼斌爲拔火罐、灸脚心。出，晤范曉、陳望道夫婦、周樹德。小王爲作按摩。晤李德全。到十五號打針、噴霧。點《殷代社會生活》第五章，未訖。小陳來照紅外綫燈。

思索《費誓》問題。打針，照紅外綫燈。十時半服藥眠，翌晨四時一刻醒。

今晚忽又下一次大便，多而不稀。

終日忙于醫療如此，而静秋乃逼我作《尚書》及《孟姜女》序，我何能爲耶？

九月廿三號星期三 （八月十八）

小閻來量血壓、體温、脉搏，照紅外綫燈。到十五號打針、噴霧。寫致于思泊静秋長函，討論《費誓》著作時代，約二千餘字。

靠沙發假寐片刻。點《殷代社會生活》第五章訖，第六章亦訖。到理療部，針灸。到十五號，作如前事。到俱樂部，理髮。

看狄更斯《雙城記》，至十時。洗足。服藥兩次，十一時半眠，翌晨六時醒。

今日爲農曆八月十八日，上午、下午潮較大，但以膠州灣寬，不能如海寧之有巨觀。潮兒在今日爲十八足歲。

得自珍信，知炳塍已能起床稍爲走動，此後必須在休養所住些日子。

九月廿四號星期四（八月十九）

將致思泊函鈔入筆記。小陳來，作如前各事。到十五號，亦然。潘大夫來診。

點《殷代社會生活》第七、八章。到理療部針灸、按摩。到十五號打針、噴氣。到俱樂部閱報。

看蘇聯片《藍色港灣的艦長們》。遇王季甫。歸，遇鄭統，送李輝漢行。小王來打針、照燈。十時半服藥眠，六時醒。

血壓，今日爲150/86，下壓稍低。兩日晴天，咳嗽較痊。午後又拉一次，不稀。近日屁多，所以多下耶？進食少而下便多，等于收入少而支出多，亦不利也。

穉常來函，謂主食不多，不必焦慮，外國人吃菜多而吃麵包少，并不妨其長年。然予舌苔既厚且黑，見之可怕，腸胃病實爲予之致命傷，如不能治愈則天年屆矣。

九月廿五號星期五（八月二十）

小陳來，作如前事。看《雙城記》。到海濱曬太陽，晤朱務善。到俱樂部閱報。到十五號打針。到理療部抽血。小陳來，照紅外綫。

二時，到理療部，由馬同志按摩，張繼斌針灸。在臨淮關路小池旁憩息。到十五號打針、噴氣。看《雙城記》。

看《雙城記》。小王來打針、照燈。洗足。服藥二次，十一時眠，翌晨六時醒。

今日抽血，爲查有無肺内炎症。然予近日體温正常，不可能發炎，痰吐亦較前爲少。只望天氣好，此病當自愈耳。

來此後已抽四次血，耳朵傷痕累累。又日日打針，兩股殊有打爛之感。上下午跑理療部，亦覺兩足疲弱。予何以如此不濟事耶？

九月廿六號星期六（八月廿一）

記筆記五則。潘大夫來，長談。小陳來，作如前事。到理療部，透視肺。

遇王普。到理療部，以工作人員正在學習退回。游正陽關路之園亭。小陳來，照紅外綫燈。寫陳懋恒信。寫静秋、錢琢如信。鈔致稺常函入册。

寄書打包。小王來打針，照紅外綫燈。看報。洗足。服藥二次，十一時許眠。翌晨六時醒。

予自前日起，早餐後二時、午餐後二時、晚餐後二時各留小便，今日問小陳檢查結果，云：早、午無糖尿現象，晚間則有。

行健孫在初中二年級，來信頗好，贈書三册以獎之，備國慶節假日瀏覽。

寫稺常信，請她明春到京，住我寓所，以一二月時間將我筆記瀏覽一下，若干帶滬整理，若干留京任我自理。

九月廿七號星期日（八月廿二）

乘院中車入市，寄信，買物，閱書，刮臉。八時半上車，十時半乘車還，車中遇鞏重起。十一時許回院。即看所購書。

寫孫爲霆、毓蘊、行健孫、方紀生、李民信。小陳來，爲照紅外綫燈。

小陳來打針。訪鞏重起、朱務善，皆不晤。到閱報室。歸，看趙景琛《戲曲筆談》。洗足。服藥三次，約十二時眠。翌晨六時醒。

近日打普羅卡因針又已失效。今日入市，買得腦力須丸，喜爲新藥，服兩片而眠，久久不能入睡，起服 Seconal，仍不眠，不得已又服水合氯醛，乃得睡。如此纏人，如何得了！

自本月十日入市，爲潮兒買《毛主席論帝國主義和一切反動派都是紙老虎》一書，歸時汗透重衣，暫一解衣，竟致感冒，自是氣管炎發作，院中爲我竭盡方法治療，迄今已十八天，迄不能愈，奈何！

九月廿八號星期一（八月廿三）

記筆記四則。小陳來，照燈。潘大夫來談。到圖書室還書。訪朱務善不遇。

訪務善，遇之，談。到理療部，按摩、針灸。遇陳望道夫婦。到俱樂部取借書。看《安徽列代文學家小傳》。翻陳登原《國史舊聞》第二分冊。記筆記一則。

遇張本。看電影《六號門》。晤王季甫夫婦。到朱務善處送行，與周樹德、李進瑞同歸。小張來打針。洗足。十時半服藥眠，翌晨五時一刻醒。

今晨查昨日小便，早晚尿有糖，午後尿無糖，尚不嚴重。舌苔本厚黑，近日漸退，斑剝陸離，有如銅器之銹。今日攬鏡，則近舌尖之半部，已化盡，出現紅舌苔，近舌根之半部亦有化的現象，不知是中藥之效抑西藥之效。

今日上午二時，海軍演習，放空襲警報五次，同人多醒者，而我竟不知其事，可見予只是入睡困難，果能入睡，睡即酣也。咳嗽多痰仍然，天氣穩定，想當自好。

九月廿九號星期二（八月廿四）

寫尹如澮、于鶴年、容希白、陳登原信。翻陳登原《國史舊聞》第二分冊。小陳來，照燈。記筆記二則。

記筆記三則。看《沸羹集》。寫朱葆初信。按摩、針灸。出，遇劉文清、潘忠祥兩大夫。寫靜秋信。即出寄，散步。

翻《國史舊聞》及《沸羹集》。小王來打針。服藥兩次，十一時半眠，翌晨六時醒。

夜中入眠真難，予現在脚痛較好，擬晚間出去散步，糾正此不良習慣。但望大衣快些寄來，否則又恐受寒耳。

九月三十號星期三（八月廿五）

小陳來，驗小便。記筆記三則。到俱樂部買物，看報。潘大夫來診。小陳來，爲照燈。寫李民信，未訖。

到海濱曬太陽，遇王普。到理療部按摩、針灸。到俱樂部取電筒，買物。歸，看報。記筆記一則。

與同人到新建禮堂，看《黛婼》劇。十時半歸。小閻來打針。十一時眠，翌晨六時醒。

小陳多日來驗小便，今日云：晚上之尿還是有糖，但不多耳。血壓爲 150/86。舌苔退净，爲數年所未有，小陳謂是服"複方龍膽合劑"之效。

今晚所見青島市京劇團演出《黛婼》（青島市委會邀觀）主要演員：黛婼——武蓮芝　勒亂——梁廷洲　勒丁——韓小樓　文帥——李師斌　小不點——曹秀芸　李醫生——楊宗敏　早昆（山官）——鉗韻宏　札英（山官夫人）——馮蓉娟　早扎（魔頭）——李金波　所演爲景頗族解放事。

看顧行《糧老虎發家史》（一九六四年北京出版社本），其載抗戰至解放時米價云：

> 有人統計，從一九三七年抗日戰爭前夕，到一九四九年國民黨南京政府作鳥獸散，國民黨的通貨發行增加了一千四百多億倍，同一時期國民黨統治區的物價就上漲了四十七萬億倍以上！

> 也許今天有些人對這種天文數字缺乏具體的概念，那末，一位有耐性的同志曾經做過這樣的計算：一合米計有三千二百

粒，一石米就合三百二十萬粒。一九三七年六月，每石米價法幣十一元多。到一九四九年四月，國民黨反動政府崩潰，國統區米價每石金圓券一億七千五百多萬元，折合法幣，達五百二十五萬九千多億元。一粒米價，合一億六千四百多萬元！

　　嗚呼，此時一粒米，戰前一千五百萬石糧！一九四八年，一個大學教授每月的薪金收入只能買兩袋麵粉；五口之家，若把薪金全用來買糧食，每人才攤到十幾斤。大學教授尚且如此，何況中小學教師，更何況一般的職員和工人！

這一篇是蔣介石罪惡集團的吸血賬，讀之驚心怵目。録之于此，藉見十五年前中國人民在死亡邊緣的痛苦，爲建國十五周年的紀念。

1964.9.7致陳慧同志，并轉伯昕同志：（下略，見《顧頡剛書信集》）

　　看《參考消息》（六四，九，三十），日本《每日新聞》上野報道北京科學討論會事，云：

　　　東道國共產黨中國自建國以來，特別致力于發展科學。以中國科學院爲總機關，截至一九五九年底，有研究單位八百四十個，研究人員三萬二千人。

此一事，我輩身居科學院者竟未能知，此殆蘇東坡所云"不識廬山真面目，只緣身在此山中"乎？然此所根據尚係一九五九年底之統計，迄今又五年矣，早成明日黃花，自非院本部之高級領導固不能確知其數字也。我以衰年，尚得在研究人員中占一席，可謂此生大幸！

一九六四年十月

十月一號星期四（八月廿六　建國十五周年紀念）

小閻來量血壓。早飯後覺倦，倚沙發上又眠半小時。就筆記一則。寫劉起釪信。續寫李民信，仍未畢。

眠二小時。記解放前米價入本册。小楊來，談。記昨觀《黛娜》劇入筆記。

看《農奴》電影。小楊來打針。服藥三次，上午二時眠，七時醒。

血壓爲150/95，比昨爲高，不知何故。予久未爲血壓所苦矣，乃今又然，此又一苦悶也。昨晚加打"鹽酸普羅米近注射液"（Promethazini）後，一夜酣眠，今日猶整天思睡，成一睡漢子矣。然夜又不能眠，則以少服藥，且不打此針故。

今午公宴同席：周樹德　羅合如　陳明　諸有仁　林孟舒　林湘　萬國鈞　李玉山　張少軍　孫竹　高學良　吳振鐸　龍鳴　趙鐵生　趙季武　孫承訓　賀躍龍　張曄　范菊秋（凡三桌）

十月二號星期五（八月廿七）

小唐來，量血壓。以精神不舒，出訪劉文清大夫，晤其夫人。訪潘忠祥大夫，不得其門。訪王鳳雲大夫，長談，并見其母。訪鄭統院長，并見其夫人及孟大姐一家。小唐來談。

小唐來，量血壓。臥床，迷離一小時許。寫静秋、趙孟輰信。記筆記一則。翻《國史舊聞》。

小陳來，打針。九時服藥眠，翌晨四時許醒。

今晨血壓爲140/70，何其波動如此？午後則爲130/80，亦可異也。上午看人，只北至湛山大路，西至榮城路，中貫正陽關路耳，而已一身大汗，一若天之禁止予行動者，可嘆。近日大便乾結，今晨竟不能下，午後乃解。醫囑臨睡時服"果導"。

十月三號星期六（八月廿八）

記筆記三則。小張來量血壓。看《一千零一夜》。

就床，未成眠。到俱樂部閱報。記筆記二則。看《一千零一夜》。

看《國史舊聞》。打針。服藥二次，約十一時眠。翌晨三時醒。又眠，七時醒。

今日陰雨，下午雨止仍陰。

今日血壓爲136/74，又正常矣，或是服西藥之效。

在北京醫院時所看之《一千零一夜》，欲作筆記，久未能爲，今日乃始成之。

北京此次祝國慶，友邦來者八十餘國，三千餘人，參加游行者七十萬人，帝國主義者及修正主義者聞之當自餒矣。

十月四號星期日（八月廿九）

李進瑞來，同桌飯。記筆記二則。羅合如來談，并出半導體收音機，聽上海評彈。冒雨到俱樂部理髮。

就床，未成眠。記筆記三則。小閭帶小孫來。寫靜秋、劉起釪信。重寫李民信。寫章元善信。與林孟舒談。

看《安徽歷代文學家小傳》。小張來打針。李濟年來談。九時半服藥眠。翌晨三時一刻醒。又眠，四時半醒。

今日大雨，以此未赴理療部，恐氣管炎之又作也。

久欲寫李民信，好好勸導一番，已寫兩次，皆以措辭嚴厲，慮其不能接受而未發。今日作一簡函，意猶是而語較婉，遂發出。

十月五號星期一（八月三十）

小孫來量血壓，驗尿。出寄信。記筆記二則。林孟舒來，出示其所藏碑帖。楊光天書記來，談。

看陳維輝文，記筆記四則。（所看者係《分野説》和《鄒衍》兩文）

看郭沫若《沸羹集》。小王來打針。洗足。九時半服藥眠，上午三時一刻醒。又眠，六時醒。

今晨血壓 130/80，甚正常。驗尿，昨晨無糖，中午微量，晚則有兩個加號。（微量，即不到一個加號。）以有七級風，未敢理療，氣管炎把我膽子嚇小。

陳維輝能苦學，善集材，又能深入問題，本可爲一好人才，只以幼年時没打好基礎，寫字不易使人認識，作文既草率，又晦澀，又嚕囌，使人怠觀。其文五篇，存于我處經年，今日乃勉强翻閱。甚欲加以牖導，期其一改面貌，不知能如我心否也？

十月六號星期二（九月初一）

小孫來量血壓，驗尿。看陳維輝《戰國策作者》一文。記筆記三則。潘大夫來診，小閻、小孫偕來。

看陳維輝《〈吳越春秋〉與六壬》一文，未畢。到理療部按摩、針灸、打火罐。到嘉峪關路，由楊大夫診脉。游臨淮關路花園。

與潘大夫同坐，看《公社自有回天力》、《女理髮師》兩電影。小王來打針。十時服藥眠，翌晨六時醒。

今晨血壓 120/80，何其低耶？抑以打普羅米近針，睡眠轉好，故致是耶？及十時，潘大夫來再量，則爲 130/80。

大衣昨晚始收到，此後晚間當出散步。

三日來爲了風雨，不敢出門，氣管炎竟似已好者。今日一出門，雖在太陽高照下，仍吐出許多痰，予安能長日閉門乎！

十月七號星期三（九月初二）

小孫來量血壓，驗尿。錄諸友評《史林雜識》語于本册首。看陳維輝《周易之數》及《吳越春秋中之六壬》文，記筆記三則。

小孫來抽血。到理療部按摩、針灸。始由小劉爲作電療（平流電）。訪王季甫，不遇。

看曾運乾《尚書正讀》。小王來打針。服藥二次，十一時後眠。翌晨六時醒。

晨血壓126/80，足見低壓穩定。小孫驗予尿，謂昨早、晚均好，惟午後特多糖。

晚間又大便一次，乾結甚，可見尚有腸熱未清。

今日晚餐，進大肉圓子二，飯後覺渴，且口中膩，泡茶飲之，然以此又致久不成眠，且咳，吐出七八口痰，知氣管炎尚未全痊也。

十月八號星期四（九月初三）

小孫來量血壓，驗尿。與周樹德談。點《殷代社會生活》九、十兩章。記筆記二則。寫靜秋信。

眠一小時。到理療部，按摩、針灸，由小薛作電療。記筆記一則。

到俱樂部閱報。小王來打針。洗足。服藥二次，約十一時眠，翌晨六時醒。

晨血壓130/80，昨早、晚尿均無糖，中午有微量。午後覺倦，遂就床，想不到眠了一小時，多日來所未有也。倘作電療之效耶？然晚間難睡猶如故也。舌苔前已化盡，而近日上部又復顯現，可見治標終非徹底辦法。

今日上午天陰，午時黑雲籠罩，午後雷聲隆隆，降大雨，俄霽，有風。

十月九號星期五（九月初四）

小孫來，量血壓，驗尿。記筆記二則。寫致陳維輝長函，訖，將其所著打包。到俱樂部修面。到十五號塗藥于唇。晤崔玉仁大夫。

記筆記一則。到理療部，按摩、針灸、電療。記筆記一則。筆記第二册訖，作一整理。

翻《國史舊聞》。小王來打針。洗足。服藥，九時半眠，上午二時醒。又朦朧至六時。

昨晚尿無糖，早、中均有，如此其無定，何也？昨起，下唇腫。血壓 130/84。前日中午抽血，驗得血糖 150，還是偏高。

陳維輝有科學根基，又能用外國資料比較我國古代社會現象，又肯深入鑽研，原是可造之才，惟表現技術太不够，投稿必不見用，即使登出亦生不出影響。故作函約二千字，勸其趕速補作基本功，以期有用于世。不知能聽從否？

十月十號星期六（九月初五）

小孫來，量血壓，驗尿。到南海路郵局寄陳維輝稿件。潘大夫來談。點《尚書正讀》中的主要關鍵。

點《尚書正讀》中主要關鍵訖。點《殷代社會生活》第十一章及跋訖。

看《尚書正讀》等書。小王來打針。洗足。服藥二次，約十時半眠，上午五時醒。又眠，六時一刻醒。

血壓 144/84，不知何以忽高些。昨尿，早、中、晚均略有些糖，以中午較多。到南海路走一次，走得甚慢，終是一身汗。有此腳疼與多汗兩病，直使予不敢輕于出門。

終日雨，天氣悶人！

下午又大便一次，不稀。

十月十一號星期日（九月初六）

羅合如來，送半導體收音機。小闇來驗尿。九時，聽上海評彈《紅色的種子》及開篇《女民兵》。鈔郭沫若《論讀經》訖。

到合如處還收音機。就床，未成眠。寫靜秋、自珍、容媛、劉鈞仁信。出寄信。散步。訪王季甫，不遇。道遇鄭院長夫婦及陳叔騏。記筆記一則。

到俱樂部閱報，遇王一飛。小楊來打針。服藥二次，十時後眠，上午四時醒。又眠，六時一刻醒。

今日晴光照眼，宛若大地回春，較之昨日，如歷一季，然至下午四時，雲又起矣。

毓蘊寄蘇州采芝齋陳皮來，嚼之大樂，彷彿回鄉矣。

十月十二號星期一（九月初七）

小孫來量血壓，驗尿。王季甫來，還書。與諸有仁談。作《尚書總序》二千字。到圖書室還書、借書。

到理療部，小馬爲按摩，劉可瑞爲針灸，小薛爲電療。出，游正陽關路花園。到林孟舒處，不遇。與龍鳴等談話。

看《朱自清文集》。小王來打針。洗足。十時半服藥眠。翌晨六時醒。

今晨血壓爲124/70，何其低耶？血糖僅晚間有些許。

阮慶發出戰爭叫囂，揚言南越有能力轟炸中國、越南工業與軍事設施，此必奉其主子美帝之命也。

十月十三號星期二（九月初八）

小孫來，量血壓，驗尿。改寫《尚書總序》二千餘字。潘大夫來，診。

續寫《尚書總序》一千餘言。到嘉峪關路七號，就楊祝成大夫診。到理療部電療。

看《國史舊聞》。小王來打針。服藥兩次，十時後眠，翌晨六時醒。

印尼、日本、阿爾巴尼亞、巴西、智利等國共產黨均反對蘇聯在十二月中召開分裂會議，即羅馬尼亞亦為消極之抵抗。看來惟有南斯拉夫、法國及蘇聯諸衛星國出場了。

十月十四號星期三（九月初九　重陽）

小孫來，量血壓，驗尿。譯《西北有高樓》詩。諸有仁伴全中玉來談。潘大夫伴邵大越大夫來。寫靜秋、毓蘊信。記筆記一則。

到俱樂部看報。到理療部，由小王按摩，張繼斌針灸，小薛電療。歸，路遇趙季武。羅合如來，同聽其自製收音機播彈詞。

看《朱自清文集》。在屋內散步。小王來打針。洗足。十時服藥眠，上午三時醒。又眠，六時醒。

今晨血壓為134/84，何波動仍爾？連日上午頭有些量，而眠時頗長，其殆打普羅米近針致多眠，又必須服藥以眠故耶？灸腳心腳跟後走路較好，但虛汗總是出，此後殆無自由行動之可能矣。

美帝傀儡剛果（利）總理沖伯強要加入不結盟會議，會議不僅拒不與會，且將其扣留，以阿聯及阿爾及利亞兩駐剛果（利）大使為沖伯軟禁，不令移駐剛果（布）也。扣留三日，沖伯發誓釋放兩大使，乃舍之令歸國。此一滑稽劇也。

印度總理夏斯得里借不結盟會議反華，欲會議派一代表團到華，勸阻我國勿爆炸核裝置。我外交部斥之，謂以不結盟的幌子對美、蘇雙重結盟，以印度借反華名義，向美蘇乞求援助，得其大量軍火及財物也。

美副國務卿臘斯克宣傳中國將爆炸核裝置，借以恐嚇亞、非國家，獨不思以核武器首開禍端者即美帝自身乎？

　　第二次不結盟國家會議，參加者四十七國，惟印度、南斯拉夫、阿聯三國以和平共處爲主要論題，餘均以徹底廢除殖民主義及反對帝國主義爲主，以和平共處居第二位，印尼、阿爾及利亞、幾内亞、馬里諸國倡導，他國贊同，宣言遂據此寫出。印度煽動反華，無人理睬，夏斯德里遂大失敗，美聯社哀嘆會議承認共産黨中國在世界事務方面進而居于更爲重要的地位。美國之"全球戰略"，蘇聯之"和平共處"，均暗淡無光矣，快哉！

十月十五號星期四（九月初十）

　　小孫來，量血壓，驗尿。邵大夫來。寫沈勤廬、劉起釪信。到俱樂部理髮，看報，遇全中玉。歸，與林孟舒、李進瑞談。

　　寫方國瑜、李鑑銘信。到理療部，按摩、針灸、電療。到俱樂部，買茶葉，遇萬國鈞等。點《西周與東周》第一章。

　　看胡厚宣文插圖，寫出其甲文。室内散步。小續來打針。服藥二次，十時半眠，翌晨五時醒。

　　　今日血壓爲120/80。昨日小便早、午、晚均無糖。

　　草本植物"滿天星"盛開，紅、紫、粉、白各色紛呈，猗儺其枝，至可愛玩。銀杏樹葉經霜漸黃，楓葉則漸紅，青島之秋正艷也。

十月十六號星期五（九月十一）

　　小唐來驗尿，量血壓。將胡厚宣《甲骨文商族鳥圖騰的遺迹》清樣點讀一過。寫潮兒信。

　　修改《鳥夷族諸國的興亡》，未畢。寫胡厚宣、劉敦愿信。小陳來告別。

　　看《史林雜識》地圖。小續來打針。洗足。十時服藥眠，上午一時醒。又服藥，二時眠，六時醒。

今日上午雨，下午風，慮氣管炎復發，不敢出門，以是理療皆未做，晚間有電影亦未看，而惟孳孳于寫作，所以又失眠也。

廣播，赫魯曉夫下臺，勃列日涅夫任蘇共第一書記，蓋開不成分裂會議是一打擊，第二次不結盟會議又是一打擊，蘇聯威信掃地，不得不滾蛋也。但當蘇聯政權者仍是修正主義原班，所謂換湯不換藥。

十月十七號星期六（九月十二）

小唐來量血壓，驗尿。寫静秋信。到俱樂部閱報。修改《鳥夷族諸國的興亡》略訖。

鈔《玄鳥》、《長發》兩詩之毛傳、鄭箋、孔疏、陳奐疏入《大誥考證》。小閻來道別。

老李來，送錢及糧票。翻予所寫《讀尚書筆記》。小續來打針。九時半服藥眠，上午一時醒。又眠，六時醒。

今晨廣播，昨日下午三時，中國爆炸第一枚原子彈，聞此興奮，從此帝國主義國家不再能對我作核訛詐矣！我生于甲申中法戰争後九年，甲午中日戰争前一年，“國恥”從胎內帶來，而今而後可以一湔矣。

農業科學院院長小麥專家丁穎于十四日逝世，年七十六。

翌日覽報，此第一枚原子彈乃自我國西部所發放者。既如理想，乃公告世界，謂中國決不首發原子彈，中國之所以有核武器，正爲消滅核武器。

十月十八號星期日（九月十三）

小唐來驗尿。記筆記一則。作《玄鳥》、《長發》兩詩之案語一千字。

乘公共汽車到市，買筆于文物商店，買氈鞋于委托商行，買書于祥記書店，買手杖于美術服務部。上百貨大樓至五層。乘車回，游中山公園，至中蘇畫廊。

到俱樂部看報。看《讀尚書筆記》。小楊來打針。洗足。服藥兩次，十時半眠。三時三刻醒。又眠，六時一刻醒。

兩日來尿無糖。

一月未進城，今日走路却多。然自中山公園返寓，此兩腿不自由矣。

今日買一手杖，以自覺兩腿無力，有持杖之必要也。諺云"走不動，拖一根"，此後杖當爲予之生活必需品矣。

十月十九號星期一 （九月十四）

小唐來量血壓，驗尿。寫静秋信。續寫"玄鳥"神話千餘字。出寄信。

詳看前日《參考消息》。到理療部，遇全中玉，談。按摩、灸足、電療。到十五號塗藥于臂，遇林孟舒。點《西周與東周》第二章。

看《讀尚書筆記》。小張來打針。服藥二次，十一時眠，翌晨六時三刻醒。

血壓 130/80。尿無糖。今晚爲加打普羅米近針，洗脚後少服藥，以爲亦可睡，然卒不能入眠。至十一時，起服塞夸那，乃得眠，倘能打破入眠一關，予心頭無壓迫矣。

今日《參考消息》甚重要，別錄後頁。兩日間連打兩次勝仗，我國人心有孰不興奮者耶！

十月二十號星期二 （九月十五）

小唐來量血壓，驗尿。看《讀尚書筆記》第四册訖。到理療部，透視胸部。遇萬國鈞，談。邵大夫偕小唐來診。續寫"玄鳥"

五百字。

眠二小時。續寫"玄鳥"五百字。到嘉峪關路，就楊祝成大夫診。到理療部作電療。點《西周與東周》第三章。

看電影。遇鄭統、潘忠祥、王季甫。九時半歸，小張爲打針。失眠，服藥三次，上午一時後眠，六時半醒。

予左腕上星期針灸進了不潔發炎，作癢多日，昨始以碘酒塗之。針灸處不講衛生，針不消毒，此中醫不如西醫處也。又余後腦皮上作癢多年，邵大夫謂恐是癬，亦將塗藥治之。

楊大夫按予脉，謂甚正常。今午得酣眠，當是昨打普羅米近針之故。下午又大便一次，不稀。

今晚電影：1.《西雙版納的冬天》，2.《阿爾巴尼亞建國五十周年紀念（1912—1962）》，3.《并肩前進》（中國與阿爾巴尼亞之友誼）。爲了演時過長，幾三小時，情感又熱烈，使予興奮，遂無法入眠。次日精神甚劣。

十月廿一號星期三（九月十六）

小唐來，量血壓、驗尿。續作"玄鳥"二千字。小楊來，以硫酸水塗予髮際。

看報。洗脚。到理療部按摩、灸脚、電療（小尚爲作）。歸，小楊爲塗頭。看《西周與東周》第四章。

李濟年來。看今年筆記。小張來打針。洗足。十時服藥眠。翌晨六時半醒。

予前幾年好就小理髮館，藉以鍛煉旅行生活，因之頭皮上傳染微生物，時時作癢，搔破出血。邵大夫主爲予治，小楊一天來兩次，此癬疥之疾不難愈矣。

十月廿二號星期四（九月十七）

小唐來，量血壓，驗尿。小唐來，敷頭藥。到俱樂部，修面。將前數日所寫之"玄鳥"文修改一過。記筆記二則。

到理療部，遇張英，仝中玉、小薛。小王爲按摩。小尚爲電療。續寫"玄鳥"一千字。小唐來上藥。

看去年日記。小張來打針。服藥兩次，十時半眠，翌晨六時半醒。

血壓今晨140/80，上壓較高。尿數天來均無糖。針灸昨日滿一療程，按摩今日亦滿。近日眠時實長，所苦者入眠難耳。

静秋來信，促我還家，大駡我無紀律，無組織。

予帶來之日記，自六三年三月始，彼時即已大便三次，走路一里即流汗，此可見予體之衰不始于去冬之開會。

十月廿三號星期五（九月十八）

續寫《商族鳥圖騰》文三千餘字。小唐來量血壓，驗尿，塗藥髮際。

到理療部作電療。遇馮乃超夫婦。小唐來塗藥。

看電影《燎原》，與王季甫夫婦遇，同座談。九時一刻歸。小張來打針。服藥兩次，十一時後眠，翌晨六時半醒。

《燎原》係寫江西安源煤礦工人與資方鬥爭事，領導之者則工人俱樂部主任劉先生也。此即指劉主席，備見其勇敢機智。

海濱一陰便寒，入夜尤甚。予雖穿大衣，裹圍巾，套口罩，全副武裝，猶嫌不濟也。

十月廿四號星期六（九月十九）

小唐來，量血壓，驗尿。續寫《商族鳥圖騰》五百字，將全章統整一過。寫此章引用書目。小唐來，塗藥。

看去年日記。小張來打針。洗足。服藥二次，十一時後眠，上午三時醒。迷離至六時半。

今日上午大便一次，正常。下午又一次，則稀。晚上又一次，則無糞但有白沫。大懼舊病重發，告之小張，取黃連素服之。此病已三月餘未作，今又作，其以昨晚出門受寒故耶？

今晨血壓爲148/88，又高些，將無以工作勤奮故耶？

十月廿五號星期日（九月二十）

小唐來驗尿。將《鳥夷族各國之興亡》統整一過。小唐來塗藥。

小楊來塗藥。記筆記一則。

看去年日記。小楊來打針。服藥二次，十一時入眠，翌晨五時醒，朦朧至六時。

今晨大便只有白沫，傍晚乃下糞。其服黃連素之效乎？

《鳥夷族》一篇今日結束，約五萬字。自十六日至今，費十日工夫，加入一萬餘字。所苦者，手頭無書耳。

臨睡前又拉一次，依然是黏沫。連日風雨，海濱氣候遂寒，予雖多穿衣，而不能有對寒暖之抵抗力，腸病遂復作矣。

十月廿六號星期一（九月廿一）

小唐來驗尿，量血壓。記筆記一則。包扎《鳥夷族》文寄起釬。又包《史林雜識》寄沈勤廬、李鑑銘。邵大夫來診予腹疾。寫静秋、起釬信。

到南海路郵局寄書、稿，匯起釬所墊書款。到俱樂部翻近數日報紙，寫章元善、于鶴年、自珍、陳懋恒、容希白信。

到羅合如處談。點《尚書正讀》中《洛誥》。小續來打針。洗足。服藥，進饅頭半個，十時入眠，翌晨六時半醒。

今晨血壓爲120/80，尿無糖。

　　靜秋既催歸，我此間理療療程亦訖，工作也算告一段落，便浩然有去志矣。

　　美國原子能委員會對中國爆炸產生的放射性塵埃的分析表明，這是一個"鈾二三五內爆式裝置"，以此知我國已掌握了濃縮鈾，比美國在日本廣島爆炸者爲先進，驚呼我製造核武器技術之高出乎意料。法國尚未完成生產濃縮鈾之氣體擴散工廠之工作，只能用鈈造炸彈，而我乃超過之，可喜也！

十月廿七號星期二（九月廿二）

　　小唐來量血壓，驗尿。出寄信，遇王普。到理療部，晤璩德祥大夫，由其轉介紹與李淑貞大夫。看《趙充國傳》。寫張又曾、張茂鵬信。

　　點《尚書正讀》末三篇，記筆記二則。到俱樂部理髮。到二病區，由楊祝成大夫診。記筆記一則。

　　李濟年來，取車票錢。點《尚書正讀》三十面。小續來打針。洗腳。服藥二次，十一時眠。翌晨六時許醒。

　　今晨血壓爲140/88，何轉高也？昨早尿有糖，爲一加號。晚亦有之，爲不足二加號。此種病大約好不了。

　　麗日懸空，萬物昭蘇，太陽真是好東西，我的腸病及氣管炎可好了。

　　楊大夫謂予今天的脈比上一次稍虛。楊大夫說老年人最怕小便不暢，而予則甚暢，此亦可喜事。

十月廿八號星期三（九月廿三）

　　小唐來量血壓，驗尿。到理療部，由王筠筠教腹部運動，遇龍鳴，周樹德等。小唐來塗頭，偕林護士來。記筆記一則。

　　記筆記二則。寫劉起釪信。清理信札。將諸友評論《史林雜識》語鈔入日記。小唐來塗頭。

李濟年來。周樹德，趙鐵生來談。點《正讀·堯典》訖。小續來打針。服藥二次，十一時後眠，晨六時半醒。

今晨血壓又回復至 120/70，惟尿糖則昨午後特多，爲兩加號，晚間亦有些。

昨天晴了一天，今日又陰雨矣。

十月廿九號星期四（九月廿四）

小唐來量血壓。寫方紀生信。到理療部，續學腹部運動。晤仝中玉，龍鳴。到湛山路買牛皮紙。邵大夫來。小唐來擦頭皮。記筆記一則。

捆書，携至中山路郵局寄家。買棉鞋。遇張璽。到公園，看菊花展覽。四時歸。囑張金花打書包付寄。

李濟年來，送車票。點《正讀·皋陶謨》訖。小續來打針。服藥二次，十一時眠，翌晨六時半醒。

今日晴，但北風大，頗寒。予咳又作。下午出門，走路較多，足底又作痛。大便又轉乾結。

十月三十號星期五（九月廿五）

小唐來量血壓。林孟舒問《萃編》語。到理療部，續學腹部運動。出，遇王普。到俱樂部買物，看報。小唐來塗藥。理物。張興儀來。

與金鳳超談。理物。記筆記二則。録《朱自清文集》中提到我的地方入日記。到圖書室還書，并翻《朱自清文集》第一、四冊。寫静秋、厚宣信。

到俱樂部看報。點《正讀·禹貢》未訖。小續來打針。服藥二次，十一時眠，翌晨七時醒。

今晨血壓 130/88。小便無糖。

朱自清同志逝世于一九四八年北京解放前，年方五十一，真可惜也。

美帝又遣飛機轟炸老撾解放區，兼及柬埔寨，以此西哈努克號召抵抗。然美國黑人正準備武力抵抗其反動統治者，其國內失業人數又日增，吾恐再越數年，此把持政權之百萬富翁將纍纍爲階下囚也。

十月卅一號星期六（九月廿六）

小唐來量血壓。到理療部，續學腹部運動。到廣西路，發山東賓館王經理電報。回，小唐爲塗藥。付清飯食費。

理物。到俱樂部修面。到王季甫、馮乃超處辭行，俱見其夫人。到王普處，途遇之。到仝中玉處，未晤。到七號，惟晤范菊秋。黨書記張同德來。袁代新來。小唐來。

王季甫夫婦來。范菊秋、李進瑞來。周樹德來。羅合如來。鄭統來。邵大夫來。趙鐵生來。九時半，汽車來，與萬國鈞同上車，李濟年、張金花送上站。十時一刻開車。

此次來青島，首尾八十七日，而居韶關、武勝關、居庸關三路。

此次來青島，服“水化醛醚”竟成了癮，他藥均無效而此藥有特效，受其挾制，不可長也，必思有以去之。

1964．9．17 致陳穉常同志：（下略，見《顧頡剛書信集》）

從療養院圖書室中借到《朱自清文集》二、三冊，其中有道及予者，鈔出之：

　　了解詩不是件容易事。……不要死心眼兒想着每字每句每篇只有一個正解。……不但詩，平常説話裏雙關的也儘有。我想起個有趣的例子。前年燕京大學抗日會在北平開過一爿金利書莊，是顧頡剛先生起的字號。他告訴我"金利"有四個意思：第一，不用説是財旺；第二，金屬西，中國在日本西，是説中國利；第三，用《易經》"二人同心，其利斷金"的話；第四，用《左傳》"磨厲以須"的話，都指對付日本説。

（第二册，489 頁，《詩多義舉例》）

我們得承認古文確是死文字，死語言，跟現在的語體或白話不是一種語言。……打通這一關也可以用語體翻譯。……五四運動以後，整理國故引起了古書今譯。顧頡剛先生的《盤庚》篇今譯最先引起我們的注意。他是要打破古書奧妙的氣氛，所以將《尚書》裏詰屈聱牙的這《盤庚》三篇用語體譯出來，讓大家看出那"鬼治主義"的把戲。他的翻譯很謹嚴，也够確切；最難得的，又是三篇簡潔明暢的白話散文，獨立起來看也有意思。……這種翻譯的難處在乎譯者的修養，他要能够了解古文學，批判古文學，還要能够照他所了解與批判的譯成藝術性的或有風格的白話。

（第三册，666 頁，《古文學的欣賞》）

比只是修辭的方法，興却不只于此而關于全詩的用意，用意既不明見于文義中，所以不妨各説各的。歷代解《詩經》的異説紛紛……都是爲此。……這種看法實在出于春秋時代的用詩；那時不管詩的原來用意如何，只斷章取義地用在政教方面去（參看顧頡剛先生《〈詩經〉在春秋戰國間的地位》）。因爲全篇詩往往不能整個兒合用，所以只得斷章取義。

（第二册，478 頁，《中國文評流別述略》）

聖陶的身世和對于文藝的見解，顧頡剛先生在《隔膜》序裏説得極詳。……愛與自由的理想是他初期小説的兩塊基石。這正是新文化運動開始時的思潮；但他能用藝術表現，便較一般人爲深入。他從母愛、性愛一直寫到兒童送一個小蜆回家，真算得博大周詳。母愛的力量在犧牲自己；顧頡剛先生最愛讀的《潛隱的愛》（見顧先生《火災》序），是一篇極好的代表。一個孤獨的蠢笨的鄉下婦人用她全部的心與力，偷偷摸摸去愛一個鄰家的孩子，這是透過一層的表現。

　　　　　　　　　（第二册，350 頁，《葉聖陶的短篇小説》）
《朱自清文集》第四册爲《經典常談》，采用予説尤多。

[原件]

張静秋同志：

　　來信收到。關于顧頡剛老先生病情特此覆如下：

　　顧同志入我院療養以來，總的病情均有顯著好轉。患者九月中旬，不慎受涼，而引致慢性支氣管炎發作，經胸部照片考慮爲右下肺炎症，經我們及時加强治療及護理，病情逐漸好轉，目前業已痊愈。其他睡眠、糖尿病及胃腸消化均有顯著好轉。目前尚繼續行綜合治療（藥物及各種理療），病人感覺良好！

　　請放心！

　　　　　　此致

敬禮

　　　　　　　　　　　　　　青島療養院一療組
　　　　　　　　　　　　　青島療養院醫務科（章）
　　　　　　　　　　　　　　1964. 10. 13

一九六四年十一月

十一月一號星期日（九月廿七）

早六時卅五分，車到濟南，鄭亦橋以省政協車來接，到山東賓館，入二三四室。徐眉生來。許衍梁、姜守遷、王經理來，定參觀日程。寫靜秋信，到郵局寄。寫童書業、許毓峰信，投郵。

服藥，眠一小時許。看沈兼士《希殺祭古語同源考》。省政協副主席劉仲益、邵德孚，秘書劉乃殿來談。劉子衡來，長談，留飯。

略翻《同文尚書》。八時半服藥眠，翌晨四時半醒。

此次來濟南，由于濟市許衍梁邀觀其所藏牟庭著《同文尚書》，是爲王獻唐過録本，獻唐死後購之于其妻者。而此書劉子衡有標點本，據云其底本得自蔡元培先生，亦一過録本。其原稿則不知何處去矣。牟氏又有《詩切》一稿，爲丁維汾携至臺灣。

子衡在解放前，恃其能説與多記憶，出入軍人、大僚之門，爲講經書，南面稱師。解放後先爲山東司法廳副廳長，此廳取消後爲省政協常務委員，其所整理之《同文尚書》又爲中華書局退稿，鬱鬱不自得。

十一月二號星期一（九月廿八）

五時半起，點讀《尚書正讀》至《盤庚（上）》。九時，鄭亦橋來，姜守遷、劉錫曾來。九時半，與亦橋同出，雇汽車至省政協，會劉仲益、邵德孚。到東華街，入亦橋室，并晤其夫人。到王祝晨處。到劉子衡處，并晤其長女。子衡邀至聚豐德飯。

與亦橋、子衡到市博物倉庫，觀所藏銅器、書畫、印泥。出，到萃古齋市文物店，看書畫。許衍梁來，劉子衡去。與亦橋回賓館，同飯。遷至二四三室。

　　童丕繩、徐連城、錢宗範、童教英來，丕繩談《左傳》，至八時三刻去。九時服藥眠，十一時一刻醒。服藥四次，至上午二時後方眠。七時半醒。

　　今日所見書畫，以明成化間張弼（自號東海翁）書于慶雲書舍之"千字文"爲最佳，出神入化。邢愿之妹慈廉所作竹石小册，秀氣撲人，亦至可愛。其他吳中名家，王寵之楷書，祝允明之硯，文徵明之山水中堂，周東村之《三顧茅廬圖》，姜實節之省墓圖卷，陸治之山水小幅，皆絕可愛。

　　今日所見封泥，爲(一)西漢齊王府者，(二)西漢齊國境內者，(三)私人者，(四)外地與齊通書者，凡四百方。銅器中，一矛頭以金嵌兩圓，即"黃目"也。山東藏于地下及地面之文物自不少。

十一月三號星期二（九月廿九）

　　九時，市人委車來，到省博物館陳列室，由徐眉生、杜明甫、蓋子逸、王曉燕等導觀自然、歷史兩部分，并觀藏庫書畫、銅器、甲骨、書籍、新出土大船等。歸飯。

　　眠（半醒）兩小時。三時，車來，到廣智院省博物館倉庫，由姜守遷、劉錫曾、于中航等導觀大汶口出土陶器及滕、鄒壁畫册。五時半，與守遷同車出。

　　疲甚，七時即服藥眠，上午三時醒，延至四時起。

　　山東地面、地下文物并多。解放後各地主家庭所藏并出，如海源閣楊氏、王漁洋家、劉石庵家皆是。又多方購買，如羅振玉所藏甲骨，及昨所見溥心畬家之書畫是。加以發掘，寶乃無盡。博物館之豐富，京滬以下首屈一指矣。

　　今日又見邢慈廉所作草書便面（有"馬邢卿印"，知其適馬氏），硬瘦無女子氣。

　　予所欲得者爲鳥夷遺物之照片，今日在博物館所見鳥形陶鬶十餘具，擬一一索得其副本，俾插入《大誥考證》。

到濟後兩日晴，今日忽雨，終日不絕，以是晚間不能外出散步，遂早睡矣。

十一月四號星期三（十月初一）

記筆記二則。點曾運乾《正讀》自《盤庚（中）》至《高宗肜（日）》。八時半，姜守遷來，同乘車至省圖書館，由路大荒導觀書庫。十一時半歸。

劉子衡來，贈蘋果。續點《正讀》至《大誥》。姜守遷、劉錫曾偕市政協副主席吳鳴岡來。翻劉子衡《孔子編年》。

續翻《孔子編年》。八時半服藥眠，翌日上午三時醒，延至四時起。

省圖書館在大明湖南，風物宜人。所藏以綫裝書爲多，聞閱書者甚少，而館員人數不多，迄未能將書目編出。路大荒固知書，然年已七十，復多病，知孤掌之難鳴也。外文閱覽室藏書稀朗，不足以供應山東高等院校之需要。

今日陰冷，下午遂未出門。

吳鳴岡同志，一九三六年入燕大歷史系，還上到我的課。

許毓峰已調職曲阜師院，此來不能見到矣。

十一月五號星期四（十月初二）

記筆記三則。姜守遷來，同到古舊書店，由尤經理及宮世清陪同閱書。劉錫曾、路大荒繼來。十一時，到省文物店閱字畫，由李季陶、霍介秋伴。

點《正讀·康誥》。姜守遷、吳鳴岡來，同車到趵突泉，并觀漱玉泉、金綫泉，飲茗。到大明湖，登舟，至歷下亭、南豐祠、北極廟、鐵公祠等處，五時許歸。

劉子衡來，同到瑞虹理髮。看成琅《鉏經摭記》鈔本，吳秋輝《商代建都始末考》鈔本。十時服藥眠，翌晨二時三刻醒。延至三時半起。

古舊書店書、帖不少，擇覽明板數種，見有今人趙東甫所編《山左明文選》稿本數十册，又有明人像（繪、塑）照片數十幀，可見其專心致志。

在省文物店見王麓臺所繪《太湖圖》長卷。又清初姜淑齋女史所寫草書大幅，膠州人也。又有吳清卿大幅山水，陸恢題。

今日飯後忽然拉稀，晚飯後又一次，盡係黏沫，無糞，不知是受寒耶？受累耶？抑賓館之飯油膩耶？以此頗動歸思。

大明湖、趵突泉，市府俱大力修理，恢擴甚廣。趵突泉之假山，係請蘇州名手來堆，故亦頗有丘壑。鐵公祠則仿頤和園長廊，惟無高臺望鵲、華二山耳。

十一月六號星期五（十月初三）

記筆記一則。點吳秋輝文，未畢。八時半，姜守遷偕于中航來，中航偕予乘車到山東大學，訪陸侃如、馮沅君。到丕繩處長談。出，訪黃公渚。回丕繩處飯。

與丕繩夫人談。看丕繩所作醫學書。與丕繩到黃雲眉處談。與丕繩、雲眉同到歷史系，晤孫思白、韓連琪、華山、徐連城等。四時回。點吳秋輝文訖。

點《尚書正讀·湯誥》。八時服藥眠，翌晨二時醒。延至二時三刻起床。

山東大學在東門外十餘里，五八年所蓋屋甚粗糙，道路至今未修。學生幾全體下放至曲阜，教員全力學習，上午自讀文件，下午開會討論。

今早就廁二次，均拉黏沫。下午五時一次則爲糞，兩日來服四環素之效也。

　　山大友人見予，均謂予氣色甚好，似六十（歲）人。丕繩謂神經衰弱并無妨礙，且足以抵抗疾病。渠以自醫，療效甚高，精神轉好，每星期六、日，常到精神病院，向病人説療法，頗有依其言而得痊者。

十一月七號星期六（十月初四）

　　評劉子衡《孔子編年》。鈔成琅《鉏經擴記》蠶神、棉花二則入筆記。姜守遷扶趙東甫先生來。劉錫曾來。

　　點《正讀·召誥》。子衡來，同乘三輪到大明湖，其女曾瑩携其子秦東華來會，同攝影。到大明湖飯店茗談，并吃餃子。五時歸。

　　點《召誥》訖。童太太，徐連城來。八時半服藥眠。翌晨二時醒。三時起。

　　趙東甫先生年八十，壽光人，留心當地文獻，編有《山左明文鈔》、《青州詩鈔》二書，皆未刊，與路大荒之爲《聊齋》專家者，同爲山東不可多得之人才，而皆老矣。

　　成琅《鉏經擴記》甲集專爲論衣服制度、原料及製造法者，乙集以下不知其所論者爲何，亦不知其稿尚存否？此人能以經學結合實際，與程瑤田相似，而聲聞暗昧，使我不來，竟不知有其人。

　　今日就厠五次，惟下午五時一次爲糞，次數加多，不知所下者爲黏沫抑爲白痢，所幸者精神尚好耳。

十一月八號星期日（十月初五）

　　到郵局發家電。記筆記一則。加點《正讀·洛誥》。爲子衡題其父忠方先生紀念冊，詩兩首。劉錫曾偕路大荒來。到經四路買旅行包。童丕繩來。解方來。

朦朧一小時。理物。點《正讀・多士》。鄭亦橋來，徐眉生來，談至五時許，到會客室，與劉仲益等握晤。下樓，赴宴。

亦橋、鳴岡、衍梁來。劉子衡來，談至九時半。十時服藥眠，翌晨二時半醒。延至三時半起。

今晚同席：予（客）　劉仲益　邵德孚　周志俊　劉乃殿　許衍梁　吳鳴岡　徐眉生　鄭亦橋（以上主）

今日就厠約七次，小便時大便隨之，第一次未預防，竟至屙在褲中。此七次中，兩次爲黏沫，五次帶糞，多少不同。四環素一瓶已服畢，今日入市更買藥。腸病若此，而有必不可免之酬酢，真苦事也。

聞山東之筵席，最好者爲膠州，烟臺善于青島，威海衛更佳于烟臺。

十一月九號星期一 （十月初六）

記筆記一則。捆箱。劉錫曾、姜守遷、鄭亦橋來送行，乘省政協車到站。六時五十分車開。與同車山東財政廳職員牟逯談話。

飯後約眠一小時。看錢宗範《西周春秋時代宗法制度研究》。四時半到北京，尹受來接。雇汽車歸，晤羅麗、雁秋。

看各處來信。十時服藥眠，上午二時三刻醒。良久又眠，六時醒。

出門三月餘，家中房屋改造尚未竣工，宿東屋，物件堆積凌亂，看來尚不能即時展開工作。靜秋體安好，用得一朱阿姨，廣東人，每日上午來工作半天。

今日予泄僅三次，且中午進食較多，看來腸病可暫痊矣。

北京氣候與濟南差不多，家中尚未裝爐。

歷史研究所職工下放百餘人，至山東海陽縣搞“四清”及受社會主義教育，未去者僅病號數人耳。

十一月十號星期二（十月初七）

看報。記筆記一則。萬聲山來。看《人民教育》中論"半工半讀制學校"文兩篇。

未成眠。看一旬來《參考消息》。理物。看各處來信。

看李旦丘《金文研究》。服藥兩次，十一時後眠，翌晨七時醒。

堪兒昨起發燒，今日未愈。

予一回家即覺疲勞，怠于作事。所幸泄瀉已愈耳。

此次歸來，知物價更賤，二等白菜僅六厘三毫一斤。

看信件，知予九月中病時，靜秋曾徑函青島療養院，得復，知由氣管炎轉入肺炎，而院中未告予也。

十一月十一號星期三（十月初八）

林劍華來。到北京醫院，就王瑞萍女大夫診。照心電圖。遇錢崇澍、唐擘黃、錢琢如、葉叔衡。搭鐵道部副部長劉建章車回。

眠三小時。翻《太平寰宇記》，看林劍華所點。老王來。

翻《太平寰宇記》四夷部分。十時服藥眠，翌晨五時醒。

今日血壓為150/86，視在青島時高。又王大夫按予腿，謂略腫。今日午後不知何故，眠至三小時之久，為以前所未有。此或為在濟南活動八天故耶？

十一月十二號星期四（十月初九）

記筆記四則，約二千五百字。雁秋來，留飯。

算此行賬。劉起釪來談。到文淵閣買筆，春風理髮。

看《太平寰宇記》。待靜秋伴堪兒就醫歸。十一時服藥眠，翌晨六時半醒。

堪兒今日上學，下午又發燒，靜秋慮其為腦膜炎，伴之到協和醫院掛急症號，醫云是感冒，尚須將息。

十一月十三號星期五（十月初十）

雇汽車到北京醫院，抽血。驗尿兩次，糞一次。自八時至十時。遇杜春宴、王伯祥、余冠英、唐蘭、馬寅初、趙紀彬、劉仲容、沈雁冰。與伯祥同出，乘廿四路車至乾麵胡同東口下。予往訪胡厚宣，談至十二時歸。

未成眠。寫清休養賬。翻看《太平寰宇記》。王寶元來，與尹受同裝烟管。章元善來。

看《太平寰宇記》。爲和靜秋口角，失眠，服藥二次，約十二時後眠，翌晨七時醒。

前二日風，頗寒，今日風止，有轉暖之意。

靜秋性格，遇事必吵。今晚爲洪兒伴堪兒到燈市口醫院打針，以醫療證在尹受身邊，未即挂號，又吵不已，且牽連及予。予歸後本易眠，自此一吵，精神又緊張，入眠不易矣。

十一月十四號星期六（十月十一）

趙豐田來，談整理康有爲遺稿事。又安自鄉來，留宿。汪仲鶴大夫來診堪兒病。

與靜秋、又安到紅星看《輝煌的節目》電影。未成眠。看楊寬《中國上古史導論》，未訖。

看電視《農奴》。服藥二次，約十一時半眠，翌晨六時半醒。

房屋未修理好，予無一固定之工作室，且無一書桌可獨用，以是工作展開不易，只得隨便看書。

周總理此次到蘇聯似未取得任何勝利，蘇聯仍反華，仍堅持其“沒有赫魯曉夫的赫魯曉夫路綫”，一個已墮入修正主義的反動集團，欲其返回馬克思主義，真不易也。

十一月十五號星期日（十月十二）

方紀生伴朱星來，談古漢語問題。原孝銓來。頤萱嫂來。張覺非來。胡厚宣來，長談。雁秋來，留飯。

眠約一小時。劉鈞仁來，以《春秋史事勘》交之審閱。續看楊寬《中國上古史導論》，未畢。

看《文史資料選輯》。十一時服藥，約十二時眠，翌晨六時半醒。

今日天暖，而予脚冷甚，兩足如冰，以暖水袋溫之乃好，此血氣不下降之徵也。咳亦時作，以此静秋禁不令與豐田同到康同璧處。

木蘭所生子，名陸國光，甚肥碩。生後本居羊肉胡同，雁秋夫婦爲之忙碌護持，木蘭則已到校上課。自明日起，全家赴中關村，取其有汽爐，且取熱水方便也。鴻鈞在蘇北農場勞動七年，不久可到北京。

十一月十六號星期一（十月十三）

看《古史辨》第七冊。又安偕何其敬來診脉。記筆記一則。周達夫來。

未成眠。趙豐田來。續看楊寬《中國上古史導論》，未畢。

看《文史資料選輯》。十一時服藥眠，翌晨七時醒。

今日大便，乾結之甚，因飲蜜以解之。

堪兒低燒，延一星期迄未愈，今日静秋伴之赴協和醫院診。

何大夫謂予血分熱盛，肝陽上逆，便燥溲黄，脉數左寸關實大而上衝，舌質絳紅，邊尖尤甚。擬滋陰、柔肝、清心、鎮衝法。

得元善電話，知金通尹昨日以心肌梗塞症逝世，年與我同。渠患白内障，眼幾不能視物，行動不便已歷多年，龍鍾特甚。而好爲詩，令其子婦寫出，近二年中時以新篇見示，而我懶于爲此，不能和也。

十一月十七號星期二（十月十四）

雇車，送堪兒至協和醫院抽血。到北京醫院，就女大夫王瑞萍診。遇于永滋、米暫沉、陸殿棟、朱務善。十時歸。續看楊寬《中國上古史導論》，仍未畢。

服藥，眠三小時。看《文史資料選輯》第四十八輯。又安回鄉。尹受助予洗浴。十時半服藥眠，翌晨六時三刻醒。

今日大便不通。自在青島犯肺炎後迄未敢洗浴，迄今將兩月，身上作癢甚，今晚爐暖，乃得一浴。以爐暖故，今晚咳嗽好得多，予真當如張石公之冬日生活矣。

王大夫謂予，檢查結果，心臟尚好，大便亦正常，惟血糖、尿糖則俱有，但不算多耳。午前服眠爾通兩丸，午後便能眠三小時之久。

十一月十八號星期三（十月十五）

與張紀元通電話。寫佘雪曼、吳練青信。續看楊寬《中國上古史導論》畢。看予舊作《戰國秦漢間的造偽與辨偽》亦訖。

朱星來。劉起釪來。

續看《文史資料選輯》第四十八輯。十時半服藥眠。翌晨六時醒。

近日滿身無力氣，連寫字亦懶，與在青島、濟南迥然不同，何耶？昨服藥後今日下大便，負擔一輕。

朱星作《漢語史》，欲看予所作《大誥考證》甚迫切，今日起釪交渠《鳥夷》一部分。

楊寬《中國上古史導論》約二十四萬字，予連續觀之五日乃畢。其中創見甚多，惟不成熟之見解亦不少。蓋渠少年時代才華迸發，寫得太快所致。

十一月十九號星期四（十月十六）

到"東單"修面。到北京醫院，就皮膚科林子揚大夫診。遇夏慧遠、葉景莘、何思源、胡繩、林仲易、余心清。

未成眠。助遷物至臥室。趙豐田來。

看《文史資料選輯》四十九輯。爲野貓吃予家鷄，不成眠。服藥三次，至十二時後成眠，翌晨七時三刻醒。

兩腿上起紅粒，癢甚難眠，就醫視之，謂是神經性瘙癢症，云與糖尿病有關。

十一月二十號星期五（十月十七）

堪兒上學。理置在書室中書（《儀禮》類）。

眠一小時半。看《文史資料選輯》第四十七輯。搬家具。堪兒與洪兒大吵。

翻《觀堂集林》。服藥兩次，十二時後眠，翌晨七時醒。

今晚遷居西屋，與靜秋同榻，前十日皆與洪兒同眠于東屋也。今日西屋始可利用，予乃得固定之書室與臥房矣。

今日堪兒上學，已請假十日矣。

洪兒脾氣猛烈，堪兒則倔强不馴，故兩人最易起衝突。再加上靜秋之大聲吆喝，使前後院俱不寧矣。（洪兒動機好而態度劣，堪兒則昏瞀不別是非，一味蠻橫。）

十一月廿一號星期六（十月十八）

理置在書室中書（《尚書》類）。趙豐田來，辭行。聽《紅旗·赫魯曉夫是怎樣下臺的》，并看報。

眠二小時。胡厚宣來。吳玉年來。

看徐中舒《〈左傳選〉後序》。服藥，十二時眠，翌晨六時醒。

豐田此次來京，爲搜集康有爲史料，彼在河南省歷史研究所任研究員，以康梁年譜爲工作任務。梁之年譜以資料具在北京圖書館，無問題，康則資料藏于其女同璧處，遲遲不整理，故此次來京專辦此事。有此推動，且得張滄江之助，大約可以逐漸清理。其中有關于經學之紙條，擬囑我爲之別擇排比。

近日并不冷，而予甚感脚冷，必以熱水袋溫之乃適。

十一月廿二號星期日（十月十九）

擦桌。王儼來。送出，遇吳世昌。王樹民來。張紀元來。朱星來，送回《鳥夷》文。

檢"雍水"資料，備改《考證》。理書。

看《人民日報》社論。十時半服藥眠。上午三時三刻醒。久不眠，起倚床，朦朧到七時。

紀元來述全國政協中民進仍保持二十個名額，新補入顧均正、楊堅白、陳麟瑞。紀元允予冬季不參加民進學習，但改造思想之大會仍須參加。

昨日之《人民日報》社論，非僅譴責赫魯曉夫也，爲勃列日涅夫—柯西金路綫作批判也。今日社論論中國核武器不爲發展核武器而正爲消滅核武器作起點，則爲美帝言之也。美帝以中國已有核武器，欲拉入"核俱樂部"，故作此以斥之。

十一月廿三號星期一（十月二十）

到侯外廬處談。十時歸。準備修改《鳥夷族》一文，搜集材料。

眠一小時許。木蘭來，留宿。

翻《日知錄》。服藥，至十二時半再服藥，且倚床坐，乃得眠，上午七時醒。

外廬告我，我的孩子在學校中批評我，資料已送至所中。幸我無不可告人之事，無所顧慮耳。（此事予疑女附中黨組織與歷史所黨組織打交道，靜秋則謂羅麗告之胡一雅，由一雅反映至所者。）

傍晚得政協來信，予連任第四屆全國政協委員，以予之只專不紅，脫離政治，而政府猶加以延攬，慚感何如！然一年來衰態日甚，開大會時予亦不能逐日參加矣。昨聞紀元言，第三屆委員已死八十七人，予其尚能終此一屆乎？

十一月廿四號星期二（十月廿一）

修改《鳥夷族》一文，約增二千五百字。趙錫麟來。

未成眠。房管局呂君、服務站長李君來。到巷口四維照相館攝影。

翻《越縵堂讀書記》。十時半服藥眠，翌晨五時醒。良久又眠，七時醒。

今日有一大不好之現象。趙錫麟來時，予欲小便，而彼言剌剌不休，及送之出門而就廁，則已不及待而溺于褲中。黃昏出照相，臨離照相館時又內急，徑歸就廁，又溺于褲。因念張廣仲姑丈七十後亦有此現象，未數年即逝世矣。

此次修理房屋，非正式建築工人所爲，乃建國門服務站集合老年失業分子爲之，所中名爲派王寶元監工，而處處以省錢爲目的，故一任其偷工減料。頂棚降低，未照應有手續抹三道沙土，故陸續坍塌，至不能裝電燈。今日開現場會議，決定西屋四間頂棚重作，故明日又須搬家。

十一月廿五號星期三（十月廿二）

又遷屋至東室。寫《鳥夷族》文一千字。

眠一小時許。續寫一千餘字。吳世昌來談。同出，予到四維照相館取照片。回，遇賀昌群。

翻孫璧文《新義錄》目錄。服藥兩次，十二時半後眠。四時半醒。又眠，七時醒。

孫璧文《新義錄》鈔各家筆記，成書百卷，頗可藉此見清代學術水準。擬此後每晚覽一冊，取其每條字數少，看來不費力也。

于右任死于臺灣，遺言葬于高山，可望大陸。渠在辛亥革命前辦《民呼日報》于上海，鼓吹革命，宋教仁任總編輯。不久爲清政府通過英帝國主義者所封。繼辦《民吁日報》，又封。最後辦《民立報》，論調稍蘊藉，得延至革命後。其時予正年少，日以先睹爲快，思想上受其影響不小。今渠乃爲蔣介石殉葬，殊可惜也。

十一月廿六號星期四（十月廿三）

王樹民來。續寫《鳥夷族》二千字。

未成眠。填政協表，交靜秋學習時帶去。商錫永來。

看《新義錄》三卷。十時半服藥眠。上午一時半醒。又眠，七時醒。

今夜一時半起溺，以未開燈，室中狹仄，竟跌倒爐旁，爐炭散出，爐管與爐俱倒，一壺水亦倒。予幸未罹水火之厄。

十一月廿七號星期五（十月廿四）

到"四聯"理髮。到東安市場購書及筆。到北京醫院就楊虎生大夫診，遇馬寅初及其女、胡繩。雁秋來，留飯。

眠二小時半。看新購之《黃侃論學雜著》等。到伯祥處借書及錢，并晤潤華及其子女。

看《新義錄》三卷。十一時服藥眠，上午一時半醒。又眠，六時半醒。

今日血壓 137/78，不高。此所以易眠也。

今日改睡潮兒床上，取其離爐遠也。

今日從伯祥家出，又覺內急，至舍門時不及待而溺于褲。據醫言，所以不能忍小便者，當由前列腺腫大故，囑下星期再查檢。

雁秋與木蘭鬧矛盾，而又不能分開，即此可見經濟不獨立之苦。

十一月廿八號星期六（十月廿五）

看《人民日報》社論，抗議美、比侵略剛果。續寫《烏夷族》文一千五百字。

未成眠。尹受爲洗浴。看《崔東壁遺書》。胡厚宣來，長談。

翻《新義錄》二卷。十一時服藥眠，上午二時半醒。又眠，六時醒。

今晚十時，四兒俱得電話通知，明日上午爲抗議美、比帝國主義侵略剛果示威，于上午七時集合，并囑轉告同學，堪兒則令至學校，與同學合出敲門通知，至上午二時半方回。此種緊張熱烈之情況，實爲鍛煉青少年革命意志之良好教育。靜秋幾因此一夜未眠。予雖老，未能親自參加，然深以兒輩得受此教育爲幸也。

十一月廿九號星期日（十月廿六）

四兒俱出，參加示威游行。靜秋到中關村。到東安市場古典門市部，覓《史林雜識》，未得。張覺非來，留飯。

未成眠。劉起釪來。續寫《烏夷族》文一千五百字。

看《新義錄》二卷。服藥二次，十一時後眠。翌晨六時半醒。

今日到東安市場，步行往返，尚未至如六月中之足底作痛，似爲可喜現象。然猶流了一身汗，則虛象仍未解除也。

參加游行者，七十萬人。毛主席到天安門。

每晚睡上床，痰咳并起，覺氣喘胸痛，不得不倚床而坐，此一苦也。滿身作癢，尤以腰、背、腿爲甚，此二苦也。坐是不能成眠，必再服藥，此三苦也。

十一月三十號星期一（十月廿七）

續寫《鳥夷族》文三千字。

未成眠。

看《新義錄》二卷。十時半服藥眠。上午三時半醒。良久，又眠，六時半醒。

今日潮、洪、湲仍繼續參加反美、比游行。斯坦利維爾已爲剛果愛國人民所收復，他們的武器大都是斧頭和長矛。

莫斯科非、亞、拉美留學生結隊向美、比、英三國大使館抗議，且擲石頭，蘇聯政府令警察及馬隊驅散。蘇真甘心作美帝附庸矣，豈不可恥！

評劉子衡《孔子編年》

（下略，見《全集·文集卷》）

子衡博聞强記，又善言談，故在舊社會中以講經名。但實未踏實研究，故其所著書與明人無異，與現代治學相隔甚遠。年已六十，恐甚難改變矣。

一九六四年十二月

十二月一號星期二（十月廿八）

修改《商族和鳥夷的關係》一章訖，約兩萬字。

一時二十分車來，到政協禮堂第一會議室，二時半開會，批評雷潔瓊學習錯誤路綫。五時半進晚餐。六時半再開會，八時半散。與伯祥、顧均正、馮賓符同車歸。

看《新義錄》一卷。十一時半服藥眠。一時半醒。再服藥，二時後眠，七時醒。

今晨起又患腹瀉，上午三次，下午二次，或有糞，或但有黏沫，此疾復作，或以天氣較寒乎？

雷潔瓊强調知識分子不須加入階級鬥爭，因此回避改造，抗拒改造，違背黨的政策，故開中央會批評之。渠正在廣西參加"四清"也。

今日同會：王紹鏊（主席）　陳麟瑞　梁純夫　吳文藻　章廷謙　柴德賡　林漢達　黃國光　張志公（以上發言人）　許廣平　楊東蒓　張紀元　吳研因　徐楚波　董守義　謝冰心　酈平章　陳意　余之介　王伯祥　葉聖陶　葉至善　孫照　李紫東　戴克光　胡夢玉　顧均正　馮賓符　嚴景耀　傅彬然　毛之芬　吳榮　杜仁懿　謝瑩

十二月二號星期三（十月廿九）

續寫一千字，將太皞、句芒問題結束。

馮賓符來，同上車，到政協禮堂，續開批判雷潔瓊會。六時訖，飯。七時歸。遇朱潔夫。

看《新義錄》三卷。十時半服藥眠，上午四時醒。又眠，六時醒。

今日同會：許廣平（主席）　余之介　陳選善　謝冰心　戴克光　嚴景耀　楊東蒓（以上發言人）　參加者如昨。

民進幹部：李佑民　吳廷勘　陳秉立　張守平　王嘉璇　趙濟年　彭玲　毛啓邠　李婉卿　鄭芳龍　龐安民

十二月三號星期四（十月三十）

續寫并修改《鳥夷族》文約四千字。

東安市場中國書店陳君送《史林雜識》來。

看《新義錄》一卷。又移臥西室。服藥兩次，約十二時眠，翌晨七時三刻醒。

市場竟送來《史林雜識》六冊，然手頭無錢，不得不乞貸也。

十二月四號星期五（十一月初一）

寫伯祥信，交尹受送去。將《鳥夷族》文增加及重寫約四千字。林劍華來。張紀元來。歷史所雍君及司機張君來。

未成眠。到"春風"理髮。東四南服務社樸君等來，量製棉褲。羅麗來。

看《新義錄》一卷。服藥二次，約十一時半眠，翌晨七時半醒。

十二月五號星期六（十一月初二）

乘所中車，到北京飯店七樓，參加學部中心小組，聽張友漁、潘梓年、張鐵生、吳世昌等談世界形勢。十二時原車歸。姜又安自鄉來。

未成眠。搬移東屋物，備明日重作頂棚。改《秦趙梁之西遷》節按語。

看《新義錄》二卷。尹受爲洗浴。十時半服藥眠，翌晨四時醒，遂不寐。

今日同會：潘梓年（主席）　張友漁　侯外廬　賀昌群　胡厚宣　王伯祥　唐棣華　吳世昌　錢寶琮　徐炳昶　夏鼐　張鐵生　馮家昇　翁獨健　俞平伯　趙泂　呂叔湘　丁聲樹　傅懋勣　陸志韋　賀麟　周新民

十二月六號星期日（十一月初三）

將《秦趙梁之西遷》一章改訖。

未成眠。翻《說苑》，覓"鳥夷"資料。

看《新義錄》一卷。十時半服藥眠，上午四時醒。天黎明又眠一小時。

今日咳甚劇，大約一星期中開會三次，不免受涼也。

上午大便兩次，有一點黏沫。

十二月七號星期一（十一月初四）

將《烏夷族》一文整看一過，加入千餘字，未畢。

未成眠。

看《新義錄》一卷。十時半服藥眠，十二時半醒。又服藥眠，四時半醒。

附近有一大黑貓，每夜來覓食，咬死我家所養雞三隻。靜秋恨極，商之木匠，作一機箱以待之。昨夜落阱，今晨撲殺之，煮以爲羹，相傳貓肉酸，殊不然，惟絲粗，予咬不動耳。

今日咳已減輕，但多痰。

孩子們住入西室，東屋暫時放棄，以現在已生爐子五個，耗煤太多也。明年春暖，孩子仍住東屋。

十二月八號星期二（十一月初五）

寫譚季龍信。將“英、六”、“蓼、六”問題研究，改寫二千字。寫佘雪曼信。

服藥，眠一小時。陶復和來。到東安市場，爲佘雪曼買書。雇車歸。章志雲來。

看《新義錄》一卷及陳夢家《殷虛卜辭綜述》。十一時半服藥眠，十二時半醒。又眠，六時醒。

今日步至市場，已出汗。匆匆雇車歸。我惟一未解除之武器，只是寫作耳。

章志雲言藏蓮可除痰止咳，不知買得到否？

潮、洪、湲三人自組一小組，晚上學習《毛選》，以是睡眠推遲至十二時，予夫婦以是亦不能早睡。然翌晨六時許渠等必起，初辨色即上學，以青少年而眠僅六小時，恐將影響其身體之發育耳。

十二月九號星期三（十一月初六）

重寫"伯益"問題，約三千餘字，未畢。

未成眠。賀昌群夫婦來，贈其新著。理書。

看《新義錄》一卷。服藥，十一時半眠，上午一時半醒。又眠，五時一刻醒。

今日天陰，醞雪，室中生火爐甚暖，而予之痰又多，可見天氣對予體關係之大。近日時覺口苦，食糖稍止，不知何病。而予有糖尿症，實不宜吃糖，奈何！

蘇聯《真理報》撰文，爲其"全民國家"辯護，隱駁中共的"無產階級專政"。此後兩方當繼續論戰，而蘇聯之"中間路綫"也肯定不因赫魯曉夫之下臺而改道。

十二月十號星期四（十一月初七）

鈔楊寬《伯益考》入文，并加按語，約寫三千五百字。十時，與靜秋到"大華"，看《早春二月》電影。十二時半歸。

羅麗來。理書。看吳練青《唐詩評解》。十時半服藥眠，上午一時醒。又眠，五時半醒。

《二月》，爲烈士柔石在五四後、大革命前所寫小説，文化部爲建國十五年紀念，大力支持，成五彩片《早春二月》，女主角謝芳，即演《青春之歌》林道靜者也，今演陶嵐；男主角孫道臨，即演《革命家庭》中丈夫者也，今演蕭澗秋。此片拍成，聞毛主席先觀，以爲大有問題，但爲以毒攻毒計，仍許放映，而在報紙展開評論。今日予夫婦觀之，知仍是五四運動後一套思想，追求戀愛，模糊階級鬥爭，想做"好人"，濫用同情，劇之結尾雖説"投入時代洪流"，而全劇依然是資產階級之才子佳人，絲毫不能爲無産階級服務者也。

十二月十一號星期五（十一月初八）

改寫《鳥夷史料的鈎沈和遺物的發現》三千五百字。

服藥，眠一小時。劉起釪來。鈕仲勛來。看寶熙《于役東陵日記》。

續看《唐詩評解》。十時服藥眠，翌晨三時半醒。至六時又朦朧一小時。

兩日來皆大便兩次，有黏沫。

湲兒昨晚發燒，今日睡了一天，服發汗藥後今晚熱退。渠太積極，每日第一個起床，第一個上學，不免受寒也。

十二月十二號星期六（十一月初九）

改寫《鳥夷》文二千餘字。作按語兩則。并修正若干處。

到"春風"理髮。

看郭沫若《十批判書》。尹受爲洗浴。服藥兩次，十二時三刻眠。翌晨六時半醒。

昨報載謝無量先生于七日逝世，年八十。

湲兒今晨欲上學，其母强之休息一天，乃今日下午又出鼻血，當是生爐太暖之故。

《鳥夷族》一文，改稿三次，今日估計，七萬餘字矣。然材料處理尚有未盡妥帖處須改。

十二月十三號星期日（十一月初十）

改《鳥夷》文。錢琢如來，長談。與靜秋到王姨母處，并晤大琪夫婦及大玫。留飯。

史先聲來，留飯。將《鳥夷》文打紅、藍杠，備付印。燈市口中學王寶祥老師來，爲堪兒學行事，開家庭會議。張覺非來。

看《新義録》一卷。十一時半服藥眠，上午四時醒。又眠，七時醒。

今日同會：王寶祥　予夫婦　潮、洪、湲、堪。堪兒學習不認真，生活一切隨便，對人毫無禮貌，家人盡成敵國，故只得請王老師來，一家人作批評與自我批評，請王老師指導。當場堪兒自認錯，靜秋亦自認性情躁，三兒亦批評父母對堪兒抓思想不夠，徒斤斤于其分數多寡。王老師言堪兒有其積極性之一面，只是作風拖沓，精神不能集中。以後家中每星期對之作一總結，報告學校，共同促進。

十二月十四號星期一（十一月十一）

爲重新研究《魯語》與《祭法》文，讀《國語正義》及《禮記正義》。重寫《帝繫》文數百字。

所中車來，到民族宮餐廳向政協大會報到。乘車到紅樓，訪商錫永，長談。歸，看其所藏《龍泉寺檢書圖》。孟默聞來，謝剛主來，長談。

看《新義録》一卷許。十時半服藥眠，上午三時三刻醒。五時後又眠，七時醒。

今日一出門，痰咳又甚。實則今天還不算冷，予體之不適于北京之冬如此。

第三屆全國人代三千零三十七人，第四屆全國政協一千二百人。天安門已張赤幟，懸主席像。

默聞告我，中華書局因出書方向未定，有些印好之書不發行。

此一局面不知何時方可解開。如此僵持下去，我家生活費即成問題。剛主本常到琉璃廠選購舊書，今以不得稿費，亦不敢去矣。

十二月十五號星期二（十一月十二）

重寫《帝繫》、《祭法》等節，近五千字，未畢。

未成眠。

看《新義錄》二卷。十時半服藥眠，上午三時三刻醒。張目待旦，天明又一朦朧。

蘇聯新領導通告，明年三月一日開分裂會議籌備會，我國反修工作須加緊也。

一覺醒來，滿身騷癢，爬抓不止，更難入睡，此固老年常態，亦緣屋小爐熱，被褥又厚，有以激發之也。口中作苦，常思食糖，有如小孩矣。

十二月十六號星期三（十一月十三）

爲房屋修理訖工，寫學部及研究所謝函兩通。改寫《帝繫》、《祭法》問題三千字。

寫所中信，借書架。

看《新義錄》一卷。服藥兩次，十一時半後眠，上午三時一刻醒。又眠，七時醒。

湲兒申請入團，已歷七月，迄未批准，今日其班又發展四人，渠仍未預。渠功課全五分，又爲中隊委，而入團至今未遂，静秋謂是與家庭有關，與我在舊社會之歷史有關，床上言之，又使我血液上升，不得不服大量之安眠藥矣。念潮、洪兩兒甚老實，少語言，無領導欲，故入團一請即成，湲兒反是，則以其聰敏過于兩姊，個人英雄主義又強，好支配人，其不得入團或以此乎？今年收團員，嚴格過于前數年，亦一因也。

十二月十七號星期四（十一月十四）

寫葉聖陶、胡厚宣、于鶴年、德輝信，各送寄其所需書。復看《鳥夷》文，作最後修改，竟二萬字，重寫五百字。

趙錫麟來。女司機夏其如來。

看《新義錄》一卷。十時半服藥眠，翌晨五時一刻醒。

此文修改四次，今得八萬字矣。欲在大會前趕成，慮未能也。

近日報紙重點批評邵荃麟之寫中間人物論，此一老黨員矣。

此次人代，舊友如徐旭生、賀昌群、徐中舒、商承祚、譚其驤、史念海、馮家昇、方國瑜皆當選，政協則容庚、賀麟、黃文弼、郭寶鈞、侯寶璋、吳世昌等皆被邀。又溥儀、杜聿明、王耀武、宋希濂四人亦皆在政協特邀之列，以其已改造好也。

十二月十八號星期五（十一月十五）

辛樹幟夫婦、史念海來。方國瑜來。到"東單"修面。復看《鳥夷》文，作最後修改，竟兩萬二千字。

七時，與賀麟同車，到人大會堂，看《東方紅》歌舞劇。十時歸。十時半服藥眠，翌晨五時半醒。

《東方紅》（音樂舞蹈史詩）：序曲（葵花向太陽，東方紅）第一場　東方的曙光（苦難的年代、北方吹來十月的風、工農兵聯合起來）　第二場　星火燎原（就義歌、秋收起義、井岡山會師、打土豪分田地、八月桂花遍地開）　第三場　萬水千山（遵義會議的光芒、飛奪天險、情深誼長、雪山草地、陝北會師）　第四場　抗日的烽火（義勇軍進行曲、松花江上、到敵人後方去、游擊戰、大生產、保衛黃河）　第五場　埋葬蔣家王朝（團結就是力量、坐牢算什麼、進軍舞、百萬雄師過大江、歡慶解放、占領南京）　第六場　中國人民站起來（偉大的節日、內蒙贊歌、西藏祝毛主席歌、百萬農奴站起來、歌唱祖國）

十二月十九號星期六（十一月十六）

復看《鳥夷》文，修改一萬六千字，重寫一千五百字，删去五百字。

容希白來，長談。

尹受爲洗澡。看《新義録》半卷。十時半服藥眠，上午二時醒。又眠，五時醒。

以前人代、政協開大會時，在京之代表、委員得在會進餐，今年修改"會議須知"，在京者如要在飯廳進餐，須繳餐費（每餐六角）及糧票。外埠來京者，每天自出八角，由政府貼七角。用車，但供給開會，私用則出租金。又工人、農民之出席者，不須納餐費，惟仍繳糧票。爲了反修，一切嚴肅起來，爲國家節約開支不少，而知識分子亦不得享受特殊待遇，長其驕氣，此種嚴肅作風真可喜也。

此次開會，予與郭寶鈞，賀麟同一車。

十二月二十號星期日（十一月十七）

復看《鳥夷》文，修改五千字。到政協禮堂，參加第四屆第一次大會，周總理致開幕詞，郭沫若作報告，自十一時至十二時一刻。

三時，到新僑飯店，參加民進人代、政協委員茶叙，五時半散。

看電視《南方來信》，羅麗偕其子胡丹宇來同觀。十時半服藥眠，上午一時半醒。又眠，六時半醒。

今日潮兒到西單曲園餐廳服務，晨六時半出，晚七時半歸，任送菜及筷碟事。堪兒亦到軍事博物館看學習毛主席著作展覽，携午飯以往，終日鈔寫，所録甚多，亦可喜也。洪、湲兩兒則在家任作飯。

今日下午同會：周建人　王紹鏊　車向忱　許廣平　楊東蒓　徐伯昕　葛志成　張紀元　徐楚波　李平心　潘承孝　鄭曉滄

史念海　張景寧　方明　杜仁懿　楊堅白　周世釗　李穎生　王伯祥　葉聖陶　葉至善　董守義　柯靈　鄭天挺　黃文弼　雷潔瓊　嚴景耀　謝瑩　黃國光　陳麟瑞　梁純夫　吳研因　謝冰心　吳文藻　周瘦鵑　嚴獨鶴　馮賓符　傅彬然　林漢達　王守武　王歷耕　吳貽芳　羅家蕙　許崇清　陳秋安　馮少山

十二月廿一號星期一（十一月十八）

到政協禮堂，參加第六組（民進）小組會，選正、副組長，討論昨日郭沫若副主席報告，自九時至十二時。歸飯。

到人大禮堂，上二樓，列席第三屆全國人代大會，聽周總理報告政府工作（上半），自三時半到六時。休息時與王家楨談。

看郭副主席報告。十時半服藥眠，翌晨二時醒。良久復眠，六時醒。

民進小組同人：王紹鏊（組長）　徐伯昕　陳禮節　楊堅白（副組長）　楊東蓴　葛志成　張紀元　李平心　李霽野　顧均正　吳文藻　董守義　柯靈　吳研因　馮少山　陳麟瑞　徐楚波

十二月廿二號星期二（十一月十九）

到政協禮堂，出席小組會議，徐伯昕主席，繼續討論郭副主席報告。予發言。十二時半歸。

到人大會堂，列席大會，續聽周總理報告政府工作，自三時半至六時半。休息時與容庚、吳世昌、平心、王遵明茗談。

與志成同到鴻賓樓飯。九時三刻歸。十一時服藥眠，翌晨六時醒。

今晚同席：吳研因　林漢達　徐伯昕　葛志成

今日予發言，述在青島看報及返家後在家庭所受之教育，證明社會主義教育之形勢逼人。楊東蓴、徐伯昕均爲予打氣。然予一年來飯量日少，腸、胃、脾確實有病，形勢雖日好，而予體已衰，欲予回復前數年之積極精神，終恐未易也。

周總理在兩日間報告政府工作達一〇四頁，真是龍虎精神，使人企仰。

十二月廿三號星期三（十一月二十）

到政協禮堂，出席小組會議，陳禮節主席，討論周總理政府工作報告，予發言。會散後與伯昕、平心談。伯昕車送歸。

步至賀麟家，與同車到政協，小組會議如上。楊堅白主席。休息時到第二會議室，晤張畢來、馮芝生、賀麟等。六時半歸。

爲趙錫麟事寫商務印書館信。看周總理報告第二部分。服藥二次，十一時後眠，上午四時醒，背癢難堪，遂不寐。

上午開會時，平心道及予與尹達關係不好事，至于哭起來，其盛意可感，然以此予遂不得不于翌日會議上再將尹達事攤開矣。

今日靜秋到女附中，晤初三主任教師，知湲兒之所以未能入團，實因功課好而驕傲，不但一般同學不放在眼裏，即教師亦不放在眼裏，自己想怎樣就一定要怎樣，以致群情不洽也。

十二月廿四號星期四（十一月廿一）

到政協禮堂，出席小組會議，續論周總理報告第一段中生育、國防諸事。十二時半歸。

到"春風"理髮。到政協禮堂，續開小組會。王紹鏊主席，提周總理報告中的第二段中的問題。六時散。與元善談。

到民族飯店，先至王國秀室。至平心室，留飯。柯靈來談。與平心同到樹幟夫婦室，并晤史念海。九時半歸。與靜秋及兒輩述家史。十一時服藥眠，翌晨七時醒。

前屆政協委員本屆淘汰者，一爲陳雲章，以品性惡劣；一爲李再雯（小白玉霜），以不贊成演近代戲。其性質最嚴重者爲涂允檀，以在第一次國內革命中，依附桂系軍閥，任武漢軍法處長，其時女共産黨員向警予（蔡和森妻，蔡暢嫂）匿居法租界，渠設謀誘至華界，捕殺之。全國解放時，涂任蔣幫駐緬大使，起義歸國，任外交部顧問，組織上久令其交代此一血案，而渠遲疑不肯交代，如是者十餘年，遂于今年國慶節前一天捕送法辦。聞其妻殷琰爲漢奸殷汝耕之侄女。此等人真可恨也。

十二月廿五號星期五（十一月廿二）

到政協禮堂，出席小組會議，續談周總理報告第二段，徐伯昕主席。

到政協禮堂，續開小組會議，陳禮節主席。討論民進在大會發言，梁純夫參加。休息後予發言，約一小時，犯大錯誤。

爲静秋述予在會上發言，她大驚，即開家庭會議，由兒輩批評。予憬悟，因草檢討書。服藥多，約十一時半眠，上午三時三刻醒。

爲平心前日發言，提及予與尹達關係，予不得不叙述經過，但叙述則顯係反領導，反領導即反黨。此在六二年號召暢所欲言，不作右派處理時自無問題，而在今日社會主義教育運動中說此話，便極端嚴重。當時予本欲自作檢討，乃轉爲檢討領導，伯昕甚欲予與先談，惟彼不得暇，予遂盲人騎瞎馬夜半臨深池矣。歸後爲静秋言之，渠大怒，召集三女孩共同討論，益顯予言爲反黨。予大受震動，引咎服罪。予十五年來，雖深愛黨之成就，然技術至上觀念原封未動，又五七年整風反右運動以病未參加，故得混過，今日則混不過矣，予決到尹達家請罪。

十二月廿六號星期六（十一月廿三　新生日　毛主席生辰〔朱筆〕）

四時起，寫檢討書。到政協禮堂，出席小組會議，予先報告，續談周總理報告第二段。楊堅白主席。

出席小組會，續論知識分子結合工農等問題。徐伯昕主席。

八時半服藥眠，翌晨五時醒。

今日予發言後受柯靈、楊堅白、李平心諸同志批評，知予美化在國民黨時代政治上之本有污點，而在學術上又有進步包袱，解放後又原封未動，便欲與黨爭奪下一代，此皆忽視學習之過也。

靜秋發燒，固由感冒，亦因昨晚太興奮之故。

今日予睡眠特佳，自因思想問題渙釋，襟懷一開。此後應牢記予之新生。

十二月廿七號星期日（十一月廿四）

到尹達處請罪，談一小時。到張政烺處，談朝鮮史問題。十二時半歸。

到人大會堂飯廳照相。與平心、伯昕、紀元等談。四時歸。與靜秋，潮兒等談。

周予同、譚其驤來。服藥兩次，十二時後眠，翌晨五時半醒。

到尹達處，自陳十年來惟記私人恩怨而不認黨組織之過。渠云："我只執行黨的政策，故受你批評，亦不辯護。"并云："你固須改造，我亦當改造，望互相勉勵，共同努力。"

靜秋今日仍發燒，熱高三十七度五。

張苑峰謂予，所中留京同人趙幼文、高志辛及渠接受上級命令，專搜集中、朝關係史料。此當係予將李址麟《古朝鮮史》送至上級及予于今年八月中旬寫信與中華書局之故。

十二月廿八號星期一（十一月廿五）

續開小組會，合談周總理報告第一、二段。予報告昨到尹達處道罪事。

　　與靜秋談。續開小組會，談周總理報告中第三段，予談蘇聯侵占中國疆土事。

　　伯昕邀予及平心到南河沿俱樂部進餐，談至九時歸。木蘭來，留宿，談。服藥兩次，十一時後眠，翌晨六時醒。

　　伯昕同志好意，邀予與平心同志到政協俱樂部談予表現，平心謂雖有初步覺悟，但還遠遠不夠，伯昕謂與予同在民進九年，常規勸予，尹達對予非個人事，勿以個人恩怨視之，而予總聽不進去，以致至今日尚原封未動。此誠爲予之封建堡壘太堅固之故。

　　靜秋云：以前革命爲革命對反革命，今日革命爲無產階級對資產階級，今日既扣定我輩爲"資產階級知識分子"，民主黨派爲"資產階級民主黨派"，則只有竭力革自己的命，方能不反黨，不反人民。

十二月廿九號星期二（十一月廿六）

　　續開小組會，討論周總理報告中第三段"相互援助"等事。

　　出席政協大會，聽王照華、趙深、丁是娥、董爽秋、高一涵、劉大杰、趙樸初（代表宗教界）發言，張治中主席。休息時與熊佛西、辛樹幟、巨贊等談。

　　與郭寶鈞、賀麟到湖北餐廳飯。到天橋劇場看芭蕾舞《紅色娘子軍》劇。服藥，十一時半眠，翌晨六時醒。

　　此次大會發言，均述思想改造，形勢逼人，不可不改矣。趙樸初發言中，揭露喜饒嘉措嚴重罪行，致與班禪七萬字長函，鼓勵其反黨。聞包爾漢亦有問題。又呂振羽以托派除名。真驚心怵目者。

　　靜秋發燒迄未愈，惟溫度不高。

　　芭蕾舞本是表現王子與仙女之愛情生活者，而今移轉爲社會主義服務，可謂善于利用舊形式，表達新思想。

十二月三十號星期三（十一月廿七）

看董爽秋《漢族語文源流及其應用》文。出席大會，聽楊明軒、張毅、茅以新、陳維博、張有谷、溥儀、王紹鏊、陳中偉、張士勤發言。

出席大會，聽科技界聯合發言及賈亦斌、傅道伸、陳舜禮等，陸鎮藩、梁耀、鄭奕奏、王少岩等發言。與樹幟、樂天宇談。

尹受伴至"東單"修面。十時半服藥眠，翌晨四時半醒。良久又朦朧。

今日始知班禪招兵買馬，欲建立西藏國，以達賴爲總統，己爲總理兼國防部長，圖謀叛國，爲農奴揭發事。可知農奴主階級必不甘心人民當家，其與叛徒達賴謀裏應外合宜矣。

聞賀麟言，黨爲了避免修正主義覆轍，如蘇聯之過分提高專家待遇以至墮入惡果，已取消已有工資者之版稅及稿酬。又聞趙燕俠以前每月工資至一千七百元，她已在人代會上聲明放棄。如此，高級教授及研究員勢必減低待遇矣。

十二月卅一號星期四（十一月廿八）

出席大會，聽帕巴拉·格列朗杰（控訴班禪罪惡活動）、楚圖南、鄭昕、龍澤匯發言。與平心、李春芬、張畢來、伯祥、林仲易談話。

看《毛主席語録》。與靜秋談。四時，到政協，參加小組會，醞釀選舉主席、副主席、常務委員人選。由伯昕傳達周總理報告。六時半歸。

翻七十一《西域聞見録》。十時半服藥眠，十二時醒。又眠，二時半醒。遂炯炯待曉。

靜秋今日下午熱高三十七度六，嗣又升至三十八度一，因至協和醫院挂急診，知係氣管炎，爲打青黴素針，尚須連續打。

今日聽伯昕傳達周總理報告，始知統戰部長李維漢有反黨行動，以馬列主義外表包裹資產階級思想，已撤職，由徐冰代理。副部長張執一主持政協事務，而開辦跳舞會，助長資產階級作風，亦受制裁，聞之凜然。又聞周總理有秘書十餘人，經毛主席提出，鄧穎超贊同，盡數遣散，以其可以養成事務主義也。如此勵行節約，根絕官僚主義，我輩更當何如！

[原件]（二張）
　北京市高級腦力勞動者補助食油購買票
　半市斤　1964. 12. 當月有效過期作廢　（北京市糧食局）

一九六五年

一九六五年一月五日，政協大會閉幕。六日至十日，民進續開會。

一月，鈔毛主席《矛盾論》訖。二十三日，却絶政協，兼辭派來秘書尹如潛。仍按期參加民進學習會，以汽車接送。

二月三日，袁鴻壽來診，謂予脾、肺、腎均衰，惟心與肝尚好。是月，始整理《洛誥》。復看《大誥》文字部分，修改若干處。

三月，改寫《大誥》校勘及解釋部，并作解釋。看小説《紅巖》。

四月，續作《大誥》校勘、解釋之説明。看丁秋生所作小説《源泉》。續看陳登科所作《風雷》。

五月，工作如上。十四日，我國發射第二顆原子彈。

六月一日，解放軍取消級別制。爲研究鳥夷族問題，治音韻學，并及甲、金文。是月，爲湲兒寫自述。看吳秋輝《商代建都始末考》，爲之校訂。

六月廿三日，將我全家所存股票送所，表示不再取定息，被退還。

七月，作《尚書今古文説與鄭王説矛盾表》，并作解釋。考攸國所在。作《鳥名官表》。校點丁晏《尚書餘論》。

八月，《歷史研究》編輯張允侯來催稿，草《炁和報究竟是什麼樣的行爲》，未成。是月十二日至卅一日，參加民進集中學習，適逢大暑，予以過去關係複雜，發言過多，精神緊張。

數月來，腸病迄不瘥，每日大便次數無定，多黏沫。至九月二日，又便血。仍服中藥。修改《炁報》一文。

十月一日，到天安門觀禮，站一小時，足痛甚，幾至不能下臺。臥床，看楊沫《青春之歌》及馮德英《苦菜花》，梁斌《紅旗譜》、《播火記》。十九日，到北京醫院透視，始查出爲"乙狀結腸多發性息肉"。廿一日入院，住二〇一室，議割治。

十一月四日，曾憲九爲動手術。十一日拆綫，旋創口裂開，又以鋼絲縫之，痛甚。廿五日拆綫。此病查出是"結腸氣囊腫"。是月，看《中國歷史小叢書》，姚文元評吳晗《海瑞罷官》劇。

十二月三日，出北京醫院，凡住院四十三天。即日至香山楓林村療養，與趙樸初、吳作人等住一處。讀楊寬《古史新探》，莫爾根《古代社會》。爲何啓君講古書古史。

（又録自日記册封面）

四月八日，聽平杰三同志的社會主義教育運動學習動員報告，從此依照所言，定學習次序。

七月卅一日，學習反帝反修階段終訖。

八月十二日至卅一日，民進開國內形勢學習會于南河沿文化俱樂部。

九月初，又便血。中西醫兼診，服徐季涵醫師藥。

十月便血更劇，透視結果謂結腸生有息肉，遂住北京醫院。

十一月四日，由曾憲九醫師行手術，割去結腸尺許。十一日拆綫後創口裂開，改用鋼絲縫，至廿五日拆去。據醫云：是結腸內外生氣泡，非息肉也。

一九六五年一月

一月一號星期五（十一月廿九）

寫表揚司機夏其如信。寫朱星信。趙錫麟來。原孝銓來。看《英雄兒女》電視。

史念海偕其子先聲來，長談。點陳克繩《西域遺聞》十四頁。看顧炎武《胡服》條（今本《日知錄》所刪）。

到復興門外二七劇場看山東京劇團演《奇襲白虎團》。十時三刻歸。十一時服藥眠，翌晨六時半醒。

昨眠不佳，今日頭暈。

聞孝銓言，馬連良每月工資二千元以上，單茶葉一項月須二百元，此等生活聞之駭人。政府所以派爲政協委員者，蓋欲其認清形勢，提高覺悟耳。

今晚所觀劇：嚴偉才（援朝志願軍某偵察排排長,宋玉慶飾）韓大年（朝鮮人民軍某偵察排副排長,邢玉民飾）　崔老漢（嚴寶森飾）　崔大嫂（俞硯霞飾）　美國軍事顧問（張金梁飾）　偽白虎團（李承晚王牌軍首都師,金城一綫主力）團長（王長清飾）

一月二號星期六（十一月三十）

出席大會，聽蔡廷鍇、顧大椿、季方、王芸生、吳世昌發言，又周明祥代表農教、袁敦禮代表體教、宋希濂代表舊蔣帮軍人、蘇子衡代表臺灣委員發言。陳毅主席。

出席大會，聽胡子昂、魯桂蘭、呂斯百、曹冠英、朱學範、熊正必發言，又張駿祥代表文聯、馬連良代表京劇界發言。胡愈之主席。雁秋夫婦來，留飯，夜歸中關村。

看班禪交代反革命罪惡檢討報告。服藥兩次，十二時眠，上午三時醒。又眠，五時半醒。

雁秋夫婦爲從木蘭方面知道我在大會小組中說錯了話，嚇得睡不着覺，以此進城看我。靜秋每在晚上向我說理，而我在晚飯後至睡前不能興奮，否則便失眠。今晚止之三次，不聽，以致又不得好睡。

今日在大會上，王芸生批判鄒秉文、梁漱溟在政協學習中常說怪話，揭舉出來，雖未提其名姓，而衆人均早知其事。以鄒、梁二人之驕傲、狂妄，自當有此表現，予亦當以之自鏡也。

一月三號星期日（十二月初一）

答復各處寄來賀年片。寫信，向北京醫院取藥。鈔潮兒批評予語入本册。鈔予在小組發言交湲兒。

平心來，同到厚宣處長談，進點。鈔洪兒批評予語入本册。木蘭來，留飯及宿。

到青年藝術劇院，看空軍政治部文工團話劇團演《女飛行員》。十時三刻歸。十一時半服藥眠，上午四時醒。又眠，六時三刻醒。

靜秋今日已無熱，但仍咳嗽，予亦咳嗽多痰，幸無熱耳。

今日休會，故得覓潮、洪兩兒日記，鈔出其批評予者。

今晚所觀劇：王政委（趙學民飾）　教官楊德（趙振濤）　又　郭華翔（劉惦晨）　女學員林雪嬌（隊長，韓秀黎）　又　于秋（仲玉蘭）　又　項菲（諸葛鑫，改造好的）　又　蕭玲玲（張惠英）　又　楊巧妹（柳毅，本童養媳）　資産階級　李蒙（項菲友，曾靜）　蕭奶奶（玲玲祖母，韓秋蘭）　楊母（巧妹母，劉小青）

一月四號星期一（十二月初二）

出席大會，聽林修德、孫曉村、聶真、侯仁之、秦元珍、張英、費彝民等發言。與樹幟、董爽秋談。羅麗來。

到"春風"理髮。三時，出席小組會，陳禮節主席，楊堅白報告明日選舉應注意事項，又討論本次會議決議草案。五時半到民族飯店，至王个簃處、平心處、辛樹幟夫婦處談，樹幟留飯，晤江隆基、黃新彥、束世澂。

與董爽秋到樹幟處，方壯猷來，平心來，同談。到鄭曉滄、夏承燾處，并晤吳聞、李周。出，遇王大珩夫婦。到平心處。十時出。十一時服藥眠，翌晨六時醒。

一月五號星期二（十二月初三）

記筆記一則。十時到大會，觀提案。十一時開會，選舉主席、副主席、常務委員，彭真主席。十二時一刻散。

三時到大會，與平心、樹幟、邵力子、陳中偉等談。四時，開會，報告選舉結果，周總理致閉幕詞。看《中國第一顆原子彈爆炸》及《山東人民解放軍向毛主席匯報》兩電影。

休息。以潮兒遲眠，予遂不得眠，十一時又起服藥，眠，翌晨七時醒。

　周總理説，這次大會是革命的大會，民主的大會，團結的大會。

　今日所觀兩電影，皆極振奮人心者。解放軍的硬功夫，處處使人咋舌。

一月六號星期三（十二月初四）

伯祥來，與同車接吳學藺，到民族飯店六四二號室，參加民進第五屆中常會擴大的六十二次會議，聽徐伯昕、李穎生、吳學藺等發言，予亦發言。

到民族飯店繼續開會。聽董守義、林漢達、徐楚波、吳貽芳、吳學藺、陳禮節等發言，予亦發言。到史念海處，并晤原政亭。

在民族飯店北餐部飯。到馮乃超夫婦處，出，晤希白、子植等，與子植到陳序經夫婦處。出，晤錫永、啓功等。八時歸，服藥兩次，十一時後眠，翌晨七時醒。

民進中常會擴大會議第二小組名單：徐伯昕　陳禮節（以上召集人）　王伯祥　葉聖陶　吳學藺　吳貽芳　李穎生　周建人　林漢達　羅家蕙　徐楚波　袁鶴皋　顧頡剛　董守義　葛志成　劉漣漪　小組秘書：王嘉璇　毛啓邠　李婉卿

一月七號星期四（十二月初五）

到民族飯店，到張璽、徐眉生處談，并晤王家楫。九時，民進開會，聽吳貽芳、袁鶴皋、葉聖陶、羅家蕙、徐伯昕、周建人、林漢達等發言。

到民族飯店，送容希白行，并晤費彝民。三時，續開會，聽董守義、劉漣漪、王伯祥、葛志成發言。

與靜秋同讀《矛盾論》。服藥兩次，十一時後眠，翌晨七時醒。

北大中文系高名凱教授于前日逝世，年才五十三耳，去年我尚介紹起釪訪彼，請教《尚書》語言問題也。

一月八號星期五（十二月初六）

到民族飯店，續開民進小組會，予先發言、并聽吳貽芳、李穎生等發言。商《中常會通知》文字。

到"春風"修面。到民族飯店，出席民進大會，車向忱主席，聽梁純夫、陳舜禮、楊堅白發言。與史念海、趙佩瑩談。

與靜秋到"首都"看《南方來信》話劇。晤李伯球、章元善等。十一時服藥眠，上午三時三刻醒，矇矓至六時。

今日大會同會：除第二小組外　王紹鏊　王歷耕　王幸生　車向忱　史念海　馮賓符　余之介　陳秋安　陳舜禮　吳文藻

張紀元　黃國光　柯靈　雷潔瓊　謝瑩（以上第一組）　葉至善
許廣平　嚴景耀　陳麟瑞　吳研因　宋君復　張景寧　杜仁懿
楊東蒓　楊堅白　梁純夫　顧均正　傅彬然　趙佩瑩（以上第三
組）　王達仁（光明日報）

　　今日所觀解放軍總政治部文工團話劇團演出《南方來信》：
阿霞——張夢棣飾　阿霞媽——林默予　文安（教師）——許大
偉　玉嫂（阿霞兄妻）——鄧敬蘇　老青爺——鄭重　肯塔上校
（美軍顧問）——田平　警察局長——馮光輝　阮金（特務
長）——陳惠良　四大伯—江田　韓老五——畢須

一月九號星期六（十二月初七）

　　到民族飯店，出席民進大會，聽葉聖陶、吳研因、葛志成、劉
漣漪、趙佩瑩、楊東蒓發言，周建人主席。與王歷耕、葉聖陶談。

　　林劍華來，留飯，談。到民族文化宮禮堂，平杰三主席，由代
理統戰部長徐冰報告李維漢、張執一反黨情況，自三時迄五時。

　　看一九五九年日記。尹受爲洗浴。十時許服藥眠，翌晨六時
半醒。

　　　李維漢爲毛主席五十年來老友，久任統戰部長，而竟披着馬
列主義外衣，美化資產階級，以爲可以自發地進入社會主義，又
宣揚資產階級民主，反對無產階級專政，故黨特予撤職。至副部
長張執一則爲吃喝玩樂分子，品格卑下，故同撤。

一月十號星期日（十二月初八）

　　到民族飯店，參加小組會議，聽徐伯昕、吳貽芳等討論李維
漢、張執一問題。予亦發言。吳學藺早退，赴長春。

　　到民族飯店，續開小組會議，討論李、張問題，聽王伯祥、董
守義、周建人、李穎生、袁鶴皋等人發言。與外埠來會者握別。

爲予述今日發言，静秋怒嚷，致失眠，服藥兩次，約十二時眠。翌晨七時醒。

今日爲民主黨派開會最後一天，計五天。連政協大會，除休息日外，計廿一天，甚緊張矣。伯祥、聖陶皆謂腰酸背痛，予亦同感，蓋此次之會迴與前數年之鬆懈者有本質之不同也。

予聽昨日報告後，聯係自己，知李維漢做統戰工作，受資產階級思想之腐蝕，而予受蔡元培先生之愛才思想最爲濃重，以致提携錢穆，使彼有資本投入反動陣營，實爲予對不起祖國之最大事件。歸而述之，静秋大吵，因之失眠。予動輒得咎，真不知如何是好。

一月十一號星期一（十二月初九　正式學習第一天〔朱筆〕）

鈔《矛盾論》三頁。與静秋學習《矛盾論》兩章。看《北京日報》石蘊貴《堅持原則，注意方法》。

未成眠。章元善來，長談。記筆記一則。點曾運乾《尚書正讀·君奭》篇。

翻《新義録》。十時服藥眠，上午三時醒。又眠，六時醒。

自解放後，予雖累經學習，而終以爲業務第一，學習第二。自此次大會後，始明政治學習之必要，故此後改爲學習第一，業務第二，并將學習置于上午，且誓必堅持下去。

今日報載解放軍又在華北地區打下美制 U－2 飛機一架，是爲第四架矣。

印度尼西亞總統蘇加諾宣布退出聯合國，此與柬埔寨元首西哈努克宣布不受美援同爲對于美帝之極大打擊。又法國總統戴高樂以大量美鈔換取黃金，亦爲對美帝經濟一大打擊。美帝真在四面楚歌中矣。

一月十二號星期二（十二月初十）

　　鈔《矛盾論》四頁。與静秋同讀《矛盾論》第三章。朱阿姨中煤毒。静秋與予大吵。

　　静秋吵仍不止，予雖服罪，怒仍不解。點《尚書正讀·多方》篇。記筆記三則。

　　翻《新義錄》。服藥二次，十一時眠。上午一時半醒，三時又服藥，八時半醒。

　　一個月來，以開會緊張，除失眠症復發外，左眼酸痛，似發炎。

　　《矛盾論》中説，應該"用不同的方法去解決不同的矛盾"，予因及尹達與我的扞格，謂當從兩方看，因使静秋大怒，認爲我討價還價，罵了一天。

　　静秋又發燒，高至卅七度八。渠傷風感冒已三星期矣。

一月十三號星期三（十二月十一）

　　安利拍賣行焦君來看木器。寫北京醫院取藥信。鈔《矛盾論》三頁。與静秋同讀《矛盾論》第四章。

　　服藥，眠一小時。點《尚書正讀·顧命》篇。劉起釪來。

　　翻《新義錄》。服藥兩次，十一時半後眠，上午三時醒。又眠，八時醒。

　　失眠之病又作，夜中就床後越來越清醒，雖經換藥，仍非兩次不可，雖睡足八小時，而頭腦暈眩。天已寒矣，不能出外散步，可奈之何！

　　静秋今日無熱，然仍腹瀉。

　　印度尼西亞之所以退出聯合國，以聯合國以馬來西亞爲成員國故也。馬來西亞，本爲英國殖民地，今日美國又欲以新殖民主義加之，以吸收其資源，故欲其取得獨立國名義，以抵抗共産主義之滲入。實則世界人民俱在覺醒之征程中，美英在彼地固無多好時光矣。印尼退出聯合國，諸凡受聯合國壓迫者，如老撾、柬埔寨、剛果（布）等恐將繼續而起，聯合國之威信掃地，其尚能延續其生命乎！彼時如重組一國際團體，如新興運動會然，則舍中國其誰與歸！

一月十四號星期四（十二月十二）

　　與靜秋同讀《矛盾論》第五章。覺頭暈、眼痛、足冷，即眠，服羚翹解毒丸，臥床。

　　服藥，眠半小時許。點《尚書正讀・呂刑》篇。全書訖。

　　看《新義錄》二卷。服藥兩次，十一時半後眠，上午三時醒。又眠，八時醒。

　　自上月二十日開會迄今，無論在會在家，精神總極緊張，以是失眠之疾浸劇。予之身體與予之時代爲一大矛盾，如之何可以解決此問題也？

一月十五號星期五（十二月十三）

　　與靜秋同讀《矛盾論》訖，并討論。摘鈔《人民日報》今天上海"好八連"指導員王經文《我們是以一分爲二觀點來建設連隊的》入册。

　　未成眠。到"東單"理髮。與靜秋同讀周總理《政府工作報告》第一、二段。

　　理舊存照片。張覺非來。爲待靜秋觀劇歸，十一時服藥眠，上午五時醒。又眠，八時醒。

　　今晚因待靜秋觀劇歸，遲眠，遂只服藥一次，可知在予，遲眠亦一安眠條件。

　　美帝令南朝鮮朴正熙反動集團出兵二千人，參加南越反動部隊，遏止南越人民對美偽的反抗。我政府嚴詞譴責，謂如其使南越戰事擴大成爲國際性的，我國將不再保持旁觀態度，必將加以適當考慮。

一月十六號星期六（十二月十四　静秋五十七足歲）

終日整理抽屜及抽屜櫃，未畢。雁秋來，留吃麵。

未成眠。三羊拍賣行人來，携去大冰箱、裙箱底座二件。

蕭風夫人來。看電視《碧海丹心》電影。服藥二次，十一時半後眠。五時醒。又眠，八時半醒。

來京十年，以居屋通風，冬則遷而南，夏則遷而北，終年生活不定，物件無安置定所，一切混亂。今日屋既改修，物有定所，方得一整，然而十年之亂卒未能整齊于一旦也。

自屋子改好後，南面住人，北面放書及什物，置書者八小間，置什物者二小間，然仍嫌擠，故静秋招拍賣行人來售去若干，其中大冰箱一件，是許地山赴香港大學時售與我者，裙箱底座則履安陪嫁物也。

一月十七號星期日（十二月十五）

馬念祖來。張覺非來。理抽屜訖。

周達甫、温永祿來。寫張又曾、自珍、辛樹幟信。理信札。

看電視《帶兵的人》話劇。蕭風來。看《新義錄》。十一時一刻服藥眠，翌晨四時醒。又眠，七時醒。

予年來易喘，不但走路爲然，即進汽車時亦然。覺非謂予，此是肺氣不足，與氣管炎有關，應服"洋參保肺丸"，每日服一丸。記予前年在大連買有西洋參，久未服用，今當煮之。

晚些睡，可只服一次藥，故今日故意捱延至十一時後始服藥。聞達夫言，渠早歲以熬夜亦有失眠病，但到印度辦報後須整夜辦公，此病反而好了。以此知予之生活方式亦須變更。

一月十八號星期一（十二月十六）

鈔《矛盾論》三頁。與靜秋同讀周總理《政府工作報告》第三段訖。

鈔文謙《必然王國和自由王國答問》入冊。寫王國華（獻唐子）、趙豐田、張茂鵬、蕭新祺、李民信。

看《新義録》二卷。服藥，十一時半眠，翌晨五時醒。六時又眠，七時半醒。

今午吃了三兩麵條，下午及晚便覺腹中脹痛。我只該吃二兩主食一餐，即此可證。近雖下半夜多睡，但精神不爽，兩目頗澀。如何使安眠藥得減少耶？

厚宣得肝病，轉氨酶高，無氣力，故不能參加"四清"工作。予請其看我《鳥夷》一篇，今日打電話去，知尚未看。肝病不似肝炎易好，高名凱之死即以此也。

一月十九號星期二（十二月十七）

鈔《矛盾論》四頁。看《學術月刊》劉益安《論乾嘉考據學派的歷史作用及批判繼承問題》。

寫明日學習會發言稿一千六百字。寫黃先義、童書業信。

靜秋念徐寅生一文，聽之。看《新義録》一卷。十一時服藥眠，十二時以靜秋起視爐，醒。倚床睡。迷離至八時醒。

予以前學習，隨便發言，太不鄭重。此次重入民進學習，試起一稿，甚願堅持下去，使發言不亂，且自己亦有所稽考也。

一月二十號星期三（十二月十八）

鈔《矛盾論》二頁。林劍華來，長談，留飯。

民進派車來，到辛寺胡同，參加第一組學習，討論端正學習態度問題。與伯祥、純夫同車歸。

與靜秋同討論學習問題。看《新義錄》。服藥二次，十一時半眠，翌晨五時十分醒。

劍華述廖華語，此次社會主義教育運動，爲根絶修正主義，須延續七年。因念黃先義來信，說願在鄉間工作七年，彼住昔陽黨校，故得此信也。

今日同會：徐伯昕（主席）　吳研因　王紹鏊　許廣平　王伯祥　梁純夫　林漢達　嚴景耀　徐楚波　吳文藻　記錄：　王嘉璇　予去年與伯昕函，願辭去民進中委及不參加學習，今皆反之，故王、許兩副主席向予道賀，謂我有好家庭也。

一月廿一號星期四（十二月十九）

鈔《矛盾論》四頁。與靜秋同讀豐臺機務段段長郭樹德《學習〈矛盾論〉改造主觀世界的一點體會》。

到"春風"理髮。沈有鼎來。劉起釪來。開出應與蕭項平討論之問題。

看《人民畫報》。九時半服藥眠，翌晨七時半醒。

今晚不知何故，得此佳眠？蓋十小時矣。

靜秋謂予，須想以下二事：1. 向黨擺架子，2. 向黨計較。此與改造思想有益也。

一月廿二號星期五（十二月二十）

蕭項平、楊伯峻來。記筆記一則。鈔《矛盾論》四頁。看《人民日報》江南造船廠《一萬二千吨水壓機是怎樣製造出來的》。

羅麗來。寫田雲飛、朱士嘉、陳懋恒、趙孟韜信。靜秋開會歸，爲蘋果醬燒焦，大怒，掃予案上信札，且燒之，予因與吵。

尹受爲洗澡。看《新義録》。十二時服藥眠，翌晨六時醒。

予積壓信件過多，正欲一一清理，而靜秋以開會歸來，果醬燒焦，感情衝動，遷怒于他人信件，撕之不足，又投爐中燒之，予亦無法遏止怒火矣。此中信件，最可惜者爲童書業與予討論《左傳》成書時代之萬數千字一函。而周揚季、張大椿、徐家震諸函，既付一炬，即其地址亦不詳矣。予生平函札，除抗戰前全部佚失，又居重慶上清寺時日機轟炸外，此爲第三次之損失。得偶如此，所不料也。

一月廿三號星期六（十二月廿一）

到南河沿，參加學部中心小組學習，討論周總理報告中之資産階級知識分子之改造問題。到東單後雇人力車歸。

寫政協秘書處信。與伯祥同車到辛寺胡同，參加學習，討論批評與自我批評之方式方法。遇柴德賡，談。與純夫、伯祥同車出。

看《新義録》。十時半服藥眠，上午三時醒。至天明又朦朧。

今日下便至七次，除第二次有糞外，全是白色黏沫，不知是昨晚以洗澡受凉歟？抑與靜秋口角，生氣致然歟？予胃已弱，而腸則更壞，此病可以致命，其慎之哉！

今日上午同會：張友漁　徐旭生　錢寶琮　郭寶鈞　呂叔湘　趙泃　丁聲樹　翁獨健　陸志韋　夏鼐　金岳霖　王伯祥　賀昌群　胡厚宣　錢鍾書　余冠英　吳世昌　傅懋勣　賀麟　馮家昇　周新民　王守禮　嚴中平　巫寶三

下午同會：缺王紹鏊，許廣平　增傅彬然

一月廿四號星期日（十二月廿二）

臥床一整天。看報。任翠萍偕王小平來，贈水果。

眠一小時。看《新義録》三卷。

十時半服藥眠，翌晨四時醒。

昨作政協秘書處信，凡言兩事：一爲數年來春節前夕，恒送二百元，去年增爲三百元，今值精簡節約運動之時，請其勿再饋贈；二爲五九年起，補助我秘書一人，現聞周總理已裁去秘書處，不敢不學習，該項工資請即停止。尹如溍此後生活，自成問題，已約其來家工作半天，給予工資之半，其妻可別覓工作，以資補助。如在公安局登記後可以分配工作，則可得正式工資，勝于在我處作"黑人"也。

一月廿五號星期一（十二月廿三）

補記日記兩天。鈔《矛盾論》三頁。集程恩澤資料，題商錫永所藏《龍泉寺檢書圖》，約九百字，即寫上手卷，且鈔一副本。

羅麗來。看《人民日報》評馮定《共產主義人生觀》文。

看《新義録》。十時半服藥眠，翌晨六時一刻醒。

今晨大便成條矣。

三個女兒昨日在家打掃一整天。今日潮兒至民族文化宫、洪兒至東單菜市、湲兒至西單商場勞動。黨之教育青年，劃除其知識分子之優越感，真可喜也。

印尼第一副總理蘇班德里約昨到京，周總理在宴會中熱烈贊揚印尼退出聯合國的革命行動，聲言聯合國必須改正錯誤，徹底改組。并云："聯合國是可以反對的，聯合國是可以退出的，聯合國也是可以不進去的。也可以另立一個革命的聯合國，與那個被美帝國主義操縱的因而只可能做壞事不可能做好事的所謂'聯合國'也者唱對臺戲。"這番話真痛快。

一月廿六號星期二（十二月廿四）

鈔《矛盾論》三頁。寫商錫永、李泰棻、陳維輝信。

羅麗來。王寶元來。記筆記二則，將《愚修錄》第十册整理訖。鴻鈞自江蘇濱海縣農場回京，留飯。

與鴻鈞談。看《新義録》。服藥兩次，十一時後眠，翌晨七時醒。

今日大風揚塵，天氣驟寒，下午予又拉一次，糞少沫多。予如此深居簡出，室中又生爐，乃竟不免，可見禦寒力之日趨薄弱。

菲律賓首都馬尼拉一千五百人示威，焚紙糊美帝像而散。菲本美殖民地，其後推行其新殖民主義，表面上承認其獨立，而骨子則仍操持其經濟命脉，獨占其利已七十年矣，今乃食其報，一快。

一月廿七號星期三（十二月廿五）

羅麗來。鈔《矛盾論》三頁。鈔湲兒批評予語入册。林劍華來贈物。爲尹受事長談。

看周總理報告。到民進，討論周總理報告第一部分。鈔斯大林《辯證唯物主義……》一頁。

看《新義録》。堪兒傲慢，全家責之。十一時許服藥眠，十二時半醒。又眠，七時半醒。

一月廿八號星期四（十二月廿六）

與静秋到胡一雅夫婦處談，并見其子丹宇。鈔《矛盾論》三頁。鈔斯大林文兩頁半。

林劍華來。記筆記二則。

看辛樹幟《禹貢新解》。九時半服藥眠，十二時半醒。又眠，六時醒。

今日我很頭暈，想是因昨晚静秋與堪兒鬥争，予亦生氣，遂多服安眠藥之故。今日上午又下便兩次，但不稀。脚仍冷。

一月廿九號星期五（十二月廿七）

鈔《矛盾論》六頁。看《新建設》陳可青著《司馬遷的史學思想及其階級性》。

到"四聯"理髮。到東安市場購書。到科學出版社購書。雇三輪車歸。看沈曾植《海日樓札叢》。立《緩齋新增書目》。劉起釪來，贈物。

看任二北《教坊記箋訂》。服藥兩次，十二時眠，翌晨八時醒。

今日步行至王府井，久未出門，覺得脚軟。久未購書，心癢難爬。適練青寄靜秋百元，因買書八元餘，聊以快意。

予一生筆記甚欲整理，己既不暇，人又難助，去秋在青島時曾邀陳稺常來助我，經此運動，已不可能預支稿費，爲之悵然，已去信辭之。今晚起釪來，謂渠有意爲我施功，聞之一慰。

一月三十號星期六（十二月廿八）

爲廿七晚堪兒事，開家庭會議。鈔《矛盾論》三頁半，全文訖。

到民進開會，討論《農村社會主義教育運動目前提出的一些問題》廿三條。遇酈平章。與梁純夫同車回。記筆記二則。

看《教坊記箋訂》。服藥兩次，十一時半眠，翌晨七時醒。

昨今兩日俱上午大便兩次，幸尚不稀。昨晚眠不佳，今日又頭暈。

《矛盾論》約兩萬五千字，以二十日之力鈔畢。

今冬不寒，故予氣管炎不劇。或謂我國在新疆爆炸一原子彈，使西伯利亞之西北風到我國北部時分成兩股，一股南下，故雲南下雪，于事或當有之。今晨天氣預告，謂廿八小時當有大風，此在農作物之生長上固是佳事也。

一月卅一號星期日（十二月廿九）

記筆記一則。羅麗來。宋家鈺來。歷史所車來，至所，晤李士敏、姚家積等。到會場參加春節聯歡會，李士敏、侯外廬、張雲飛等致詞，聽齊文心、謝家等歌唱。散會後到李士敏、尹達處坐。十二時，參加聚餐。與胡厚宣同車歸。

與湲兒談予過去歷史。記筆記一則。到賀昌群處問疾，并晤其夫人。林劍華來。卜蕙黌偕其子唐守正，其姨甥李鑑平來，贈物。

又安自鄉來。看《新義錄》。服藥兩次，十二時眠，翌晨五時醒。又眠，八時醒。

今日上午以出門未再下便，而飯後歸來依然下，幸成條。

今日同桌：尹達　孫毓棠及其子　謝國楨　胡厚宣　熊德基　張雲飛　田昌五　張政烺　此外所識人今日晤面者：張德鈞　朱家源　萬斯年　鄧自燊　楊品泉　翟福辰　楊向奎　酈家駒　魏明經　高志辛

今日刮七級風，予出飯堂時幾爲吹倒，老年腿力日弱，可畏也。

潮兒對于我的批評

我的爸爸出身于小資産階級家庭。他的爸爸覺得搞政治危險，因此讓他一心讀書，搞研究。他是屬于小資産階級右翼的。毛主席説："這種人膽子小，他們怕官，也有點怕革命。因爲他們的經濟地位和中産階級頗接近，故對于中産階級的宣傳頗相信，對于革命取懷疑的態度。"我的爸爸的態度就是這樣。他過去是爲資産階級、爲反動政府服務的，對待革命則只是旁觀者。他在學術上有了一點成績，就自高自大。

解放後，他還是以自己的知識向黨講價錢，他把技術看得高于一切，總想從此取得個人名利。

　　他不積極參加政治學習，認爲搞"紅"就没有時間搞"專"。他常以記憶力衰退，學的東西記不住，怕緊張失眠等等爲理由，放鬆學習。但在今天的社會裏，政治思想的改造是不能放鬆一點的。稍放鬆一點，就會跟不上形勢，落在時代的後面。自從解放以來一些重大的政治運動，像"三反""五反"、整風"反右"等，黨對他都采取保護過關的政策，他又没積極參加，所以他資産階級個人主義思想原封未動。他認爲一些業務水平不如他的黨員不能領導他，只有那些水平比他高的黨員才能領導他，這種思想不是説明覺得自己比黨員高明，不是説明他連"反右"這關都没過嗎？

　　他有嚴重的名利思想，一點也受不得委屈。他只是聽慣了誇獎，即舊社會中資産階級的誇獎，聽不慣新社會中無産階級的批評。他不懂得那種誇獎是害他的，是拉攏他爲資産階級服務的。他也不懂得這種批評是真心帮助他的，是爲了把他拉回社會主義的大道和人民一道前進的。當别人批評属害了些，或有些委屈了他的時候，他就因不能撕下個人的面子，放不下知識分子的臭架子而對提意見的人有了抵觸的情緒。

　　他這樣上不服黨的領導，下不聽取群衆意見，不是自己要走上反黨、反人民的絕路上了嗎？

　　黨和人民對他的帮助和關懷真是太大了。解放前，他辦進步讀物，黨就支持他；他在成立聯合政府的聲明上簽字同意，國民黨又要他登報否認，這時，又是黨堅決支持他，使他没按朱家驊的意思做。在上海解放後，有人告訴爸爸，在上海解放前北京的電臺曾廣播過，讓我爸爸不要去臺灣（聽説國民黨在臺灣已給他安排了大學教授的職務）。解放後黨又這樣照顧他，給他進步、改造的機會。我真覺得他的一切都是黨給的，黨對他抱的希望是多麼大啊！其實没有他一個人，對黨來説也没有什麼大不了的，但黨就是千方百計地争取他，帮他重新作人。黨對他太關懷了，而他却總覺得黨對自己不够尊重，而没有認真檢查自己在舊社會錯誤的東西、反動的東西，向黨服罪。這種追求個人名利，以知識向黨講價錢的資産階級思想發展到了多麼嚴重的地步！

資産階級知識分子的改造是長期、複雜、反復的階級鬥争過程。我爸爸現在的情况，就像總理報告中説的那樣：贊成但不熟悉馬克思主義。雖然讀了一些馬克思主義的書，但立場、觀點没有發生根本的變化，他們的階級感情、生活習慣還是舊的，需要長期的、艱苦的勞動才能改變的。由于他們的世界觀没有改造或没有徹底改造，所以他們還不能全心全意爲工農兵、爲社會主義服務，一遇到風浪就會發生動摇。

我的名利思想就受了家庭的很大影響。原來我還不覺得家庭怎樣影響了我，但現在一對照，發現自己很多觀點和爸爸的一樣。這不是受了資産階級思想潛移默化的影響了嗎？警惕呀！我要堅决跟家庭的資産階級思想劃清界限，在帮助爸爸改造的同時，認真改造自己，做無産階級的接班人。

洪兒對我的批評

二十五日這天晚上發生了一件事，使我感到對家庭的認識還需深入。這些天政協開大會，這天爸爸在小組討論上發言，原來他想檢討自己，後來説着説着就説起對所長的意見去了。其實他能暴露這些（無意識地），就是因爲他心裏有這種想法。紙裏包不住火，總會讓人家知道的。他覺得没有"學問"的黨員不配領導自己，只有有"學問"的黨員才配領導自己，覺得人家不信任自己，不重用自己。其實這種思想的暴露一點兒也不突然，這有十年的思想基礎。後來媽媽就特生氣，大罵爸爸，表面上説他不服從黨，對不起黨，其實我看她就是想個人利益，怕他犯了錯誤，得不到原來的名譽、地位。從這兒我想了自己應該怎樣做的問題。我覺得首先應把這些匯報給團組織，其次應該重新認識家庭，不能停留在原有的認識上，否則就有重蹈這條路的危險。所長就代表黨，因此説爸爸雖然表面上擁護黨，但實際上就是反對黨，也就是共産黨不能領導業務。姐姐説："這連'反右'那一關都没過。"媽媽，今天我才開始認識她，就只説不做，爲個人利益着眼。前幾天還説爸爸這好那好，事到臨頭，就説爸爸這也不好，那也不好，説這是"敵我矛盾"，真不至于。我應該趕快找組織，求得組織的帮助，帮我分析。在我心裏，還有僥幸思想，想爸爸要是不説，不就没事了。歸根到底，這就是虚榮心。如果爸爸没有了原來的名譽、地位，好像自己就不好看似的。家長的榮譽，不能記在自己的賬上。況且暴露出來就是件好事。平時也説要大膽暴露思想，求得別人帮助，這不就是具體的情況了嗎？雖然我也跟媽媽説，暴露出來是件好事，但是那種僥幸思想還不時出現，我應該堅决制止。

洪兒對于我的批評

今天我看清了，事實明明白白地擺在面前，爸爸的道路就是反黨反人民的道路，黨對他花費了多少心血，直到現在，他還對黨討價還價，覺得委屈了自己，實際上是與黨對立了。反右派這一關還没過。過去我總看不到這一點，覺得没什麽，爸爸挺好的。我要是再不劃清界限，將來，身上吸收的毒素越來越多，把黨給自己的知識當作本錢，反過來與黨對立，徹底走上反黨的道路。把自己放在第一位，連黨都得服從自己，稍一不順心就覺得受委屈了，大材小用了，對黨心懷不滿，處處把自己的錯誤、毒素往别人身上推，那怎能老老實實聽黨的話。看不起黨，看不起工作，看不起一切，可能要連毛主席也看不起了！敵友不分，奉承我的就好，反對我的人就壞，我要真的變成這種人，一旦碰到考驗就會當叛徒，當革命事業的絆脚石。舊知識分子改造不是一件容易的事，難道我還要變成他們，讓黨讓人民改造自己或抛掉自己！

看了主席關于一九四六年十一月蔣介石開"僞國大會議"那一段，知道了爸爸雖然是被動地參加了三天，但就是爲蔣介石服務的。後面注解上説："'某些所謂社會賢達'，是指那些以無黨派面目出現爲蔣介石的'國民大會'粉飾門面的無耻之徒，如王雲五、傅斯年、胡政之等。"這些人是積極主動支持蔣介石的，爸爸雖然表面上有些不同，實質上一樣。這次會議是反動的，制出的"僞憲法"全國人民都反對，那麽，參加了會議（即使很短）就是反黨反人民，也可以説他的行爲是反革命的。

我找老師談了一會兒，老師説：認識家庭首先要"明確目的"，絶不能爲了個人的患得患失，單純地爲了入團去認識，那永遠也不能認識。然後要深入"了解情况"，對家庭的過去和現在的經歷，對各次政治運動的態度如果不了解，空洞地去認識也是不可能的。第三步就是"認識”，用階級觀點去分析，劃清界限。要耐心，不要急躁，扣大帽子。

老師説，對我來説，過好家庭這一關是很重要的，因爲這是一個背叛原階級立場的問題，是有没有決心參加革命的問題，必須認識清楚。認識家庭，别人不能代替，主要靠自己。應該站在客觀立場上去認識，别老覺得認識爸爸，這樣就容易看透。扣幾個帽子容易，但不等于真正認識，要從資産階級本質去看：蔣介石爲什麽讓他當國大代表？他光是糊塗受騙嗎？表面上“没立場”，實際上是什麽立場？對革命利害關係怎樣？和他常往來的盡是些什麽人？等等，要認識，必須了解清楚，從階級本性上去看。他這樣反復，直到現在對黨還有不滿，對現在各種事物的態度就没有什麽可奇怪的了。資産階級知識分子，本質上同資産階級一樣，他們的關係就像皮和毛（從屬）。資産階級是直接剥削人民，他們是用知識爲資産階級、反動政權服務，現在還是舊的階級立場，很難改變。不要以爲他們改得差不多了（高薪——贖買，也意味着剥削），以爲黨給他們很多好處他們就會感恩了。這太天真了。像班禪那種人，反動階級，黨那麽優待他，立場還是一點没改，瘋狂地反黨叛國，説明反動階級本性永遠不會改。對媽媽的歷史也得了解。她很關心我，當然有好的一面，但有没有錯誤的個人目的？等等。

老師説：這不是一件容易的事，需要一個很長的時期，不要急躁，覺得老解決不了，老不能入團。先一心一意對付它，因爲這和入團目的都是爲了向革命化邁進。先要頂得住别人的一些話，就是要堅定幹革命的決心。……老師建議我學點歷史、黨史，對時代背景、革命史了解得更清楚，有助于認識。

聽了團課，田老師講發展團員貫徹階級路綫，好極了。通過老師講，我認識到和家庭劃清界限真是不容易，但必須知難而進。要不，就不能樹立正確的政治方向和一切。長期，必須堅持不懈。我們是資産階級和無産階級争奪的主要對象。站在争奪戰的前哨，十字路口，鬥争是尖鋭的，不輕鬆，必須經過艱苦的努力，使自己革命化，才能轉變立場。另外，這個“長期”也不能作爲借口，放鬆對自己的要求，應該盡一切努力縮短時間。我有一點不明白：好像老師説，高級知識分子家庭属于一般家庭，我有點想不通，我原來一直以爲是剥削階級家庭。我們要好好鍛煉自己，改造自己，向貧下中農學習，站穩階級立場！聽黨的話，靠攏組織！

一九六五年二月

二月一號星期一（十二月三十）

鈔《日知録》兩條佚文（《素夷狄行乎夷狄》、《胡服》）入册，二千餘字。

全家到紅星影院，看《中國人民的心願》（第三届一次人民代表大會及工業、農業、科學成就）。章元善來。鈔戴望擬《續經解》目録入册。

看“迎春晚會”電視。看《新義録》。十一時服藥眠，上午五時醒。

今日仍在上午拉兩次，而第二次較稀，亦較多。

二月二號星期二（正月初一　春節）

楊向奎來。張紀元來。原孝銓來。金振宇、擎宇來。胡一雅夫婦及其子丹宇來。唐守正來，留飯。

鈕仲勛來。馮世五來。孟默聞、劉起釪來。德融侄來，留飯。程金造來。劉瀛來。

與德融侄談家史。看《新義録》。十一時服藥眠。上午三時醒。又眠，七時半醒。

二月三號星期三（正月初二）

侯外廬來。錢琢如及其子克仁來。袁鴻壽來。傅振倫來。張鴻鈞、張覺非來。鴻鈞留飯。

鈔《洛誥》文，以曾運乾《正讀》文注其旁。容元胎來。陶復和、張十姐來。雁秋來。木蘭來。大琪夫婦、大玫、王鑫、楊洋、王晶來。偕之到其家。

靜秋，堪兒來，同在王姨母處飯。八時半坐車歸。雁秋，鴻鈞留宿，談。十時半服藥眠。十二時半醒。又眠，四時醒。又眠，七時醒。

今晚同席：予夫婦　堪兒（客）　　王姨母　大琪夫婦　大玫　王珏　王喆　王鑫　楊洋　王晶（以上主）　姨母家作糟肉、糟鷄、糟魚，予久未嘗此味矣。

袁鴻壽知醫，謂予脾、肺、腎均衰，故有諸種病象，泄瀉者，脾弱也。由氣管炎引爲肺炎者，肺弱也。小便頻數者，腎弱也。惟心與肝尚好，此可慰耳。

二月四號星期四（正月初三　立春）

林劍華來，與尹受商談工作。劉鈞仁來。龔文慶來。高瑞蘭偕其女燕寧、樂寧，其子天寧來，留飯。頤萱嫂來，留飯。鄧世民夫婦（淑忍之女婿）來。

　　葉叔衡先生來。與雁秋一家，瑞蘭一家同照相。姚紹華來。魏明經偕其子曉環來。

　　與静秋、堪兒、徐小融到長安戲院觀劇，遇謝剛主。十時半歸。十一時許服藥眠，翌晨六時一刻醒。

　　今晚所觀劇：燕山越劇團演出《雙蓮記》：趙紅蓮——張玲玲飾　趙永魁(小張飛)——須遵德飾　崔紅蓮——徐璐飾　崔樹貴(父)——姜子玉飾　崔母——蕭建新飾　壽川伯(老農)——陳雅珍飾　姚小心——王和英飾　趙文熙(黨支書)——丁劍秋飾

　　越劇演員，女多男少，今日所見，除"小張飛"一人外殆全是女飾，老農、黨支書亦然，殊爲不稱。又此劇團雖在北京燈市口，而一臺中全操紹興口音，亦使未到南方者聽不懂，亦失教育意義。

二月五號星期五（正月初四）

　　鈔《尚書正讀》中《洛誥》解入《集解》，訖。班書閣來，爲静秋辭去。林劍華來，與尹受出外買紙、筆，開始鈔《水經注》，并商定酬勞辦法。

　　到"春風"修面。遇陶才百。

　　看電視"鐵道部文工團雜技表演"。服藥二次，十二時眠，上午四時醒。又眠，七時半醒。

　　《水經注》一書無一好讀本，予久思將朱謀㙔、趙一清、全祖望、戴震、王先謙、楊守敬諸家校注冶于一爐，加以標點，而又附以地圖，使開卷即能通讀，惟苦無時間爲之。今劍華以尹受失業，由彼出資，交尹受鈔寫。全書約四十萬字，計鈔費百二十元。經朱筆，注綠筆，注中注墨筆，將來付排時便分三體字，校注由劍華爲之，他日排印，即列下方。予多年之願，得此可酬，爲之一快。

尹受工資，本由政協出六十元，作爲予私人秘書，爲做我家雜務，又自貼予十餘元。静秋爲響應號召，囑予向政協辭去此項津貼，又以其爲人專做表面文章，令其勿作家事，又以其人年才三十七，囑其赴西城區人委勞動科登記，使他時有固定職業。但在其未分配工作階段，則仍到予家，工作計時論酬，又爲劍華鈔《水經注》，則計字論酬，計字每千字三角，計時每小時二角，如此則所得雖較前爲少，而尚不至一家凍餒。惟仍以五月底爲期，期内必須常至勞動科催促，庶早得走上工作崗位。其妻亦可外出，爲人洗衣服役，以助家用。予年已老，而彼方壯，我不能包他一世，故趁此機會，使彼得走上組織，在彼亦是一終身大事也。

二月六號星期六（正月初五）

依曾運乾説，將《洛誥》文標點分段，訖。點王國維《洛誥解》及與林泰輔《論洛誥書》訖。

與伯祥同車到民進，開學習會，討論世界形勢。六時歸。晤柴德賡，談。

與又安談《孟姜女故事資料集》事。雜覽。服藥兩次，十二時半眠，上午四時醒。又眠，七時醒。

二月七號星期日（正月初六）

又安回鄉。記筆記一則。將《經義述聞》、王國維《洛誥解》録入《洛誥集解》中。房管局人員來視察屋宇。

翻《經傳釋詞》。看《新義録》。十時半服藥眠，上午三時醒。又眠，七時醒。

近日大便忽轉乾結，惟拭穢紙上仍有白色黏沫。飯量亦較前稍好。天氣過于乾燥，使予背上作癢，夜間甚難入睡。

二月八號星期一（正月初七）

將《經傳釋詞》中解《洛誥》語寫入册中。王姨母偕汪采齡表妹來，長談，留飯。

翻《古書疑義舉例》一過，録其説《洛誥》文入册。理《尚書》類書籍。

看《新義録》。十一時，四兒俱歸。服藥兩次，約十二時眠，五時一刻醒。又眠，七時半醒。

自周總理號召改組聯合國後，馬里總統凱塔亦指出聯合國組織的精神和活動有嚴重缺點，剛果（布）執政黨刊物《革命之聲》亦云聯合國已淪爲國際帝國主義的工具，巴基斯坦《時報》又云聯合國必須徹底整頓以滿足新興國家的要求，美國黑人領袖愛克斯説聯合國不能代表世界人民，必須改組。責難之聲既紛起，美國之帝國主義及其全球戰略必將一敗塗地，從此結束其世界霸權無疑。

今日大便兩次，不稀。

汪采齡表妹以其夫將赴秦皇島工作，故到京話别。

今日下午洪兒到校活動，知今晚將有游行，打電話歸。七時，潮兒亦得電話，與湲兒同去。十時堪兒亦得電話，令其傳達與無電話之同學，明早八時半齊集學校。美帝轟炸越南共和國，且令隼式導彈隊移駐西貢附近，欲以壓迫越共屈服，故我國有此示威。然美帝飛機已爲越南人民在一日間打下十架，其堅決與之爲敵，直自尋死路耳。

二月九號星期二（正月初八）

將章炳麟《古文尚書拾遺》中《洛誥》文字録入册中，訖。爲尹受事，寫西城區人委勞動科信。

劉起釪來，開《尚書今譯》合作辦法與之。

看《新義錄》。九時半服藥眠，上午二時四十分醒。四時後又眠，八時醒。

今日四兒上午再參加游行，下午在天安門觀活報劇，晚始歸，以疲極早眠。

二月十號星期三（正月初九）

記筆記二則。林劍華來，爲尹受事長談。

與伯祥同車到民進，開會，討論美機轟炸越南，及蘇聯態度。六時半歸。

李民自偃師來，長談。服藥兩次，十一時眠，上午三時半醒。四時後又朦朧，七時醒。

今日兒輩仍參加游行。觀報，陳叔通、黃炎培諸老亦參加游行，而予竟不與，殊爲慚愧。

蘇聯總理柯西金至越南後才一日，即遇美帝轟炸，渠在口頭不能不表示援助越南，譴責美帝，然竟不敢道出"反對美帝國主義"字樣，其態忸怩可知也。然此談話傳至蘇聯，《真理》、《消息》兩報刊出時又删去其"蘇聯宣布它願意在侵略者膽敢侵犯我國的獨立和主權的時候給予越南民主共和國以必要的援助"之語，其畏帝國主義如虎又可知也。如此國家，何堪作社會主義陣營之領袖！

二月十一號星期四（正月初十）

看《世界知識》。將段玉裁《古文尚書撰異》中《洛誥》錄入册中，訖。

點皮錫瑞《尚書大傳疏證·洛誥》篇，選錄入册。理書。將黃侃《日知錄校記》改潘未刻本一册。

洗浴。看潮兒上學年所作文。十時半服藥眠，上午二時醒。五時又醒。

予今日又大便兩次，不稀。

看潮兒所作文，文筆既流暢，思想又進步，每一次資產階級個人主義冒出頭時即狠狠地加以批判，洵毛澤東時代的好青年也。她準備到農村安家落户，不知今年高中畢業後將若何？

二月十二號星期五（正月十一）

將吴汝綸《寫定尚書》及吴閩生《尚書大義》論《洛誥》語録入册中，訖。

到“春風”理髮。

看章太炎《自述學術次第》訖。十時服藥眠，上午三時醒。矇朧至六時。

今日天陰，似將作雪，而卒不下。北京一冬無雪，爲絶異事。

二月十三號星期六（正月十二）

記筆記一則。看朱星《漢語從古通語到近代民族統一語的發展小史》，未畢。

到民進參加學習，討論“自力更生”及“越南問題”，自二時半至五時半。

與静秋到政協禮堂看戲，十一時歸。楚存海、高玉華、志平自成都來，留宿。十二時服藥眠，翌晨六時一刻醒。

今晚所觀劇：中國人民解放軍廣州部隊戰士話劇團演出話劇《帶兵的人》：林智勇（連長）——李長華　陳德發（指導員）——葉江東　楊愛洪（二排長）——謝曉黎　李福山（五班長）——郭德明　區小龍（士兵）——陳興　周全（士兵）——楊師修　秀蘭（連長妻）——楊友璉　阿公（農民）——蔣林

今晚所晤人：趙樸初　吴有訓　王芸生　張紀元　葉三午

張紹璣　韓壽萱　張畢來　金克木　載濤

　　玉華十年不見，見予，曰：“瘦得多了！”此可見予已非復當年面貌。

二月十四號星期日（正月十三）

　　朱星來，長談。爲寫聖陶介紹信。到徐伯昕處視疾，談時事。堪兒老師王寶祥來，與靜秋同談堪兒學習事。

　　全家與存海家三人照相。予與潮、洪、湲三兒偕存海夫婦及其子志平游動物園，予先至茶館坐，待兩小時，彼輩從東來，乃同游西部各館。七時歸。遇焦實齋夫婦。

　　翻《新義錄》。十時半服藥眠，翌晨六時醒。

　　自青島歸後，今日第一次游園，僅走半個園耳，而足已痛，甚矣予衰也！

　　伯昕體弱，每逢開大會，緊張過度，則必病，以其爲全國政協副秘書長，民進中央秘書長，處理文牘常至深夜，而開會又極勞頓也。此次之病，又歷三星期矣。

二月十五號星期一（正月十四）

　　復看《大誥譯證》中《校勘》部分，約一萬三千字，訖。林劍華來，長談。

　　理書兩箱。新建設社王慶成、張智彥來。

　　與存海夫婦談。十一時服藥眠，翌晨五時半醒。

　　《新建設》要我撰文，擬以《尚書序》與之，因約五月中繳稿。其所以來索者，蓋領導指示，專載批評文字流入消極一面，必有建設性之文字作調劑也。

二月十六號星期二（正月十五）

復看《大誥譯證》中《解釋》部分，約二萬二千字，訖。鴻鈞來，留飯。

二時出，到中山公園，晤伯祥及乃乾夫婦，同茶叙。參觀蘭花展覽、熱帶魚展覽及報春花展。五時歸。遇徐邁進。羅麗來。馮國寶大夫來。

胡厚宣來，長談，其夫人來接去。服藥二次，十一時半眠，上午三時醒。良久又眠，七時醒。

今日上午大便兩次，下一次較稀，量亦多。馮大夫囑予少進食，牛奶半磅須分幾次食。水果、青菜也不可多進。

自天安門站步至公園茶點部，已出汗，看三個展覽，亦覺足痛。出園門時，以不敢多步行，且站立待車，故以五角錢雇三輪歸家。

天津研究甲骨文之王襄，聞厚宣言，于上月杪逝世，年九十一。

二月十七號星期三（正月十六）

林劍華來，試作《水經注》校注工作。重鈔《大誥解釋》一頁。作《大誥章句和簡注》一章。重看《人民日報》中《聯合國往哪裏去》文，且剪報。

到民進開會，討論修正主義與帝國主義滅亡的必然性。歸，寫書根十餘册。

看電視轉播《雷鋒》電影。木蘭來，留宿。十時半服藥眠，上午五時醒。又眠，七時醒。

今晨醒來，始見雪，此間人盼此久矣。天氣已暖，一下即融。下午又停。

晚看電視，坦桑尼亞聯合共和國總統尼雷爾今日來京，周總理往接，在大雪中不帶帽子，不穿大衣，并乘敞篷車入城，甚爲感動。此毛主席之作風也，而周總理能行之，可謂"不伏老"矣。

二月十八號星期四（正月十七）

作《大誥章句和簡注》五章，二千餘字。

李婉卿來。劉起釪來。羅麗來。

看電視越劇《心事》、《母子會》等。九時半服藥眠，上午二時醒。又眠，六時半醒。

今日存海夫婦參觀革命歷史博物館，志平走散，獨自歸來。此兒年僅八歲，出去數次，便認道路，真智勇兼全也。

羅麗將尹受介紹于歷史所人事科。如能成事，大佳矣。

二月十九號星期五（正月十八）

看《人民日報》社論《約翰遜政府進退兩難》及《日本軍國主義勢力野心不死》等。作《大誥章句和簡注》六章，約三千字，訖。

吳世昌來。到"東單"修面。途遇韓壽萱。

看電視轉播《千萬不要忘記》電影。看吳世昌《論李秀成的降敵問題》，未訖。服藥二次，十二時眠，上午五時半醒。

今日上下午又下便兩次，下午稀，且皆黏沫，蓋近日天陰且雪，氣候較寒，故此病又發作也。今日西北風起，外面頗寒，因之予咳疾又作。予如此怕冷，一冷則上邊氣管，下邊腸子，立刻作出反應。

二月二十號星期六（正月十九）

看吳世昌《論李秀成的降敵問題兼評羅爾綱先生的研究方法》訖。重寫《大誥今譯》八百字。

到民進開會，討論自力更生問題。六時歸。

看電視福建海軍文工團表演。兒輩聽存海自述。服藥兩次，約十一時半眠。上午三時醒。又眠，七時半醒。

今日予在會上道及予《尚書大誥》行將脫稿，而所懼者爲東京帝大經學文學研究室之批評，一則以我輩自九一八事變至解放，學術工作差不多停頓了二十年，而日本雖在戰事中，其學術工作迄未停頓；二則他們處理資料俱有卡片，每研究一問題可以不漏，而我國則未作此整理工夫，故相形見絀。如書出而受其批評，不但損失我個人榮譽，亦且損失國家榮譽。純夫云："只要觀點立場不錯，資料是隨時可加的，不必多慮。"伯祥云："作書怕漏與陋，但漏非病，所懼者陋耳。"聞之膽爲一壯。

二月廿一號星期日（正月二十）

葉叔衡先生來。張覺非來。重寫《大誥今譯》八百字。

與楚存海夫婦及其子志平，潮、湲兩兒同到天安門照相，步至前門，參觀郵局自動化售票、售報諸項。乘六路車歸。

看電視《沙家浜》劇。送存海等上車。十一時服藥眠。上午三時醒。又眠，七時醒。

存海夫婦來京八天，日日自出參觀，予家均未能陪，玉華之舅雁秋，玉華之表姊瑞蘭，均未及往，亦以成份不純，不欲與往來也。此可知立場問題之嚴謹，使予知所警惕。予以無此觀念，故常爲老關係所困。

二月廿二號星期一（正月廿一）

重寫《大誥今譯》一千五百字，訖。看郭沫若《金文叢考》。

葉叔衡先生來。雁秋夫婦來，與雁秋長談，留飯。寫鄭亦橋、于鶴年、王國華信。

理王獻唐所鈔《同文尚書》。十時半服藥，約十一時半眠。上午一時醒，五時醒，又矇矓到七時。

入冬後予遍身作癢，背上尤甚，晚間尤甚，實妨礙睡眠。取山貨鋪所賣"搔背"搔之。堪兒因云："此名'老頭樂'。"當是老年人多犯此病，故有此特製之品也。

二月廿三號星期二（正月廿二）

將五日來所作《章句和簡注》、《今語試譯》統整一過。將《解釋》中之"尹氏"一條修改。

寫筆記四則。點計王獻唐本《同文尚書》。

看羅東進紀念其父羅榮桓文。看《史林雜識》。十一時服藥眠，上午三時醒。又眠，六時三刻醒。

秉志先生（農山）于本月廿一日逝世，年八十，此我北大同學、厦大同事也。畢生致力動物學，是我國動物學的奠基人之一，造就人才甚多。家無妻子，以心臟病就院醫治，死于汽車中，可悲也。

今日上午、下午各大便一次，但不稀。

潮兒前日報名環皇城賽跑，不意昨日上體育課時扭了腳，不便行走，今日課畢自到醫務所就療治。渠素性倔強，有病就醫皆其母強之，今自往，乃創舉也。

二月廿四號星期三（正月廿三）

記筆記一則。作《唐石經本校勘提綱》一千五百字，未畢。

到民進學習，討論階級鬥爭問題。

與靜秋，潮兒等討論"改造"。十時半服藥眠。上午四時半醒。良久又眠，七時醒。

聞許廣平同志言：國家經濟計劃本定爲"農—輕—重"，今以農民手頭多錢亦易導致修正思想，故改爲"輕—農—重"，故建立第二輕工業部，注重塑料、運動用具、文化用具之製造，使農民有錢可多買日用品，而國家投資亦易于收回再生產。且我國輕工業產品在國際市場上有廣大銷路，觀法國展覽會上售貨者之擁擠可知。蘇聯立國首建重工業，致成尾大不掉之勢，我國則善爲安排，只要輕、農兩方面好，重亦必無不好之理。

二月廿五號星期四（正月廿四）

續作《唐石經本校勘提綱》千餘字，訖，即改正。

改寫王國華信。醞釀作《解釋提綱》，鈔資料。劉起釪來。

看連環圖畫《大名府》等。十時半服藥眠。上午二時半醒，久不眠，再服藥，五時眠，七時醒。

二月廿六號星期五（正月廿五）

復看《比較資料》三篇（王莽《大誥》，馬、鄭、王注，僞《孔傳》及《孔疏》）訖。鴻鈞來，留飯。

到“春風”理髮。金擎宇夫人來。

看連環畫《李逵下山》等。爲潮兒事生氣。服藥兩次，十一時半後眠。上午三時半醒。又眠，七時醒。

今日下午，靜秋偕鴻鈞到百貨大樓購鳳凰牌女用自行車一輛，價百八十餘元，備潮兒等行駛。

予夜中屢醒，多轉側，妨礙靜秋睡眠，以是她移住客廳，予令潮兒輩爲媽媽生爐，無一應者，渠等自謂進步，乃不恤其母如此，尚能爲人民服務乎？因之生氣。而靜秋卒以寒冷，仍來與我同榻，兩人皆服藥兩次。潮兒輩冷酷如此，與新社會助人爲樂適成兩極端，將奈之何！

二月廿七號星期六（正月廿六）

復看《比較資料》之四（《蔡傳》及《大全》、《纂傳》）訖。

鴻鈞來，以"孟姜女"資料交之整理。

到民進學習，討論對黨聽、跟、走的問題。冰心病後第一次參加。

靜秋爲予洗浴。翻《新義録》。九時半服藥眠，上午一時半醒。又眠，六時三刻醒。

二月廿八號星期日（正月廿七）

到南河沿，參加民進小組生活。十二時，乘聖陶車歸。

點牟庭《同文尚書·大誥》篇，初點訖。吳世昌來，長談。

看電視轉播《青松岭》話劇，未畢。朱阿姨偕其夫單紀亭來。服藥兩次，十一時許倚床眠。上午一時醒。又眠，五時三刻醒。

今日同會：陳慧（召集人）　張紀元　王伯祥　葉聖陶　顧均正　討論問題：1. 世界大勢，2. 家庭生活。

潮兒前數日以參加勞動傷其足，而今日仍參加天安門至西華門來回之二千五百米賽跑，雖以足疾落伍，而啦啦隊以《毛主席語録》中詞鼓勵之，竟終場，然歸後則不克步履矣。

子臧來言：曾昭燏在人大會前在南京自殺，沈志遠在政協大會後在上海自殺。曾死不詳其故，沈則舊爲右派分子，雖經摘帽，而在此次運動中舊案重提，開會時暫停，及會後回滬，遽捨其生。以此知外地改造運動比北京爲烈。

伯祥言，陳中凡在南京大學任教，爲南京民盟負責人，去年運動中遽處理其書，并請于學校黨委，遷入小屋，未爲黨委所許。及到京參加政協大會時，告諸陸定一副總理，陸云："這是你製造紊亂。"蓋黨意本不如此要求知識分子也。因念科學院建國門外新宿舍落成，爲其有暖氣、煤氣，省勞動力不少，予請遷往，而學部不許，寧爲予花錢改修房屋，知黨意本如此也。

王獻唐鈔《同文尚書》（其子國華寄來）

夏書四篇： 1. 堯典（全）　　　　2. 禹貢（殘）

　　　　　 3. 皋陶謨（全）　　　 4. 甘誓（缺）

商書八篇： 1. 湯誓（全）　　　　2. 盤庚之誥上（全）

　　　　　 3. 盤庚中（全）　　　 4. 盤庚下（全）

　　　　　 5. 高宗肜日之訓（全）　6. 西伯戡黎之誥（全）

　　　　　 7. 微子之誥（全）　　 8. 洪範（全）

周書十九篇：1. 牧誓（全）　　　　2. 金縢（全）

　　　　　 3. 大誥（全）　　　　4. 多方之誥（全）

　　　　　 5. 君奭之誥（殘）　　 6. 立政之訓（缺）

　　　　　 7. 無逸之訓（缺）　　 8. 多士之誥（缺）

　　　　　 9. 康誥（缺）　　　　10. 酒誥（缺）

　　　　　 11. 梓材之誥（缺）　　12. 召誥（缺）

　　　　　 13. 洛誥（缺）　　　　14. 顧命（全）

　　　　　 15. 康王之誥（全）　　16. 費誓（全）

　　　　　 17. 甫刑之命（全）　　18. 文侯之命（全）

　　　　　 19. 秦誓（全）

計殘者： 卷三，禹貢　　　　卷十七，君奭

　缺者： 卷四，甘誓　　　　卷十八，立政

　　　　 卷十九，無逸　　　 卷二十，多士

　　　　 卷二十一，康誥　　 卷二十二，酒誥

　　　　 卷二十三，梓材　　 卷二十四，召誥

　　　　 卷二十五，洛誥

　共殘二卷，缺九卷。

［劉起釪寫］

已有：早期尚書殘存篇目及文字表（附解釋）

　　　漢代今古文尚書篇目表（附注）　附書序、假想復員圖

偽古文尚書及所録書序篇目表

三監疆域各家説表

古代東方民族在周王朝統治下遷留興亡表（附説明）

未見：漢石經大誥殘石及假想復員圖

棐字古今異釋表

北京四季的分野（根據 1841—1956 年平均氣溫）

春——五十五天（自四月一日至五月廿五日）　氣溫在十攝氏度至
廿二度間，乾旱少雨，多風。

夏——一百零五天（自五月廿六日至九月七日）　超過廿二攝氏
度，多雨，全年降水量百分之六十左右集中七、八兩月。

秋——五十天（自九月八日至十月廿七日）　同春，天高氣爽。

冬——一百五十五天（自十月廿八日至翌年三月卅一日）　十攝氏
度以下，常有短期降溫。

（録一九六五年二月十一日《北京晚報》）

北京北總布胡同十三號　單紀亭

福州潭尾街七十四號　林石廬

北京西城察院胡同九號　李泰棻

蘇州博物館宣傳部主任　姚世英

上海長寧路 706 號　陳懋恒

武昌張之洞路 116 號　朱士嘉

開封中國科學院河南分院歷史研究所　趙豐田

青島龍江路 21 號乙　王國華

上海襄陽南路 444/66　金德建（上海化工學校教授，在漕河涇）

上海紹興路 7 號中華書局上海編輯所　胡道静

徐州賈汪市立第七中學　王振華

北京新街口前帽胡同十號　馬念祖

廣東海南師專　陳元柱

長春市東北文史研究所　李泰棻

上海陝南邨一五九號　王威

蘇州西白塔路十三號　沈勤廬

香港宏豐臺偉景大厦 203 號　容琬（其夫名徐慶豐）

廣州中山大學西南區五十四號　容庚

成都軍區門診部　高玉華

北京宣外香爐營東橫街甲 1 號　蕭新祺

丹陽縣初級師範學校　揣得爲

江蘇姜埝婁莊　黃重憲

蘭州力行新村 16 號　張令瑄

北京安定門外和平里河北師範學院副院長　朱星、外語系教授　方
　紀生

北京鼓樓西鴉兒胡同 30 號王宅內　丁宜中

上海新樂路 194 號 2 室　顧佶人（張石公夫人）

天津和平區重慶道 231 號　張茂鵬

西安西北大學新村 5103 號　陳登原

香港德忌笠街 25 號三樓環球藥廠　虞同佳

武漢市楊家園鐵道部第四設計院　陳維輝，又北京北新橋小三條丙
　24 號

成都四川大學錚園　黃少荃

上海西康路 181 弄 1 號　顧起潛

上海富民路 156 弄 17 號龐京周　北京崇内大街 9 號　龐曾湅

日本名古屋愛知大學校長　佐藤匡玄

日本京都　吉川幸次郎　平岡武夫

上海徐家匯上海社會科學院歷史研究所　楊寬正

上海控江路鳳城新村 30 號 10 室　　洪駕時
廣州越華路舊倉巷步雲里 2 號 2 樓　　陳嘉藹（伯衡）
北京絨綫胡同 194 號　　施今墨（電 2. 0554）
北京南鑼鼓巷簽衣胡同 24 號　　張茂英、又黃君坦
青島湖南路 47 號（新新公寓對面）　　謝靜之，又上海南京西路
　　1664 弄 20 號（靜安寺廟隔壁）

《春秋史事勘》中似未將《列女傳》編入，當補。
《尚書》工作：
　1. 高級型——盡集古今各家説，加以批判接受，注重考證工作，
　　　　供專家之閲讀及普及之根據。
　2. 中級型——爲高級型之簡化，略略疏釋其源委，供大學文、
　　　　史諸系學生（有讀古書的必要的）之閲讀。
　3. 初級型——更就中級型加以簡化，但舉校勘、解釋之結果而不疏
　　　　源委，供一般人（沒有讀古書之必要的）之閲讀。
　　高級型——《尚書譯證》，分篇出版。
　　中級型——《尚書譯注》，全書不超過 50 萬字，分兩册出版。
　　初級型——《尚書今譯》，全書不超出 20 萬字，合一册出版。
　　最好先將高級做好而後作中級，中級做好而後作初級，如此則
步步踏實。惟爲時間所不許，故擬先做中級，供初級之基礎。初級
先出，中級次之。高級則擇一兩篇做出一個樣子來，徐徐爲之，此
固非一人之業也。

　　一九一九年一月，第一次世界大戰結束後，美、英、
法、日等帝國主義在巴黎召開分贓的"和平會議"，段祺瑞
反動政府也派代表參加了。在中國人民的压力下，中國代表
在會議上提出廢除日本和袁世凱所訂的"二十一條"條約和

收回在大戰時被日本乘機奪去的德國在山東的全部特權。但是由于段祺瑞反動政府的媚外賣國政策，帝國主義根本不理睬中國人民的正當要求。

消息傳來，全國人民萬分憤怒，北京學生首先燃起反侵略反賣國運動的火焰。五月四日，五千多學生聚集天安門前舉行巨大示威，但反動政府拒絕愛國青年學生的正義要求，并派出大批軍警鎮壓。被激怒了的學生進一步發動了罷課，并于六月三日展開大規模的街頭宣傳，形成了一個以工人階級爲主的全國性的反帝反封建革命運動。

五四運動是我國新民主主義革命的偉大開端。一九三九年，陝甘寧邊區青年組織把五月四日定爲中國青年節。一九四九年十二月，中央人民政府政務院宣布以五月四日定爲中國青年節。

五四運動爲我生中一大事件，而事隔四十餘年，記憶中已不甚清楚，當時北大同學死亡流散，可晤見者已無幾人。茲見《北京晚報·中國青年節的由來》一文，喜其簡明，鈔錄于此。六五年五月五日記。

一九四五年五月八日，在以社會主義國家蘇聯爲主力軍的全世界反法西斯力量的打擊下，希特勒的納粹德國無條件投降。在此以前，意大利法西斯已經垮臺。同年九月，日本帝國主義也宣告投降。偉大的反法西斯戰爭取得了完全的勝利。

一九三三年一月，德國法西斯頭子希特勒在國内外壟斷資本的支持下攫得政權。德國法西斯政府在國内施行恐怖統治，殘酷迫害和屠殺民主力量和進步人士，竭力擴軍備戰；對外與意大利法西斯和日本帝國主義緊密勾結，積極進行侵略。當時美、英、法等帝國主義國家則對法西斯德國實行綏靖政策，鼓勵它進攻當時惟一的社會主義國家蘇聯。

一九三八年和一九三九年，法西斯德國先後吞并奧地利和捷克斯洛伐克，引起了資本主義國家間矛盾的尖銳化。一九三九年九月一日，希特勒進攻波蘭。同年九月三日，英、法對德宣戰。

一九四一年六月二十二日，德國背棄《蘇、德互不侵犯條約》，糾集一百九十個師團的優勢兵力，向蘇聯發動背信棄義的突然進攻。蘇聯人民在以斯大林爲首的蘇聯共產黨的領導下，奮起進行偉大的衛國戰爭，從此使戰爭進入一新的階段。隨着希特勒的幫凶意大利法西斯在一九四〇年四月向英、法宣戰和日本軍國主義者在侵占中國廣大領土後於一九四一年十二月八日發動太平洋戰爭，大戰進一步擴大。

在這次大戰中，蘇、德戰場是一個主要戰場，當時惟一的社會主義國家蘇聯擔當了消滅德國法西斯的主力軍。蘇聯軍隊在最高統帥斯大林的領導下沉重打擊敵人。一九四一年十二月，德軍在莫斯科附近大敗。一九四二年末，蘇軍在著名的斯大林格勒會戰中殲滅敵人三十三萬，使戰爭發生根本變化，并且從此轉入全綫反攻。在一九四三年夏、秋兩季進攻中，蘇軍又殲滅希特勒一百四十四個師團，解放了近三分之二的淪入敵手的蘇聯領土。美、英帝國主義者爲了既削弱德國法西斯、又削弱社會主義的蘇聯，因而一直拖延開辟歐洲第二戰場，只是在蘇軍反攻勝利聲中，美、英軍隊才于一九四四年六月在法國登陸，開辟第二戰場。一九四五年，蘇軍進攻法西斯德國本土，同年五月二日，蘇軍攻克柏林，五月八日，法西斯德國無條件投降。

偉大的反法西斯戰爭的勝利，嚴重地打擊了國際帝國主義，大大地鞏固和發展了十月社會主義革命的偉大成果，在歐、亞兩洲出現了一系列社會主義國家，并且開闢了被壓迫人民和被壓迫民族革命鬥爭的嶄新階段。

第二次世界大戰爲我生中絕大事件，使我家破人亡，自身亦幾瀕于死，一生研究工作計劃爲之打碎，追思舊事，心爲震悸不止。一九六五年五月八日《北京晚報》載新華社《戰勝德國法西斯紀念日》一文，爰錄于此，以志不忘。然使無此戰，則中華人民共和國之誕生必然推遲，勞動人民將又不知犧牲若干于反動派之手，中國人民站起來，我生將不及見，此又大可欣幸者已。

一九六五年三月

三月一號星期一（正月廿八）

作《歷代解釋選錄提綱》三千五百餘字。

鴻鈞來。與靜秋同讀《哭三尼》。看連環畫《清風寨》。

看連環畫《宋江殺惜》等。十時半服藥眠，翌晨五時一刻醒。

今晨先喝半磅牛奶，而後進食，遂至上午拉稀三次。此後當謹慎，勿單獨飲乳。

今日朱阿姨遷來，做全日工，住東頭小室。從此靜秋不必爲孩子上學做早飯天天早起，當可稍得休息。

三月二號星期二（正月廿九）

重作《解釋提綱》三千字，未訖。趙阿姨來。

雁秋來，留飯。

看連環圖畫《高唐州》。九時半服藥眠，上午二時醒。又眠，五時三刻醒。

今日大解四次。後二次在下午，有黏沫而無糞，知舊疾又發。静秋云：上月廿六日，爲咳嗽，倚床而眠，受寒之因一也；廿七日洗浴，放水不多而遽下池，受寒之因二也；廿八日看電視，大廳中未生火爐，受寒之因三也。

今日下午巴基斯坦總統阿尤布·汗來京，洪、湲俱列隊歡迎，獨潮兒以足傷未愈，不得與。

爲了過于集中精神寫作，傍晚輒胸膈間悶痛。以後天暖，下午非出外散步不可。

三月三號星期三（二月初一）

修改昨日所作，并補充。温永禄、白吉庵來。

到民進學習，討論自力更生問題。記筆記一則。

看連環畫。聽無綫電。十一時服藥眠，上午二時半醒。以癢甚再服藥，三時後眠，五時三刻醒。

温、白兩君爲人民大學教師，研究古代漢語，願意帮助予整理《尚書》工作，倘得薪盡火傳之效乎？温永禄問學于黎錦熙，白吉庵問學于孫人和，皆具有根柢者。

今日飲熱咖啡，幸未再拉，然仍有黏沫。

三月四號星期四（二月初二）

改作《歷代解釋選録説明》二千五百字，未畢。記筆記二則。劉起釪來。

看電視轉播太原話劇團《劉胡蘭》，十時半訖。服藥二次，十二時眠，翌晨六時三刻醒。

今晚客廳生火，予擁被携熱水袋看電視，自不致如上星期日之發病。然劉胡蘭與反動派鬥争劇烈，觀之緊張過度，又不易成眠矣。静秋亦然。

三月五號星期五（二月初三）

改作《歷代解釋選録説明》三千字，訖，全文共八千字。蒙文通介紹中江人陳鈞來訪。

看連環圖畫《哈哈鏡王國》。到"春風"修面。

看電視轉播《李雙雙》電影。服藥二次，十一時後眠，上午二時三刻醒。又眠，七時醒。

今日將《解釋説明》作畢，方透一口氣，此文醖釀十日，動筆五天，而不及萬字，可見予筆之鈍。若在三四十歲，則兩天即成矣。

春寒，時吹北風，前兩日予即覺脚冷，今日居然感冒，服羚翹解毒丸。静秋亦傷風。語云"春風多厲"，又云"春寒凍死老黄牛"，亦可畏也。今日予大便二次，不稀。

三月六號星期六（二月初四）

到南河沿，參加學部中心學習，討論"學術上兩條道路"問題。十二時，乘文學研究所車歸。鴻鈞來，留飯。看陳鈞《司馬遷爲李陵辯護值得讚揚嗎》。

到民進學習，討論文藝、歷史、語文、出版、體育各方面的批評事項。又安自鄉來，留宿。

看三八婦女節各種表演電視。看楊天石《論辛亥革命前的國粹主義思潮》。十二時服藥眠，上午三時半醒。爲貓所擾，朦朧至六時。

今日上午同會；潘梓年　張友漁　金岳霖　徐炳昶　郭寶鈞
王伯祥　吳世昌　賀麟　周新民　陸志韋　傅懋勣　翁獨健
馮家昇　汪奠基　趙洵　錢寶琮

下午同會（有°者爲第一組，無者爲第二組，時合時分）：
°梁純夫　陳麟瑞　王寶初　°王紹鏊　°林漢達　°謝冰心　張紀

元 °董守義 °王伯祥 °吳研因 °徐楚波 °吳文藻 章廷謙
賈祖璋 嚴幼芝 邵鶴亭 酈平章 柴德賡 幹部：陳秉立 趙
濟年 彭玲 徐世信 毛啓邠 王嘉璇

三月七號星期日（二月初五）

整理稿件。記筆記三則。

看《女飛行員》劇本，未畢。毛光義自上海來，贈物，爲寫字
一幅。

看轉播話劇《女飛行員》電視，至十時半。周達甫來，取去
《大誥考證》稿。羅麗偕其子胡丹宇來看電視。服藥兩次，十二時
後眠，翌晨七時醒。

毛光義君爲予在誠明文學院之學生，此次來京，係上海化工
局派任水泥、玻璃廠設計工作，與化工部接洽。爲言高吹萬先生
于一九五八年逝世，年八十一。其畢生所集《詩經》學書共九百
餘種，今歸復旦大學。彼時書價低，僅得二千餘元耳。

前日亞、非、拉美留蘇學生及蘇聯學生在莫斯科游行反美，
遭到蘇聯軍警之殘酷鎮壓，受傷者不少，中國學生之入醫院者且
被迫離開。其外交部長葛羅米柯則速趕到美駐蘇大使館道歉，而
此大使且責蘇聯之保護不夠，此真正無恥、丟人！何以對列寧、
斯大林之反帝領導乎！蘇聯修正主義者之政治目標，對美帝爲真
投降，對社會主義陣營爲假團結。如此作風，必然蹋（塌）臺。

三月八號星期一（二月初六）

記筆記一則。改寫《校勘說明》一千七百字。陳鈞來。

看《女飛行員》劇本，未畢。鴻鈞來。看林劍華、尹如潛合作
之《水經洛水注》及校勘記，提意見。

鴻鈞來，教潮、湲騎自行車，留宿。十時半服藥眠，翌晨四時

半醒。又眠，七時醒。

美國海軍陸戰隊兩營，三千五百人，在峴港登陸。彼既繼續訛詐，看來我國非出兵不可矣。

三月九號星期二（二月初七）

繼續改寫《校勘説明》二千字，全文訖。又將《解釋説明》看一過。林劍華來。

看《女飛行員》，未畢。爲尹如潛改《水經注校勘記》。

看劉師培、楊樹達續補《古書疑義舉例》。服藥，十一時半眠，上午二時三刻醒。又眠，七時醒。

《校勘説明》五千字，《解釋説明》八千字，共一萬三千字，費了兩星期工夫，每日只平均一千字耳。然寫了改，改了再寫，實際上恐怕寫了兩萬六千字。

三月十號星期三（二月初八）

到北京醫院，就郭敏文女醫師診，并照心電圖。十一時半歸。遇錢琢如、秦仁昌、葉叔衡、韓權華。

到民進學習，仍一、二合組，談近日批判文藝、歷史兩界問題。又安回鄉。

看《世界知識》等書。以咳甚，服藥兩次，十一時後眠，一時半醒。又眠，六時三刻醒。

今日量血壓，爲150/80，上較高。今日兩次出門，雖天氣已轉暖，仍導致咳嗽。就床後更甚。老年生涯真不易度也。

三月十一號星期四（二月初九）

記筆記一則。王伯元來。讀毛主席《實踐論》半篇，作表解。看《女飛行員》，未訖。

爲尹如潛改《水經洛水注校勘記》, 訖。劉起釪來, 看其所作《甘誓譯證》。

看《紅巖》二十頁。十時服藥眠, 上午一時一刻醒。又眠, 六時醒。

予于一月廿三日寫政協秘書處信, 爲響應號召, 辭去尹如潛爲予秘書, 節約公款。此函面致伯昕, 由伯昕交與平杰三秘書長, 乃杰三遲未辦理。昨日政協會計課來電話, 催如潛往去領工資, 且告以伯昕住址, 令其往接洽。此事使靜秋大不快, 不但在家中吵了一天, 又在政協婦女組提出, 使諸位夫人批判予立場不堅定, 可謂冤哉枉也。予既寫政協信, 辭去此一服務性質之秘書, 又寫西城區勞動科信, 請其早日爲尹如潛安排工作, 予之責任盡矣。

三月十二號星期五（二月初十）

寫《經籍籑詁》書面, 傍晚書訖。將《校勘説明》與《解釋説明》再看一過, 重作一千五百字。看《女飛行員》劇本訖。

記筆記一則。李伯球夫婦來, 贈物。羅麗來。

看《紅巖》四十頁。十時三刻服藥眠, 上午三時一刻醒。良久又眠, 六時半醒。

政府招高中畢業女生爲飛行員, 潮兒報名。雖未必能録取, 然其志可嘉也。

《紅巖》長篇小説, 一九六一年出版, 即受重視。予觀劇略知其本事, 而終以事冗, 未觀其書。自昨日起, 晚間取作日課, 期一個月內閲畢, 由此吸取其革命精神。

三月十三號星期六（二月十一）

重寫《校勘説明》七百字。到寶泉堂理髮、洗澡。十一時半歸, 看報。馬春陽來, 爲靜秋所拒, 未見。

　　到民進學習，討論美帝侵略越南問題。寫《經籍籑詁》書根。

　　看《紅巖》三十頁。十時服藥眠，上午一時三刻醒。良久復眠，六時半醒。

　　静秋昨日到協和醫院看白帶。今日又去查血壓，爲 150/100，故易怒，又不易入眠。

　　潮兒今日到崇文區掏糞半天，以未見時傳祥爲恨。

　　爲了美帝派遣海軍陸戰隊進駐南越，我政府昨日發表聲明，略謂：約翰遜政府用它自己的手徹底撕毁了《日内瓦協議》。約翰遜絶不是什麼"明智派"，而是最壞的美國强盗頭子。——美國地面部隊的參戰，宣告了美帝所謂"特種戰爭"的破産，標志着美國已經無可奈何地走上了朝鮮式戰爭的道路。——美國派遣地面部隊進入南越，進一步堵塞了政治解決越南問題之門。——美國企圖用增兵南越、擴大侵略越南的辦法來取得賴在越南的權利，這是辦不到的。要政治解決，就得要撤兵。來多少，撤多少，一個也不能留。——美國擴大侵略，只能給予越南民主共和國和一切維護《日内瓦協議》的國家以進行回擊的主動權利。——美國報紙的大肆叫嚷，説穿了，就是要對中國進行轟炸，告訴美國侵略者，中國人民不怕這一套：我們從來不把自己的安全建立在美國不來侵略的善心上。我們是有準備的。反正你們就只有那麼一點武裝力量，你們的辦法説來説去也就是那幾手，戰爭的進程不會按照你們主觀的願望發展。

三月十四號星期日（二月十二）

　　理書。看報。張覺非來。尹如潛將《洛水校勘記》重鈔訖，爲再看一遍。寫馬春陽信，送還其所作《陰符經今注》。

　　點吳秋輝《商代遷都始末考》訖。王却塵夫婦來，長談。寫楚存海信，寄照片。看《紅巖》三十頁。

看《紅巖》四十頁。十時服藥眠，上午一時醒。又眠，五時醒。

湲兒每日總是第一個起身，而晚眠則遲，以是面色蒼白。今日星期，眠至上午十一時半方起，可見其平日之勞累也。靜秋出席女附中家長會，知潮兒在校態度過于嚴肅，使人不敢接近，因之妨礙群衆關係。

三月十五號星期一（二月十三）

爲《水經注》工作及尹如潛工作事，寫蕭項平信。作《章句》及《今譯》説明，俱未成。

看《大誥剪貼本》，補《解釋》若干條。看關文煐《通志堂經解提要》書類一卷。

看《紅巖》四十頁。十時服藥眠，上午一時一刻醒。久久不能睡。二時半又起服藥，約三時後眠，六時半醒。

洪兒今日起到東郊農場勞動兩星期。

靜秋今日到協和醫院抽血，檢查膽固醇。渠近日覺左右腹均痛，不知何病。

近日吹西北風，驟寒，予雖繫肚兜，而臍中仍覺冷，可見其敏感。

三月十六號星期二（二月十四）

續看《大誥剪貼本》，補《解釋》若干條。周達甫來。記筆記一則。

連以農、張延來，爲尹如潛事。記筆記一則。

與靜秋同在廊中散步。看《紅巖》四十頁。服藥二次，十一時後眠，翌晨五時三刻醒。

政協兩處長來，代表平杰三，同意我之辭退尹如潛爲我秘書，但送他工資兩個月。

今日潮、湲兩兒遷居東屋，而靜秋則住入彼原屋，與我分室而居，以我半夜起床小溲，使其不得安臥也。

三月十七號星期三（二月十五）

林劍華來。雁秋來，留飯。續看《大誥剪貼本》補《解釋》，未畢。

到民進學習，討論美帝侵越與中國援越問題及蘇聯警察打傷反美游行的學生問題。

看《紅巖》三十餘頁。十時服藥眠，上午二時醒。又眠，六時半醒。

今日上午腹痛，午後作瀉，不少黏沫。伯祥、靜秋亦均如此。蓋近日多風，"春風多厲"，屢驅遂不堪耳。大抵冬間漸寒，我輩體質尚能適應，惟春間氣候動蕩不定，忽雪忽風，遂使無抵抗能力之老年人無法適應耳。

與靜秋分室而居，兩人睡眠皆好。

覽《參考消息》，知前北平圖書館長袁同禮死于美國。前聞子臧言，渠本可不走，而其子與蔣匪幫有聯繫，日恐嚇之，遂致去國。

三月十八號星期四（二月十六）

續看《大誥剪貼本》補《解釋》，未畢。翻《通志堂經解・尚書類》，記筆記三則。

劉起釪來。看《紅巖》及《沙家浜》劇本。

看《紅巖》。爲待靜秋看電視，十時半服藥，不易睡。十一時半再服藥乃眠，翌晨六時半醒。

今日就厠二次，仍稀。予晚間就眠早較易成眠，此後不管家人看電視與否，我當準時上床。

小便時龜頭酸痛，小便亦斷斷續續而下，此得無前列腺腫大現象乎？當請王歷耕大夫一診。

三月十九號星期五（二月十七）

續看《大誥剪貼本》補《解釋》，仍未訖。

看《紅巖》及《沙家浜》。馮國寶來，出示所藏陳白沙等字。

看《紅巖》。九時半服藥眠，上午一時三刻醒。又眠，五時醒。

今日就廁，上、下午各二次，除晨一次外，均拉黏沫，殊為短氣。報載今日有六級風，予雖不出門，然室內溫度自必受影響。

靜秋今日到協和醫院，驗得膽固醇高至四百二十，幸肝功能正常。

三月二十號星期六（二月十八）

與靜秋到北京醫院，就郭敏文大夫診。遇張知行、余遜、諸有仁、秦仁昌。出，到"華美"修面。雇三輪車往返。雁秋來，留飯。

看《大誥剪貼本》，補《解釋》訖。記筆記二則。看《紅巖》、《積微居小學金石論叢》。

看《沙家浜》訖。服藥兩次，十時半眠，上午四時半醒。瀕曉又一朦朧。

今日下便兩次，幸不甚稀，蓋今日又轉暖也。今日血壓為154/86。醫言予上次照心電圖，證明心臟無病。

今晚靜秋看報，說蘇聯宇宙飛船"上升號"當飛行之際，人能離開船一短時間，予曰："在這一點上，蘇聯是先進的。"靜秋勃然怒曰："蘇聯的科學成就都是盜竊來的。"予告以每一國家之科學恒接受他國研究成果而更加以自己的創造，蘇聯修正主義集團固為社會主義之大罪人，然其自身科學研究之創造亦不容否認。靜秋怒不止，予因以致失眠。此倘所謂教條主義者否耶？

三月廿一號星期日（二月十九　春分）

伯祥來，同到聖陶處，并晤葉至善夫婦。與伯祥，聖陶同到什剎海大翔鳳廿三號訪龐京周，長談。十一時半出，到南河沿飯。遇華羅庚、王芸生、張紀元等。

一時半歸。記筆記二則。理書。看《紅巖》。

看《紅巖》訖。十時半服藥眠，翌晨六時醒。

京周告我，北京藥店有西瓜膏，治咳喘頗有效。

《紅巖》一書，以十一日餘閑閱畢，實能培養讀者之革命感情，微嫌不足者，被囚于集中營者，于解放時皆死，不克參加建設新國家之任務，使人有盧俊義噩夢之感耳。

今午午飯，聖陶付賬，計七元五角，所進係"馬鞍蟮"、"蠔油牛肉"及雞、蝦等，味甚好，廣東名菜手所作也。伯祥付糧票。

三月廿二號星期一（二月二十）

與靜秋同到王府井，入工藝美術品門市部購物，遇孟默聞。到新華書店購書。到科學出版社購書，遇社中人陳君。到百貨大樓購物。十二時歸。

看章炳麟《檢論》、《國故論衡》。記筆記二則。張守平來。

看《辛亥革命回憶錄》第六冊。服藥兩次，十時半後眠。上午五時醒，又眠，七時醒。

今日大便成條，正常矣，不知藥效與，抑天暖也？五日恐怖，作一結束。

《紅巖》一書，約六百頁，卅九萬字，已覺其甚厚。若予《大誥譯證》六十萬字，而又加以圖片，其厚當倍《紅巖》矣。

今日下午又刮風，予又感寒不舒，鼻中似有些微熱度。今日上午上街半天，腳心又作痛，在商店中看到椅子即坐。如此衰頹，尚能作旅行耶！晚間以咳嗽不易入眠，不得不更服藥。

三月廿三號星期二（二月廿一）

從章炳麟書中找出漢以前之故、訓、傳，記筆記一則。改寫《解釋》一頁。

看《人民日報》社論《評莫斯科三月會議》。改寫《解釋説明》三頁。在廊散步。翻黃以周《禮書通故》。

看電視轉播話劇《女飛行員》，未畢。服藥兩次，十一時後眠，上午五時一刻醒。又眠，六時三刻醒。

今日仍不舒服，頭覺暈。北京之春，最不好過。夜中咳仍劇，而家中無糖，不能以之潤喉。静秋出白糖令含之。

蘇聯新領導幹的是"三假、三真"：1. 假反帝，真投降。2. 假革命，真出賣。3. 假團結，真分裂。赫魯曉夫"四聯四反"的老一套：1. 聯合帝國主義，反對社會主義。2. 聯合美國，反對中國和其他革命國家。3. 聯合各國反動派，反對民族解放運動和各國人民革命。4. 聯絡鐵托集團和形形色色的叛徒，反對一切馬克思列寧主義兄弟黨和一切同帝國主義鬥争的革命派。

三月廿四號星期三（二月廿二）

看毛主席《人的正確思想是從哪裏來的》。改寫《解釋説明》二頁。與静秋同讀昨《人民日報》社論，并加討論。

到民進學習，討論《評莫斯科三月會議》一文。

翻《文史資料選輯》第五十一輯。服藥三次，十二時後眠，翌晨六時半醒。

《人民日報》昨日社論，爲中國與蘇共新領導決裂之表示。蘇共新領導口頭亦説"打倒美帝國主義"，但其行爲則無不媚美、降美，比之赫魯曉夫，更爲陰險，故不可不有此揭發。

三天來入眠愈難，不詳其故。説是咳嗽所致，今晚睡前含了兩塊椰子糖，亦不劇矣。

三月廿五號星期四（二月廿三）

記筆記一則。改寫《解釋説明》二頁半。

與静秋同到北京醫院，予先在腸内灌入鹽水兩次，作 X 光檢查，又灌入貝劑一次，再檢查。復至郭敏文大夫處説病取藥。遇徐平均。歸途遇夏鼐。

沈慧中來。劉起釪來。服藥，十一時眠，上午一時半醒。又眠，六時半醒。

我爲尹受寫的中華書局之信，雖甚懇切，蕭項平同志見之，亦甚表同情，然在此社會主義教育運動中，書局原有之臨時工作人員已盡數裁撤，不可能添進一人。尹受只有下鄉勞動，才有出路矣。

今日《人民日報》社論，題爲《全世界人民動員起來，援助南越人民打敗美國侵略者》，莊嚴宣布：中國人民堅決響應越南南方民族解放陣綫的聲明，同全世界人民一道，給浴血奮鬥着的英雄南越人民以一切必要的物質支援，包括武器和一切作戰物資，同時，我們也時刻準備着，當南越人民需要的時候，派遣自己的人員，同南越人民一道，共同戰鬥，消滅美國侵略者。此一星期中，發表的兩篇社論，一與修正主義鬥爭，一與帝國主義鬥爭，理直氣壯，是非大明，中國人民真是在世界上站起來了，和全世界人民融爲一體了。

三月廿六號星期五（二月廿四）

林劍華來。寫《解釋説明》七百字。到寶泉堂理髮、洗澡。

假寐一小時。看馬國翰輯服虔《左傳解誼》，記筆記七則。王立芬來。

翻臧琳《經義雜記》。服藥二次，約十一時半眠。翌晨六時醒。

静秋得協和醫院通知，知其病爲慢性宮頸炎。但她的病主要是泄瀉，每天上午即有二次。

三月廿七號星期六（二月廿五）

到南河沿，出席學部中心小組學習，討論當前反修、反帝問題。張友漁主席。車中遇錢琢如。與吳世昌、徐旭生、黃文弼談。

步至伯祥處談。二時，車來，同到民進學習，討論反蘇、反美孰爲主要矛盾問題。陳麟瑞主席。與戴克光談。到容元胎夫婦處，并晤容丕齡。

翻《經義雜記》。服藥。約十一時許眠，翌晨六時半醒。

今日下午，洪兒由東壩農場歸來，計勞動兩星期，任鬆土及宣傳工作，此次竟未發病，可知她的體質有進步。

今日討論結果，知我們的主要矛盾是反帝，而修正主義是爲帝國主義服務者，故反帝必先反修。蘇聯是狡猾的狐狸，美國是吃人的虎狼，狐爲虎作倀，故狐與虎同爲主要矛盾。

三月廿八號星期日（二月廿六）

記筆記二則。到南河沿，參加民進生活小組，討論國内生產情況，陳慧主席。

寫《經義雜記》目録于封面，盡三之一。記筆記二則。胡厚宣來，長談。

與靜秋雇三輪，到政協禮堂觀劇。遇柴德賡。十時半散。歸車中遇章元善夫婦。服藥二次，十二時許眠，上午五時一刻醒。又眠，七時醒。

《赤道戰鼓》一話劇，係海軍政治文工團話劇團編演，寫剛果人民在所謂"聯合國軍"招牌之統治下，所受美帝武裝侵略之損害，真切動人。特空氣太緊張，使予不易入眠耳。

穆卡尼亞（失業老工人）——陶浩　米林迪（穆的長子）——

郭憲忠　　姆旺卡（穆的次子）——王夫棠　　墨路波（穆的女婿）——魏良炎　羅札莉（穆女、墨妻）——盧稼影　陪麗（墨的女兒）——費民華　沃爾科（失業知識分子）——賈文華　沃倫（美國黑人士兵）——龔英禮　范渾（聯合國駐剛果（利）使團顧問）——田丁　呂賓斯（前比利時駐剛果（利）總督，現爲加丹加礦業公司經理）——姚思誠　戈培漢（美軍上尉）——邵士驤

　　第一場："八天獨立"　　六〇年六月

　　第二場："動亂中的綠洲"　　半年後

　　第三場："橄欖旗下的刺刀"　　同上

　　第四場："叢林中的搏斗"　　當天傍晚

　　第五場："赤道戰鼓"　　次日清晨

　　第六場："自由之路"　　三年多後，獄中

　　第七場："燎原烈火"　　五天後，叢林中

三月廿九號星期一（二月廿七）

　　寫臧琳《經義雜記》目錄于書崗，訖。記筆記一則。看《文史資料選輯》第五十一輯。

　　上床眠，略得朦朧。三時起，記筆記一則。將《愚修録》第六册寫訖，即整理其目次。雁秋來。記筆記四則。

　　續看《文史資料》。服藥兩次，十一時半後眠。上午四時醒。又眠，六時半醒。

　　前兩日開會三次，看戲一次，心放矣，只得做些閑事，使之漸漸收攏。學問之事與社會活動，如此其不相容也。

三月三十號星期二（二月廿八）

　　修改《解釋説明》，續寫二千字。王姨母來。

　　續看《文史資料》。在附近散步三刻鐘。

看胡延《長安宮詞》等。十時半服藥眠，上午四時三刻醒。又眠，六時醒。

今日上午十一時，美國駐南越"大使館"及領事館被炸，傷亡百餘人，"副大使"阿·約翰遜亦被炸傷。爆炸時烟霧衝上天空三百英尺。"大使"泰勒去華盛頓，僥幸免禍。此館密密層層的鐵絲網和美偽崗哨亦不能保衛安全，足使美帝喪膽。南越人民之勇敢，可敬也。數天前，在美兵保守之峴港，一艘登陸艦被炸壞，此必有阮小五一流人泅至艦底所爲。

今日傍晚試步行，約走四里，腿尚有力，惟多出汗爲苦耳。

三月卅一號星期三（二月廿九）

續寫《大誥解釋説明》二千字。

到伯祥處，并晤見湜華女友王文修。與伯祥同車到民進，參加學習，討論此後學習方法。張紀元主席。徐伯昕傳達徐冰指示後即離席。

到東安市場購書、百貨大樓買筆。雇車歸。爲檢出三月份糧票，與静秋到森隆吃消夜，買食物歸。服藥二次，十二時眠，翌晨五時半醒。又眠，七時醒。

自下月起，期以半年時間，學習《評莫斯科三月會議》、周總理在人大報告、《農村工作廿三條》等文件，必須帶着問題學，在學習中聯係自己的思想，改造主觀世界，革資産階級的命，過社會主義的關。

朝鮮、印尼均將出兵助越抗美，可喜。

晚將就寢矣，静秋問予身邊有糧票否，予檢篋中，竟有三月份糧票五斤，急與静秋到森隆買燒餅、包子、春卷等，備數天食。

一九六五年四月

四月一號星期四（二月三十）

　　陳文彬來電話詢"夸父"，因檢《山海經》，記筆記一則。續寫《大誥解釋説明》二千五百字。

　　《光明日報》記者張西洛來，長談。雁秋來，留飯。釘垃圾箱。

　　到"東單"修面。服藥兩次，十一時眠，上午四時三刻醒。又眠，六時三刻醒。

　　今晚理髮，在鏡中看出予容顏之瘦。予顴骨本隱，今則突出矣。

　　時近清明，吾家院中可種植花樹，因由尹受畬土，取出磚石塊，適乾麵胡同翻路，取翻出之土填之，每日給以工價一元三角。

四月二號星期五（三月初一）

　　與静秋同到北京醫院，予就郭敏文大夫診，静秋就第二門診部沈瑾大夫診。遇黃國光。又同到國際服務部買水果。十一時歸。雁秋、鴻鈞來，助作運土、製箱等工作，留飯。

　　將重作之《大誥解釋説明》萬餘字統改一過，又加入約一千字。劉起釪來，看其所作《義和》稿。

　　看丁秋生小説《源泉》，未畢。十時半服藥眠，上午二時半醒。又眠，七時醒。

　　今日予量血壓，爲 140/80，比上次爲低。静秋則 150/90，反較予爲高。上次予作 X 光檢查，亦證明予腸功能正常。近日大便甚好。只是入眠愈難耳。静秋，醫云均是神經性的病，以是一切容易緊張。

　　丁秋生所作《源泉》，寫解放軍之政治工作，聖陶、冰心均稱善。其文刊入上海所出《收穫》雜志，由潮兒向其同學借得。予自今日起視之，以汲取黨之精神。

前數日已脫厚棉衣，今日一起風，且至五級，晚陡覺寒，又作咳。

四月三號星期六（三月初二）

續寫《大誥解釋説明》二千字。記筆記一則。

到民進學習，討論《評莫斯科三月會議》文讀後感想。又由徐楚波、張紀元傳達彭真在設計工作人員會議上之報告。送章廷謙至王府井。

續看《源泉》。十時半服藥眠，上午二時、四時、六時醒。

今日最低溫度爲零度，予咳又劇。服新藥"導眠能"，頗有效。

四月四號星期日（三月初三）

續將《大誥解釋説明》再改一遍，并補入論《書序》一千餘字。雁秋來，搭葡萄架，買木頭，留飯。王阿姨來，在院内鋤地。

與潮、洪、湲到"紅星"看電影。

續看《源泉》。十時半服藥眠，上午三時三刻醒，遂不成寐，天明又一朦朧。

今日所看電影短片：1.《紀念白求恩大夫》 2.《重慶白公館、渣滓洞》 3.《大邑劉文彩住宅》 4.《永記階級仇》5.《兩憶三查》。（"兩憶"者，一憶階級苦，二憶民族苦。"三查"者，一查立場，二查鬥志，三查工作。皆解放軍事。）

予自省初有知識之年在八國聯軍之後，其時正盛傳"瓜分中國"之口號，故對于反對帝國主義一點絶無問題。惟對于階級鬥爭則解放前以自己階級既不受壓迫，亦不壓迫别人，故從未想到此問題。解放後既未參加土改，亦未參加"四清"，只在報紙、圖畫、電影、展覽會上看到一點，認識仍不清。此爲必當培養之感情，今日電影足以輔啓我也。

四月五號星期一（三月初四　清明）

鈔改《解釋説明》四千字，又重寫《解釋》千餘字。又安自鄉來，植樹于庭。雁秋來，搭架，買蘋果樹植之。

看《周禮》。看嚴文井編《兒童文學選》。十一時服藥眠，十二時半醒。又眠，五時半醒。

昨日及前日越南陸海空軍及民兵擊落美機五十七架，足使美帝喪膽。越南空軍部隊首戰告捷。

四月六號星期二（三月初五）

林劍華來。改《解釋》千餘字，訖。將全文統整一過，未訖。雁秋來，與又安同在院中作活。

到前門站買市郊通用之乘車證。到西四，步至西單，到"西單"理髮。到西單商場閲書，到裕華園洗澡。到曲園吃飯。雇車到政協禮堂。

靜秋來，同觀《代代紅》話劇。十時半散。所晤人：翁文灝、陳慧、魏建功、翁獨健夫婦、蔣圭貞、章元善、胡庶華、浦熙修、周國華。十一時一刻歸。十二時服藥眠，翌晨七時醒。

今日堪兒到中古人民公社集體勞動，下星期六歸。渠在家態度非常傲慢，甚願借集體力量，有以改正之也。

今晚所觀劇：中國人民解放軍戰友文工團話劇團演出《代代紅》：張永奎——孫玉書飾　張大娘——于秀春飾　張志成——王志善飾　張志林——劉忠吉飾　秀玲（志成未婚妻）——齊瓏飾　玉蘭（志成妹）——馮湘茹飾　錢進才——趙玉秀飾　錢大嬸——

賈素娥飾　老順爺爺——紀風飾　楊團長——李冀明飾　趙指導員——王銳飾

今晚所觀劇係狼牙山下故事，全場只有一個布景，而晴、雨、雷、洪，各盡其妙。

四月七號星期三（三月初六）

雁秋來作活。將《解釋說明》重作一千五百字，未畢。白兆瑞來，為劉子衡致訊。記筆記一則。

到民進，參加學習，討論越南與美帝鬥爭問題及周總理、陳副總理訪問亞、非諸國問題。記筆記一則。鴻鈞偕二工人來作活。

看張宗櫹《詞林紀事》。服藥兩次，約十二時眠，翌晨六時醒。

朝鮮、印尼人民踴躍申請志願抗美援越。我國特不言耳，居廣西者必見若干節火車運去我士兵及武器，若十五年前援朝時也。

雞蛋降價至六角一斤，在三年災荒中，六角僅可售一個耳，此可見農村生產之多。副食品商店派人推銷，有不容不吃之勢。然兒輩為要向貧農看齊，仍不肯吃。我只得一天吃兩個，不計膽固醇之增高矣。

四月八號星期四（三月初七）

記筆記一則。《解釋說明》定稿。林劍華來，贈物。王樹民來，留飯。

與靜秋同到政協禮堂，聽平杰三作《社會主義教育運動學習動員報告》，自三時至六時。遇李培基、鄧士章、康心之夫人、陳文彬、巨贊、李伯球、張守平等。歸途遇汪靜之。

乘環行四路車周游一過。服藥兩次。約十一時眠。上午一時三刻醒。又眠，五時三刻醒。

《大誥解釋說明》，從三月一日起始寫初稿，至今日定稿，共歷一月餘，成二萬數千字，在我近年算是一篇最長的論文。予去年在青島病中，常思對後人作個學術的遺囑，此其一也。

今日統戰部副部長、全國政協秘書長平杰三同志所作報告，大要是：（甲）學習的重要意義：（一）采取教育方法，進行思想改造，參加世界革命，反帝反修，以自我教育爲第一義。（二）如害怕戰争，則帝國主義的侵略將越來越凶，黨對打仗有充分經驗，解放軍亦久經考驗，故應與"怕"作鬥争，一切自力更生，經過學習，對大是大非問題端正方向。（三）如何更好地爲社會主義服務？形勢不斷發展，個人思想亦須不斷改造，然後可以認識客觀規律，跟了社會前進。階級鬥争是長期的，故改造亦是長期的，必須經常進行批評與自我批評，不能躲避、混。（乙）學習計劃中的幾個問題：（一）這次學習既要解決思想問題，又不要過度緊張，要達到黨的要求，便必須提高黨的領導。（二）分三個階段，邊讀邊議擺問題，開展辯論，梳思想辮子。（三）實事求是，幫助別人，與人爲善。（四）提高學習的自覺性。（五）關于大是大非，必須抓住黨的基本政策，不粗暴。

四月九號星期五（三月初八）

記筆記一則。將《解釋説明》復看一過，補入八百字。雁秋父子及工人老張來，整理置于西過道之木箱，拆爐子。静秋招中國書店白君來，將舊存報紙盡售與之。

五時半，到附近散步半小時，大風。

與雁秋、静秋同到"紅星"看電影。十時服藥眠。上午四時醒。遂不寐。

今日報載越南祖國戰綫中央擴大會議《告人民書》，號召全民堅決打敗美帝，保衛北方，解放南方，統一祖國。此佳訊也。

今晚所看電影：1.《没有外祖父的癩蝦蟆》　2.《保護青

蛙》　3.《石頭織布》　4.《花布》　皆科學教育片也。

四月十號星期六（三月初九）

寫北京醫院取藥信。記筆記一則。車中遇姚家積。到南河沿，聽張友漁同志講越南問題及反修問題的分析。與錢琢如、陸志韋談。

到民進學習，討論學習辦法。修改《解釋說明》，重寫二百字。記筆記一則。

看《源泉》。十一時服藥眠。翌晨五時一刻醒。

聽張友漁同志講，中國處處路通，一切不依靠人家。蘇聯前給我國的米格十七飛機，現在自行發展至米格廿六了。美帝國越來越削弱，這回巴勒斯坦代表團來，說美國紙老虎，只該喚作紙貓了。就使美帝來轟炸，我國工業本不集中，所受損失亦屬有限。據言，我國已有中程導彈，過兩年就可有遠程導彈了。美帝對付越南尚且對付不了，何況革命到底、自力更生，地方這麼大、人民這麼多的中國。我國解放軍有過硬的技術，民兵可出一億，武器又精，士氣又盛，任何帝國主義都不怕了。

四月十一號星期日（三月初十）

整理《愚修錄》第七冊訖。續看丁秋生《源泉》。

到西單商場買書。將《解釋說明》再改幾處，作爲定稿，送至胡厚宣處。

看《戰國策》。服藥兩次，十一時後眠，翌晨六時醒。

連日大風，天氣又突暖至二十度，棉襖簡直穿不住了。然以氣候倏變，咳疾又劇，老來真不自由也。

美帝頭子約翰遜于七日發表演說，昌言對越南戰事“和平解決”、“無條件討論”、“東南亞地區的發展工作，將拿出十億元投資”等好聽話，實際上是要賴在南越不走，阻止南北越的統一。今日《人民日報》揭穿其騙局。

四月十二號星期一（三月十一）

記筆記二則。看王闓運《尚書箋》。看《武威漢簡》。

看《源泉》。到"珠市口"修面。乘車到果子巷，步至琉璃廠，參觀榮寶齋。到中國書店閱書，遇蕭新祺、陳濟川、裴成武。

看邵懿辰《尚書傳授異同考》。十時半服藥眠，翌晨四時半醒。

去年五月，中國書店自國子監遷至琉璃廠海王村公園，予因病因畏寒，迄未能往。今暖矣，遂往一觀。其地有屋約五十間，書不少，但以普通讀本書爲夥。予游其中三小時，迄未見別一顧客，可謂冷冷清清也已。

今日下午走路較多，歸來足又作痛，但較之去年，似乎好些。陳濟川見予，説我瘦了。

上海市市長柯慶施同志于九日在成都逝世，年六十三。今日骨灰運京，在勞動人民文化宮設吊。

四月十三號星期二（三月十二）

記筆記一則。看《武威漢簡·叙論》訖。鴻鈞來，留飯。

看《源泉》。到政協俱樂部洗浴。到新華書店閱書。到同和居吃飯。到西單商場購書。到政協禮堂，看陳邦懷《殷代社會史料徵存》。

觀郿鄠劇。十時散。所遇人：邵恒秋、載濤、楊扶青、連以升、程逸波。

今晚所觀劇：山西臨猗縣郿鄠劇團演出：1.《彩禮》（演員未詳）2.《一顆紅心》：許老三——李英杰飾　三嬸——裴青蓮飾　田明（隊長）——范琳飾　田秀——趙翠雲飾　潘發家——王滿喜飾

聞邵恒秋言，羅偉之于今年春節期間死矣，病爲癌，滿身皆是，腿腫如柱，不克救。其女已有工作，其子由街道幫助上學。渠一生好拉攏，好爲有勢力者奔跑，以舊社會中之一套用于新社會，所以一跌便站不起來。渠之死，恒秋聞之于朱蘊山。抗戰初起，予遇之于蘭州，固亦一好青年也。

四月十四號星期三（三月十三）

改寫《大誥校勘説明》一千餘字。林劍華來。鴻鈞來，留飯。

遇賀麟。到民進學習，聽梁純夫報告學習委員會組織情況，分組，討論越南問題及對戰事怕不怕的問題。

看《源泉》。乘六路電車至東直門，換廿四路汽車歸。服藥兩次，約十一時半眠。翌晨四時醒，良久又朦朧，六時醒。

越南胡志明主席號召全民："越南是一個統一的國家，越南民族是一個整體，誰也不能侵犯越南人這一神聖權利。"越南領土完整有期矣。

許多人對戰爭都説怕，我獨説不怕。此次學習，在使人向無産階級吸取不怕的精神，予謂在封建社會地主階級中亦有爲愛國而不怕者，文天祥、史可法是也。

朱葆初寄來數份《蘇州工農報》，因悉俞振飛夫婦參加蘇州市評彈二團火箭團聯合演出，振飛説《杜鵑山》，言慧珠則與張鶴亭合説《蘆蕩火種》，惜不得往聽也。

四月十五號星期四（三月十四）

記筆記二則。續寫《校勘説明》二千五百字。

看《源泉》。林劍華來，贈《艾軒集》。白吉庵來。

與静秋到中山公園觀花。看《源泉》訖。十時服藥眠。翌晨五時半醒。

予今日大便又有膿，倘以生活過于緊張所致耶？中華書局以業務相迫，民進則以學習相勉，又如之何可以不緊張？

北京日來花正大開，海棠、杜鵑、紫荆、榆葉梅、桃花（結實者）、丁香、碧桃皆發，即楓樹亦開小花。予以白天無暇，夜間觀之，燈又不明，徒得之于迷離惝恍間耳。

四月十六號星期五（三月十五）

續寫《校勘説明》中"漢石經"部分二千五百字。

看《章氏叢書續編》。

到"長安"買票，到"西單"理髮。十時服藥眠，上午四時一刻醒。又眠，六時半醒。

今日上午有微雨，氣候轉寒，然北方望雨久矣。

南朝鮮派至西貢之士兵，有自殺者，有嘩變者，有反抗作戰而被槍決者，其厭惡美僞者至矣。

《源泉》一書，寫解放軍中連政治指導員馬繼成對于久在國民黨軍隊、在洛陽戰役俘虜之下士王啓新，如何耐心教育，真誠撫循，卒能在開封戰役中成爲一等功臣。回想我五四年來京，而即遭夫己氏之一棒打死，此固我之不幸，而黨員品質之相去若天淵，何哉？

四月十七號星期六（三月十六）

續寫《校勘説明・魏石經》部分一千餘字，未畢。記筆記一則。

到民進學習，繼續討論越南問題。六時，車送章廷謙到東安市場。

看張國淦《歷代石經考》。服藥，十時半後眠。上午二時醒，又眠，五時半醒。

今日上午有雨，有人看見下雹，氣候驟寒。北方春天真難過，寒温波動太劇，到此春事闌珊之際，尚有此突然變化也。

中華書局來信，責予《尚書》已做七年，迄未脫稿。按予于六一年本已定稿，因中華請人評閱，提出許多意見，因此促進予做研究工作，本來十餘萬字者，今乃擴展至五六十萬字，此豈予之有意遲延耶？

四月十八號星期日（三月十七）

到遂安伯訪楊扶青，遇。歸，扶青來。林劍華來。劉起釪來。堪兒自中古人民公社勞動歸。

到長安戲院觀"北昆"演出《江姐》劇，自一時至四時，冒雨歸。記筆記一則。翻夏竦《古文四聲韻》一過。

翻鄭珍《汗簡箋正》，未訖。十時服藥眠。上午二時醒。不成寐，起閱書。拂曉，又朦朧一小時。

靜秋示我湲兒日記，渠自覺家庭成份不好，資產階級的父母要和無產階級爭奪接班人，要展開鬥爭。我真想不出這些話如何說起？除吃飯時母常要她們多吃些肉蛋外，再有什麼使她們痛心的舉動？

《江姐》（根據空政文工團歌舞劇一團歌劇本移植）：江姐——洪雪飛飾　雙槍老太婆——劉徵祥飾　華爲——張志斌飾　茶館老板娘——秦肖玉飾　沈養齋——王慶達飾　甫志高——韓建成飾

華盛頓兩萬群衆爲反對美國政府侵略南越而舉行大規模示威，舊金山等處亦有之，美國人民覺醒矣！

四月十九號星期一（三月十八）

翻《汗簡箋正》訖。將孫次舟《論魏三體石經古文之來源并及兩漢經古文寫本的問題》閱訖。周國華來。

到北海，買常年票，上攬翠軒，沏茶，看周總理報告中第三部分，訖。歸，即將提綱寫出，粘壁。

翻《淳化閣帖》，將王澍《考正》對看。十時半服藥眠。翌晨五時三刻醒。

昨晚堪兒發燒，高至四十度零五，蓋天氣驟變，歸後又洗浴，因感冒也。今日上午二時，静秋伴之至協和醫院急診部，三時三刻始歸。今晨又往診。經打針、服藥後，今日下午已降溫，惟泄瀉耳。

北海，不去久矣，今日前往，飽看春色。予最愛者碧桃，爲其麗而端。其次丁香，爲其芳而淡。又次則海棠，爲其艷而不俗。若榆葉梅，則過于穠冶，品不高，花已萎而不落，又使人生憔悴之感也。今日予由北海後門進，前門出，又上白塔。出汗，且作喘，下山又覺腳軟，歸來亦感腳痛，然較之去年，究竟健些，亦可喜也。

四月二十號星期二（三月十九）

林劍華來。將《校勘說明》所作稿統改一過，又續寫一千八百字。《魏石經》訖。

與静秋到人民劇場看《戰洪圖》話劇。遇原孝銓。十一時歸。十一時半服藥眠，翌晨六時半醒。

堪兒今日已退燒，但吃飯後仍嘔吐。

今日天陰突寒，天氣預告說是最高二十度，實際却到零度了。

美國共產黨中分裂出“美國進步勞工運動”，舉行新黨成立大會，設想建立一個“一切權力歸于勞動人民及其盟友的社會主義的美國”，運用馬列主義的科學，目的是“由公衆占有一切土地、工廠、礦山和工場”。以美國貧富之不均，失業人數之多，黑人待遇之不平等，有此新黨，自易集中指揮，走上革命道路矣。

四月廿一號星期三（三月二十）

續寫《校勘說明》近二千字，《僞古文尚書》未訖。看《評莫斯科三月會議》。

到民進學習，討論帝國主義本質問題及修正主義假象問題。到"森隆"進食。

到文聯看電影。出，遇汪靜之、容元胎。歸，看《淳化閣帖》。十時半服藥眠，翌晨七時半醒。

堪兒又發燒，午間高卅八度，晚升至卅八度六，靜秋伴至協和醫院診，醫謂恐是痢疾，以其一日大便三次也。

第二十八屆世界乒乓球團體賽，男子，冠軍中國，亞軍日本，第三名朝鮮；女子，冠軍中國，亞軍日本，第三名英格蘭。此一場比力量之戰鬥也。

今晚所看電影：1.《世界見聞（一九六三——一九六五）》
2.《戰鬥的越南南方》　3. 同（澳大利亞記者貝却敵所攝）
觀此三片，知越南南方人民抗美之艱苦及全世界人民正在逐步擴大組織以反抗美帝。

四月廿二號星期四（三月廿一）

將所作《校勘說明》統改一過，續寫五百字。看人大常委之《繼續支援越南抗美救國之決議》。

劉起釪來。看《評十七國呼吁書》。

鴻鈞偕劉君來，運髒土。看《淳化閣帖》及王澍《考正》。十一時服藥眠，十二時醒，四時醒，六時醒。

我國對越南及南越之支援已久，但未公布耳，昨報向全國人民發出四項號召：1. 廣泛宣傳美帝侵略罪行；2. 開展迫使美國侵略者滾出越南之強大群衆運動；3. 提高警惕，加強國防，積極勞動，增加生產，努力學習，努力工作，用實際行動支持越南正義鬥争；4. 充分準備，在美帝繼續擴大侵略，越南人民需要的時候，派出自己人員，與越南人民共同戰鬥，逐出侵略者。與美帝鬥争之時期成熟矣，美帝所以侵越，即爲遏止中共思想之流行，而我國之所以援越，即爲保衛自己國家也。

四月廿三號星期五（三月廿二）

寫北京醫院取藥信。續作《校勘説明》一千五百字。將《汗簡箋正》統翻一過。

到"北新橋"修面。檢四月報紙，録出世界大事，分類排比。

到文聯看電影。鴻鈞來運土、石。十時半服藥眠，翌晨五時三刻醒。

今晚所看朝鮮電影二：1.《不朽的功勛》（抗美戰役）；2.《紡織女工》（金玉林與朴順福兩女工發展生産）。

今日天好，轉暖。

堪兒已兩日無熱，大便尚稀。

静秋管予事面太寬，來一客要駡，來一信又要駡，同看戲時問其戲中角色又要駡，予不甘其管制，今午在食桌上與決裂，不吃飯而出，直至她承認時，下午三時方飯。

四月廿四號星期六（三月廿三　予七十三生辰）

到南河沿，出席學部學習會，張友漁主席，予發言。林劍華，張雁秋來贈物，留吃麵。

遇索介然。到民進，參加學習，討論反修問題，予發言。六時半歸。鴻鈞來，送麵，留飯。

初看陳登科《風雷》。十一時服藥眠，翌晨四時半醒。

堪兒仍嘔吐，静秋伴之至協和，醫云肝大。尚須檢查肝功能。

今日予生日，林劍華先生送魚蝦，雁秋及啓鏗兩家送大魚、雞、蛋糕，鴻鈞送粉麵。今世已不行這一套，而親友終不能忘，只有靦顏受之而已。

四月廿五號星期日（三月廿四）

寫自珍信。黎劭西介紹袁雪厓來，囑視其《禹貢淺解》稿。鈔出其《禹貢今譯》，未畢。林其煌偕康同璧、羅儀鳳來，即送至林家。記筆記一則。

看《風雷》近二百頁。

服藥兩次，十一時後眠。翌晨五時半醒。

今日下午欲工作，而胸前苦悶，遂看小說自遣，然看得太多，精神又緊張，遂不易入眠，不得不再服藥。今晚本擬出外散步，以有風，未出門。予忌諱太多，真不易處理。

自珍前來信，我壓置未復，日前又來信，不得不作函報之。予爲工作忙，一切親友來信均經擱置，而其中有必當即答者，無奈何也。

我乒乓球運動員在廿八屆世界乒乓球錦標賽中共奪得五項世界冠軍，二項世界亞軍，七個第三名。日本選手獲得一項冠軍，二項亞軍。朝鮮、西德則各得一個第三名。

四月廿六號星期一（三月廿五）

記筆記一則。看吳士鑑《唐寫本經典釋文校語》，記筆記四則。

看《風雷》，第一册訖，接看第二册。重鈔《校勘》千餘字。洗浴，洪兒爲擦澡。

看《風雷》。服藥兩次，十一時半眠，翌晨六時醒。

予數月來所看之新小說，《紅巖》以監獄爲主，寫國民黨暴行。《源泉》以軍隊爲主，寫指導員對于士兵之思想改造。今看《風雷》，以農村生產爲主，寫黨領導對于資產階級路綫之鬥爭。

此皆現實事例，可以發人猛省者也。

今日潮、湲二兒到香山旅行。

四月廿七號星期二（三月廿六）

續作《校勘説明》三千字，至宋改《經典釋文》止。

看《風雷》。服藥兩次，十二時眠，翌晨五時三刻醒。

終日雨，氣候更寒，直當生火，予氣管炎又發。近數日以晚間有風雨，不敢出門，因之又是服藥兩次，即將所有之安眠藥七種都服，乃得眠，如此大量，豈不可畏。

美帝國在南越的滔天罪行：一、投入"美援"四十億美元（軍費）。二、派遣侵略部隊三萬五千人。三、殺害人民十七萬。四、打傷及殘廢人八十萬。五、監禁者四十萬。六、剖腹、活埋人數五千。七、建立"戰略村"八千個。八、毒害莊稼果樹數十萬公頃。

南越人民輝煌戰果：一、殲滅敵軍卅四萬（内美軍四千餘）。二、擊毀、擊傷美機二千餘架。三、擊毀、擊傷敵艦艇九百艘。四、擊毀、擊傷敵軍車二千二百輛。五、消滅敵軍據點二千個。六、搗毀"戰略村"百分之八十。七、繳獲槍炮五萬三千八百件。

四月廿八號星期三（三月廿七）

續作《校勘説明》二千餘字，并作一今古文系統表，全文訖。

到民進學習，討論反帝與反修的關係問題及修正主義的社會根源問題。

看《風雷》第二册訖。十時半服藥眠，上午四時醒。又眠，六時半醒。

重作《校勘説明》，自本月十四日起，到今半個月，共寫兩萬字。實際工作時間，不及十天。

廿二日保加利亞發生政變，爲對向蘇聯一邊倒的日夫科夫政府的不滿，一說是親華派所爲，但未成功，然亦保反蘇之表現也。

四月廿九號星期四（三月廿八）

葉叔衡先生來。看《經韻樓集》。檢《説文》"僭"、"瞀"、"暜"諸字，尋其別異，改定《校勘》文。

記筆記三則。劉起釪來。張紀元、王伯祥來，過民進組織生活，静秋來同談，自四時至六時。

看《風雷》。十時半服藥眠，十二時三刻醒，二時三刻又醒，七時醒。

《説文》一書，予以前只是翻翻，并未細讀。今當《大誥釋證》定稿，有不能不解決之問題，始悔從前未能基本功打好，此書必須細讀。未知將來能補課否耳。

今日以陳慧、顧均正均在集中學習，聖陶開全國教育會議忙，故未過組織生活，紀元云："當馬克思、恩格斯死後，考茨基、伯恩斯坦轉入修正主義，一八九七年，列寧才廿七歲，與之戰鬥，是爲列寧時代之開始。自斯大林死後，赫魯曉夫又轉入修正主義，一九六三年，毛主席發表《國際共產主義運動總路綫的建議》，是爲毛澤東時代之開始。"

四月三十號星期五（三月廿九）

寫北京醫院取藥信。以莫友芝刻《唐説文木部》校徐本及段注。到東四北"美容"理髮。

看《風雷》。與静秋到"大華"，看越南舞劇《義静烈火》電影。

與静秋到政協觀劇。遇易禮容夫婦、申伯純。十一時一刻歸。十二時後眠。上午四時醒。又眠，七時醒。

　　堪兒昨至協和，知檢查結果，肝功能無問題，自今日起上課。

　　《義靜烈火》爲越南人在義安、河靜兩省在法帝統治下之反抗。在此一反抗中，曾建立年餘之蘇維埃，但終給法帝擊敗。而一九四四年之革命勝利亦即植基于此。

　　今晚所觀劇：丁勇（紅一連連長）——朱龍廣飾　楊虹（一連指導員）——劉秀杰飾　馮團長——韓國棟飾　吳采鳳（家屬連）——曹玉芝飾　朱老爺爺（老農民）——黨同義飾　俘虜蔣軍官——于業華飾　此劇寫延安被蔣匪封鎖之日，爲了自力更生，從事耕織，常勝紅所在一連戰士抗敵情高，許多人想不通，終在女指導員勸導及蔣匪軍官輕蔑之下提高生產，度過難關。

[中華書局來信]

頡剛先生：

　　三月十五日致蕭項平同志函敬悉。承告《大誥譯證》五月份可以交稿，不勝欣慶。七年來承告交稿日期已有多次，惜均未實現，此次務盼踐諾。今後希望從《譯證》解脫出來，專事《今譯》，期于數年之內完成，以滿足學術界之需要。

　　我組近幾年內以二十四史校點工作爲重心。《尚書今譯》爲先生之專業，《春秋地名考》正在進行，亦屬重要，均爲我組所最關切，其他新稿則均難納入計劃。《水經注洛水篇》謹交劉起釪同志奉還。尹君工資問題，格于制度，愛莫能助，希鑒諒。

　　此致

敬禮

　　　　　　　　　　　　　中華書局古代史組（章）

　　　　　　　　　　　　　　1965 年 4 月 12 日

一九六五年五月

五月一號星期六（四月初一）

遇劉彩玉。寫劉子衡信。與靜秋到林其煌夫婦處，見康同璧母女，長談。

看《風雷》，略盡。小王來，以小車接至學部門口，上大車，駛至故宮文淵閣後，步至天安門。

與靜秋上西二臺，觀放花炮。所遇人：賀昌群夫婦、郭寶鈞夫婦、張楚琨、溥儀、黃文弼、吳世昌、周新民、翁獨健夫婦、章元善及其妹元暉、張振漢夫婦、朱光潛夫婦、王家楨夫婦、馮家昇之子。九時出，到中山公園觀牡丹，由西門出，步至北海上無軌歸。將《風雷》觀訖。頤萱嫂來，留宿。十一時半服藥眠。翌晨七時醒。

首都三百萬人和來自五大洲七十多個國家與地區的朋友，在全市各個主要公共場所歡聚。所放花盒，較前數年整齊而多變化。慶祝我國社會主義革命和社會主義建設的偉大成就！慶祝越南人民反美愛國鬥爭的偉大勝利！

歷史所之車永遠別扭，此次天安門觀禮，學部收到七張汽車通行證，而所中未得到一張，以是只能乘學部大車到故宮，停于文淵閣後，步行至天安門，道路崎嶇不平，小汽車又多，步行不易。予以畏寒多穿衣，昌群以心臟病，皆不宜走此路。按學部與文學、哲學、歷史三所同在一院，今晚哲學所未見有一人乘大車者，蓋彼所小車得一證，而文、史兩所則無有，辦公人員之無能力于此可見。

五月二號星期日（四月初二）

雁秋來。袁雪崖來。林劍華來。陸啓鏗來，留飯。以段玉裁

《撰異》校唐寫《尚書釋文》。

點段玉裁《與諸同志書論校書之難》。與靜秋、啓鏗同到北京醫院，視熊迪之病，并晤王守禮。送啓鏗上三路車。與靜秋上王却塵夫婦處談，取大力花種歸。

翻《淳化閣王羲之帖》二卷。服藥二次，十二時後眠，翌晨六時半醒。

美國一方面挑起越南戰事，一方面扶植以色列國，使阿拉伯國家盡與爲敵，又一方面製造多米尼加政變，并派軍隊前往干涉，使拉美又起風波。全世界盡與爲仇，美國國內人民亦紛起示威反對，約翰遜四面楚歌，真成了"獨夫紂"。而我國仗義執言，領導世界革命，亦更順利，"弔民伐罪"，本爲古人之想像，而今實現，豈不快哉！

五月三號星期一（四月初三）

改作、增寫《校勘》及《説明》千餘字。記筆記三則。

與靜秋到章元善家，晤其妹元暉、子章保及華太太。到東安門大街購乘車月票，到郵局買郵票。乘車歸。德融侄來，長談，留飯。

看舊日《尚書筆記》。服藥二次，十一時半後眠，翌晨五時醒。又眠，七時醒。

下午出外跑了不到三里路，即一身大汗，固緣天暖，亦體虛有以致之，只得雇車歸。

今日大便二次。

西哈努克宣布，柬埔寨與美國絕交。

德融侄言，德平侄在上海某一化工廠工作，有創造發明，爲市委所獎，推其先進經驗于全市，此吾家一光榮史迹，惜誠安弟已不及見矣！

五月四號星期二（四月初四）

補寫《校勘説明》約三千字，訖。改作《尚書版本系統表》，訖。

到"紅星"看電影。聽静秋讀《列寧主義的偉大勝利》一文。

與堪兒同到"華新"理髮。予獨到天安門，遇翁獨健及其女如蘭，進文化宫散步。乘車至猪市大街，遇急行軍比賽，且走且觀，十時回家。十一時服藥眠，上午一時醒。又服藥，六時醒。

《校勘説明》全文約二萬四千字，與《解釋説明》相埒。一肚子的東西貫穿成文，爲之一快。

今晚洪兒又以管堪兒不當，致打架。此二人每年必有一兩次大吵，真可恨也。

今日所看電影：1.《美帝侵略越南罪行》　2.《中國第一顆原子彈試製成功》　演到第二片時，觀衆歡聲雷動。

今晚出門時，適值五四青年節火炬負重急行軍比賽，由基幹民兵爲主，合百餘單位爲之，所負背包，男子五公斤，女子二點五公斤，女子全程四千米，男子全程一萬零五百米。此亦備戰之一術也。

五月五號星期三（四月初五）

改昨作訖，補入數百字。將昨作表，付尹如潛抄。王道生來。

到民進學習，討論蘇聯援助越南的動機與效果問題。與邵鶴亭談。

與静秋同到燈市口中學，與堪兒師王寶祥談。出，同散步。十時半服藥眠，翌晨二時半醒，遂不寐。

蘇聯雖援越，其宗旨不純正。其一，它爲同美帝討價還價計，不能不在越南問題上出一把力。其二，它爲控制越南并使越南少受中國影響計，亦不得不援越。然其大目的則在與美國妥協，且使越南屈服于美、蘇兩大國，故其援越之效果將爲帝國主義及修正主義擴大力量，我們不能因其于越南有小利而不反對。

爲堪兒與洪兒打架事，今晚與静秋往訪王老師，王老師説：堪兒本質不算壞，只是好小動作，做得慢。此次勞動，并未爲老師添麻煩。只是三個姊姊疏遠他，或打擊他，母又急躁，有批評而無表揚，使其在家中感到孤立，以致不接受長輩好意耳。

五月六號星期四（四月初六　立夏）

準備到王府井買筆，爲不到開肆時間，到景山公園看牡丹。九時，到百貨大樓及東安市場買筆，即歸。改寫《校勘》中"格"一條。十一時，伯祥來，同到聖陶處，同至龐京周處飯。

聽京周縱談一生經歷，至五時半出。爲其修半導體廣播機至地安門大街。遇常維鈞。六時後歸。

到景山散步，看花。十時半服藥眠。翌晨四時醒。又眠，六時醒。

京周能烹調，今日之菜及點心皆其所手製，使我三人温一次蘇州滋味。其女名曾漱，在婦聯任外賓交際工作。

今日聖陶謂予："你的《尚書》工作，是做出一個'樣板田'。"伯祥因云："莫看頡剛訥訥不出口，他的支配欲是最強的，他要盡羅古今學者成就而一一予以批判及選取，驅驅一世之人，不在政治家、軍事家下。必有如此之支配欲，而後能有所創造，有所發明也。"此爲知我之言，予自二十餘歲起即立下志願，要將經學徹底變過，成爲史料，此亦一革命事業也。

五月七號星期五（四月初七）

改作《校勘説明》二千字。

鴻鈞來。與静秋到景山公園看牡丹，遇朱硯農。車中遇殷琰。

與靜秋口角。服藥三次，約十一時半眠，上午六時半醒。

今日起突暖，棉衣穿不住矣。

靜秋急躁病過劇，一家本溫暖，爲了她喜歡吵，弄得成爲一盤散沙。渠恨我學習不能一步登天，爲一點小事竟大吵起來，宜乎兒輩之寧失母愛也。

景山之牡丹，聞係潮州種，由潮州花匠運潮州土壤來，故特茂。舉凡姚黃、魏紫、宋白、王紅諸名種皆備，置身其間，濃香馥鬱，洵可愛也。惟予去已遲，有已萎者。明年五一，不可錯過賞玩機會。

五月八號星期六（四月初八）

與靜秋同到民族文化宮，聽艾思奇講《實踐論》（初講）。車中遇姚家積。會場中遇容肇祖。

將一月來學習作一總結。到民進學習，討論"擺"與"議"方式，并討論以後應議之問題。

洪兒爲洗浴。看《淳化閣帖》王獻之部分。又安自鄉來，留宿。十時服藥眠，翌晨六時醒。

文聯作理論學習，民進作時事學習，此對我皆爲良藥。從此拋棄黃昏思想，認識作一現代人之任務，摸清方向，庶可不爲社會上之絆脚石也。

五月九號星期日（四月初九）

將《校勘說明》及《校勘記》復勘一過。全文約四萬餘字。王伯元來。

與靜秋同讀《反法西斯戰爭的歷史經驗》一文。到"春風"理髮。

看電視《攻克柏林》電影。看《淳化閣帖》。十一時服藥眠。

上午一時醒。又眠，四時半醒。

今日靜秋到燈市口中學參加家長會議，校中表示要抓緊學生功課，囑家長對學生須行"看、盯、管"三事。堪兒習慣自由散漫，對功課無興趣，此後當加緊管教。然靜秋以急躁態度臨之，一來即吵，亦不合也。

五月十號星期一（四月初十）

補薛季宣本《古文尚書》入《校勘》，未畢。看李遇孫《釋文》。李唐晏來。

與靜秋到政協禮堂，聽劉思慕講"當前國際鬥爭中的幾個問題"，自三時至六時半。遇張豐冑、宋雲彬、李伯球、陳真如等。

聽靜秋將今日筆記誦讀一過。十時半服藥眠，翌晨五時半醒。

劉思慕今日所講：一、越南反美鬥爭的評價。二、如果美帝不退出南越，是否將變成中美之戰？三、越南會不會與美帝和談？四、美帝現在所面臨的種種困難問題。五、我們對蘇聯的問題。

今日堪兒始記日記，兩日一次。此王老師督促之力也。

五月十一號星期二（四月十一）

續補薛本入《校勘》，仍未畢。看章炳麟《新出三體石經考》。重寫《校勘說明》一段。

翻《香祖筆記》。翻《墨子》。

到北海散步，後門出入，周行一圈。十時歸。十一時服藥眠。上午二時半醒。再服藥，六時半醒。

美帝在軍事上、政治上、經濟上已均陷於四面楚歌之局，猶欲肆其蠻橫，徒然速其滅亡而已。

今日堪兒溫課至晚十時，希望他能如此穩定下去。

五月十二號星期三（四月十二）

續補《校勘》，尚未訖。又安回鄉。

假寐半小時。到民進學習，討論領導與群衆問題及越南必勝、美帝必敗的原因。

翻《墨子》訖。十時半服藥眠，上午二時醒。又眠，六時半醒。

今早雷雨，又寒，予大便二次。静秋亦臉腫。

今日起，北京市人民爲抗議美帝侵略多米尼加，游行三天，吾家四兒均參加。女附中則在天安門表演節目，湲兒擔任朗誦。

美國霸占南越，爲維持僞政權，每日開銷需一百七十萬美元，加上美國兵、武器、食用、運輸諸項，日當費五百萬美元，一月即一億五千萬，一年即十八億。此一無底洞，大足消耗美帝有生力量。况美帝海、陸、空軍基地遍于全球，况美帝在南越戰事未結束，又闢拉美多米尼加戰場，激起全世界之譴責，陷于空前孤立，不必計，即此經濟一端，亦必以其窮兵黷武而崩潰。此正壟斷資本之帝國主義應有之下場也。

五月十三號星期四（四月十三）

寫北京醫院取藥信。記筆記一則。續補《校勘》，仍未畢。

鴻鈞來。起釪來。翻《抱經堂叢書》。

到中山公園散步。歸路遇湲兒。十一時服藥眠，上午三時三刻醒。又眠，六時半醒。

今日静秋到中山堂聽吴晗訪問非洲之報告，知我國專家幫助非洲各國之建設，主于就地取材，教會本地人發展工農業，功成身退，不圖名利，以是大得當地人之擁護。帝國主義國家每恫嚇之曰："親近中國是危險的。"其人即笑曰："如這樣的危險是我們所歡迎的。"以非洲生産之落後，得我國人導之開發，擺脱帝國主義之糾纏，實世界歷史上一大事也。

五月十四號星期五（四月十四）

到午門樓，看華北社會主義教育運動展覽會，自八時至十二時。遇王伯祥、錢琢如、傅懋勣、夏康農、王錦全。

疲甚，休息，看報，將陳蘭花《不斷前進的動力》一文細看一過。章元善來。賀昌群來，長談。

到"春風"修面。乘四路汽車環行一周。看馮景《解春集鈔》。十時半服藥眠，翌晨六時醒。

今日所看展覽，備見社會主義教育運動之成績及其逆流。成績若山西昔陽大寨公社之努力開闢梯田，增加生產，其逆流則許多鑽進黨內之不良分子及蛻化變質之貧農藉黨之名義以攫其私利，成爲各公社之惡霸，魚肉人民，用知苟無"四清"運動，黨之變質固易之也。

陳蘭花，山東莒南縣書院公社西書院大隊婦代會主任，家務既忙，識字不多，而能克服困難，學習毛主席著作，喚起社員之衝天幹勁，變革現實，提高生產。今日《人民日報》載其文，讀之深爲感動。

今晚在汽車中，望見街上人群在搶取紙片，有登車者取得一紙，有青年朗誦之，則第二顆原子彈在上空爆炸也。歸爲兒輩言之，潮、堪兩兒即上街分頭覓取，潮兒得三紙，堪兒得一紙，歡聲雷動。

五月十五號星期六（四月十五）

看羅瑞卿《紀念戰勝法西斯，把反對美帝國主義的鬥爭進行到底》一文。到南河沿，參加學部中心小組學習，討論羅文及第二顆原子彈問題。與俞平伯談。出，遇沈有鼎。

到民進學習，討論第二顆原子彈及越南必勝、美帝必敗問題。一、二合組，張紀元主席。

到“大華”買電影票。洗浴，洪兒爲擦背。看《解春集鈔》。十一時服藥眠，上午三時醒。又眠，五時三刻醒。

參謀總長羅瑞卿一文，主要是“人不犯我，我不犯人，人若犯我，我必犯人。誰敢進攻我們，我們就消滅誰。美國打到什麽水平，我們就回敬到什麽水平”。此即對美帝之“哀的美敦書”也。

今日討論原子彈問題，王國光云：試驗核彈分四級，初級爲地下，就廢礦井爲之；二級爲地面；三級爲上空；四級爲遠程爆炸，即洲際導彈也。核彈包以氫，即氫彈也。

五月十六號星期日（四月十六）

續補《校勘》。

胡厚宣來，長談。記筆記一則。

遇李伯球夫婦。與静秋、堪兒到大華看電影，自八時半至十二時。服藥，約十二時三刻眠，翌晨七時醒。

今日所看電影：一、《越南南方抗美史迹》　二、《斯大林格勒戰役（上、下集）》　凡演三小時半，票價高至六角。爲提高“敢于鬥争，敢于勝利”之勇氣，此種電影必須多看。

所補《校勘》，牽涉古文字之真偽問題，頗不易，以此進行較遲。

五月十七號星期一（四月十七）

續補《校勘》，仍未畢。記筆記二則。

馮君實大夫來，贈册，長談。

翻盧文弨《鍾山札記》等。服藥二次，約十二時眠。上午四時醒。又眠，六時半醒。

我國發射第二顆原子彈後，亞、非、拉各國人民無不歡欣鼓

舞，他們深知中國的原子彈和帝國主義者之原子彈有區別，爲保
衛世界和平之用。所鬱鬱不樂者，只帝國主義陣營與修正主義陣
營之領導人，他們左一個"遺憾"，右一個"核訛詐"，用以欺
騙人民耳，其中心之惶惶不安可知也。

陳真如先生，予本月十日聽劉思慕講時猶遇之，步履迅疾，
乃突于十五日下午在民革開會時以心臟病逝世，年七十七。

五月十八號星期二（四月十八）

記筆記一則。續補《校勘》，仍未訖。

記筆記二則。謝剛主來，長談。

與靜秋到中山公園看芍藥。服藥二次，十一時半眠，翌晨六
時醒。

昨日大便二次，均成條。今晨忽作瀉二次，多黏沫，乃知昨
日之多下一次正爲今日之瀉作準備也。予近日未吃不消化之物，
不知此病何自來，要之腸功能不正常耳。

第四屆亞非人民團結大會通過政治總決議："亞、非加強團
結，迫使美國等帝國主義軍隊撤出去，用革命的暴力來回答帝國
主義暴力是亞、非各國人民的正當權利。"我國以十六年的努力，
獲得此一任務之偉大領導責任。

五月十九號星期三（四月十九）

記筆記一則。林劍華來。張茂鵬來。續補《校勘》。

雨中到民進學習，討論對戰爭怕不怕的問題。

翻《抱經堂叢書》。十一時服藥眠，翌晨六時半醒。

今日如廁五次，前二次爲糞，中一次爲糞便和黏沫，後二次
全爲黏沫，趕服黃連素、表飛鳴、顛茄浸膏等藥。此次發病，半
由天時，半亦因工作過度勞累也。

全世界人民譴責美帝，美國人亦群起反對，大學教授及學生萬餘人整日討論，直至深夜始罷。此皆由越南人民敢于反抗，亦由我國敢于倡導革命到底之效也。

五月二十號星期四（四月二十）

自今日起，劍華來，爲鈔予《校勘》。續補《校勘》，未訖。

到"華新"理髮。寫《汗簡》部目于書首。劉起釪來。看張茂鵬編《戰國史事勘》。

與靜秋到民族宮看演出。十時二十分歸。服藥兩次，約十二時眠，翌晨六時半醒。

今日大便晨一次，仍只黏沫，服藥三次，幸未再拉。

今晚所觀劇：涼山巨變（中央民族學院藝術系、中央民族歌舞團創作）：木基（本奴隸，後投解放軍爲團長）——羅英福（朝鮮族）老鐵匠（奴隸，民主改革後爲農業社社長）——李毓珊（回）　阿果（木基妹）——慈仁桑姆（藏）　金梅（漢族女醫生）——董麗馨（白）阿侯索勃（奴隸主）——吳代本（藏）　阿侯的管家——王西華（藏）

五月廿一號星期五（四月廿一）

續補《校勘》，仍未畢。記筆記一則。張茂鵬來。

獨到北海散步，前門入，後門出。看《齊大國學季刊》。十一時服藥眠，上午四時醒。又眠，七時醒。

今日大便兩次，成條。

五月廿二號星期六（四月廿二）

與靜秋同到民族宮，聽艾思奇講《矛盾論》及《正確處理人民內部矛盾問題》。

略一朦朧。到民進學習，討論美帝會不會打到中國來的問題。

　　洗浴，洪兒爲擦身。續看《齊大國學季刊》。服藥二次，十二時眠，四時醒。良久又眠，七時醒。

　　今日大熱，可穿單衣矣。出門如投火坑，温度至卅四。

　　幾次學習，均要人們準備戰事，以美帝之虛弱，未必能打到中國來，然不可不作此準備，避免不必要的犧牲。予擬于《尚書》工作告一段落後，即自理書籍，擇其善本捐獻國家，此本予之宿志，今當衰年，即無戰事猶將爲之。届時應請伯祥、乃乾、剛主諸人爲之評定。至于人，則四兒均獻與國家，爲工，爲農，爲兵，由其領導決定。予夫婦若須遷徙，則携四書箱、四衣箱足矣。普通書留置京寓，聽其存亡可已。

五月廿三號星期日（四月廿三）

　　看報。與静秋到王姨母處談。出，遇大琬。

　　眠約一小時。看吕思勉《章句論》及佘雪曼《九成宫醴泉銘圖解本》。

　　看《齊大國學季刊》。静秋與堪兒大吵。服藥二次，約十一時眠。上午二時醒。又眠，六時三刻醒。

　　今日上午大風。下午小雨。

　　王姨母長予四歲，自姨丈去春逝世後，精神蕭瑟，身體日衰，其子、女、婿等則出差者多，膝前只有數孫，白天益復無聊。甚苦無以慰之。

五月廿四號星期一（四月廿四）

　　寫北京醫院取藥信。續補《校勘》。

　　未成眠。記筆記三則，千餘言。周振甫來。

　　與静秋到天橋劇場觀劇。遇杜仁懿、陳宣昭、周國華。十時半歸。十一時許服藥眠。翌晨六時半醒。

今晚所觀劇：解放軍文工團、中央歌舞團十二單位合演。

音樂節目：大合唱　女聲小合唱　男中音獨唱（寇家倫）　越南獨弦琴（冷定輝）　軍樂演奏

舞蹈節目：一、英雄姐妹　二、夜襲（劉英等）　三、美國佬滾回去（張曼音等）

椰林怒火：第一場　搗毀戰略村　第二場　不屈的戰士（阮文追）　第三場　椰林怒火　第四場　保衛北方

此次表演，聲勢浩大，驚天動地，如令約翰遜觀之，必將跌倒！

五月廿五號星期二（四月廿五）

續補《校勘》，初步訖。吳鵬自蚌埠來，贈鷄，談，留飯。

略一朦朧。記筆記二則，八百言。修改《解釋説明》，未畢。理碑帖。

到"東單"修面。到景山散步，看芍藥。步出西門，沿夾道至北海，由東門出。服藥二次，十一時後成眠。翌晨五時三刻醒。

靜秋于上星期六晚洗浴後看電視受涼，即患重感冒，喉啞。廿三晚以堪兒不肯温書，相持至深夜，終至大吵。廿四晚又力疾觀劇。今日咳愈劇，勸其就醫，又不肯。明日如不愈，必當強之赴醫院。

爲將《書古文訓》中之"隸古"文字補入《校勘》，又費十六天工夫，而寫到後邊覺得前邊又有需改者，以是定稿不易。劍華每日上午，費四小時爲我鈔四頁，看來還需一星期始得鈔完，彼時統整一過，文字尚需增多，號碼又需改易。但作此一事後，《尚書》文字問題解決不少，亦可喜也。

五月廿六號星期三（四月廿六）

修改《解釋説明》，仍未畢。略理書。

未成眠。到民進學習，討論美帝會不會侵華及屆時我們如何對付的問題。與王嘉璇談。

到東安市場買藥、扇，閲書。歸看《封氏聞見記》。十一時服藥眠，上午二時醒。又眠，六時醒。

靜秋聲音嘶啞，仍不肯就醫，其倔强可恨也。

天大熱，流汗不止，殊苦。到民進學習，賴有車耳。

伯祥、乃乾服"大黄蘇打片"，對脾泄有大效，因購一瓶，日服三次，飯後各二片。倘將予腸病治好，不致感寒暑即發病，何幸如之。

五月廿七號星期四（四月廿七）

理碑帖、書畫。與劍華談。

看錢玄同先生論經學、古史文字見《古史辨》第五册者，未畢。劉起釪來。

到景山、北海散步。十時歸。十一時服藥眠，翌晨四時三刻醒，即起。

尹如潛爲我理書，而碑帖、字畫非其所能理，故只得自己動手。今日只粗理一過，尚待續爲。

靜秋老與我吵，故意抬扛。今日我與起釪，擬將所作《譯證》文字鈔一副本，以爲戰事準備，而靜秋乃横言我是個人主義，亂花國家的錢。夫我稿塗抹縱横，中華書局的審閲與印刷所的排字均感困難，實已有鈔清之必要，況在備戰時期，爲預防轟炸計，實有留一副本之必要乎！她不能幫我工作而必處處干涉我之工作，遂不得不吵架矣。

五月廿八號星期五（四月廿八）

寫辛樹幟、石聲漢信。讀錢玄同文竟。改寫《解釋説明》千餘字。

未成眠。石聲漢來，并招胡厚宣來談。澆花。看聲漢所輯注之
《四民月令》。

到中山公園散步。乘五路車至北海，換乘無軌電車，十時歸。
服藥兩次，約十二時眠，翌晨六時醒。

予昨夜游北海，忽然内急，就廁所以解，而久坐抽水馬桶，
竟蹲不下。勉强半蹲，解畢又站不起。站起矣，又不能移步。及
走至廁外，又不能下臺階。老年不自由，可勝浩嘆！予三十年前
固每日就廁者也。

景山、中山公園之芍藥大佳，大逾牡丹而千葉。惜夜中看
之，朦朧如霧中耳。

聲漢之著，真能以樸學與科學相結合。渠年五十八，病肺
久，尚無大礙，惟眼患白内障，不免妨工作耳。

五月廿九號星期六（四月廿九）

寫丁聲樹信。到南河沿，參加科學院社會科學部學習，討論參
觀華北社會主義教育運動展覽會後之意見。十時半休息時予先歸。
吳鵬來辭行。

服眠爾通，得眠一小時。到民進學習，討論越南會不會和美帝
和談問題。理書。

洗浴，潮兒爲擦背。十時半服藥眠。翌晨六時醒。

天熱如焚，達三十五攝氏度。予年來不獨畏寒，亦復畏暑。
上、下午兩會，下午有車接送，尚可强行，上午則必乘街車以
往。懼中午之熱且擠也，不得不早退。乃静秋又誚予以"逃兵"，
此真不知予心之苦矣。

今年熱得早，憶去年八月初到青島時，北京尚無如此熱也。
意者去冬無雪、今春又無雨之所致乎？

今日予大便三次，最後一次稀。

伯祥謂予，渠近日頗覺中氣不足。予亦作喘。

五月三十號星期日（四月三十）

與靜秋到賀昌群夫人處問昌群病狀，并見其第三女在空軍者。遇楊向奎夫人。到張傳琦夫婦處小坐，并晤李勤。看報。與兒輩共剝豌豆。

眠，迷蒙半小時。看報上評論夏衍所編電影《林家鋪子》各文，摘記入冊。依厚宣提意見，改補《校勘説明》。

老單來。翻張舜徽《廣校讎略》。服藥兩次，十二時眠，翌晨五時三刻醒。

昌群五個月中，心臟病發至三次，此次以廿六日晨三時往北京醫院，聞以看吳澤一文，精神集中所致。渠年六十三，亦不可當少年用矣。

今晚之失眠，大概以天氣太熱所致，予服安眠藥，隨年齡而益增，終是不了之局，本意今晚到中山公園後河吃茶，亦以畏熱未行。

五月卅一號星期一（五月初一）

寫丁聲樹信。記筆記二則，約一千字。將十天來劍華所鈔《大誥校勘》文字作一校對。

得眠約半小時。與靜秋到“大華”，看《林家鋪子》電影。七時歸。

疲勞，休息。十時半服藥眠，上午四時醒。又眠，六時一刻醒。

近數日來，予每日大便均二三次，或乾或稀不一律，只得把大黃蘇打片停服，待好後每次減服一片。今日予覺兩腿發腫，告之靜秋，渠云亦然，以大熱故也。

今日西南風大作。去冬無雪，今春無雨，今又起風，此于麥收甚不利也。

[原件]（二張）

　　北京市糧票　壹市斤　1965.5. 當月有效

　　糧票放在皮夾內，每月末忘檢出換食品，造成不必要的損失。今年六月三日，飯于前門，檢此易飯，櫃上以過期不收，惟囑予下回去時還他們當月糧票而已。記此，以示予忽略現實之咎。

一九六五年六月

六月一號星期二 （五月初二）

　　記筆記一則。到寶泉堂理髮。重作《大誥校勘》千餘字。

　　未成眠。與靜秋到南河沿，聽馮賓符傳達前日周總理報告，自三時半至六時。

　　到東單公園散步。十時半服藥眠，上午二時醒。又眠，六時一刻醒。

　　自昨日起風後，今日繼之，驟涼。

　　聞湲兒言，前日星期，中小學生大量游泳，全市溺死者十三人，蓋徒知響應號召，而不注意安全之故。有此事故，當有改善。

　　自今日起，解放軍改服裝，官兵一律，即前工農紅軍服裝所謂“一顆紅星頭上戴，革命紅旗挂兩邊”者。此取消軍銜爲我國軍制一革命行爲，與提倡游泳，組織兒童，同爲備戰之計，如此銅墻鐵壁，美帝尚可逞能乎！

六月二號星期三 （五月初三）

　　記筆記一則。張覺非來。作《解釋》小題訖，即鈔清。與靜秋對勘昨聽傳達報告記錄。

未成眠。記筆記一則。到民進學習，討論周總理報告。填家屬表，送學部。

到動物園散步。十時歸。十一時服藥眠，翌晨五時醒。

昨聽賓符傳達周總理時事報告，今日復加討論，知美帝恫嚇之術已窮，其有生力量亦消磨不少，其稱霸野心則不但爲世界人民所痛恨，即其本國人民除一部分資本家外反對聲浪亦日高，如不終止侵略終必崩潰而後已。蘇修向美帝頻送秋波，欲求兩霸合作，而美帝則要獨霸世界，終復同床異夢。印度號稱不結盟，而與蘇、美兩方結盟以反華，雖眼前得些好處，而每年負債十億美元，國中人民生活愈苦，亦成不了之局。在此種情況下，中國領導世界革命正極順利，不可辜負此大好時代。

六月三號星期四（五月初四）

改作《解釋説明》約二千字，粗訖。

眠一小時。校劍華近日所鈔。起鈃來，以《校勘》、《解釋》兩説明交之，付中華鈔。到前門站買月票。到老正興飯。到新華書店閲書。

到政協看戲，遇唐鉞、馮芝生夫婦。休息時離場，十時歸。十一時服藥眠。翌晨五時醒。

予稿塗抹過甚，不便再修改，更不便付排。上星期四爲起鈃言之，擬支取稿費一部分作鈔費。今日起鈃來言，項平同志允由中華派人鈔寫，因將兩《説明》先付與。至《校勘》文則因需鑄古文字過多，必須由劍華始終之。

今晚所觀劇：山西人民話劇團演《劉胡蘭》：劉胡蘭——吳彥姝　胡文秀（母）——李琳　奶奶——房近賢　愛蘭子——徐家媛　劉鎖——郭健　石五則——陳西珍　段二寡婦——張登喬

六月四號星期五（五月初五　端午）

記筆記一則。將《解釋》復看七頁，修改。

得眠近一小時。校劍華所鈔《校勘》訖。續補薛本漏校字，未畢。

到天壇散步。十時歸。標出《校勘》中應描寫之字。十一時服藥眠，翌晨五時三刻醒。

劍華爲予鈔《校勘》訖，歷時十二天，約二萬五千字。自明日起，爲予描寫各體古文，備製鋅版。

六月五號星期六（五月初六）

寫北京醫院取藥信。修改《校勘》文，付劍華摹寫。看羅振玉《殷虛書契考釋》。剝鹽豆。

未成眠。到民進學習，討論中國援越反美的不利條件，爲下次討論有利條件時準備。到"春風"修面。遇夏作銘。

洗浴，靜秋、湲兒爲擦背。看錢學森《告青年紅專結合問題》一文。十一時，服藥兩次眠，翌晨五時三刻醒。

爲要説援越抗美之有利條件，今日先擺不利條件。其一，越共屢與蘇修往來，昧與敵友關係。其二，蘇修取悅美帝，鼓動和談。其三，美帝看形勢不對，自願和談，觀約翰遜説要回復到日內瓦會議可知。即使和談不成，亦將在南越組織僞"聯合政府"，作體面的撤退，爲他日卷土重來之計。其四，由南斯拉夫發動的十七國呼籲書，其中亦有中國朋友，彼蓋藉此宣傳中國好戰。其五，亞、非各國雖接受中國援助，表面上有友好表示，然其統治分子都受帝國主義之培養，資本主義思想深入骨髓，不可能與中國走一條路。

六月六號星期日（五月初七）

到南河沿，參加民進小組生活，聽陳慧、顧均正、張紀元、王伯祥諸同志談知識分子的改造。

未成眠。翻音學各書，找"嬴"與"嫣"之關係。理書。

馮家昇夫婦及其子和平來。静秋與堪兒大吵。十一時半服藥眠，翌晨六時一刻醒。

紀元云：以前學習，所要求的只是"聽、跟、走"耳。今日形勢更好，則要求者乃在改造人生觀，故必須更進一步。

堪兒白天儘是與本院孩子玩，晚八時乃被母迫温英文，又誤讀 face 爲 fish，其母糾正之，乃曰："不要你管!"予斥之，則曰："你老不死的!"驕悍如此，大了必致犯罪，静秋爲之大哭。可見獨生子自有特權思想，予正可以之自鏡也。

六月七號星期一（五月初八）

翻江永《江氏韻學三書》及吳樹聲《歌麻古韻考》。陳汲來。看報紙上評《不夜城》電影文字。

未成眠。理書。看《人民日報》中譚顯彬《我開車的一些體會》。續看韻學各書。中國書店白君來談。

乘無軌電車，由六路轉十三路，再轉七路至北海後門。以時晏，即換十一路車歸。十時半服藥，由静秋拍眠。翌晨六時醒。

成都部隊汽車駕駛員譚顯彬活學活用毛澤東思想，不斷改進司機工作，十年安全行車二十餘萬里。他運用了一分爲二的辯證觀點，解決了人和車、快和慢、得和失、有理和無理、順利和不順利、大事和小事、突然和不突然等題，以古語出之，即"膽欲大而心欲細，智欲圓而行欲方"，不馬虎一點也。

《人民畫報》已定閲十一年，三個女兒主張賣掉。然接洽結果則定價每册一元者僅可賣兩角，殺價太甚。又《蘇聯》及《蘇聯婦女》則簡直不要，僅可當廢紙賣矣。

六月八號星期二（五月初九）

看《夢溪筆談》、王國維寫本《切韻》、張世祿《中國音韻學》諸書。雁秋夫婦抱其外孫陸國光來，留飯及宿。

朦朧片刻。逗國光玩，抱之。羅麗來。填幹部簡歷表，未訖。

到中山公園散步，十時歸。木蘭來，留宿。服藥兩次，十一時半眠，翌晨五時半醒。

昨起風，氣候轉寒。予今日又拉三次，雖不稀，然爲泄黏沫之先兆。

國光生已十個月，抱之殊不輕。予自堪兒成長後，久未抱孩子矣。

六月九號星期三（五月初十）

爲洪兒講蘇軾《石鐘山記》。將公私合營機構交歷史所人事科，放棄定息，起信稿訖。校劍華所鈔《校勘》訖。

理書。未成眠。到民進學習，討論美、越能否和談問題。六時散會後到農工民主黨食堂進飯。

回民進，聽方明報告在阿爾及利亞世界教師會上與蘇修鬥爭情況。十時半散，與鄭效洵等同車歸。十一時半服藥眠，翌晨五時半醒。

今日果然拉黏沫矣，急服黃連素、顛茄浸膏、酵母片等藥。下午幸未再拉，然聽方明報告時腹中作痛，知此疾固未能即愈也。伯祥勸予仍服大黃蘇打片，謂彼服食後已使泄疾全愈。

蘇修處處要爭取領導，藉以宣傳其和平共處主義，然實無理由説服革命人民，故不能與中國代表對手，其假面具必然爲中國揭開，爲各國代表所共見。壞事變成好事，此即一端。今日方明同志報告四小時，把鬥爭情況描寫得淋漓盡致，此可見中國在亞、非、拉美之威望日益提高也。

六月十號星期四（五月十一）

將《解釋》重行整理一過，訖。記筆記一則。又安自鄉回，留宿。

服藥，得眠一小時許。起釘來，將《解釋》交與，付中華重鈔。

到"北新橋"理髮。看《夢溪筆談校注》。服藥二次，十一時半眠。上午三時醒。又眠，五時半醒。

今日又如廁三次，惟最後一次較正常。

六月十一號星期五（五月十二）

將月來探索"嬴、嬀"問題所得，記筆記三則，約二千四百字。與尹受談。

服藥，得眠一小時。静秋爲予與陸國光合照相。

看金鶚《求古録禮説》。十時半服藥眠，翌晨五時醒。又眠，六時一刻醒。

自明日起，尹如潛不再逐日來工作，予告之云："必須争取得正式職業，有學習機會，方可成爲新中國之正式公民。在我家服務，在我是極端需要，而在汝則是極端損失。"彼明日即到西單勞動科請求工作。

予于去年始看出商爲鳥夷，今年始看出虞爲鳥夷，文章真不可以急就。予體力就衰，眠食均不佳，獨于研究問題却大有青年氣象。恨人類生命之短促，真無可奈何者已！

今日如廁兩次，較昨爲正常。

六月十二號星期六（五月十三）

出遇彭玲。到北海廣霄樓，參加學部中心學習，聽劉大年、夏鼐報告出席巴基斯坦史學年會的觀感。與錢琢如、黄文弼、丁聲樹、黎澍談。十二時，與侯外廬，胡厚宣同車歸。

服藥，朦朧一小時。又安回鄉。到民進學習，討論中國在國際是不是孤立的問題。雁秋夫婦偕國光回中關村。遇朱大鏞。

浴，洪兒爲擦洗。看龔道耕《唐寫釋文考證》。十一時服藥眠，上午二時半醒。五時醒，七時醒。

國光雖在孩提，而甚凝重，來此五天，家中頓增生意，今日下午爲其父母接去，又頓冷靜。

美國南方黑人已有武裝組織，雖其武器僅有鳥槍與手槍，但在種族歧視與生活困苦的兩重壓迫之下，必然會發展。予前到井崗山，觀革命博物館，知工農紅軍之初期武器不過標槍而已。

六月十三號星期日（五月十四）

家務勞動。看《人民日報》濟南市眼科女大夫陳智慧《勇氣、力量和智慧的源泉》，并摘鈔入冊。鴻鈞來，留飯，夜去。

朦朧一小時。翻《說文》一過，將從"贏"之字鈔入筆記。理書。

看《黃侃論學雜著》。服藥三次，十二時半眠。翌晨六時醒。

南越太上皇泰勒返華盛頓方六天，西貢又發生政變，僞國家元首潘克丑、僞總理潘輝括、僞立法會議主席范春昭均爲僞軍所驅逐，此爲過去十八個月內之第十二次政變。美帝所謂"獨立的南越"至是而破產！

日來眠食益不佳，舌苔厚膩甚，口苦，當服藥調理而就醫無時，奈何！大便仍每日兩次，幸不太稀。

六月十四號星期一（五月十五）

爲"贏、嫣"字，記筆記五則，一千二百餘字。與劍華談。靜秋傳達蕭前《實踐論》報告。

眠二小時。將劍華所鈔《校勘》加以校對，注出應改字。翻商承祚《殷虛文字類編》。

步至隆福寺，巡行市場一回。服藥，十一時後眠。翌晨六時醒。

今日大便三次，雖不稀，而如泡爛之油條，腸中終有病也。

昨晚雷雨，今日上午又雨，氣候驟寒，只得加上毛綫背心矣。

今午所以多眠者，昨晚服藥過多之所致也。

六月十五號星期二（五月十六）

記筆記兩則（羸、雖、淮），八百字。點王國維《五聲論》。

眠半小時許。續檢韻書。寫自己歷史，給湲兒參考，未畢。劉起釪來，長談。

到東安市場北門修面，入場閱書，九時歸，翻新買書。十一時服藥眠，翌晨五時半醒。

今日仍陰寒，予肚子迄不好。

湲兒爲了爭取入共青團，須了解予過去歷史，因寫告之。

六月十六號星期三（五月十七）

記筆記一則。重寫湲兒囑寫之《自述》，得三千字，未訖。

到宋家鈺處談。未成眠。到民進參加學習，討論戰事中犧牲問題及近日國際形勢問題。送柴德賡至東城。記筆記一則。

雨，未出門，看報。十時半服藥眠，翌晨五時醒。

今日無越南南、北方之戰報，大約美國自覺到了尷尬的程度，須別定方針了。

今日又拉三次，當是天涼所致。

靜秋常患頭暈，不知何病。

六月十七號星期四（五月十八）

寫北京醫院取藥信。陶復和來。張德鈞來。以骨文、金文資料補入《校勘》，未畢。

服藥，眠一小時。到北京音樂廳看電影《不夜城》，遇伯祥、楚波、文藻。七時歸。

翻《說文古籒補》。十一時服藥眠，翌晨五時醒。

《不夜城》爲柯靈所編導之電影，寫上海大光明紡織印染廠經理張伯韓承受父業，繼續發展，到一九五六年公私合營之經過，内容美化資産階級，蔑視工人階級之戰鬥精神，故報紙上掀起批判浪潮。電影票爲民進所發，個人極難購也。此劇意義與夏衍重編之《林家鋪子》同，特林老板爲小資本家，此則豪華富貴，有如王者耳。

今日上午拉兩次，下午又拉兩次，使我氣短。幸天又轉熱，或自然痊可也。德鈞嫻醫學，謂慢性腸炎最爲難治，中西醫藥都無實效。

六月十八號星期五（五月十九）

記筆記四則。以甲文、金文資料補入《校勘》，仍未畢。陸欽頤夫人黃樹芬來。

未成眠。煮粥。大風雨中閉窗。

看林義光《文源》、曾廣源《轉語釋補》。十一時服藥眠，翌晨五時半醒。

《大誥校勘》共計一百六十一條。以前專以引《大誥》文字之有異者作校，上月始擴及薛季宣《書古文訓》，自此及于《說文》、汗簡，今更上推至甲文、金文，窮其本源，然後可以定其是非。

今天終日未下大便。

下午靜秋與朱阿姨同到復興門内西養馬營工人俱樂部看《不夜城》電影，故晚飯交給我做。適逢大雷雨，渠等跣足而歸。

六月十九號星期六（五月二十）

記筆記一則。龔雲水來。尚愛松來。從甲文中鈔出資料補入《校勘》訖。

未成眠。到民進學習，討論我國是不是可以利用、團結、教育蘇修的問題。木蘭來，留飯。堪兒乘自行車到木蘭家宿，并温課。

看《説文古籀補》及《金文編》兩書。浴，洪兒爲擦澡。服藥兩次，十二時後眠，翌晨五時醒。又眠，六時三刻醒。

前數年思泊曾欲爲《大誥》寫一篆文本，後又説不能爲。自近二月中注意甲文、金文與《大誥》文字之結合，覺得篆寫一事竟可由我自爲，其甲、金文所無者以《説文》補之，神爲之往，因此又不成眠矣。

潮兒臨近高中畢業，本要下鄉鍛煉，近以服從黨的號召，擬考大學，而以工業、農業爲限。静秋爲此日夜操心，今日將木蘭請來，令其輔導。潮兒允以清華大學化工系爲第一志願，次則爲農業機械學院等，從事于水利、化肥等工作。

六月二十號星期日（五月廿一）

尹受來，工作一天。寫《自述》五千餘字，略訖。將前所起繳出股票信鈔訖。

眠一小時半。葉叔衡先生來。堪兒自中關村歸。

看《圖書集成目録》。服藥兩次，十一時後眠，上午四時半醒。又眠，六時半醒。

今日大便三次，但均成條，不知腸中又出了什麽鬼把戲。

今日静秋到女附中開家長會，知潮兒此次畢業考試，四門五分，三門四分。班主任説她不説話，肯苦幹，勸她將志願單重寫一個，可將農業大學提前。

書籍仍未理好，故囑尹受多來數次，每天工錢一元三角，供給膳食。

六月廿一號星期一（五月廿二　夏至）

終日補甲文、金文及研究文字入《校勘》約三千餘字。

到"東單"理髮。到市場閱書，到美術品服務部及百貨大樓取件。

翻新出《辭海》。服藥兩次，十一時後眠。上午四時醒。又眠，七時醒。

近日晚就眠，胸膈間作痛甚，蓋伏案太久所致也。

今日又甚熱。

洪兒腳上濕氣大發，作膿，今晨靜秋伴至北京醫院診治。下午發燒。

阿爾及利亞前日發生政變，領導者爲副總理、軍政部長布邁丁。本貝拉已被解職。不知第二次亞非會議將受影響否？

六月廿二號星期二（五月廿三）

到中山公園，與伯祥、嚴幼芝、計志中、陳乃乾、柴德賡、陸欽頤、錢琢如等談話，看甘肅博物院《唐代地志研究》一文。十一時半出，乘五路車到友誼醫院，轉十五路車到湖北飯店飯（計志中除外）。

二時，乘十四路車到北新華街口，轉四路車歸。看報紙及《人民畫報》。續鈔甲、金文資料入《校勘》千餘字。

澆花。看蔣善國《尚書的發現》稿。服藥，十一時後眠，翌晨五時醒。

達浦生阿訇昨日逝世，年九十一。

今日大熱，身上起痱子了。這樣大熱天上館子，已非我所宜，擬不再參加，俟秋涼後爲之。

報載溫度卅七度，然此特室內耳。未到三伏，已使人動彈不得，則下月將如何！念周總理到阿聯，日與納賽爾會談或參觀，而彼地至四十度，則我輩誠不當怨熱矣。

六月廿三號星期三（五月廿四）

鈔致三所長函入本冊。將吳秋輝《商代遷都始末考》摘鈔二千字，未訖。與林劍華談。題《書林揚觶》贈伯祥。

服藥，眠一小時許。到民進學習，從正、反面看中、蘇關係，可否作統戰對象，結論否定。紀元分一、二兩組準備討論反帝、反修問題，作系統發言。

澆花。洗浴。服藥，十時半後眠，上午二時半醒，遂不眠。

今日將予所有股票悉送至所中，表示與資本主義一刀割斷。信由靜秋親自送去。

人言一九五五年之夏與今年一般熱。然彼時予體尚强，抵抗得住。今則一對驕陽，便生畏怯矣。

六月廿四號星期四（五月廿五）

四時起，將吳秋輝《商代遷都始末考》摘鈔三千字，訖。檢《世本》、《紀年》等書。

天熱如焚，服藥亦不成眠，只得臥床看《說岳全傳》。傍晚稍涼，起記筆記一則。

在院中乘涼。服藥二次，十一時後眠。翌晨六時許醒。

吳秋輝，名桂華，山東臨清人，研究古文字學及古史學極有創見。去年在濟南，解方以其遺著《商都考》見示，謂沃丁之"沃"，雍己之"雍"，陽甲之"陽"，俱爲地名，發三千年前之秘。今值索還，因即兩日力摘鈔一過。

六月廿五號星期五（五月廿六）

看《釋帝兼論高原文化》。從《世本》、《紀年》、《史記》、

《書序》、《帝王世紀》、《今本紀年》六書中録出商王所建都，以與吳秋輝文比較研究。

服藥，未成眠。

與堪兒同澆花。翻劉晦之《善齋吉金録》。服藥二次，十一時後眠，翌晨六時醒。

近日睡眠更難，爲天熱與，抑爲工作緊張與？如爲後者，則將來尚能任何事，而予之腦力勞動且中止矣。今日中午服眠爾通兩丸，迄未闔眼。

今晚静秋爲湲兒畢業班到女附中開會，知湲兒在校勤謹，每日上午五時在家所聽無綫電國内外新聞，在上課前即寫上黑板報，竭力改正從前驕傲作風。又彼本欲去農村勞動，今亦聽教師勸告，準備升學。

六月廿六號星期六（五月廿七）

尹受來理書一天。記筆記一則。寫解方信，論吳秋輝稿事。

未成眠。到民進學習，討論能不能聯蘇反美問題，答案否定。韓文一來，以吳秋輝文及解方函交之。

鴻鈞來，留飯。翻《善齋吉金録》。服藥二次，十二時後眠。上午四時醒。又眠，六時醒。

數日來在熱潮之襲擊下，北京室中可卅七度，室外則四十度以上矣。覽報，悉印度東北部已至四十九度，新德里則四十三度，熱死之人甚多。但又聞上海一帶甚凉，約二十七度左右。

今日上午本有學部學習會，予因天氣太熱，下午且至民進，而歷史研究所不供應車輛，中午歸來大是問題，故不參加，亦未告知静秋，不期厚宣下午打電話來問，遂爲静秋所知，晚間又肆斥責矣。

六月廿七號星期日（五月廿八）

尹受來理書一天。袁雪厓來，送《禹貢表解》。記筆記一則。理書。

與靜秋、潮兒同到"紅星"，看《雷州青年運河》電影。到"東單"修面。看成瓘《篛園日札》，岑仲勉《兩周文史論叢》。

澆花。與靜秋同在院中納涼。服藥二次，十一時半眠，翌晨五時一刻醒。

亞非會議及外長會議以埃塞俄比亞及巴基斯坦兩國在常設委員會上之提議而延遲召開矣。此自是帝國主義國家之陰謀，藉使美帝在南越更逞凶，英聯邦之和平代表團得以發生作用也。

熱到不能寫字之程度，一寫字則手掌流汗，沾污紙張，且頭腦暈眩，精神不安定也，一動即有"吳牛喘月"之況，苦哉！

袁雪厓甚有分析能力，且退休少事，因將《禹貢》之整理工作寄托與之，不知能不負我期望否也。

六月廿八號星期一（五月廿九）

擬《大誥文字表》格式，交劍華試作。到北京醫院，就腦系科李國政大夫診。遇鄭奠夫婦、李書城夫婦。到孟默聞處，詢《古文尚書》事。

眠一小時。稽"龍、鳳"文字，記筆記一則。章元善來，長談。

澆花。到中山公園，步行兩周。服藥兩次，十一時半眠。上午二時半醒。又眠，五時醒。

屢日頭暈，幾于不能動筆，今日到醫院檢血壓，則左臂150/90，右臂140/80，實不高。醫生謂近日天熱，易感不適，非病也。然入眠愈難，必兩度服藥，此終非辦法耳。

今日午後所以不藥而眠者，以上午出門活動故也。晚間到公園頗涼，以下午有雨故。不敢在椅上坐，只繞園二周而歸，足力大勝去年，亦勝今春矣。近日由泄瀉轉爲便秘，每晨大便須用力。

六月廿九號星期二（六月初一）

伯祥來，與同到大石橋故宮職員宿舍，訪陳萬里。出，到大翔鳳訪龐京周，談至十二時，同出，飯于烤肉季。

到後門外首都照相館，與伯祥、京周同攝影。三時歸。補《自述》解放後一段，約三千字，應潮兒要求。

看閻若璩《尚書古文疏證》。服藥兩次，十一時後眠。翌晨五時半醒。

觀鄭石君奠小予一歲，而體態龍鍾，舉步遲緩，則予猶健者矣。京周較我小三歲，而背彎甚，每日晨起須喘良久，步履又不便，可見予體實不劣，可以自信。

朱阿姨昨日在院中跌了一交，傷手腕，今日歸家休息。明日當招尹受來，替代其工作。

六月三十號星期三（六月初二）

鈔蘇綽《大誥》，以《北史》、《周書》兩本校之。看《通鑑》、《魏書》等。

略一朦朧。到民進學習，討論蘇聯修正主義者能否改變本質問題及將來如何分化問題。

洗浴。看謝啓昆《西魏書》。服藥二次，十一時半後眠，翌晨六時醒。

今晚較凉，聽氣象廣播，知淮河流域暴雨終日。

1965.6.23 致尹、侯、熊三位所長信：（下略，見《顧頡剛書信集》）

[原件]

　　　今收到

顧頡剛同志送來信壹件

　　　　　收發室　　（中國科學院哲學社會科學部收件專用章）

　　　　　　　　　65 年 6 月 23 日

[張雁秋寫]

　　張雁秋，70 歲，江蘇銅山縣人。1895 年生于銅山縣東南鄉張集。1910 年畢業于銅山雲龍公學，1918 年畢業于江蘇省立第七師範學校，1926 年畢業于北京私立中國大學。1918—1926 年任北京私立成達中學管理員，1928 年任黑龍江省高等法院書記官，1929—1932 年任黑龍江東興設治員，通河、木蘭等縣僞縣長，東北抗戰失敗回北京，1933 年參加長城抗戰，1935—1936 年任河南省洛寧縣僞縣長。七七事變後參加救濟戰區難民工作，旋于 1939 年 10 月至 1944 年底任鐵道運輸司令科員(少、中校)，1945 年 1 月任江蘇省政府駐渝辦事處僞副處長。抗戰勝利後于 1946 年 5 月復員回江蘇省，同年 7 月應僞連雲市長張振漢邀任市政府秘書主任，于 1947 年 5 月親自帶到連雲港以周揚季爲首的黨的地下工作小組(先帶去周揚季，隨後密派警官持護之從明光車站將其全組人員及其眷屬接到連雲負全責安置)，介紹周揚季當農場場員，師哲萍當省立中學教員，并設法組織肥皂廠謀經濟挹注，師哲萍被特務捕去，我冒生命危險營救脫險。1948 年秋隨僞市長張振漢辭職回蘇州寓所，繼經張振漢函介于 1949 年 1 月在僞江蘇省府秘書處謀一秘書職。江南解放，不願隨僞省府逃跑，留候江南行署收編在技術人員訓練班學習，後經資遣回家。1951 年自動到上海第三分局交代歷史，經原籍銅山縣人民政府處以 12 年勞動改造，在改造中認識錯誤，于 1957 年 3 月提前釋放，這時我的家住北京，即來北京西四羊肉胡同 31 號居住。在 1960 年冬，人民政府認爲思想反動，復處剝奪政治權利兩年，于 1962 年又恢復了公民權。現雖年屆 70，在家中勞動，自學政治。

張雁秋　1965 年 6 月 12 日

[姜又安寫]

姜又安，1915 年生于江蘇省徐州市二陳鄉。家庭爲中農成份。1935 年畢業于江蘇省立徐州中學高中部。畢業後歷任小學教員、校長等職務。1937 年抗日戰爭期間學校解散，遂入僞中央警官學校。1939 年畢業後歷任甘肅省民政廳警訓所教官，僞警校助教、教官等職務。1945 年抗戰勝利，集體分發江蘇省，派任僞連雲市（今新海連市）警察局長二年。任內掩護地下革命工作同志周揚季（現任安徽省蚌埠市工業局長），并與我的舅父張雁秋密議派人携帶武器往明光接革命同志師哲萍（曾任華東空軍司令部辦公廳主任，現不詳）、韓墨林（夫婦）等四人來我家中。以後又爲他們（周、師、韓等）組織小型肥皂廠以維持生活。一次因師哲萍行動失檢，爲當地軍統特務捕去，備受苦刑，我與舅父張雁秋多方設法營救脫險。1947 年底遭僞省政府免職處分，即携帶家屬遷居蘇州，從事小本生意，自此與反動政權脫離一切關係。1949 年江蘇解放後與周、師等同志取得聯繫，約我去蚌埠，并介紹擔任皖北軍區被服局彈花廠經理工作。半年，被服局改組，我在他們的幫助下又經營榨油廠。1951 年因油廠失敗，回上海做一商店職工。同年自動向老閘區公安局交代歷史，看押七個月（51 年 6 月—52 年 2 月），經瞭解後未予處分。1954 年協助姨丈搬運書物同來北京。1955 年經歷史研究所陳同志介紹參加歷史研究所工作，協助姨丈整理資料文稿。同年參加民革組織。1958 年大躍進期中，歷史所認爲我系編制以外人員，提出意見，我即呈請辭職。以後在我姨丈指導下編寫《孟姜女故事資料集》等稿。1961 年響應號召自動報名入本市西山農場支援農業，以迄于今。

1965. 6.

一九六五年七月

七月一號星期四（六月初三）

　　楊向奎夫人來，贈向奎所作《中國古代社會與古代思想研究》，即翻之。爲研究堯、舜族屬，搜羅其遺址資料，寫筆記二則。

　　眠一小時許。劉起釪來，長談。

　　到景山、北海散步。十時半服藥眠。翌晨五時醒。

　　今日始肯定堯與陶唐之傳說起自濟水流域，即堯是鳥夷族中之人或神，陶唐即陶丘，與舜傳說中之歷山、雷澤、河濱均極近。如爲人，則堯、舜爲彼地兩部族中之酋長。如爲神，則爲鳥夷族所崇奉之上帝或祖先，由是可以決定唐、虞、商均出于鳥夷，夏則有扈及顧亦是鳥夷，惟王族尚未易肯定耳。

　　今日報載“中國人民保衛世界和平委員會”及“中國亞非團結委員會”改選名單，有馮友蘭、張明養、俞平伯等而無我，（靜秋）說人家愈來愈升而我則愈來愈降，爲不進步之結果。我何嘗能爲此等事，而必以擠進爲榮乎！想不到渠之個人名利思想如此嚴重！

七月二號星期五（六月初四）

　　續集堯舜遺址資料，寫入筆記，得二千餘字。朱阿姨來，以病未痊，旋去。

　　眠一小時許。翻《適園叢書》一函。《歷史研究》編輯部張允侯來，索稿。將《自述》照湲兒意，增入兩節，約一千字。全稿約一萬二千字。

　　到“春風”理髮。到北海散步。服藥二次，十一時後眠，翌晨六時半醒。

爲兒輩要知道我的歷史，寫一《自述》。以工作冗忙，今日方得寫訖。

今日大便三次，不稀，静秋説是吃麵條太多之故。白天能眠，不服藥，而晚間則雖服藥而仍不易眠，何耶？

昨日天氣預告，今日當下雨，當降溫至卅六度，而今日却未雨，仍是悶熱。

七月三號星期六（六月初五）

看聞一多《伏羲考》、《龍鳳》、《姜嫄履大人迹考》三篇。林劍華來。雁秋來，留飯。寫北京醫院取藥信。

眠一小時。到民進學習，聽下星期預備在“國際形勢總結大會”上發言者報告發言提綱。

看俞子夷《清季蘇州官紳生活、私塾和早期學校情況片斷》，未畢。服藥，十一時眠，翌晨五時半醒。

今日上下午均有雨，雖不大而已驅炎威。予與伯祥到民進時覺得所穿衣已够，不料愈坐愈凉，甚恐腸疾復發也。

上午大便稀，急服藥止之，幸未續瀉。

俞子夷爲蘇州人而住杭州，今年七十八歲。前數月寫出其一八九二——九〇一年中之見聞，成三萬二千字，寄與政協文史資料會，乃主其事者僅判給稿費六十元，且不擬發表。研因與伯祥觀之，予因得覽。會中人但知注重政治、軍事，不懂得社會文化之重要，可爲一嘆。

七月四號星期日（六月初六）

將俞子夷文閱畢。爲元善之母王太夫人作九十壽詩二首。張覺非來，留飯。

眠一小時半。續看《聞一多文集》。改壽詩，重寫。理書。

翻《辭通》等。十時半服藥眠，上午一時醒。又眠，六時半醒。

壽章老伯母

萊衣舞向析津門，家宴堂前月一痕。指顧孫曾齊玉立，獨扶鳩杖喜忘言。

寰中久苦沸如羹，晚節欣看出聖明。九十春光試回溯，取誇今日最尊榮。

大便二次，上午稀，下午不稀。

街上西紅柿堆山積海，聞每天送至北京市者有三百萬斤，故價錢特廉，一斤僅一分，買一角則滿筐矣，工人有一次吃幾斤者。

七月五號星期一（六月初七）

再將壽詩重寫，寫元善信寄去。點丁晏《尚書餘論》一過，以續經解本校之。

未成眠。

到後門取相片。到北海散步。十時半歸。服藥，十一時後眠。翌晨五時半醒。

早大便多黏沫，下午一回成條。

今午所以不成眠者，以點丁晏書過于求速，精神緊張也。此一習慣養成不易，務當好好保持，工作還是慢慢地做。

今晚自鼓樓步至北海北門，經行西堤，出西南門，復由南門入，北門出。這一圈子，靜秋謂有七八里，縱不及此數，五里則必可有也。以是知予體較去年爲健，去年在青島，晚上游一次中山公園，多麼不濟！

劍華來，爲製《大誥文字演變表》。

七月六號星期二（六月初八）

寫李士敏信。作《古文尚書與王肅關係表》略訖。

眠一小時許。將《尚書餘論》再讀一過，加圈。張紀元來，長談。

洗浴。翻邵晋涵《爾雅正義》。服藥兩次，十一時眠，翌晨三時三刻醒。

今晨大便兩次，皆稀。下午一次，成條，但猶帶黏沫。

紀元告：民主黨派之中委將于八月份集中社會主義學院學習，即住在校中，上午開半天會，下午自由活動。

靜秋所栽花，太陽花已發，深紅、淺紅，深黃、淺黃及白色者繽紛一庭。上午開，下午閉。惟害虫已來，所植鷄冠花有被咬斷根株者。此院去年尚爲房屋，不知虫卵何自來也？

七月七號星期三（六月初九）

到南河沿，開民進國際問題總結會，聽梁純夫、徐楚波、吳文藻、柴德賡發言，楊東蒓主席。散會後即在俱樂部進食，與陳麟瑞、嚴幼芝談。

到王府井"美白"修面。到東安市場閱書。遇陳秉立、龐安民。到東安門買本月車票。雇車回南河沿，參加民進討論會，自三時至六時。與吳學藺同車歸，值大雨，挾電子，狼狽回家。

翻鄭珍《説文新附考》。十時服藥眠，上午二時醒。又眠，六時醒。

李根源先生于昨日逝世，年八十六。

七月八號星期四（六月初十）

作《尚書今、古文説與鄭、王説矛盾表》，未畢。陳維輝自武漢來。

眠一小時半。劉起釪來。

乘無軌十一路轉九路到廣安門，又乘四路到臺基廠，步至東單

公園，乘六路車歸。鴻鈞來。洗浴。服藥，十時半眠，上午二時
醒。良久又眠，五時三刻醒。

　　廣安門已三十餘年未到，今日一觀，面目未變，僅城墻拆去
耳。菜市口則頗熱鬧。

七月九號星期五（六月十一）

　　續作《解釋矛盾表》。到嘉興寺，吊李根源先生之喪，與夏慧
遠同車歸。

　　眠一小時。到南河沿，參加民進小組生活座談會，由三時至六
時，搭聖陶車歸。

　　李士敏、翟福辰來院，談。翻皮錫瑞《古文尚書冤詞平議》
等。服藥二次，十二時眠。上午四時醒。又眠，六時醒。

　　今日吊喪所晤人：朱德　陳叔通　邵力子　俞寰澄　章士釗
李書城夫婦　王芸生　閻寶航　李一平　艾思奇　朱蘊山　楊東
蒪　申伯純　盧郁文　潘光旦　章元善　連以農　邢贊廷　金漢
鼎　翁文灝

　　今日下午同會：陳慧　張紀元　馮賓符　王伯祥　顧均正
葉聖陶

　　英國威爾遜政府撤消“和平使團”，爲美帝侵略尾巴者，觀
此可自愍矣。

七月十號星期六（六月十二）

　　到南河沿，參加學部會議，聽楊向奎、羅大綱、李健吾報告農
村“四清”運動中之觀感，劉導生主席。

　　點丁晏《論語孔注證僞》，未畢。續作《矛盾表》一節。東光
副所長、李士敏主任來。

　　到西單商場閱書。步歸。洗浴。服藥二次，十二時後眠，翌晨

六時醒。

美帝駐南越大使泰勒辭職，經約翰遜批准，所謂“特種戰術”者得一年之試驗而破產矣。南越英雄人民之成就，使美帝不能不屈服，紙老虎之形象于是畢露。

今晚微風拂拂，因試爲步歸，雖在天安門及王府井南頭小公園兩次休息，畢竟完成目標。此調已數年不彈，而今日猶能復舊，足知予體不太弱也。

今日蘇笑天送我家幾盆花草，院中益見綠化，可感也。

七月十一號星期日（六月十三）

翻《合衆圖書館叢書》及《五經異義疏證》。續作《矛盾表》。翻《孔子家語》一過。記筆記二則。

眠一小時許。看清華學生葉志江《破除個人主義的學習目的，堅定地走又紅又專的道路》。

到北新橋理髮。洗浴。服藥二次，十一時後眠，上午四時醒。又眠，六時半醒。

我輩在舊社會中，凡個人之奮勉，社會之策勵，皆爲成名，成名則有鐵飯碗矣。至今日而主要目標乃爲人民服務，名利心必當斥退。讀葉志江文，不勝自愧。

七月十二號星期一（六月十四）

到南河沿，參加民進國際問題總結會，聽楊東蓴、林漢達、謝冰心談反修問題，自八時至十二時。在俱樂部飯。

到閱書室看報。開民進第一、二（甲）小組會，討論今日上午提出的問題，自三時至六時。

看吳世昌《高鶚生平與作品思想》。洗浴。服藥二次，十二時眠。翌晨六時半醒。

昨美帝飛機轟炸越南老街，其地與中國邊境城市只隔一條南溪河。南溪河者，紅河之支流也。此逐步升級至向我國挑釁之表示。我方已提出警告，謂我軍已嚴陣以待。

今日連開兩會，實足七小時，頗累矣。吳學藺在會場上頭暈跌交，送至北京醫院。

七月十三號星期二（六月十五）

續作《兩漢、三國尚書異釋舉例和批判表》。

未成眠。看《文史》第四輯。

看電視河北梆子《瓊花》。十一時服藥眠。上午一時半醒，又眠，六時醒。

今日有風，得一凉爽。

此表揭示今、古文與鄭、王學之矛盾，材料聚集不難，而排比工作較瑣碎，已作五日，尚未能完工也。

七月十四號星期三（六月十六）

續作《尚書異釋表》中小結，未訖。魏應麒自西安來，贈物，長談。留飯。爲寫唐蘭黃、趙萬里介紹信。

未成眠。點汪榮寶《法言義疏》。陶景蓬來。

到北海，進後門，乘渡船至南岸。出，入景山。十時歸。十一時服藥眠，上午四時醒。又眠，六時醒。

得燈市口中學通知，堪兒代數不及格，應于八月十五日補考。不知渠能保持警惕否也。

朱阿姨今晚復職，計回家休息十六天。尹受明天起不來。

七月十五號星期四（六月十七　初伏）

遇杜仁懿。與静秋同到民族文化宮，参加各民主黨派學習心得交流會，與元善、張絅伯、賀麟、馬毅談。十二時散。乘聖陶車歸。

未成眠。續作《尚書異釋小結》，仍未畢。起釪來。

到“東單”修面。到北海及景山前街散步。洗浴。服藥二次，十一時半後眠，上午三時半醒。又眠，六時半醒。

今日上午所聽報告：一、孫曉村（民建），二、劉仲容（民革），三、魏建功（九三），四、曹孚（民盟）。

今日始入伏，未知此一個月熱得如何。

七月十六號星期五（六月十八）

與靜秋到民族文化宮，續開各民主黨派學習心得交流會，與孫蓀荃、金漢鼎、浦熙修、邵恒秋等談。十二時半散。乘聖陶車歸。

服藥眠，得睡兩小時。起疲倦，看報。續作《小結》一則。

又安自鄉來，留宿。到文聯看《山村新唱》電影。出，遇容元胎，同步歸。擦身。十時半服藥眠，上午三時醒，遂不寐，四時起。

今日所聽報告：一、秦伯未（農工），二、朱光潛（民盟），三、榮毅仁夫人（民建），四、許聞天（民革），五、王芸生（政協），六、林漢達（民進）。

自星期一在南河沿開會竟日未午眠後，此數日中午雖熱，終不能眠。今日午飯前吞“安寧片”二，乃得睡二小時，起身後不勝疲憊，久不能事工作。

今晚至文聯稍晚，第一電影未知何名，寫集體工作與自留地之矛盾，借夫妻二人口中述之，卒歸于同走向集體。第二電影名《賣籮筐》，乃寫農村中資本主義思想，有張氏老夫妻爲編筐能手，解放後歸入公社，有鄰村不良分子胡吉祥誆之出賣，而殺價買之，自以高價出售，卒爲張婦騙其挑回。二劇總名《山村新唱》，爲河南許昌所演，而珠江電影廠攝之，農村中宣傳社教利器也。張老以“好人”受欺，足使予警惕。

七月十七號星期六（六月十九）

寫北京醫院取藥信。爲趙震奇事，寫歷史所人事科信。到南河沿，參加學部中心小組學習，聽劉導生報告山東"四清"工作之心得與經驗。與厚宣同乘歷史所車歸。

服藥，眠二小時半。續作《小結》一則，略訖，但尚須改。

看電視"民兵文藝會演"及《戰上海》。服藥，十一時後眠。上午三時醒。又眠，六時醒。

解放上海時，予但聞炮聲，不詳其事實。觀《戰上海》電影，乃知其時蔣方總司令爲湯恩伯，副司令爲劉毅。及湯遁臺灣，劉乃被迫起義。

七月十八號星期日（六月二十）

與尹受同理平裝書。看報。雁秋來，留飯。打電報至蘇州。

又安回鄉。未成眠。繼續研究"鍰"與"鋝"之問題，記筆記一則，千餘字。

出，遇張毓峰。到姚紹華處，詳談山西"四清"工作。洗浴。服藥二次，十一時後眠，翌晨四時醒。又眠，六時半醒。

今日熱極矣，不動也流汗。寫字則紙爲肘濕，理書則胸背齊濕，當在華氏百度上矣。晚有風，始一醒。聞七月下半月及八月上半月，北方將有大雨。

接珠圓妹電報，悉二嬸母逝世，年八十五，因發電與又曾，囑賻二十元。本擬三十元，靜秋不欲而止。

今日我家裝水表分表，以院內栽花，費水多，致前後院同居者不快也。

七月十九號星期一（六月廿一）

湲兒爲算"鍰"、"鋝"距數。點丁晏《論語孔注辨僞》。與靜秋同到“大華”，看《烈火中永生》電影。遇伯祥、章廷謙夫婦、夏滿子等。

服藥，眠一小時半。爲準備會中發言，復讀十日來報紙。

看《光明日報》論美國經濟文字。洗浴。服藥，十時半眠，翌晨六時醒。

《烈火中永生》一片即《紅巖》之改編，飾許雲峰者趙丹，飾江雪琴者于藍，皆慷慨動人。對小說情節略有改變，如許、江同時被槍决及徐鵬飛等特務被捕等，皆原著所未有。《烈火中永生》一名，取自葉挺將軍獄中詩。

要懂得“美帝是紙老虎”的意義，必須先懂得“依靠群衆，服從黨的領導”的意思，否則不可能有正確的瞭解。

七月二十號星期二（六月廿二）

起個人總結發言稿，未畢。記筆記一則，千餘字。

服藥，眠一小時半。戶籍警察趙景惠來。

搬西瓜。到“春風”理髮。到中山公園散步。擦身。食瓜。十一時半服藥眠。翌晨五時半醒。

寫國際情況及評論文字，此生尚是第一次，猶幼年之“開筆”也。

熱甚，到公園中亦無凉意。天氣預報久傳有雷雨，而迄不下。

今日李宗仁由美返國，周總理到飛機場歡迎，溥儀亦往，與之擁抱。李以第二號戰犯，在美曾搞“第三條路綫”，以作“白華”之痛苦，毅然歸來，此對臺灣蔣政權大有震動，對海外僑胞亦必有好影響。

七月廿一號星期三（六月廿三）

與劍華談。尹受來理書。作個人總結發言稿訖。静秋爲修改，予又自改。

到民進學習，討論李宗仁返國事。予爲總結發言，未依所寫稿。

服藥二次，十二時後眠。六時醒。

今日大便又稀，不知是因昨日食瓜多否，抑或因今日稍涼也？今日僅微涼耳，予已咳嗽多痰，其于氣候無抵抗力可知矣。

七月廿二號星期四（六月廿四）

記筆記二則，約二千字。整理《讀尚書筆記》第五冊訖。袁雪厓來，送所作《禹貢表解》。

服藥，眠二小時。起釬來。

李民自鄭州來，長談，同乘涼，食瓜。洗浴。服藥二次，約十二時倚沙發眠。二時許大雷雨，醒。又眠，六時醒。

今日熱甚，不動亦流汗，做工作不易矣。半夜大雨，驟涼。

聞李宗仁歸國，周總理要他"過五關"。五關者：政治關、生活關、家庭關、社會關、思想關也。聞之自惕。

今日湲兒與其同班生十餘人到四季青公社勞動，約十日或兩星期歸來。

七月廿三號星期五（六月廿五）

《光明日報》記者詹銘新來談。記筆記二則，二千餘字，將"有攸不惟臣"問題弄清。

服藥，眠一小時半。

到北海散步。十時歸。服藥，十一時眠，翌晨五時半醒。

以昨夜驟涼，我的肚子又壞，白天兩次大便不稀，而晚間到北海散步覺腹痛，歸家就廁則所下者皆黏沫矣。

七月廿四號星期六（六月廿六）

王樹民來，長談。寫張又曾、毓蘊、自珍信。

服藥，眠一小時。到民進學習，聽嚴幼芝、賈祖璋、黃國光等作個人總結。歸，羅麗携子胡丹宇來。

洗浴，靜秋爲擦背。服藥，十一時眠，翌晨四時醒。又眠，六時半醒。

今日上午泄二次，下午又二次，晚又二次，皆黏沫也，如橘羹然，飄浮數點于水上。

先父在蘇州電氣公司有股份，自五六年定息後年可收入一百八十餘元，德輝一房需用，即取之，未告我，我亦不憶也。自今年起，取息改變辦法，須由業主工作崗位證明，又曾來信，請歷史所出具，而我因上月已將在京股票一并送所，怕惹麻煩，取原件退回。靜秋潮兒知之，今晚對我大作批評，謂我爲溫情思想。

七月廿五號星期日（六月廿七　中伏）

改作《尚書異釋表》中"罰鍰"一條，訖。容媛來。

服藥，未成眠。章元善來。寫又曾信。

到前門修面。買黃連素。遇雨歸。十時服藥，約十一時眠。上午二時醒。又眠，五時三刻醒。

今早拉稀一次，以後即未再拉。夜中到前門散步，遇雨急歸，出了一身大汗。

晚到大柵欄東口之糧食店，六必居醬園之南即中和劇場，是五十餘年前我觀小香水演劇處，追懷舊事，低迴不能自已。今其處爲京劇二團演出處。

七月廿六號星期一（六月廿八）

改作《尚書異釋表》中"五服五千"一條，訖。依靜秋所改，復寫又曾信。

服藥，未成眠。雨中，原孝銓爲要赴河南搞"四清"，來道別。

譚季龍自滬來，長談。服藥，十一時後眠，上午二時半醒。又眠，六時醒。

今晨大便正常。下午又拉一次，亦是糞，惟因氣候轉涼，咳疾又作，痰吐較多。

今日發又曾及毓蘊信，囑將先父所遺股票寄京，俾匯送組織。

自去年八月至今，越南民主共和國共打下美機四百架，此亦消磨其有生力量之一道。

中華書局本派馬緒傳來鈔《異釋表》，今聞原君言，馬已另有任務，不可能來矣。靜秋又不令尹受鈔，只得將原稿交起鈃。

七月廿七號星期二（六月廿九）

將《校勘叙論》修改一過。將丕繩論《左傳》著作年代書鈔入筆記，并加考證。

未成眠。翻竹添光鴻《左氏會箋》。靜秋傳達章蘊報告。

遇桂瓊英、侯仁之、李紫東。與靜秋及兒輩到"紅星"看電影。洗浴，堪兒爲擦背。服藥，十一時後眠，上午三時半醒，良久不能寐。天明後又朦朧，至七時醒。

今晚所看電影：一、《游泳》　二、《解放軍生活》　三、《世界見聞》　四、《李宗仁歸國》　場中熱甚，汗流浹背矣。

七月廿八號星期三（七月初一）

將《解釋叙論》重看一過，加以修改，未畢。木蘭來。

未成眠。到民進學習，聽王伯祥、吳文藻夫婦、吳研因、章廷謙、邵鶴亭等的個人小結。

湲兒自鄉歸。到元胎處，爲八爱送傘。洗浴。略看歌劇《江姐》電視。服藥兩次，十二時後眠，翌晨六時醒。

今日大便二次，倘以多吃西瓜故耶？天又熱，西瓜又好，如之何不吃。

湲兒到四季青公社勞動，本定兩星期，但以一同學病頭暈先歸，教師聞之，即趕至四季青，令俱歸。十餘人皆不欲，相對哭，公社農民亦爲隕涕，以服從上級命令，只得歸來。其所任工作爲拔草。

七月廿九號星期四（七月初二）

到"春風"理髮。作《鳥名官》表。雇汽車，至民族文化宮赴宴。

乘東莸車歸。未成眠。將竹添光鴻《左氏會箋》中"鳥名官"資料鈔入筆記，未畢。劉起釪來。

與靜秋到民族宮觀劇，遇馮友蘭、盧郁文等，自七時半至十一時。十一時四十分歸。十二時服藥，十二時半眠，翌晨六時半醒。

今晨大便又稀，下午一次則不稀。

今日洪、堪兩兒到中關村，幫助木蘭管家務及孩子。堪兒易一環境，當可改變傲慢態度。又數學可請木蘭及啓鏗教。

今午同席：李宗仁夫婦　程思遠　章士釗　邵力子夫婦　傅作義　黃琪翔夫婦　黃紹竑　劉仲容　馮友蘭　李蒸　鄧哲熙　袁世海　許德珩　吳晗　何思源　竺可楨　劉清揚　陳其尤　季方　楊東莸　舒舍予　梅龔彬　俞心清　郭沫若夫婦　蔡廷鍇　高崇民　沈雁冰　羅淑章　盧漢　劉仲華　約七十人（以上客）徐冰　平杰三　劉述周　許滌新　劉春　薛子正　金城（以上主）

今晚所觀劇：中國京劇院演出《紅燈記》：李玉和（錢浩梁飾）　李奶奶（高玉倩飾）　李鐵梅（劉長瑜飾）　鳩山（袁世海飾）王巡長（孫洪勛飾）　此劇爲現代劇中最精采者，革命精神、做工、唱腔、布景，無一不佳。

七月三十號星期五（七月初三）

寫佘雪曼信，静秋不讓發。寫北京醫院取藥信。鈔竹添光鴻"鳥名官"資料入册，訖。

眠一小時。點《説文》隹、鳥諸部字，記筆記一則。將《校勘》續看一過。

送湲兒至木蘭家住。晤頤萱、啓鏗。十時半歸。洗浴。服藥，十二時眠，翌晨七時醒。

今日拉三次，均稀。意者昨兩進民族文化宫，其地有冷氣，如入冷藏室，又飲冰橘水，腸子又得病耶？

今日熱至卅七度，不動亦流汗，晚到中關村往返，汗衫濕透矣。

七月卅一號星期六（七月初四）

點鄭樵《爾雅注·釋鳥》畢。點邵晉涵《正義·釋鳥》五頁。李民來，長談，留飯。

未成眠。到民進參加學習，聽張紀元、陳麟瑞、梁純夫等作個人小結。

鈔《左傳》中"烝報"資料及竹添《箋》。待静秋、洪兒看戲歸。服藥二次，十二時半眠，翌晨六時醒。

今日大便，早一次稀，晚一次成條。

民進宣布放假一星期，自九日始集中學習三星期。

今日仍熱，幸下午有風，晚間有雨。

一九六五年八月

八月一號星期日（七月初五）

摘録春秋時"烝報"資料及錢學範文。記筆記三則。

未成眠。方國瑜自昆明來。

到胡厚宣處，未晤，留條。到楊向奎處談。擦身。吃瓜。服藥二次，十一時半後眠，翌晨五時醒。又眠，朦朧達六時半。

爲《歷史研究》徵文及予，而"烝報"問題可以結合馬克思主義，予對此已有多年之注意，材料略備，本星期停止學習，不識可用八日之力寫成此一文否？

今日上午雨，天氣較涼，然到十五號一走，又是一身汗。

聞楊拱辰言，黃公渚已于去年十二月杪病歿濟南。予去年到青島，曾與往還三次。到濟南參觀山東大學時又晤之于其圖書館寓舍。想不到一個月間遽化爲異物。

八月二號星期一（七月初六）

翻筆記二十餘冊，搜作文資料。抄《舊約》兩條。

未成眠。看洪兒寫大字報，表揚房管所溫、張兩工人。續翻筆記。

到"春風"修面。游北海一小時。歸吃瓜，擦身。服藥二次，十二時半眠，翌晨六時醒。

今晨天氣涼爽，頗有秋意。在中伏而有此，爲想不到之享受。

我家本與全院合用一水表，自今春起，静秋在所拆前屋三間基地上種花果，用水較多，同院人嘖有煩言，故自買一水表，裝分表，獨負自用水費，不與鄰家相涉。承房管所派溫、張二工人來工作多日，鑽入地板底下，切斷舊表水路，在大熱天裏從不言勞，早來晚去，于今日畢功，故寫大字報以表揚之。

八月三號星期二（七月初七　七夕）

續鈔錢學範文，仍未畢。看郭沫若《中國古代社會研究》，摘鈔若干。宋家鈺來。堪兒自中關村歸，下午又去，洪兒亦去。

眠一小時許。鈔《辭海》中關于古代社會各條。計劃作文章節。

到和平賓館訪方國瑜，并晤金竹安、韓儒林。吃瓜。洗浴，潮兒爲擦背。十一時服藥眠，翌晨五時醒。又眠，八時醒。

連日睡眠不佳，今晚服 Phenergan，居然得眠九小時，然醒後終覺頭暈。

八月四號星期三（七月初八　末伏）

作《烝和報究竟是何等樣的行爲》，成三千五百字。

眠半小時。熊德基來，退還股票。

到首都劇院觀劇，十一時歸。劇院中遇馬寅初。出，遇陳秉立。十二時服藥眠。翌晨六時半醒。

今晚所觀劇：《剛果風雷》（北京人民藝術劇院演出）　非喀（省府辦公廳主任）——演者呂齊　庫盧梅（省長）——周正飾　酋長（庫之父）——王望飾　姆布魯（庫之弟，特務）——丘揚飾　懷特（聯合國援助代表團團長）——英若誠飾　普朗達（比利時種植園主）——仲濟堯飾　甘比諾（比人，城防司令）——方琯德飾

予于六月廿三日送到所中的股票，今日由熊副所長退還，以所方及學部不贊成如此辦，蓋有些人靠定息生活，如大家都像我一樣，將使彼輩無法生存也。黨之辦事如此顧及全面，即此可知。然我既決不再取定息，則放在我處亦無所用。

八月五號星期四（七月初九）

續作《烝報》文三千字。與劍華談。

未成眠。劉起釪來，長談。

出，遇酈家駒。到文物出版社買《武威漢簡》，到東安門買月票。歸，看"紅軍不怕遠征難"歌會電視。十一時半服藥眠，翌晨三時半醒。又眠，五時半醒。

《武威漢簡》一書，關涉經學甚巨，予業務所在，不得不購，而力有不及，躊躇半年，今乃得之。

八月六號星期五（七月初十）

與劍華談。續作《烝報》文一千四百字。雁秋夫婦來，留飯。

翻筆記。到“東單”理髮。乘四路車到人大會堂，道遇吳景超。到會堂參加歡迎李宗仁歸國會，周總理主持，彭真及李宗仁講話，演出文娛節目。

韓儒林、譚其驤來，長談，食瓜。服藥兩次，十二時眠，翌晨三時醒。又眠，六時醒。

涼快了五天，今日又熱了。

今日會上與范瑾同座，渠爲北京市之女副市長，兼《北京日報》、《北京晚報》之總編輯。

八月七號星期六（七月十一）

續作《烝報》文約三千字。堪兒自中關村歸，靜秋伴之往同仁醫院治中耳炎。王聿華來。

眠半小時。

洗浴。看程樹德《九朝律考》。十一時半，潮兒聽彭真報告歸。十二時服藥兩次眠，翌晨五時半醒。

今日大便二次，但不稀，晚覺腹痛。

八月八號星期日（七月十二　立秋）

寫黃公渚夫人信，唁公渚之喪。魏應麒來。續作《烝報》文二千八百字。尹受來工作。潮兒往木蘭處住。

未成眠。

將唁公渚信送胡厚宣處，晤其夫人。訪汪篯，未晤。步至日壇公園，九時半歸。洗浴。吃瓜。服藥後直至十二時始成眠，三時半即醒，遂不寐。

今晨又拉黏沫，但未再泄。天大熱，傷風。五日來趕作文太劇，神經太緊張，眠又不佳，工作真不自由也。

日壇公園自修成後迄未去過，其地離吾家不太遠，只是城內外道路未修，灰塵過大耳。他日"雅寶路"修好，又有公共車輛之便，可常往散步。

八月九號星期一（七月十三）

續作《烝報》文四千字。尹受來，打《大誥》文字表格。

服藥，眠半小時。潮、洪兩兒自中關村歸。

五時半，車來。到民進，進飯。聽方明報告參加世界和平大會經過。十時畢。與王歷耕、鄭效洵等同車歸。十一時服藥眠，翌晨六時半醒。

今日大便早晚各一次，均不稀。

今日下午大雨，農田望雨久矣。

八月十號星期二（七月十四）

記筆記一則。續作《烝報》文四千餘字。

未成眠。

飯後到王府井，修面于"美白"，又買茶葉，以天將雨，即雇車歸。翻《戰國策》。食瓜。服藥兩次，十二時在半醒狀態小眠。二時醒，又眠。五時醒，即起。

今日趕作文，直至下午六時半止，在七日中爲最亟，手腕作痛矣。夜眠不佳，知予神經可以緊張工作，但不能自由鬆弛。明日趕完後，後日起即集中學習，生活可一改變，此種現象當不延續。予性好研究，又能作文，而身體本錢則嫌不足，有其志而無其力，此限于天也。

八月十一號星期三（七月十五）

看起釪所作之《高宗肜日譯注》。續作《烝報》文三千餘字，下午張允侯來，即交之。黃樹芳、倉傳憲來。雁秋夫婦來，留飯。

收集補作資料。看起釪所作之《湯誓譯注》未畢。

不舒服，臥床。劉起釪來，以稿交之。十時服藥眠，翌晨八時醒。

數日來氣候變動太劇，此體難于適應，又因趕寫文字，過度疲勞（今日連續工作十一小時），遂病，即服姜湯及神麯，出汗。

作《烝和報究竟是何等樣的行爲》已歷八日，約兩萬五千字，猶未完，以明日爲民進集中學習，此半月餘中不克從事業務，故遂以未完稿交張允侯，請其先在歷史研究編輯部中討論及補充。估計大約尚可補入數千字。予久不作長文矣，逾七十而猶能爲此，可自慰也。

八月十二號星期四（七月十六）

到南河沿，出席民進集中學習，聽張紀元傳達報告及楊東蒓報告，自九時至十一時二十分，飯後歸。

略一朦朧。到南河沿，參加分組討論，予發言。六時後歸。

看伯祥所點《四庫總目》及《吳越春秋》、《越絕書》。十一時服藥兩次，整夜在半醒狀態中，六時醒。

覽報，悉新加坡脫離馬來西亞而獨立，其地華人占百分之八十，故帝國主義者懼其爲第三個中國。總理爲李光耀，華人而生長其地者，云反共，而願與印度尼西亞建交。

民進一組：楊東蒓　梁純夫（組長）　吳研因　徐楚波　林漢達　謝冰心　雷潔瓊　王伯祥　董守義　予

民進二組：葛志成　陳麟瑞（組長）　　邵鶴亭　杜仁懿　嚴幼芝　賈祖璋　章廷謙　王寶初

八月十三號星期五（七月十七）

七時半，與伯祥同到北京醫院，予就郭真興大夫診。遇王却塵夫婦、谷春帆。到南河沿，聽張明養報告太倉瀏河"四清"工作，雷潔瓊報告廣西興安"四清"工作之觀感。飯後與伯祥、杜仁懿同車歸。

眠一小時。到南河沿，聽葛志成報告河北霸縣"四清"工作觀感，休息後分組討論。

看《四庫總目》。洗浴。十時半服藥眠，上午三時醒。又眠，六時半醒。

今日大便二次，晨稀，晚成條。

今日又熱至卅四度。

八月十四號星期六（七月十八）

開會，討論"四清"工作。

未成眠。開會，討論文藝界問題，尤多談戲劇。

堪兒自中關村歸。翻《四庫總目》。洗浴。乘凉。十一時後服藥眠，上午一時醒。又眠，五時半醒。

今日天氣悶熱到極點，坐在室中開會，雖開風扇，仍汗流遍體。

予自去年在青島休養時失去懷錶後遂爾無錶，今日靜秋爲予在王府井買一上海手錶廠所製品，予乃始戴手錶矣。

八月十五號星期日（七月十九）

鈔《左傳》中娣、侄從嫁資料訖。記筆記三則，千餘字。劉鈞仁來辭行。尹受來工作（朱阿姨走後，由彼暫管家務）。

眠一小時許。出外理髮，各肆皆擠，到東安市場閱書，步至東四浴池，方得理。

翻周名煇《新定說文古籀考》。十時半服藥眠，翌晨四時醒。又眠，六時醒。

今日上午大雨如注，轉涼，但下午一出太陽又酷熱矣。

劉鈞仁君奉令疏散，將至西安其子處暫住，《春秋地名彙考》工作暫停，但渠尚有一子在北京電車廠工作，有重來之望也。所慮者，報出便不能報進耳。

朱阿姨年逾六十，勞動力已不強，上月一跌，手更無力，故衣服洗不淨。靜秋欲在彼工資下扣去數元，招人來洗，渠不願，故于今晚辭去。此人有一長處，便是做事手腳乾淨，不占人家小便宜，故看家可以放心。此後不知能用到品質好而勞動力又強之人否？

八月十六號星期一（七月二十）

到南河沿，續討論教育、文化問題。飯後歸，準備下午發言。

到南河沿，予發言一小時許，即以予之發言作討論根據。六時歸。

看范希衡譯葛蘭言文。服藥，十一時後眠，翌晨四時醒。又眠，六時醒。

今日予揭出四點：（一）予與伯祥業務與性情之異同，（二）以前對于階級之看法，（三）對于紅與專之看法，（四）對于下一代教育之看法。中間暢述予與朱家驊與出版商之關係。得梁純夫、吳研因、林漢達、雷潔瓊、王伯祥諸同志之批評，知予雖僅與朱家驊發生關係而實際則爲蔣介石政權服務，其後雖轉而爲出版工作，但結果則仍是爲蔣政權服務。揭開瓶蓋，其臭撲鼻，深慶予行年七十三而知七十二之非也！

八月十七號星期二（七月廿一）

到南河沿，聽葛志成傳達統戰部劉述周副部長在民盟所講話，達三小時。飯後與伯祥、巫寶三同車出。歸，吃蘭州瓜。

未成眠。到南河沿，討論劉述周報告中之文化部分。

續看范希衡譯文。服藥，十一時後眠，上午一時醒。又眠，五時三刻醒。

今日大便，晨、午兩次，均不稀。痰、喘不減。氣候，上午涼而下午熱。自集中學習以來，謝冰心已兩次發燒。予幸未病倒，而疲憊之甚，晚上亦不能出門散步矣。

爲了朱阿姨走，只得又請尹受來工作。渠勞動力固遠在朱阿姨上，但爲了我私人之事，妨礙了渠走上國家工作崗位，渠年已卅九，如再延遲，將成半勞動力，如何養活全家，此則予不能自安者。

八月十八號星期三（七月廿二）

記筆記一則。到南河沿，續論劉述周報告中之教育文化問題。

倦甚，但未成眠。到南河沿，繼續討論文化教育問題。予發言，論封建主義文化。董守義初來參加。

看《辭海》。續看范文。服藥兩次，十一時半後眠，翌晨六時半醒。

聞伯祥言，黄公渚之死實係自殺而非病死，蓋山東大學運動中要對他作批判，而他受不了之故。此君平生專務風雅，寫字、畫圖、作詩、填詞無一不工，而亦無一不脱離現實，一與現實接觸便致不相容也。

“獻九鼎”一事，係一九四三年國民黨工礦黨部與學校黨部所合爲，起釪撰文，予所點定者。此事一經宣傳，便説是予所獻，并謡爲蔣介石作壽時所獻，爲予向蔣貢諛之證。按一九四一

年日軍偷襲珍珠港後，四二年中，美、英、蘇等廿六國即聲明聯
合作戰，是年十月，美、英、加拿大、巴西、荷蘭均放棄在華治
外法權，中國境內之租界盡行收回，四三年一月，中、美與中、
英并訂新約，一時人心振奮，國民黨因有藉此宣傳、炫耀其勝利
之獻鼎事出現，九鼎銘詞中遂有"親仁善鄰，罔或余侮"之句。
我固不能韜晦，被迫爲蔣介石服務，然其事則非我所發動，并非
向蔣貢諛。且以我之貧（是年五月，履安病没，喪葬費須二萬
元，我四處張羅，僅乃成事），力不足以獻九鼎，則斷斷如也。
因于會場中自我批判中將此事揭出，以釋群疑。

八月十九號星期四（七月廿三）

到南河沿，討論在大好形勢下我們的思想和工作。

略一朦朧。寫童丕繩函，寄《左氏會箋》與之。到南河沿，續
論形勢。羅麗來。

與静秋、洪、湲兩兒到南河沿看曇花。到中山公園散步。十時
歸。洗浴。十一時服藥眠，翌晨五時三刻醒。

數月前，走來一母猫，産子二，余家以此遂有四頭猫，而力
不能養，故于今晚令尹受將母猫送與張覺非，小猫一送胡一雅
家，一送前院馬家，從此母子長別離矣，不禁爲之惻然。

八月二十號星期五（七月廿四）

門口遇王明。到南河沿，討論黨對知識分子政策問題及知識分
子自動改造問題。

到"東風"修面。門口遇焦菊隱。到南河沿，續談知識分子改
造問題，予發言。

步至文聯，看《年青的一代》及國内外新聞電影。十時歸。

潮兒考取農業機械化學院農田水利系，校址清華園東，成府

路東口，乘卅一路汽車往。

八月廿一號星期六（七月廿五）

到南河沿，續談知識分子改造問題，雷潔瓊發言兩小時。

未成眠。到南河沿，續談改造問題，予發言。

與靜秋到王府井大街買物。十時服藥眠，上午二時醒，遂不成寐。

八月廿二號星期日（七月廿六）

與靜秋，堪兒到中關村，吃陸國光周歲麵，晤雁秋夫婦及啓鏗夫婦。飯後就啓鏗床稍息。

與靜秋到崇元觀，訪馮家昇夫婦，長談。六時歸。

休息。服藥兩次，十時眠，翌晨六時醒。

今日上午泄四次，下午泄一次，晚又一次，加以昨晚只睡四小時，今日天又甚熱，奔走驕陽下，頗覺疲勞。夜因服 Phenergan 致眠。

國光已認生，我與靜秋抱之則哭矣。

湲兒今日得信，考入女附中高中部，同班試入者十七人耳，渠擬申請住校，以省往返之勞，不知能成否？

八月廿三號星期一（七月廿七）

與靜秋到北京醫院，就腸科張大夫診，遇曹谷冰、林超。九時半，到南河沿，討論思想改造應議之問題。鴻鈞來，爲頤萱贈潮兒用器畫用具，留飯。

眠三刻鐘。杜仁懿來。到南河沿，討論經濟、文化的動力問題，予發言。

澆花。洗浴，尹受爲擦身。服藥兩次，十時半後眠，上午二時半醒。又眠，七時醒。

今早泄兩次。醫謂西瓜亦不可食。以日來天氣之熱，禁食殊感不便。午後幸未再泄。

今年靜秋買得并乞得花種，院中衆花迭開，有一串紅、太陽花（一名滿地錦）、鷄冠花、玉簪花、鳳仙花等布滿一庭，此予家所未有也。而靜秋勤勤播種、澆灌，其勞不小，予乃食其成果耳。

八月廿四號星期二（七月廿八）

與劍華談。到南河沿，續談經濟、文化的動力問題。

眠近一小時。到南河沿，續談經濟、文化的動力問題，予發言。休息時吃西瓜。

到文聯看電影。服藥兩次，十一時後眠，翌晨六時半醒。

今日下午，潮兒到北郊農業機械化學院報到，洪兒伴往，携一鋪蓋卷，一箱。自此以後，其户口自家中遷出矣。

今晚所看電影：1.《南泥灣》　2.《延安生活散記》　3.《百萬雄師過大江》　看毛主席在延安之生活，可知予爲資産階級。

八月廿五號星期三（七月廿九）

寫北京醫院信。到南河沿，討論紅與專問題，予發言。到"春風"修面。

未成眠。在門口待車，與蕭燕燕談話。到南河沿，討論舊社會中之宗派問題，予發言。

看舊《學習資料》。服藥二次，十一時眠，翌晨五時半醒。

靜秋日來患感冒甚重，幸無熱，而劇咳，勸之就醫又不聽，可奈何！

八月廿六號星期四（七月三十）

到南河沿，討論資産階級生活腐化下一代問題及農村幹部變質問題。

未成眠。到南河沿，續論上面問題，予以不承認我的生活會腐化下一代，受同人譴責。

洗浴，尹受爲擦身。十一時，服藥兩次眠，翌晨四時醒。

予自問一生刻苦，食不求精，衣不求華，高薪所得，除開銷生活外，惟買書及救濟貧苦而能工作之青年，以此數十年來不積錢，不治産。所要求者，惟有大屋儲書耳。今日會中述之，同人以爲我輩生活均由剝削而來，工資愈高則剝削愈多，而凡屬資産階級無不要求享受者，予不能痛下檢討而惟自己表揚，大違學習之意。此甚足以激發予改變立場，站在勞動人民一邊也。

八月廿七號星期五（八月初一）

到南河沿，討論"雙百"與"二爲"（百花齊放、百家爭鳴，爲人民服務、爲社會主義服務）的問題。

未成眠。到南河沿，仍討論上面問題，予發言。

看湲兒寫歌詞。記筆記一則。服藥二次，約十一時眠。上午三時半醒。又眠，六時半醒。

今日潮兒住校，堪兒到蘆溝橋勞動，家中頓覺清静。

今日午後有小雨，旋止，天氣稍凉。

李書城先生昨晚逝世，年八十三，胃癌也。

静秋咳仍劇，勸之就醫則不肯，服橘紅丸。

自我家房屋修好後，激起後院諸家之無限嫉忌，既要我家多出水費，又干涉我家在屋西頭放置煤球，甚至要我家從中開一通道，以便利其交通。静秋一一對付，舌敝唇焦矣。

八月廿八號星期六（八月初二）

到南河沿，討論民主與集中的問題，予發言。

未成眠。到南河沿，討論領導、專家、群衆三結合問題，予發言。

與靜秋到工人俱樂部觀劇。十一時散，十一時三刻到家。十二時許服藥眠。翌晨七時半醒。

今日上午有一陣小雨，氣候轉涼，但下午日出，又轉暖。

今日所觀劇：北京京劇團演出《南方來信》：阿霞——李世濟飾　阿霞媽——趙麗秋飾　文安——賀永瑛飾　陳老四——裘盛戎飾　楊老青——馬連良飾　僞警局長——郝慶海飾　阮金（特務）——徐韻昌飾　肯塔（美軍上校）——蔣元榮飾

八月廿九號星期日（八月初三）

潮兒回家。到中山堂，參加李書城先生追悼會，遇吳世昌、向覺明、宋雲彬等。出，到西單商場購書，遇巨贊。到"東單"理髮。遇汪靜之、馮國寶。

寫《諸子繫年》題記。眠一小時許。潮兒返校。章元善來，長談。到米市大街，寄書與張茂鵬。買電影票。

到吳世昌處訪張世禄夫婦，并遇賀昌群、王天木，昌群送歸。服藥二次，十一時後眠，翌晨七時半醒。

近日兩眼枯澀而又易流泪，不知是學習太緊張之故否。

張世禄君研精古音韻，此次送子到京上學，暫住子臧處，後日返滬。

張茂鵬正爲予編校《戰國史事勘》，《先秦諸子繫年》一書在所必備。予止有一部，不能寄津應用。上月到西單商場覯此，欲購取而手頭乏絶，耿耿至今。今日爲吊李公，祭畢即往，以三元五角得之，即日以一本寄去備用，爲之一快。

八月三十號星期一（八月初四）

　　到南河沿，討論知識分子改造問題，及是否可以不改造而爲人民服務的問題，予發言，經東蓀等評判。

　　寫總結，未訖。到南河沿，討論知識分子如何爲工農兵服務問題及老年知識分子如何與工農兵接觸的問題。

　　與靜秋到紅星影院，知買票誤，未觀，出遇大琬表妹。歸，看皮錫瑞《古文尚書冤詞平議》。十時半服藥眠，翌晨四時三刻醒。

　　前、昨兩夜均雨，今日始感涼。兩星期之學習贏得一身痱子矣。此次會中，予最敢敞開思想，以此得同人批判最多，其得益亦最甚。

八月卅一號星期二〔八月初五〕

　　到南河沿，討論專家對領導的請示、匯報等問題，予發言。

　　未成眠。到南河沿，作此次會議總結，予發言。

　　與靜秋、洪兒、尹受同到"紅星"看電影。十時歸，洗浴。十一時後服藥眠，上午四時醒。又眠，七時半醒。

　　總結中，守義、冰心、研因等都說予敢暴露思想，漢達則謂"客觀上，有暴露思想的作用，主觀上則有自我表揚的思想"，此語可深思也。

　　純夫謂本組不如第二組好，其原因由于予發言太多，使同人發言偏于針對予之批評，而應討論之題目則未討論徹底。此固予之罪戾，然亦以事先未發提綱，使人不能預作準備也。

　　開會三星期，心已散，欲事筆墨，必先收其放心矣。

　　今晚所看電影：一、《今日西藏》　二、《人民戰爭勝利萬歲》　觀此精神振奮。黨之力量可以轉無作有，化弱作强，其偉大爲歷史所未有。今又喚起世界革命，真張載所云"爲萬世開太平"者矣！

　　聞子臧言，張朗生先生宗祥在杭州逝世，年八十四。渠畢生致力鮮見書，以鈔寫爲專業，亦藝林中不可無之人也。

［原件］

紅星電影院八月三十日早七點票

予爲欲看《人民戰爭勝利萬歲》之電影，八月廿九日親往紅星電影院購翌日票二張，及期與静秋往，則不但無座位，并無此一場，蓋予實購上午七時之票而誤以爲下午七時也。粘其一于此，以見予行事脱離實際之過。

一九六五年九月

九月一號星期三（八月初六）

看報。與劍華談。將丕繩來書論縣鄙者鈔入筆記。

記筆記三則，約二千字。

看李璜《古中國跳舞與神秘故事》。十時半服藥眠，翌晨五時醒。

今早四時大便一次，七時半一次，九時一次，下午又兩次。開會三星期，已極勞憊，今又病瀉，更覺全無氣力，勉强鈔些資料而已。

九月二號星期四（八月初七）

張允侯來，交還稿件。所下便，静秋發見有血，即偕至北京醫院，就女醫生郭敏文診。抽血。遇馮賓符、黄仲良。

眠半小時。卧床，看《中國史稿》。起釪來，長談。

看《人民日報》社論《美帝國主義照樣是可以打敗的》。十一時服藥眠，翌晨六時醒。

所下血經檢驗，有新有淤。血壓 140/80，正常。

前年開兩個月會，遂便血，是爲此病之始。去年到北大上課，又便血。今年出席民進學習會三星期，又便血。是知予體已不任勞累，只要勞累，此病即作。此後應掌握此規律，少開會，不緊張，庶乎可多活幾年，成就幾項工作。

九月三號星期五（八月初八）

今日下便仍有血，再至北京醫院，郭敏文大夫用結腸鏡檢查。雇汽車往返。

眠約三刻鐘。臥床，看《中國史稿》。

寫趙光信。看郭寶鈞《帝與高原文化》。十時半服藥眠，上午二時醒。又眠，四時醒。

照結腸鏡，絶痛苦，然依舊尋不出我病之所以然。郭醫云：肛門口似有些破，亦猜測之説也。此病西醫無辦法，決到西苑醫院再就徐季涵老醫師診，長期服中藥。

《中國史稿》爲在歷史研究所領導下，集合百餘人之力所編，而郭院長總其事，中國古代史從此有一系統，我輩作文得有繩準，惟其中引用史料略有錯誤，須加補正耳。

九月四號星期六（八月初九）

與静秋到西苑醫院，就徐季涵大夫診，李玉波開方。十二時歸，到"東單"修面。

眠半小時許。倚枕續看《中國史稿》。

到聖陶處赴宴，看曇花。潮兒歸。服藥二次，十二時眠，翌晨七時醒。

今晚同席：王伯祥　章元善　俞平伯　張紀元（以上客）葉聖陶及其子婦夏滿子（主）　曇花兩盆，開四朵，八時前漸開，至九時後開足，翌晨即萎矣，花白如蓮，有微香，遠乃聞之。

今日天氣寒燠適中，本擬游頤和園，在園進餐，以徐醫囑勿食油膩，故遄歸。夜中赴宴，亦惟茹素。

今早下便一次，成條，略有血及黏沫，其後未再下。徐醫謂黏沫爲腸中腐爛處所作膿。

九月五號星期日（八月初十）

整理書桌及稿件。寫李民信，將《尚書總序》稿寄出。

眠約一小時。續看《中國史稿》第一册訖。寫黃先義信。記筆記一則。

胡一雅夫婦來。十時服藥眠。上午四時醒。又眠，六時半醒。

今日下便正常，經静秋檢查，仍有少許血與黏沫。

秋風一起，木葉黃落，又是一番氣象。今年大熱，自五月至八月無日不流汗。集中學習時，生了一身痱子，作癢難堪。今日凉爽，自然痊可矣。

九月六號星期一（八月十一）

看《中國史稿》第二册開始。續寫《炁報》之前段，約近三千字。

未成眠。起釬偕馬緒傳來。唐守成來，留飯。

看《清史稿·后妃傳》。服藥二次，十一時後眠。上午二時三刻醒。又眠，六時醒。

下便仍有血。

兩月前所作《尚書解釋矛盾表》，今日馬緒傳來，交與鈔寫，携至中華。如有不明白處，由起釬爲之解決。

所中與劍華訂合同，第三季度迄未發出，以是三個月中未得往領。今日尹受領予工資時，所中會計科問及劍華，知仍有望。

九月七號星期二（八月十二）

黃先義來。記筆記一則。續改寫《烝報》文約二千字。

未成眠。批劍華工作，尹受到所領取未得。到朱硯農醫師處，未晤。

看《禮記・郊特性、內則》二篇。堪兒自農場歸。十時半服藥眠，上午三時醒。又眠，六時醒。

晨大便稀，仍有血，此病非短期所能好也。

今日午飯時，下顎假牙忽然斷裂，赴原裝配人朱醫生處，則正出席市政協大會，此數日停止醫業。此數日中吃菜須砸碎矣。

劍華工作，以積兩月餘，應領較多，會計科不肯發，須請示上級再定。

昨印度軍越過印巴邊界，進攻巴基斯坦領土，巴軍沿拉合爾前綫堅決戰鬥，阿尤布總統宣布全國進入緊急狀態。按印度受美、蘇援助而爲之反華，此之師出無名，殆爲美帝開闢亞洲第二戰場，期于消耗吾國實力耳。

九月八號星期三（八月十三）

整理《左傳中所記載的"烝、報"等不正常的婚姻方式》略訖。

到民進，聽葛志成傳達徐冰報告，楊東蓴作本屆集中學習之報告。遇車向忱。

聽靜秋傳達范長江報告。看《禮記・玉藻》。十時半服藥眠，十二時半醒。又眠，上午四時半醒。

今日大便中無血，故靜秋令予參加民進之會。其實予正在集中精力寫文，不當分心也。

元善寄四日宴會即事詩來，因仍其韻，改作一首：

皓然疑雪瓣徐開，堂上賓朋喜若孩。乍覺遠香遲舉盞，曇花清氣撲人來。

九月九號星期四（八月十四）

整理第二章訖。整理第三、第四章訖。

服藥，眠近一小時。又安自鄉來。寫元善信。

看郭沫若《卜辭通纂》等。到巷口散步。十時半服藥眠，上午二時三刻醒。又眠，六時醒。

今晨打雷，旋降大雨，北京一帶實旱甚矣。

今日大便又有些血，惟甚少耳。

九月十號星期五（八月十五　中秋）

看王啓榮《不要煩瑣哲學和不怕做麻煩事情》。整理論文第五、六、七章，均未訖。

未成眠。到"華新"理髮。葛志成來。元善來。

與靜秋到東安市場及王府井，雇車歸。十時半服藥眠，翌晨五時醒。

今晨大便仍有一些血。

步行至王府井，即覺脚底痛，甚矣吾衰矣！

九月十一號星期六（八月十六）

與靜秋到西苑醫院，就徐季涵大夫診，十二時一刻歸。雁秋夫婦挈國光來。

又安回鄉。續寫第五章約七百字。看全國第二次運動會開幕式電視。木蘭、鴻鈞來，留飯。

潮兒自校歸。雁秋、木蘭等談至九時許別去。服藥二次，約十二時眠，翌晨五時半醒。

徐醫謂予脉氣較前爲好，舌苔亦較前稍化。到西苑醫院一次，來回須四小時許。

客來一多，生活即亂，靜秋直至夜十一時始理清家事。予待服中藥，時間亦晚。

九月十二號星期日（八月十七）

補論文第五章，寫三千餘字。

服藥，眠半小時許。潮兒回校。到馮國寶處贈《詩韻》，未晤，出乃遇之，在附近街道散步。

看林彪《人民戰爭勝利萬歲》文，未畢。服藥二次，十一時後眠，翌晨六時醒。

今日大便雖乾，仍有膿血。

上午大雨，可惜需要雨水期過了。

九月十三號星期一（八月十八）

寫北京醫院取藥信。為劍華重開歷史所取款單。袁雪厓來。將論文第五章全改一過。

服藥，眠一小時。到民進學習，對林彪、羅瑞卿等文提出應討論之點。六時散，以全運會，車至七時始來。

誦芬弟自瀋陽來談。翻《戰國策·秦》二卷。十時半服藥，上午三時醒。又眠，六時醒。

歷史所會計科囑，劍華工作每月可付工作費七十元，只須報告工作項目即可。此大佳事，從此可請其專力于《尚書》文字及校勘之研究，省卻我一部分精力矣。

袁雪厓能助我整理《禹貢》，而靜秋頗厭之，欲令予不接見，此不知予工作之苦心也。

誦芬弟在瀋陽飛機製造廠，為言美機一架約值一百萬美元，價高者可至四百萬美元。墜毀日多，機已不敷用矣。

九月十四號星期二（八月十九）

將劍華所作《大誥古今文字表》看一過，提出應修改處。論文第五章《魯國的男女有別和夫婦有別的禮教》寫訖，共約九千字。

服藥，眠約三刻鐘。翻《詞律》。

洗浴，尹受爲擦背。翻《秦策》訖。潮兒歸。十時半服藥眠。上午一時醒。又眠，三時醒，遂不寐。

大便仍有些少許血及膿。

美國侵越軍事費用，一九六一年，每天一百萬元。自此直綫上升，迄于今日，每天爲一千萬元，看它的賭本有多少？何日輸完？南越人民越戰越强，設此陷阱以消耗美帝之有生力量，真大快事！

九月十五號星期三（八月二十）

潮兒五時半返校。修改論文第六章，未訖。翁獨健、吳玉年來。

服藥，眠一小時。到民進學習，討論第二次世界大戰及日本投降之主因。

看李英儒《敢叫敵血染刀紅》。服藥二次，十一時後眠，上午四時醒。又眠，六時醒。

漢達言，日本投降人皆説由于美國兩顆原子彈。然日本在一九四四年，因侵略面積過大，糧食、軍火均至不能繼之程度，五月中已準備投降，訓令其駐蘇大使接洽。美國七月中方製造出兩個原子彈，八月中投之，其實即無此彈，日亦必降矣，此美攫取勝利果實也。蘇方亦知日已力屈，乃出兵我東北，解決其關東軍，此蘇之投機也。我國解放區中所以宣傳日降由于蘇出兵者，以其時中、蘇正合作也。實則真正與日軍作戰者，惟有解放軍耳。

九月十六號星期四（八月廿一）

與張允侯通話。修改論文第六章、第七章，俱未畢。

服藥，眠一小時。雁秋夫婦抱國光來，留飯。木蘭來。劉起釪來。看郭沫若《殷契萃編》。

頤萱嫂、木蘭及其子留宿。看電視"全運會動態"。翻《齊語》。十時半服藥，十一時入眠。上午一時半醒。直至四時後又眠，六時半醒。

夜中醒兩三小時，大是苦事，明日必須改變生活。《三希堂法帖》所在地，開放逾一年，予終未能往觀，如此好天氣，悶在家裏亦殊可惜，當一臨賞。

昨研因言，日本投降前，渠正在菲律賓。日之占菲，僅放七槍，美軍司令即下令撤退。及日勢不振，美軍登陸，日軍據王城，美軍挾菲女而開炮，如是者一月，終不敢入城。是時中國人組織"民抗軍"，嫌美軍之怯也，衝入城，則日軍已盡殲。麥克阿瑟來，據爲己，而解散民抗軍。

九月十七號星期五（八月廿二）

修改論文第七章，仍未訖。吳廷勘來，長談。寫張允侯信。

服藥，眠一小時許。到北海，參觀閱古樓藏《三希堂法帖》石版。乘船到北岸，茗于大衆食堂前，看林彪《人民戰爭勝利萬歲》文畢。

到文聯看電影，遇許廣平、容肇祖。服藥，十一時後眠。翌晨四時醒。又眠，六時醒。

今晚所看電影：一、《周總理訪問阿聯》　二、《今日西藏》三、《煤店新工人》。

今晨一時，外交部亞洲司交印度大使通牒，令其于三日內撤除中印、中錫間所築工事，并禁止游弋。

吳廷勘同志來，教我學習必須研鑽文件，并須在文件中找出自己思想和它的差距。予一生在政治與個人生活中均極少考慮，以致在舊社會中被玷污，解放後自以爲每日讀報，大是大非都已瞭解，而不挖自己思想根子，以致雖有差距而不自知。今得此箴言，自當勉力爲之。

九月十八號星期六（八月廿三）

車中遇伯祥。與靜秋同到西苑醫院，就徐季涵大夫診。遇孔玉芳。十二時半歸。歸車中即感不適，因臥床。

服藥，眠半小時許。在床看《趙策》。馮君實大夫來。趙光來送藥，王寶祥老師來，予均未見。

潮、洪、湲三兒到天安門演習，翌晨三時半歸。服藥，十時後眠。三時半醒。又眠，六時醒。

今日在歸中感到不舒服，歸後用體溫表量之，得卅八度。靜秋打電話與徐大夫，渠即開一方，交趙大夫送來，均發散藥也。下午即退涼。此當是十四夜洗浴時受涼之故。

今晚天安門游行演習，潮兒入民兵隊，洪兒入農民隊，湲兒入游泳隊。自晚九時至翌晨三時。

孔玉芳自一九五七年精神病後，時發時作，迄今始愈。

九月十九號星期日（八月廿四）

終日臥床，看郭沫若論奴隸制與封建制各文。張覺非來。鍾肇鵬來，贈書。陸啓鏗來。

潮兒返校。鴻鈞擅爲修予手錶，靜秋、木蘭責之。

雁秋全家挈國光回西四。服藥兩次，十二時後眠，上午三時半醒。又眠，六時半醒。

木蘭子國光來我家住三夜，呀呀學語，扶墻學步，甚可愛。今晚去後，驟覺冷清矣。

九月二十號星期一（八月廿五）

補記日記三天。與劍華長談。看報。

未成眠。將第七章改訖。

翻《管子》。十時服藥，十一時後眠。翌晨四時半醒。又眠，六時半醒。

　　大便仍有血。熱雖退，傷風感冒固未愈也。右眼又發炎淌淚，病痛真多。聲音沙啞，可見感冒未瘳。

　　印度復照謂中國照會中所提"全無根據"，脱卸罪責。昨日下午，我國再給予照會，印度必須拆除設在中錫邊界的中國一側的侵略工事，送回被劫走的中國邊民，歸還被搶走的牲畜。爲給印度政府以這樣做的機會，將期限延至九月廿二日午夜前，否則由此産生之後果由印方負之。如印方不接受，中、印勢將作第二度之戰争，彼時美、英、蘇皆將援印，然印度與巴基斯坦正在戰中，兵又無鬥志，能兩面作戰耶？

九月廿一號星期二（八月廿六）

修改論文第六章訖。

鄭逸梅寄冼玉清《廣東文獻叢談》來，覽之。

閲冼玉清書訖。十一時服藥眠，翌晨五時半醒。又眠，六時半醒。

　　走路，脚底如有海綿然，可見其無力。

　　海南島海口上空，昨打下美國 F‐104 型飛機。其駕駛員跳傘，復爲當地民兵所活捉。

九月廿二號星期三（八月廿七）

準備第八章之資料。鴻鈞來，送回照相機。

未成眠。看王國維《殷周制度論》。與張允侯通話。

看《聞一多年譜》。十時半服藥眠，十二時半醒。又眠，四時半醒，遂不寐。

美國工人世界黨主席薩姆·馬爾西説林彪文是"針對以美國大企業爲首的世界帝國主義的"。又説："美帝國主義是一小撮百萬富翁和億萬富翁集團的制度，這些人正在垂死地反對絶大多數的人。"此是美國人民之覺悟，不可輕視。

印度軍已平毁中錫邊界卓拉山口、乃堆拉山口、則里拉山口、東巨拉山口四處之五十六工事，倉忙逃走。其地在西藏亞東之西南，東爲不丹，南爲印度。

今日大便二次皆稀。連遭疾病，此身絶無氣力，走下臺階亦覺脚軟，出聲仍啞。

九月廿三號星期四（八月廿八）

將起釪所作《尚書高宗肜日校釋》油印稿加以改正，訖。

未成眠。爲山西大學宋謀瑒作《通鑑校補》事寫中華書局信，并寫宋謀瑒、周振甫信。

劉起釪來。十時半服藥眠，翌晨三時醒。又眠，六時三刻醒。

今日仍拉稀兩次，體氣愈軟弱。

《人民日報》發表觀察家《逃掉是可以的，賴掉是不行的》一文以譏笑夏斯特里，説得痛快。

今日天氣轉熱，坐亦流汗，初疑爲虛汗，問之他人亦然，乃知所疑爲非。

山西大學青年教師宋謀瑒對《通鑑》全文及胡三省注、嚴衍補、章鈺校均經細覆，發現錯誤不少，來兩函述其事，而十年前我輩工作亦得勘正，因貽書中華書局古代史組，請與聯繫，俾將來得有一佳本，不知其能接受否？予過于愛才，增多包袱，例如此也。

九月廿四號星期五（八月廿九）

看《漢書》諸表，搜集諸王、侯爲男女無別而受處分之資料。

未成眠。點錢宗範《西周春秋時代宗法制度若干問題的研究》。

看《罕默拉比法典》等書。十時半服藥眠，翌晨五時半醒。

印、巴之戰，雙方政府已接受聯合國安全理事會之建議而停火。然巴之民氣仍旺，以是阿尤布總統禁止人民集會及示威，其所毀美大使館及美圖書館等亦予賠償。有如此民氣而不能用，可惜！

九月廿五號星期六（九月初一）

于思泊自長春來，長談。到"東單"理髮。續點錢宗範文。

未成眠。朱季海來，爲寫唐立厂信，介紹住所。續點錢宗範文。以《舊約》與《罕默拉比法典》對勘。服藥三次，食餅乾一次，于上午一時後入眠，六時半醒。

思泊夫人年七十三，患肝癌，瀕危，故歸省視。爲言蕭項平意，《大誥》工作之語言、歷史兩部可以各出一册。此事當考慮。

今晚不能入眠，有二因：一、羅麗之外祖母知我便血，謂服紅茶可愈。因進之，而下午尤濃。二、朱季海以校《韓詩外傳》等書來京搜集資料，適當國慶前夕，戒備綦嚴，不易得旅館，由呂叔湘介紹至予處，予爲介紹故宮招待所，靜秋知之，大不謂然，强予打電話至故宮取消介紹。予卒與叔湘聯繫，得其承認。予固溫情主義，而靜秋則歇斯的里，以是空氣緊張妨予睡眠。

九月廿六號星期日（九月初二）

黃先義來，挽其爲理碑帖，留飯。點錢宗範文訖。

眠一小時。看蕭前報告記錄。看恩格斯《家庭、私有制和國家的起源》。與先義談話。

始看楊沫《青春之歌》。服藥，約十一時半眠，上午一時半醒。又眠，六時半醒。

三天來大便無血，惟精神仍疲憊耳。近日工作太緊張，今日下午忽覺有怔忡現象，心旌搖搖然，因在院中散步。

北越打下美帝飛機已達六百架。

九月廿七號星期一（九月初三）

改作第一章，未訖。王姨母來，長談。

未成眠。看《青春之歌》。與靜秋到中山公園看秋花。

劉子衡偕孫巍來，爲題孫天牧山水畫。看《青春之歌》。服藥，約十二時眠。翌晨四時半醒。

今日到公園，腳軟，喉中痰塞，老態龍鍾矣。

九月廿八號星期二（九月初四）

與靜秋到西苑醫院，就徐季涵大夫診。遇孔玉芳。與靜秋到頤和園，食于石舫飯店。

歸途中遇黃子通。疲勞，看《青春之歌》。

服藥兩次，直到上午一時後入眠，翌日八時醒。

近四日來，睡眠越來越困難，夜十時雖服藥，但毫不起作用，必服大量之藥乃能在十二時或一時後入睡，神經衰弱急劇增進，此皆趕作論文之故也，明日當去函請緩期。

近日舌苔頗化，此服中藥之功也。

九月廿九號星期三（九月初五）

靜秋爲講讀蕭前關于《實踐論》的輔導報告。寫張允侯請緩期交稿信。

朦朧半小時許。到民進學習，討論備戰與建設關係問題，予發言。又論備戰中自己崗位問題。六時半歸。與張錫彤談。

　　與靜秋到政協禮堂觀劇。遇章元善等。十時四十分歸。服中藥、西藥，至上午一時半後眠，七時醒。

　　蕭前報告之主要内容爲怎樣活學活用主席著作，帶着問題學，學用結合，急用先學。學一點，思想改造一點，工作改進一點。不可在學時當作長知識，而要堅持有恒，不放鬆對舊思想的警惕。

　　今晚所觀劇：解放軍蘭州部隊演出隊演出“小話劇晚會”：
1.《靈活處理》　2.《標兵班的風格》（以上二劇以遲到未觀）
3.《球衣問題》　4.《駕駛執照》　5.《先別肯定》　6.《刺刀見紅》　皆述軍隊生活中運用毛澤東思想事。

九月三十號星期四（九月初六）

　　到北京醫院，就腦系科陳學詩大夫診。遇楊公庶、楊扶青、浦熙修。出，到東安市場閱書。到交道口修面。歸，與劍華談。

　　朦朧一小時。劉起釪來。記筆記一則。

　　德融侄來，長談，留宿。鴻鈞來。服藥兩次，至上午二時後方入眠。七時醒。

　　今日換新藥，中有 Nemebutal，爲予從未服過者，以爲可以眠矣，乃反較前五天更不易入睡，可畏哉此病，予將奈之何哉！

　　報載畫家傅抱石以腦溢血于昨日在南京逝世，年六十二。

　　今日拉稀，又有些血。血壓爲130/82，甚不高。

　　現在，已經有不少工人、農民和幹部在學哲學。無産階級的哲學——辯證唯物論以空前的規模被廣大群衆學習着，懂得“一分爲二”的人成批地成長起來了，這是當前思想戰綫上十分可喜的現象。

　　無産階級哲學并不是十分難懂的東西。特別是經過毛主席提煉和發展了的辯證唯物論是容易學得進去的。它是講的人類社會、自然界和思想上普遍存的客觀規律，任何人和任何事物都離不開這個規律，我們每天都生活在這些規律之中，逃也逃不了的，只是我們自覺地認識或者盲目地不認識這些規律而已。

只要有相當的階級鬥爭、生產鬥爭或者科學實驗的實踐的人，只要注意用一分為二的方法總結自己的經驗，分析自己的實踐過程，就會逐步發現一些規律性的知識，就會逐步領悟辯證唯物論的道理。

一切事物都是過程，一切事物都有矛盾，一切事物都可一分為二，矛盾中有主要矛盾，矛盾又是相互轉化的等等這些辯證唯物論的規律，哪個人哪件事能够例外呢？人生了又要死，無產階級專政的目的是要消滅階級建立共產主義社會。這些矛盾的現象正是客觀的必然性。

只有自覺地學習和運用這個法則，才能正確認識世界上千千萬萬的現象，也才能正確地認識自己。

——摘錄一九六五年九月三十日《北京晚報》向東流《讓哲學更快地普及》。

國慶日在天安門所遇人：葉聖陶　俞寰澄　康同璧　錢伯煊　王伯祥　宋雲彬　王歷耕　侯寶璋　侯仁之　白壽彝　吳大琨　于滋潭　浦熙修　廖華　唐弢　陳岱孫　唐鉞　趙慶杰　陳公培　潘光旦　費孝通　李覺　吳世昌　杜仁懿　謝瑩　謝冰心　葛志成　董守義　黃文弼　朱光潛　徐季涵　夏鼐　覃異之　翁文灝　梁漱溟　鄭昕　陳文彬　裴文中　汪世銘　游國恩　薛愚　吳景超　程希孟　呂叔湘　韓壽萱　黃雍　梅汝璈　胡庶華　周新民　易禮容　陳邦賢　李平衡　楊蘊瑞　陸殿棟　鄧士章

一九六五年十月

十月一號星期五（九月初七）

　　小王駕車來，接侯外廬，同到天安門，參加國慶。彭真講話後，予以足痛，下臺憩息，到中山公園，遇朱光潛，坐談。先上汽車，會散外廬來，同歸。十二時半到家。

　　疲甚，得眠一小時。臥床，看《青春之歌》。鴻鈞來。

　　續看《青春之歌》。靜秋偕德融自天安門看放花歸，談。服藥，十時半眠，翌晨七時半醒。

　　今日仍拉稀，仍有血，幸不多耳。此病與失眠夾攻，予能勝之否乎？

　　在天安門，兩腿僵痛不可堪，拖着兩條腿到中山公園，雖在椅子上坐久，依然僵痛。如此觀禮，豈非太苦。國家一年比一年好，而吾體一年比一年差，此爲尤苦。爲了疲勞，得一佳眠，此爲一星期來快事。

　　去年到北大上課致病，發誓不再登講臺。今年到天安門觀禮致病，自應發誓不再登觀禮臺。

　　靜秋爲人，太機械，太教條，左一個"政治任務"，右一個"政治學習"，只要有通知來，就逼着我參加。我也因她的心是好的，就去了。可是我年齡已老，身體已衰，而崗位工作又重，不可能做這做那，以致腸炎之症愈發愈劇，亦愈頻數，勢必走上死亡的道路。我不怕死，但許多着手的工作沒有做完，這是無法交代的事。她說："朝聞道，夕死可矣。"似乎我不妨倒在會場上。但許多人盼望我的是什麼，我不能不矜惜四五十年來工作的總結。

十月二號星期六（九月初八）

潮兒自校歸。晨起小便，大便泄褲中，檢視有血，復眠。德融返校。張覺非來，留飯。黃先義來，續整碑帖，留飯。

朦朧一小時。理屋中什物。章元善來，長談至晚。

與先義談。到天安門觀燈。十時半服藥眠，翌晨七時醒。

十月三號星期日（九月初九）

看《青春之歌》訖。黃先義來，續理碑帖，其成冊者訖。

宋家鈺爲吾家人照相。潮兒返校。

看電視各族歌舞。服藥二次，十二時後眠。五時醒。又眠，七時醒。

《青春之歌》寫抗日戰爭前北京學生運動，自"九一八"至"一二·九"，其人物以林道靜爲中心，其地點以北京大學爲中心，作者"楊沫"，予猜測即北大教授楊晦也。

十月四號星期一（九月初十）

與劍華談。于思泊來，長談。看蔣超伯《窺豹集》。

未成眠。新建設社田森來，長談。程金造來。將《愚修錄》中六三年平心來函鈔訖。將此錄第三冊作一整理。

看馮德英《苦菜花》。十時服藥眠，上午三時醒。又眠，五時三刻醒。

今日當工作矣，而疲憊至不可堪，意者吾已瀕臨末日耶？今日上午拉稀三次，均帶濃血，因此靜秋又急。

自明中葉以來，吾家有譜牒可稽，吾之直系祖先，以七世祖列圖公年七十一爲最壽，而吾今已逾之。三十年前聞丁文江言，以父、母、祖父、祖母、外祖父、外祖母六人年齡平均之，即得自己年壽，如此，我當止五十二歲，而今亦早已逾之。今犯腸

病，難痊而易發，或已不久人間，從年歲上説，可謂無憾。惟有
不願即死者數事：（一）我一生讀書心得具在筆記，此爲對于後
人之真實貢獻，而今未理。（二）黨以整理《尚書》工作畀我，
而我未能完工，無以對黨之期望。（三）先父及予所搜羅之古物、
古書，我身後必不可保，當擇其佳者捐獻國家，而以其普通者出
售，爲静秋及兒輩之生活費，今尚未能作一清理也。

十月五號星期二（九月十一）

與静秋到北京醫院，就腸科女大夫侯玉芝診。遇李俊龍、沈雁
冰、陳萬里夫婦、梁漱溟。出，到寶泉堂理髮，看羅瑞卿文。

未成眠。續看《苦菜花》。朱季海來，長談，爲寫趙萬里信。

看《苦菜花》。服藥二次，十二時後眠。五時醒。又眠，七
時醒。

今日上午，吳廷勘來我家，適理髮未遇，静秋見之，告以病
狀，以此明日學習可不往。本月月半後，政協將組織參觀"四
清"，予不任勞動，只得謝絕。從此將一心整理《尚書》積稿，
期于在本年内將《大誥》一篇交稿。

十月六號星期三（九月十二）

記筆記二則。整理《大誥譯證》稿。

未成眠。看《苦菜花》小説。陶復和來。

看電視《苦菜花》電影。服藥，約十二時眠。翌晨六時半醒。

朱季海，名學浩，蘇州人，抗戰前學于章太炎，通訓詁學，
頗能作考證。解放後以文字糊口，然自去年壓低稿費後，度日愈
艱難。此次到京，擬將汲古閣鈔本售去作旅費，爲之憮然。

十月七號星期四（九月十三）

雇小汽車，與靜秋到西苑醫院，就徐季涵大夫診。十二時歸，途遇堪兒。

未成眠。續看《苦菜花》。鄭舜儀二姐來爲孩子們製冬衣，留食宿。

劉起釪來，爲看其《高宗肜日今譯簡釋》。服藥二次，十一時半後眠，翌晨六時醒。

小汽車每公里價二角五分，自我家到西苑醫院，計廿一公里，價五元二角五分。

《中國哲學史資料集》收我幾篇《尚書》譯文，今日中華書局送來稿費九元一角。此可見恃稿費爲生者之困難。

陳毅副總理在九月廿九日舉行中外記者招待會上，就中國政府的外交政策和當前國際局勢中的諸多問題，發表答記者問，説明中國決心爲打敗美帝不惜作出一切必要的犧牲，打敗美帝後，全世界結束帝國主義殖民的時代就會到來，對美帝、蘇修、英帝、印度反動派、日本軍國主義，一切無所畏懼，叫他們明天就打來吧！中國是有準備的。其言絶痛快，極真實，從《參考消息》上知道世界人士對此已極注意，而這篇談話直至今日始登出，真重要指針也。

十月八號星期五（九月十四）

覺頭暈，臥床，看《苦菜花》。

未成眠。與靜秋同到北京醫院，就內科女大夫徐永秀診，又就腦系科大夫蔣景文診。遇程希孟、金燦然診。抽血。

又安自鄉來。到文聯看電影，遇元胎，與同還。又遇孫劍虹。十一時服藥眠，翌晨五時醒，又眠，七時醒。

今日看書覺眼花，是多服安眠藥乎？抑本原虛乎？

靜秋一意請西醫檢查予病，徐大夫謂已檢查數次，可能是神經性結腸炎，不必再查。只要不受累，不受涼，即可維持老年健康也。予以此，此次愈後擬不再參加集會。徐大夫又説："你的病，我們本來疑心是腫瘤，但再三檢查，均無此現象。心、肺、肝亦無問題。"

今晚所觀電影：一、《軍墾戰歌》（解放軍與知識青年開發新疆）　二、《革命贊歌》（第二屆全運會開幕式）

十月九號星期六（九月十五）

將劍華所點蔣超伯《窺豹集》編號。看《苦菜花》訖。

未成眠。記筆記三則。

看梁斌《紅旗譜》。服藥兩次，十二時後眠，翌晨五時醒。

《苦菜花》，馮德英著，一九五八年解放軍文藝社出版，寫膠東半島昆嵛山地區農村人民在解放軍領導下對于敵僞軍及隱藏漢奸之艱苦鬥爭，以馮秀娟及其母貫穿全書。我輩在抗戰中避至大後方者，讀之生愧！

十月十號星期日（九月十六）

潮兒自校回家。黃先義來，續理碑帖。王伯祥、丁曉先來。張覺非來。

未成眠。續看《紅旗譜》。吳廷勘來，長談。張覺非來，代買鞋，留飯。

看電視《節振國》電影。服藥，十一時眠。上午二時醒、三時醒、五時醒。

民進欲予參加學習，吳廷勘同志數來視予。今日見予臥床，當不致再要予下鄉參觀"四清"。下鄉，以前予最所樂爲，而今腸胃病發展至此，如何能與農民"同吃"。

伯祥來，勸予不必停止參加學習，但只須如他一樣，坐坐聽聽就算合了時代要求。

十月十一號星期一（九月十七）

看《人民日報》社論《一切工作都是爲了革命》。與靜秋吵，劍華及又安來勸。到外間，與劍華、又安談，爲劍華寫于思泊信，請校正《大誥文字演變表》。

未成眠。續看《紅旗譜》。卜蕙賞來，長談。看何漢文《嬴秦源流考》，未畢。

看《紅旗譜》。服藥二次，十一時半後眠。上午三時醒。又眠，七時醒。

自天安門觀禮，予每日大便都帶血，有時且甚多，予以是益恨靜秋，以予本不欲往而靜秋强之也。兩不相屈，至今日乃破口。今年十二月政協大會，予決不參加矣，否則此病又發，予體實經不起此反復！

印尼政變，陸軍反對印共，捕千五百餘人，艾地逃亡泗水，空軍則傾向共產黨，黨亦有武器，從此恐將進入游擊階段。蘇加諾如從此爲陸軍所控制，則中尼兩國友好勢將暫時中止。

十月十二號星期二（九月十八）

記筆記一則。寫起釺信。雁秋夫婦抱國光來，留飯。

又安回鄉。略一朦朧。記筆記三則。雁秋等回家。

看《紅旗譜》。十時半服藥眠。翌晨五時半醒。

陸國光會步行了。小孩大約十四個月而能行。

今日陰雨，且有風，氣候突涼，予大便晚間又多一次，稀，甚矣予腸之敏感！因此，不得不又圍肚兜。

十月十三號星期三（九月十九）

記筆記一則。丁曉先來，長談。與靜秋、鄭二姐、羅麗到兒童影院看《東方紅》歌舞電影。

到"美白"修面。到東安市場閱書。歸與劍華談，翻新購書。

看《紅旗譜》。服藥二次，十二時半後眠。翌晨六時醒。

得自明信，知其兩子震堃、震奇均考入貴陽醫學院。

今日到王府井一走，又覺腳痛，歸即臥床。從此不再有濟勝之具矣，一嘆！

美國"越南日委員會"號召舉行"國際抗議日"，反對美國侵越，指出美國人民爭取民主的鬥爭是全世界人民反對美帝國主義鬥爭的一部分，美國人民必須建立一個新美國，并且同亞非拉人民共同建立一個新世界，此美國人民走向革命之好消息也。

加拿大亦有"國際越南日委員會"，斥美帝對越南人民十一年來的滔天罪行。

日本東京五萬人舉行大會，反對批准"日韓條約"。宮本顯治號召推翻佐藤政府。

十月十四號星期四（九月二十）

與林劍華談。記筆記三則。

與靜秋到西苑醫院，覺非待于門，同到徐季涵大夫家，請診脉開方，徐大夫出示其父《寶鴨齋法帖》。覺非爲取藥。六時許歸。

起釬來。看《紅旗譜》。服藥二次，十二時半眠，翌晨五時醒。又眠，七時醒。

徐大夫之父名樹鈞，曾作江蘇鹽運使，篆隸真草各體咸能，以家藏王獻之《鴨頭丸》一帖，故名其齋曰"寶鴨"。身後其子刊其所書爲法帖。其伯父名樹銘，任六部尚書。徐特立先生，其堂兄也，楊開慧烈士，其夫人之姑也。

十月十五號星期五（九月廿一）

到北京醫院，就腦系科李國政大夫診。遇蕭項平、曹谷冰、郭寶鈞。張蘭玉來。

眠一小時許。記筆記一則。看《紅旗譜》訖。續看《播火記》。看《解放軍報》社論《突出政治必須抓好活的思想》。

到北京醫院打針。服藥兩次，十一時半後眠，翌晨六時醒。

《參考消息》轉載英國《每日電訊報》，說美、英合謀製訂空襲我計劃，將由英國的"火神二式"核轟炸機與美國的"B—五二"之八引擎轟炸機、"盜賊式"超音速轟炸機來執行。看吧，帝國主義的惡貫滿盈！

近日予便血漸少，而失眠疾益劇，雖儘看小說而仍不得眠，故只得打冬眠合劑針及 Procain 針。今日血壓 110/70，出奇的低，是亦病象也。下午又拉稀一次。打冬眠針而猶不得眠，仍服藥兩次，可見痼疾之深。

十月十六號星期六（九月廿二）

與劍華談。看起釪《高宗肜日今譯簡釋》。于思泊來，長談。馬念祖來，還書。卜蕙蓀來，贈鴨。看張次溪《水圍坊記》。

臥床，看《播火記》。記筆記二則。

到北京醫院打針，遇王歷耕。服藥，十時後眠，翌晨五時醒。又眠，七時半醒。

上午連來三客，未得休息，兩腳底即作痛，因于下午眠半天。

思泊來，改正劍華《大誥文字表》之甲、金文不少。甚麼事都非一日之功。渠囑再送至苑峰處審核。思泊夫人前日逝世，昨已殯葬，費千六百元。渠犯胃癌死。

雖拉稀，仍有血與膿，如此淹纏，如何得了！試服人參（西洋參），不知能止否。

十月十七號星期日（九月廿三）

黃先義來，整理碑帖，留飯。程金造來。臥床，看《播火記》。潮兒自校歸。

記筆記一則。

與先義談。到北京醫院打針。服藥，十時半眠，翌晨六時醒。即拉膿血。

昨日打針，居然發生效驗，眠至八小時以上。予腸疾、腦疾，兩症俱發，眠食兩不佳，體實難任，能將一頭治好，亦足鼓勵勇氣。

自十五日下午拉稀後，昨今兩日均屢欲拉，每次小便肛門輒欲泄，終致拉些屎頭在褲頭，亦惟有聽之而已。此病不愈，終將致命。靜秋今日看予舌苔，云已乾凈得多，連最厚之舌根亦化，此則徐季涵之力也。

十月十八號星期一（九月廿四）

以泄血多，靜秋偕赴北京醫院，就徐永秀大夫診。遇張頤、傅作義、馮賓符、馮家昇、張奚若、張振漢、楊向奎、馮君實。

臥床，看《播火記》。王儼來，長談，留飯。

晤宋家鈺。雇車，靜秋伴至北京醫院打針。九時半眠，翌晨六時醒。

昨日下午拉稀一次後，夜間又欲拉，勉強忍住，今晨一覺醒來，再也忍不住，淋漓褲褥，皆膿血而無大便。病之演進，乃至于是。此皆民進與靜秋不把老年人當病人看待，而直以少壯人繩之之故也。

靜秋請徐大夫許予住院檢查，而彼不肯，靜秋哭。嗚呼，既有今日，何必當初！

王儼云：中國與美帝遲早必有一戰，與其遲戰，不如早戰，以抗日、解放兩戰争領導者今猶在也。

十月十九號星期二（九月廿五）

湲兒到南口農場勞動。雇汽車，静秋伴至廣安門中醫研究院，就蒲輔周大夫診，遇張炎生、鄧道生夫婦。十二時，乘公共汽車歸。

未成眠。三時，静秋伴至北京醫院，由陸同志灌腸，刁大夫透視，照四片。雇汽車歸。

服藥兩次，十一時半眠。翌晨七時醒。

自今日起，日記俱在醫院内寫入手册。至楓林村療養所後，静秋送到日程册，由手册轉録于此。

十二月九日記，已越五十天矣。

十月二十號星期三（九月廿六）

終日看《播火記》。寫趙儷生信。

未成眠。卧床。金振宇來。木蘭來。"春風"毛同志來爲我理髮。

胡厚宣來。服藥兩次，十二時後眠，翌晨七時醒。

厚宣辭出時，静秋送他出門，他對静秋説："請告顧先生，不要再説了。儘説儘説，是要犯錯誤的。"此當係八月中民進集中學習時，我在會場上説的尹達如何封鎖我、壓制我的事，記録稿由民進送統戰部，再由部送研究所了。但此次之事并非我自己要説而是伯祥等問我才不得不説的，正和上次政協時由平心要我説而説的一樣。除六二年出于一股憤氣外，我早已放寬了心了。

十月廿一號星期四（九月廿七）

静秋伴至北京醫院，就駱燕禧大夫診，透視肺部。遇袁翰卿、丁瓚夫婦。以予結腸生息肉致病，住入醫院二一〇號病房。静秋視予進食後回。

得眠一小時許。看《播火記》上册訖。静秋來，送物。起釪來。王在同大夫來。

拉一次，惟有膿血。灌腸一次，有糞。九時服藥眠，上午二時醒。此後在半眠狀態中。

予之腸疾，去年住北京醫院内科病房兩月，迄未檢得原因，僅云功能衰退而已。至北大上課後又發，到北京、人民兩醫院檢查多次，亦未得結果。今年九月重發後，直到前日刁大夫透視，始斷爲"乙狀結腸多發性息肉"病，今日才允住院，謂將開刀割除。此予平生第一次經驗也。北京醫院，一樓爲内科病房，二樓爲外科病房。

十月廿二號星期五（九月廿八）

六時，抽血。于學智大夫來。護士王秀爲灌腸三次。王歷耕大夫爲作結腸鏡檢查。王在同伴。

眠一小時許。又灌腸一次，灌白劑兩次，到放射科檢查。看《播火記》。

服藥兩次，十時後眠。上午二時醒。又眠，六時半醒。

北京醫院本專爲高幹看病者，自今年起向人民大衆開放，以是驟增病人。去春予住院，静秋日日來陪，今年出入證不輕發，家屬來探視限於星期二、四、六、日之下午三至六時，使病房得安謐。聞明年起，科學院同人之醫療關係均將轉至同仁醫院，北京醫院將改名爲"東單醫院"。

予此次入院，不帶綫裝書，手術完成後到香山療養所休養亦將如此，俾得一心一意學習新東西，東蓀所謂"要放得下，才拿得起"也。

十月廿三號星期六（九月廿九）

李殿柱、王在同二大夫來。王歷耕大夫來。看《播火記》。

眠一小時。靜秋來，看兩天報紙。照心電圖。熊德基來。胡厚宣來。

打冬眠合劑針。九時半服藥眠，十二時醒。三時醒、五時半醒。

十月廿四號星期日（十月初一）

看《播火記》。服務員石長山爲洗浴。

未成眠。靜秋、潮、洪來。起釪來。堪兒來。

打針，服藥。十時眠，上午二時醒。待曉。

今晨忽覺右眼酸痛。上午拉兩次，一次膿，又一次有糞，但甚輕，浮水上。

與起釪談話久，精神興奮。

靜秋日來不能眠，疲勞特甚，當由我入病院所致。

十月廿五號星期一（十月初二）

六時，抽血，查肝。看《播火記》下册訖。歷史所人事科女同志黎然來，爲劉導生致意，并囑醫院特別照顧。讀毛主席《人的正確思想從哪裏來的》，爲作圖解。

未成眠。寫自明、自珍、毓蘊信。王在同來。下樓打電話與靜秋，遇王歷耕、馮賓符。到賓符室，晤其夫人。看《美國共產黨（馬列主義者）宣言》。

看《實踐論》。洗足。打針。服藥兩次，十時眠，上午二時醒，待旦。

今日大便正常，色黃，成條。

看《美國共產黨（馬列主義者）宣言》，從走向資產階級政黨的美國共產黨挽回到馬列主義來，斥美帝爲世界人民最凶惡的敵人，説美國的黑人問題歸根結底是階級問題，其機關刊物爲《紅旗》與《人民之聲》，可見其受中共影響之深。在美國資産階級在全世界瘋狂掠奪與殘殺下，距美國人民革命已不在遠。

十月廿六號星期二（十月初三）

三時半起，看毛主席《實踐論》一過。李、王、于大夫來。王歷耕、齊濤來。看《毛主席語録》。試寫遺囑。

未成眠。靜秋偕雁秋來。宋雲彬來。尹達來。林劍華來。黃先義來。賀昌群來。

賓符來。看電視《赤道戰鼓》。十時半服藥，十一時眠。上午二時半醒，又服藥，眠一小時，待曉起。

天天睡眠困難，眠時短少，予尚能久住人世乎？決改變生活，夜下樓看電視，以遲眠代早眠，以服藥代打針，觀其效果如何。

醫師謂予考慮：開刀，怕年高經不起；不開刀，怕腹中惡化。在開會討論下，決定開，將請中國醫學科學院曾憲九教授爲動手術，即去年爲賓符腸癌開刀者也。醫謂此次開刀，雖是大手術，但不牽涉內臟，可保無虞。予以此爲一生未有之經驗，爲防萬一，試寫遺囑。

十月廿七號星期三（十月初四）

大便少，送驗。下樓修面。遇陳叔通先生及陳慧，因入三〇九室訪問。鄧家棟副院長來。寫章元善、魏應麒信。晤王歷耕。看閻長林《胸中自有雄師百萬》。

服眠爾通二丸，得眠一小時。寫王伯祥、張允侯信。到金岳霖處談。看《毛主席語録》。

到賓符處談，遇蔣國彥大夫。看電視《英雄兒女》。遇陳慧。十時服藥眠，上午二時半醒。

今晚忽然拉稀三次。

岳霖係因十二指腸潰瘍，大便出血而入院者，彼住下層。

十月廿八號星期四（十月初五）

看楊寬《再論西周金文中六自和八自的性質》。看《毛主席語錄》。李大夫等來。

服藥，眠一小時。静秋來。胡叔異來（丁曉先同來，以無證未入）。雁秋來。元善來。

看元善所贈金兆蕃《安樂鄉人詩》。賓符來。歷耕來。看丕繩長函。服三種藥，十時眠，上午二時醒。又眠，五時半醒。

今日拉四次。

十月廿九號星期五（十月初六）

與護士張榴妹談。看《毛主席語錄》。看《解放軍畫報》。定此後工作計劃。女醫王大夫來，爲查耳、鼻、咽喉。

服藥，眠一小時半。陳慧來。曾憲九大夫來。看《毛主席語錄》。與静秋通電話。

與金岳霖談。看電視《鼻瘜》及《年青的一代》。服藥，十時眠，上午一時醒。此後在半睡眠狀態中。

予右鼻管四十年前曾出血，鼻涕常易結蓋，不通氣，常以手指抉去爲快。今經檢查，醫囑勿抉，又看電視，知有因抉時擾入病菌致死者，此後應力戒。

十月三十號星期六（十月初七）

看《毛主席語錄》。鄧院長、王主任來。看昨日報。

服藥，眠一小時半。静秋來。劍華來，贈食物。伯祥、聖陶來。啓鏗、木蘭來，贈花。

看電視"紀念聶耳逝世三十年、冼星海逝世二十年音樂會"。遇王新民大夫。十時半服藥眠。上午四時醒。又眠，六時醒。

十月卅一號星期日（十月初八）

看靜秋昨日送來之報。看《毛主席語錄》。

眠一小時許。靜秋偕堪兒來。與堪兒到岳霖處。鴻鈞來。葛志成、陳麟瑞來。劉起釪來，交馬緒傳所鈔《尚書解釋異同表》。姚紹華來，以無證退出。雷潔瓊來。

看電視《渡江偵察記》及《阮文追就義》。晤賓符。十時半服藥眠，上午二時半醒。又眠，六時醒。

一九六五年十一月

十一月一號星期一（十月初九）

抽臂血，又抽耳血。王在同來。洗浴，王秀爲擦背。看《世界知識》及昨日報。腦系科蔣大夫來診。

未成眠。看《毛主席語錄》訖。金岳霖來。寫趙孟頫、李平心信。看《民間文學增刊》。

賓符來。王歷耕來辭行。與靜秋通話。服藥兩次，十一時眠，翌晨六時醒。

近日天氣陰晴無定，予傷風，體溫在卅七度上。浴室較涼，咳嗽，服羚翹解毒丸。

人代、政委明日出京，分江西、四川等四道，參觀"四清"。余本健于行者，今竟放過此機會矣。

十一月二號星期二（十月初十）

晨起，有些頭眩。看《民間文學》本年第五期。

服藥，眠一小時許。静秋偕雁秋來。看本日各報。徐伯昕來。

灌腸，大便。服藥，九時半眠，上午二時半醒。又矇矓至四時許。

灌腸，大便，爲動手術準備也。從今日下午起，服流質與半流質物，亦爲動手術作準備也。

十一月三號星期三（十月十一）

抽臂血。以明日動手術，補寫遺囑訖。李大夫來。石長山爲剃腹部汗毛。賓符來。

眠半小時。看本日報。寫童丕繩、陳維輝信。洗浴。到金岳霖處談。

打静秋電話。王秀來打針。馬大夫來診察，楊瑞琪來灌腸。看《安樂鄉人詩》。九時半服藥眠。翌晨五時半醒。

今日剃去腹部汗毛，晚間打青霉素針三次，又量血壓，聽心臟，灌腸三次，爲明日動手術作準備也。

大夫們屢問予有何顧慮，予答以如有顧慮即不住院矣。余年已高，他們不能不有此顧慮，故亦代余作顧慮也。予除工作未完之外，實無顧慮，人誰不死，而余年已“够本”，何惜之有！

十一月四號星期四（十月十二）

王曉華來灌腸四次，插鼻管抽胃液，打鎮定針。静秋來。十時入手術室，高大夫注麻醉劑。十時半，曾大夫來動手術，割除結腸一尺餘。十二時半事畢，返室。

注射葡萄糖一千五百毫升。静秋來。趙濟年來。雁秋來。侯外廬來。胡厚宣來。樓朗懷來。

徹夜不寐。直至黎明始稍闔眼。

此次手術，經歷二小時半，諸醫師均言順利。當剖腹時，以打麻醉劑，予冥然不知。手術訖即醒，便覺作痛甚，手脚均被縛，注射葡萄糖，不能動，亦不能言，惟有呻吟，出虛汗甚多。夜十二時，覺心慌。四時，王大夫來，謂無事。

十一月五號星期五（十月十三）

終日注射葡萄糖二千五百毫升。

賓符來。

徹夜不眠，打冬眠合劑針亦無效。

自行手術後，李、于、王三大夫皆常來，而王大夫尤勤。

十一月六號星期六（十月十四）

終日注射葡萄糖二千五百毫升。

静秋來。陳慧來。湲兒來。

打冬眠合劑針，仍徹夜無眠。出虛汗。

今日體已略可轉側。勉强下床一次。

湲兒自南口勞動歸來，已批准入團，實經過一年半之自我奮鬥，克服驕傲心理。

十一月七號星期日（十月十五）

拔除鼻管。注射葡萄糖一千毫升。

注射終止，得一解放。起釺來。静秋偕湲、堪來。潮兒來。木蘭、鴻鈞來。王大玫、大琬來。趙叔玉來。金岳霖來。

突然出大汗，楊護士爲易衣。進水化氯醛 20 毫升，僅乃得眠。

四日來惟兩眼仰屋，不看書，不睡眠，時光之去覺得太遲了。今日起吃一號飯，全流質。每日七時半、九時半、十一時半、三時半、五時半、八時半，凡六食。

前年王姨丈謂予："開刀比死還難過。"此真經驗之談。今日醫術雖進步，尚未能剋除此痛苦也。

起鈃明日將與黃先義等同到河南林縣參加"四清"工作，約半年歸，文化部所派也。

十一月八號星期一（十月十六）

石長山來，爲擦身，易衣，換被褥。竟日看李白詩。

眠一小時。鄧副院長來。看昨日報。起坐。

進水化氯醛十毫升，未眠。服 Seconal 二片，方眠。

晚間大便一次，成條，正常，蓋尚是腸中舊積，灌腸未下者也。今晚未出汗，足徵已度過險境。

自經手術後，最怕咳嗽，一咳即震動傷口，有如腹中爆發一個炸彈，而近日天氣正是由暖轉寒，予夙有氣管炎症，勢不可免。每吐出一口痰，如釋一重負。

十一月九號星期二（十月十七）

七時醒。覽昨日報、李白詩。賓符來。

眠一小時。有熱六分。雁秋來。靜秋來。陳慧來。徐伯昕來。張惠遠（吳景崧夫人）來。林葆駱來。梁純夫來。

李、于大夫來。有熱八分。九時眠後出汗退燒。服藥後眠。

自今日始，每晨由石長山爲穿衣起身。今日起吃二號飯，爲半流質。

自今夜起，恢復服 Phenergan，Seconal，Meprobamate 三藥，得眠矣。

接自明信，勸余勿再"蠻幹"。告之伯昕，渠云："無其力而強作，是爲冒險；有其力而不舒，是爲保守：皆不可也。"

十一月十號星期三（十月十八）

七時醒。小許來抽血。看昨日報。胡理髮師來，爲予修面。司膳食之護士郭媛來。

十二時眠，一時醒。又眠，一時半醒。補記七日來日記。看昨日報。李、于大夫來。

小郭來。九時服藥眠。上午二時醒，又眠，六時醒。

起床、就寢、小便、大便皆需人扶持，真不慣。自今日起，至出院日止，家中送鷄湯來，聞此可促肌肉之凝合。

十一月十一號星期四（十月十九）

欲大便而不得下。看《中國歷史小叢書》中之《寇準》及《秦始皇》。李護士來。

未成眠。靜秋來。雁秋來。四時，于大夫爲拆綫。晚餐時，靜秋令飲鷄湯二杯，吃蘋果一個。

六時半，胃痛大作。七時，于大夫來，則創口已裂開，重送手術室縫合。夜中胃痛不解。十二時，王曉華爲打鎮定針，得眠二小時。終宵出虛汗。

一般人手術後五六天即拆綫，予以年長，至第八天始拆。孰知表皮雖凝合，而肌肉未凝合，三小時後又復裂開。于大夫一見即令楊護士爲包扎，送手術室，請曾主任來，由崔大夫重縫。爲求堅固，除羊腸綫及絲綫外，更以鋼絲加上一道。此次手術行局部麻醉，故予神智清楚，但不感痛苦，惟默誦唐詩以遣時。至九時半，手術畢，歷一小時半。

予頗疑此是晚餐時吃太多，撑出來的，故頗怨靜秋以好心得惡果。但醫則云拆綫較早之故，亦以年齡關係，肌肉凝合不易也。

十一月十二號星期五（十月二十）

終日熱高卅八度半，未起床。仍進一號飯。未看書報。賓符來。

眠二小時。

仍出虛汗。服藥，得安眠。

縫鋼絲綫，固爲牢固，然實甚痛，惟有忍受之耳。

十一月十三號星期六（十月廿一）

熱高卅七度半。起床，看《人民日報》社論《駁蘇共新領導所謂聯合行動》。進二號飯，但不思食。

林劍華來，贈物。姜又安來。靜秋偕洪兒來。金岳霖來。

服白蠟油，求解大便。仍出虛汗。服藥，得安眠。

十一月十四號星期日（十月廿二）

熱高卅七度。陳慧來。大便仍苦不下，注甘油椿，無效。石長山爲灌腸，亦無效。看徐森玉《〈蘭亭序〉真僞的我見》。

未成眠。靜秋來。侯外廬來。許廣平來。雁秋來。喝鷄湯，食橘子。

九時服藥眠，上午一時醒。又眠，四時醒。

湲兒已批准住校。尹如濬已得煤廠合同工作，四月一訂，明日上班。渠年已卅九，不可無一機關工作矣。

張仁杰在洛陽機床廠任七級技工，頃以開會來京。

十一月十五號星期一（十月廿三）

熱卅七度二，略可自由活動。于、王大夫來。金岳霖來辭行。石長山爲洗足，換襯衣。李大夫來。補記日記四天。看師文古《〈孔雀東南飛〉的思想分析》。

未成眠。石長山爲擦澡。李、于、王大夫來。喝鷄湯，吃橘二、蘋果一。看小叢書《林紓和林譯小説》。

九時服藥眠，上午二時醒。又眠，六時半醒。

吴晗所編《中國歷史小叢書》，實爲我昔日之心願，而由彼成之。前數年買來後未暇觀。今當養疴，正好次第觀之。然其所編《海瑞罷官》劇正受姚文元批判，牽連及于《小叢書》，故静秋謂此中有毒素，不欲予觀。然批判尚未有定論，而歷史亦一時寫不好，"俟河之清，人壽幾何"，不必因噎而廢食也。

十一月十六號星期二（十月廿四）

熱卅七度。抽血。欲大便而不得，塞甘油栓亦無用，腹部因傷又不能用力，十分狼狽。看昨日報紙。

又灌腸兩次（一次鹽水二百毫升，一次甘油），四時才下，苦甚亦快甚。伯祥及其女潛華來。静秋來。雁秋來。鍾肇鵬來。

看小叢書《努爾哈赤》。易別種藥，八時半服之無效。十時服水化氯醛，得眠。十二時即醒，耿耿到曉。三時，溺濕衣褲。五時，王曉華爲易襯衣，墊褥。

日來夢醒時，項背均有盗汗。

自四日動手術，至今十三天，除八日晚大便一次外，迄不得下，悶甚。今日得下，直有再生之樂。然實不知費了多少氣力。

十一月十七號星期三（十月廿五）

熱卅六度八。早飯後大便一次，甚自然。李、于、王三大夫來，爲洗傷口，重包扎。看昨日報。理髪。

服眠爾通二片，得眠二小時。看小叢書《顧愷之》、《魏源》。

九時服藥，九時半後眠。上午一時醒。又眠，五時半醒。朦朧至六時半。

今日飲家中送來雞湯兩杯，又吃橘二、香蕉一、梨一、蘋果一。晚間有些腹脹，然爲明日大便計，不得不爾也。

十一月十八號星期四（十月廿六）

早飯後大便一次。李、王大夫來。看小叢書《袁世凱》。飲雞湯。

眠半小時。章元善來。陳乃乾來。静秋來。楊向奎來。楚溪春來。姚紹華來。

看小叢書《戊戌變法》。九時服藥眠，十一時一刻醒。又眠，三時醒。又眠，得奇夢，五時醒。

來客都説我氣色甚好，無有病容，爲之一慰。但説話仍無氣力耳。

十一月十九號星期五（十月廿七）

九時大便。李、王大夫來。陳慧來，贈黄巖橘。看小叢書《李冰和都江堰》、《祖逖北伐》。

未成眠。看本日報。看小叢書《中國猿人》、《賽典赤》。飲雞湯，吃餛飩。

九時服藥眠。上午一時醒。懷念昨夢，遂不寐，吟詩。

今日創口始覺癢，此爲生肌肉之兆。

十一月二十號星期六（十月廿八）

大便。于大夫爲拆絲綫縫口。看李白樂府，歌吟。飲雞湯。

服藥，眠一小時。静秋偕其族弟張仁杰來。劍華來。看本日報。李、于大夫來。

九時半服藥眠，上午一時以出虚汗醒。王曉華護士爲易襯衫。又眠，三時醒。朦朧至六時。

自重縫迄今，歷九日，拆第一道綫。

十一月廿一號星期日（十月廿九）

于大夫來。八時半大便，較乾結。看丕繩論春秋史事長函。飲雞湯。王大夫來。看李白詩及報。

服藥，眠半小時。靜秋偕潮、湲兩兒來。陸啓鏗來。看本日報。

看小叢書《明代援朝抗倭戰争》。八時半服藥眠，十二時半醒。又眠，四時半醒。

湲兒在家，恒遲眠早起，睡苦不足。自住校後，九時二十分即息燈，六時二十分起床，睡足矣，而時間却不够用，真無兩全之道也。

近日小便頻數，幾于一小時一次。

十一月廿二號星期一（十月三十）

大便。换衣。石長山爲擦澡。澡後疲甚，臥床休息。于大夫來。看小叢書《鄭成功》。

服藥，未成眠。看小叢書《林則徐》、《諸葛亮》。曾憲九大夫、鄧副院長來。

看李白詩。八時半服藥無效，九時半起吃餅乾，眠一小時即醒。十一時飲水化氯醛得眠，上午三時醒，朦朧到五時。

自動手術後，每日打青霉素、連霉素針，初一日四針，後一日兩針，三星期來打的兩股都是針眼。今日起停打。咳嗽藥亦停。

曾大夫來，予謝之曰："麻煩你們兩次！"曾大夫説："不然。第一次是你麻煩我們，第二次則是我們不小心，麻煩了你！"這話滑稽，可作此次入院紀念也。

十一月廿三號星期二（十一月初一）

大便。李大夫來，爲洗創口。抽血。到走廊看《世界知識》。看小叢書《屈原》。

以喝紅茶，不成眠。讀李白詩。靜秋來。修面。看本日報。王大夫來。

看小叢書《秋瑾》。八時半服藥眠，上午二時三刻醒。又眠，五時醒。

上次所抽血，據小許言，白血球較多。

十一月廿四號星期三（十一月初二）

李、于、王大夫來。大便，量少。看小叢書《白居易》。

未成眠。看小叢書《老子》、《曹操》。金岳霖來。

看本日報。服藥後不成眠，吃餅乾亦無效。十時半飲水化氯醛得眠，翌晨四時醒。朦朧到六時。

李大夫囑："年紀越大越應活動。"按此語，前數年王姨丈亦曾告我。只望我兩腿有勁，我是肯活動的。

晨醒前總有盜汗。

金岳霖自十五日出院後，爲寓所與醫院溫度相差甚遠，又患肺炎，于日前重入院。渠年七十一，老人之與氣候如此其不易適應也。

十一月廿五號星期四（十一月初三）

大便。看小叢書《廉頗和藺相如》。十時，李、于、王大夫及王護士長等來，于大夫爲拆鋼絲綫，王大夫爲包扎，李大夫囑靜臥一天。看李白詩。

未成眠。靜秋偕仁杰來。飲鷄湯。雁秋來。

聽廣播。九時服藥眠。上午二時醒。又眠，五時半醒。

自十一晚重縫後，至今十四天，鋼絲太緊且硬，腹上痛甚。今日拆去，得一解放。爲懲上次之失，仍用橡皮膏粘上，紗布包之。

十一月廿六號星期五（十一月初四）

大便。李大夫等來。看李白詩。

未成眠。看小叢書《秦始皇》。飲鷄湯。鄭慎儀來，送書報。

看報及小叢書《歐陽修》。服藥後不成眠。十一時服水合氯醛眠。翌晨五時醒。

十一月廿七號星期六（十一月初五）

大便。八時，李大夫來，拆去橡皮膏及紗布。看小叢書《玄奘》、《孔尚任和桃花扇》。

眠半小時。看小叢書《海瑞的故事》。劍華來。雁秋來。張覺非來。李大夫等來。胡厚宣來。静秋來。

九時服藥眠。上午二時半醒。良久不寐，看《人民第一堡壘》畢。五時後又眠，七時醒。

予割下之結腸，經送中國醫學科學院胡正詳教授研究，今日李大夫見告："所生非息肉，乃是氣囊，與便血無直接關係。然此是潰瘍，自是割去爲佳也。"

静秋今日與民進同人乘汽車到順義縣焦莊戶參觀抗日戰争時，在馬福同志領導下所挖之地道，全村地下皆通，敵不能破。全國政協爲印《人民第一堡壘》以表章之，故静秋今日來獨遲。

十一月廿八號星期日（十一月初六）

李大夫等來，囑明日出院。大便乾結。看小叢書《墨子》。

眠半小時。讀李白詩。洪兒來，送報。潮兒來，送水果。静秋來。王在同來。與静秋到李大夫處，商定下星期五出院，徑赴香山。王儼偕王晶來。尹如潛來。

讀李白詩。服藥三次，十二時後眠。翌晨六時醒。

小便常有餘滴，久之乃盡，以此褲褥常濕。于大夫說：這是前列腺腫大之故，有藥可服。静秋以予剛拆綫，主張緩期出院。得李大夫同意，延至下星期五。

丕繩囑盧南喬到我家中訪問予病狀，盛意可感。渠自身則肺結核老病，醫主隔離，故今年已不上課，在家研究，將以全力研究《左傳》及春秋史。

十一月廿九號星期一（十一月初七）

小許來抽血。石長山爲洗浴，易衣，感疲勞，就床休息一小時。看昨日《人民日報》鐵道部武昌機車車輛廠唐國興《萬里跟車記》及《爲革命、會革命》（北京積水潭醫院燒傷專業組紀實）。又社論《在鬥争中學習運用唯物辯證法》。

未成眠。看《中國青年·王杰專號》。到金岳霖處談。看本日報紙。于、王大夫來。

讀李白詩。九時服藥眠，翌晨六時半醒。

今日有六級風。

讀昨日報，認識到學習唯物辯證法，必須從實踐中想方設法解決問題，非單純求知之事。能如此實幹苦幹，方可談創造發明。即使條件不足，環境困難，亦可有所成就。

十一月三十號星期二（十一月初八）

開出應帶物單。李、王大夫來，檢查前列腺。看本日報紙。

未成眠。讀李白詩。楊伯峻來。静秋來。看本日報。

九時服藥眠，十二時醒。久不能睡，起讀李白詩。四時後又眠，六時醒。

今日寒至零度。

李大夫謂前列腺腫大固有藥吃，但易傷胃，應使胃腸復原後再服。

[剪報] 一九六五年十一月二日《人民日報》學術研究第八十九期
　歷史上若干治理黃河流派的探討　　　　余學干

（下略）

　　在本冊中，此數月之業務作一總結：

　　一、自三月至六月，作《大誥校勘説明》及《解釋説明》，約五萬字。

　　二、同上期，續補《大誥校勘》。

　　三、指導林劍華作《大誥古今文字表》。

　　四、研究"嬴"、"媯"兩姓之關係，兼及唐、虞、商、陳之族類問題。

　　五、七月，作《兩漢、三國尚書異釋舉例和批判表》。

　　六、作《尚書文字系統表》。

　　七、八月至九月，作《從烝、報等婚姻制度看中國古代社會的變遷》。

　　此九個月中，爲疾病停止工作兩個月，爲學習時事亦費去工作時間約兩個月。在五個月中能成業務如許，亦屬不易。倘使予能專心從事業務，所得當不止是也。又此數項工作中尚有未完成者，則疾病之累，倘能于明年好好地作完乎？

　　北京醫院我所接觸之醫護人員：黨委書記齊濤　副院長鄧家棟　外科主任王歷耕　外科主治醫師李殿柱　住院醫師于學智、崔文年、王在同　中國醫學科學院教授曾憲九（特邀）　服務員石長山、趙廣興　理髮師胡永生　護士長王向榮　護士王曉華、楊瑞琪、李玉良、陳澡鳳、王秀、王桂娥、張榴妹、穆玉蘭、盛惠華、王淑玲、郭嫒（司膳食）、許□（司取血）

　　香山療養所醫護人員：所長馬蘇高　醫師屈承源　護士顏淑琴、曾龍香、趙菊英（代護士長）、趙淑芳、于素蘭、韓秀英　于振雲（司膳食）　張鳳蘭（司茶水、清潔）　王彩惠（司水電）　潘淑中（司理療）　孔玉紅　理髮師王德春　服務員魏松林、羅文（號房）、劉文舉、石敏志　職工黃金銘（文牘）　高保良、胡居道、王時彥（會計）　黨團欒福元（支書）

一九六五年十二月

十二月一號星期三（十一月初九）

下樓理髮。王在同來。看本日報及昨《人民日報》姚文元《評新編歷史劇〈海瑞罷官〉》。

朦朧半小時。看《王杰日記》、《鄧穎超談怎樣對疾病作鬥爭》。

讀李白詩。八時半服藥，九時眠。上午一時醒，又眠，四時三刻醒。

今日第一次下樓理髮，腳頗軟。近日略有感冒，多痰，淌鼻子。房間如此暖和，經常在二十七攝氏度，即華氏八十度，而猶感寒，知外間冷風不免侵蝕也。

自十月廿一日入北京醫院外科病房，至後日出院，凡歷四十三天。割去一段內外俱有氣泡的結腸，免致養癰貽患，當然是一件好事，但醫言與便血并無直接關係，說便血是腸中發炎。

是此後要求保持健康、多做工作，必須使其不致發炎。而欲致此成果，又須使精神與生活皆不緊張，是則開會、學習俱不能多參加，在適當的溫度下必多散步，方可不負此一時期之痛苦經驗也。

十二月二號星期四（十一月初十）

大便乾結。與鄧副院長談。讀李白詩。

未成眠。李大夫等來視創口。溫讀本年九月初《人民日報》社論《美帝國主義照樣是可以打敗的》，《解放軍報》社論《勝在政治，勝在毛澤東思想》。金振宇來。林劍華來。静秋來。張仁杰來。王在同來。金岳霖來。雁秋送便盆來。

堪兒送報來，即翻看。八時半服藥眠。十一時半醒。再服藥，十二時眠。上午三時半醒。

近日食欲不振，鄧副院長説我舌苔厚膩，須治。李大夫説我創口結得甚好。

十二月三號星期五（十一月十一）

早起理物。大便仍乾結。到金岳霖處道別。九時半，静秋、劍華來，辭別王大夫等上車。十時三刻到達楓林村，住一〇五號室。晤吴作人、趙樸初、馬院長、屈大夫等。

在飯廳晤王迪、翁迪民、諸有仁、張席禔等。静秋、劍華到香山飯店進膳後回城。未成眠。小顔來。

樸初來。到其室，并同到作人處。王迪來。小曾來打針。服藥兩次，十時後眠。翌晨六時半醒。

香山療養所爲北京醫院附設機構，所以使慢性病人得少住醫院者，其地在眼鏡湖南，外語學院北，對外用"楓林村"一名，凡游香山者走不到之處。去年十一月開始收容病人，屋係新建，甚闊敞。予室在東南隅，陽光充足。暖器雖不若北京醫院之高熱，但因不穿院中制服，改穿自己之棉衣褲，故有時熱至不可耐。

十二月四號星期六（十一月十二）

過磅（六〇點五公斤）。早餐，晤鄧毅。到張席禔處。屈大夫來詢病狀。到諸有仁處。與有仁、林正仙、翁迪民等到香山飯店買物，東宮門喝茶。歸，寫静秋信。到傳達室寄。

眠約一小時。看侯仁之所著《徐霞客》（小叢書）。看報。與吴作人談。

　讀《毛選》第二卷。打針。服藥二次，十一時眠。上午三時醒。矇矓至六時半。

　吴作人任中央美術學院院長，以心臟病，在此休養。趙樸初爲中國佛教會副會長兼秘書長，病與吴同。此間休養員大都爲五十左右。凡二十六人，以予爲最長，次則地質學院院長張席提，年六十八。渠患氣喘病。

　諸有仁去年與予同在青島療養院，她所犯爲糖尿。王迪患偏中，右手不便行動。翁迪民患肺病。鄧毅患高血壓，此三人與予同桌進食。與予鄰室之謝蘇爲高度神精衰弱，不能聽得一點響聲。

十二月五號星期日（十一月十三）

　大便乾結，竟不能下。欲與吴作人同出散步，風大退回。聽上海彈詞廣播。看小叢書《李綱與宗澤》。

　眠一小時。大便下。吴作人來，同出，步至香山寺下。入香山飯店吃茶。歸，讀《毛選》二卷。

　看李白詩。服藥二次，十一時眠。翌晨四時醒。矇矓至六時半。

十二月六號星期一（十一月十四）

　大便順利。屈大夫、顏護士來，檢查身體。與作人同出，經煤廠街、北辛村，到香山書店、百貨商店、山貨鋪購物。經買賣街回，遇何啓君。

　未成眠。獨出，到北辛村修面。看小叢書《韓非》，任繼愈著。

　謝蘇來。看小叢書《梁啓超》。趙菊英來打針，十時服藥眠，上午二時半醒。矇矓至四時。

　今日量血壓，爲120/80。今日兩次下山，走路較多，兩足底皆作痛，一如國慶觀禮時。此後只有減少走動，以期保持最低限度之健康。

護士趙菊英，常州人，她曾學習針科，故插針甚正確，皆有反應，不若其他護士之需摸索也。

十二月七號星期二（十一月十五）

與吳作人游見心齋及眼鏡湖。點楊寬《古史新探》中《論西周時代的農業生產》及《關于西周農業生產工具和生產技術的討論》兩篇。寫靜秋信。

朦朧一小時許。鈔任繼愈《韓非》文入筆記。

點李白詩兩卷。打針。十時服藥眠，翌晨三時醒。四時起。

楊寬古史底子打得好，經、史、子中資料既可全面掌握，頻年學習馬列主義，復能深入，故其所論皆有卓見，與郭沫若、李亞農之書可抗行也。

楓林村與外語學院相鄰，院中諸生十分用功，今晨到見心齋，見其散在各隅，或讀書，或背誦，或對話，如此打好基本功，中國對外關係必然愈來愈有力量。

十二月八號星期三（十一月十六）

點莫爾根《古代社會》兩章，鈔出其題目。點楊寬《論中國古史分期問題中三種不同主張》。

靜秋來，伴之到香山飯店進午餐。未成眠。三時，送靜秋到汽車站。買水果。遇諸有仁等。歸，看小叢書《霍去病》。

打靜秋電話。到作人處取覽《參考消息》。看小叢書《采石之戰》。打針，服藥。十時眠，翌晨四時醒。

兩日來早晨大便甚少，下午則多，不知腸中又有何種變化。晨起口枯舌燥，食橘後轉佳。

靜秋九時餘離家，至十二時始到此，換車兩次，均須等待，一也；下香山站後步行上山，二也。

予今日上午未走動，下午伴静秋至香山飯店，又送之至站，尚不覺累，及彼登車，予獨步歸，足底又作痛矣。

十二月九號星期四（十一月十七）

補記日記七天。點李白詩一卷。點楊寬《論西周時代的奴隸制生產關係》。到吳作人處。到鄧毅處問疾。

眠一小時許。

點李白詩一卷。看小叢書《張衡》。打針。服藥二次，十時半眠。上午二時醒。又眠，六時半醒。

静秋偕此册來，自今日起，又可用毛筆寫字。惟兩月中事須轉録于册，亦費事矣。

今日未出外散步，又不得不兩度服藥。

昨買香蕉，已熟，不欲任其爛，故多吃了幾個。今日大便，上、下午及夜三次，度以此故。大便不稀，惟略有黏沫。

自今日起服中藥，屈大夫所開方也。

十二月十號星期五（十一月十八）

續點《古代社會》兩章，鈔出題目。補記日記六天。

未眠。看報。二時半，與休養同人乘大卡車游卧佛寺，與季崇威同到壽安山水閘。出寺，與莊啓東等談寺中匾額義。四時歸。點李白詩一卷。晤吳作人夫婦。

看小叢書《陳勝吳廣》、《文成公主》。打針。九時半服藥眠，上午二時半醒。又眠，五時半醒。

早上大便才如猫屎，何也？此爲予平生所未有。下午便多。日來天氣甚好，而予又患傷風，鼻涕、噴嚏、咳嗽、痰吐不絶，甚以爲苦。趙菊英送羚翹解毒丸來，服之。

　　報載羅隆基于七日逝世，年約六十五。當九月中，予與静秋
游中山公園，見其與劉王立明啜茗于來今雨軒，假作不見而過
之。及予出門，彼亦穿馬路乘車，行甚疾，予與静秋又着意緩
行，乘下一班車，以免見面。想不到今竟死矣。

　　　後聞樸初言，羅本有心臟病，日前到館子吃涮羊肉太多，
以飽脹影響心臟，遂致驟死。

十二月十一號星期六（十一月十九）

　　理髮。點楊寬《試論中國古代井田制度和村社組織》及《試
論西周春秋間的鄉遂制度和社會結構》。屈大夫來。護士于淑蘭來。

　　眠三刻鐘。吳作人來。

　　易衣。看小叢書《王禎和〈農書〉》。打針。服藥二次，十一
時後眠，翌晨七時醒。

　　　今日大風，吹人欲倒，不敢出門而又多讀書，以此夜眠又
不佳。

十二月十二號星期日（十一月二十）

　　晤趙樸初。與作人到北門散步。打電話與静秋、平伯。點《古
代社會》第二編第二章《易洛魁氏族》，并鈔出其節目。

　　眠一小時。屈大夫爲洗浴。眠床休息。

　　看報，與莊啓東談。看小叢書《徐光啓和〈農政全書〉》。打
針。九時半服藥眠，十二時許醒。四時以凍醒。又眠，七時醒。

　　　今晨大便甚好，既成條，又無血與黏沫，已至正常程度，惟
仍多放屁，噴出糞液于襯褲上，爲可厭耳。

十二月十三號星期一（十一月廿一）

　　與樸初、作人同到静宜園散步。馬所長來。點楊寬《試論西周

春秋間的宗法制度和貴族組織》、《我國古代大學的特點及其起源》兩文，并鈔《古史新探》全書節目。

眠一小時。到北辛村買文具。遇張自清等。

到樸初處談。看報及小叢書《蘇武》。韓秀英來打針。服藥四次，十二時後眠。翌晨七時醒。

近二日早晨大便甚好，下午不再拉，可謂上軌道矣。今日下午上市一次不覺累，亦比較有進步。鼻涕仍多，咳嗽較好。聞近日流行性感冒甚猖獗，予殆即犯此疾耶？服羚翹解毒丸已四日，何猶不愈耶？

今日失眠，未識何故，或以對于楊寬文太集中注意力之故。然上下午俱出散步，分當得佳眠，而又如此，大腦動脉硬化，其信然矣。此病妨害我學術工作，正與脚底痛之妨害我旅行生活同。由于此之妨害，老驥雖"志在千里"而終不得不"伏櫪"矣。可勝嘆哉！

十二月十四號星期二（十一月廿二）

與樸初、作人、張自清散步，至雙清別墅。與屈大夫夫人于淑蘭談。看小叢書《范縝》。

朦朧一小時。點《古代社會》中《易洛魁胞族》章。看報。補記日記六天。

到翁迪民處問疾。與樸初、作人談。點李白詩八、九兩卷。打針。九時半服藥眠，十二時醒一次、四時又醒一次、六時半醒。

十二月十五號星期三（十一月廿三）

與作人、自清到北辛村及百貨商店購物。點《古代社會》中《易洛魁部落》章，并鈔出其節目。

眠半小時。看報。與諸有仁談。補記日記五天。

與樸初、作人談。與席禔談。點李白詩三卷。打針。服藥二次，上午一時眠，六時半醒。

印度反華，而其農業大量減産，其當局號召人民恃太陽、空氣及水而生活。此與國民黨政權崩潰前以不吃飯之楊妹號召者類似。印尼右派反華，而其國内物價大增，其政府發行新幣，以一盾易舊幣千盾，其人民趕速將舊幣購取物資，致商店閉門不賣。此與國民黨在抗日戰爭期以關金券易法幣，崩潰前以金元券易關金券者又極像。吾有以知印度、印尼之瀕近革命也。

十二月十六號星期四（十一月廿四）

與作人同到百貨商店及水簾洞，觀凍瀑。點楊寬《籍禮新探》訖。

眠近一小時。看報。寫静秋、潮兒信，到北辛村寄。補記日記五天。

與静秋通話。與作人、樸初等談。點李白詩一卷。打針。咳甚，服藥三次乃得眠，自上午一時至七時。

天未回暖，而予上下午均出門，宜乎氣管支炎復發，此即自明説我之"蠻幹"也，後當戒之。晚間一上床即咳，直咳到上午一時入眠乃已，可見予氣管炎之重。韓護士送羚翹解毒丸來，服之。

馮家昇夫人爲我家介紹一六十歲之李姓保姆，勞動力雖差而人甚穩當。鄭慎儀爲我家製衣服訖，静秋介紹她到木蘭家製衣。尹如濟每兩星期來一天，打掃屋子。

十二月十七號星期五（十一月廿五）

屈大夫來，問病。林劍華來，送達静秋交帶物。到飯廳，聽吳作人講"中國圖畫簡史"。

眠近一小時。看報。點楊寬《冠禮新探》訖。補記日記六天。樸初來，看其新詩。看小叢書《晏嬰的故事》。打針。服藥兩次，十一時眠。上午二時半醒。又眠，七時醒。

今日增服咳嗽糖漿。今日忽然大便四次，上午一，下午三，但不稀。

近日以鼻涕多致鼻塞，以手巾按之，用力一噴，右鼻管竟噴出血來。三十年來，左鼻管曾出血，右鼻管之出血，此爲初次。

十二月十八號星期六（十一月廿六）

所中休養員開會，張偶主席，討論如何表揚本所工作人員。點楊寬《大蒐禮新探》、《鄉飲酒禮與饗禮新探》。屈大夫來，取大便化驗。修面，遇楊先民。

未成眠。易襯衣。看報。在院中散步，晤申光。何啓君來。

馬所長來。小王來修汽爐。與諸有仁、莊啓東談。看小叢書《書的故事》。打針。服藥兩次，十一時眠。上午四時半醒。又眠，七時醒。

今日大便一次。咳較稀。但近數日眠又不佳，何如此之多難也。

十二月十九號星期日（十一月廿七）

與作人、樸初同到眼鏡湖，出北門，由北上坡村回。在作人室聽彈詞《紅花處處開》廣播。點李白詩一卷。

眠一小時。獨步院外。與諸有仁、林正仙同上山，至芙蓉館、玉華山莊。回，晤趙樸初夫婦。點李白詩兩卷。

看小叢書《李時珍》、《詹天佑》。打針。九時半服藥眠。上午一時半醒。又眠，四時半醒。又眠，五時半醒。

今日上午大便二次。右鼻孔又出血。晚間又大便一次，但甚正常，想來以吃香蕉太多之故，大便就這樣通暢了。今日天氣暖和，咳疾竟未作，僅略有痰耳。

今日上下午都出外散步，下午又登山，終日未看用腦之書，以是晚間一藥而眠，矯正數日來失眠之苦。然據天氣預報，明晚又將起大風，天將甚寒，如冒寒出門，咳嗽勢必復發，此真無法解決之矛盾也。

十二月二十號星期一（十一月廿八）

與樸初、作人同到碧雲寺，觀中山紀念堂及水泉院，飲茶。點楊寬《射禮新探》。

未成眠。寫靜秋信，又伯祥信。到百貨商店買物。

點李白詩二卷。于淑蘭來打針。服藥兩次，十時半眠，上午一時半醒。又眠，五時半醒。

讀今日報紙上美國朋友李敦白在昨日北京慶祝南越解放陣綫成立五周年時發表之講話，足知美國政府已與美國人民脫離，必歸解體。

十二月廿一號星期二（十一月廿九）

休養同人在飯廳集會，討論所方希望同人事項。與諸有仁、林正仙、楊先民同到萬花山，上梅蘭芳墓，又到娘娘廟觀賽金花照片。

未成眠。點楊寬《贊見禮新探》。《古史新探》第一次點訖。

與申光、王迪、莊啓東等談。看報。點李白詩二卷。打針。九時四十分眠，上午一時半醒。又眠，四時二十分醒。

梅蘭芳墓久聞在萬花山而不詳其地，今乃知即在碧雲寺東，墓無碑而柏林已鬱鬱蒼蒼，知爲梅氏生前手植。魏趙靈飛相片，亦梅氏生前送至娘娘廟保存者，渠卒于一九三六年，年六十五。此相攝于六十前後，髮已白。

　　楊寬正君在抗戰前讀書光華大學已著聲華。抗戰八年，在家埋頭研治戰國史，將此一時期零斷之史料得系統化。近作《古史新探》，更用馬克思主義貫串西周、春秋之史料，解決許多問題，讀之使我自慚，期于學步。

十二月廿二號星期三（十一月三十　冬至）

　　讀《毛選》第一卷第一次國內革命戰爭時期文二篇。與吳作人同到香山書店及百貨商店、山貨店購物。

　　與作人談。看報及一九六六年曆書。補記日記十一天，在醫院期中事補記訖。

　　與靜秋通話。點李白詩三卷。打針。九時半服藥眠，上午二時醒。又眠，五時醒。

　　印尼舊幣，一美元對四十五點六盾。自易新幣，一美元對兩萬乃至兩萬五千舊幣，是何可久乎！

　　黃炎培于昨日逝世，年八十八。

　　療養所及靜秋均囑予學習《毛選》，決自今日每天點讀若干頁，務求在離所前遍讀一過，以出所後不易得此暇閑也。

　　美國戰略思想，本以美、蘇對抗爲中心，今轉向以中、美對抗爲中心。美國防部長麥克納馬拉在北大西洋公約組織會議上，強調中國之核威脅，即爲矛頭嚮我之徵兆。然美今年度預算數字本爲一千億美元，今以侵越費用開支巨大，赤字將增至七十億美元以上。爲求彌補此數，或主增加稅收，或主提高利率，總之提高美國人民負擔。若更欲擴大至老撾、柬埔寨及中國，美國人民將以力不能勝負擔，及不願浪擲生命而起革命，是約翰遜集團之冒險侵略行爲適足以促進世界革命，消滅帝國主義矣，豈不快哉！

十二月廿三號星期四（十二月初一）

　　讀《毛選》第一卷第二次國内革命戰争時期文二篇。屈大夫來換被單等。何啓君來，爲談"中國民族史概要"，未畢。

　　未成眠。鄧毅來。點《家庭、私有制、國家的起源》序文三篇，作札記。點《古代社會》中《易洛魁聯盟》一章，未訖。樸初來。曾龍香來。

　　點李白詩一卷。看報。與趙樸初、吳作人、何啓君等談。楊先民、林正仙來室談。打針。九時半服藥眠，上午一時三刻醒，遂不寐。

　　　昨夜起大風，氣候驟寒，三餐飯均由護士或服務員送至室中食，免過院子受凉也。

十二月廿四號星期五（十二月初二）

　　點讀《毛選》第一卷文三篇。何啓君來，續談"中國民族史概要"兩小時。

　　眠半小時。到北辛村修面。到香山供銷社百貨部買橘。作人來。點《古代社會》第五章訖。

　　與張俔、林正仙、鄒琴才談。點李白詩訖。打針。九時半服藥眠，上午二時醒。又眠，五時醒。

　　　今早不及二時即醒，滿身作癢，竟不能睡，遂于三時起床。想來爲了天寒，鍋爐房燒氣爐較熱，因而室中空氣乾燥之故。

　　　美國國務卿臘斯克在北大西洋公約會議上説："紅色中國不久將有能力對西歐形成直接的軍事威脅，美國打越南戰争是爲了歐洲的利益。"可笑哉此邏輯，可嘆哉此煽動！

十二月廿五號星期六（十二月初三）

　　點讀《毛選》第一卷文二篇。與屈大夫談。與何啓君到玉華山莊，泡茶，談"三皇、五帝問題"。出，遇林正仙，同歸。

洗浴，易衣。朦朧一小時。點讀《古代社會》第六章，未畢。樸初來。看報。

與靜秋通話。與樸初談。到楊先民處談。點李白文二卷。服藥二次，十時半眠。上午二時醒、四時半醒、六時半醒。

自今日起，晚間暫停打 Procain 針。

靜秋傷風仍未好，此則家無暖氣之故也。如在此間，溫度常在二十攝氏度（即華氏六十八度）間，當不致有此。

今日上午大便一次，下午二次，然皆成條。

倘使我將來真能寫成下列二書：（1）什麼是三皇五帝？（2）什麼是十三經？那就是我對人民的真實貢獻！時間已不容等待了！

十二月廿六號星期日（十二月初四）

與諸有仁、張自清、王迪、莊啓東、翁迪民游見心齋、昭廟，出至買賣街彭家看鳥。又安來送物，長談。十一時半去。

鄒琴才來。眠一小時半。點讀《毛選》第一卷文兩篇。遇吳作人夫人、曾綿才等。覓電影場，不得。

到飯廳看電視轉播粵劇《山鄉風雲》，自七時至十時。十時服藥眠，上午一時半醒、五時醒、六時一刻醒。

今日午後及晚睡眠均好，則散步、觀劇之效，亦以服 Misturae Sedativae 水藥之故。

今日爲予來楓林村後第一次看電視，以紅綫女（鄺健廉）演劇故。她的歌喉非常圓潤自由，但她的面貌究竟老了，瘦了。加以她演慣舊劇，演新編的革命戲也有些不自然。

又安明日往山西長治省親。二姨年已七十七，諒不能再至北京。

十二月廿七號星期一（十二月初五）

爲何啓君講古代史料（經學部分）。吳作人來。看昨報。

未成眠。與樸初、作人到香山書店購書。看《萬惡的地主莊園》等書。

與莊啓東、張自清、王迪、鄧毅等談。看《萬惡的族長》。十時服藥眠。翌晨四時半醒。

今日上、下午大便各一次。

何啓君同志參加革命，前任天津教育局長，今任體委宣傳工作，以身子半邊麻來此休養。夙知予終身研究歷史，藉同居關係向予請教，由彼筆記。予此行未携書籍，只得憑記憶發言。予在工作崗位上，向來只是用顯微鏡，而此次却要用望遠鏡，然以予所學，欲爲工農兵服務亦惟有此有系統的"概論"方式，才能使大家懂得，且使自己所學串成一個系統也。

十二月廿八號星期二（十二月初六）

王湜華來。與何啓君同到碧雲寺散步。歸，爲講"戰國諸子"。點毛主席《中國革命的戰略問題》文未訖。

看《文史資料選輯》第五十三輯。到職工食堂看《怒海輕騎》電影。

與静秋通話。看報。看人民文學出版社《評注本水滸》樣本。十時服藥眠。十二時醒。又眠，四時一刻醒。

湜華在外語學院教阿拉伯文，住昭廟十九號。奉其父命來視予。

今日所看電影爲人民海軍解放高島，而不出年月與地區，使覽者不知是否實事，編劇者無乃太疏忽乎？

静秋見告，所用新保姆因年歲大，夜間時作呻吟，疑是血壓高，將令至醫院診。保姆既無實力，以此静秋獨當一家，遂更加疲勞。

今日家中寄來書，由洪兒寫封面。她的字很有筆力，異于他兒，惜不能令習魏碑也。

十二月廿九號星期三（十二月初七）

爲何啓君講"戰國諸子"訖。續點毛主席《戰略》文仍未畢。

洗浴。易衣。朦朧一小時。到飯廳，聽趙樸初講毛主席詩詞。熊德基、張雲白來。

與啓東、樸初、作人、自清等談。看報。點李白文一卷。十時服藥眠，上午一時半醒。又眠，四時醒、六時半醒。

今日大便，上午一次，晚間又一次。舌苔終不化，夜中醒來乾甚亦膩甚。

予初讀毛主席詩詞，以《冬雲》篇之"獨有英雄驅虎豹，更無豪杰怕熊羆"爲一義之正反兩面，今聽樸初講，乃知"虎豹"指美帝國主義，以其被斥爲"紙老虎"也；"熊羆"指蘇聯修正主義，以蘇聯地形本被稱爲熊也。"飛鳴鏑"即反修事。

十二月三十號星期四（十二月初八）

吃臘八粥。送老媼人陶芬行。爲何啓君講"經、子外戰國書籍八種"。續點毛主席《戰略》文，仍未畢。于淑蘭來，問病況。

到鄧毅處送別。眠一小時。看報。理髮。趙樸初來。

與張倜談。到職工食堂參加迎新年會。九時歸。十時半服藥眠。上午一時醒、四時半醒、七時醒。

錢崇澍先生，海寧人，植物學專家，昨日逝世，年八十一。

近日能眠，旋醒旋眠，其服 Misturae Sedativae 故耶？此藥水爲鎮靜劑，此間又爲清靜之環境，故得此效。

今晚之會，參加者有香山中學、小學、幼兒園及本所職工及休養員，以中學之朗誦及"王杰"表演爲最佳。屈大夫之快板表揚本所優秀職工，亦佳。

十二月卅一號星期五（十二月初九　二九始）

與吳作人下山買物，遇申光。看《文史資料選輯》。王彩惠來修水管。續點毛主席《戰略》文訖，及後二篇。

朦朧一小時許。到莊啓東處送行，并晤丁毅農、諸有仁、季崇威等，送之上車。到吳作人處談，并晤鄒琴才、楊先民。

看報。諸有仁約打牌，人少未就。九時半服藥眠。十時半醒。又眠，四時半醒。又眠，六時醒。

啓東云：“中國人在七十歲以上者有七十餘萬人，在百歲以上者有七千餘人。”以彼在計劃委員會，故知之也。啓東人甚開朗，而病植物性神經失調，夜不成眠，易陷于多想及恐懼。聆其言，知静秋所犯正即此病。

昨日所看香山中學學生表演之“王杰”劇，演員不動，旁人朗誦其心理，甚感動人。今日聞人言，此爲“雕塑劇”。

顧頡剛預立遺囑
1965 年 10 月 26 日

1. 我一生做人，從不曾存着損人利己的思想，在可能的程度上總覺得損己利人才能心安。只因虚名大了，招來不少的嫌怨，使組織上懷疑我，十一年來在歷史研究所工作受到了不少冤枉氣，我許多想做的工作因無人幫助而擱置，使我一生的勞動力無法貢獻于人民。固然我也“貪多務得，好大喜功”，就是有十個助手也做不完，但我想爲學術界做的工作都是爲後學者打基礎的，凡是已經開頭的工作希望有人繼續做下去，使後人治古史時有適當的工具書可用。另擬一個編輯委員會人員名單備考。

2. 我家三代藏書，經歷抗日戰争時的損失和解放後的捐獻，尚存五萬餘册。我的一個妻子，四個兒女，在我身後無以爲生，所以這批藏書只有出售才可解決她們的問題。我的藏書，雖無値大錢的古本，却有許多名著的原刻本，許多書現在已買不到。又有一種書而搜羅了許多版本，足供校勘之需。我的意思，這批書由中華書局購下最爲合用。如中華不能全購，也希望由他們先行挑選，再求他主，最好不要分得太零碎，泯滅我家祖孫三代積存的苦心。另擬一個書籍、碑帖、書畫整理委員會人名單備考。

3. 我家所住科學院宿舍九間，我身後可將東邊六間讓出，西邊三間保留。俟四個孩子畢業工作後，静秋住到孩子那里去，全部退還科學院。

4. 我自1917年爲了元配吳徵蘭患肺病，焦慮成失眠痼疾，服安眠藥已近五十年。近年服食更多，求眠益難，成爲極大痛苦，我相信我的神經系統必有變態。我逝世後，希望將我屍捐獻醫院解剖，化無用爲有用。解剖之餘，再行火葬。我家在蘇州靈巖山樂園公墓置有塋地，不必在八寶山占却一塊土地。但如静秋決意把我骨灰葬在北方，也可由她，因爲死後總是無知，不必計較也。

5. 静秋爲人，心直口快，力求進步，固然很好，但一語不合，即出口傷人，亦容易招來不必要的磨擦。一個人的生性誠不易改，但我既謝世，孩子又小，甚望其善自克制，度過晚年的平静生活。此後一切應請民進同人照顧。三個女孩，品學兼優，我可不挂念。只有堪兒生性自由散漫，功課平常，如果長此不改，實不能做一個毛澤東時代的好青年。希望他在失去父親之後能努力振作，向三個姐姐看齊，使得母親不必爲他而多操心，將來成一個有用的人，好好地建設社會主義的新中國。

6. 我一生寫作，應悉交中華書局，請他們組織委員會整理。俟整理工作完了時，捐獻北京圖書館稿本部庋存。我的祖父和父親的寫本也同樣處理。我家先人所刻書兩箱，最好捐與蘇州市圖書館保存，以存本地文獻。

7. 牟庭《同文尚書》，百餘年來無刻本。我去年到濟南，借到濟南市博物館所藏一部抄本（由副市長許衍梁交付），又借到劉子衡先生標點本一部。今年春間，又接到王國華同志寄來殘抄本一部。我很想把這三部集合校勘，成爲一部定本，交由中華書局出版，以盡表彰先哲之心。今如不諱，此事只得待他人爲之。原書應交還各人，濟南市本（有句讀而無標點）應寄與許副市長；劉子衡本（有標點）應寄山東省政協轉交；王國華本（散片）應寄山東省政協鄭亦橋同志轉交。如中華書局願爲此綜結工作，亦可一并交與他們，由他們用畢後寄還各家。

8. 程憬遺著《中國神話史》、《中國政治思想史》兩稿，由其夫人沙應若同志交我整理。丁山遺著兩包，由其夫人陶夢雲同志交我整理。我義當不負死友，但因年來精力不足，迄未能爲。稿件清出後可寄還她們，沙應若住址，自珍當知之。陶夢雲住蘇州船舫巷。

9. 黃侃《日知錄校記》係借自張政烺同志，《齊魯學報》兩冊係借自王伯祥同志，檢出後應送還。又《卜辭通纂》一冊交回中華書局。

10. 陳維輝稿件一包，檢出後寄至武漢市鐵道四院設計組。

11. 魏應麒、趙孟輻兩同志要我寫字的紙，能寄還最好。魏在西安市陝西師範大學，趙住蘇州滾繡坊巷六號。

12. 前年沈颺民先生交下其子沈延國所編《逸周書集釋》稿本兩包，囑我代爲整理，我因這和我研究《尚書》有關，允之。今如不能成其志，可將此稿交北京大學中文系古典專業組陰法魯同志，倘可由這組集體工作，當然最爲理想。否則寄回沈老，他住蘇州富郎中巷德壽坊。

13. 我爲了研究《禹貢》，不得不研究《水經注》。由于楊守敬《水經注疏》的出版，甚欲簡化之爲《水經注讀本》，以便後學。

此事林劍華同志已爲着手，甚願早日畢工也。

　　附　擬編輯委員會人名單

　　譚其驤　胡厚宣　童書業　馮家昇　史念海　王樹民　辛樹幟
李平心　鄧廣銘　齊思和　張茂鵬　吳世昌　蕭項平　劉起釪　劉
鈞仁　張德鈞　林劍華　張政烺　于省吾　于鶴年　侯仁之　趙紀
彬　王真

　　注意：應刪者刪，應改者改，千萬不要客氣。

　　抄寫事，可由林劍華、尹如瀋兩同志任之。

　　擬書籍、碑帖、書畫整理委員會人名單

　　王伯祥　葉聖陶　俞平伯　章元善　陳萬里　顧鐵符　林劍華
賀昌群　姚紹華

　　注意：先分別其真僞及時代，然後再定其價值。

　　如能編一目錄以不沒三代積存之苦心，尤爲感激。

　　每一書、物，編一個號目，以便統計。

一九六五、十二、廿四，日本《讀賣新聞》編輯雜記（下略）
一九六五、十二、廿三，《紐約先驅論壇報》報道（下略）

　　美帝自恃强大，悍然侵越，其主要目標在于防共反華。五年以
來，陷于泥淖，不克自拔，人力、物力之補充感到嚴重不足，少爺
兵打仗主要靠火力支援，因而白費了許多彈藥，又國內國外反對聲
浪日高，黃金大量外流，實已到不能不停戰階段。爲欲保持面子，
自本月廿四日起聲言停止轟炸河內，一方面派其副總統漢弗萊到東
北亞諸國，無任所大使哈里曼到波蘭，駐聯合國大使戈德堡到梵蒂
岡，兜售和談騙局。蘇聯修正主義者迎合美帝，派中委書記謝列平
率領高級代表團到河內作正式訪問，無非企圖强迫越南屈就和談。
故我《人民日報》于十二月三十日發表社論，指責蘇聯領導把越南

問題納入蘇美"合作"的軌道，幫助美帝國主義實現和談陰謀；且利用此"聯合行動"的口號同美國互相呼應，以破壞中、越兩國人民的戰鬥友誼。我想，胡志明主席必不會像古巴的卡斯特羅總理一樣，輕易向敵人俯首。古巴每天受蘇聯一百萬美元之接濟，以及兩船石油，經濟既不能自立，只得惟蘇修之命是從，而越南共和國固不至是也。

弓弦胡同八號　　鍾肇鵬
北京龍頭井二號　　趙光
北京紅廟白樓中單元三〇一　　王道生
　　　發酵所總務科　　王貽立　　四四、二七七〇
　　　大石橋小學　　王貽蘇　　七五、〇七二〇
李鏡池　　廣東新會城泗沖餘慶里卅八號
袁雪厓　　宣外海北寺街 27 號旁門　　傳呼電話 33，4147
黎劭西　　城方街 35 號　　電話 62，0586

一九六六年

一九六六年一月，讀《毛選》。爲休養同人講"北京歷史"兩次。與同人游香山及附近農村。

二月，看《晉陽秋》小說及《古城春色》。看《戰國史事勘》整理稿。

三月，看又安所編之《孟姜女故事資料》及其解釋。讀《古代社會》訖。讀恩格斯《家庭、私有制和國家的起源》訖。校《大誥校勘記》。廿三日，參觀昌平縣手錶廠。廿五日，看尹達《必須把史學革命進行到底》。爲王伯祥作《書巢後記》，爲王湜華作《新婚序》。看《海上花列傳》。

四月，讀《毛選》第三卷畢。爲同人寫字多幅。

五月三日，返家。看《歐陽海之歌》。報紙揭出"三家村"黑店，并吳晗歷史，知其入燕大圖書館爲我所介紹，此彼向上爬的第一級也。校林劍華爲予所鈔《大誥考證》。十日，我國進行含有熱核材料之核爆炸。

六月，報紙揭出翦伯贊之反動史學理論。考"有攸"及"空桐氏"。自一日發表《橫掃一切"牛鬼蛇神"》之後，對資產階級知識分子作激烈鬥爭。李平心于十五日自殺。修改《大誥考證》。無産階級"文化大革命"起。

七月，考鑄國、梁國、任姓諸國，修改《考證》。廿一日起，到歷史所，參加無產階級"文化大革命"。

八月，整理《考證》中《周公執政稱王》篇。十三日，揪予之第一張大字報貼出。廿二日，宣布予爲"資産階級反動學術權威"。廿四日起，每晨到所勞動。廿五日，女附中紅衛兵來抄予家，將信札、照片大量燒毀。保姆辭去。廿六日晚，王恩宇來。廿九日晚，所中紅衛兵來封予書房。卅一日，鬥爭尹達，予陪站一天。此一惡霸打倒，予心甚快。

九月廿八日起停止勞動，參加學習。

自九月起又便血，及十一月，漸多，因請假休養。

一九六六年一月廿四日《光明日報·東風》欄，陳蕭《破與立》。（摘錄，下略）

一九六六年一月

一月一號星期六（十二月初十）

吃元宵。與靜秋通話。與作人同散步，在煤廠街滑跌一交。到香山書店購書歸。點讀《毛選》第一卷文一篇。

靜秋來，伴之至香山飯店進餐。歸，看報。三時一刻，送靜秋上站。歸，續讀《毛選》。

看報。與靜秋通話。到楊先民處。與作人同看電視《東方紅》。服藥二次，十時眠，上午三時半醒。

已六日未服水合氯醛矣，亦已六日睡至七八小時矣，而今晚仍進此藥，眠時又短，大概靜秋已兩旬餘未來，相見不免多談話，因之又興奮也。靜秋家務勞累，臉又發腫，大便亦稀。靜秋說我："臉上有些肉了！"

堪兒稍肯讀，但精神仍不集中。其所作螺旋玩具，得到校中嘉獎。他日如能考入半工半讀學校，當能發揮所長。

香山一帶均挑水入門，以是街道多水漬。煤廠街道仄，陽光不易照到，近日夜寒，水皆成冰。予行此已留心，但仍不免滑跌。可見無自來水之苦。

今日上午飯廳只八人飯，下午僅四人飯，予與作人、先民、謝蘇也。除翁迪民病臥外，餘皆進城。

一月二號星期日（十二月十一）

點讀《毛選》第一卷畢。馬所長來，與同到職工宿舍，晤屈大夫等。鄭慎儀來贈蘋果，伴游見心齋。點讀《古代社會》第六章訖。

假寐片刻。一時半，與楊先民同到香山禮堂看電影《馬蘭花開》。三時歸。洗浴。點李白文一卷。于淑蘭來。

看報。看電視新疆歌劇《阿伊古麗》。九時半服藥眠。上午一時半醒。又眠，四時半醒。

予久欲讀《毛選》，而苦于爲業務及人事所纏，不得如願。今來養病，乃得爲之，自冬至日始，至今日十二天，第一卷訖。然過于匆促，僅粗覽大意，必須繼續精讀，并作筆記，乃可融爲自己的血肉也。

一月三號星期一（十二月十二）

與趙樸初談。點讀《古代社會》第七章訖。何啓君等回所。

眠三刻鐘。下山買文具。鈔《古代社會》第六、七兩章目録。準備“北京歷史”提綱。點讀李白文一卷。

看報。何啓君來贈物，長談。服藥兩次，十時三刻眠。二時半醒，六時醒。

已入二九，而天氣彌暖，溫度日高，何也？

今日不易入眠，工作之多其一因，汽爐之熱（廿二攝氏度）

亦其一因，而晚間談話多又一因也。

予來此一月，計月伙食費四十一元八角五分，取暖費四元三角五分，理髮費一元，洗衣費一元三角五分。除後三項無可省外，前一項尚可節約。當于點菜時留心。

一月四號星期二（十二月十三）

何啓君來，爲講廿四史及《新元史》、《清史稿》等。屈大夫來。到醫療室，由于淑蘭打針。

未成眠。看報。請于淑蘭爲縫鈕扣。王杰來，與同至玉華山莊。草"北京歷史"發言提綱，未畢。

與林正仙、何啓君長談。看單士元《故宮史話》。十時半服藥眠，上午三時醒。又眠，七時醒。

予近來將小溲時恒不能忍一二秒鐘，每至狼藉襪褲。問屈大夫，是否前列腺腫大所致，彼云："非也。前列腺腫大，只有欲小溲而不得。此疾蓋年老氣虛所致也。"

屈大夫來商演講事，因定"北京市歷史"一題。行篋無書，只有憑記憶而已。

一月五號星期三（十二月十四）

與吳作人下山購書物。草"遼、金、元、明、清五代北京城圖"，訖。何啓君招黃金銘來，交與重畫。續作發言提綱。打針。

未成眠。續作發言提綱略訖。張席禔來。黃金銘來。

與張自清、王杰、丁毅農談。到張席禔處，并與鄒琴才談。服藥二次，十時半眠。上午四時半醒。又眠，七時醒。

日來極暖，今日傍晚起大風，一夜未止，護士送飯來吃。

拉丁美洲各國，巴拿馬、多米尼加、秘魯、智利、烏拉圭、巴西、阿根廷等，人民多不勝美帝及反動統治之壓迫，燒起熊熊怒火，美帝、蘇修并恐慌矣。

一月六號星期四（十二月十五　小寒）

黃金銘來。重看發言提綱。十時，到職工食堂講"北京歷史"，自古迄元，十一時止。王林入所，同桌飯。

未成眠。與王迪、何啓君同到車站，由煤廠街歸。爲何啓君講"康、梁、羅、王、錢"事。打針。趙樸初來。

與静秋通話。與林正仙、何啓君長談。到章真圜處。九時半服藥眠，上午一時半醒。再服藥，良久寐，七時醒。

今日爲諸同人講北京歷史，以兄弟樓休養員（患肝炎者）亦要聽，改于職工食堂舉行，講五十分鐘，尚須續講。聞人言，予講得"生動"，此爲未期之成果。又有些人説我在黑板上寫的字好。

一月七號星期五（十二月十六）

過磅。打針。爲何啓君講"雜史"及接近雜史之資料。章真圜來。閲報，遇丁毅農。到林正仙處。

朦朧一小時。與何啓君、林正仙步行至卧佛寺，并觀孫傳芳墓。二時往，四時半歸。

樸初來。洗浴。九時服藥眠，約九時半入睡，上午二時醒。又眠，六時醒。

今日爲試予足力，卧佛寺徒步往返，約行十餘里，歸時覺脚痛，亦滿身大汗，因洗一澡。澡後疲乏，坐沙發上竟朦朧睡去。可見治予失眠之疾確須活動，只要不再便血，便當繼續鍛煉也。

今晨過磅，爲六十二公斤，較之上月四日，增一公斤半。此休養之功。

一月八號星期六（十二月十七）

修面。到財務科交費，遇王維城、王時彥。爲何啓君講“經學史”，二小時。章真園來。打針。與馬所長談。樸初來。

未成眠。到昭廟訪王湜華，不遇，由眼鏡湖歸。點讀《古代社會》第八章，未畢。吳作人來。

與王迪、林正仙長談。看觀察家文《約翰森政府的大陰謀》。服藥兩次，十時半眠，上午二時半醒。再服藥，七時醒。

樸初作文，有“自女真族統治中國以來”一語，有青年批判，謂女真族即滿族前身，而滿族爲中華民族構成一分子，不當挑撥民族感情。奇哉此語，真欲改造歷史！去年聞有創爲“中國自古以來就是一個的大國”之説，已甚駭詫，今竟演變爲“中國自古以來就是一個統一的大族”，直欲一脚踢翻二十四史，何其勇也？

今日爲何啓君講書時即覺精神緊張，終日不釋，至夜竟服藥三次。我到此間，竟似進一大學爲歷史講師矣。即理髪師王君，亦以北京史事詢我。

一月九號星期日（十二月十八　三九始）

與楊先民談。爲何啓君、章真園、張自清講“清末今古文學的鬥争”與“近七十年的發現”，約二小時。

服藥，眠兩小時許。看報。與静秋通話。重寫明代北京史提綱。

與鄒琴才、龐之江談。林正仙來談。九時半服藥眠。上午二時醒。又眠，六時半醒。

多日午後不能成眠，今日在飯前服眠爾通兩丸，居然生效。天不冷，然而從昨天起，咳嗽又作了！

一月十號星期一（十二月十九）

爲何啓君、章真園、張自清講“近七十年發現之古物”及“傳世諸珍物”。打針。屈大夫來診脉。

服藥，眠一小時。下山，買筆。看《三代人的腳印》（家史之一）訖。點讀《古代社會》第八章訖。寫自明信。

何啓君來。王林來。看《人民日報》榆次石油站工人王二貨一文，與林正仙、趙淑芳談。九時服藥眠，十二時醒。又眠，三時醒。

昨夜刮七級大風，許多人都不能寐，而予獨能得美睡，可見予病與外界擾攘無關，只當清心息慮耳。

屈大夫來診予脉，云：雖滑而有力。渠又謂我舌苔較前爲薄。

一月十一號星期二（十二月二十）

早起準備講稿。點讀《古代社會》第九章訖。十時到職工食堂，續講"北京的歷史"（明、清），至十一時一刻講訖。

服藥，眠一小時。打針。何啓君來，爲講"北洋軍閥"。鄒琴才來。

樸初來。續爲啓君講"北洋"。看報。十時服藥眠，上午一時醒。又眠，四時半醒。

上次予講"北京歷史"時，兄弟樓要求聽，故在職工食堂講。今日兄弟樓同人都不來，聞啓君言，彼方對演講有意見，即趙樸初講毛主席詩詞，吳作人講畫亦在反對之列。奇哉此不必要之矛盾！

印尼通貨膨脹，火車票漲至數萬盾，電車票亦漲至一千盾，而工作人員之月收入才平均三萬盾，故乘車者日少。存有貨物之商人均不願售貨。納蘇蒂安將迫蘇加諾出國以成其專制政治。凡此皆足促成其國內革命。

一月十二號星期三（十二月廿一）

寫自珍信及德輝、毓蘊信。爲啓君、自清、真園續講"古物及史料"訖。打針。遇嚴華堂。

未成眠。洗浴。點李白文訖。王迪來。與樸初、作人到香山書店。

到王林、林正仙處談。看《黑色家譜》。九時服藥眠。十二時醒。又眠，三時醒。

自今日起，又服中藥。

夜起大風。

印度總理夏斯特里與巴基斯坦總統阿尤布相會于蘇聯之塔什干，蘇聯總理柯西金謀調和雙方對克什米爾之爭端也。柯西金急欲成其事，前日自往商談至十次之多，昨晨夏斯特里心肌梗塞而死，當以太緊張之故，年六十一。反動派中又弱一個。印度國大黨失此領袖，或將分裂。

一月十三號星期四（十二月廿二）

寫張茂鵬、章元善、王伯祥、趙孟軺信。修面。爲啓君、自清、真園講"母系社會的遺留"與"中國文學的流變"。打針。點李白集序、碑記訖。

未成眠。看《黑色家譜》。何啓君爲照相。準備明日講話提綱。背癢，請屈大夫檢視。到楊先民處看《參考消息》。

樸初來。到吳作人處。趙淑芳爲敷藥。九時服藥眠。上午一時醒。矇矓至三時起。

室內暖氣熱，予又易汗，先自腰間癢，發展至背上。屈大夫令敷爽身粉。

近日頗看村史、家史，始知各地土豪地主都一樣，其對待農民皆作殘酷壓迫，直至死亡而止。殺雞取卵，酷甚亦蠢甚，古代奴隸社會，當亦不過爾爾。

一月十四號星期五（十二月廿三）

敷藥。寫華訓義、李鏡池、龍榆生信。爲啓君、自清、真園續講"中國文學"及"中國宗教"。打針。樸初來。

朦朧一小時。啓君爲照相。屈大夫來爲敷藥。二時半，到會議室聽衛一清講"導彈與反導彈"，四時訖。到楊先民室看報。

與王迪、王林談。與静秋通話。服藥二次，十時後眠。上午一時醒。又眠，六時半醒。

爲室中暖，多汗，故有皮膚瘙癢症。爲室外寒，而每日三餐須走院子，故有氣管炎症，咳嗽多痰。或寒或暖，均與予體不利，如之何！

得静秋訊，知洪兒有病。丕繩夫人到西安看望女兒，經京，昨來我家談二小時去。

印尼、達荷美、中非共和國，或殺華僑，或與中國斷交，均出美帝挑撥。彼自以爲勝利，而不知此正足以促進其本國人民之革命。

夏斯特里之死，蘇聯總理柯西金護送其喪到印度，美國副總統漢弗萊及國務卿臘斯克到印參加葬禮，蘇、美之勾結印以反華，即此便是明證。其如美、蘇之不能解決印之糧食恐慌，印每年餓斃四百萬人，印度人民不得不走向革命道路何！

一月十五號星期六（十二月廿四）

敷藥。王湜華來。點《毛選》第二卷文四篇。

未成眠。潮兒來，五時，送之至車站。歸，外語學院門已閉，繞行回。

與樸初、作人、啓君長談。服藥二次，十一時眠，上午四時醒。又眠，六時半醒。

今晨啓君來告，讓我休息，本日請假，予意，此殆所方不欲予多費精力，故囑彼勿來也。

一月十六號星期日（十二月廿五）

為啓君講"中國哲學思想大凡"，二小時半。點《毛選》第二卷文一篇。

服藥，眠兩小時。洗浴。與王迪、何啓君、趙菊英談。到啓君室，補談上午題。到楊先民室看報。

晤樸初夫婦。看《萬惡的族權》。服藥兩次，十一時眠，上午三時醒。又眠，七時醒。

今日大風，雖三餐均由護士送至宿舍，而咳嗽仍劇，夜中尤甚。伯祥來函，謂渠氣管炎已成肺氣腫，予甚懼亦如彼之升級也。

孫伏園逝世，聞伯祥出席其追悼會。此人一生是一小政客，慣作挑撥離間之工作。魯迅對我之仇恨，實爲彼從旁搧小扇子之結果。

一月十七號星期一（十二月廿六）

與所中同人乘大卡車到美術館，參觀大邑劉家收租院塑像，八時往，十一時歸。與静秋通電話。

朦朧半小時。看報。打針。點《毛選》第二卷文兩篇。與樸初、作人在園內散步。買香山圖。

王迪來談。翻覽《毛選》。九時服藥眠，十一時醒。又眠，上午一時醒。又服藥眠，四時半醒。

今日回暖，咳與痰大減。

啓君與張侗并今日離所，啓君贈我以漆器一盒。自上月廿三日起，至昨日止，計爲啓君講十六次，光憑記憶，不知有多少錯誤。

今日大便三次，不知其故，幸尚成條。因停服水果。

一月十八號星期二（十二月廿七　四九始）

寫楊寬、童書業信。寫林劍華信。謝冰心夫婦、張明養、葛志成、張紀元來。静秋、堪兒來。

卜蕙蓀偕其子唐守正來，伴之到香山飯店進食，并到昭廟、眼鏡湖等處游覽。静秋先回，堪兒與蕙蓀等三時去。理髮。

樸初來。九時半服藥眠，上午一時半醒。再服藥眠，六時醒。

静秋今日約與蕙蓀同來，而忘却民進學習，來始憶及，焦躁殊甚，食未及半，遽起去，此人真是"莽張飛"。她一來，即批評我這也不好，那也不好，使人不知所措。

堪兒此次學期考試，國、英、算均勉强及格，較期中考試爲好，脾氣亦較馴順，不似前之很勁，希望其能變好。渠身體驟高，幾與予等高矣。

一月十九號星期三（十二月廿八）

看《文史資料選輯》第五十四、五十五輯。鄒琴才來。與王迪、丁毅農、章真園同出散步，觀旭園。到丁毅農室長談，王迪來。

洗浴。到職工食堂看電影。作人夫人蕭淑芳來接作人歸城。

與静秋通話。到樸初處。九時半服藥眠。上午一時半醒。大便。服藥無效，待曉。

今日所看電影：一、《一點半》（木偶片，解放軍争服務）；二、《勝利在望》（南越人民抗美，毁發電廠及裝運毒氣之飛機）。

在看電影時，痰咳大作，蓋職工食堂雖有汽爐，而温度殊不及室中也。歸後自覺感冒，爲于淑敏言之，送桑片來，服之。半夜忽大便，爲前所未有，雖成條而小腹作痛，恐爲泄瀉張本。

一月二十號星期四（十二月廿九　大寒）

續看《文史資料選輯》。到王迪處，并晤季崇威、劉昆。打針，敷藥，吸入。療養所黨委書記欒福元來。歷史所辦公室王新民及應永深來，贈水果。

　　朦朧半小時。整理室中什物。王林來談。與樸初到靜翠湖散步。

　　于素蘭邀至飯廳，看電視"人大會堂歌舞"，至十時半回室。十一時服藥眠，上午三時醒。又眠，六時半醒。

　　今晨曳帘，院中一層白雪，此爲去年所未有，豐年之兆也。惜不大耳。

　　予今日居然未瀉，但上、下午均大便一次。

　　今日休養員均歸家度歲，一號樓留者僅樸初、王林、謝蘇及予四人耳。兄弟樓亦走剩三人。

一月廿一號星期五（正月初一丙午　春節）

　　與王林到馬所長、屈大夫處。樸初來。與伯祥通話，祝湜華結婚。馬所長來。和元善詩。潘淑中來。

　　朦朧半小時。吸入。點讀《毛選》中《抗日游擊戰爭的戰略問題》訖。與王林、樸初上街觀春節情況。

　　寫自珍信。看電視"音樂晚會"及《紅色背簍》。十一時服藥眠，一時半醒，遂不寐。

　　昨元善來簡，有"負笈相携丙午春，京門話舊得三人"語，以光緒丙午，元善與予及聖陶皆肄業于長元吳公立高等小學，校歌首句爲"光緒丙午春"，今已甲子一周矣，爲和兩絕句：

　　少歲同歌"丙午春"，已拼戰鬥竟斯身（校歌有"尚武重徵兵"語）。到今相顧仍相勖：歷盡艱難好作人。

　　花甲匆匆倏一周，少時國弱老時遒。三人喜得長安住，又好高呼反帝修。

一月廿二號星期六（正月初二）

　　點讀《論持久戰》未畢。到王林處借《光明日報》。靜秋偕洪、湲、堪三兒及史先聲來。雁秋、頤萱、鴻鈞來。曾龍香爲作吸入、塗藥。

同出照相。朦朧一小時。劉起釪來，長談。看報。

看兩旬來《光明日報》。到樸初處。樸初來。十時服藥眠，上午三時醒。又眠，五時半醒。

堪兒與先聲不食飯而爬"鬼見愁"，少年男子，情興可愛。

起釪到河南林縣從事"四清"工作，春節暫歸。工作將于今年七月訖，爲言彼地人生活之簡單，非城市人所可想象。當地磽薄，一年勞動，僅得五十餘元之工分。以是僅食紅苕。

日來蕙莢、研究所、起釪等送來水果太多，竟吃不盡。

尼赫魯之女英迪拉・甘地夫人被國大黨推爲印度總理。她宣稱印有兩大困難，一爲糧食不足，一爲中國共產黨人。中國有何給印過不去處，只印想得美蘇援助，不得不反華耳。

一月廿三號星期日（正月初三）

樸初進城。點讀《論持久戰》文訖。趙淑芳爲作吸入，塗藥。

未成眠。洗浴。吳作人回所，并晤其夫人。

王林來。作人來。到飯廳看電視。十時半服藥眠。上午三時半醒。

今晚所看電視：北京人民藝術劇院新編獨幕劇四折：一、《臉黑心紅》（煉鋼廠打磚工人）二、《五尺槍》（新疆女民兵）三、《最後四個鐘頭》（電廠領導與工人）四、《我看見了》（下鄉女醫師）　皆鼓勵爲人民服務之精神，擺脫個人名譽。

一月廿四號星期一（正月初四）

林劍華來，長談。點讀《古代社會》第十章訖。翁迪民回所。

眠一小時。吸入。塗藥。蘇奮回所。

與靜秋通話。看恩格斯《家庭、私有制和國家的起源》。服藥二次，十時半眠，上午三時醒。又眠，五時醒、七時醒。

今日上午雪，中午晴，下午又下。雖不及半寸，究竟比去年好。

連日大便每天二次，今日竟至三次，然皆成條。倘以進水果太多耶？

美帝侵越戰爭，約翰遜嚮國會提出預算咨文，本年度軍費爲一千一百廿八億美元，爲美國有史以來的最高數字，且還可能不斷增加。如孩子吹氣球，必有爆烈之一日。

一月廿五號星期二（正月初五）

修面。韓秀英爲上藥、打針及吸入。王迪回所，來談。點讀《古代社會》第二編第十一章訖。張自清、吳達元回所。

眠一小時。與吳作人談。申光、鄒琴才回所。樸初來。王迪來。王林來。

看報。看馮漢驥《〈古代社會〉譯後記》。服藥二次，十時半眠。上午三時醒。又眠，七時醒。

今日仍大便三次。已不吃水果，何乃爾？要之，我腸病終未袪除耳。

美副總統漢弗萊在印與柯西金相會後，歸國後謂蘇聯領導人已把反華放在壓倒一切的地位。以此，美帝更敢瘋狂磨刀了。

一月廿六號星期三（正月初六）

大風，趙淑芳送飯來。鄒琴才來談。送還各處借來之報紙，與王林談。將昨日所點復閱一過。立《楓林村雜記》册，寫弁言。馮文華入所。

眠一小時。龐之江、章眞園回所。曾龍香爲上藥、打針及吸入。與馮文華談。樸初來，談詩詞文調，彼此吟之。鈔《古代社會》目録入册。

看報。九時半服藥眠，上午一時半醒。又眠，六時半醒。

今日雖有風，但太陽甚好，實不冷。不知鍋爐房爲甚麼不愛惜煤，使室内温度竟至廿四度（即華氏七十四度），穿着棉衣固流汗，即毛衣也穿不上。這不是浪費國家財産？

今日一早一晚，大便二次，不稀。

一月廿七號星期四（正月初七　五九始）

記筆記二則。與鄒琴才、馬蘇高、馮文華、吴作人談。到治療室，如昨。到屈大夫室，告近况。鈔報紙資料入册。

未成眠。爲翁迪民、張自清出院，與之話别，并送之。點讀《古代社會》第二編第十二章，粗訖。

與静秋通話。讀李白詩。服藥二次，十時半眠。上午三時醒，六時半醒。

一月廿八號星期五（正月初八）

點讀《毛選》第二卷文五篇。

眠一小時。與王林同到静翠湖散步，香山飯店買物。看報。

樸初來。看電視蘇聯片《以革命的名義》。服藥二次，十一時眠。上午三時醒。又眠，七時醒。

日來大便一日一次了，背上癢也比較好些。只是夜中睡眠又成問題。

樸初昨又發病，心跳一分鐘至一百二十次。

近來覺得兩眼昏花，當是衰老徵象，非病也。

一月廿九號星期六（正月初九）

修面。打針。吸入。晤會計員高寶良。點讀《毛選》第二卷文四篇。

看童書業《强迫性神經症一些看法》。眠一小時。樸初來。看報。記筆記二則。到王林處談。

與王林到樸初處。看電視"二人轉"《白山新歌》。十時服藥眠，上午三時醒。又眠，六時半醒。

美國困境：甲、對外：一、對越侵略而苦人力、物力之不足。二、黃金存量日少，不能在經濟上奴役世界。乙、對內：一、物價以通貨膨脹而日高。二、不義戰爭激起全國人民的反戰運動。三、罷工運動席卷各地，損失無數勞動日。四、黑人轉向武裝抗暴，與反戰運動相結合。在此大震動中，約翰遜進退無路，看他如何收拾這局面。

一月三十號星期日（正月初十）

看報。作人携半導體來，同聽蘇州彈詞。護士長姚莘來。記筆記一則。

未成眠。看報。點讀《毛選》第二卷文一篇。看電影《五十一號兵站》未訖，德融侄來，與同出散步。

與樸初、作人、王林、文華、琴才談。洗浴。服藥二次，十時後眠。十二時醒。又上午三時醒、五時半醒。

此間護士長姚莘，老家蘇州舊學前及皮市街，與予家懸橋巷極近。一九五二年來京，服務北京醫院，與黃金銘結婚，生二子，今在通縣鄉間醫療隊工作。

一月卅一號星期一（正月十一）

打針。吸入。與堪兒通話。崔明山入所，到一〇七室與談話。點讀《毛選》第二卷文四篇，後一篇文未畢。屈大夫來。静秋來，帶飯。

未成眠。樸初來。與靜秋在園內照相。靜秋對予作批評。五時，送靜秋出北門。遇黃金銘。

到王林處談，借閱《光明日報》。十時服藥眠。上午二時三刻醒。良久不眠，六時醒。

靜秋批評予雖讀《毛選》而不能用，思想不改造，對領導仍有意見，不爲“大學大用毛澤東思想時代”所允許。此爲對予至摯切之箴言，予必當接受。予之根本毛病在“高傲”二字，必得痛挖痛改！

予舌苔厚，且中間作灰色，屈大夫謂是腎虧所致，將服中藥調理。

美帝停止轟炸北越卅七天，至今日恢復轟炸，即爲越人打下飛機五架。

美國一九五六財政年度，聯邦和各級地方政府的稅收共達一千六百三十億美元，平均每人負擔八百五十餘美元。這個數目爲同年度美國各階層人民收入的百分之卅二，即人民每收入一塊美元就要付給政府三角二分。美國對鷄蛋徵收的各種稅約一百種。乞丐也須付“求乞稅”廿五美元。政府徵收的每一塊美元的稅款中，至少有八角錢通過軍火訂貨的巨額利潤、政府對資本家和農場主的大量補貼等各種途徑，流入壟斷資本家的腰包。

美國人民私人債務，一九四五年爲二百卅四億美元，五五年增至一千九百零二億美元，六五年上升到八千八百二十億美元。人民在納稅後，需要從他收入所得的每五元中拿出一元來還債。爲了購買力不斷下降，賒賬便成了美國的生活方式。各大公司競用分期付款、賒購等方式推銷商品，人們債務逐年上升。當他們一旦因失業、疾病，無法繼續還債時，只有宣告破產，聽憑債權人把貨物收回。截至六四年六月底止的一年中，即有十五萬七千人宣告破產。國內市場的購買力削弱，即從根本上威脅美國經濟，這即是一枚定時炸彈。

美國人民貧困，每年有數以千計的人死於營養不良。占全國五分之一的居於最底層的居民，在這個國家的個人收入總和中只占百分之四點七的份額。貧窮折磨着這個國家百分之四十的非白人，百分之四十的農民，百分之五十的由婦女當家的家庭。黑人和印第安人是"窮人裏的窮人"。全國四百二十萬戶黑人家庭中，有二百萬戶的每年收入低於約翰遜的所謂"貧困綫"。黑人的失業率，高出白人一倍。而印第安人的收入，只相當於美國普通家庭的四分之一。六五年，官方公布的窮人數目爲三千四百六十萬，這是顯然縮小的。

美國壟斷資本集團的戰爭利潤，當第二次世界大戰中的一九四二年爲九十五億美元，侵朝戰爭中的一九五二年爲一百七十二億美元，侵越戰爭中的一九六四年爲三百十九億美元。而按人口平均每人負擔的捐稅，則侵朝戰爭中的一九五三年爲四百五十美元，侵越戰爭中的一九六四年爲七百九十美元，六五年便爲八百五十美元以上。如之何其可久也！

由於美國政府實行掠奪和侵略政策，軍費開支日益龐大，赤字累累，債務日增，黃金大量外流，美元地位岌岌可危，其經濟虛弱自可推見。

美帝國主義在南越打一天仗，就得花二千五百萬美元。侵越戰争是消耗美國人力、物力、財力的無底洞，然而却成了美國壟斷資本的搖錢樹，有時國防部發出的軍火訂貨單，一天多到二千五百萬美元。人民之貧困如彼，大資產階級之贏利如此，階級的激化，當然激起了美國的革命。

美帝的如意算盤是用亞洲人打亞洲人。可是除了南朝鮮傀儡外，它的亞洲盟國誰也無意爲它火中取栗。澳大利亞及新西蘭只提供可象徵性的軍隊。失道寡助，無法改變它自己所處的日益孤立的處境。偏偏遇着勇敢的越南人，進退兩難，眼看一九六六年中，它必然得到徹底的失敗。

一九六六年二月

二月一號星期二（正月十二）

磅體重。與樸初、作人到山下百貨部及香山書店買書物。到服務部喝茶。打針。吸入。點《毛選》中《中國革命與中國共產黨》訖。

未成眠。點讀《毛選》第二卷文三篇，末篇未訖。王迪、王林送報來。閱報。樸初送報來。

看電視《上甘嶺》。服藥二次，十一時眠。翌晨六時許醒。

今日過體重，爲六十二公斤半，較上月稍增。走路較前有力，下山打一圈子，足底不作痛矣。此休養之效也。

今晚牛肉一碟僅食其半，吃不下了。小于謂應服開胃藥，并謂予前些時候飯量甚好。予念晚間服藥二次現象已歷八天，倘多服藥致胃呆耶？

二月二號星期三（正月十三）

與樸初到北門散步。打針。吸入。阿英、蕭淑芳來，與樸初、作人與同談。看《晉陽秋》。

服藥，眠一小時許。作人來。樸初來。看雲松《田漢的〈謝瑤環〉是一棵大毒草》。讀《人民日報》觀察家《蘇聯領導同誰聯合行動》。張永清入所。

到王林處。看田漢《謝瑤環》劇本。十時半服藥眠,上午一時半醒。又眠,五時醒。

阿英同志,姓錢,蕪湖人,今年六十六。阿英云:"爲了備戰,北京圖書館等機關均在賣書以輕負擔,價值奇廉。年輕同志主其事,但問此書于現時代有用否,能爲人民服務否。苟不合此標準,即斥去,領導不敢問也。然各省圖書館正缺書,如能分與各省,免得被炸,豈非佳事!"聞之嘆息,圖書館之收藏豈但供一時之用乎!

今日上午霧重,天作紅色,作人謂此即"彤雲"。下午大風。

二月三號星期四（正月十四）

馬所長來。韓秀英爲作吸入、打針。理髮。從樸初處借看《海上花列傳》及胡、劉二序。

服藥,未成眠。記筆記二則,鈔雲松評《謝瑤環》文入册,未畢。

看電視滇劇《厨娘》等,十時許訖。服藥,無效,徹夜無眠。

日來工作較多,心中又覺空洞,若怔忡然。難道在休養所中不能征服此病了嗎?決自明天起暫停工作,注意身體。

徹夜無眠,服水合氯醛亦無效,此予住香山後第一次。予太喜猛進,而年齡已不容我如此,無可如何,只得暫退。

二月四號星期五（正月十五　立春）

看《晋陽秋》至二十章。到會計處繳費。與王迪、王林、崔明山、張永清上山散步,至玉華山莊、芙蓉館。打針。吸入。又服中藥。

服藥，眠一小時。與趙樸初、王迪、王林、崔明山下山散步，至百貨部，觀毛宗毅女士墓。楊向奎入所。

到向奎處，并晤鄒琴才。看電視常香玉主演《人歡馬叫》。十時服藥眠，上午三時半醒。又眠，七時醒。

拱辰以頭暈不能工作，亦不易睡眠，亦不能多説話，今日來此休養。

今午量血壓，爲150/80，下壓甚好，上壓較高。

二月五號星期六（正月十六　六九始）

看《晋陽秋》至二十八章。到職工食堂，看電視《小兵張嘎》等。打針。吸入。

服藥，眠半小時。與王迪、王林、崔明山下山散步。到香山書店閲書。馮文華來談。楊向奎來。

與静秋通話。看電視"全國女少年乒乓球賽"。十時服藥眠，上午三時醒、四時半醒、六時一刻醒。

蘇聯"月球九號"宇宙自動站本月三日在月球表面軟着陸成功，一月卅一日所發射者。着陸地點在風暴洋雷内爾與馬里于斯環形山以西地區。據報，自動站與地球上無綫電取得了聯繫，自動站上儀器工作正常，此爲征服宇宙之第一步。

小兵張嘎是一頑皮孩子，動輒打人咬人，以此受禁閉。及其打敵人，則以咬人獲勝。觀此，想念堪兒，或能致同一結果乎？

二月六號星期日（正月十七）

與王迪、王林、崔明山、楊向奎同登萬花山，觀梅墓、趙像。看《晋陽秋》至卅八章。

與王迪同到公主墳散步。歸，洗浴。

看電視杜近芳等演《紅燈記》。十一時服藥，久不眠，上午二時又服得眠，六時半醒。

《紅燈記》提煉得好，唱做又佳，不忍不看，又不肯不看完，以情節緊張，精神不容不緊張，遂使予不成眠矣，將來須加控制。

二月七號星期一（正月十八）

看《晋陽秋》至四十章，本書訖。打針。吸入。晤屈大夫，談。浦熙修入所。樸初來。

眠近一小時。下山修面。點毛主席《新民主主義論》訖。作人來，與之同到浦熙修處談。

浦熙修來。看《海裏有没有龍王》。小韓爲打封閉針。十時半眠，十二時醒。又眠，六時醒。

《晋陽秋》爲《新波舊瀾》之第一部，慕湘著，解放軍文藝社出版。中寫七七事變後，犧盟會派中共黨員郭松到太原縣工作，團結積極分子，打擊投降派，至退出太原縣城上山打游擊戰止，甚生動。其中未竟之事，須待第二部出版始得知之。

美國人民反對侵越運動，其矛頭已不僅指向侵越戰爭，且指向孕育侵略戰爭的社會制度，提出了"摧毀整個美國經濟和政治的剥削制度"及"建立一個新美國"的口號，這説明美國人民日益覺醒，革命已不在遠。

二月八號星期二（正月十九）

馬所長告别。與王林同出散步，到静翠湖與香山飯店。遇吴達元、黄金銘。點讀《毛選》第二卷文五篇。打針。吸入。

與熙修在院内散步。未成眠。點讀《古代社會》第二編第十三章訖。徐伯昕自城來視。樸初來。向奎來。

到向奎處談。看電視《奪印》，未畢。打針。服藥四次，至上午二時始朦朧睡去，六時醒。

馬蘇高所長調至衛生部防疫司工作，所長職由欒福元書記代理。

今日最高溫度爲六攝氏度，甚暖矣。

今日大便二次。

報載焦裕祿同志一心爲人民，不怕苦，不怕死，雖犯肝癌，依舊力疾工作，至死不倦。此在雷鋒、王杰之後又挺出一個新模範。

二月九號星期三（正月二十）

黄金銘送紙來。與王林到静翠湖及香山飯店散步。初看《古城春色》。樸初、作人來談。打針。吸入。

眠一小時許。與王迪、王林、張永清同到百貨部。看報。記筆記一則。寫取藥信。

到熙修處談。續看《古城春色》。打針。十時許眠，翌晨六時醒。

今日大便三次，下午及晚兩次爲稀，且無糞，只有白液，甚懼舊疾之發也。

二月十號星期四（正月廿一）

續看《古城春色》。黄金銘來。到王迪處還報，與談。打針。張茂鵬自天津來京，元善伴之來，送《戰國史事勘》稿。

與元善、茂鵬到香山飯店進食。樸初來，與元善談。二時半，元善等去，予到職工食堂看《地道戰》及《英雄海軍》電影。作吸入。

看報。看《古城春色》。打針。十時半服藥眠，上午一時醒。

予前在滬，囑人鈔録春秋以下史料，彙爲《古史勘》一書，記事異同因比較而突出，自謂此是史學基本工作。執意到歷史所後，此事竟難完成。前年由元善介紹茂鵬來，渠爲銀行退職人員，早歲受學章式之先生，于古書有相當之基礎，心又頗細，遂舉以委之。《春秋史事勘》早已交稿，今存楊伯峻處，《戰國史事勘》以一年半之力補綴成書，今日交到。今固不克印，而他日則必爲古史學界必要之參考書自無疑也。

二月十一號星期五（正月廿二）

續看《古城春色》。與王迪、王林步至公主墳，又至蕭杞柟墳。到作人處。打針。吸入。

眠半小時。到飯廳，聽吳作人講"唐至現代畫法變遷"。吳達元離所。鄒琴才來告別。

浦熙修來。吳作人來。打針。十時服藥眠，上午一時醒。又眠，六時醒。又眠，七時醒。

《紅旗》雜志評論員發表《蘇共新領導奉行蘇美合作路綫的供狀》一文，今日登載各報，并付廣播，說明柯西金等人表面上說美帝國主義是敵人，而實際則是盟友，證據確鑿。然蘇美合作主宰世界，在大好的革命形勢之下只是一種狂妄的夢想而已。

二月十二號星期六（正月廿三）

修面。到鄒琴才處送行。到會議室，爲黃金銘寫字。打針。吸入。續看《古城春色》。静秋偕王澤民夫人來。

未成眠。在院中遇浦熙修。待静秋等進飯歸，同游眼鏡湖、見心齋、碧雲寺。四時半，她們去。

看報。向奎來。王林來。打針。十時半服藥眠，翌晨七時醒。

《紅旗》雜志第二篇文章《工農兵群衆掌握理論的時代開始了》，今日發表。此說明知識必由實踐而來，一切學問必須在"用"字下功夫，書齋必須走出了。此後必須活學活用，學了就用，邊學邊用，用毛澤東思想分析實際問題，解決實際問題，既做好了工作，收到了改造客觀世界的成效，又提高了思想，收到改造主觀世界的成效。此一目標當時時處處不忘記。

二月十三號星期日（正月廿四）

續看《古城春色》。與作人到見心齋散步。吸入。補記日記三天。

朦朧一小時。與王林同下山散步。回，遇浦熙修，與同到王林室談。

續看《古城春色》。打針。服藥二次，十一時後眠，翌晨七時醒。

日來大便終不正常，除成條之糞便外，總有幾滴浮于水上之黏液，拭穢紙上，有若肉凍，作深紅色。又睡眠時間雖久，總賴藥物之力，既打冬眠合劑，又服 Seconal 兩丸，終非久計。

天氣日暖，草木發芽，此後當多在戶外活動，增強體力。

二月十四號星期一（正月廿五　七九始）

將《古城春色》第一部看完。與王迪同散步，至碧雲寺二山門。屈大夫來詢病。王秉綸、楊俊杰入所。

朦朧半小時。顏淑琴來詢病。到樸初處。到東宮門散步，遇楊先民。

楊向奎來。于素蘭爲打針。換服藥，但屢醒。四時醒後更不成眠。

向奎告我，陸懋德于去冬逝世，年八十三。渠教中國古史多年，但未作深入之研究。渠爲清末拔貢生。

屈大夫謂予：服 Seconal 及眠爾通太久，疲了，可換服 Amytal 及 Librium，然予服後迄不效，不得不再服水化氯醛。此身嬰此痼疾，天天晚上如過關，苦極苦極！

二月十五號星期二（正月廿六）

看《戰國史事勘》第一叠，訖。與楊先民、蘇奮上山，至西山晴雪碑、朝陽洞、森玉笏等處。

眠一小時。熙修來。到樸初處問疾。

看電視北昆演出《騰龍江上》、《靈山鐘聲》二劇。打針。服藥二次，十一時眠，翌晨六時醒。

　　來此七旬，今日第一次登高山，前之所未至也。然巉滑不易行，賴蘇、楊兩君之扶持乃得行。予前年到青島，上下坡已不易，而今日能爲此，足徵動手術後之進步。

二月十六號星期三（正月廿七）

看《戰國史事勘》第二叠，訖。記筆記二則。屈大夫來。吸入。俞志英入所。

眠半小時。王湜華來。與王林、馮文華、崔明山、楊俊杰、張永清同到玉華山莊，吃茶。

看電視《糧食》等。九時歸，打針。服藥兩次，十時半眠，翌晨六時醒。

二月十七號星期四（正月廿八）

看《戰國史事勘》第三叠，未畢。吸入。

未成眠。浦熙修來。姜又安來，交《孟姜女資料》稿。

與元善通電話。看電視。打針。以多服藥，終夜酣眠，連起溺都不記。

　　陳叔通先生于今日上午逝世，年九十。渠早歷清華，晚爲民主人士弁冕，又享大年，自可無憾。惟陳慧同志失此怙恃，自必遷居，其悲懷可想見也。

多日來晚輒服藥二次乃得成眠，今夜以兩次之藥一起服之，爲 Seconal 一丸，Amytal 一丸，Meprobamat 兩丸，Librium 一丸，竟得眠十六小時，爲生平一大快事。然醫生則將首二藥收起，每晚只許服一粒矣。

二月十八號星期五（正月廿九）

在昏睡中。進食時暫醒，食罷即眠。

睡至二時始醒。向奎來。王林來。與王林、王迪同至百貨部購物。屈大夫來。吸入。

看電視木偶片《草原女兒》等。于素蘭爲改打針。十時眠，翌晨六時半醒。

以我佳眠，害得人們疑我爲有病。予安得有此善眠之疾乎？

二月十九號星期六（正月三十　雨水）

略看《戰國史事勘》。記筆記二則。與王林同出，到雙清別墅、香山寺。吸入。

眠一小時。到楊向奎處話別。與王林、王迪、崔明山同出散步，至香山小學、養蜂站、一粟園。歸，與樸初、俞志英談。

看吳晗論道德諸文。打針。十時後眠，翌晨七時醒。

楊向奎來此半月，每日獨跑，頭暈竟瘥，故今日返城。

陸懋德先生，河北人，清拔貢生，留學美國，歸爲北京師範大學教授，兼清華大學講師。編有《中國古代史講義》二册，尚有短篇論文若干。兹聞向奎言，渠已于去冬在京逝世，年八十三。

二月二十號星期日（二月初一）

大雪竟日。補記日記三天。寫陳慧信，唁叔通先生之喪。續看

《戰國史事勘》第四叠，仍未訖。記筆記二則。

朦朧一小時。王迪來。

看《關于道德問題的討論》。打針。服藥二次，十一時眠，翌晨七時醒。

　　北京數年來未有此大雪矣，對農事當大有益。此間春麥未長，故雖在立春後半月，無傷也，若江南則不然。

二月廿一號星期一（二月初二）

仍雪，至下午三時止。看《戰國史事勘》第四叠。記筆記九則。寫自珍、起潛叔信。

與浦熙修、俞志英同出賞雪，遇崔明山、馮文華、衛一青、楊俊杰等，同到香山飯店飲茶。

趙淑芳來打針。楊俊杰來。看《歷史人物評價問題》。服藥兩次，十一時眠，翌晨七時醒。

　　兩日之雪，盈山滿谷，松柏上若開花。此奇麗境界，乃于無意中得之。

　　古巴正迅速沿着修正主義的道路滑下去，其總理卡斯特羅爲倚靠蘇修每日百萬美元之接濟，并希望靠攏嚮所反對之美帝，故藉中國供應糧食事，大肆反華。此何足以損我哉！

二月廿二號星期二（二月初三）

看《戰國史事勘》第四叠訖。記筆記九則。到王林處還報。

眠一小時。

到楊俊杰處。浦熙修來。楊先民來。打針。服藥二次，十一時眠，翌晨七時醒。

　　多日上下午大便各一次，幸皆成條。

　　今夜溫度降至零下廿一度，仍須穿棉褲矣。

澳共（馬列主義者）機關報《先鋒報》發表文章指出：美帝、蘇修互相配合，掀起反華運動，是因爲中國受到被壓迫人民的支持。

二月廿三號星期三（二月初四　八九始）

看《戰國史事勘》第五叠，未畢。記筆記八則。屈大夫、顏護士來。

眠一小時。與王林到作人處觀畫雪松。

與樸初、作人在回廊散步。打針。看《海上花列傳》。十一時服藥眠，翌晨七時醒。

予舌苔已化，故屈大夫主停服中藥。今日日出，雪融道滑，未敢外出。

予告屈大夫，中午眠甚自然，而晚間雖打針服藥仍不易入眠，屈大夫謂不如遲睡以適應之。因念新書皆使人興奮，不如看舊書以資消遣。樸初向阿英所借《海上花列傳》，爲僅有之吳語小說，故取覽之。

二月廿四號星期四（二月初五）

看《戰國史事勘》第五叠，仍未畢。到王林處。記筆記一則。

未成眠。樸初來。

看《海上花列傳》。與熙修在回廊散步，與楊俊杰、俞志英談。打針。服藥。十一時許眠，翌晨七時醒。

今日下便只一次。若失眠病能愈，真太幸福矣。

今日加納總統恩克魯瑪來，欲爲美越戰事作調解人。晚間劉主席在歡迎宴會上揭露：美帝在擴大侵越戰爭同時玩弄“和平”姿態，在這種情況下，任何和談倡議，不管主觀意圖如何，只能幫助美帝霸占南越，所有亞非國家都有義務支援越南人民，而絕不能在侵略者和被侵略者之間采取中間立場。斬釘截鐵，把這機會主義打了兩下響亮的耳光。恩克魯瑪可謂"不知趣"矣。

二月廿五號星期五（二月初六）

與王迪、王林下山散步。爲王德春改學習計劃。看《戰國史事勘》第五叠訖。記筆記八則。

眠一小時半。看報。

熙修、志英、樸初來。看電視《北大荒人》等。打針。看《海上花列傳》。服藥，十一時半眠，翌晨三時一刻醒。又朦朧至六時。

雪已凍成冰，路滑不敢多走，僅走大路而已。

二月廿六號星期六（二月初七）

看《戰國史事勘》第六叠訖，全書訖。記筆記一則。與王林下山購物，買小説《紅日》。與熙修到碧雲寺口散步。

眠一小時。洗浴。與王林、王迪、崔明山下山散步。

與静秋通話。到志英處，并晤樸初、李鑫德。看《紅日》及《海上花列傳》。九時打針，服藥後至十二時不能眠。服水合氯醛眠，翌晨七時醒。

叙利亞發生政變，"阿拉伯復興社會臨時地區領導"在廿三日清晨接管了政府，總統哈蘇兹、總理比塔爾等或説被捕，或説逃亡。

今晚不知何故，服藥至三次乃得眠。此後還是早些睡覺的好。洗浴易衣，襯褲上糞迹斑斑，不知此疾何時可愈，抑竟不能愈乎？

二月廿七號星期日（二月初八）

與王迪、王林、龐之江同步至玉華山莊，飲茶。遇趙樸初夫婦及俞志英與其子女。回，晤吳作人之兄及其兄子，談。

眠一小時許。看報。以昨夜多服藥故，覺頭暈，因獨下山理髮。回，遇申光、王秉綸、羅文等，談。

熙修、志英等來談。王秉綸來長談。李鑫德來談。九時打針，九時半服藥，翌晨七時醒。

聞加納政變，恩克魯瑪夫人逃至阿聯（她本是阿聯人，由納賽爾作伐嫁與恩克魯瑪者）。恩克魯瑪本欲調和中、美，調停越南戰事者，今竟欲歸不得脱，此數日報紙上絕未談及此事，樸初夫人言之。

王秉綸同志，山東黃縣人，今在吉林農業大學任黨支部書記，雖未正式進學校，而三四十年來新出書籍頗多瀏覽，并《新學僞經考》而亦讀之，因叩予以今古文問題，此不期之知遇也。

二月廿八號星期一（二月初九）

到辦公室訪樂書記。招劉昆同至會議室，爲寫字三幅，并晤黃金銘。補記日記兩天。看尹達《將史學工作革命到底》一文。

靜秋來。眠一小時。樸初來。與靜秋同游芙蓉館、玉華山莊。五時，靜秋回城。蔡若虹入所。

到蔡若虹處。與馮文華、楊俊杰、王秉綸等談。續看《紅日》及《海上花列傳》。曾龍香來打針。服藥，十時半眠，翌晨七時醒。

在兄弟樓養肝炎之劉昆，在養病時間用功寫字，見予黑板上字，久欲與予談，且請爲作字，今日與樂書記談之，乃招至會議室，償其宿願。

一九六六年三月

三月一號星期二（二月初十）

終日看又安送來之賀次君所作《孟姜女故事資料解釋》，未畢。

與王林、王迪下山散步。

眠一小時。到熙修處，遇費孝通，同到香山飯店散步，東宮門吃茶。

續看賀次君解釋。打針。看《海上花列傳》。十時半服藥眠，翌晨七時醒。

予三十年前所搜集之孟姜女故事資料，半失于抗日戰爭中，十年來承又安爲我繼續搜尋，其量視前爲豐，又得次君爲之作注，更便研究，因擬竭數日力翻覽一過。

三月二號星期三（二月十一）

與王迪、王林、崔明山同出，繞香山飯店後上十八盤，到梅蘭芳別墅、白松亭、紅光寺、雙清、香山寺，十一時許回。

眠一小時。續看賀次君所作《孟姜女故事資料解釋》。浦熙修來，與同到北辛村山貨鋪買物。

與靜秋通話。到楊先民處，爲先民、季崇威、黃金銘、楊欽、韓秀英、張鳳蘭等寫字八件。九時半打針。服藥。十時眠，翌晨七時醒。

加納政變，今日《參考消息》方登出，已歷七天矣。此次政變係在英美鼓動下發生，非洲諸國如幾內亞、馬里甚不直之。

三月三號星期四（二月十二）

與王林到百貨部買物。終日續看《孟姜女故事資料解釋》，仍未訖。

朦朧一小時。修面。

楊俊杰來。蔡若虹來。打針。看《海上花列傳》兩回。十時服藥眠，翌晨六時醒。

印尼右派殺死進步分子至數十萬人，其殘暴可見，然而如此高壓必離革命不遠，壞事正可轉成好事也。

三月四號星期五（二月十三　九九始）

看《孟姜女故事資料解釋》訖，重爲排次，寫應注意事項與又安。到百貨部買紙夾。記筆記二則。

眠一小時。看報。與王迪、王林到東宮門散步，遇楊先民。到服務部飲茶。

王秉綸來。到熙修處，爲釋帖中草書。看《海上花列傳》。打針。十時半服藥眠，翌晨六時半醒。

今晨過磅，予體重爲六十四公斤，又增一公斤半。

恩克魯瑪于上月廿八日到莫斯科，前日抵達幾內亞。此次政變係受英、美指使，故非洲民族主義國家多不贊同。幾內亞、索馬里、馬里諸國爲甚。

印度米佐部族一萬人舉行武裝暴動，此革命先聲也。

三月五號星期六（二月十四）

與王林、王迪、崔明山到玉華山莊。又上，到閬風亭，又上，到香山三神祠，由香山寺下。馮文華來。

眠一小時半。點讀《古代社會》第十四、十五章，第二編訖。

與申光等談。王秉綸來。打針。看《海上花列傳》。十一時服藥眠，翌晨六時醒。

今日有風，又降小雪，大衣又穿起了。午刻雪愈密且驟，至晚息，約下七八寸。是爲北京多年未有之大雪，農事之有利可知也。

自二月八日後，《古代社會》迄未續讀，行將一月。今擬于一周內趕訖，然後再徐徐消化。

三月六號星期日（二月十五　驚蟄）

到王迪處談。點讀《古代社會》第三編第一、二章。李鑫德來。

眠一小時。姜又安來。到熙修處，爲臨一帖。

到作人處，并與蔡若虹談。打針。看《海上花列傳》。十時服藥眠。十二時醒又服藥，七時醒。

三月七號星期一（二月十六）

點讀《古代社會》第三編第三章。與王林、王迪、蘇奮下山買物。

眠一小時。與王林、王迪下山，茗于東宮門，浦熙修來，同座。

看《海上花列傳》。楊先民來。打針。服藥，十一時眠，翌晨六時半醒。

今晚上午一時半及五時半均有地震，而我濃睡，第一次竟不知，第二次則稍覺床在震動，不究其故而仍熟眠，假使不因藥物之力而致此，豈非大可欣幸之事！

三月八號星期二（二月十七）

點讀《古代社會》第三編第四章，未訖。與王迪、王林、浦熙修到玉華山莊，觀雪景。静秋來。

眠二小時。與静秋到香山寺及雙清別墅。五時一刻，静秋歸。

與王秉綸、楊俊杰等談。看《海上花列傳》。打針。服藥，十時眠，翌晨六時醒。

此次地震，以邢臺縣爲中心，聞當地人民頗有損失，中央已予救濟。

三月九號星期三（二月十八）

、　與王林、王迪、崔明山、龐之江同到玉華山莊吃茶，又至玉華二院。點讀《古代社會》第三編第四章訖，第五章未訖。

眠一小時。洗浴。與王林、王迪到香山路散步，至臥佛寺站。吳作人來送香蕉。

與俞志英、楊俊杰、李庚堯散步。楊先民來。看《田漢的戲劇主張爲誰服務》。看《海上花列傳》。打針。十時服藥眠。翌晨三時醒，遂不寐。

今夜數次散步而夜眠早醒，何也？

今日雪化，道路泥濘難行。

三月十號星期四（二月十九）

四時起，點讀《古代社會》第三編第五章訖。理髮。到會議室，黃金銘、楊先民、章真園、王彩惠來，爲寫字十餘紙，費兩小時。

點讀《古代社會》第三編第六章訖。眠一小時半。休養員開會，討論所中事。與王林、王迪、浦熙修同出散步，到見心齋、昭廟等處。

看報及《海上花列傳》。打針。十時半服藥眠，翌晨五時半醒。

今日同會：章真園（主席）　趙樸初　吳作人　蔡若虹　王林　龐之江　俞志英　浦熙修　崔明山　馮文華　丁毅農　張楚　王秉繪　李庚堯　蘇奮　申光　楊先民　李鑫德　楊俊杰　張永清　討論問題：1. 是否請北京醫院大夫每星期來診一次，免得各人向城中跑？2. 春天到了，應到何處游覽？3. 如何普及療病知識？4. 此間任理療工作的僅小潘一人，是否該增加護士？

三月十一號星期五（二月二十）

林劍華來，交鈔件。與王林、王迪、浦熙修到香山寺、白松亭、閬風亭、玉華山莊等處散步。

眠一小時半。點讀《古代社會》第三編附錄訖。與王林到楓林村外圍散步。與樸初、作人、蔡若虹談。

看報。看《海上花列傳》訖。打針。服藥二次，十二時後眠，翌晨七時醒。

今日上午勞動量大，故午後得佳眠。然至晚上則仍無倦意，不得不借藥物之力以成眠，痼疾困人，一何可嘆。

三月十二號星期六（二月廿一　九九訖）

與王林、王迪、崔明山、浦熙修、楊先民同到眼鏡湖、見心齋照相。與王林、浦熙修到碧云寺水泉院。開殷綏貞履歷與熙修。點讀《古代社會》第四編第一章訖。

眠一小時半。送王迪出院。與王林、楊俊杰、李庚堯、李鑫德同游臥佛寺外葡萄園。

與楊俊杰、王秉綸談。秉綸送香蕉來。打針。十時服藥眠，翌晨三時醒、五時半醒。

今日爲孫中山先生卒忌，故民革同人前往碧雲寺紀念者特多。

王迪，山西沁源人，任職計委，性端重、主動，群衆關係好，是一領導人才。病右手足偏中，不廢鍛煉。于其行也，頗惜之。

幾內亞總統杜爾宣布將派兵援助加納人民，使恩克魯瑪復職，以一九五九年加納、幾內亞、馬里三國聯盟，有干涉加納叛亂之義務，加納只有軍隊及警察一萬九千名，而幾內亞有退伍軍人廿五萬，又有人民解放戰鬥先鋒隊，必會奠定非洲不爲帝國主義操縱之局面也。

三月十三號星期日（二月廿二）

看穆欣《評賽金花劇本的反動思想》。點讀《古代社會》第四編第二章訖，全書點完。與王林下山散步，到香山書店閱書。

眠一小時半。洗浴。點恩格斯《家庭、私有制和國家的起源》

一章。與蘇奮、馮文華、王秉綸散步至碧雲寺山門，遇樸初等。

看王春元《評夏衍電影論文集》。打針。服藥二次，十一時後眠，翌晨七時醒。

三十年前，予欲窮究古史，擬研究古代禮教、法律、制度，去偽存真，敷以系統，遭亂不克成其志。莫爾根《古代社會》一書，予久欲覽之，當楊東蒓譯本出版，即買一部，而空置書架，迄未暇讀。前數年馮漢驥譯本出版，又買一部，携至青島療養院，終以業務當頭，僅讀數頁而止。今來楓林村，不携綫裝書，不從事業務，乃得點讀終卷。然此中叙述紛紜，予記憶已衰，如果不加溫習，即與不讀無異。此後當續續爲之，寧少勿間斷，庶幾中國古制得其比較啓發，説明其所以然，而别白其真偽，則系統之"王制考"雖不得成，而終可寫出幾篇論文，使後學者有門徑可尋焉。恩格斯《家庭、私有制和國家的起源》是莫爾根《古代社會》的節本，亦即爲其補充，爲了趁熱打鐵，故即接看此書。

三月十四號星期一（二月廿三）

點讀恩格斯書第二章，未畢。與王林散步至玉華山莊。樸初來。看報。

眠二小時。與王林到琉璃塔散步。

與熙修在院内散步，并爲解釋《千字文》字句。與作人、若虹、樸初談。九時，于素蘭來打針。即服藥眠。上午四時醒。即起。

蘇加諾被幽閉于茂物宮，蘇哈托陸軍司令以蘇加諾名義宣布解散印尼共的一切組織。美國大使却稱贊説局勢正以和平良好方式加以處理。此所謂不打自招也。

三月十五號星期二（二月廿四）

點讀恩格斯書第二章，訖。泛覽以下各章。與王林、熙修到雙清別墅散步。

眠一小時半。下山修面。王金林入所。

到昭廟訪王湜華。到王秉綸處。打針，服藥。九時半眠，上午一時半醒，矇矓至六時半醒。

今日大風，天氣又寒，予又多痰，晚間咳嗽，幸不劇。

近日報紙多登批判夏衍、田漢之文字，此皆二十世紀三十年代之左傾文藝工作者，亦即中共地下工作之領導者，徒以思想不能隨時代而俱進，遂至由左傾化爲右傾。此事可資我自惕！

三月十六號星期三（二月廿五）

粗點恩格斯書第六、七、八三章。與吳作人、章真園談。

眠一小時。鈔《關于道德問題的討論》及《關于歷史人物評價等問題的討論》目錄入册。與熙修到百貨部買物，遇蘇奮。

與靜秋通話。與屈大夫談。粗點恩格斯書訖。打針。服藥。九時半眠，上午一時半醒。起吃點心，三時半後又眠，五時半醒。

予本擬于本月底回城，而近日頗冷，章真園言不如過清明再走。靜秋傳胡厚宣話亦謂不妨多住數天，因與屈大夫談，延長至四月初旬。

美國記者雷蒙德撰文說：“約翰遜現變成本世紀的大戰犯之一。當他說‘自由’的時候，他是意味着‘資本主義’的；當他說‘和平’的時候，他不過說霸權而已。”美國人的覺悟漸漸提高，于此可見。

三月十七號星期四（二月廿六）

重點恩格斯書第三章訖。到王林處、章真園處。蔡若虹來。

眠一小時。看報。三時，王湜華來，導本所同人游昭廟，觀乾隆庚子所立碑及日寇所造之醫院。王秉綸來，送所鈔碑文及“六庋"、"三阜"兩典出處，即送與俞志英，并晤熙修、李鑫德。

到樸初處問疾，并晤作人、若虹。重讀恩格斯書第四章訖。服藥。打針。九時半眠，上午一時半醒。又眠，六時醒。

機關通例，三月十五日停火。本所遵之。而此數日中忽突寒，今晚汽爐又熱。予之咳嗽已作，即服銀翹解毒片。

王秉綸同志未嘗受傳統教育，而頗愛讀文史書，兼喜收羅文物資料。今日同人游昭廟，渠即鈔乾隆所立碑，并考出其典故及其年代。渠今任職吉林農業大學黨委，工作雖忙，不廢讀書。此來常詢予古籍問題，真一特出之人才。惜其不能常在北京耳。

三月十八號星期五（二月廿七）

重讀恩格斯書第四章至第七章。

眠一小時。

到王秉綸處談，并晤楊俊杰。打針。服藥。十時眠，翌晨四時醒。又眠，六時醒。

今晨大風，訇然如怒濤，不敢出門矣。汽爐重開，予咳較愈。

接靜秋信，囑我遲些出院，以春間最易發病也。

三月十九號星期六（二月廿八）

重讀恩格斯書第八、九章，全書訖。理髮，聽王德春談。

眠一小時許。與王林步至玉華山莊，飲茶。

王秉綸來。到作人處，看浦熙修所臨趙佶《千字文》。與作人、熙修到北門散步。打針。服藥。十時半眠。上午四時醒。又眠，六時醒。

今日雖仍有風，而麗日曜空，不覺寒矣。

《家庭、私有制和國家的起源》一書，久欲讀而不得暇，前年在北京醫院時，曾讀而迄未終卷。茲在香山，乃得以六日之力讀竟。其《野蠻與文明》一章尤有綜括之功，何快如之！然此書當反復研習，乃能融爲自己血肉，必當動筆，使得深入。私意倘能作一"歷史唯物主義問答"，或能熟練，并爲工農兵服務也。

卡斯特羅承蘇修餘竅，大罵中國，且涉及毛主席。流氓行徑，于此大顯。六七年前，我曾視爲革命奇才，當時徐伯昕同志曾言，此等資產階級分子，未必可信。今果然矣。凡資產階級分子皆重實利而不顧是非，古巴每日接受蘇修百萬美元，及兩船石油，而自身則只有蔗糖之單一經濟，不克自立，故爲蘇修所驅使，桀犬吠堯，固其所也。

印尼軍人蘇哈托禁錮蘇加諾于茂物，逮捕閣員蘇班德里約等十四人，另組內閣，納蘇蒂安隱于其後爲牽綫人，而美帝則更牽納蘇蒂安之綫，此等陰謀不足以成大事，坐待其失敗可已。

三月二十號星期日（二月廿九）

看報。與王林入市購物，乘公共汽車到臥佛寺站。步至孫傳芳墓，未得入。到臥佛寺，飲茶。由小路歸。遇小潘及其夫嚴君。遇張楚。

眠一小時許。洗浴。看報。補鈔《古代社會》目録。熙修來談。與靜秋通話。袁亞東入所。

與馮文華、王秉綸、楊俊杰到眼鏡湖散步。歸，與秉綸長談。打針。服藥。十時許眠。十二時醒。又眠，四時醒、六時醒。

三月廿一號星期一（二月三十　春分）

王湜華來。屈大夫來，量血壓。與王林、崔明山同到碧雲寺後看和尚墳。又到本所水電站，蘇君導觀。

眠一小時半。校《大誥校勘記》林劍華鈔本，初次校訖，略加修改。風大，未出門。

到作人處，并晤樸初。服藥兩次，十二時眠，翌晨六時醒。

今日予血壓爲130/75，益低矣。此蓋多日安眠之故也。睡前打針，從今日起停止，中藥仍服。屈大夫謂放屁噴糞爲動手術後常事，以後可愈。

本所水電站在碧雲寺後山，日出水一百八十噸。有如此設備而療養員不過四十人左右，未免可惜。

三月廿二號星期二（三月初一）

鈔《大誥校勘記》之目次，未畢。

眠一小時半。到王林處及作人處送報紙。浦熙修來，同出散步。以風大，即歸。

與靜秋通話。與楊俊杰、李鑫德、浦熙修同到香山飯店散步。重看《海上花列傳》第三回，摘出若干條。十時半服藥眠，上午三時醒。又眠，五時三刻醒。

今日下午四時二十分，地又微震。上次地震範圍甚廣，意者美帝試地下核爆炸所致乎？質之同人，皆謂非是，核爆炸力雖强，尚不能使大地震動也。傳晚九、十時間尚須震動，後竟未有。

三月廿三號星期三（三月初二）

與本所同人及醫療人員、其他職工，凡四十人，乘車至昌平縣手錶廠參觀，八時出發，十時到。由姜希恭導引參觀。十二時回車，下午一時十分歸。一時半進食。

眠近兩小時。王湜華來。看報。樸初來。區棠亮入所。

到浦熙修處，觀其所臨懷素《千字文》。樸初、俞志英來，借書。十時半服藥眠，上午三時醒。又眠，五時半醒。

全國手錶廠之質量，以上海爲第一，天津次之，北京又次之。廠凡四層，工序一千一百餘道。有些用手工操作。女工占百分之八十。所出錶每具售百元。予等進廠，兩次易鞋，而有些地方尚不容入，防灰土之侵入也。

艾思奇昨日以心臟病逝世，年五十六，予與静秋去年尚聞其講毛主席兩論也。

今晚仍七級風。

三月廿四號星期四（三月初三）

與王林同到玉華山莊，吃茶，遇蔡若虹，同坐，長談。續鈔《大誥校勘記》提綱，未畢。

眠一小時半。出，遇楊先民，到北辛村修面，到百貨部購物。遇袁亞東，同歸。浞華來。熙修來，與之同到碧雲寺山門散步。

到王林處，閱報。重看《海上花列傳》第二回，摘出其辭句。九時半服藥眠，上午二時醒。又眠，五時半醒。

蘇聯共廿三次代表大會，邀請中共代表團作爲客人參加，中共義正詞嚴地加以拒絕。

李宗仁夫人郭德潔，前日逝世，年六十一，聞係癌症。歸國而死，得其所矣。

三月廿五號星期五（三月初四）

與王林、熙修、俊杰同到玉華山莊，王林留，熙修、俊杰與予上山至西山晴雪碑，崔明山來會，照相。十一時下山。

眠一小時半。看報。重看尹達《必須把史學革命進行到底》一文。到楊先民處，看《人民日報》所載戚本禹等批判翦伯贊一文。到辦公室，晤樂福元，將選民證交與。

看電視《南海早春》等片。十時服藥眠，上午三時醒。又眠，六時醒。

年來受批判之人士：文學——俞平伯、田漢、丁玲、夏衍、孟超、邵荃麟、陽翰笙　史學——羅爾綱、周谷城、翦伯贊、吳晗、孫祚民、李平心　哲學——楊獻珍　經濟學——馬寅初、孫冶方、楊堅白　政治——梁漱溟、李維漢、齊燕銘、彭德懷

三月廿六號星期六（三月初五）

與王林到碧雲寺，參觀孫中山紀念堂第二閱覽室，茗于水泉院。章真園來，爲改正記錄予所講訛字。

靜秋來，伴之至香山大衆食堂午餐。出，遇王湜華。眠一小時許。與靜秋至眼鏡湖、見心齋、昭廟、琉璃塔，由小徑至勤政殿。回，買水果。五時半送靜秋出大門。

王秉綸來。吳作人來。重看《海上花列傳》第三回，摘鈔其辭句。十時服藥眠，翌晨四時醒，待明而起。

靜秋每來，必勸予向工農看齊，徹底改造思想，苦口婆心，所企望者至殷，不忍不接受。惟予數十年來讀書成爲痼癖，由自覽新出書報而求改造，較爲自然，若在開會中改造，則神經易于興奮，强之發言，實有言其所不宜言者，落入頑固類型，對改造并無好處。此由于生性倔强，且不甘受污衊之故，是以十餘年來迄無進步。倘得常至公園，藉茶座以覽書報，必有進于開會者，特靜秋不見許，組織上亦未必允可耳。

三月廿七號星期日（三月初六）

爲湜華作新婚序。與王林、袁亞東、楊俊杰同游雙清，遇作人、若虹。予與亞東、俊杰復游香山寺。看報。

眠一小時許。洗浴。爲湜華夫婦寫紙二幅。到作人處借印泥。到熙修處。

與王秉綸、蔡若虹到後門散步。歸，并與作人、熙修談。重看《海上花列傳》第三回，摘錄。服藥二次，十一時半眠，翌晨六

時醒。

今日下午有小雨，較冷，予屢打噴嚏。

三月廿八號星期一（三月初七）

王湜華來。與所中同人乘大卡車到美術館，參觀上海市工藝美術展覽會，予爲寫字一幅。十二時回所。

眠兩小時。林劍華來，送《大誥》各稿，以《周公東征及東方民族大遷徙》一章付鈔。與同游園内，至芙蓉館而回。與樸初談。作人、若虹、秉綸來。

與王林、龐之江、若虹、秉綸下山散步。買《東方紅》。歸，熙修來。到秉綸處談。看報。十時許服藥眠。翌晨五時醒。

今日動了一天，故睡眠特佳，甚矣予之必須活動也！

上海工藝美術展覽，花樣繁多，技術精巧，尤以新創之"絨繡"（以毛綫作繡），其使人有立體感，愈于油畫。聞若虹言，係蘇州人所創造。

世界反戰活動將遍及四十個國家和一百二十個美國城市。即紐約一地便有十萬人集會游行，抗議政府侵越戰爭。人心如此，約翰遜尚能一意孤行乎！北京昨亦在工人體育館，集合各界一萬六千人，聲援美國人民及南越人民，此間廣播中可聞也。

三月廿九號星期二（三月初八）

與王林到玉華山莊，坐談，未啜茗。道遇作人。爲伯祥作《書巢圖卷》題辭，未畢。陳繼常入所。

眠一小時。下山修面、買物。熙修來，同到静翠湖散步。楊東蓴、馮賓符來。

與樸初、王林、蘇奮等至碧雲寺前散步。重看《海上花列傳》第一回，摘鈔辭句。服藥二次，十一時半眠，翌晨六時半醒。

伯祥《書巢圖》爲一九三八年所繪，迄今已廿八年，前圖成囑題，予以生活侘傺未能應。今以養疴于此，不便再却，然予下筆不能自休，勢必成長篇耳。

劉主席及陳毅副總理到巴基斯坦訪問，拉合爾及卡拉奇人民均極度歡迎，此非美帝蘇修所能破壞之友誼也。柯西金苦心孤詣所布置之塔什干會議，徒見其心勞日拙耳。

三月三十號星期三（三月初九）

爲伯祥作《書巢後記》略訖。

王湜華來。樸初來。與浦熙修散步至碧雲寺門口。楊東蒓、馮賓符來。

到熙修處，看《草字彙》。看《海上花列傳》序例。十時服藥眠，翌晨五時半醒。

賓符見予，謂予氣色甚好，而予觀其氣色而轉不如去年十月在醫院。彼本是膀胱癌，雖經割治，恐未必斷根也。

昨爲蘇修廿三大開幕日，必將推行其反華陰謀，然其虛僞伎倆已舉世皆知，除幾個衛星國外必不能起任何作用。

三月卅一號星期四（三月初十）

修改《書巢後記》略訖，約二千五百字。熙修來，與同到碧雲寺，上孫中山衣冠塚，茗于水泉院。

眠一小時許。與李鑫德、浦熙修到雙清、半山亭，由十八盤下。

與樸初出散步。再商修改。鈔後記入卷，未畢。十時許服藥，十一時又服，乃眠，翌晨五時半醒。

桃花齊發，李花又多于桃。數月來在香山，恒覺園中惟有松柏，今乃知花樹亦正葱蘢也。下月花更多，惜予將返家耳。

今日上碧雲寺後塔，熙修覺腿酸，而予并無此感覺，足見予體力尚不弱。飯量每日主食約七兩，亦不爲少。只望睡眠能保持現狀，即爲健康矣。

潮兒學校將分一部分至湖南常德，洪兒學校擬遷至平谷，此皆爲備戰也。湲兒學校以防地震，令其回家住。堪兒則在城內某處勞動。

印尼經過六個月之擾攘，至今右派勢力之統治已經確立，蘇加諾不過作一傀儡，預料納蘇蒂安將走上政治舞臺。然此不過反動派之暫時勝利耳。

印度總理甘地夫人訪問華盛頓後，美印聯合公報一起叫嚷"中國侵略政策造成對亞洲和平之威脅"，此賊喊捉賊之故伎也。美國百餘城市周末舉行反戰示威，此豈中國威脅之所致耶？

厄瓜多爾各地學生示威，作反寡頭戰爭，美帝所扶植之軍政府被迫倒臺。前財長因達武魯任臨時總統，學生尚欲去之。

西班牙《工人世界》、瑞士《日內瓦論壇報》均揭發蘇修廿三大會報告實質上與赫魯曉夫一樣，欺騙不了世界人民。

巴基斯坦《建設報》揭露蘇修采取兩面手法，勾結美、印反華。

在南越美偽政權下之西貢、峴港、順化等地示威運動進入新高潮，岌岌不能自保矣。

美策劃在今年聯大玩弄"兩個中國"的陰謀，明知大陸中國不可能與蔣匪政權同處一會，于是把共産黨中國排除在外的責任從華盛頓身上轉到北京身上。

日本佐藤政府拒絕我外交學會代表團入境，日本社會黨提出抗議。

　　阿爾巴尼亞《團結報》揭露蘇聯領導進一步墮落，爲了反華，不惜與蔣介石傀儡集團、馬來西亞、南越、南朝鮮、美國、英國坐在一條板凳上，背叛了中國、朝鮮、越南人民之利益，意味着踐踏了最起碼的無產階級國際主義原則，意味着他們根本不區別制度之間、階級之間、政治立場之間的界限。又云：蘇修和美帝正建"遏制"中國的墙，以孤立中國，并通過從印度開始直到日本的一系列巨大的軍事基地來包圍中國。

　　從一九五八年九月，中國政府對美帝軍艦和飛機侵犯我領海和領空，發出第一次嚴重警告後，在這七年多時間內，侵犯我領海的軍艦累計達到四百四十三艘，共計三百六十一次。侵犯我領空的飛機累計達到四百八十七架，共計三百一十四次。至今年四月五日，美艦又侵入我閩江口以東領海，我提出第四百次嚴重警告。因此，《人民日報》于六日發表重要社論，號召人民必須認真對待美帝的戰爭威脅，指出我們既要準備它遲打，更要準備它早打；既要準備它小打，更要準備它大打。所謂早打，就是今年打或者明年打。所謂大打，就是美帝傾巢出動，開上幾百萬甚至上千萬的軍隊到中國來。美帝如果要進攻中國，不論是小試鋒芒或是大打出手，結果只能是一個：有來無回。有着偉大的氣魄的中國人民，決心同美帝鬥爭一百年、二百年，甚至三百年，直到美帝被徹底打倒，世界革命取得徹底勝利爲止。

一九六六年四月

四月一號星期五（三月十一）

　　樸初來，再修改。寫《書巢後記》訖。紙不足，又寫一橫額補之。到作人處借印泥。

眠一小時許。起覺倦，看《東方紅》。買水果。樸初來。王湜
華來，取回圖卷。

摘鈔《海上花列傳》中經傳異讀字。十時服藥眠，翌晨六時醒。

近日身子困憊萬狀，其即所謂"春困"耶？溫度固日高，然
風亦狂甚，杏、桃固盛，恐亦無幾日耳。

《海上花列傳》一書，松江韓邦慶著，以普通話序事，以蘇
州話記言，爲吳語文學之惟一小説。予昔有一鉛印本，戰中失
去，茲由阿英（錢杏邨）處借來，摘其第一册中語言，以爲
《尚書》研究作參考資料。蓋《大誥》、《洛誥》之所以難解，實
以周人對周人用自己方言説話，而《多士》、《多方》等所以易
解，則周人用殷人方言以告殷人，爲東方語也。

四月二號星期六（三月十二）

將《海上花列傳》還作人。浦熙修來，覽予《書巢後記》文
稿。與熙修、王林同出，到雙清及香山寺觀杏花。理髮。

眠一小時半。洗浴。疲甚。看報。顏淑琴來談。與王秉綸同到
東宮門啜茗。

與秉綸到眼鏡湖，又與文華、俊杰到見心齋。看何其芳《夏衍
同志作品中的資産階級思想》未畢。九時半服藥眠。上午三時醒、
五時半醒。

今日休養人員皆回城選舉六屆區代表。予以静秋已爲予自東
城區轉至海淀區青龍橋選區香山買賣街選舉站，故得不行。他人
亦有然者，飯廳上寥寥數人矣。

秉綸勸予讀馬克思政治經濟學，然後馬列主義路路可通，而
毛澤東思想亦得其根本矣。

四月三號星期日（三月十三）

看何其芳文畢。與王秉綸同到見心齋談話。楊先民偕至買賣街投選舉票。龐之江來，同到護士室，爲之寫字，并及王林、楊先民、季崇威等，共寫十幅。

眠一小時半。與靜秋通話。楊先民來。鈔錄近日國際大事入日記。

與蔡若虹、王秉綸到香山路散步。看報。十時服藥眠。三時醒、六時醒。

白者李，赤者桃，淡紅者杏，吐露在松柏間，以質性不同而益見其美，非親居于此者不能知也。

四月四號星期一（三月十四）

鈔報上語入册。王湜華來。鈔《書巢後記》入册，并略修改，未畢。

眠一小時許。與王林同到碧雲寺，茗于水泉院。看戚本禹《海瑞罵皇帝和海瑞罷官的反動實質》。

到王林、熙修處。與樸初、明山、熙修、志英、棠亮等同到後園看李杏。看報。十時服藥眠，上午三時半醒。又眠，六時醒。

吴晗平時作文，主張古爲今用，假古諷今，藉古事給今人以教育，獨于去年姚文元評其《海瑞罷官》劇本後則説編劇時爲古而古，爲編劇而編劇，邏輯混亂，假話破露，戚本禹對之作無情的批判，諒彼亦無以狡辯也。

僞峴港市長阮文曼係由阮正詩推薦與阮高其而任命者，今阮正詩爲阮高其所罷免，故阮文曼遂在峴港發起示威運動，即警察亦參加游行。阮高其宣布要調動軍隊前往鎮壓，阮文曼答以不恤巷戰。此南越僞政權中一齣滑稽劇也。

四月五號星期二（三月十五　清明）

與伯祥通話。獨出探花，至靜翠湖、香山飯店、香山寺、雙清別墅。鈔《書巢後記》，稍修改，訖。凡三千字。

眠一小時許。與王林同出，到百貨部購物，香山書店買書，東宮門飲茶。樸初來。看關鋒、林杰《海瑞罵皇帝和海瑞罷官是反黨反社會主義的兩株大毒草》。

與蔡若虹、王秉綸、浦熙修同游靜翠湖。九時半服藥眠。上午二時醒。朦朧至六時。

杏、李花瓣較圓，桃花略尖，此前所未知也。今晨游者只我一人，知老興未衰。

上午大便兩次，第二次拉于香山寺旁，稀。倘以食香蕉故耶？

劉主席到阿富汗訪問。

吳晗關于海瑞之文字，得戚本禹、關鋒之揭發，已可作定論，彼實對一九五九年反右傾運動，罷免彭德懷等官職，對黨不滿意而發憤。當年運動係于廬山會議中舉行，以純爲黨內反總路綫、大躍進、人民公社者而起，不載于報紙，故我輩不知之也。

四月六號星期三（三月十六）

與靜秋通話。整理照片。點讀《毛選》第二卷短文八篇。屈大夫來談。

看周英《吳晗同志打着反"左"的旗子反對史學革命》及江天《駁蘇松地區特殊論》。

與王林、浦熙修、龐之江下山一轉。十時服藥眠，翌晨四時醒。又眠，六時半醒。

靜秋本定今日來，以有風雨，勸其遲日到此。渠又拉稀，此病不知當如何治之。

"杏花春雨江南"，其實不獨江南，河北亦如是也。

作人云：山桃極似杏，瓣端亦圓。

四月七號星期四（三月十七）

理髮。繳費，遇高保良。記《人民日報》社論入日記。九時半，伯祥偕湜華來，招樸初、熙修來談。十一時，予與伯祥、湜華同到香山飯店午餐，伯祥付錢。

與伯祥同到東宮門品茗，談兩小時。湜華課畢來，同到香山站，送伯祥上汽車，予與湜華同到香山飯店購水果。歸，與樸初談。

與王林、熙修散步眼鏡湖，遇王時彥。服藥二次，十一時眠，翌晨六時醒。

四十年前，林玉堂爲廈門大學文學院長，以北京欠薪久，且張作霖入關，將捕害民主人士，招魯迅、沈兼士、陳萬里及予往。初寄來之聘書，予任講師 *，以予在北大任助教，上升一級，分應爾也。及予前往，乃改發研究教授聘書，沈爲國學研究所所長，而予與魯迅同列，則以是時《古史辨》初出版，予名驟高，因而林玉堂與校長林文慶對予器重過當也。潘家洵者，與予同學同事十年，在北大中，彼任講師，地位較高于予，廈大本未請他，而他堅與予等同船去，既至，仍給以講師，地位遂在予下，引起彼之大憤，逢人即道予短，以其稔熟，知予最詳，經彼加油加醋，使予竟成道德惡劣之人，于是孫伏園、章廷謙等在魯迅前説"胡適派排擠魯迅派"，而魯迅對予作刻毒之攻擊矣。及彼遣孫伏園到廣州，請入中山大學，中大主事者歡迎彼來，亦歡迎予往，給伏園聘書兩份，而伏園匿予聘書不給，魯迅獨往，校中問其顧某何不來，則曰："彼與林文慶暱，安肯來？"傅斯年致函于予，謂不來將無以得天下後世之曲原。及予往而魯迅退出，

---

* 此説與日記 1926 年 7 月 1 日所記不同。

近成刻骨冤仇。此皆潘家洵挑撥之所致也。今日與伯祥茗談，説及此事，伯祥駭然，爰記于此，志其因果。

四月八號星期五（三月十八）

看報。新建設社田森來，談近日批判吳晗、夏衍等問題。伴之至見心齋散步。

眠二小時。點《矛盾論》，未畢。看報。曾龍香偕孔玉紅來。吳作人來。

與王林、王時彥等散步。看日本印《淳化閣帖》，與作人談。服藥二次，十時半眠。晨四時醒。又眠，六時半醒。

四月九號星期六（三月十九）

與王林到玉華山莊啜茗，看游山小學生。静秋來山，談。伴至大衆食堂飯。打電話與洪兒。章真圍來。

與静秋同眠，得眠半小時。與之同出，由眼鏡湖、昭廟至玉華山莊，更上，至多景亭、栖月山莊。飯後送至站，遇王湜華。

晤王金林。與静秋通話。疲甚，休息。九時半服藥眠，翌晨六時醒。又眠，七時醒。

今日晴，温度較高，故游山者多，尤以小學生爲活潑，帶領之教師殊不易也。予今日三次出門，所行較遠，足底作痛矣。

静秋游山興濃，多景亭及栖月山莊爲予四月來所未至，得彼鼓勵，乃得上之。彼決于下次更上鬼見愁，予不知能伴行否耳。

四月十號星期日（三月二十）

與王林到碧雲寺前散步。遇蕭淑芳。王湜華偕其夫人王文修來談。看報。

眠二小時。洗浴。看報。補記日記三天。遇陳邦哲。

到熙修處談。王秉綸來談。九時半服藥眠，上午三時醒。又眠，六時半醒。

今日游人甚多，而天氣陰冷，杏花已零落矣。

予舌苔厚膩，前些時似消退，但近日又增長，此腸胃功能衰退之徵也。

一九六三年，印尼實行石油等工業國營，六五年實行石油工業國有化，美、英、荷蘭等石油公司，尤其是美國的美孚、德士古等公司，爲了自己利益，與印度右派將領勾結，奪取政權，殺戮無辜人民，監禁蘇加諾，成不堪收拾之局面。

四月十一號星期一（三月廿一）

與王林、崔明山、王秉綸同到碧雲寺啜茶，明山爲照相。看報。記筆記一則。

朦朧半小時。王金林來，同到護士辦公室，爲作字四幅。與王林、浦熙修下山行一周，看新造屋。摘錄王正萍等整理吳晗思想。

與王林、熙修在院中散步。與樸初、作人談。九時半服藥眠。上午三時半醒，遂不寐。

今日太陽好，天氣轉暖，游人更多，碧雲寺一如東安市場之擠，香山則可容大隊人馬，青年多直上鬼見愁者。

高教部會議，進一步突出政治，活學活用毛主席著作。大力推動教育革命和知識分子思想改造，在政治和業務、紅與專的關係上，樹立政治統率業務，以紅帶專，又紅又專的思想，反對只專不紅和把業務和政治并列的折衷主義思想。

四月十二號星期二（三月廿二）

記筆記一則。王金林來。點《矛盾論》仍未訖。看報。與王林、熙修下山購物。

眠一小時許。爲王金林寫毛主席七律五首。王湜華來。與湜華、熙修同到梅蘭芳墓。下山理髮。

與王秉綸、吳作人同到後門散步。看報。十時服藥眠。翌晨四時醒。又眠，六時醒。

園中黃花開，其枝夭夭，予疑是迎春花，質諸作人，則謂是壽丹，其根即連翹也。作人又謂山桃最先開，杏花次之，桃花又次之。今桃杏俱已零落，而碧桃、榆葉梅又盛開，真使予徘徊不忍去矣。

予近日頗覺疲憊，當是所謂"春困"。腳底又痛，與前兩年同，當是走路太多。然花事正濃，亦不忍不賞，況游伴儘多乎！以此，近日讀書工作大減，儼然"春天不是讀書天"之怠惰分子矣。

四月十三號星期三（三月廿三　予七十四歲生日）

看報。趙樸初來談。屋內大掃除。熙修來，與同到玉華山館下談文史資料。

與靜秋通電話。看《胡適與吳晗》一文。未成眠。洗浴。與熙修上玉華山莊啜茗，續談文史資料。陳繼常來，同茶敘。下山，遇張芝。

熙修爲照相。到王林處。與王林、熙修到後門看壽丹及榆葉梅。與樸初談。看報。十時服藥眠，上午一時半醒。又眠，五時半醒。

一八九三年之今日，爲予之母難日；一九二四年之今日，又爲予與健常之初晤日，今日中午吃打鹵麵，下午吃炸醬麵，所以紀念之也。

《胡適與吳晗》一文，登出其往還信件，而此信件從未發表，蓋胡適離京後，其一生信件皆儲中宣部，茲爲算舊賬計從中取用也。予自問一生與胡適關係，自一九二〇年至二六年，通信實不爲少，然皆論學，至二六年後則寖以疏遠，幾于不通信矣。

四月十四號星期四（三月廿四）

樸初來，談佛教。袁亞東來。看報。理屋內什物。與王林同到碧雲寺看玉蘭花，沏茶，熙修來，同坐片刻。

眠一小時半。天昏暗，大風。看報。到廊中，開多燈，看《新建設》。與樸初、作人談。護士送飯來食。

熙修、俞志英來。到熙修室更談文史資料。十時服藥眠，上午二時爲風敲窗醒。趙淑芳來關窗。三時重眠，六時半醒。

碧雲寺水泉院前有玉蘭一樹，今日初放。自下午三時起，直至夜中，蒙古風沙大至，冥冥有黃泉之感，太陽之不可無也如是。

近日報紙資料豐富，且國際事均與全體中國人有關，社會主義教育運動更與我輩老知識分子有關，不當不看，而一看則動需半天一天，且不易悉記，又無鈔錄之暇，如之何其可也！

四月十五號星期五（三月廿五）

大風。樸初來，談改某軍人詩。看報，及《民進會刊》。續點《矛盾論》，仍未畢。

眠一小時。參加所中同人集會，討論醫療、游覽等事。與王林到靜翠湖及香山飯店散步。

到樸初處談。看電視《敢教日月換新天》電影。九時半服藥眠，上午一時醒、三時醒、五時半醒。

吳晗一案，愈擴愈大，本談其謬誤之政治思想，今又談其謬誤之讀書觀。此事甚使我提高警惕，以予一生專心業務，不問政治也。如何使紅高于專，如何從業務中擠出時間學政治，如何使七十之年學而不忘，邊學邊用，以紅帶專，實爲難事。然今當"突出政治"運動中，不可不爲，而業務又有甚大之壓力，不可捨之而專攻政治，此則就予個人言，實爲不易解決之矛盾也。

四月十六號星期六（三月廿六）

滴藥入鼻。與楊俊杰、浦熙修同到櫻桃溝花園，又到臥佛寺。往返三小時，行約十五里。點《矛盾論》畢。

與静秋通話。看報。眠一小時半。下山理髮。王林來，同到百貨部，茗于東宮門。蘇奮來，同坐。

看報。到熙修處談。九時半服藥眠，上午一時半醒。又眠，六時半醒。

昨日下午同會：章真圓（主席）　王金林　張永清　謝蘇　王林　吳作人　俞志英　區棠亮　浦熙修　楊俊杰　楊先民　李鑫德　李庚堯　張楚　馮文華　陳繼常　王秉綸　蔡若虹　龐之江　崔明山　蘇奮　丁毅農　屈承源　黄金銘　趙菊英

自入院以來，今日上午行得最遠，脚底有些痛了。

今日《北京日報》登載關于"三家村"和《燕山夜話》的批判，批判廖沫沙和鄧拓，兩人皆北京市委負責人也。

四月十七號星期日（三月廿七）

滴藥。點讀《毛選》第三卷文五篇。看報。

眠一小時。續讀《毛選》文二篇。看報。與王林、馮文華下山散步。

看報。遇馮文華。洗浴。服藥二次，十時三刻眠，翌晨七時醒。

腦膜炎傳播甚廣，且與以前此種病不一樣，疑爲蘇聯傳入者，以此所中定每人每日點藥水二次，上午八時半與下午二時半，由鼻滴入，入喉嚨。

吳晗與馬南邨（鄧拓）、廖沫沙（繁星）在北京市委刊物《前進》上合寫文章，署名"吳南星"，其所作稱爲《三家村雜記》，以是受人揭發，鄧、廖二人亦受牽連。

四月十八號星期一（三月廿八）

申光開會一月歸。堪兒騎自行車來，與同到王林、熙修室。看報紙揭發之吳晗反黨反人民罪行。

眠一小時許。吳作人來。王金林來，爲題"煤礦工人"報額。熙修來，與同到碧雲寺，上孫中山衣冠塚。

與作人到謝蘇處。在院中與蔡若虹、吳作人談。看報。九時半服藥眠，上午一時醒、三時醒、六時醒。

據近日報紙所揭曉，吳晗在三、四十年代實爲捧蔣反黨之人，後以投機得黨信任，幸免于五七年反右運動，乃終不能自忍，以海瑞罷官泄其本性，作批判之目標，假象欺人，固不易也。

堪兒今日來，恂恂然有禮貌，渠方在東郊勞動兩星期，休息三天，故邀約同學，來香山玩一日。

月來夜夜夢見先父，此昔所未有者，惜無心理學家可以詢問。

四月十九號星期二（三月廿九）

與王林到東宮門，遇龐之江、張永清。與王林、之江到靜翠湖及香山飯店，遇王金林、章真園。王湜華來，與同到吳作人處。

眠一小時半。看報。續點《毛選》第三卷二篇。樸初、志英住城三天回。

晤熙修等。在院中，聽申光講邢臺地區地震情況。九時半服藥眠，上午二時醒。又眠，六時半醒。

本年美帝在越南花費二百五十億美元，每周美軍傷亡一百人。

印尼右派大屠殺共產黨分子及左傾嫌疑分子，或説五十萬人，或説一百萬人。印尼駐華大使查禾多宣布辭職。中國駐印尼大使館全部被搗毀，且打傷館員多人。

今日上午大便兩次，後一次較稀。日來日出即暖，日隱風起即寒，雖甚注意穿衣，終不免受寒咳嗽。

四月二十號星期三（三月三十　穀雨）

與王林同到玉華山莊茶敘，看小學生春游，十時半回。到職工食堂聽轉播中國總政文工團到蘇聯時所受待遇及見聞。

眠一小時。點讀《毛選》第三卷三篇。續聽轉播一小時。與熙修到百貨部買籐杖。到蔡若虹處談。

看報。九時半服藥眠，上午二時半醒。又眠，五時半醒。

中國總政文工團到蘇聯表演，備受彼國當局虐待，吃不飽飯，不任參觀，不任與彼國人接觸，然蘇聯人百般設法，傳遞紙條，且高呼口號，結果若干人被捕受電刑。此可見蘇聯當局愈反動，即愈足以促起彼國人民之革命也。

尹如瀋去冬勞動，訂約四月，今聞其已停止，不詳其故，殆好逸惡勞，爲人所不滿耶？

四月廿一號星期四（閏三月初一）

看《新建設》。點《毛選》第三卷文三篇。靜秋來，伴至大衆食堂飯。

眠半小時。與靜秋游碧雲寺，下，至巨山農場分場看桃、梨花、照相，遇其職員程、劉、史君。

與作人、熙修到巨山農場。看報。九時半服藥眠，上午二時醒。又眠，六時醒。

靜秋家事忙，開會又多，易疲累，左臂作痛。新用保姆，上午七時半來，十一時半做好飯後即走，每月十五元。

與靜秋自碧雲寺出，赴車站，忽睹一園，桃、梨花盛放，入詢之，蓋巨山農場（本場在臥佛寺南）之分場也，本爲一官僚別墅，廣二十餘畝，種桃、梨、蘋果數百株，養蜂數十箱。在未開花前從未注意，今日乃詫爲發現。

四月廿二號星期五（閏三月初二）

與王林、浦熙修到巨山農場分場看桃花，并照相。近代史研究所派陳鐵健來，調查吳晗情況。

眠二小時。熙修來。樸初來。看報。

到王林處談。到樸初處長談。十時服藥眠，上午二時醒。又眠，五時三刻醒。

今日上下午俱有小雨，天又寒。棉衣又上身。夜眠時又咳，胸悶，服銀翹解毒片。

海棠、楓樹俱發花。嚮疑"楓林村"徒負虛名，今乃知其實有，楓花極小，黃瓣五。

我介紹吳晗到燕大圖書館任編目，係彼到北京後直接找我，已忘其找我之因。今日陳鐵健同志來，細爲推敲，乃知我于一九二九年出版胡應麟《四部正譌》，胡氏爲吳晗同鄉，渠乃借此爲由，與我接近。其後胡適返京，渠乃入清華，受學于蔣廷黻矣。

四月廿三號星期六（閏三月初三）

與王林、熙修到白松亭，由十八盤下。看報。

眠一小時半。崔明山來，贈照片。看報。與樸初、作人談。與王林、熙修到北門一帶散步。

與熙修、區棠亮同到東宮門內外散步。看報。十時服藥眠，上午二時半醒。又眠，六時醒。

今日大便二次，一早一晚。

熙修欲早出院，而失眠疾又大作，至于終夜不寐。予告以予打針三月，僅乃得愈，而藥物迄不能減，性急無用，不如遲歸，以利工作。

數日來爲讀報忙、看花忙，乃致《毛選》停讀數天，殊爲慚悵。

四月廿四號星期日（閏三月初四）

到熙修處。吳作人來談。看人民日報《翦伯贊的反馬克思主義歷史觀點》。洗浴。

矇朧半小時。重看史紹賓批判翦伯贊文。與靜秋通話。晤蕭淑芳、陳邦哲。

與熙修到北門散步。服藥二次，十一時眠，翌晨七時醒。

天氣寒暖不常，咳疾又作。服咳嗽糖漿。

丁香大發，尤以外語訓練班大門一帶爲盛，雪白清香，真可移“香雪海”一名名之。

報上以翦伯贊與吳晗同列批評，然二人本質實有不同。吳多讀舊史書而對馬列主義實未用功，在反右傾時代借古諷今，其反黨意義顯明。翦對馬列主義有研究，于理論較深入，喜出己見，而無反黨實迹，似不當合而反之。

四月廿五號星期一（閏三月初五）

點讀《毛選》第三卷《學習和時局》畢，附錄《關于若干歷史問題的決議》未畢。與王林到玉華山莊飲茶。

眠一小時。王湜華來。

與樸初、作人、若虹、王林、永清、之江、俊杰、鑫德、熙修、志英、棠亮等同游靜翠湖。看報。十時服藥眠，上午三時醒。又眠，六時半醒。

京密引水工程全長一百一十公里，第一期五十三公里工程于一九六一年完成，第二期五十七公里工程于本月完成。復以其結餘物資增建從昆明湖到玉淵潭之引水工程。自此北京市用水問題解決矣。

今日有小雨，俄而止，聞城中雨較大。

四月廿六號星期二（閏三月初六）

點讀《關于若干歷史問題的決議》畢。又讀短文六篇。開始讀《論聯合政府》。與熙修下山購物。

未成眠。章真園、楊先民邀王金林、吳作人及予到眼鏡湖、見心齋、楓林村等處照相，歷二小時。下山理髮。

與靜秋通話。與樸初、作人、若虹、熙修、志英、棠亮到煤廠街看碧桃。看報。與作人談。十時服藥眠，上午二時醒。又眠，七時醒。

碧桃有兩種：一純白，微帶綠色；一紅色，而有深紅與淺紅之別；又有一種，一樹上花分濃淡紅，其深紅且逾于胭脂，煤廠街一株是也。

四月廿七號星期三（閏三月初七）

到王林處。晤屈大夫。續讀《論聯合政府》，仍未畢。到熙修處。與熙修到後山散步。靜秋來。

未成眠。一時半，與靜秋上山，由玉華山莊至梯雲山館，遇袁亞東。上重陽亭，予半途止，靜秋獨上，經朝陽洞、森玉笏、閬風亭、十八盤歸。六時飯。作人返城。

洗浴。與家中通話。到王林處。九時眠，上午三時醒。又眠，六時醒。

昨日大熱，呢衣幾穿不上。一夜大風，今日棉衣又上身矣。

自來香山，以今日所至爲最遠，靜秋之興也。重陽亭道路已壞，有如踏凳上桌，且小石子多，路滑，予竟不能上矣。

昨日午眠未遂者，午飯後又點讀《毛選》二頁也。今日未遂者，静秋告予謝胡明日來，予疑爲友人來訪，問其爲誰，静秋遽怒曰："你不看報嗎！"予早知阿爾巴尼亞部長會議主席將來，特謝胡一名有似中國人名，乍聽有誤會耳。以是知予之午眠，神經不能有一些緊張。

四月廿八號星期四（閏三月初八）

請趙樸初爲予及静秋寫字二幅。記筆記一則。看報。

眠一小時許。與王林、浦熙修同到碧雲寺，入茶座。予與熙修直上金剛座（五塔）。與馮文賓談。裴錫侯入所。

與樸初到東宮門散步，長談。王秉綸自城歸，談。閱報。十時眠，上午二時醒。又眠，六時醒。

讀《毛選》及報，得一聯云："以紅帶專，標新立異；懲前毖後，治病救人。"蓋欲去封建主義與資本主義之思想，則必標社會主義之新與立無產階級之異也。

碧雲寺自趾至顛，凡二百五十五級，看來比香山寺一百八十二級爲高，其實未然，蓋香山寺下有一斜坡頗長，如改爲階級，或且逾之，惜無測高器，不克實證耳。

四月廿九號星期五（閏三月初九）

續點《論聯合政府》，仍未畢。熙修來，與同上"青未了"。章真圓來。

眠一小時許。王金林來，同到護士辦公室，寫字三幅。遇工人沈阿榮。與静秋通話。與楊俊杰、丁毅農、浦熙修、李庚堯同到東宮門外散步。

看史紹賓《評吳晗〈投槍集〉》。十時服藥眠。上午三時醒。又眠，六時半醒。

"青未了"，本爲一亭，臨静翠湖上，俯瞰山村，群山四抱，爲當年一勝迹。今亭已圮，惟石礎在耳。

今日大便三次，後二次稀，疑昨日碧雲寺茶水未熟也。

吳晗集抗日期間所作文爲《投槍集》，以表示其在抗日階段中之進步。今史紹賓以原載于昆明、上海、北平諸報者校之，則多媚美、媚蔣及反共之語，足證其爲假積極與真投機，無由遁形矣。

四月三十號星期六（閏三月初十）

修面。到會計室。楊俊杰來，爲作字四幅。到秉綸處。熙修來，與同下山購物。與静秋通話兩次。

楊先民來辭行。眠一小時許。散步，遇申光，談。送先民、毅農、俊杰上車。孔玉紅爲滴眼藥。點《論聯合政府》，仍未訖。與熙修到北門散步。

與熙修到東宮門散步。看《毛選》。十時服藥眠，上午二時半醒。又眠，六時半醒。

申光見予左眼角甚紅，疑日來看報多，而報字太小，又多在燈下讀之，因致此耳。小孔則云：本有沙眼，而近日風大，因之發病。

熙修自二月七日入所，至今將三閱月，以與我舊識，往來尤勤，今予將返城矣，兩情不免依依之感。然有聚必有散，可奈何哉！

歸家後得見洪兒校課《過年》一文，涉及于我，摘録如下：

我這個生長在高級知識分子家庭中的人，資産階級的思想、作風、待人處世的哲學，等等，却在我心靈中刻上了深深的烙印。春節，我家的客人可真不少哇……這裏面有虛僞的恭維，或者是"死心塌地"的敬佩、追隨。……
這裏面有許多髒東西，莫説與我無關，不知不覺地被吸收
了。……

　　我這一生的重要轉變點，就是上高一以後。學習《中
國社會各階級的分析》，我好像長大了許多：一個人，不
懂得剥削，不懂得壓迫，他怎麽革命呢？……大年初一那
天一清早……電視裏《雷鋒》已經開演了。我看到了大風
雪天裏小雷鋒拿着母親懸梁自盡的繩子和一把破斧去砍
柴，被地主婆砍了三刀；我看到了雷鋒專心致志地讀《毛
選》，看到他一心一意在爲人民服務着。我心裏被英雄的
事迹所占滿了，久久不能平静。也許，雷鋒砍柴的那個風
雪天就是大年初一吧，這和現在的春節却是多麽的不同，
而這種痛苦的生活，在今天地球上不知多少角落裏還重演
着，我怎能忘掉呢？雷鋒成長的道路，展示得明明白白，
我就要走這條路。父親的好多壞思想，我開始警惕了，痛
恨了，批判了。但，這畢竟是一個開始。

　　今年的春節，過得比以往都不平常。我已經十八歲了，
是一個真正的青年人了，更重要的是，我遞交了入黨申請
書，向黨表示了我幹一輩子革命的決心。……初二那天一
早，我們就到香山看爸爸，爸爸病了，一直在休養。我們進
屋一看，桌上擺着《毛選》第四卷和一支鋼筆。我們問爸
爸："打起仗來，你怎麽辦？"爸爸説："聽黨的話，黨讓做
什麽，就做什麽。"聽到這句話，我不禁想起一兩年前爸爸
曾經説過的一句話："我是經過兩次世界大戰的人，我不怕
死。將來打起仗來，哪也不去，坐在家裏等死。"爸爸在變。
我想，誠然，一個舊知識分子，他頭腦中的世界觀，資産階
級感情根深蒂固，很難改變過來。這兩句不同的話，反映出

來的倒不是爸爸怎樣重視和加緊思想改造，而是説明黨對這些人的關懷，黨從來不放棄對他們的教育。想到這裏，我又想起爸爸生病的一些事情來。爸爸年老體衰，生病也是常事，可是組織是多麽關懷他呀。所長親自到醫院看他，安慰他。組織上又請來了最好的醫生給他開刀。傷口愈合後隨即送他進了療養院，又把他的病腸轉到協和醫院病理學專家那裏研究。……想到這裏，我的眼眶濕潤了。我常想，一個老人，他能爲社會做出多大貢獻呢，又何況滿腦子資産階級思想。但是毛主席從來不這樣看，黨從來不這樣看。他們團結中國五百萬知識分子中的絶大多數，教育他們要進行思想改造，要他們和工農結合，指給他們重新做人的道路，讓他們更好地爲人民服務。黨和毛主席，真是太英明、太偉大了！回想以前，我曾因爲出身不好鬧過情緒，擔心自己的前途。現在更深刻地體會到，我錯了。黨對一切可能改造的人都是不放鬆的，更何況我們還是接班人呢？黨從來就是最信任自己的，最關懷自己的，我怎麽能對黨的方針政策懷疑，對黨有二心呢？

一九六六年五月

五月一號星期日（閏三月十一）

孔玉紅來，點鼻、點眼。到王秉綸處。將《楓林村雜記》修改一過，送熙修處。點《論聯合政府》訖，又點《愚公移山》等文六篇，《毛選》第三卷讀訖。

眠一小時半。三時，與秉綸同乘公共汽車，至人民大學站下，步北環西路，至大鐘寺，叩門入觀。六時歸飯。

看電視芭蕾舞劇《白毛女》，自七時迄十時。服藥兩次。

今日三次雨，予等出門幸未逢。

大鐘寺已三十年未至，今爲北京市果脯廠，僅留後院鐘室，于星期日供游覽，一僧守之。此鐘鑄于永樂年，重八萬四千斤。明代本置漢經廠，清初移入萬壽寺，乾隆中又移入覺生寺。鐘上刻經十七種，二十餘萬字，爲明書家沈度所書，作顏真卿體。聞抗戰中日寇欲運走，以其太重大，非起重機所可任而止。秉綸言，日本奈良有大銅佛，日軍侵略亞洲，欲化爲軍械，因當地人民反對而止。其他銅像則均毀之矣。

五月二號星期一（閏三月十二）

與王秉綸翻山至實勝寺遺址，上乾隆帝閱兵樓，秉綸鈔録其健銳雲梯營平金川及新疆兩碑。十一時歸。静秋及王澤民夫婦已早至，談。

眠兩小時。到樸初處，并晤其夫人陳邦哲。到熙修處。四時，送静秋上站。回，遇陳繼常夫婦及其兩女。趙淑芳來點鼻眼。

與陳繼常、王秉綸、浦熙修在園内散步。到熙修室談詩。俞志英來。到馮文華處。九時半服藥眠，上午三時醒。又眠，六時醒。

今日上午大風，幾使人站不住。下午風小，太陽暖，又穿不住呢衣矣。花事闌珊，碧桃、丁香、榆葉梅均呈乾枯之色，此間無荼蘼（紅薔薇），春亦了矣。

香山一帶，在清代爲軍區，故以八旗名其街道。及解放後，又爲軍區，一處處新築之高樓均軍人住宅也。亦有防綫，雙清墻外即有崗位，秉綸欲于頹垣間出，即爲呵止。予久欲到遼永安陵，亦不能如願。

五月三號星期二（閏三月十三）

王林來。屈大夫來。顏淑琴來。王秉綸來。欒福元書記來。整理什物。與熙修在附近散步。

謝蘇來話別。到作人處請作書畫。眠一小時。王秉綸來，助我整理物件訖。三時許，靜秋、湲兒乘歷史所車來接，即別諸友歸。與司機張殿昌談。整理物件。

洪兒爲洗浴。與靜秋及四兒談話。看《歐陽海之歌》。服藥二次，十二時後眠，翌晨六時半醒。

自去年十月廿一日進北京醫院，至今日出楓林村療養所，已逾半載矣。

今日大熱，夏天已至。晚間有風，又轉涼。

睡慣了醫院的鋼絲床，回家住棕絲床，便覺太硬，人固不可貪享受也。

家中新用保姆楊嫂，山東人，年約五十，住禮士胡同，每日上午來工作四小時（七時半至十一時半），嚴範孫兒媳全紹蘭所介紹也，每月工資十五元。

五月四號星期三（閏三月十四）

竟日理物，清潔室內。劍華來。晤新來保姆楊嫂。

眠一小時。看報。

步至東安市場，未入。看《歐陽海之歌》。服藥二次，十一時後眠，翌晨六時半醒。

半年餘未歸，書房塵土厚積，常用書不知給尹受置在何處，必須費一番整理工夫始能開始復工也。

五月五號星期四（閏三月十五）

潮、湲兩兒返校。容元胎來。看報。整理書籍稿件。

朦朧半小時。到八面槽買《中國語文》，到東安市場買周祖謨《方言校箋及通檢》、《問學集》等。到"鼎新"理髮。雇車歸。

看《歐陽海之歌》。與堪兒談吳晗。服藥二次，十一時眠，翌晨六時半醒。

歸後不勝其憊，走路又感腳痛，大約四月中在香山看花，勞累過甚。歸後生活一變，稍稍休息便須還債也。又睡眠亦壞，真是苦事。

周祖謨畢業北大後，即留校任教中國文學系，他不但不問政治，亦且不與人往來，我至今未識其人，但知其爲音韻學家耳。今日在市場得其新出之《方言校箋及通檢》及《問學集》，其中解決之問題甚多。如此人才，實與我之業務有關，他日當請教。

五月六號星期五（閏三月十六　立夏）

宋家鈺來。林劍華來。看報。看《昭和法帖大系》卷九《章草篇》。補記日記三天。

未成眠。寫王林、王秉綸、浦熙修信。送所借物到伯祥處，托湜華帶至香山。與伯祥長談。

到文聯禮堂，看電影《特快列車》。九時歸。服藥兩次，十一時眠，翌晨七時醒。

家鈺言胡適日記既多且長，與人信札錄稿其中，故一九三二年答吳晗書，即從此中錄出。因想彼與我始善終隙，必有大批資料在焉，惜不得見耳。

近日報紙批判“三家村”黑店，鄧拓爲掌櫃，指揮廖沫沙、吳晗反黨，吳晗問題已居次要地位。

五月七號星期六（閏三月十七）

看《方言校箋及通檢·序》。到東口宿舍，遇容元胎夫人。到楊向奎處談。

眠近二小時。《文匯報》記者吳聞、李根蒂來談。到章元善處，談。

湲兒歸。看周祖謨《問學集》。服藥兩次，十一時眠，翌晨六時半醒。

堪兒近日患淋巴腺炎，有微熱，吃不下飯，聽張覺非言，服藥調理。靜秋每日記出其熱度，供同仁醫院之參考。

近日蔬菜價特別便宜，政府在農村收購，每斤價二分，而在城市發賣，則每斤價一分，人民生活日低，即低薪亦可維持。此資本主義國家所不能有也。

五月八號星期日（閏三月十八）

晤羅麗、宋家鈺。到梁純夫處談。遇葉至善。到東羅圈，晤金岳霖、賀昌群夫人、吳世昌之女，到胡厚宣處長談。雁秋夫婦暨啓鏗夫婦偕陸國光來，留飯。虞嫂來我家，洗衣煮飯勞動一天，給一元六角。

眠一小時許。出門，晤汪奠基夫婦，同行至東安市場分手。到東安門大街買乘車月票。到陳慧處，未遇，留條。到隆福寺購玩物贈國光。啓鏗先歸。雁秋飯後歸。頤萱、木蘭、國光住我家。

與木蘭、湲兒等談。看《談建華日記摘鈔》。十一時服藥眠，上午四時醒。又眠，七時醒。

國光已能識數，亦略能說話，終日跑來跑去，不肯歇息。雁秋夫婦管不住他，已為他安置于趙登禹路之托兒所，距雁秋家近，可以朝送暮歸。今日先到我家住兩夜，使我家頓增生氣。

五月九號星期一（閏三月十九）

到歷史所，晤熊德基、張雲飛、謝剛主、黎然。剛主導至學部，晤劉導生。到東單山貨鋪購物。

眠一小時許。到西單商場購書。到中山公園，遇蕭項平、陶才百、孫照、趙錫麟等，看牡丹。與才百到後河飲茶長談。

鴻鈞來，留飯。與國光玩。服藥兩次，十一時後眠，翌晨七時醒。

今日購得孫楷第著之《滄州集》，其探討小説戲曲，實有湛深之研究，與周祖謨《問學集》談音韻者異曲同工。此等真學人，世間知之者少，亦幸而名不高，得以潛研專精耳。

予歸後睡眠不好不必説，即大便亦常每日兩次，幸不稀耳。

五月十號星期二　（閏三月二十）

雁秋一家歸西城。到寶泉堂洗浴、擦背、扦脚。遇汪奠基。謝剛主來，長談，借《桐橋倚櫂録》去。

眠一小時許。看報。吳聞來，長談。到東安市場購物及書。

看新購書。静秋住東邊小屋。服藥兩次，十一時眠，翌晨七時醒。

静秋求予急速進步，每日嘮叨，晚間尤甚，匪特使予不能睡，亦使彼自己不能睡。今日雁秋一家回去，東屋有空鋪，因與予分屋而居，庶幾晚間兩不致興奮也。

昨日下午四時，我國西部上空又成功地進行了一次含有熱核材料之核爆炸。夜十二時出號外，今晨廣播，聞之興奮。此不但可以保衛祖國之安全，亦可以保衛世界和平，故美帝蘇修聞之而氣餒，全世界被壓迫民族聞之而氣旺者也。有人謂此即氫彈。

五月十一號星期三　（閏三月廿一）

到同仁醫院，由蒙進發女醫生診，取藥，雇三輪車歸。看報載姚文元《評"三家村"》長文。

眠一小時。《光明日報》記者張西洛來，長談。吳世昌來。馮國寶來，爲我摘去花枝。到"東來順"買燒餅，遇范祥雍自長春來，同行談。

飯後祥雍來，與同到姚紹華處。看程大中《四書逸箋》。十一時服藥眠，上午二時半醒。復眠，六時半醒。

同仁醫院看病者多，人多則嘈雜，殊不能如北京醫院之待診時看書。又挂號、取藥手續多，醫師給藥少，亦不如北京醫院之便利。惟當今日，應當向工農群衆看齊，不宜如前之特殊化也。

范祥雍君自一九六〇年以己病及妻病脫離江西大學後，迄無固定職業。自去年冬到長春文史研究所講學七個月，近與鍾山同時南下，又入失業境地。其所整理《戰國策》及《山海經》兩書，中華書局亦不能出版，回滬之後不知如何維持生計，爲之悵然。

五月十二號星期四（閏三月廿二）

看于省吾《王若曰釋義》。宋家鈺來。林劍華來，爲予明日生辰，贈書贈物。記筆記二則。

未成眠。到琉璃廠，入戴月軒買筆，慶雲堂買帖。到“四聯”理髮。六時歸。

看報。看吳晗《海瑞罷官》劇本。服藥二次，十二時後眠。翌晨七時半醒。

今日堪兒到同仁醫院，知檢查結果爲淋巴腺結核，不堪任勞累，醫師爲出證免予勞動。渠幼時本有此疾，今屆發育而竟不愈，爲之悶損。

昨量血壓，予僅120/80，如此低沉，而終難睡，何也？静秋以勞動力缺乏，家事無力應付，隨事生氣，以予爲出氣筒，遂使予睡又極難，楓林村休養之功全部作廢。

五月十三號星期五（閏三月廿三　予七十三足歲生日）

看報。記筆記一則。林劍華來。王姨母暨汪采齡妹來，留飯。

未成眠。寫浦熙修信、三輪工人老周信。到中龍鳳口二號訪老周。到伯祥處，請湜華將帖送熙修。到“東來順”買燒餅。

與靜秋到景山公園散步。十時歸。服藥，十一時後眠。翌晨七時醒。（中間曾醒一次，歷一小時許，又服藥一次。）

昨日下午四時，美帝戰鬥機五架侵入我國雲南省馬關東北上空，向我正在訓練飛行之飛機發射導彈攻擊，故我機一架擊落。當我戰鬥機進行反擊時，此空中強盜倉皇向西南方逃走。此中美開戰之第一聲也。

侯外廬之三輪車工人周增才，近以外廬改乘汽車歇業，賴踏街車爲生，予聞之，擬請其來我家服役，親訪之。如其可來，則靜秋可以騰出身子，不致如前之焦躁，而屋中清潔工作問題亦可解決矣。

五月十四號星期六（閏三月廿四）

周增才來。楊伯峻來，送中華所存予《大誥》稿。到同仁醫院，就蒙醫師診。

眠一小時。記筆記三則。看報。湲兒自校歸。

到同仁醫院打針。到東單公園散步。服藥三次，上午一時後眠。翌晨七時醒。

爲近日睡眠不好，精神不能振作，只得雜翻書籍，寫些筆記，聊以遣日而已。稿件齊集而不能動手，其苦痛如何！

周增才來，允任予家工作，月工資三十元。此外，楊嫂每日上午來作四小時，月十五元，虞嫂每星期來洗衣四時，勞酬八角，共計每月需四十八元二角。予夫婦兩皆缺乏勞動力，兒輩均在校，不得不爾也。

五月十五號星期日（閏三月廿五）

到侯外廬處。看吳閒送來的《文匯報》。鴻鈞偕李樹德、陳紹華來，爲我家洗爐管。留飯。

眠一小時。寫北京醫院及侯寶璋信，靜秋不令發。鴻鈞爲買自行車，晚飯後去。

與靜秋到老周家，又到中山公園散步，十時半歸。十二時服藥眠，翌晨七時醒。

自楓林村歸後，非服藥數次不能成眠，而同仁醫院又無予常服之劇性藥物，每晚成問題。因擬寫信與北京醫院，請復醫療關係，而靜秋、鴻鈞咸以爲不如先請命于組織之爲善，信遂未發。然如此度日，精神奄奄，簡直不可一日居，組織往來，費時甚久，將如之何！

我家去年買一自行車，爲湲兒所專用。今日又買一輛，價一百六十餘元，備洪、堪兩兒分用，以毛主席提倡游泳，而我家離游泳場遠，不得不買也。

五月十六號星期一（閏三月廿六）

宋家鈺來談。整理報紙。補記日記三天。看報。

未成眠。校改林劍華所鈔《周公東征》文廿五頁。金擎宇夫人來。予與靜秋同出，到北京醫院，就潘明玉女醫師取藥。到國際友人服務部購物。遇羅麗，同車。

錢琢如來。服藥兩次。十一時後眠，翌晨七時醒。

宋家鈺君見告：上海市政做得比北京好，爲了杜絕"阿飛"的風氣，皮鞋業不做尖頭的，成衣業不做小脚管的褲子，理髮業不剪畸形的，學習政治遍于里弄。姚文元爲上海市委，故能作批判吳晗之文。

北京醫院尚未將予病歷送至同仁醫院，故仍挂號取藥。但此數種藥已失效，每晚上床即興奮，晨醒後頭腦暈眩，不能工作。

擬改服中藥，換去西藥，但此非一日之事耳。

五月十七號星期二（閏三月廿七）

劉鈞仁來。理信札。與靜秋到副食商店購物。到王姨母、汪采齡表妹處饋贈。

未成眠。胡厚宣來。葛志成來。章元善來。皆長談。楊先民來電話。靜秋傳達劉述周報告。

聽靜秋傳達畢。鴻鈞來，助移物。十一時服藥眠，翌晨五時醒。

王姨母老態日增，面頰、左手皆震動不已，想做些家務而不能，想訪些親友而走不動，子女雖多而均不在旁，言之泪涔涔下。予只小她四歲，亦有同感，老年狀態真可畏也。她擬與采齡妹同到天津小住，甥女有如親女，特不知此去能否安全歸京也。諺云："六十不借債，七十不住夜。"誠恐一宿而不起也。姨母今年七十八矣，難得有采齡之勇敢留住。

五月十八號星期三（閏三月廿八）

范祥雍來，長談，知滬上諸友近況。看報。看《歷史研究》。

未成眠。到所開會，討論"三家村"問題，五時半散。謝友蘭邀參觀圖書館。六時出，到"藝華"修面。

姚紹華來，長談，看其送來之《居延漢簡》。十一時服藥眠，翌晨六時醒。

今日同會：胡厚宣（主席）　張政烺　趙幼文　張德鈞　謝國楨　謝友蘭　孫毓棠　朱家源

予家離所雖近，然無直通之車，天氣炎熱，散會時正值下班，與其等待而又擠不上，不如步行，然予正犯腳濕氣，又不便步行。此會每兩星期舉行一次，不得不到，下次當令老周車接。

五月十九號星期四（閏三月廿九）

到同仁醫院，就中醫師陸石如診。靜秋來，幫取藥。又至皮膚科就王家賓醫師診。歸，洗足，塗藥。

眠半小時許。點改林劍華鈔《大誥考證》稿四十五頁。服中藥。

卜蕙英來。看電視《東方紅》。十一時服藥眠，翌晨七時醒。

近日右足趾縫間忽爛，倏癢倏痛，且不便走路。醫言此症當歷二星期方可痊好，給予藥物，一洗，一塗，一服，服者消炎劑也。

《歷史研究》本期登出吳晗與胡適信十三件，知其吹牛、拍馬之伎倆。中間牽涉予介紹之到燕京大學圖書館任職事，足爲予作"爛好人"之警惕。渠在《娑書》中考出胡應麟卒年，以爲釣餌，予果受其飴矣。

五月二十號星期五（四月初一）

點改林鈔《大誥考證》稿三十八頁。看報。

到大華看《舞臺姊妹》内部電影，遇富介壽、陶景蓬、余之介、孫照、閣力行、黃樹芳等，三時半歸，疲甚，臥床，看《大鯨牧場》科學小説。續校改林鈔十頁。

續看《大鯨牧場》小説。十時許服藥眠，翌晨六時醒。

吳晗家史，已由浙江義烏人民調查清楚，其家有四十多畝地，其祖父參加鎮壓太平天國起義軍，其父畢業警校，曾爲浙江諸縣警佐，在家鄉爲惡霸，其母爲地主婆，對佃戶有殘酷剝削行爲。至此而吳晗僞造家史已無可辯護。

睡時雖多，而頭仍暈，是否將如馬彝初先生大腦動脉硬化，所不敢言。只望此後多進中藥，漸減西藥，庶幾不爲所毒耳。

五月廿一號星期六（四月初二　小滿）

點改林劍華鈔《大誥考證》稿八十頁。到胡一雅處，晤羅麗。旋一雅挈丹宇來談。

尚愛松來，長談。

湲兒自校歸。到昌群處。遇王明。湲兒、靜秋爲洗浴。看報。十一時許服藥眠，晨四時半醒，矇矓至六時半起。

昨夜有雨，今日陰，天氣驟寒，予今日又拉三次，甚矣其對于氣候轉變之不能適應也。

今日昌群自同仁醫院歸，渠心臟病頻發，實已不勝工作。爲言金岳霖又以胃出血入院，足見此公亦已不濟事。七十歲人之無抵抗力如此。

五月廿二號星期日（四月初三）

點改林鈔《大誥考證》四十四頁。張覺非來，爲診脉。潮兒自校歸省。

矇矓一小時。看吳晗《海瑞罷官》劇本，重看姚文元等批判此劇之文字。

獨到北海，乘船到南岸，九時半歸。十一時服藥眠，上午三時三刻醒，矇矓到六時。

覺非按予脉，言心臟有熱，應服硃砂安神丸。

靜秋患神經性皮膚病，滿身作癢，覺非謂可服施今墨方之血毒丸，敷仙拈如意膏。堪兒患淋巴結核，覺非謂可服內消瘰癧丸。

劍華本月初送來關于《周公東征》之考證二百四十頁，今日校訖，固未見其半也。此篇大約在廿五萬字以上，爲《大誥考證》之中堅，惟尚須加工，并作地圖耳。

五月廿三號星期一（四月初四）

整理報紙。到"藝華"理髮。到同仁醫院，就陸石如大夫診。

又到内科穆玉馥女大夫取西藥。看報。

未成眠。寫林劍華信。記筆記三則，填補《愚脩錄》第四册。心宕病作。與静秋同游天壇公園，看月季花展覽，在皇穹宇前飲茶。七時半歸。

宋家鈺來。服藥二次，十二時成眠。翌晨四時半醒。又眠，七時醒。

《愚脩錄》中尚有空白數紙，甚欲補足而心宕不已，只得放棄時間，與静秋出游。噫，予尚能活幾時耶？

日來爲批判"三家村"黑幫之反黨反社會主義，及鄧拓以尖刻之筆諷刺毛主席，各報皆列此于第一位，越南抗美事次之，印尼反華事又次之。學校除主要課每日上午上兩節外，餘皆開會批判時也。

五月廿四號星期二（四月初五）

記筆記二則，填補《愚脩錄》第十一册訖。作本册序。看報。

未成眠。記筆記二則，填補《愚脩錄》第五册訖。作本册序。

到伯祥處，并晤其女漢華、孫緒芳等，九時，與湜華同出。十時服藥眠。翌晨四時三刻醒。

静秋今日發燒，學習請假，我二人皆弱不禁風矣！

趙孟輯來信，告知中學同學陶曾元（蓉初）已于二月間逝世。徐恩壽雙目已瞽，恐亦不久人世。

今日報上登出一九三一年吳晗與其家鄉老師楊志冰函件，稱"顧、胡適"如何幫助他，又述予與馬鑑、洪煨蓮欲在哈佛燕京學社幫助他事。其實，予在彼時只取哈燕社薪金，却從不在哈燕社開會列席。此蓋吳晗捧我也。

五月廿五號星期三（四月初六）

錄丕繩論丞報書于《愚脩錄》第十二冊中，作本冊序。林劍華來，送稿，談。

朦朧半小時。出，遇吳世昌夫人及沈有鼎。到東安市場、百貨大樓購物。

看《解放軍報·高舉毛澤東思想紅旗積極參加社會主義文化大革命》文。十時半服藥眠，翌晨四時十分醒。良久又眠，六時半醒。

今日靜秋仍有低燒，勸其就醫，不肯。

頻日上下午各大便一次，今日下午便後拭穢，見紙上染紅，疑是肛門血管破也。便成條，不似去年之稀及多黏液。

頻年爲病所苦，筆記《愚脩錄》恒寫不終卷，或中間空白數頁，中心耿耿者久矣。此三日內填滿四冊，使十二冊無復餘白，亦一快也。

五月廿六號星期四（四月初七）

整理《尚書譯證》稿。看報。將林鈔續稿五十頁校訖。

未成眠。四時，與靜秋同到北海，後門入，東門出，進景山西門，出東門，到蕙賞處，并晤王玲泉夫婦及其孫王世民。

看趙樸初解釋毛主席詩詞。十時半服藥眠，翌晨二時醒。起吃點心。四時後復眠，六時醒。

近日睡眠甚不好，精神懨懨，頭腦暈眩，豈真是大腦動脈硬化耶？只得拉靜秋出游，以舒鬱悶。

鄧拓、吳晗之反動言論，近經揭發，數年前已經給人批判，特投稿不登耳。批判之者皆工農兵及青年學生。渠等掌握馬列主義及毛澤東思想後，階級覺悟特高，眼睛雪亮，而我輩乃昏昏沉沉，與之和平共處，亦可羞矣！

五月廿七號星期五（四月初八）

修改《周公東征》考證。沈有鼎來，長談。

未成眠。四時，與静秋同至雁秋處，與雁秋、國光同游動物園東部，七時出，七時三刻歸。

沈慧中來。十時半服藥眠，翌晨四時醒，五時起。

聞沈慧中言，侯外廬經過學部批判，今日所中又加批判，并貼大字報，説他反黨反社會主義。恐是解放後，渠寫作太多，言多不能無失，抑與鄧拓反黨集團有關係耶？

國光聰敏，已能識數。在家一刻不停，雁秋夫婦精神專注在他一人身上。

五月廿八號星期六（四月初九）

重作"有攸不惟臣"條考證，約寫二千五百餘字。

服藥，眠半小時。到王府井，爲静秋修眼鏡，到"鼎新"理髮。歸，洗浴。王世耀自滬來，長談，留飯。

陪胡丹宇看電視，問張老太病。羅麗來。十時半服藥眠，一時醒。又眠，六時醒。

胡一雅夫人羅麗之外祖母張老太太到北海幼兒園接其外曾孫胡丹宇，下電車時一不小心，折傷其一腿，送之到北大醫院療治，以床位緊張，仍歸家臥養。此足備我坐車之警惕。

王世耀從前失業，我家自滬遷京時，包一節火車，由他押車來，住一月乃去。自五六年起，渠參加酒精廠工作，頃以"取經"來京，因得相見。知上海已無户籍警，一切由里弄自治。又知我家舊寓之二樓已辦里弄小學，原來之草地改爲操場矣。

五月廿九號星期日（四月初十）

張覺非來。作批判吴晗文，草初稿。

服藥，眠半小時。三時半，到東長安街兒童影院，看《青松嶺》電影及《國內新聞簡報》。六時半步歸。

羅麗來。看樸初《學習毛主席詩詞十首》訖。十時服藥眠，上午一時醒。又眠，六時半醒。

在此火熱運動內，吳晗既提到我，不得不加以批判，并說明我對黨及社會主義之態度。日內《尚書》工作當暫停。

《青松嶺》係描寫承德之青松嶺公社中大車把式錢某走資産階級道路，爲社員帶私貨到市出售以貿利，群衆與之鬥争，終于社會主義道路得以伸展。

五月三十號星期一（四月十一）

到同仁醫院，就陸石如、穆玉馥兩大夫處診，遇胡華。補《大誥考證》中"東爲地名"一節。林劍華來，鈔稿。

服藥，眠半小時。

到錢寶琮夫婦處談。看《紅旗》。到門口待静秋、洪兒看電影歸。十二時服藥眠，翌晨六時半醒。

劍華前一時期，將予稿携至其家抄寫。自今日起，上午在我家工作半天（六時至十一時許），約可鈔六至八頁。下午在其家點段《説文》。

今午傾盆大雨，挾有雹粒，恐于麥收有損。

五月卅一號星期二（四月十二）

重寫《斥吳晗》一文，三千餘字。雁秋來。

眠一小時。

乘環行車一周城。下車，遇厚宣，談。十時半服藥眠，翌晨六時半醒。

近日上午總覺頭暈腦漲，下午較好，晚上則更清楚，此不知爲何病，甚妨予工作也。

厚宣謂我，既領導上未指定我寫文批判吳晗，此文可不作。

一九六六年六月一日《參考消息》載西德《明鏡》周刊五月十六日報道，摘鈔于下：

（下略）

看了這些統計，我們該多麼自豪！

一九六六年六月

六月一號星期三（四月十三）

續作"有攸不惟臣"考證，仍未訖。看《人民日報》、《光明日報》批判翦伯贊的三篇文字。

就床未成眠，以不服藥故。改定《早期〈尚書〉殘存篇目及文字表解釋》。記筆記一則。

與靜秋到王府井買物，看榮寶齋及新華社書法、照片。十時歸。十一時服藥眠。上午三時三刻醒，起吃點心。良久又眠，六時半醒。

翦伯贊的反動的史學理論是：（一）誣蔑農民革命，宣揚階級調和；（二）美化地主階級，謳歌帝王將相；（三）吹捧剝削階級的"讓步"政策，宣揚活命的奴才哲學。此是和毛澤東思想公然挑戰。

翦伯贊，予在抗日戰爭中在重慶認識，總覺得他是一個進步人物。想不到今日《光明日報》師東峰《翦伯贊是怎樣積極賣身投靠蔣家王朝的》，揭發其在抗戰中所發表的文字，竟是配合蔣介石的需要而發言的，人固不易知也！

六月二號星期四（四月十四）

看李學勤《殷代地理簡論》。看《清一統志》之曹州府部分。

看報。李耀文（李晋華之子）自南京來，談。

服藥，眠一小時。看張桂梅《我最愛讀毛主席著作》，方福根《依靠"兩論"造出中國式周波鐘》兩文。記筆記二則。羅麗來。

看報。服藥二次，至十二時猶不成眠。飲樂口福，食餅乾乃眠，翌晨六時半醒。

今日《人民日報》揭出北京市委大學部副部長宋碩，北大校長、黨委書記陸平，黨委副書記彭珮雲三人爲"三家村"反黨集團人物，故不許學生貼大字報參加鬥争，只許作小組討論。經哲學系聶元梓等七人揭穿。

近日每晚都有陣雨，阻礙出外散步，每與静秋談話，渠總是盛氣凌人，這空氣使予緊張，因此入眠甚難。

六月三號星期五（四月十五）

續作"有攸不惟臣"約二千五百字，訖。與劍華談。看報。

服藥，眠一小時。

看《對立統一規律一百例》。服藥二次，又飲樂口福，十一時後眠，上午二時醒。又眠，六時醒。

歷史研究編輯部和近代史研究所主持人不讓"史紹賓"看吳晗與胡適通信，今日《人民日報》斥爲奸商壟斷，是"東霸天"的作風，蓋指劉大年也。

今日下午四時，發表黨中央撤換北京市委，以中央書記處書記李雪峰爲北京市第一書記，吉林省委吳德爲第二書記。北大黨委書記陸平、副書記彭珮雲均撤職，派工作隊前往，聶元梓等從此不再受校黨委壓迫矣。

六月四號星期六（四月十六　芒種）

將前昨所作"有攸"文重改一過。金振宇來談。到"東單"

理髮。道遇張毓峰。

記筆記一則。服藥,眠半小時許。到遂安伯,看鄧拓門庭。

洪兒爲洗浴。看《對立統一規律一百例》。十時半,湲兒歸。服藥,飲樂口福,十二時後眠。翌晨六時醒。

聞吳晗爲學生所打。遂安伯胡同小學生到鄧拓家,打毀其電視機等。又聞各校均貼有大字報,但不如"反右"時之揭于街頭耳。街上不斷敲鑼打鼓,慶祝北京市委改組。

聞陸平亦爲北大學生所打。彭珮雲則爲學生插旗游行。各校學生到北大慰問被壓迫之學生者絡繹不絕,致卅二路車不易通行。群衆一經發動,其力量之巨大若斯。

彭真市長之名已爲李雪峰報告中所提及。原來去年毛主席即令其批判鄧拓、吳晗之反黨言論,而彼不肯,故令上海市委姚文元爲之。此次謝胡同志來京,彭真不在歡迎之列,即因此故。

六月五號星期日 (四月十七)

尹如濬來,理雜志半天。張覺非來。爲魏應麒寫對聯二副。爲陳從周寫字。寫《少暤鳥名官各家說表》。

湲兒返校。服藥,眠一小時半。修改《鳥夷族》文,未訖。獨到北海,北門入,東門出。遇祝叔屏。遇吳有訓夫婦(王立芬)及其子、孫。穿景山而歸。

看《新建設》。胡一雅來,送工資。十一時服藥眠,翌晨四時半醒。又眠,六時半醒。

今晚睡得好,則在北海、景山步行二小時之效也。此後如非風雨,下午必當出外散步。

由香山歸來之車,須付油費五元,機關新定之章也。

六月六號星期一 (四月十八)

　　寫俞平伯信。到同仁醫院，就陸石如醫師診。又到神經科，就
張樹懿女醫師診取藥而回。

　　服藥，眠一小時半。搜集資料，準備修改《周公東征》。與靜
秋到文化宮散步，又到臺基廠看學生、工人向新市委慶祝。

　　翻《紀年義證》。十時半服藥眠。上午一時醒。又眠，六時醒。

　　勞動人民文化宮修飾一新。本來場上泥地悉鋪方磚，以便利
開會及停車。

　　我輩公費醫療者，自本月起，每挂一號須納費三角，與市民
同。自此，予每月須多支出二元四角。

　　敲鑼打鼓，向新市委祝賀已歷三天，今日便道與靜秋往觀，
隊由北門入，南門出，一隊未出，第二隊已接上。市委工作人員
站臺階上歡迎之。每隊均寫決心書，向市委宣讀，載歌載舞而
出。觀此，殊激蕩人心，此培養無產階級接班人之教育方法也。

六月七號星期二（四月十九）

　　作"空桐氏"一節，補入《周公東征》內，寫一千餘字，未
畢。雁秋挈國光來。

　　服藥，眠一小時許。看報。又安自鄉來，留宿。

　　到北京日報社門口看報喜隊，到車站上車歸。看《漢書・武帝
紀》。十一時溰兒歸，談至十二時，服藥眠。翌晨七時醒。

　　各學校近日皆停課，或只上二節課，其餘時間皆開會批判校
中教職員之與市委或市教育局之關係，寫大字報以揭露之。洪兒
常不在家午飯，夜間亦至十時左右方歸。溰兒更積極，今晚十一
時始歸，取前數年在校聽報告之記錄本，將檢舉其中校長或教務
主任等之發言不合于毛澤東思想者寫入大字報。渠在校常至上午
二時方入眠，其勞累可知也。

六月八號星期三（四月二十）

續作"空桐氏"一千餘字，仍未畢。《文匯報》記者吳聞來，長談。看報，記筆記一則。

服藥兩次，得眠半小時。

到東安市場及百貨大樓購物。十一時服藥眠，上午二時醒。又眠，五時半醒。

靜秋要予改造心急，總嫌予搞業務爲多事。今午就眠時又復作吵，使得予不能不服第二次藥，且睡到東間溲兒床上去。這真何苦來！

自六月一日以來，報紙上日有大文章發表，聞係毛主席親撰，或説是江青率領青年所作，由毛主席改定。此爲這次無產階級文化大革命之中心思想，必多多復習。

六月九號星期四（四月廿一）

續作"空桐氏"一千餘字，仍未畢。宋家鈺來。

服藥，眠一小時許。修改《鳥夷族》稿。譚惕吾自河南回京，來談。

與靜秋到燈市口，在各校門口望運動盛況。服藥二次，十二時後眠，翌晨六時醒。

爲運動故，昨日洪兒一夜未歸，至今日中午始歸。今日堪兒亦一夜未歸，至翌晨上午五時始歸。蓋北京各校均歸北京市領導，現在北京市委及市人民委員會均出問題，則校長、黨委、教務主任均爲其所任用，不得不作徹底之究查也。

各校門口均有護校團，數人守衛，手拉着手，不容外人出入，裏面則開大會，聲震墻外，見這次運動形勢之嚴重。

六月十號星期五（四月廿二）

丁曉先來，長談。作"空桐氏"文未畢。因學習空氣熱烈，自今日起暫停業務。專心讀報及《毛選》。到"春風"修面。

服藥，未成眠。二時，到同仁醫院，二時半開診，就內科張樹懿、中醫宋茂英兩醫師診。到亦甯處談。五時半取藥歸。

寫六條政治標準于黑板。與靜秋到王澤民夫婦處談。看毛主席《在全國宣傳工作會議上的講話》。十二時服藥眠，翌晨六時醒。

北京市所有文化、教育機關全爲彭真、鄧拓一班黑幫所把持，每一學校之校長及黨委均屬于他們一系，故近日各校均發動整風，由中央派去工作組四人至八人不等。高教部長蔣南翔，前爲清華大學校長，聞近亦受人揭發。

予問澤民，彭真在中央地位如此高，爲什麼要如此反黨，澤民云："此皆'自以爲是'之一念之表現。他有革命歷史，又爲高級領導，太有權了，故對于毛主席的話就不能完全聽從。去年毛主席令其裁制'三家村'黑幫而渠不聽，故令上海市委姚文元發難，其一端也。"

六月十一號星期六（四月廿三）

寫起釪信。爲退還惕吾所送製橄欖，遵靜秋意，寫致惕吾信，由靜秋付郵。讀《橫掃一切牛鬼蛇神》、《觸及人們靈魂的大革命》二文。

服藥，眠一小時。寫亦甯信。浦熙修來。上街買芭蕉扇。

湲兒自校歸。起釪來，靜秋與談，涉及予之改造問題，又吵。十二時，服藥二次眠，翌晨七時醒。

前日惕吾來，贈予製橄欖一包，重一斤，靜秋以六月一日《人民日報》社論說"無產階級文化革命，是要破除一切剝削階級所造成的舊文化、舊習慣"，又以焦裕祿却絕饋贈爲例，堅決退還，由她親赴郵局縫寄。

今日午間堪兒自校歸，喉嚨已啞，而以參加運動熱情，不肯休息，一飯即行，又徹夜不歸。渠在班主任王寶祥檢討之後，上臺揭發其虛僞，氣得手腳俱麻。其扁桃腺結核已到診期，渠拒絕就醫，說："寧爲革命而死！"

六月十二號星期日（四月廿四）

丁曉先來，長談。補記前數日日記。與湲兒談。始鈔《毛選》入卡片。

湲兒飯後返校。服藥，眠半小時。復讀《橫掃一切牛鬼蛇神》一文。静秋爲洗浴。

到四井胡同訪熙修，與同出城，游月壇公園。乘十三路車轉四路車歸。十時半服藥眠，翌晨七時一刻醒。

予近數日之小便忽作黑色，未知是否多服中藥之故，抑別有原因。明日當送醫院化驗。此一現象，據静秋記憶，前年亦曾有過。今日停止中藥，飯後小便已不黑。

今日堪兒之同學楊大士來，謂堪在校并無固定職務，只是他積極性高，不肯回來耳。大士爲之取飯食及藥品而去。

六月十三號星期一（四月廿五）

將《橫掃一切牛鬼蛇神》一文作提要。十時，與劍華共同學習。看報。

服藥二次，得眠一小時。寫何啓君信，送還所贈漆器。與静秋同到龍潭路三條三樓二號訪金振宇夫婦，并晤擎宇夫人及其女蓓蓓。振宇送至站。

聽廣播。與静秋談。服藥兩次，十一時後眠，翌晨五時醒。又眠，七時醒。

羅素準備組織"戰爭罪行法庭"，缺席審訊約翰遜、麥克納馬拉、臘斯克、洛奇和十二年來對于使用毒氣和化學品，使用酷刑和毀傷身體，使用凝固汽油彈和定時炸彈，恐怖轟炸和殘酷對待越南人民負責的其他罪犯，此真世界人民覺醒之表徵也。九十老人，有此勇氣，大可欽佩！

左安門與廣渠門一帶，爲夙昔足迹所不到。今日前往，大樓相接，學校、商場、公園咸備，昔日泥屋之貧民窟，猶間留一二。新舊社會之對比，于此可見。相形之下，城內胡同之剝削與被剝削兩階級之對立存在可知矣。

六月十四號星期二（四月廿六）

與靜秋同到東四明星影院，看批判電影《紅日》，遇倉傳憲夫婦、計志中、孫照、金振宇、全紹蘭等。寫亦甯信。

服藥，眠近一小時。到陶然亭，入慈悲院茶座，看《無產階級文化大革命萬歲》一文及明晶《連根鏟除影片〈紅日〉這株大毒草》文。歸，遇容元胎。

莊彩鳳來，看電視北京歌舞及《青松嶺》電影。十一時服藥眠。翌晨六時半醒。

中山公園及北海之茶館俱太擠，又熟人太多。陶然亭茶座清靜，得專心讀報，空氣亦好，將來可常往也。

《紅日》電影係上海天馬製片廠製，瞿白音編導，寫一九四七年五月孟良崮戰役。其時蔣幫七十四師負隅頑抗，爲我軍英勇殲滅。劇中寫敵軍長張靈甫過于美化，竟使之成爲全劇主角，我軍反形醜化，誠爲必須鏟除之毒草也。

六月十五號星期三（四月廿七）

作《觸及人們靈魂的大革命》一文提要。看報。記筆記一則。

理報。服藥，眠近一小時。讀《奪取資産階級霸占的史學陣地》一文。改劍華鈔稿。祝叔屏伴丘衛材來。

看丘衛材所作文。十一時服藥眠。上午二時半醒。朦朧至五時許。

今日潮兒全班到通縣幫助農民夏收，刈割麥子，約一旬回校。

丘衛材今年七十五，僑居印尼四十年，解放後回國，任僑務委員會委員，然其所著實是村學究語。

聞本所副所長侯外廬受近代史所之當面批判，近代史所之劉大年亦將受批判，考古研究所之夏鼐，文學研究所之何其芳，亦同樣受批判。

六月十六號星期四（四月廿八）

鈔昨讀文入筆記。與劍華同學習《人民日報》社論。章元善來，談時事學習。

服藥，未成眠。到“東單”理髮。到寶泉堂洗澡，以客多退出。遇杜春宴。到百貨大樓購物，雇車歸。讀毛主席《在延安文藝座談會講話》，未畢。

為靜秋寫大字報。雷雨。得亦甯書。堪兒為洗浴。十一時服藥眠。上午四時醒，遂起。

昨日撤換北京市共青團委汪家鏐，任李立功等為新團委。今日各中小學都去祝賀，王府井至不能行車。報載匡亞明壓迫學生運動，由江蘇省委撤去其南京大學第一書記職務。與陸平正遙遙相對。

元善云：“蘇聯陳兵于中蒙邊境及我東北邊境，如彭真等真鬧起來，蘇兵勢必入侵，彼時將全國糜爛，故此次運動不可不起。”此真賴毛主席之英明也！

六月十七號星期五（四月廿九）

看劉主席《論共産黨員的修養》，未畢。看《人民日報》社論《撕掉資產階級"自由、平等、博愛"的遮羞布》，與劍華同學習。

服藥，眠近一小時。到同仁醫院，就中醫宋茂英、内科劉樹政兩醫師診。穿東單公園到北京醫院，立新號，就腦系科姜森醫師診。五時歸。賀昌群來。周增才取物去。

看呂玉蘭《十個爲什麼》。十時許服藥眠，上午二時半醒。四時半起，做早餐。五時復眠，七時醒。

今日上午雨，温度降低，而予至醫院，尚汗出如瀋，爲醫師所怪。此虛也，非藥石所能治也。咄嗟此體，尚能住世幾何時耶？血壓爲135/85。以同仁無 Seconal，就東單醫院立新號，自出藥費。

周增才一生只拉車，從未做過家事。來此一月，不勝其忙。年已六十餘，性又誠懇，不肯休息，以此致病，今日取鋪蓋去。早餐既無人做，予遂自爲之，此予第一回下厨房，亦思想改造之應有事也。

六月十八號星期六 （四月三十）

讀《毛澤東思想的新勝利》、《做無産階級革命派，還是做資産階級保皇派?》、《歡呼北大的一張大字報》三文。修改劍華所鈔稿。

服藥，眠半小時。修改"太皥之虛"一節。與静秋同到"蟾宮"，看批判影片《逆風千里》。六時半散，步歸。雁秋夫婦、木蘭、國光來。

伴國光玩，九時他們去。看電視《這是我應該做的》電影。十時許，湲兒自校歸。十一時半服藥眠，上午二時半醒。再服藥，四時眠，七時醒。

珠江製片廠所出《逆風千里》一片，寫一九四六年東北戰役中，俘得蔣幫"千里駒師"師長李正誼等，押解至根據地，中間經過的許多挫折。爲了美化蔣幫，即醜化了解放軍，故受到嚴格批判。此一九六二年出品，其時正值三年災荒也。

北京市女一中學生向毛主席建議，廢止高等考試，高中畢業後即刻下鄉下廠，因十七、十八歲時正是人生觀定型的時期，參加勞動可以穩定革命的人生觀。男四中響應。毛主席允許。教育部另定辦法。此真文化革命之先決問題也。

六月十九號星期日（五月初一）

八時，潮兒自校歸。看昨日報。拖地板。剝蠶豆。

未服藥，得眠十餘分鐘。看去年筆記。李前偉來，告其父死訊，即轉告伯昕、厚宣。

到王伯祥處，并晤其子潤華、湜華。步至日壇公園，流汗遍體，歸洗浴。十一時服藥眠，上午二時醒。又服藥，四時眠，六時半醒。

做一點家務事，一來可以直接接觸生活，二來可以燒去身上之老爺氣，作爲改造思想的初步工作。

今晨便秘不下，服大黃丸二，連下三次，幸不稀。

平心在批判吳晗時，連在《文匯報》發表文兩篇，用考證方法作“清官”討論，有人駁之，以爲是“自己跳出來的反面教員”。《人民日報》于本月十一日發表《無產階級文化大革命萬歲》後，《文匯報》轉載之，并別作一文，特別提出“周谷城、周予同、李平心”三人名，視爲重點。同時華東師大亦對平心批判。渠神經脆弱，不能接受，遂于十五日以煤氣自殺。其子前偉在京外交部工作，因來報告。當一九五二年上海“三反”運動時，渠以其夫人任中學校長，有貪污嫌疑，舉斧砍額，經救未死，而乃今日爲吳晗作殉，太不值得矣！予與彼最後一次見面爲去年一月五日政協大會閉幕時。渠籍南昌，年近六十。平生刻苦治學，于古通甲骨、金文，于外通英、俄、德文，以書多，不能住集體宿舍，賃公寓以居，房金費其工資之半，以至永在窘境，良可傷也！

六月二十號星期一（五月初二）

看《新建設》本年第四期，讀《毛澤東思想是我們革命事業的望遠鏡和顯微鏡》。與劍華學習《無產階級文化大革命萬歲》。記筆記一則。

矇矓半小時。丁曉先來，閱金石書及碑帖。寫姚紹華信，交其帶去。記筆記一則。助靜秋作菜。沈慧中來。

到北海散步。十時歸。與靜秋談文化革命現狀，至十二時。服藥兩次眠，上午五時醒。又眠，七時醒。

昨到伯祥處，又知傅樂煥以報紙發表吳晗與胡適往返信札，自慮亦有致胡適信，恐被揭發，遂自殺。此真死輕于鴻毛矣！

慧中來，談社會科學學部張友漁、劉導生兩主任，楊述、關山復兩政治部主任皆被定爲反黨反社會主義分子，由陶鑄在工作組決定，撤消其一切職務，戴上“保皇黨”或“反革命”紙帽。又聞羅麗言，清華爲蔣南翔作一鐵帽，重達十七斤。無產階級文化大革命，其威力如此，我輩如何可以不震動耶！

六月廿一號星期二（五月初三）

看《關于文化大革命的宣傳要點》訖。記筆記一則。

眠半小時。讀《新民主主義論》，摘要鈔入卡片。爲靜秋到民進學習，予在家作晚餐。

到北海散步，後門進，前門出，乘三路無軌電車歸。十時半服藥眠，上午一時醒，矇矓至三時，遂不寐。

六月廿二號星期三（五月初四　夏至）

早起剪生蟲之桃樹枝葉。終日讀《新民主主義論》，并摘要鈔入卡片。雁秋冒雨送香蕉來。

眠半小時。羅麗之外祖母來打電話。煮粥。

看白川靜論召公文，未竟。十一時服藥眠，上午二時醒。又眠，五時半醒。

今日上午雷雨，下午又雨，四時後晴，氣候轉凉。

予一生不下厨房，以孟子云"君子遠庖厨"，故爲長輩所禁止也。自静秋參加下午學習，而老周又去，四兒俱不在家，予遂不能不作晚餐，饅頭現成，只須蒸一下，稀飯則須現煮，予遂主持其事矣。

六月廿三號星期四（五月初五　端午）

步至船板胡同，修面。到同仁醫院，就中醫陸石如、内科醫聶振華診。到百貨大樓買酒。雇車歸。到新華書店閱書，遇邵力子先生。

眠半小時。與静秋同讀《解放軍報·學習〈在中國共産黨全國宣傳工作會議上的講話〉》。又獨讀毛主席此一講話。記筆記一則。

到厚宣處長談。遇楊向奎夫婦。歸，又與静秋談。興奮不能入睡，凡服藥四次，至上午二時後入眠，六時許醒。

今日報載上海《文匯報》社論《打倒"三家村"學者李平心》一文，發表時間爲六月廿日，距其死已五日矣，所謂"打落水狗"也。渠以死抗拒改造，故有此批評。上海之"三家村"，爲周谷城、李平心、周予同，不知彼二人能抵得住此萬人大會之批判否？此三人與予均爲稔友，使予益自惕厲，立場固不可不站穩，思想改造固不可不加緊也。

今日微寒，晚間得造厚宣家長談，并觀其所訂《文匯報》，于以知上海有黨員賀緑汀、周信芳、李俊民（中華書局總編輯）等，非黨員有瞿白音、周谷城、周予同、李平心等被提名，且集萬人大會以鬥爭之，聲勢浩大。又知北京方面，陸定一、周揚、張友漁、劉導生等俱停職反省，現在由陶鑄兼管中宣部及社會科學部。歷史所僅鬥侯外廬。厚宣囑我勿往看大字報，以數量太多，決不可盡觀，而又刺激性強，體力有不足也。日前賀昌群往觀，為熊德基所推出。

六月廿四號星期五（五月初六）

以昨夜眠太不佳，翻上海所出《學術月刊》。與劍華談。記筆記一則。步至王府井購利眠寧。到榮寶齋買冊子。到東安市場閱書。

服藥，眠兩小時。改《鳥夷族》文，備鈔。到東安市場買餅供餐。

羅麗來。與靜秋共讀今日《人民日報》社論。十時半服藥眠，二時醒。又眠，六時醒。

為昨夜失眠，今日頭暈甚，竟不能做工作。

六月廿五號星期六（五月初七）

鈔《對立統一規律一百例》目錄訖。重讀《在中國共產黨全國宣傳工作會議上的講話》訖，即與劍華討論。

服藥，眠一小時。修改《鳥夷族》文，未訖。看報。記筆記二則。湲兒回家。

出，遇元胎。到中山公園散步，十時歸。十時三刻服藥眠，翌晨三時醒。又眠，五時半醒。

湲兒歸，云女附中最有問題者為黨委書記卞某，鬥爭時為戴高帽，有學生二人荷槍從之，令其"低頭，再低頭"！帽落地，令其手持，如是低頭至三四小時。

此次文化大運動之對象，為打着紅旗反紅旗之黨員當權派。至于一般知識分子，則仍取"團結——批評——改造"之政策，以利于社會主義之建設。我輩應當好好地作好自我批評之準備，過好此社會主義革命之大關。

六月廿六號星期日（五月初八）

俞平伯來。丁曉先來，與予及静秋長談。看報（霍查與周總理談話）。

湲兒返校。眠約一小時。劉起釪來，與予及静秋長談。丘衛材來，取《陶詩》稿去。洗浴。

到人民文化宫散步。十時半服藥眠，翌晨四時醒。五時又眠，六時半醒。

丁曉先本是右派分子，後經摘帽，仍在中華書局放毒，去年局中對伊批判兩月，勒令退休。而渠退休後無事，忽常到予家串門，談些不倫不類的話，予已厭之，而静秋爲尤甚。今日來予家，謂此後出書，須經工農兵批准，我輩所著書既無望其批准，以此不必再做。所發言與上次告余《史林雜識》與《逸周書·世俘》一文恐須受批判者相同，一片恫喝氣氛，欲打擊予之積極性，不知其葫蘆裏賣甚麼藥也。静秋勸其在運動中不必再來我家。

六月廿七號星期一（五月初九）

看昨報載武漢雜技團夏菊花自述。王姨母自天津回，來長談。修改《鳥夷族》文。

眠一小時半。與静秋同讀毛主席《在中國共產黨全國宣傳會議上的講話》。記筆記二則。

到馮家昇夫婦處談，十時半歸。十一時半服藥眠，翌晨五時一刻醒。

到家昇處，知傅樂煥以與吳晗通過幾次信，請他到民族學院演講（傅爲該校歷史系主任），此次運動起，懼而自沉于陶然亭池中。其妻廣東人，正在外地搞"四清"。遺有三女。又聞該院尚有一沈姓黨員，亦服安眠藥自殺。

今晚本欲到北海，而車上乘客特擁擠，到站竟擠不下，遂至崇元觀會家昇。大約各機關開會，至晚八時始散，故車中人多至此也。

六月廿八號星期二（五月初十）

看《人民日報·毛澤東思想的光輝照耀着全世界》。與劍華討論《宣傳工作講話》一、二點。張覺非來。

眠一小時半。續改《鳥夷族》文。鈔《毛主席語錄》入卡片，釘于牆上。煮豆粥，餾饃饃。

以陰雨未出，續改《鳥夷族》文。十時半服藥眠，翌晨五時半醒。

覺非來，渠在地質學院，云工作組去三百人，前些時無日無夜開會鬥爭。今已上軌道，今日且補放假一天。又云：國務院參事室一星期只學習兩次，不作運動。

近日睡眠較好，似係服中藥之效。惟大便不正常，或乾結，或多次。舌苔仍厚，每夜醒來，燥膩不堪，非用殘茶漱口不可。看來腸胃之疾尚較失眠病爲難治也。

今日下午稀飯做得好，爲靜秋所表揚。

六月廿九號星期三（五月十一）

看昨報陳毅副總理在亞非作家緊急會議上的致詞及周總理在阿爾巴尼亞的講話。續改《鳥夷族》文，略訖。

眠一小時。到"春風"理髮。回，遇馮國寶夫人。修改《東土的新封國》稿。與靜秋同讀《正確處理人民內部矛盾問題》第一章。

看電視時傳祥講話。乘六路車到天橋，散步。又乘二十路車到北京站，轉八路車歸。與靜秋談。十二時，服藥二次眠，翌晨六時醒。

此次在京參加亞非作家緊急會議的，共有亞、非四十七個國家和地區，以及三個國際組織的一百五十二位作家代表和觀察員，所以對抗蘇修在開羅所開之同名的分裂會議。這是使美帝、蘇修異常頭痛的一件事！

六月三十號星期四（五月十二）

到同仁醫院，就中醫陸石如、內科劉樹政診。爲待取藥，到東單公園散步，看擊劍。回，遇金荷清。與劍華討論《宣傳工作講話》三、四點。作《高春瑣語·序》訖。

眠一小時許。與靜秋同讀《正確處理人民內部矛盾問題》第二章至第五章。又讀《毛澤東思想的陽光普照全世界》。搜集春秋時子姓國資料，備補。

到東安門大街買月票，以時過未得。到東安市場閱書。湲兒爲聞明日建黨節可買《毛選》，歸，靜秋與同去，結果知無此事，十一時歸。服藥二次，十二時後眠，翌晨六時半醒。

陸醫謂予脉氣較前爲好，但予終以夜眠不佳，頭腦暈眩耳。

聞中南海有現行反革命案件，公安部門逮捕二人，梏手而出，其一爲陸定一之夫人，疑必爲重大之間諜案。此事真可駭人！

中央統戰部劉述周副部長傳達周總理指示，說：

這次文化大革命運動中，民主黨派成員要在原單位參加。每人都要在工作基地參加，在運動中認真改造自己。應當接觸到世界觀的問題。不要脫離基層單位，弄不好就等于逃避鬥爭。

吳晗問題應該批判，但要注重分量，即質量。不要搞形式，變成只是表態。這樣，就弄成爲工、農、兵批判鬥爭的對象。如果這樣，只是假批判，真包庇。

北京市委統戰部長夏英喆説：

　　這次文化大革命，工、農、兵是主力軍，是要針對資産階級"權威"和反黨、反社會主義黑幫、黑綫開展積極的鬥爭。對民主黨派説，應當批判資産階級"權威"和産生這種"權威"的資産階級思想。

　　不是反黨、反社會主義的資産階級思想（指舊思想、舊文化、舊風俗、舊習慣等）要通過批判和自我批評，加强改造，更要向工、農、兵學習。

　　民主黨派成員，要認真學習毛主席著作，向工、農、兵學習，在這次文化大革命運動中受到教育，得到改造。

　　總之，民主黨派要把所有成員引向基層，引向群衆，投入革命。

一九六六年七月

七月一號星期五（五月十三）

　　續集春秋時子姓國資料。與劍華同讀《宣傳會議講話》第五、六點。

　　眠一小時半。改劍華所鈔稿。到東安門大街買月票。到義利公司買餅乾。洗浴，静秋助。

　　聽廣播《在延安文藝座談會上的講話》，自八時至十時半。十一時許洪兒歸。十二時，服藥三次乃眠，翌晨七時醒。

　　今日堪兒發燒，入晚出汗而愈。予亦重傷風多日，屢打噴嚏，時噴痰液，精神亦甚疲勞。而夜中聽廣播，精神太集中，洪兒又遲歸，遂使予不能入眠，只得多服安眠藥矣。

　　今日爲建黨四十五周年紀念，各機關、學校均在内部慶祝，在此長期奮鬥中，既克服右傾機會主義，又克服"左"傾主義，乃得鞏固黨、政、軍權，使人民有安定之生活。

周揚反黨，已于今日廣播中點名，林默涵亦同點出，此中宣部兩副部長也。

七月二號星期六（五月十四）

進餐後又眠，直至十二時醒。

進午餐後又眠，三時醒。翻各家輯本《世本》。與靜秋同讀《正確處理人民内部矛盾》訖。羅麗來。

與羅麗談。爲胡丹宇寫大字報。湲兒自校歸。風大，未出。十時半服藥眠，翌晨七時醒。

今年二月十八日，已有一次爲多服藥，至翌日大眠之事。此後晚間再不可聽廣播、看戲、看電視、看電影之事，必須出外散步，使精神鬆懈也。

七月三號星期日（五月十五）

頭暈，看汪辟疆《唐人小説》以自遣。擦地板。姚紹華來，送還書目，長談。

眠一小時半。五時，與靜秋及洪、湲、堪三兒到"大華"看《革命友誼萬歲》電影，七時散。

聽電視中聶元梓廣播。到北海，北門入，南門出。始食西瓜。十一時服藥眠，翌晨六時半醒。

日來傷風頗劇，精神不振。

紹華談中華書局總編輯金燦然實爲"三家村"黑幫之一，他與鄧拓、吳晗等每星期有集會，大抵在北海仿膳，酒席費由中華書局負擔。

今日所觀電影，爲今年四五月間阿爾巴尼亞黨政代表團在謝胡同志領導下到華訪問，劉少奇、周恩來、陳毅、鄧小平諸同志

伴之往遵化、哈爾濱、上海、杭州及在北京受各地人民熱烈歡迎
之狀，見出七億人民一條心及自立更生之精神貫徹各地，世界上
惟我二國爲最先進也。

七月四號星期一（五月十六）

湲兒返校。將毛主席《在中國共產黨全國宣傳工作會議上的講
話》溫讀一過。與劍華同讀其七、八兩點。看阮銘等《周揚顛倒歷
史的一支暗箭》。

朦朧半小時許。翻看楊樹達、郭沫若兩家甲文書，記有關于
《尚書》者三條入筆記。理書。

翻看于省吾《殷契駢枝》。十時服藥不眠，十一時起飲樂口福，
得眠，二時醒、四時醒、五時醒、七時醒。

今日大便忽作巧克力色，未知其故。

堪兒言，在燈市口中學墻上，有書"打倒毛澤東"之反動標
語者，以燈市口之大街，且當白日，而反革命分子之猖狂若是，
足見潛伏之牛鬼蛇神尚多，此運動之所以不可少也。堪兒又述楊
向奎之子大士言，尹達已任《紅旗》雜志副總編輯。

周揚反黨之謎，至今日始揭出。十餘年來，中宣部、文化部
均在其掌握，他是許多黑幫的一個首領。文中點名的，除林默
涵、邵荃麟外，又有袁水拍。然則任《紅旗》副總編輯之胡繩，
當亦在黑幫中矣。此在彭真之外，又一大黑綫也。

七月五號星期二（五月十七）

重讀《正確處理人民內部矛盾的問題》第一節，與劍華討論其
半。看《人民日報》社論《美國侵略沒有界限，我們反侵略也沒
有界限》。

未成眠。增入"魯國的秦姓"兩條。看郭沫若在亞非作家緊急

會議上的發言《亞非作家團結反帝的歷史使命》。張紀元來談，與同到馮賓符處問疾。

到東安市場及百貨大樓購物。雇車歸。服藥不成眠，十二時起飲樂口福，約越半小時成眠，翌晨七時醒。

美帝空襲河內及海防，我政府宣言："美帝能從空中去，難道我們不能從陸上去嗎！"看來中、越兩國共同抗美，為期已不遠，美帝在朝鮮失敗事又將重溫。

據華盛頓電，在越南的空中戰爭，使美國戰術空軍司令部的力量減少到了最低限度以下。司令迪索斯韋承認，他山窮水盡了。七月一、二兩日，南越解放軍在卡茸地區全殲美軍一營，又在朔莊機場和安溪美軍基地擊毀美機卅九架。

七月六號星期三（五月十八）

考鑄國事，作千餘字，加入《大誥考證》，未畢。

眠一小時。到"鼎新"修面。到市場閱書。遇黃文弼。

看《敬吾心室彝器款識》。理雜志。服樂口福不成眠，十一時半起服藥，十二時眠，翌晨七時醒。

靜秋禁不令吾讀舊書，然劍華每日鈔五頁，所鈔者係前年稿，今日重覽已多罅隙，不得不加修改，一修改則牽涉綦多，又不得不堆書滿案矣。要我放下業務，如何可以完全做到！

今日予大便，上午三次，下午一次，是受寒所致耶？所幸尚不稀耳。近日予傷風較好，惟鼻涕仍多，有時作劇咳。

洪兒為運動忙，一個月中月經來了兩次。靜秋脚心作痛，或以太勞所致。

七月七號星期四（五月十九　小暑）

到同仁醫院，就陸石如診。遇馮國寶。遇邵恒秋。到東單醫院，挂腦系科號，以人多，待一小時許而出，遇董守義、王歷耕、楊公庶。到同仁，取藥歸。與劍華同讀《內部矛盾》文第一節訖。

眠一小時。再至東單醫院，就蔣大夫診，取藥歸。洗浴。讀鄭春蘭《毛主席的話，句句都聽，句句照辦》。蕭風自霍丘回。

羅麗來。到王府井醫藥商店購眠爾通。乘三路車到北海，遇章元善夫婦。歸，與蕭風談。十時半服藥眠，上午二時半醒。飲樂口福。五時又眠，六時醒。

鄭春蘭，東海艦隊保育院清潔員也，年四十七，不甚識字，而能學毛主席著作，即學即用，得其神髓，吾知愧矣！

蔣大夫給 Hyminal 二十丸，新藥也，價二元六角，然亦無大效。

中國爲蘇聯等國轉運援越軍事物資，從不扣壓，亦從不索取運費，而蘇修集團玩弄"假援越、真出賣"之陰謀，假"援越抗美"之名，行造謠反華之實，先謂中國要蘇聯用美元交付運費，繼又謂要求以實物作運費，且强奪援越物資以供己用。美帝樂于登載，遂向世界宣傳，故今日《人民日報》發表《誰是謠言的製造者》一文以斥之。

七月八號星期五（五月二十）

記筆記五則。改寫"鑄國"文千餘字。看李德訓《談談理髮工作中的辯證法》等文。胡一雅送代取工資來。

未成眠。與靜秋同讀《內部矛盾》文首節。澆園藝。

到西單商場閱書。十時半服藥眠，翌晨三時醒。又眠，五時醒。

靜秋聞夏滿子言，日前《文匯報》有駁斥周予同文，有"這種人帶了花崗石的腦筋見閻王爺，也不足惜"之語，看來他亦死了。他本高血壓，在復旦批判會上曾經昏過去，此次之死當係中風。

小學已于七月一日放假，中學、大學，今年從事運動，無假，運動大約十一月底止。

七月九號星期六（五月廿一）

寫"鑄國"訖。續寫"謝國"，約千五百字。劍華來，送稿紙。記筆記二則。

眠一小時。

看《紅旗》文《工農兵群衆掌握理論的時代開始了》。洗浴，堪兒爲擦背。待看電視人散。十一時許服藥眠，翌晨六時醒。

林劍華夫人以勸其孫勿過分批判老師，被其孫斥爲"老封建"，氣至嘔血，以是此數日劍華未能來鈔寫。年老人不合時代，即此可見。

洪兒言，此次學校運動，分爲三個階段：一、發動群衆階段，大鳴大放。二、重點批判階段，徹底鬥倒鬥臭（八月底結束）。三、組織建設階段，思想建設、組織建設、教改。

七月十號星期日（五月廿二）

潮、洪、湲三兒皆自其校歸。續寫"任姓諸國"近二千字，尚未訖。張覺非來。看電視萬人大會，聲討美帝轟炸河內、海防滔天罪行。

眠一小時。潮兒返校。

與靜秋到北海散步，九時許歸。十時半服藥眠，翌晨四時醒。又眠，七時醒。

此次亞非作家緊急會議在北京開會，分別通過三十七項支持各國人民鬥爭的訣議，不啻取聯合國之地位而代之。中國領導世界革命，于此奠定其基礎。帝國主義末日將至，況依附美帝之蘇修乎！

昨報發表，陶鑄爲中宣部長，李雪峰爲人大副委員長，此即説明陸定一、彭真之被免職。聞陸定一之妻在中南海某機關任職，以現行反革命逮捕。

聞鄧拓已以安眠藥自殺，此人真死有餘辜！

七月十一號星期一（五月廿三）

湲兒返校。記筆記一則。續作二千字，《武王克殷後封異姓國》一題作訖，共增入近七千字。與劍華同讀《内部矛盾》二、三節。

未成眠。煮粥。

看報。服藥，未即眠。十時半起飲樂口福，十一時眠。翌晨四時半醒。又眠，五時半醒。

蘇修、英帝、印度反動派爲美帝奔走效勞，合伙策劃新的慕尼黑大陰謀，打起所謂“立即召開日内瓦會議”破旗，妄圖幫助美帝永遠賴在越南。然而五四年之《日内瓦協議》早已被約翰遜政府的戰爭行動撕得粉碎，早已不存在了。

今日上午有大雨，晚上又有大雷雨，殆似江南之黃梅天氣。

七月十二號星期二（五月廿四）

記筆記一則。重作《東土的新封國》提綱及考魯疆域，約二千字。與劍華同讀《内部矛盾》四至六節。

眠一小時。記筆記一則。煮粥。看評電影《桃花扇》兩文，晚又看一文。

看于省吾《殷契駢枝》。十時半服藥眠，上午三時醒。又眠，六時醒。

周揚黑幫編《桃花扇》電影，陳古諷今，以達其反黨目的。此片六二年所製，今將公演，故先在各報評之，使爲反面教員。

吾家所蓄貓今春走失，日前静秋屢發現老鼠，當求一新貓也。

予近日忽患便秘，服大黄丸乃下。

七月十三號星期三（五月廿五）

修改“梁國”一節，約二千餘字，未畢。看《打倒反共老手周予同》一文。莊彩鳳來。

眠一小時。煮粥。洗浴。

出，遇李紫東。到東單理髮。看《殷契駢枝》。十時半眠，上午三時醒。又眠，七時醒。

周予同向以圓到名，而此次竟被評爲“反共老手”，驟見之真出意料外。其在復旦上課，竟説：“如在兩漢時代，像我這般經學大師，就做宰相了！”可謂狂妄之至。即以經學言，他有何成績可舉？

七月十四號星期四（五月廿六）

到同仁醫院，就陸石如大夫診，又到内科取藥。與劍華同讀《内部矛盾》七、八兩節。

眠一小時。續作“梁國”一節，約二千餘字。煮粥。看報載劉英俊事。

到北海，後門進，前門出。歸，擦身。又安自鄉來，與静秋談甚久。十一時半服藥眠，翌晨四時半醒。

今日無風，到北海亦是悶熱，歸來遍體流汗矣。

又安在農場中，此次運動又爲重點之一，静秋勸其承認自己錯誤，爲反動政府服務，勿作辯論。

陸大夫謂予初就診時，脉洪大，今轉小，是好現象。予亦自覺精神較好，中午能睡，飯量不弱，九天來能日寫千餘字至二千餘字，服中藥洵有效也。

七月十五號星期五（五月廿七）

記筆記三則。讀《新民主主義論》，未訖。將前昨所寫稿再改一遍。

　　未成眠。記筆記一則。看報。與又安談。煮粥、蒸饅。

　　看《唐人小説》。十時半服藥眠，上午二時半醒。遂不寐，服
樂口福無效。

　　　昨又安晚十時始來，既與靜秋作長談，又出外吃飯，以致予
睡得較遲，失眠疾又作。予之生活不能差一點如此！

　　又安在農場，爲編《孟姜女故事資料》，被批判甚劇，且云
斥始皇爲暴君是否暗射毛主席，然農民起義推動歷史發展，既肯
定陳勝吳廣，又安得不否定始皇耶！

　　越南共和國，今年打下美帝飛機一千二百架。南越解放陣
綫，今年亦打下一千四百架，快哉！

　　中國人口現已有七億一千六百萬人，以每年新生二千萬人
計，五年後即八億了。

七月十六號星期六（五月廿八）

　　記筆記一則。又安還鄉。修改《三監人物及其疆地》付鈔。與
劍華同讀《内部矛盾》訖。

　　一時服藥眠，三時醒。看報。煮粥、蒸饅、切香椿。羅麗來。

　　到北海。湲兒自校歸。洗浴。十一時半服藥眠，翌晨六時三
刻醒。

　　　燈市口中學定于本月十八日起暑假。女十二中定于二十日下
鄉練軍，約二十餘天回京。女附中亦然，約八百人參加。但地點
則保持秘密，惟言須坐火車耳。

　　靜秋禁止予看古書，這固是她的好意，然一方面劍華要鈔，
我就不得不改。二則予如蠶食葉，有一肚子絲要吐，以予年齡、
身體言，已不可能住世太久，予何能在人間留下一遺恨耶？

七月十七號星期日（五月廿九）

理報紙。點讀郭沫若主編《中國史稿》第一章第一節。看報批判周揚、翦伯贊文。

服藥，眠三刻鐘。記筆記一則。與靜秋共同學習今日《人民日報》社論《我國社會主義革命的新階段》。

以雨未出。看《唐人小説》。十時半服藥眠，上午二時半醒。又眠，五時半醒。

周揚霸占文化事業領導權，所有電影、戲劇、舞蹈、小説、文學、哲學、博物館，幾無不受其修正主義之影響。《毛選》之所以買不到，亦由其壓縮出版量，而當權至三十年之久，直到現在方得揭發，文化大革命之力也。

今日社論云：“解放初期，我們把舊的資產階級知識分子，除了公開反革命的以外，都包下來。黨的政策是要讓他們爲祖國工作，讓他們在工作中逐步改造自己的資產階級世界觀，接受無產階級世界觀。但是，資產階級的世界觀在舊知識分子中是根深蒂固的。他們同舊社會的基礎有千絲萬縷的聯繫。接受無產階級世界觀，對他們説來，是一個換頭腦的問題，是一件很痛苦的事情，是很不容易的。”此蓋指我輩言，因書此以資警惕。

七月十八號星期一（六月初一）

記筆記一則。點讀《在延安文藝座談會上的講話》未畢。與劍華同讀“引言”訖。

眠三刻鐘。點讀《在延安文藝座談會上的講話》未畢。記筆記五則。

到東安市場買物。歸，洗浴，洪兒爲擦背。天熱，十二時服藥眠。上午三時醒。良久又眠，七時醒。

晚至市場，至古舊書部，則門上貼紙條云：“本部業務已歸併琉璃廠古舊書部。"從此東城已無綫裝書肆矣。予于本月初尚從此購得《敬吾心室彝器款識》。見有沈兼士主編之《廣韻聲系》,以標二十元,不能購,今日欲再往一撫而不得矣。從此茫茫人海,不知能覓得否? 爲之一嘆。

七月十九號星期二 (六月初二)

點讀《在延安文藝座談會上的講話》訖。十時,與静秋同到蟾宮影院,看《桃花扇》影片。遇陸欽頤夫婦、計志中、陳伯君、金振宇、陶景蓬等。十二時半歸。

潮兒、湲兒均自校歸,取物。眠一小時許。看報評陸平、周揚等文。點《中國史稿》第一章第二節。煮粥。

欲理髮不得,乘七路車到北海,轉三路歸。服藥兩次,十二時後眠。翌晨七時醒。

今日忽然便秘,終日未下,服大黃丸兩次。

《桃花扇》在康熙時本爲有進步意義之名劇,以其有反抗性之氣節也。及抗日戰爭,歐陽予倩在廣西改編,加入侯朝宗降清應試,李香君爲之氣死,亦有打擊漢奸之意義。至一九六二年,我國在三年灾荒之暫時困難中,孫敬等導演是劇,乃加入河南"哀鴻遍野,民不聊生"諸語,及香君入宮演劇,指馬、阮而云,"聲聲罵,看你懂不懂"等句,則爲借古諷今,存有反黨反社會主義之惡意,而孫敬自身即是一個投降日寇之分子,承夏衍之意而編導是劇,實爲罪惡活動。

七月二十號星期三 (六月初三　初伏)

重讀《人民日報・奪取資産階級霸占的史學陣地》及尹達《必須把史學革命進行到底》二文。

朦朧片刻。得歷史所革命委員會電話,囑明日起往開會。點讀

《中國史稿》第二章第一、二節。記筆記三則。到"春風"修面。

訪厚宣、向奎俱不遇，遇袁熙之。歸，乘凉。沈慧中偕其子來。湲兒歸。十二時服藥眠，上午四時醒。又眠，七時醒。

前數日多雨，空氣鬱悶，出汗不止，且使人喘不出氣。今日入伏矣，天氣清爽，雖熱而不悶。

堪兒放假後，組織院中兒童九人，每晨學習毛主席語錄及其他英雄事迹一小時。此事甚好，但祝其能堅持下去耳。

得所中電，囑我參加偉大之鬥爭運動，予頗慮天氣熱，時期長，予體將不勝，静秋一力慫恿之，爲革命工作者當一切不怕也。

七月廿一號星期四（六月初四　開始參加無産階級大革命運動）

到同仁醫院，就陸石如大夫診。静秋來，代取藥。到所，參加鬥爭酈家駒大會，自九時至十二時。晤謝剛主、楊向奎、張政烺、沈慧中等。雇車歸。

眠一小時許。洗浴。整理《大誥考證》之原稿及鈔稿。看《從群衆中來，到群衆中去》。洪、湲參加軍事訓動，俱去。

到永定門站，欲看湲兒，尚未至，即歸。洗浴。看《唐人小説》。十一時就潮兒床眠，服藥二次，十二時後眠，翌晨七時醒。

酈家駒出身大地主家庭，混入黨内，爲尹達所賞識，任歷史所黨委副書記。自鄧拓、吳晗之批判運動起，尹達與康生赴滬，侯外廬與鄧、吳有交，本所批判侯者遂多，酈結成黑幫，欲庇護侯，左派王恩宇、傅崇蘭等致受禁閉。自陳伯達、戚本禹、關鋒、李娜來查後，定侯爲反黨反社會主義分子，停職反省，酈之黑幫有林甘泉、宋家鈺、胡一雅等，許其檢舉立功自贖，而對酈則公開批評，彰其壓制之罪。參加者不但本所人，聲勢浩大。此亦陸平、匡亞明之儔也。七月十七日，關鋒夜來開會，宣布酈罪，左派方得抬頭，是爲轉折點。

七月廿二號星期五（六月初五）

到所，繼續參加鬥爭酈家駒大會，自九時半至十二時半。晤趙幼文、朱家源、張政烺、容肇祖、賀麟、黎然、沈慧中、胡厚宣夫婦等。

眠二小時。修改《周公攝政稱王》篇，未訖。到前門中國書店閱書，藥店買藥，山貨鋪買盆。遇舒宗鎏。看任二北《唐戲弄》。

洗浴。爲潮、洪、湲三兒理雜志。十一時半服藥眠，六時半醒。

前門外之中國書店，在大柵欄對面，專售解放後出版物之回收者。昨晚見此招牌，今日急往看之，可見結習之難忘也。

三女盡出。自今晚始，予睡入東屋，以免靜秋爲予驚醒。

首都今日舉行援越抗美大會和游行，堪兒于晨五時即到天安門集合，隊已排至南池子矣。參加者約一百萬人，劉主席聲明，中國準備承擔最大民族犧牲，支援越南人民戰勝美帝。中國七億人民是越南後盾，中國遼闊國土是越南後方。

七月廿三號星期六（六月初六　大暑）

將《周公攝政稱王》篇重看一過，略予修改。吳廷勘來。雁秋偕國光來，留飯。

眠二小時。雁秋又來治花，留飯。

到中山公園散步。十時半服藥眠，翌晨六時半醒。

今年入伏前大熱，而入伏後反不熱，今日下雨後頗涼。

予近日小便又急，往往來不及解褲已流出，同于前年青島回京時，想來膀胱有病也。

吳廷勘今日先至伯祥家，繼至予家，蓋以美帝在越南戰事屢次升級，中國不能無視，箭在弦上，中、美戰事將起，問我輩怕不怕也。予謂予經過抗日戰爭，住四川時，天天有轟炸，而終未死。諒美國來侵亦不過如是，是以不怕。至若陸上出兵，更非我對手，彼將全軍覆沒矣。

七月廿四號星期日（六月初七）

寫龐曾涵信，唁之。記筆記一則。雁秋夫婦、啓鏗夫婦挈國光來，留飯。張覺非來。點孫過庭《書譜》。

眠二小時。雁秋、啓鏗等先後去。記筆記一則。胡厚宣來，長談。

翻《唐戲弄》。服藥兩次，十二時眠，上午二時半醒。又眠，七時醒。

得京周之女龐曾涵來信，知京周于本月十八日突然狂吐鮮血，旋即暈厥，當即送廣慈醫院，于十九日零時五十分逝世。渠于六三、六五兩年到京，曾有數度盤桓，去歲六月廿九日同攝一影，即是永訣矣。渠年約七十，草橋同學也。

厚宣來談，知此若干年中，酈家駒瞞上欺下，利用尹達之不管事，結成黑幫（即林甘泉、宋家鈺、胡一雅、孔令士、鍾遵先等七人），凡所中事，皆由此黑幫議決，而令副所長熊德基、東光執行之，此真天啓時之魏閹行為矣。

七月廿五號星期一（六月初八）

到所，無會，看學部及本所大字報，自九時至十一時。遇賀昌群、胡厚宣、吳世昌。雇車歸。靜秋到章元善家取貓歸。

眠一小時半。記筆記一則。金擎宇夫人來談。遇劉珺、金荷清。洗浴。煮粥。

到東單公園散步。服藥二次，十一時半眠，翌晨七時醒。

大字報自房頂垂地，仰首觀之，頸為之強，久立，腳亦痛，然所觀只一角也。從此中，識黑組織實承前宣傳部及前市委之指導，否則亦無此反黨、反社會主義與毛澤東思想之大膽行為也。

七月廿六號星期二（六月初九）

到所，看大字報。遇沈慧中，爲謝濟引入一組，參加座談會，聽田昌五、蕭良瓊等揭發黑組織之事實。十二時半歸。

眠一小時半。到所小禮堂，看同人鬥酈家駒、宋家鈺、胡一雅、張兆麟、陳智超等。遇孫毓棠、王毓銓、白天、楊向奎等。

疲甚，早憩床。十一時起服藥，約十一時半眠。上午二時半醒。又眠，七時醒。

前日所列本所黑組織中，尚缺二人，今乃知其一爲陳智超（陳垣之孫，樂素之子），一爲張兆麟（女性，四川籍）。

在所覽油印關鋒代陳伯達講話，知尹達祖護酈家駒，不聽黨之予以撤職處分，已嚴予批判，并斷絕其與酈之交通。

此次所中之文化大革命運動，盡力批判揭發，實爲窮究黑綫之聯繫。黑綫之最重要者有二，一爲舊中宣部系，陸定一、周揚主之；一爲舊市委系，彭真、鄧拓主之。侯外廬爲聯繫舊市委者（尹達當爲聯繫舊中宣部者，但經黨保護，未予揭出），故必須予以搞破、搞倒、搞臭。酈家駒以拍馬手段，贏得尹、侯兩所長之信任，以學術秘書升爲黨委副書記，形成“太上所長”，一切爲所欲爲，而宋家鈺等七人趨炎附勢，奔走酈門，亦分得一部分權勢，對于所中同人發號施令，儼然領導。“史紹賓”、“黎世群”之集體創作，出自全所同人，而“八大金剛”据爲己功，驕恣愈甚，所以必予痛擊也。

七月廿七號星期三（六月初十）

記筆記三則。看報載《毛主席暢游長江》及國外評論之好消息。

眠一小時半。洗浴。看報批判周揚三文。到“東單”理髮。

與靜秋同到中山公園，以微雨早歸。十時半服藥眠，上午一時半醒。又眠，六時半醒。

昨日上午細雨，中午大雨，予參加兩會，疲勞已極，夜眠尚佳。而今晨醒，喉嚨已啞，然予固未發言也。以是知年老人實無法與年輕人看齊。若本月廿四日，毛主席之橫渡長江，固非一般人之所可企及也。

七月廿八號星期四（六月十一）

與静秋同出。到同仁醫院，就中醫陸石如、西醫穆玉馥診。遇唐弢。聽劍華讀《在延安文藝座談會上的講話》結論第二節。

眠一小時許。記筆記三則。看昨報所載《學習〈關于正確處理人民內部矛盾的問題〉》。與静秋同讀《中國人民的好兒子（劉英俊）》等文。

天雨，未出，看《宋稗類鈔》。服藥及樂口福，十一時後眠，翌晨五時醒。

聲啞稍好，咳嗽仍劇。大便依然乾結。血壓 130/90，正常。

七月廿九號星期五（六月十二）

讀甲骨文書，記筆記六則。聽劍華讀《在延安文藝座談會上的講話》第三節。

以咳及熱，未成眠。與静秋同讀《學習……內部矛盾問題》。洗浴。

與静秋同到王府井購物，静秋往視木蘭，予閱書肆先歸。十一時服藥眠，翌晨五時醒。

今日咳更甚。昨竟夜大雨，今日晴，又大熱。大便已不乾結，今日下三次。

聞今日毛主席召集各校學生至人大會堂開會，劉主席發言，謂各校情況，黨中央亦不能完全瞭解，須由各人寫大字報徹底揭發。以是，北大已開放，任人參觀大字報。各校學生謂今日為

"畢生難忘的紀念日"，看來此一運動尚須經過若干時日方可確定是非也。

七月三十號星期六（六月十三　中伏）

鈔于思泊《釋非裴》文入冊，整理《讀尚書雜記》第六冊，作叙。聽劍華讀《延安文藝講話》第四、五節。

眠一小時半。將恩格斯《家庭、私有制和國家的起源》及莫爾根《古代社會》要點夾出，未畢。謝友蘭來，送入場券。

到人大會堂三樓，參加批判大會。遇巫寶三。七時往，十時歸。服藥，十二時眠，翌晨七時醒。

自無產階級文化大革命起，各機關派工作組往指導，乃某些組員自謂"毛主席所派來"，任意處理，又出偏差，中央因此改變辦法，撤消委員會，一切事由各機關革命委員會自辦。今日在人大會堂開萬人大會，許各機關積極分子儘量發言。但開會已在下午八時，予聽三人發言，已至十點，遂先出，不知此會開至何時方散也。歷史所似由傅崇蘭發言，此人嗓子太大，經麥克風反不清楚，渠除檢舉酈家駒外，尚述及尹達包庇酈及侯外廬事。又聞國家科委某女士言，范長江亦已墮落成反黨分子。

七月卅一號星期日（六月十四）

看近數日《人民日報》社論。張覺非來。自訂此後工作及任務。潮兒歸，傍晚返校。

眠一小時。翻《古代社會》應注意各條訖。看李亞農《史論集》中《周代氏族制》。

元善來，同到北海，入雙虹榭飲啤酒。十時歸。洗浴。十二時服藥眠。

靜秋天天責備我不好好學習政治，而予以《大誥譯證》一稿，歷時七年，計字七十萬，稿子一再改易，已將斷爛，幸得劍華爲予鈔寫，而鈔前又不可不看一遍，及既看則又感到有應改處，一改則又堆書滿案，心無二用矣。予以衰年，逢此盛世，能藉靜秋之敦促，批評却頭腦中資産階級思想，當然是一大快事，無如業務之必須完成何！事難兩全，真此生一恨也。

聞沈慧中言，昨晚之會開至今日上午三時方散，歸家已四時矣。會末由陶鑄發言，謂前由青年同志批評他爲"保皇派"（指護尹達，使與酈家駒有連），他自願爲"保皇派"，現在否定此言。自此，歷史所可直接批判尹達矣。

聞元善言，街道上已討論疏散問題，以美國雖不敢與我國戰，而投幾個炸彈亦意中事也。予家未得此消息，或科學院有統一布置，惜予無暇整理，使携帶者與留置者作一區分耳。

予之工作及任務：

（甲）突出政治：

1. 讀報，尤須注意《人民日報》之社論。

2. 讀毛主席一切著作，其重要者須時時讀，一切行動緊跟着走。

3. 每日寫學習心得，并結合自己，作自我批評，務求滌盡資産階級思想。

4. 參加本所各會，看大字報。

5. 讀工、農、兵著作，藉資啓發。

（乙）鑽研業務：

1. 讀甲骨文、金文書，以求掌握《尚書》之正確字、詞與訓詁。

2. 讀馬克思主義之歷史唯物主義之書，使對于《尚書》各篇有確定之評價。

3. 在三年内繳出《尚書今譯》稿。《大誥譯證》盡可能早期交稿。

（丙）治療疾病：

1. 爲失眠疾，長期服中藥以漸次減少西藥，直到不服西藥之地步。
2. 爲氣管支炎疾，注意氣候寒暑換穿衣服，不忘吃藥。
3. 爲腸胃疾，注意食物之質與量，務使有正常之消化。
4. 爲鍛煉身體計，每日必出外散步，走三里路左右。

（丁）整理家務：
1. 每日下午下厨房，助靜秋執爨。
2. 暇時擦地板、窗户、桌椅，撣書架。
3. 整理書籍、報紙、刊物，務使一索即得。

昔蘧伯玉行年五十而知四十九年之非。今予超越彼二十四年矣，而能有如此之轉變，非新時代曷克臻此。毛澤東思想光芒萬丈，照徹世界，予居其間，特一齒輪或螺絲釘耳，安足奇！

一九六六年八月

八月一號星期一（六月十五）

看《周公執政稱王》稿，交劍華携歸鈔，未畢。聽劍華讀《新民主主義論》一、二、三節。

未成眠。與靜秋同讀《人民日報》社論《全國都應該成爲毛澤東思想的大學校》。湲兒自邢臺軍訓歸，投入鬥爭，今晚宿家。

將《大誥考證（丙）》看一過，交劍華鈔。服藥兩次，約十二時眠，翌晨七時醒。

今日爲中國人民解放軍建軍卅九周年紀念。

本市高中生三萬人分發至各地參加軍事訓練，今以各校文化革命運動加劇，不當分散，故即召回，參加運動。湲兒于今日歸，洪兒明日亦將至矣。

八月二號星期二（六月十六）

續寫《周公執政稱王》二千餘字。聽劍華讀《新民主主義論》
第四節。

眠一小時。洪兒自秦皇島歸。

兩兒既歸，予移至己室眠。洗浴。十時半服藥眠，翌晨六時醒。

今日熱至卅四度，只得赤膊工作矣。咳嗽較好，大便則一日
三次。

聞堪兒言，中學生中有因受批判而相仇殺者。

八月三號星期三（六月十七）

理《尚書》稿，置入內室。與靜秋同讀報，細讀《解放軍報》
社論《把我軍辦成毛澤東思想的大學校》一文。

眠一小時半。看報。四時出，到前門換月票。到"紅光"理
髮。到"通三益"買秋梨膏。到醫藥公司。到新華書店購書。七
時歸。

看傅惜華《元曲全目》。聽廣播上海新彈詞。十二時服藥眠。
上午二時半醒。又眠，七時醒。

靜秋苦勸予暫置業務，專心政治學習，以符時代要求。予聽
其言，將《尚書》稿盡置內書室，至客廳書桌則專置《毛選》、
《毛主席語錄》及報紙、《學習資料》等，庶幾心不旁騖。惟劍
華每日爲予鈔《尚書》稿七八紙，予不能不陸續交付。既經付
稿，便須看稿，而一看之後總有新問題發生，又須改稿，如此費
時仍多。現擬大略看一過，不加大修改，俟彼鈔畢再集改一次，
如是則已在文化革命結束之後，可專心業務矣。此書全稿約七十
萬字，須稿紙一千五百張，今已鈔六百張，約到年底可鈔完。如
此予在明春大改一通，亦較便捷也。

八月四號星期四（六月十八）

到同仁醫院，就陸石如大夫診。靜秋來，代取藥。到"精美"

文具店買簿。到所，遇平伯。看大字報。到小禮堂參加會，遇朱家源、謝剛主、桂瓊英。

眠兩小時。看報。改定《周公執政稱王》第二、三部分付鈔。與靜秋同讀夏菊花在武漢整風會上的發言。

到胡厚宣處問疾，并晤蕭良瓊母女及厚宣夫人。洗浴。失眠，服藥及飲樂口福俱無效，十二時靠沙發假寐，上午六時就牀眠，九時醒。

今日至所，即見若干大字報寫"尹達、酈家駒黑幫"，歷述尹達自五八年起如何寵用酈，此次運動批判侯外廬時，又如何庇侯，與酈共同設計，及酈將受批判時，尹又如何與酈商量，如何作假批判以掩過衆人耳目，又如何不依中央文化運動小組指示，不撤酈職等罪惡行爲。熊德基、東光二人亦貼大字報，宣言與尹劃清界限。看來此一當權派亦將無所遁其反黨之本來面目矣。宋家鈺亦受批評，述其在所騙縱弄權，及與胡一雅如何朋比事。

八月五號星期五（六月十九）

晏起。與劍華談。看報。

眠兩小時。到東單醫院，就李國政大夫診。看報。

看評《兩家人》電影文六篇。洗浴。服藥，十一時眠，翌晨六時半醒。

以昨夜不成眠，今日疲倦萬狀，簡直拿不起筆，舉不成步。天又酷熱，即使不動還是一身汗。風絕。

聞蘭州大學校長江隆基，江西大學校長谷霽光，并列入"三反分子"，江氏我所不知，谷氏則于政協開會時親見其驕橫者也。

聞白壽彝在北京師大亦已被定爲"三反分子"。此人在解放前靠我周濟度日，垂二十年，解放後即若不相識。

八月六號星期六（六月二十）

理報紙。劍華爲取工資來，告已解職。看鄭季翹《徹底清算周揚反黨反社會主義之罪行》。

眠兩小時。翻王國維《宋、清金文著録表》。看報。

吃西瓜。洗浴。十一時服藥眠，翌晨七時醒。

今日劍華到所領取工資，革命委員會人告以私人工作事俱停，彼之工資到七月止。劍華助我鈔寫正極得力，倏遭擯棄，爲之悵然。

聞尹達造謠，謂前遭陳伯達批判，今陳已向之道歉。上月三十日晚會上，陳已斥尹并無此事。

八月七號星期日（六月廿一）

陸啓鏗、木蘭來。劉起釪來。看報。

眠兩小時。翻羅福頤補編《三代秦漢金文著録表》。

看郭沫若《金文叢考》。失眠，服藥三次。十二時半眠，翌晨七時醒。

今日略有風，較爽。

聞商務印書館之重點爲陳翰伯，中華書局之重點爲金燦然。燦然在病中，雖亦勉强出來看大字報，已無人形矣。

木蘭言：一日，動物園有女游客二人，挈一孩，衣服華麗，且戴項鏈，有紅領巾數人勸其勿事奢華，渠云：“你們受的是法西斯教育。”紅領巾怒云：“你敢侮辱我們偉大的毛主席嗎？”游客聞聲麕集，倏忽千人，擁之至公安局勞改。聞其所携之四歲孩子云“家有存款二十萬元，前挂毛主席像已爲其父撕毁”，此真反動資產階級之典型人物也。

八月八號星期一（六月廿二　立秋）

劍華送《大誥考證（丙）》來，即看一過，略改。讀金文，記筆記兩則。

眠兩小時。看報，摘録入册，兩則。記筆記一則，未畢。吃西瓜。

到"廣東酒家"門口看大字報。乘三路車到北海，十時歸。聽《中共中央對于文化大革命之决定》廣播。十一時半服藥眠，翌晨六時半醒。

廣東酒家即大同酒家之擴大，去年移至燈市口西口，今日有清華學生三人前往貼大字報，略謂"你們是爲什麽人服務的？工人和貧下中農有到你們那裏吃飯的嗎？你們的厨工、服務員已變質了！"静秋爲予言之，予因往觀，惟因人多，擠不進，但望見標題爲"見到就説"四字而已。

聞江青患毒瘤，依然爲革命運動奔跑。王光美則在清華當厨師，此皆使青年人振奮者。解放後毛主席從未到過北大，今亦前往參觀大字報。堪兒傳毛主席語云："馬克思主義的道理，千頭萬緒，歸根到底一句話：造反有理！"

八月九號星期二（六月廿三　末伏）

到所，晤張雲非、熊德基。到小禮堂，聽林甘泉自述與尹達關係，旋聽廣播《中共中央對于文化大革命之决定》。十一時雇車歸。

眠兩小時。看報，摘鈔。記筆記一則，又補半則。

到王府井買物。以雨，雇車歸。十時半服藥眠，翌晨六時醒。

八月十號星期三（六月廿四）

到所，參加學部大會，聽法律所、文學所、宗教所、學部各成員之申述。遇容元胎。

眠兩小時。修改《周公執政稱王》未畢。記筆記一則。

到元胎處長談，十時歸。十一時後服藥眠。上午四時醒。又眠，七時半醒。

八月十一號星期四（六月廿五）

到東單理髮。到同仁醫院，就中醫陸石如診，又到內科取藥。續寫《周公執政稱王》約二千字，未訖。

眠二小時。看報。煮豆粥。

湲兒自校歸。堪兒發燒，静秋伴往同仁醫院。十一時服藥眠，翌晨六時半醒。

今日革命小組未打電話來，故未往。而静秋遇昌群，藉知今日開鬥爭會，張友漁、劉導生、酈家駒、唐棣華等十餘人皆戴紙帽，上書罪狀，形勢極猛。

八月十二號星期五（六月廿六）

續寫《周公稱王》千餘字。記筆記二則。

到首都劇場，參加"聲討'三反'分子侯外廬大會"，自一時半至六時半。晤蕭良瓊、胡厚宣夫婦、謝國楨、趙幼文、朱家源、謝友蘭。

疲勞，休息。洗浴。服藥二次，十一時後眠，翌晨六時醒。

今日下午之會，以鬥侯外廬為中心，而其他走資本主義道路之當權派陪之，均戴高紙帽，胸前懸木牌書姓名，共廿八人，以時傳祥為主席團，臺下口號聲震動天地，真是觸及人們靈魂之大革命，予前所未睹也。此廿八人，予所知者為侯外廬、酈家駒、張友漁、劉導生、楊述、夏鼐、唐棣華、趙洵、陳冷、梅□□、楊獻珍、毛星、何其芳、劉大年、黎澍、劉桂五、蔡美彪。孟祥才控訴尹達，臺下群呼"把尹達揪出來"，而尹達已在五時前溜出矣。

八月十三號星期六（六月廿七　予始被所中革命青年所揪出）

續寫《周公執政稱王》近二千字，尚未畢。劍華來，交鈔稿。記筆記一則。

卜蕙蓀來。到所，看所貼予之大字報。到第一組開會，五時半歸。校劍華所鈔稿。

看電視《毛主席游長江》。服藥二次，十一時後眠，翌晨六時半醒。

今日所中貼出大字報，標題是"把反動史學權威顧頡剛揪出來"，列諸罪狀。自今日起，予亦成管制分子矣。所中同人予年既最長，爲反動政府有意無意之服務亦最多，此後當一一清算，怕亦無用，惟有痛自改悔，俾有重新作人之望。

八月十四號星期日（六月廿八）

整日續寫《周公執政稱王》約二千字，全稿訖。

十時服藥眠未成，續服藥，約十二時眠。

《大誥考證（乙）》，今日趕畢，從此須專讀《毛選》及報紙，每日到所參加組會，《尚書》工作暫停矣。《考證（丁）》中，尚有殷遺民分三路移徙及唐、虞、夏之族與地試探二文待作，甚望他日能竟此功。

八月十五號星期一（六月廿九）

劍華來，交以稿。到所，看大字報，參加第一組會，聽同人談"鬥、批、改"之辦法。歸來倦甚。

眠三小時，仍疲。整理《大誥》各稿，加以包紮。

洗浴。十時服藥眠。上午四時醒。又眠，七時醒。

予罪狀之大者，如親胡適、反魯迅、獻九鼎等事俱在解放前，惟爲修房屋花公家一萬二千元，則爲近年事。翟福辰檢舉此事，并將未修、已修兩圖揭出。然此事實爲尹達所主張，且囑翟君傳達與監修者也。

《易》曰：“滿招損，謙受益。”予致力學問，自視欿然，以學海無涯，而個人之生命與能力俱極有限，不敢以一得驕人也。但自大學畢業，迄今四十六年，作文多，作事多，門弟子多，捧場者多，虛名不獨聞於全國，亦且聞於世界史家，名既滿矣，當然招損。另一方面，此次來京十二年，以業務與開會之忙，雖有研究馬克思主義與毛澤東思想之心，終不能得間自修，雖日有接觸，而飄搖不落實，不能有理性之認識，思想改造，成爲虛語，在此偉大革命時代中未能與黨站在一條綫上，此又大不足者也。名滿而與時代要求不合，此所以垂老而得罪也。

八月十六號星期二（七月初一）

冒大雨到所，看大字報。參加第一組會，予發言。冒大雨歸，遇容肇祖、王明。

未成眠。鈔《中共中央關于無產階級文化大革命的決定》四條。與靜秋談體會。

翻《古文審》。十時半服藥眠，上午四時醒。又眠，七時醒。

今日予在組中提出，予爲本所年紀最大的一人，受舊社會的毒害最深，經歷亦最多，要徹底改造，即須徹底批判，可否容我分若干次交代，組內在我每次交代後給以批評，田昌五謂須請示革命委員會，并要我將各種著作交去審查。

靜秋告予，今年國慶節學生參加游行者以工、貧下中農、兵、革命幹部之子女爲限，吾家四子恐不得預，以此鬱悶。此城市中階級鬥爭之始，我輩出身剝削階級，今當社會主義革命，當然爲被壓迫階級，但兒輩將來必務農工，自可改變成份耳。

八月十七號星期三（七月初二）

到所，看大字報，爲同組某君所喝。到草棚，看鬥酈家駒，令自述與尹達勾結壓制革命派事，侯外廬、林甘泉、宋家鈺、胡一雅、陳智超、張兆麟等陪站。遇魏明經。

服藥，眠一小時半。與静秋同讀《中共中央關于無産階級文化大革命的決定》訖。到"藝新"理髮。到煤渣胡同寄静秋與練青信。

看《學習資料》。湲兒歸。十時半服藥眠。上午四時醒。又眠，六時醒。

今日所見大字報，以評楊向奎《中國古代社會與古代思想研究》爲多，以其中宣揚孔孟之道及宋人理學、清人樸學之言不合時宜。

予之大字報又多一條，爲自《魯迅全集》中及武漢《中央日報》上鈔出之魯迅與孫伏園指摘予信及予與魯迅之往來説起訴信。

八月十八號星期四（七月初三）

道遇孟默聞。繞道到所。看大字報。參加第一組學習，討論《中共中央關于無産階級文化大革命的決定》。

服藥，眠兩小時。到王府井買藥及紙。理舊稿。看報。

聽廣播。十時半服藥眠，翌晨六時醒。

今日上午五時，毛主席同百萬群衆在天安門廣場共慶大革命，由林彪、周恩來發言。堪兒爲早去，昨夜即宿校中。洪兒則絕早去。惟湲兒未被選上（各校或選百分之七十，或選五十），不克懊喪，惟在家看電視，反較洪、堪之親往者得見毛主席、林彪等容貌，以各校學生隊伍直排至建國門，僅聞其聲也。予今日到所，亦繞道貢院東街，又時被糾察隊所阻，爲之說明理由乃放行，革命之氣旺盛如此，恨予早生數十年耳。

八月十九號星期五（七月初四）

到同仁醫院，就陸石如大夫診，以人多，自八時待至九時半。雇車到所，參加第一組學習，續論中共中央決定。

眠兩小時。理舊稿，得《入世的痛苦》三冊，因覽之。看報。

覽《入世的痛苦》訖。十一時服藥眠，翌晨六時醒。

陸大夫謂予脉洪大，肝旺，此予一星期來感情激動之所致也。予近日舌苔又厚，口枯舌燥，而運動尚有四個多月，未知能挨得去否耳。

八月二十號星期六（七月初五）

到所，看大字報。九時，到第一組學習，受王恩宇之斥責。十一時三刻散。又看大字報。

服藥兩次，未成眠。與靜秋同到中山公園，談自我改造事。

潮兒自校歸。看《古史辨》第一冊《自序》。十時服藥眠，翌晨六時醒。

王恩宇爲本所此次文化運動之闖將，今日先斥予遲到，再斥予欲與魯迅打官司爲反革命行動。予平生性不能忍，今既確認予從前立場爲反動，遂安然受之。然卒以緊張故，午後不成眠矣。

中華書局定陳乃乾、馬宗霍爲"資產階級反動學術權威"，以此推知歷史所中對我當亦如是。

八月廿一號星期日（七月初六）

理舊稿。寫自我檢討書未畢，靜秋以爲不可用，因重擬提綱。

張覺非來，未見。

劉起釪偕其女曉瑜來。潮兒返校。

到西單買書。到王府井閲市容。雇車歸。十時半服藥眠。上午一時醒。又眠，四時五十分醒。

今日各中學紅衛兵所組之造反團分至各街市，改定街名、店名。如王府井已改爲人民路，長安街改爲革命路，燈市口改爲衛東路。乾麵胡同之改名，尚在徵求意見中。各店或令停業，如美術工藝服務部及古舊書店，或令改名，如峨嵋酒家改爲四川食堂，曲園改爲湖南食堂。許多鋪子均改爲"東風"或"東方紅"，尚有未能改者，則先將原名貼上白紙以待命名，此真無産階級大革命中之一種新氣也！東單東四大街改爲東風路，東安市場改爲東風市場，甚恰，但西城則無此方便矣。

八月廿二號星期一（七月初七）

七時半出。八時到所。開會，討論第五條。看大字報關于予者三張。到小禮堂開會，傅崇蘭主席，宣布予等爲資産階級反動權威，戴紙帽。下樓，又被拉入游行隊。

三時到所，與厚宣夫婦談。欲歸，爲青年同志所阻，退回二樓，寫文革小組信，爲捐獻書籍與遷讓房屋事。爲預備作交代，先編年譜，未訖。六時，被拉至鬥争楊述大會上，重戴帽子，并自行報名。七時冒大雨，雇車歸。

以今日事告兒輩。看《古史辨自序》。十時，多服藥，不久入眠。翌晨四時五十分醒。

文化革命小組宣布，此後取消研究員、副研究員、助理研究員等銜名，自九月份起只發生活費，侯外廬與予兩家限于半個月内遷出。予從此擺脱藏書包袱，免左鄰右舍之憤憤不平，實合想望。惟今日即戴高帽，則爲想不到之事。同戴者有孫毓棠、王毓銓、楊向奎、胡厚宣、張政烺、賀昌群、謝國楨等，又田昌五則戴保皇派帽。傍晚，與哲學、文學兩所戴帽者會師于席棚中，乃知俞平伯、吳世昌、卞之琳、李健吾等俱在此中。昌群以心臟病，得幸免。予對此早有精神準備，故雖受此困而未緊張。

八月廿三號星期二（七月初八　處暑）

八時到所，聽王恩宇訓話及分配各人勞動。到二樓，續寫年譜。十二時歸，翟福辰等三人來，限于今日將籬笆拆去。

移至二〇三室（即厚宣辦公室）續寫年譜。六時，將保皇派及資產階級學者集中鍋爐房前，聽王恩宇訓話，到西頭大字報前分人讀，群衆隨之批評，并遍詢各人成份。

雇車回家。寫大字報，約十張。十二時，服藥三次乃成眠，翌晨五時醒。

新民主主義之關，輕易度過，社會主義是不好過的，希望我能在此次運動中，好好地接受教育，徹底改變資產階級立場爲無產階級立場，從此與工、農、兵一切看齊，好好地安度晚年生活。

我一生勤儉，爲了學問不肯丟棄一點時間，可是不知道走向革命道路，一罪也。在學問上貪多務得，好大喜功，不能按部就班，作出成績以供世用，二罪也。名望太大，門下雜流駢至，成爲學閥，三罪也。

八月廿四號星期三（七月初九）

未吃早飯，喝牛奶。七時，到所勞動，在二樓前掃地。八時，學習。九時，予以待楊淑媛作履歷來，在室寫年譜及在北京之親戚。十二時歸。疲甚，朦朧半小時。

保姆楊淑媛送履歷來。飯後即行，到所，在室寫楊淑媛、張雁秋、張木蘭、姜又安的資歷。作交代第一章《我的家庭對我的影響》。六時半出，乘八路車歸。

看潮兒來信。疲甚，依床看《古史辨·自序》。十一時服藥眠，翌晨五時半醒。

今日開始勞動，作一小時之掃地，究竟初學，臂腿俱酸。九時後更當到小禮堂擦玻璃、擦桌子，予以王貴民囑交保姆履歷，待其送來，因是未去。寫在京各親戚出身及履歷交代略畢，送與王貴民。今日未被鬥，聞謝國楨仍被鬥。

近日紅衛兵分道抄資産階級人家，東鄰金荷清（溥儀之姑母）抄出不少金條，吳瑞（燕）家掃地出門，西鄰某家被抄後，其夫于夜中殺死其妻，而後自縊。

八月廿五號星期四（七月初十　紅衛兵來抄，并貼標語。）

八時到所勞動，與侯外廬、謝國楨同搬瓦片，自前院至後院。學習《十六條》。歸，看紅衛兵來檢查予所藏照片，一齊燒毀。從今日起，保姆楊嫂不來，其他人家當亦一致。

三時到所。看蔣善國《〈尚書〉的發現》一文，爲作評語。作交代第一節訖，即送去。林劍華送還鈔件，渠爲孫子所鬥，將其文稿燒去，故將出京。

看紅衛兵爲予所貼大字報。十時服藥眠，翌晨六時醒。

靜秋及洪、湲兩兒搜索予之抽屜，將所有信件全部燒去，不讓予插手，健常與予信，履安爲之在抗戰中保存于天津銀行者，亦燒去矣。予之文稿，恐亦爲她們燒去。《入世的痛苦》三冊，亦化爲烏有矣。

予一生所照相片，及與予生活有關之照片，皆燒去矣。我祖父、祖母、父親、竹妹、徵蘭、履安之照片亦一紙不存矣。在靜秋等説來，非大破不能大立，而在我心中終有些眷戀，以其爲我生命史中重要史料也。

八月廿六號星期五（七月十一）

到小食堂吃點。七時到所勞動，搬瓦片畢。續搬木條及樹。學習《十六條》。又勞動。湲兒送籬笆片到所，假作不見。

趕至"東單"理髮，又到東單醫院取藥。三時到所。作交代第二節《我在政治上第一次動搖》，未畢。寫文革（小組）信，報告予存款數。信未發。

王恩宇偕街道主任及紅衛兵來。洗浴，洪兒為擦背。十一時服藥眠，翌晨五時許醒。

在抗戰後健常與予信，予昨夜竊雜于書籍中者，今日又為孩子們發見，燒去矣。在疾風暴雨式之大革命中，此等事自屬應有，非人力所可挽回也。

勞動出汗太多，渴不可耐，歸家後大量飲茶始解。

王恩宇來，本將予交予街道管制了事，而彼對我"反黨"之批評，予未能接受，云："我不但沒有反黨之心，且很愛黨。"王即云："你瞧着吧！"蓋欲街上與予鬥也。予面子已撕破，書籍古物亦擬交公，一切任之。

八月廿七號星期六（七月十二）

到小食堂吃點。到所，掃地上積水。學習《十六條》訖。學部所屬各研究所之戴高帽人集中草棚前，聽批判，又游行兩匝。歸途遇吳作人。

回家，看鄰居為我所貼大字報。三時到所，寫交代第二節訖。以疲勞甚，在樓上朦朧一小時。

休息。十時服藥眠，十二時醒。又眠，三時醒。又眠，六時醒。潮兒十一時歸。

家中電話，今日拆去。

今日之鬥，殆為學部中作一總結，戴高帽者約七八十人，予以俯首，不能知其爲誰，但知翁獨健、錢鍾書、陸志韋等皆在內耳。

被鬥僅一星期耳，已有度日如年之感，疲勞之極，直如將死之狗。尤以家與所相距較遠，無直通之車，三輪車亦不敢坐，每日上班下班四次，出汗如瀋。擬于下星期起，午飯到新車站吃，庶可多休息一個時候。

八月廿八號星期日（七月十三）

終日受靜秋及四兒責備，并看他們爲予所寫大字報。

孟默聞令其子昭德還書。

潮兒返校。十時服藥眠，上午一時醒。又眠，五時醒。

自前日王恩宇來後，予日待街道工作者之來鬥，然迄今日無消息，大概只交街道管制矣。疾風暴雨之臨爲我生平第一次，自幸多活數年，得見世面，甘苦之嘗，亦見一鍛煉也。

得民進信，知民主黨派已限三日內解散。自新國家成立，民主黨派本無存在之必要，今日解散，亦其宜也。又得政協信，悉政協委員中在舊社會血債累累（者），宜即責令回鄉。

八月廿九號星期一（七月十四）

七時到所勞動，掃地一小時。集合，聽王恩宇訓話，謂尹達將歸，速寫檢舉材料。因起草。歸家飯。

到所，看大字報。續草檢舉尹達文，題爲："尹達，我檢舉你，我也控訴你！"未完。

所中紅衛兵來封房，留住屋三間。十二時服藥眠，翌晨五時醒。

今晚所中紅衛兵來，將東頭五間，及後小房八間統加封條，留西邊三間（即張政烺舊居）供住宿。在運動終止前，予遂不得隨意看書寫稿，此亦"不塞不流"之意。十五號集體宿舍亦封閉若干。

聞街道居民委員會將來抄我家，爲所中紅衛兵所知，急來封門，蓋防他處紅衛兵也。近日鬥争甚烈，死人不少，被解回原籍者亦不少。予偷息人間，固以屬稿未完，亦緣妻子兒女之生活待予工作，不忍撒手不視也。

八月三十號星期二（七月十五）

到所，寫報告三份，一商業股票，一銀行存款，一交公文物。珠翠、銀元，由紅衛兵取去，存款單退還。到公園等處求食不得，飲汽水。到車站買麵包。

寫檢舉尹達文，三千餘字，訖，交王貴民。六時半，遇雨，雇三輪歸。静秋待于門。

疲甚，休息。十時服藥眠，上午一時醒。又眠，五時醒。

今日予交出之文物，爲：一、綠色石斧；二、周代玉璋；三、晋元康磚硯；四、日本法隆寺木塔，内藏唐刻經卷。此皆先父所遺及友人所贈，私有自不宜也。

今午本擬乘一路車到公園吃午飯，而買飯處擠不堪言。擬赴政協文化俱樂部，而大門已緊閉，其此歐美同學會則改爲"外賓食堂"。欲至北京餐廳，則已歇業。不得已到車站買麵包兩個，進食已下午三時矣。

八月卅一號星期三（七月十六）

七時到所，掃地一小時。八時集合，參加鬥争尹達大會，予等陪站。十二時散。歸家飯。

乘三輪車，被兒童扯下。二時半集合，再參加鬥争大會，予等又陪站。五時半退。以本日站立過久，脚痛甚。六時半歸。到文淵閣買文具。

休息。十時眠，上午一時醒。又眠，三時醒。又眠，五時醒。

今日之會，予雖甚疲，而目睹此新學閥及大陰謀家尹達之被鬥倒，心甚痛快。他一生假進步，真把持，結黨營私，凡反對他的即視爲反對黨，以其能吹牛，故中央亦誤信其人，列其名于中央文化革命小組，與陳伯達平起平坐矣。因此，更欲推廣其反動經驗，囑林甘泉起草，垂成而關鋒來看大字報，彼聞之，乃隱其草，而對原來被鎮壓之左派分子表示好感，冀其掩蓋，革命者不理這一套，更加揭發，中央知之，故將他送回鬥爭。今日他戴的帽有如舊劇之皇帽而黑，上書"尹皇"字樣。彼真如法帝路易，有"朕即國家"之感，今日被鬥，真是除一霸也。

因昨夜大雨，今日幸不熱，陪站尚勉強支持下去。苟天氣如昨日，必病倒矣。

今日陪站之人，南面爲侯外廬、酈家駒及十個金剛，北面則爲余及楊向奎、賀昌群、謝剛主、胡厚宣、張政烺、孫毓棠、王毓銓，皆研究員也。一級研究員惟余一人，故首列。幸近桌，得稍倚。

今日本已帶飯來，因厚宣誤將鑰匙鎖在屋內，門不得開，只得趕回吃飯。又因要趕來開會，雇一三輪車，至乾麪胡同東口而爲兒童截住，説："這是黑幫，不許坐車!"予只得下來，改乘廿四路車。是亦予所未有之經驗也。此後決計兩頭跑一段，乘八路、十一路車往來矣。

[原件]

顧頡剛先生捐贈文物：

1. 畫　　十一軸

2. 硯臺　十三方

3. 圖章　一箱十九塊

4. 銅香爐　六隻

5. 摺扇　廿六把

6. 團扇　六把

7. 盆子　十一隻

8. 碗　四隻

9. 茶杯　七隻

10. 玉如意　一隻

經手人　楊文英、甘蘭經

66. 9. 16

（蘇州市文物保管委員會收據專用章）

　　此爲吾父所藏之物，其第一批已于一九五九年捐與文管會，其收據惜未貼入日記，不知能找出否。此第二批則剩餘物耳。

　　一九六六，十，九，頡剛記。

　　以前捐獻亦有清單，惟未粘入日記。此次運動中，師大女附中紅衛兵來，大燒我家信札、照片，恐被毀矣。

頡剛又記。

[原件]

　　財物收據　　　收字　003 號

今收到顧頡剛交來：

①綠色石斧一枚　　②周代玉璋一枚

③晉元康磚硯一方　④日本法隆寺經塔一座

（內有經一卷）

⑤金銀珠寶飾物一盒（顧頡剛 8 月 30 日封）

⑥銀圓十四枚。

革命歷史所"文革"小組

經手人：林永匡（印）

1966 年 9 月 27 日
（中國科學院歷史研究所印）

上海雁蕩路 18 號 47 室楊寬

[林劍華寫]

　　　干部學習的三十本書

馬、恩：共産黨宣言、雇傭勞動與資本、工資與利潤、法蘭西階級鬥
　　　爭、政治經濟學批判、社會主義從空想到科學的實現、哥達
　　　綱領批判。（馬恩兩卷集）論費爾巴哈與德國古典哲學終結。

列寧：無産階級革命與叛徒考茨基、國家與革命、進一步退兩步、
　　　怎麼做？關于民族與殖民地問題三篇、唯物主義與經驗批判
　　　主義。

斯大林：列寧主義基礎、社會主義經濟問題

普列哈諾夫：論一元論歷史的發展、個人在歷史上的作用、一封未
　　　　　　寄出的信。（？）

　　　新華書店有書單。

　　　重點學習書目

哲學：實踐論、矛盾論、關于正確處理人民內部矛盾的問題、人的
　　　正確思想從哪裏來的。

黨的建設："共産黨人"發刊詞、改造我們的學習、整頓黨的作風、
　　　　　論聯合政府（第五節，全黨團結起來爲實現黨的任務而
　　　　　奮鬥）、在中國共産黨全國宣傳工作會議上的講話。

領導方法：關心群衆生活注意工作方法、關于領導方法的若干問
　　　　　題、黨委會的工作方法。

爲人民服務：紀念白求恩、爲人民服務、愚公移山。

人民戰爭：中國革命戰争的戰略問題（第一、二、三章）、抗日游

擊戰爭的戰略問題、戰爭和戰略問題。

林彪同志：人民戰爭勝利萬歲。

[剪報]

中華人民共和國全國人民代表大會公告（第一號至第五號）

一九六五年一月三日　　（下略）

中華人民共和國主席令第一號　一九六五年一月三日　　（下略）

此一九六五年一月人大代表會公告及新選（連任）主席令也。才過一年，便有"二月提綱"、"中南海有定時炸彈"矣。風雲變幻，不可測度如此。

一九六六年九月

九月一號星期四（七月十七）

到所，掃地一小時。寫《我在北大和胡適的關係》約二千八百字。

續交代尹達問題七百字，即交紅衛兵轉"文革"小組。

步歸。十時服藥眠，三時醒。四時許起。

自今日起，携飯到所吃。一天省來回兩次。今日鬥爭尹達會，未叫我們參加，因此得寫三千餘字之交代。

在基督教青年會門前見一副對聯："上帝是大王八，聖母是大混蛋。"罵得真痛快。

近日各地來之紅衛兵特多，乘火車不要錢，大小飯店均滿，得食不易。另一方面，則"地、富、反、右、壞"之住居北京而近日迫令還鄉者亦不少，故赴車站之汽車、電車亦均擠滿，使我覺得待車不如自走，故天天拖了兩條疲勞之腿而歸。

九月二號星期五（七月十八）

七時到所，掃東院過道四小時。有吉林師院兩人來訊我。

補寫年譜初稿。三時，集合，搬籍没白某家書籍。到小禮堂，參加鬥爭尹達會，訊其包庇侯外廬事。考古研究所、東北文史研究所兩人來揭發。晚間尚有鬥爭會，到"文革"小組請假。

步歸。看報。服藥兩次，十時半眠。翌晨五時醒。又眠，五時三刻醒。

今日鬥尹達之會，使我輩戴高帽者席地而坐，至四小時，頗酸痛矣。

尹達真壞，該得受此懲罰。他用人先抓住其短處，然後可以驅遣如意。我即不受他驅遣而被擯者也。

予以牙壞，且牙齦腫痛，吃飯甚遲，每餐歷一小時。背亦漸彎，步履無力，老境日增，無可奈何！兩眼昏花，視一爲二，視二成三，亦新有此病也。

白維翰亦我所職員，以被街道鬥爭而自殺，書籍歸本所。

九月三號星期六（七月十九）

出門，遇陶景蓀。七時半到所，看評《中國史稿》之大字報三十餘張。寫交代第四節《我與魯迅的糾紛》，四千字，略畢。

補寫年譜初稿，略訖。到會計處領工資。

看報。十時服藥眠，中夜屢醒，小便多，六時起。

姜又安在西山農場作工人已近七年，在此次"文革"運動中，仍定爲反革命分子，今日由該場紅衛兵兩人押送車站，還鄉生產。順道到我家取衣服，而渠物在書室内，已被封，不克取。及静秋爲之買衣，送往車站，到站中人擁擠之甚，無從尋覓矣。照此看來，雁秋、鴻鈞父子恐亦須離京。

本來紅衛兵發出通告，每人月發生活費十五元。今日到會計科領，竟得一百八十元。以我負擔六口之生活也。現在不用保姆，一切簡省，此數已大滿足矣。

九月四號星期日（七月二十）

到寶泉堂修面。步至東風市場。到東安門大街買乘車月票，遇吳子臧夫人。入百貨大樓、榮寶齋，觀其新陳列。到工農兵醫院（同仁醫院改名）請馬女醫師量血壓，請陸石如大夫診脉。

累甚，眠近兩小時。看報。重作《我和魯迅的糾紛》的結論，請靜秋及洪、湲兩兒提意見。

以靜秋多言故，服藥兩次，十一時眠，翌晨五時一刻醒。

予血壓 146/90，尚正常。惟陰虛、內熱，小便特多，往往半小時一次，腰亦痛，恐腎臟亦有病耳。大便乾結甚，亦以內熱故。

蘇州房屋，前尚留一間自用。今靜秋已去信，全部繳公，從此無可剝削矣。

街上人多，走路難，乘車更難。聞北京大學已招待過二百餘萬之紅衛兵，新來京者之多可見。

聞韓儒林已爲南京大學黑幫分子，譚其驤在滬當亦不免。

九月五號星期一（七月廿一）

寫姜又安離京報告。步行至所。掃東廊積水，休息一小時又掃。十時上樓，整理抽屜中物。改寫《我與魯迅的糾紛》第五頁以下，未畢。

到工農兵醫院取藥，則已爲靜秋取去，步回所。改寫《我與魯迅的糾紛》，未畢。六時下班，步回。看千家駒門口大字報。

看報。十時服藥眠，十一時、三時醒。又眠，五時一刻醒。

從堪兒處得見紅衛兵之布告，悉各地來之紅衛兵，坐火車不花錢，坐公共汽車亦不花錢，專逛百貨大樓及頤和園等處，故限

令三日內離京。又在街見布告，知有假紅衛兵，假搜查之名行搶
劫之實，故亦在切實制止中。

凡私人營業，如磨刀、補鞋之微亦在制止之中。使一切人皆
入國家組織，真徹底改造。房租、定息、金銀珠寶，皆不許私人
有所沾濡，必如此，始可杜絕資本主義及修正主義。

九月六號星期二（七月廿二）

七時出，看黃琪翔家門口所貼大字報。改寫《我與魯迅的糾
紛》訖，共約四千四百字，即送"文革"小組。續寫《我在燕京
大學》千餘字。

續寫《我在燕京大學》，未畢。今天寫此題約三千字。六時
步歸。

疲甚，飯後即眠，十一時醒。又眠，三時醒。又眠，五時一
刻醒。

聞厚宣言，上月杪街道群衆本擬抄我家，本所"文革"小組
聞之，急令紅衛兵來封房屋，此後遂無事，即鬥争會亦不開矣。
聞之，深感本所"文革"小組保護之好意。

今日大便兩次，腹中頓暢，此蓋服中藥之驗也。

聞李達以在武大鬥争會上突然而死，死後報上始發表其反動
材料。此方式與評李平心同，以此推之，周予同必不在世矣。

九月七號星期三（七月廿三）

七時，步行到所勞動，掃東院。九時，到小禮堂開會，鬥争尹
達與彭真、周揚等黑綫關係。

三時，又開會，除鬥争其與上級黑綫外，并摘發其在本所大走
資産階級道路的實據。

看報。服藥，十時眠，十一時醒、一時醒、五時醒。

今日之會，予等資産階級分子及保皇派都不戴高帽及挂牌子，惟仍席地而坐，出門時呼"打倒"口號。

尹達與彭真、"三家村"、陸定一、周揚等黑綫俱有聯繫，今春發表之《必須把史學革命進行到底》一文，特其花招，使人錯視爲"紅旗手"耳。且其文不盡己作，田家英大有助力。

今晚離所時，外院三個女孩，約十一二歲，想爲職工子女，向予抛石子，擲後腦。予告以"要文鬥，不要武鬥"，渠等曰："你這個老頭兒特別壞，要武鬥！"予遂聽其所爲，急步出門。看街上所貼傳單，有假紅衛兵自京到津，實行武鬥，有被毆死者。予已到當死之年齡，又何惜此生命，特尚未達改造之目的爲恨耳。

九月八號星期四（七月廿四　白露）

出門，先到王姨母家門口看，無事。八時到所。九時到隊，王恩宇爲之一一介紹于中山大學紅衛兵前。九時半到小禮堂，聽鬥争尹達與海内外交通事，牽涉及予，站出，戴帽及牌，旋退。

二時半，繼續開會，鬥争尹達對資産階級權威屈服事，予等列隊被鬥。五時半散。

吳鵬之子長茂以紅衛兵來，未見。飯後即就床，九時眠，十時醒。服藥二次，十一時後眠，翌晨四時醒。又眠，五時醒。

昨有人提反動權威所作書，道及余《尚書今譯》，衆皆譁笑。予初不知所謂，今日揭破，乃《大誥》中"不吊天降灾于我家"謂是指三年灾荒，"殷小腆，誕敢紀其叙……知我國有疵，曰予復"，謂是指蔣匪幫反攻大陸。就年代言，此文固發表于六二年，然此誥爲三千年（前）人所作，而今日翻譯，實不能變更原義，雖令工農兵爲之亦不能反其義也。

九月九號星期五（七月廿五）

七時，到所，掃地一小時。九時，至小禮堂開會，續鬥尹達不參加學習，反毛澤東思想事。十一時三刻散。

三時，續開會，批判尹達反黨、反毛澤東思想罪行，揭發其黑話、黑詩。六時半散。

看報。十時服藥眠，十一時醒、上午一時醒、四時醒、五時半醒。

尹達在筆記上寫黑話，例如"茅主席"、"諸總司令"等。又作黑詩，題爲"往事"，中有"惋惜我的過去，現在失去了我的政權，失去了我的所有制，失去了我的驕傲，我幻想我的美妙的將來"，經宣讀後，群衆大譁，勒令交代所謂"美妙的將來"是不是要到美國去或到臺灣去，以是第二次鬥爭雖歷三天，事尚未完。

九月十號星期六（七月廿六）

八時到所，整理所著論文及書籍。寫交代第五節《我從中山大學到燕京大學》，得二千四百字。即送至"文革"小組。

看架上《性命古訓辯證》。潮兒自校歸。

臥床看報。九時服藥眠，十時醒，十二時醒。上午三時醒，六時醒。

今日大便至四次，豈服大黃丸故耶？頭兩次有糞，後二次惟水。即服黃連素二次。

聞陳夢家已於上星期自殺，當以考古研究所鬥爭劇烈所致。

聞金荷清家從地窖子中取去之金條已發還。文化大革命固不以沒收爲主旨也。

回民青年響應文化大革命，推翻阿訇制，不再念《可蘭經》，死人火葬，清真寺封閉，舊習俗一起推翻。

九月十一號星期日（七月廿七）

到"東單"理髮。遇昌群。到同仁醫院，先到腸道科，驗大便。繼至内科，就龔女醫師診。取藥後到北京醫院，就鄭女醫師取藥。

眠半小時。卧床，看報。到東四郵電局，取毓蘊寄來襪。静秋與潮、洪、渡三兒與予鬥，静秋打予至五次。

服藥，未成眠，十一時再服藥乃眠。上午一時半醒。又眠，五時半醒。

今晨大便二次，當即送醫院化驗，醫謂無大問題。血壓140/80，正常。此出意外。

家中人與予鬥，以我拉客觀故，以此知予在交代中拉客觀太多，將來所中亦必與予鬥也。

以我爲"反動學術權威"故，四兒皆不得爲紅衛兵，以是皆恨我，我每出一言，必受其駁，孤立之狀可想。堪兒嚮與前院諸兒游，自封屋後，諸兒皆不與説話，渠遂携被卧于校中，僅還家吃飯耳。在飯桌上常瞋目斥予。

九月十二號星期一（七月廿八）

七時到所，掃落葉。忘帶飯菜，洪兒送來。九時，到會議室，與所謂"權威"八人開會，評尹達之本質及罪惡，王恩宇主席，并聽其訓話。

寫陸石如信，請懸擬一方。下樓，看九月一日周總理對北京紅衛兵發言。寫交代第六節《我辦通俗讀物編刊社》，未畢。

與静秋同讀《我國社會主義革命的新階段》。服藥二次，十一時眠，翌晨五時半醒。

今日大便正常。

讀周總理發言，乃知北京紅衛兵曾到宋慶齡家抄家，周云："宋家姊妹、兄弟五人，只有她是好的，如何可以抄她的家。"即此便知紅衛兵中實有胡鬧分子，賴政府發見得早耳。周又云：
"紅衛兵固然應以'紅五類'分子之子女爲基本組織，但一個人
的出身不能選擇，只要能背叛自己家庭，靠攏革命，仍可選入。"
則吾家四兒之未被選者，容亦有他們自己原因，只要改得好，仍
可參加也。

九月十三號星期二（七月廿九）

寫昨晚讀社論體會一則，由洪兒檢閱。八時到所，將昨日王恩
宇談話、厚宣所筆記者鈔一通。

寫《我辦通俗讀物編刊社》訖，計二千八百字，連昨寫共四千
四百字。步歸，遇金岳霖。

與靜秋同讀昨王恩宇訓話。九時半服藥眠。十一時半醒。洪兒
方自校歸。又眠，翌晨五時半醒。

一九五六年，周總理曾作報告，表示優待高級知識分子，許
其入黨，陳垣、竺可楨等皆于此時參加。至一九六二年廣州會
議，在周揚等支持下，高級知識分子更加翹尾巴，極于反黨。自
六三年社會主義運動後，向所尊禮者一一加以批判，而致今日遂
致打倒。雖茅以升之工程家，吳作人之藝術家，亦均不免矣。此
固社會進步之徵，亦知識分子自取之咎也。

九月十四號星期三（七月三十）

七時到所，掃二樓前院地。遇吳宜俊，未招呼。九時，排隊，
聽王恩宇訓話。十時返室，寫一生著述簡目，略訖。

重寫昨文八百字，通看一過，即送"文革"小組。

渴甚，連飲新沏茶三杯，遂不成眠。服藥二次，約十一時眠，
翌晨五時醒。

聞周揚已以肺癌死，此人真死有餘辜！　　（此謠傳也。）

今日予大便二次，晚又一次，未服藥，不詳其故。天尚不涼，而予氣管支炎又作。

今晚歸家，見又安來信，知其已返銅山縣二陳集原籍，手中無錢無衣物，來書乞援。又知雁秋、頤萱嫂亦已驅遣返張集原籍，鴻鈞雖未被驅，但在北京作臨時工，不如歸家在公社勞動，故亦同往。至又安爲我整理十餘年之孟姜女資料，殆已不可問矣。

九月十五號星期四（八月初一）

八時到所，寫"文革"小組信，請臨時啓封取物。寫《我爲蔣政權服務》三千餘字，未畢。今日大便二次，仍稀。

假寐半小時。五時半集合，重新分配勞動工作。出，爲一人斥責。途遇俞平伯。

看報。服藥，十時半眠，翌晨三時五十分醒。五時起。

我家戶口簿及購貨簿均封閉在我書室中，以致取物、購物均極不方便。以是請"文革"小組爲我啓封。

今晚走到學部北門，忽爲一人拘住，其人自稱"我是瘟神"，對我大加斥責，觀者甚多，使我精神感動。

湲兒于十二日到清華附近之公社勞動兩星期，洪兒于後日到沙河某公社亦勞動兩星期，助秋收也。

聞平伯言，文學研究所中，凡研究員皆列爲"資産階級反動學術權威"，惟伯祥一人獨免，則以彼世故既深，又不寫作，多參加開會也。

九月十六號星期五（八月初二）

六時三刻到所，掃二樓前後院，歷一小時半。到侯外廬處還糞箕。將我的著述簡目抄清，即送王貴民處。

略翻《龍溪精舍叢書》。重讀《橫掃一切牛鬼蛇神》等編。

看報。服藥二次，十一時眠，翌晨五時許醒。

自今日起，將犯錯誤分子分爲三組，上午運煤。尹達、侯外廬、賀昌群以年老多病，不參加，但掃院子，以是將每日上午七時前到所，掃除區域擴大而人數減少，勞累稍甚，滿身流汗。

聞譚季龍在滬已被打，則上海之"文革"運動視此間更爲劇烈可知。

聞湯吉禾在勞改中死去，此人熱中，爬至中正大學校長，當時力邀予往任教，幸未應聘也。

聞廖沫沙已死，不知是自殺否，此人害人不淺，活亦不能改造。

九月十七號星期六（八月初三）

七時到所，掃二樓四周，歷二小時。聽王恩宇訓話。續寫《我爲蔣政權服務》，近三千字。

看報。服藥二次，十一時後眠。翌晨八時醒。

年輕者皆作重勞動，而年老者侯外廬專掃廁所，賀昌群只掃二樓北一角地，故予之任務遂重。然必須如此勞動始能改變剝削階級之思想與積習，故亦安之若素。

靜秋告我，洪兒到歷史所看大字報，有一條謂予辨論古史爲虛無主義，造成學術上的混亂。此報不知貼於何處，爲我所未見。予辨古史，只是提出問題，并未解決問題，"混亂"之責所不敢辭，然每一革命初期無一不有亂糟糟的現象。不但革命，即築屋亦然，當人民大會堂建築之際，天安門前不是磚石木材堆成一片亂的現象，妨害行路乎？及其築既成，則遂成坦蕩清潔之偉觀。予從事古史工作，不過一二十年，便入抗戰，大廈未成，遽歸停頓，安有不亂者乎！至虛無主義，予實欲破僞存真，非予意也。

九月十八號星期日（八月初四）

到寶泉堂修面，到稻香春、天益順、全素齋、浦五房購食品，皆以人擠退出。疲甚，臥床終日。眠一小時。

眠一小時。靜秋爲予交代文斟酌字句。

靜秋爲洗浴。九時半服藥眠，翌晨三時醒。又眠，五時醒。

今日星期，王府井前人頭攢聚，予欲靜秋省事，買一點現成菜歸，而卒以排隊過長，不能等待而退出。蓋各地紅衛兵來京者過多，要平添如許供應實不易也。

九月十九號星期一（八月初五）

六時五十分到所，掃二樓東、西、南院，歷一小時半。寫第七節《我辦禹貢學會和邊疆學會》約三千六百字，訖。

略翻《嘉慶一統志》。

堪兒來家取物，明日下鄉。服藥兩次，約十時半眠，翌晨五時醒。

厚宣與我談話聲低，我聽不到，只得就他所在處聽之。此可見予之聽覺已衰退，漸漸入于聾之階段，此亦自然規律也。

聞天津某家獻出金磚若干，紅衛兵以大車載去，因之免于抄家。聞上海被抄者約十萬家，且責令讓出屋子。丁君匋家被抄三次，其自購之一所三層樓屋子亦收去，易居小屋二間。上海爲資本家所萃聚，平常生活侈靡，遭此一擊，可以杜絕修正主義之根子，與天津同。

九月二十號星期二（八月初六）

堪兒還家取物。七時到所掃地，遭紅衛兵兩次斥責。九時又到三樓前拔草掃地，又遭工人一次斥責。九時半回室，休息半小時。寫第八節《我和朋友們同辦樸社》訖，約三千字。

瞌睡一小時許。到"文革"小組接待處交稿，并以風雨請假一小時。

看報。九時服藥眠，上午一時醒。又眠，四時三刻醒。

堪兒昨晚下鄉，到香山附近之東北旺公社苗圃，燈市口中學先去六人，準備一切，彼其一也，踏平板車去。

《參考消息》已停廿餘天，今日忽又送來，不知是否對我有從寬之意。

九月廿一號星期三 （八月初七）

六時三刻到所，掃地二小時。又到會議室，聽王恩宇訓話半小時。疲甚，休息一小時。寫第九節《我爲反動政權服務》三千六百字。紅衛兵來，囑移大辦公室寫交代。

將存入厚宣室內物移大辦公室，桂瓊英助之清理。

看報。服藥兩次，十一時後眠。上午二時醒。又眠，五時醒。

今日紅衛兵來囑我移室寫交代，殆因我與厚宣太熟，不免交談，移我至別室則可孤立我兩人也。

北大歷史系副主任周一良，其曾祖爲兩江總督周馥，其祖爲財政部總長周學熙，其父爲今天津市副市長周叔弢，均爲官僚資本家，開設有啓新洋灰公司等工廠。解放初期，予聞一良以表示積極，入黨，以爲黨不講階級鬥争。今聞北大紅衛兵已抄其家，知黨員招牌固不能掩其本質也。聞地質學院教授馮景蘭以高薪積蓄至巨資，今亦被抄。此對于其子女是一個好教訓，不致以分得財產而陷于修正主義。

九月廿二號星期四 （八月初八）

到所勞動一小時四十分。王貴民來，索我著作。寫《我爲反動政權服務》三千六百字。

飯後看《古史辨》第三冊自序。略得瞌睡。寫王恩宇信，請改第四章題爲《我開罪于魯迅先生》。寫"文革"小組信，請開門取物。送去，未值人。由東單步歸。

與靜秋同讀《解放軍報》社論《學習新民主主義論》。九時半服藥眠，翌晨五時醒。

王貴民索我著作供本組同人作批判，予自問一生寫作矜慎，不致有大漏洞。惟嚮未治馬列主義，對毛主席著作亦未深加研究，因此不知有階級鬥爭，斯爲根本弱點耳。

九月廿三號星期五（八月初九　秋分）

勞動一小時四十分。將《學習新民主主義論》重讀一過。

飯後看《古史辨》第四冊予所作序。寫《我爲反動政權服務》一千六百字，略訖。三天來已寫八千八百字矣。看《毛主席語錄》。

紅衛兵來爲予啓封取物。靜秋爲修改所作。十時半服藥眠，翌晨四時三刻醒。

近日每天大便兩次，上下午各一，幸不稀。近日牙痛，下顎只剩一牙，每飲熱粥即痛不可耐。欲拔去之，而在運動中不便請假，只望其能自落耳。

聞北大中反動權威者被鬥者甚多，馮友蘭抄家數次，江澤涵家搜出存款至八萬元之多。中關村科學院方面被保護者多，故熊慶來雖任雲大校長有鎮壓革命學生事，而亦不予鬥爭，僅華羅庚掃地耳。

九月廿四號星期六（八月初十）

勞動一小時半，向侯外廬借糞箕。抄寫《我爲朱家驊、陳立夫所利用，爲反動政權服務》五千六百字。

瞌睡一小時。看《古史辨》第七冊三序。以星期六，早一刻歸。

看報。潮兒歸。静秋爲予洗浴。十時許服藥眠，上午二時半醒。又眠，六時醒。

爲第一組在大辦公室開會，令我到二一九室寫作，蓋將欲爲"批"的工作，不欲我聞也。

所中勞動工具室中只有掃帚而無糞箕，有時有，亦只一破者，殆工人同志有意磨我輩乎？

九月廿五號星期日（八月十一）

潮兒返校。到革命理髮館（即前"東單"）理髮。到工農兵醫院挂號。到東單醫院就女醫沈瑾取藥。返"工農兵"，就中醫張文慧女大夫診，又到内科，就沈召安女大夫診，十一時歸。遇屈承源、虞嫂。洪兒自沙河歸。静秋到木蘭處。

未成眠。在家整理窗檻物品，擦地板，勞動二小時。補記日記四天。六時，静秋歸，以我未寫總結，大吵。

服藥三次，十一時始成眠。翌晨五時醒。

今日遇屈大夫，知楓林村已停辦一個月，蓋在此無産階級文化大革命中不當有此高級享受也。渠等已返東單醫院工作。

今日量血壓，爲 140/90，視兩星期前下壓較高。張文慧醫師謂予已服中藥五十帖，可停服一個時候。

上星期日，予以不堪疲勞，僵卧一日，今日則不但不卧，并能在家勞動兩小時，將兩年前住房後窗所積塵土洗個半清（因物件堆積，勢不能全清），可見予在所勞動一個月，體力已有進步，然則明年如須下鄉，亦可對付矣。

九月廿六號星期一（八月十二）

勞動一小時半。改寫前文，作總結。歸後静秋爲改作。

三時，强下大便。

看報。服藥二次，十一時眠。晨五時醒。

　　靜秋肝火本旺，此次予出事，心中更急，遇事輒吵，其肋下作痛，當是肝腫大，勸其就醫則不肯，真無奈何也。

　　予昨日只拉一次，今日又便秘，只得服大黃丸。

　　昨靜秋到木蘭處，始悉雁秋夫婦于本月五日爲紅衛兵拘于別室，與溥儀之妹同住，七日押送上車回籍，蓋稍遲于又安。鴻鈞本可不行，以送父母歸，到徐之後，以爲在京作臨時工，不如在原籍加入公社爲愈，故遂不來。又安十年來所整理之《孟姜女》稿在雁秋家，不知能取回否。

九月廿七號星期二（八月十三）

　　勞動一小時半。十一時到會議室，聽王恩宇訓話。到厚宣室略談數語。續鈔前文。

　　瞌睡一小時許。續鈔前文訖。歸，囑靜秋、洪兒爲我提意見。

　　看報。十時半服藥眠。上午二時半醒。三時後又眠，六時醒。

　　王恩宇宣布，予與謝國楨、侯外廬、尹達四人，年歲較老，早晨停止勞動，上午八時到所。

九月廿八號星期三（八月十四）

　　七時半到所。以雲大、齊大事列爲第九章，爲蔣政權服務爲第十章，鈔寫約三千字。室中大掃除，到院中看大字報。回，到厚宣處小坐，爲田昌五所斥。返室，受彭邦炯命，掃地擦桌。

　　朦朧半小時。

　　看報。湲兒自西郊割稻歸。十時半服藥眠。上午三時醒。又眠，五時半醒。

　　田昌五自身爲“保皇派”，乃亦申申詈予，想見其平日跋扈恣睢之狀。渠謂予在五七、五八年太猖狂了，予誠不憶其事。又謂予向所要錢要人，要人作幫手誠有之，此外何曾另要錢？

　　予日來飯量甚好，可每頓二兩餘。以車擠，不得不來回步行，練出了腳勁。只望我身體好，自然抵得住批判，一如去年上手術臺然，雖作痛數天，終能屏除疾病。

九月廿九號星期四（八月十五　中秋）

　　遇嚴伯約、徐伯昕。七時四十分到所，參加開會，論今年生產。鈔寫第九、第十章約二千八百字。飯後歸。

　　二時半，孟祥才（紅衛兵）、謝濟、羅琨等三人來，啓封，取出予著述廿餘種付審，四時去。補記日記四天。續鈔前文。

　　看報。服藥兩次，約十一時眠。翌晨五時醒。堪兒自東北旺勞動歸。

　　予舊作向不集中一處，尹如潛號爲助予理書，而亦未注意此事。今日搜索，若干文論竟未能檢出，不能悉付第一組作批判也。

　　今日爲中秋，而天氣仍熱，溫度高至二十攝氏度以上，爲往年所未有。

　　靜秋爲予事，既不能睡，亦不能食，面色焦黃，慊慊若病人。真所謂"皇帝不急，急死了太監"。

九月三十號星期五（八月十六）

　　七時五十分到所。開會討論生產及時局，予發言。十一時散。鈔前文兩頁。

　　飯後離所，到東單買物。歸，眠一小時。看報。鈔前文三頁。

　　到王府井看燈，步月歸。看《軍隊的女兒》。十一時服藥眠，翌晨六時醒。

　　今日會中，孟祥才謂予是封建主義武裝起來的，其實予一生反封建，所以積聚若干舊書，正是"不入虎穴，不能得虎子"也。

　　聞印尼政變，印尼共領袖艾地本已逃亡泗水，嗣又回雅加達，遂爲反動軍人所捕，生死不可知。但印尼共依然强大，他日必可打倒反動派也。

　　今日静秋到東單醫院診病，知其病爲：1. 結腸敏感，故易泄瀉。2. 血壓高，170/100，故易失眠。3. 肝大，故易精神緊張，易發怒。

　　厚宣于上星期五早起掃十五號，集體勞動中突然暈倒，故此數日請假就醫。楊向奎頭暈病又作，一來即覺天搖地轉，又夜中小便多，不能安睡，看其神色大不如我，我當自慶此體之便，足以在運動中改造也。

　　聞北大女教授俞大綱以不堪勞動痛苦自殺。

一九六六年十月

十月一號星期六（八月十七）

　　從廣播中聽天安門工農兵及各民族、各國代表發言。填寫本册月日，至明年二月初。續鈔前稿。

　　眠一小時許。續鈔前稿，并增入數百字。看報。

　　與静秋在廊東頭看天安門放禮花。服藥，十一時半後眠，翌晨八時起。

　　今日毛主席檢閲一百五十萬游行大軍。三千多工農兵、少數民族和紅衛兵代表登上天安門城樓觀禮。五大洲七十多個國家和地區來賓參加我國國慶。林彪講話後，各代表及來賓陸續講話，自上午十時至下午四時，毛主席始終在臺上。

　　洪兒昨與湲兒到木蘭處，今日下午獨歸，參加夜中崗兵。堪兒亦參加，至十一時半歸。洪兒則徹夜未歸，翌晨九時始回，蓋散會之後即到新華書店門口排隊，至今晨始購得兩套也，已而又送書到木蘭處。如此精神，中國安得不興！

十月二號星期日（八月十八）

劉鈞仁來，出所著《五代郡縣表》稿見示，靜秋下逐客令，劉走後，靜秋、堪兒與予鬥。看所寫稿。寫看報體會一則。

眠近一小時。看所寫稿畢，重寫末二頁，經靜秋看後仍不滿意。看報。

看《毛選》第四卷。十時服藥眠，在半睡狀態中，十二時更服藥，眠至七時醒。

劉鈞仁移住北新橋無事，仿補志例作《五代郡縣表》，今日來示予，而不知予在運動中已出事，分不當再預業務，靜秋遂斥去之。堪兒聞予言有“春秋”二字，大言“什麼春秋，你的思想一點沒有改！”聲氣汹汹，至欲揍予。靜秋則直批予煩者二。噫，予擇業不合時宜，致爲家人所憾如此！

聞魏建功被評爲“陸平的走狗”。北大爲“資産階級反動權威”之集中地。

十月三號星期一（八月十九）

到“革命”修面。到醫藥公司買藥。到東安市場，從人叢中擠出。補鈔前文訖，但靜秋又改，今日約鈔二千字。

金振宇來談。

到東單散步，始有涼意。十時服藥眠，不熟，十二時再服一次，眠至翌晨六時。

振宇弟兄本在南小街竹竿巷自置屋，自去年遷至龍潭里集體宿舍。振宇已退休，又在此次運動中將所有股票、存折、公債票一起繳出，故免于鬥。擎宇以在職，日在被鬥爭中，但不至如葛綏成的被驅回籍。

聞俞平伯家被二中紅衛兵所抄，取出其母之"壽衣"令其穿上，而平伯夫婦跪于其前，藉以表示封建家庭之丑態，然亦作劇過度矣。

十月四號星期二（八月二十）

八時前到所。開會讀報一小時。將交代九、十兩章補鈔二頁，統看一過，送至"文革"小組。

到車站，看離京之各地紅衛兵。讀《語録》第二章。

看馬克思《關于〈古代社會〉一書的摘要》。十時服藥無效。至十二時再服劇性藥始眠，翌晨七時醒。

建國門内之車站廣場，全爲離京之紅衛兵席地而坐所占滿，故向開車站之八路、十一路無軌電車及各路汽車均不開至車站，即私人小汽車亦開不進矣。然大量離京仍復大量來京，建國門内之"外地師生專用汽車"綿亘兩里，可知其爲空前盛況。

近日較凉，故步歸較速，然仍須四十分鐘，知吾家與所相距當有五里。予每日步行十里，亦爲體健之徵。

蘇州家屋全部歸公，尚存一些古物捐文管會，木器賣出，又曾寄百三十元來，從此我在蘇州一塵不染矣。

十月五號星期三（八月廿一）

趕至所中，洪兒送雨衣來。讀報一小時。寫《解放後的我》初稿，未訖。堪兒再赴東北旺勞動，約二十天回來。

眠一小時半。到厚宣處略談數語。

看報。十時半服藥眠，翌晨五時醒。

今日第一組人到三樓會議室，整日批判田昌五。予與厚宣皆未往。

堪兒頸中栗子筋病甚重，此爲結核之一種，須常服藥，而渠以勞動故不願帶往服食，不知將來結果如何。

徐旭生先生，年七十九矣。考古研究所鬥得最亟，令跪在凳上，及暈而踣，則曰：“令他死！”雖未死而亦酷矣。

十月六號星期四（八月廿二）

到所，讀報一小時。續作《解放後的我》及《總結》，未畢。湲兒今晨下鄉種麥，約月底歸，仍在原地。

遇“瘟神”，又被數說一套。看《語錄》第三章。到東安門大街買月票。到東風市場購文具。入百貨商店，以人多未買物。出門，爲香蕉皮所滑跌交，略破左膝蓋。

看報。十時服藥眠，翌晨五時半起。

予每日步行往返，本不必再買乘車月票，惟以現在天明遲，予起稍晚即趕不上八時上班，故仍買月票，晨乘廿四路到方巾巷，步行一段即至所中，不必太趕也。

十月七號星期五（八月廿三）

早起，讀毛主席《別矣，司徒雷登》。八時到所，讀《語錄》第四章。續作交代十一章《我解放後在上海》二千餘字，未畢。

眠一小時半。爲吳家瑛（子磐）事寫證明信，送“文革”小組。修改上午文。

看報。十時服藥眠，翌晨六時半醒。

三日來本組同人皆整日批判田昌五，大字報增多。大辦公室寂靜無人。自明日起，他組同人將批判林甘泉，大字報已貼得滿牆。此二人皆尹達精心培養，以爲自己接班人者，批判他們等于批判尹達。

馮國寶醫師生平愛好書畫，聞亦被紅衛兵所抄。

十月八號星期六（八月廿四）

到所，讀《紅旗》社論《在毛澤東思想的大路上前進》。九時至十二時，本組開會，討論學部雙方鬥爭事。

未成眠，看《古史辨》第一册上編訖。讀《毛主席語録》第五、六、七三章。下樓看大字報。修改昨稿。

看《毛選》第四册及報。服藥二次，十一時後眠，上午三時醒。又眠，七時醒。

開會中人言，外地來京之紅衞兵亦甚多矛盾，例如四川大學，即分成兩派，不願乘一車。且有到京後不願回去者，以一歸即被鬥也。如此學生鬥學生，群衆鬥群衆，不知將來將有如何結果，想毛主席對此必有把握。

今日洪兒到北大參觀大字報，見有寫"聶元梓當官做老爺"者，予在會中亦聞有斥聶元梓爲"革命道路上絆脚石"者，白雲蒼狗，倏忽變化，在此革命大潮流中，站住脚跟真不易矣。又聞王光美爲清華工作組之一員，今亦令其停職反省，黨之不惜打破面子如此，令我信服。

十月九號星期日（八月廿五　寒露）

潮兒自校歸。到"春風"理髮。補記日記六天。看報。

眠一小時。與静秋商改第十一章。

看報。服藥二次，十一時後眠。上午二時醒，又眠，六時醒。

聞理髮師言，葉恭綽嚮請其到家理髮，今已數月未邀，恐其已不在人世矣。

十月十號星期一（八月廿六）

洪兒赴密雲縣勞動。八時到所，將前日所作交代第十一章文重寫一過。

眠二小時。重寫前日文，未畢。陶景蓮來家，與靜秋談。

看報。服藥，十一時後眠，翌晨六時半醒。

景蓮來，乃知"民進"中新事故。楊東蒓在鬥爭會上，亦戴高帽從事勞動，以其架子太大，享受過高，每開大會時輒獨占一房間而又不去，耗費國家財產多也。予見彼每來開會，工友恒爲之獨泡一壺茶，心竊疑之，而今果出事矣。

孫照已死，其傢具載至二十餘卡車，想其人必爲大官僚之後裔，故能有此享用。又聞渠留一子在家侍奉自己，不令到社會工作，亦其自私心之表現，猶之康同璧留其女羅儀鳳在家，不令結婚，亦不令工作也。

十月十一號星期二（八月廿七）

七時起，匆匆盥洗及進食畢，乘老周車到所。開會半天，討論北大、清華無產階級大革命情況。予以未往參觀，多不瞭。

眠一小時半。看《人民日報·奪取資產階級霸占的史學陣地》。續鈔昨文，未畢。點《語錄》第九章。

看報。十一時服藥兩次眠。翌晨六時半醒。

起潛叔久無信來，聞渠于今年六月中即已出事，則以身居上海圖書館館長，爲當權派也。徐森玉先生八十餘歲矣，主管上海文物管理會，不知將受何等批判。

十月十二號星期三（八月廿八）

八時到所，學習林彪言論半小時。點《語錄》第十章。理抽屜。

眠一小時半。看《妙峰山》等舊作。鈔交代十一章訖。歸，又與靜秋商改。

看報。十時服藥眠，上午四時醒。又眠，六時醒。

六二年予在廣東從化，每日看《羊城晚報》，以爲甚有味，爲其小品文及知識性之小考證適合我之興趣也。是後返京，鄧拓以"馬南邨"等名在《北京晚報》上發表小品文及其《燕山夜話》，提倡"雜家"，以爲足資休息時之賞玩。今鄧拓等反黨企圖發覺，即《羊城晚報》主編之秦牧亦已被抉出，使予認識所謂"趣味"，所謂"欣賞"皆資産階級之意識形態，凡昔日所沉醉者皆非今日所宜有，足爲當頭棒喝。

十月十三號星期四（八月廿九）

八時到所，聽讀報。補鈔交代十一章文三頁，訖，統看一過，即送"文革"小組。點讀《毛選》第一卷首二篇文，未畢。堪兒上午由東郊勞動歸。

眠近二小時。到總務處領燈泡。看舊作《對舊家庭的感想》。點《語錄》第十一章。湲兒歸取物，住一宿。

看報。十時半服藥眠，翌晨四時醒。又眠，六時半醒。

今日孟祥才告我，自明晨起不必參加讀報，可自學《毛選》，寫心得，如不寫心得，亦可作口頭報告。因此，自今日始又從頭讀《毛選》。

傳聞周總理言，此次運動將于明年二月底止，則尚有四個半月，《毛選》四卷不難重讀一過也。

十月十四號星期五（九月初一　今日起，不與第一組共同學習。）

八時到所，點讀《湖南農民運動考察報告》訖。草交代第十二章二千字，未畢。

眠一小時半。鈔《無産階級文化大革命十六條》，未畢。點《語錄》第十二、十三章。

看報。十時服藥眠，上午三時半醒。又眠，六時半醒。

今日起大風，驟寒，穿棉襖矣。

北京工業大學學生中有一妄人譚立夫者，貌左而實右，批評《十六條》以爲是框框，須別有創造，并自印行"語録"，各校多爲所愚，潮兒校中且請作演講，今被揭發矣。

牙醫朱硯農，在奶子府開業已久，解放後未參加醫院工作，爲北京東城區政協委員。其人年約六十餘，其技術較高，爲一般外國人所信，門庭若市，收入頗豐。此次革命中，家產全部被抄，亦不給以醫院位置，其生活遂困頓若乞丐，向人借數元以自存。此單幹者之下場也。予昔仰其名，曾數往治牙疾，無意中鼓勵其資産階級作風，不走社會主義道路，此則予之罪也。

十月十五號星期六（九月初二）

八時到所。鈔《十六條》訖。點《語録》第十四、十五兩章。下樓，看關于劉少奇之大字報。

眠一小時半。點讀《中國的紅色政權爲什麼能够存在》。續寫交代第十二章八百字，未畢。金擎宇夫人來，靜秋晤之。

看報。十時服藥眠。上午三時醒。又眠，七時醒。

劉少奇身爲人民政府主席，乃欲與毛主席争權，在一九六二年修改其《論共産黨員的修養》一書中，對于毛主席頗有微辭，其在抗戰中所主持之華北局，高崗、饒漱石、彭真、林楓皆在。此次爲北師大所揭發，而歷史所轉鈔之。

十月十六號星期日（九月初三）

七時半起。到東單醫院，就曲以蘭女醫師取藥。到大柵欄買鞋。到文淵閣買練習本。到"春風"修面。十二時歸，看報。

補記日記一星期。作《讀毛主席〈中國社會各階級之分析〉之體會》，未訖。摘豆角。

看《毛選》第四卷。爲靜秋打吵，十一時許服藥兩次眠，翌晨六時醒。

久不到前門，今日前往，變了樣子。瑞蚨祥改爲"中國服裝店"，同仁堂改爲"中國藥品店"，内聯陞改爲"工農兵鞋店"，凡特殊化之舊名均取消矣，此亦思想改造之一座鏡子也。

十月十七號星期一（九月初四）

到所，點讀《語録》第十六至廿一章。寫交代第十三章二千字。眠二小時。看《古史辨》錢玄同文。看關于劉少奇之大字報。

看報。堪兒八時上站，俟早一時車南行。九時半服藥眠，上午三時醒。又眠，六時一刻醒。

近日屢于上下午大便二次，不稀。小便常急不可耐，未解褲即已撒出。静秋謂我九月中曾有便血現象，但不多，一星期後即愈。

堪兒于明日偕其同學到杭州串連，此渠第一次遠行也。

十月十八號星期二（九月初五）

七時一刻出門，遇紅衛兵排隊赴天安門，繞貢院東街到所。讀《語録》第廿二章。寫《我和尹達關係》三千餘字。

到厚宣處立談數語。寫上海中華書局紅衛兵信。

看報。服藥，十時眠，上午四時醒。又眠，六時醒。

今日爲毛主席第四次到天安門接見紅衛兵，約一百五十萬人，排隊長五十華里，故主席車直赴東郊。

大便一次，稀。下午又一次，稍乾。

一九五四年，上海新文藝出版社要我寫一本《尚書譯注》，預付稿費三百元。此社併入上海中華書局，今日該局紅衛兵來書索討，近銀行已可付款，故静秋將于明日寄還，從此無債矣。

十月十九號星期三（九月初六）

到所，讀《語録》第廿三至廿六章。寫《我和全國政協會議》三千八百字。交靜秋改。

看報。十時服藥眠。十二時醒。又服藥，六時一刻醒。

擎宇夫人來言，其家所有較好之木器，及股票、公債券等俱已歸公，以其爲資本家也。其家臨近鐵路，日來臥軌自殺者頗多，此與堪兒所言，渠勞動于東郊，臨近火葬場，每日灰化者過多，無法完成任務，則擲之于臨近水潭者同。此等人或爲房主，或爲資本家，或爲流亡于北京者，一旦掃地出門，無以爲生，只得從死中求出路。雖可憐，實不足惜也。

十月二十號星期四（九月初七）

到所，讀《語録》第廿七至三十章。寫《結論》三千二百字，未畢。牙痛甚，飯後到南小街買牙痛藥，因到王姨母處問疾。

洪兒自密雲歸。看靜秋在東單所鈔之尹達十二大罪狀大字報。

看報。十時服藥眠，以牙痛，十二時醒、四時又醒、六時又醒。

王姨母于七月廿七日在院中洗西紅柿，跌碎左腿骨，入醫院近兩月，今方歸，終日臥床，大小便均需人，幸眠食俱佳耳。詢悉紅衛兵入室抄其家，王姨丈遺書大部分被燒，一小部分被賣，價僅每斤八分，以姨丈生前買有小屋數所，作地主論也。又聞貝開珍家、祝叔屏家亦均被抄。

聞侯芸圻家亦被抄，當係自産故，城市中之房産即等于鄉間之地主也。

十月廿一號星期五（九月初八）

到所，寫“文革”小組請假半天信，親交王恩宇。八時半到東單醫院，就口腔科孫大夫診，到透視科照相。以車擠，往返皆步行。十時半回所。

飯後看大字報。重寫《所內工作》二千餘字。湲兒自西郊歸。

受靜秋及洪湲兩兒訓。十時半服藥眠。上午三時醒。又眠，六時半醒。

此次牙痛，醫謂牙齒及牙齦均有病，爲注射麻醉劑，囑于下星期五再往診。予初謂下齶一牙必當拔去，但醫言尚不必。

中關村中，各研究所研究員一級及老副研究員一級家均經抄過。啓鏗以前年新升爲副研究員，故未動。是知自然科學方面正與社會科學同。熊慶來家曾抄兩次，其夫人奉佛之龕已拆除，檢存款折不得，斥爲不老實。其家本有六間，今騰出三間給他人住。熊本人血壓驟高至二百七十度。

十月廿二號星期六（九月初九　重陽）

八時到所。重寫《結論》三千餘字，未訖。

飯後看壁報。一時眠，二時三刻醒。疲甚。翻胡厚宣《五十年甲骨發現的總結》。潮兒自校歸。

看報。十時半眠，上午三時以咳醒。又眠，六時半醒。

牙痛經醫後較痊，惟右頰仍腫。

陳寅恪在中山大學，向得陶鑄保護，伴以護士，任其聽外國廣播。今聞其家爲紅衛兵所抄，以其太特殊化也。此後生活未知如何。

侯外廬之家已爲本所紅衛兵所封，渠住入門房，而電影學院之學生竟撕封條，毀壞其古物，復搜括其錢財，至于無吃飯之資，只得請"文革"小組予以賙濟矣。

十月廿三號星期日（九月初十）

到寶泉堂理髮。到工農兵醫院，就內科鄒進大夫診。在院看今年國慶節林彪、《人民日報》、《紅旗》三文。以紅衛兵就診者多，無法取藥，亦無法乘車，步歸。遇常任俠。

二時進午飯。眠一小時許。續作《結論》千餘字。看報。

翻《魯迅全集》。以待静秋看予文，服藥二次，十二時眠，翌晨五時醒。

今日量血壓，爲114/80，予未曾有如此低者，故近日易眠。然夜間以成習慣，仍非藥不可耳。

今日上午，周國華來訪静秋，知林漢達家被抄，渠夫婦且被打，以彼在解放前編英文教科書，收版稅甚多，其家闊綽，且曾爲右派故也。

工農兵醫院看病人太多，尤以外地來之紅衛兵爲衆，待兩小時始得診。然到取藥處則工作者不在，等待者盈屋，時已正午，只得空手而歸。及出，則等待街車亦不可得，幸予尚能走路也。

十月廿四號星期一（九月十一　霜降）

潮兒返校。到所，重寫《我在政協》一章三千餘字。

眠一小時半。静秋到木蘭處。

十時服藥眠，十二時醒。上午四時以咳醒，遂不寐。

潮兒前夜歸，帶來男同學之破衣服，就我家縫紉機爲之補綴，前夜至十二時，昨夜至上午三時四十分乃就寢。今日六時即起，不進早餐而行。如此爲人民服務之精神，真不愧爲毛主席之好學生矣。

多日不見孫毓棠，今日乃聞其以煤氣自殺，雖獲救未死，而腦筋已不起作用，從此爲廢人，此亦平心、夢家之類也。

後聞已回復正常。

十月廿五號星期二（九月十二）

到所，重讀《語錄》第四章。將《我在政協》一章重寫，約三千字，訖。

下樓看大字報。略憩，未成眠。

看《僞自由書》。十時服藥眠，翌晨五時三刻醒。

自重陽節陰，有微雨，予咳疾又作，痰吐甚多。剛到九月已如此，則冬間將何如？予每日早出晚歸，誠不知吃得消否？

靜秋憔悴甚，眠食俱不佳，腹作痛，請其就醫又不肯，可奈何！

劉少奇六三年至越南，勸彼國人讀馬、恩、列、斯書，又讀反面教員赫魯曉夫書，而不言讀毛主席書，可見彼存心反毛主席已歷多時。

十月廿六號星期三（九月十三）

到所，重讀《語錄》第五、六章。補記日記九天。重鈔交代第十二章《我到歷史研究所後的學術工作》二千五百字。

看《紀念白求恩》。未成眠。看大字報。

爲靜秋爲改交代事，與靜秋及溲兒齟齬。十時服藥眠，翌晨三時醒。又眠，四時半醒。

近日大便又不通，殊爲悶脹。服大黃丸三次，幸通。

靜秋太好訓人，大有雁秋喜講大道理之風，予晚間不能興奮，而彼偏喜于晚間多説話，使我苦甚。而溲兒又助之，益使我無樂于居家。

印尼共產黨領袖艾地，爲其警衛員所出賣，被蘇哈托反動政權所殺。聞印尼反動派殺人至百萬之多，此美帝所慫恿者也。

十月廿七號星期四（九月十四）

到所，重讀《語錄》第七、八章。重鈔交代第十二章二千字。

眠一小時半。以風太大，四時歸家，看報。

看《僞自由書》及《二心集》。十時服藥眠，翌晨四時醒。又眠，六時醒。

今日七級風，氣溫突降至十三度，下午更發狂颶，予氣管炎大作，痰咳不止，只得提前歸家矣。

洪、湲兩兒自勞動歸後在家無事，今日佐靜秋裝住屋煤爐，費半日工夫。

十月廿八號星期五（九月十五）

到東單醫院，由牙科程女醫師爲治牙。遇常任俠。十時到所，續鈔第十二章二千五百字，訖。通看一過。重讀《語録》第九章。

眠一小時半。看《毛選》第三卷首數篇。馬念祖來，靜秋見之。

潮兒歸，告將作遠行。看報及《三閒集》。十一時服藥眠，上午六時醒。

昨日我國導彈核爆炸試驗成功，今晨知之，市中一片鑼鼓聲。從此益加進步，能發射遠程導彈，美帝尚敢戰乎？即此次發射，亦使日本反動派及在南越之美軍發抖矣。

聞于思泊在吉林大學亦爲重點，其罪狀爲“軍閥走狗、文化商人”等。蓋渠早歲在張作霖統治東北時代曾任税務局長，及九一八後來北京，又好購青銅器，時常换出换進，近于爲商也。

十月廿九號星期六（九月十六）

本所紅衛兵伴同文化部人來家檢取古物。八時到所，王恩宇召集犯錯誤者，令出外參觀大字報。予與謝剛主同出，先至作家協會，又至新市委。到剛主家同飯，晤其夫人。

十二時半出，同乘一路車轉廿二路車到北師大參觀。四時半出，回城，到西單商場。六時回所，六時半步歸家。

潮兒赴延安，洪、湲隨之，十時四十分出門。予十一時半服藥眠，上午四時醒。又眠，六時半醒。

潮兒校中，組織十一人明晨二時車開往西安，步行至延安，原道返西安，轉成都，至貴陽、昆明、廣州、武漢。又步行到井岡山，到南昌、長沙，步至韶山，由上海、南京歸，定期半年。適有兩人不去，洪、湲兩兒遂抵其缺。此真最好之鍛煉及教育也。自今年運動起，中小學均停課，洪、湲兩兒今晚得與潮兒偕行，其母又高興，又痛惜，爲之流泪。甚哉，母子之愛也。

今日本所紅衛兵帶文化部人來檢視吾家古物，既不開收條，又不令靜秋看，與我前送四件時態度大不相同，究不知其取出何物與數量若干，何也？

十月三十號星期日（九月十七）

七時起。張覺非來。到"革命"修面。到東單醫院，就錢貽簡大夫診。遇王德春、馮仲實夫人。

堪兒自杭州歸。二時半，進食。眠一小時半，四時半起。鈔《人民日報》社論《把"老三篇"作爲培養共產主義的必修課》。

作參觀發言稿，靜秋修改。再鈔。十一時半服藥眠。翌晨六時醒。

廿七日大風起，予感寒，昨日出外參觀，又太暖，車中擠甚，出汗如瀋，因此今日咳更劇，痰及鼻涕亦多。醫言尚無肺氣腫現象。

昨聞剛主言，劉盼遂所住係自置屋，上月街道上與之鬥，打之。渠憤極，以首没入荷花池內，不死，遂自縊，其妻殉之。五七年反右時，師大中文系教授八人，惟盼遂不預，而此次竟不免。倘住校中，即無事矣。又聞老舍已投積水潭死。

十月卅一號星期一（九月十八）

將參觀發言稿再鈔一過。八時一刻到所，重點《語錄》第十、十一兩章。補記日記兩天。看交代第十二章，略加修改。

眠一小時半。看交代第十二章訖，送"文革"小組。續作交代第十三章，約一千五百字。看本院大字報。

待堪兒歸，九時許始回，而靜秋出外找之，予因到胡同口找靜秋，不得。俄而歸。十一時許服藥眠。翌晨六時醒。

咳一星期矣，迄不愈，痰涕之多爲前數年所未有，今冬真不知將如何度過也。

紅衛兵串連，以前每日七八萬人，聞近日已增至二十萬人，公共房屋或人家空屋均已占滿，而來者不止。聞毛主席言，將中南海讓出。予家東隔壁小樓上聞已住人，吾家被封之屋，如經所中當局與街道同意，想亦必來住。然如何保暖，則甚成問題耳。

北京大、中學生大多數外出串連，車輛不足則步行，速則數月，遲則一年，此對于社會之實際認識大有益處，階級鬥爭之實際形態亦可一目瞭然。予若在少壯，正不畏日行八十里也。

聞覺非言，紅衛兵來京者，以氣候水土之不適應，病者已十萬人。革命必有犧牲，此其一也。

聞鄭天挺返南開後，受批判甚劇，且令其穿麻衣，挂哭喪棒，示爲封建社會之孝子賢孫。又聞譚其驤在滬不獨反抗批評，且撰文在報紙發表，故致衆怒，至于被打。

劉少奇爲黨中央副主席、人民政府主席，地位如此崇隆，而據近日大字報所揭發，實爲與毛主席站在敵對地位之資産階級當權派。其發言恒不稱毛主席，一也。以爲資産階級會自發地成爲無産階級，二也。屢次修改其所著《論共産黨員的修養》以取得其理論地位，三也。派王光美外出"四清"及參加此次文化大革命，而諄諄告以"吃小虧，占大便宜"，屢出錯誤，四也。今黨中央副主席已撤銷，代以林彪，地位降居第八。王光美出身天津富商，從此亦一蹶不振矣。

一九六六年十一月

十一月一號星期二（九月十九）

八時到所，重點《語錄》第十二、十三、十四章。寫交代第十三章《尹達對我的態度》約二千字。

眠一小時。下樓，看大字報一小時半。

看魯迅集及報上紀念文。服藥兩次，十二時眠，翌晨六時半醒。

看大字報，知有卅一中學生唐某，假紅衛兵名，抄人之家，得小汽車二輛，摩托卡一輛，男秘書二人，女秘書二人。以一中學生而能如此掠奪財物，并以人爲其奴隸，荒唐極矣。卅一中，瑞蘭所教之校也。

今晚廣播紀念魯迅文，予已于報端見之，而靜秋必欲予聽，橫加批判，堪兒和之，使予精神緊張，不易成眠。家庭中之教條主義真可畏也。

十一月二號星期三（九月二十）

八時二十分到所，重點《語錄》第十五、十六、十七章。續寫交代第十三章。

眠一小時。翻《毛選》第一卷。寫請假治病條，送"文革"小組。蚌埠羅性生之子來，靜秋見之。

看報。服藥，八時眠。晨六時醒。

自重陽至今，已歷十日，而予痰咳不痊，頭昏腦漲，爲近數年所未有，只得請假就醫，不知其許予休息否也。歸時兩腿無力，迥異于前。

聞此次大風浪中，李宗仁、張治中、傅作義、邵力子等俱被保護，或住中南海，或住醫院。自郭德潔死後，李宗仁即娶一二十餘歲之護士爲繼妻，渠被紅衛兵審問："你爲什麼要嫁這老頭兒?"她答："我是資産階級思想，貪圖他的財産。"

十一月三號星期四（九月廿一）

晨出，欲到醫院，以毛主席第六次接見紅衛兵，不能通行。到元善家談，既而歸途又塞，不得已請兵士爲開路。九時歸。

眠一小時。鈔交代第十五章八百字。元善來長談。出示其所寫楷書。

與静秋同讀報。服藥二次，十二時眠。翌晨七時醒。

今日紅衛兵二百餘萬人，爲歷次最。

元善云：聖陶已不爲教育部副部長，亦已不任人民教育出版社社長。居家無事，猶之退休矣。

元善爲民建中委，故鋼鐵學院（其女在彼工作）紅衛兵搜查其家兩次，令繳出手槍、股票等，而彼皆無之，卒無所獲而去。其弟元美、元群皆在津，均被抄家，其繼母王氏驚死，焚屍後未得骨灰。如去年作壽時一笑而死，則幸矣。自民主黨派停止活動後，元善無事作，每天臨《明徵君碑》。

十一月四號星期五（九月廿二）

到北京醫院，治牙訖，付三元。又到内科，由蔣葆生大夫治氣管炎。以錢不足，歸。遇邵力子先生。

疲甚，自一時眠至三時一刻。鈔交代第十五章一千六百字。與静秋同讀報。理舊日記。

十時眠，十二時醒。又眠，六時醒。

蔣大夫所開藥：一、四環素，二、膽茶鹼，三、Misturae Jpeeme。聞護士言，昨以各大街交通封鎖，就院診病者只十人。以此，今日到院者特多。

毛主席六次檢閱文化革命大軍：一、八月十八日，二、八月卅一日，三、九月十五日，四、十月一日，五、十月十八日，六、十一月三日。此震盪世界革命之舉也。全世界革命人民皆屬望中國，亦有“紅衛兵”之設置。

十一月五號星期六（九月廿三）

修改交代第十四章，訖。靜秋與堪兒粘貼爐管。

約眠半小時。臥床，讀《實踐論》。鈔交代第十五章二千字。

靜秋、堪兒移床至飯廳。失眠，服藥三次，十二時後眠。翌晨七時醒。

堪兒歸來，無所作爲，精神頹喪。今日得息，可于七日晚到南寧，驟高興，大約往還兩個月。

今日搬移床鋪至吃飯間，炊、食、眠集于一地，既保暖，又省煤，洵得計，惟愈湫隘耳。

二十餘年來，我家勞動力嫌太多，事事不須自己動手，以無正當職業者多也。今日或被遣，或得業，我夫婦均無勞動力，倘堪兒不在家，直將無所措手矣。

十一月六號星期日（九月廿四）

將交代第十五章寫訖。全文共六千八百字。

眠約半小時。看報。續讀《實踐論》。看魯迅《二心集》。

以咳，服藥二次，約十二時眠。翌晨七時半醒。

自八月後，我家成爲被鬥户，煤廠不肯送煤，板車不肯運煤，而我病氣管炎，又不能不圍爐。靜秋日爲此事焦急，商之于街道主任，亦不許。幸趁堪兒在家，雇得一三輪車，買來一千斤，運五次始畢，大約可燒一個多月。群衆威力，斯可畏也。

服四環素三天，今日咳較好，然晚一上床，咳又大作，到將晚飯嘔出。無已，只得穿棉襖，倚床而臥。此病日重，將來必將以肺炎死。今日上午天晴，下午即陰，故予復咳。予體之無抵抗氣候變化如此。

十一月七號星期一（九月廿五）

九時到所，遇伯祥。點讀《語錄》第十八章至廿一章。

眠一小時半。到會計科取工資，到"文革"小組送醫生證明書。補記日記四天。四時半歸。堪兒赴南寧。

看報。十時半服藥眠，十二時醒。又眠，五時醒。

今日領工資，前二月所扣者已發還。別機關亦然。然"鬥、批、改"之後，工資必減低固無疑，以備戰及援外負有絶大責任也。

昨晚接潮、洪兩兒書，悉其已到延安。自西安到銅川，已有鐵路，自銅川至延安則爲公路。住師範學校中，將赴棗園謁毛主席舊居。

自堪兒出外，我家只予與静秋二人矣。惟静秋不能無勞動，面色憔悴特甚。

十一月八號星期二（九月廿六　立冬）

八時半到所。點讀《語録》第廿二章。續寫交代第十三章二千餘字。周自强之妻古氏來談。

眠一小時半。看大字報。到"文革"小組送請關窗信。四時三刻歸。

看報。十時半服藥眠，上午二時醒。又眠，六時半醒。

今日得息，尹達已回中央"文革"小組，以其本未停職反省也。以此，前"保皇黨"十人或將平反，所中革命派上下午均開會討論此事。

侯外廬病中風，久聞其病血壓高，今果致此。楊向奎病頭眩，時時覺得天搖地轉，只得請假矣。

聞馬連良已死，此昔日名鬚生也。葉盛章亦死，名武丑也。

十一月九號星期三（九月廿七）

發見便血，寫請假信，送"文革"小組。晤王宇信、胡厚宣。到工農兵醫院，靜秋已先在，就內科羅大夫診，抽血。到文淵閣買筆。

眠半小時許。到"革命"理髮。爲潮兒等寄報到玉華處。看《紅旗》第十四期。

聽靜秋讀《紅旗》社論。十時半服藥眠，上午三時醒。又眠，六時醒。

我于九月中又便血，我不自知而靜秋知之，近日我自覺步行腿軟，初以爲感冒所致，而今晨靜秋檢予大便，確有若干點膿、血浮于水面，是則每天步行八里之所致也。予體實已不能多勞累矣。

近日天較暖，故咳嗽已稀，僅早晚有痰。每晚登床，已能平睡。

得又曾書，知我家房屋已全部交公，正屋作幼兒園，馬詒綏家被抄，今移至純熙堂，取其較小。又知德輝在滬校重出問題，半日勞動，毓蘊與之劃清界限。

十一月十號星期四（九月廿八）

補寫交代千餘字，又付靜秋改。助靜秋釘死北窗。

眠半小時，看報。

看《偽自由書》。十時服藥眠，上午一時醒。又眠，三時醒。待旦。

今日毛主席檢閱紅衛兵及接見各地革命師生第七次。聞受檢閱者皆乘大卡車，取其速也。

得潮、湲兩兒書，知已返西安，待車赴成都，而得票甚難，不知何日可成行也。

予咳大好，痰早晚有一些。今日終日未出門，故能如此。然一不運動，對睡眠又不利矣。此真無法克服之矛盾也。

北窗爲風颳開，予報告"文革"小組已歷數日，而杳不得其消息，只得自釘。

十一月十一號星期五（九月廿九）

重寫《我的結論》二千八百字。

眠一小時。看報。

服藥兩次，九時眠。十二時醒、上午三時醒、六時半醒。

今晨大便無血，亦見休養之效。

今日毛主席又檢閱紅衛兵二百餘萬人，分乘大卡車六千輛。

靜秋在此次運動中，被派掃本院地，同居小孩時時揶揄之，不曰"這是侵略者的下場"，即云"凡是反動派，你不打，他就不倒"。靜秋既勞且氣，近日有些低燒，猶不止勞動，氣憤發泄于予，時時打罵。此皆生活特殊化之所致也。

十一月十二號星期六（十月初一）

寫《我的結論》二千餘字，但與靜秋討論，覺得不當，須重寫。看報。

服藥兩次，十時眠。上午五時醒。又眠，七時半醒。

今晨靜秋腋下溫度爲卅七度一，口中溫度爲卅七度九。就北京醫院診，知爲結腸敏感兼感冒，須休息。靜秋臉腫，諺云："女怕帶冠，男怕着靴。"謂婦女臉腫、男子足腫，均非佳象也。渠性躁急，近日尤甚。

文學研究所中，俞平伯、吳世昌罰最重，至今猶每晨掃地，平伯自係"紅樓夢研究"舊病復發，世昌則歸國後發表文章較多，而仍是抗戰前一副態度，學部討論"清官"問題時渠最先發言，語調甚銳利也。

十一月十三號星期日（十月初二）

重寫《我的結論》二千餘字，仍不能當靜秋意，作廢。

看報。

服藥兩次，十時後眠，上午三時醒。又眠，六時半醒。

靜秋仍有低燒，脾氣愈烈。予不敢與之辯論，交代文字，不知何日方可交出。

潮兒從延安來信說："毛著一百五十多篇中，有一百十二篇都是在陝北窰洞裏寫的。"

各地來京之紅衛兵日多，火車不足供應，故報紙上提倡步行，前之大連海運學院，今之蚌埠鐵路中學，皆特予表章，此亦二萬五千里長征之縮影也。有此少年人，將來之中國便決不致走向修正主義，此全世界之福也。

十一月十四號星期一（十月初三）

寫"文革"小組信。大便不通，悶脹在肛門口，欲下不得下，苦甚。服大黃丸及用肥皂塞入，強通之，十時始下。疲甚，臥床看昨日報。木蘭來談竟日，晚飯後返五十六中。

未成眠。看昨日報（周總理、宋慶齡、何香凝、董必武、宮崎世民論孫中山）訖。讀《十六條》。

服藥兩次，十時半眠。上午五時醒。又眠，八時醒。

予度冬如度難，每逢天寒，咳嗽即作，此病實非藥物可治。近年加上便血，去年雖經割治，而迄未除根。自參加運動後，每日徒步八里，體力不支，此病又發。甚哉，老年人之苦，只得寫信請假矣。

木蘭在五十六中教書，今學生已走赴各地串連，乃擔負招待外地紅衛兵，今晚十時值夜班，故白天能來此長談。聞各地紅衛兵無衣無被者甚多，故校中爲生汽爐。其初來時則野宿，待滿千人方爲分配住各校。少年人無畏精神，眞可敬也。

十一月十五號星期二 （十月初四）

十時，與靜秋同赴工農兵醫院，由外科楊大夫診，以無病歷，未作斷案。十二時歸。看報。

寫又曾信。三時，與靜秋同出，渠到東單醫院索病歷，未得。到工農兵醫院，得之，袁護士囑明天往，五時退出。看《語錄》。

十時服藥眠，上午五時醒。又眠，七時醒。

日來大便，總是帶些血。爲我醫療關係在工農兵醫院，故往診。然東單醫院送去我之病歷未找出，故不能作斷。靜秋能幹，下午前往再索，則病歷及心電圖資料雖有，而腸道照片則仍未找出，蓋我轉關係時已在運動中，未經妥放也。

與又曾信，謝其三十年來爲我家管理房產之勞，并謂我至今日，始知自己爲剥削階級，蘇州房屋歸公，宛如釋重負。又云："德輝屢犯錯誤，實係我家階級成份所養成，父祖餘蔭早已不堪承襲。"靜秋見此，囑將"餘蔭"改爲"餘孽"。

十一月十六號星期三 （十月初五）

助靜秋糊爐管。十時，與靜秋同到工農兵醫院，就外科主任龔家鎮大夫診，予先歸。補記日記。

臥床。章元善來，借大衣，長談。看報。煮粥。靜秋到王恩宇處，爲我請假。

服藥兩次，十二時後倚床眠。翌晨八時醒。

今日大便，出血更多，龔家鎮主任謂可考慮住院。但院中床位極緊，紅衛兵又睡地上，予有失眠痼疾，恐更困耳。龔又謂息肉性嚴重氣泡彼院亦有一例，如不勞累，可無大關係。

得又安信，知其所整理《孟姜女資料集》放在雁秋家，當雁秋家被抄、人被驅逐時，稿件堆在院裏，當作廢紙，及今兩月，已不堪問。當此搜集五十年、整理十載，共約百萬字之稿廢于俄頃，可勝嘆惜。

十一月十七號星期四（十月初六）

疲甚。看報，讀《一心爲公的共産主義戰士蔡永祥》。助靜秋理箱子。

眠一小時。看《中國農村的社會主義高潮》。

爲理剩餘照片，靜秋又吵。十時服藥眠，上午三時醒。又眠，六時醒。

近日睡眠甚難，而已睡後則又能熟眠。然以服藥之多，頭暈力疲，無力工作。日子既短，一天太容易過，爲之奈何！

自昨日起，始生火爐，每日用煤約二十斤。以房間小，溫度可得十八九攝氏度。此我住乾麵胡同屋第一年得溫暖也。

靜秋在一抽屜内找出舊照片一批。予前所藏貼在本子之照片已爲女附中紅衛兵焚燒盡，今得此，急欲一理，而靜秋以破"四舊"故，欲盡焚之，予因藏起，待暇選存。予太有歷史觀念，而靜秋則絶無，此其所以齟齬也。

十一月十八號星期五（十月初七）

鈔靜秋所改交代第十四章訖，約三千八百字。看報。

未成眠。煮粥。

爲靜秋又改，憤與之吵。服藥二次，十二時半後眠。翌晨七時醒。

大便少，仍有血。傷風雖未全愈，較前爲好，痰少矣。晚間與靜秋一吵，胸間悶痛甚，更不思眠，不得已服藥較多。真飲鴆止渴矣。

十一月十九號星期六（十月初八）

七時起，兩眼酸痛，早飯後就寢，得眠，自九時至十二時。看報。寫吳家瑛信。温師傅爲修抽水馬桶水箱。

居民委員會來查火爐。飯後又眠，自二時至四時。看馬克思《摩爾根〈古代社會〉一書摘要》。煮粥。

馬五七來。靜秋到厚宣處，十時後歸。予續看《摘要》。十一時服藥眠，上午四時半醒。又眠，七時醒。

兩目酸痛至不能張，其以昨夕睡太晚，飲藥太多所致乎？今日上午眠三小時，下午眠兩小時，其以昨夜服安眠藥過多故耶？

得玉華信，知潮兒等于十二日到成都，住四川大學。十六日步行至大邑，看收租院，計劃到灌縣。其離成都之車票爲廿九日。三姊妹均略有小恙，已始好。渠等到大邑，當在一旬中助農民秋收。

十一月二十號星期日（十月初九）

助靜秋整理兒輩房間。看報。看《歐陽海之歌》第一、二章，訖。未成眠。煮粥。

靜秋到厚宣夫婦處談。十一時服藥眠，上午三時半醒。又眠，六時半醒。

滿身無力，晨醒時腰酸背痛，日夕圍爐，竟現頹唐之相。"交代"尚未終訖，但厚宣謂局勢已變，尹達仍回"文革"小組，胡一雅、宋家鈺等亦將平反，可以不交，則予當從此熟讀《毛選》以求進步，惟冬日風呃，不便常到所耳。

紅衛兵每日離京十八萬人，來京者則有廿五萬人，食宿供養極緊張，故毛主席擬接見一次後，本年即告結束，凡未來者明年天暖再來。自珍兩兒云將來，而迄不至，殆移至明春耶？

《歐陽海之歌》，久欲讀而未能，近日運動較鬆，擬于數日內讀訖，吸收其革命精神及積極行動。

十一月廿一號星期一（十月初十）

看報。續看《歐陽海之歌》第三、四章，未訖。

眠一小時。煮粥。

寫潮兒等及自明信。十時半服藥眠，上午五時醒。又眠，七時醒。

近日所中學習已鬆，或請假，或去半天。故予于今日請假，已不致受批評。惟大辦公室已住入紅衛兵，予與厚宣、田昌五一室，去亦頗感尷尬耳。

十一月廿二號星期二（十月十一）

十時，與靜秋同到工農兵醫院，預約明晨服貝劑照相。又同步行至東單醫院，靜秋診病，予取藥。十二時歸。

飯後眠半小時。看報，讀《人民日報》上評侯外廬文兩篇。看《歐陽海之歌》第四、五章訖。

十時半服藥眠。上午三時醒。又眠，六時醒。

今晨拉稀，仍有血，血壓爲130/80，甚好。惟醫言安眠藥將停給，只服眠爾通，所威脅予者甚大。據云此係衛生部命令，不知可信否？

多日不出門，今日出去，頗覺脚軟，歸後圍爐，直似小兒恩物。

靜秋仍有低燒，三十七度二，一人操作家事，予雖欲助而力不能，渠疲勞極矣。

今日《人民日報》載文二篇，一爲石衛東之《揭穿侯外廬鼓

吹 "異端" 的反動實質》, 一爲史紅兵之《侯外廬是反共老手》,
後一文述其在抗戰時所發反共、媚蔣、崇美之實證。疑侯氏已死,
故予發表, 猶平心死後方刊出《 "三家村" 學者李平心》也。

十一月廿三號星期三 (十月十二　小雪)

與靜秋同到工農兵醫院, 由放射科侯主任灌腸及透視。洗出相
片後由龔家鎮大夫診。十二時歸。

臥床, 得眠半小時。看《歐陽海之歌》第六章訖。看報。

木蘭來, 長談。十一時許眠, 翌晨四時醒。又眠, 六時半醒。

真糟, 今日透視結果, 結腸上仍生氣囊, 與前無異。惟尚不
太多, 可不即割耳! 如此生而割, 割而又生, 予將成爲 "無腸公
子" 耶! 龔醫所與藥, 僅維他命 C、K 兩種, 聞 K 能止血。予病
名爲 "降結腸氣囊腫"。

今日灌腸後拉兩次, 在家又拉兩次, 十分乏力。雖看《歐陽
海之歌》書, 仍不能振起精神, 奈何! 寫字手顫, 眼花不能看細
字, 功能日衰, 可爲一嘆!

十一月廿四號星期四 (十一月十三)

看《歐陽海之歌》第七、八章, 訖。

眠一小時半。看報。

待靜秋寫信, 十一時半服藥眠。上午五時醒。又眠, 七時醒。

得玉華信, 悉潮兒等到大邑僅兩天, 以得中共中央通知, 以
交通緊張, 停止供應車輛串連, 故渠等已于廿一日由成都步行赴
重慶, 此後再到長沙、韶山、井岡山等處, 由上海歸, 計當在明
夏相見矣。

十一月廿五號星期五 (十一月十四)

閻力行來，長談。看《歐陽海之歌》第九、十章訖，全書畢。
眠一小時。看報。煮粥。

服藥兩次，十一時後眠。上午四時醒。又眠，六時半醒。

聞冰心之所以補扣右派帽，以其曾認司徒雷登爲乾爹故。

《歐陽海之歌》卅一萬五千字，閱六日訖。觀其一切公而忘
私，受錯評而不辨，正砭予病。

近日頗易眠，今晚因少服藥，然一減即不能成寐，反至過量。

毛主席于今明兩日接見各地及首都紅衛兵及革命師生，自第
一次迄今，已接見一千一百餘萬人。今年不再接見矣。

十一月廿六號星期六（十一月十五）

讀《中國社會各階級的分析》，作提綱。看《兵團戰報》第
三期。

眠約一小時。看報。煮粥。

靜秋到厚宣處談。木蘭偕其子國光來，留宿。十一時服藥眠。
翌晨五時醒。又眠，七時醒。

今日大便甚通暢，成條而無血，此休息之效也。

得居民委員會通知，許送煤矣。爲此事擾攘至一月之久，知
無錢猶可，失去政治則不容于今世也。

爲紅衛兵工作偏左，鬥爭過劇，故毛澤東思想紅衛兵首都兵
團政治部、宣傳部主辦《兵團戰報》以矯正之。自八月以來，有
"老子英雄兒好漢，老子反動兒混蛋"一聯及"基本如此"一橫
額，將非"革幹"家庭之子女全加侮辱。此等惟成分論實與
《十六條》團結百分之九十五旨趣不合，故加糾正，且使"革
幹"子弟不流于"作威作福"之途。

十一月廿七號星期日（十一月十六）

　　終日伴國光玩。看木蘭帶來之譚力夫資料及周總理對于首都紅衛兵談話記録。

　　眠半小時。看報。

　　十時服藥眠，早四時醒。又眠，六時半醒。

　　靜秋常慮兒輩出外，步行串連，恐身體不濟，一想到即涕出。今讀周總理談話，知已命各處解放軍協助，使無饑寒疾病之患，可放心矣。

　　譚力夫，前檢察院副院長譚政文（已故）之子也。仗其父勢，動輒詈人爲“混蛋”、“兔崽子”，且謂毛主席三十年代之言論已不適于今六十年代。狂妄至出版《譚力夫語録》，且到各處放毒，故群起攻之，揭破其父子反革命面目。

十一月廿八號星期一（十一月十七）

　　木蘭携國光去。讀毛主席《中國的紅色政權爲什麽能够存在》。

　　眠一小時。

　　十時半服藥眠，早四時醒。又眠，六時醒。

　　郭沫若最好弄筆，編古裝戲劇，又爲曹操、武則天翻案，此次得政府保護，僅輕描淡寫地在人民代表會議常務委員會中作一自我批評了事，京、滬同人皆不滿意。

十一月廿九號星期二（十月十八）

　　整理舊信札，分別去留。讀毛主席《井岡山的鬥争》，未畢。

　　眠一小時。

　　十時半服藥眠。早三時半醒。又眠，六時醒。

　　予一生所得他人信札，均不廢棄，仿機關檔案例保存。今當破“四舊”之際，靜秋力勸毀之，予不忍盡燒，思保留一點論學者，用是又生争吵。

予置在燕大之信札，抗戰時爲日寇所奪。久以爲不復見矣，而今日整理，竟有抗戰前舊信在（如王國維、錢玄同等），想以置在禹貢學會，故得存也。予欲多留，而靜秋不許，何其忍也！

十一月三十號星期三（十月十九）

整理舊信札。理抽屜。

眠一小時。章元善來，長談。

十時半服藥眠。十二時醒。又眠，四時醒。五時半又眠，七時醒。

接溪兒來書，悉渠等于十八日在大邑看到中央決定，當日即趕回成都，做了幾日的充分準備，于廿五日離蓉徒步赴渝，一路做宣傳工作，約十餘日到重慶。預計一天行七十里。自此到遵義及井岡山，帶有馬燈、羅盤、藥品，揀小路走，在大風浪中鍛煉成長，和工農結合，改造思想。如此壯志，洵可敬也。

元善來，謂王光美之父名王槐清，其續娶之妻爲留日華僑，爲資本家，故王氏遂爲天津富商。劉少奇當革命時托庇其家，故與王光美結縭，卒受資產階級影響，而有"吃小虧，占大便宜"之打算。王槐清死，葬于香山，墓前樹豐碑，爲毛主席所見，怒不可遏，作詩二首，投以匕首。劉之所以降格，此亦一因也。

毛主席詩詞，近來頗多僞撰，此說未必可信。

予自幼好積聚，一紙不忍輕棄。每見我父于年終大掃除時，將一年信札、歷本及已失時效之紙片燒去，心中輒不忍。數十年來，裒然盈室。抗戰中，起潛叔爲我裝箱存臨湖軒，及日寇占燕大，乃盡失之，不知其爲我整理耶，抑售與紙廠作還魂紙耶？抗戰中重積，囑魏洪禎、容媛爲我理之，每一人爲一笑。勝利後移至蘇州，又交德輝夫婦繼續爲之，特製二櫃以置。一九五四年攜以入京，由

姜又安續整，并入一櫃。自五八年又安赴東郊農場勞動，予無暇自
爲，歷數月輒捆索之，塞入抽屜。此中有友人論學論文之札，或鈔
入册，或尚未鈔。自無産階級文化大革命起，湲兒引師大女附中紅
衛兵來，將抽屜中信札、照片盡付一炬，燒至三天方盡。其後張木
蘭來，謂解放前信札恐有違礙文字，静秋聞之，遽將櫃中信札盡數
取出，予對于無謂之求薦、求稿及述其個人私事者自願棄去，而于
文史略有關係者則欲保留一部分，以作我生史事之紀念。而静秋及
堪兒監視甚緊，卒將予所選存先付焚如，炎炎烈火，使我心痛。予
自問太多歷史觀念，每一物皆欲保存，以供後人之翻覽，識封建社
會、資産階級之實况（如賬簿、禮簿可以識物價之漲落、自由職業
者之生計及隨時代而有奢儉之不同），而他人不能有此觀點，以爲
"隔年皇歷"無絲毫用處，非燒去不快，非除此"四舊"不能建立
"四新"。然則國家設立檔案館、歷史博物館何爲者耶？

一九六六年十二月

十二月一號星期四（十月二十）

　　八時半起。補記日記三天。整理舊信札。
　　未成眠。到寶泉堂理髮。看報。
　　整理舊信札。十一時服藥眠，上午二時半醒。又眠，五時半醒。
　　八天未出門，今日外出，未免脚軟。
　　予病，龔醫生主割，予以年紀更長，身體更弱，深恐力不能
勝，擬不割。好在只要生活輕鬆，病即不劇，似可拖延下去。
　　今夜夢見毛主席，相對長談，足徵予求進之心未衰也。
　　報載陝西英雄司機劉志春在狂風暴雨中車行坡路，爲免滑入
泥溝，損失國家財産，身至車下，用肩頂住，削去兩耳及右額
皮，而仍駛車至公社，此又一麥賢得式之人物也。報云："這輛

汽車的動力，不是來自汽車內燃機，而是來自偉大的戰無不勝的毛澤東思想。"泃然。

十二月二號星期五（十月廿一）

點讀《語錄》第廿三章，并摘鈔。與静秋同到工農兵醫院，以龔大夫不在，退歸。看報。

未成眠。整理信札。趙廣順、高德銘自貴陽來。李育宜、李育陵、俞義群、胡希寧、胡获帆來，留飯，八時後去。趙錫麟來。

十時半服藥眠。十一時半堪兒自韶山歸。復眠，上午六時醒。

堪兒今晚歸。此次串聯近一月，經歷鄭州、武漢、長沙、韶山冲諸地，今冬尚擬步行串聯。

廣順自抗日勝利後迄未見面。今以串連來京，始得一晤。聞自明患怔忡症，出門走二十餘步即頭暈心跳。震塾亦患精神分裂症，休學静養後較愈。

育宜來京串連，住其表兄胡庭槐家，偕其堂妹育陵及姻戚俞、胡諸君至。自五七年青島一別，已成年矣。聞自珍身體尚好，運動中未被人貼過一張大字報，具見其平日小心。炳塾病大瘥，能步出門，惟一邊仍有麻木狀態。

十二月三號星期六（十月廿二）

看報。到王姨母處問疾，長談。遇陸欽參。聽王晶背誦毛主席文。十二時半歸。寫大玫表妹信。

寫炳塾、自珍信。眠一小時半。點讀《語錄》第廿四章至廿八章。看報。

十時半服藥眠，上午三時醒。良久又眠，七時醒。

楊向奎之子大士已到新疆，參加農墾，堪兒聞之頗羨，亦欲前往，寫信往問。但静秋不忍，言之涕下。

十二月四號星期日（十月廿三）

點讀《語錄》第廿九章到卅三章，讀第二度訖。

眠一小時。看報。

讀"老三篇"。與堪兒談新疆事。十時半服藥眠，上午二時醒，六時醒，八時醒。

近日大便通暢，然總有一些血。每晨醒來，骨節俱痛，口乾膩至不可耐，以茶漱口方稍清爽，腸胃之不健可徵也。

聞錢三强夫婦戴高帽游行，紅綫女（鄺健廉）且在敞車上游廣州全市，皆不頹喪，依然工作，爲周總理所稱贊。榮高棠在體育會上表功，遂受譴，不許帶隊到柬埔寨。此兩事可見"謙虛使人進步"之重要。

十二月五號星期一（十月廿四）

看潮兒等上月來信。讀《矛盾論》首節，依表式鈔出。

眠一小時半，不實。看報。讀"老三篇"。

看馬克思《古代社會摘要》。十時半服藥眠，十二時醒，上午四時醒，七時醒。

毛主席之文，惟《矛盾論》最爲難讀，以予未學辯證唯物主義也，然此實爲馬列主義及毛澤東思想之中心，必當搞通，因以表解法書之，以便省記。

使予有充分時間，予必能將馬克思主義及毛澤東思想學好，并施之于科學實驗，以予研究學問，能深入而不表面，能客觀而不主觀，能比較全面而不願片面也。今日許多人批評我，以爲煩瑣哲學、形而上學，使我能晚成，他日必有真知我者。

十二月六號星期二（十月廿五）

讀《矛盾論》，續鈔。整理信札。

静秋爲予到工農兵醫院，與龔大夫談。整理信札。讀"老三篇"。看報。

爲檢信事，静秋及堪兒與予吵。失眠，服藥及樂口福，十二時後眠，翌晨七時醒。

予戀舊之心過甚，友人札牘，凡有些感情者不忍盡棄，數日來選存較多，静秋則謂非破"四舊"不能立"四新"，非盡焚之不可，堪兒助之，皆投于爐中，火光熊熊，使予心痛。

今日報載《把戲劇界的祖師爺、反黨分子田漢打倒、打垮、打臭》一文，措辭峻烈，予曰："如此批判，田漢非死不可矣！"堪兒聞之，大聲斥云："你説這話，站在什麽立場！"此事可説明予之温情主義實站在反動立場，誠當隨時提高警惕也。

十二月七號星期三（十月廿六　大雪）

外孫李育宜來，長談，留飯。換書桌，渠助整理打掃。

丘衛材來。整理抽屜。

讀"老三篇"。十時半服藥眠，上午二時醒，五時醒，七時醒。

育宜之能幹如其父，穩重如其母，酷好數學，而對于政治方面亦能把握，所知事甚多，將來一好幹部也。

前聞啓鏗言，馮友蘭家爲北大紅衛兵抄過數次。今聞丘君言，則謂其已自殺，不知信否。此人熱中，故與周揚等人接近，又好利，故近年得稿費不少，"資産階級反動學術權威"一銜，彼當之最合適。

十二月八號星期四（十月廿七）

看毛主席《全世界人民團結起來，打敗美國侵略者及其一切走狗》訖，撮鈔入册。

眠半小時。看報。讀"老三篇"。

看《古代社會摘要》。爲待堪兒看報故，失眠，服藥兩次，點心二次，十二時後成眠，上午三時醒，五時醒，七時醒。

今晨大便成條而甚難，靜秋疑係氣囊腫所擠細，未知然否？血，總有一點。龔大夫謂可吃中藥調治，然近日天寒，外出即易促發氣管支炎，以是遲滯。

堪兒生活過于自由散漫，晚飯後上廁看書甚久，出來洗脚又甚久，看今日報紙又甚久，靜秋屢催之不聽，予已洗足上床，待其就眠，而彼之延緩如此，精神一緊張，又不能成眠。明春天暖，予當獨居一間，不與彼共同生活。

十二月九號星期五（十月廿八）

到東單醫院就曲以蘭女醫師取藥。到工農兵醫院，就中醫吳兆祥大夫診。十二時半歸。

未成眠。堪兒買鋼筆來，予將《語錄》第廿二章以紅筆加點一過。讀“老三篇”。余永誠來。

靜秋以予與余永誠問答語不謹，與予吵。堪兒住校。十時服藥眠，上午二時醒，五時醒，七時醒。

今日量血壓，爲140/80。吳兆祥老醫師囑我服兩劑後再往診。

自依組織之意，辭去保姆，靜秋家務遂特忙，掃地、買物、煮飯、燒菜、生爐、洗衣……均一身任之，予只能煮粥及任輕簡家務，不能大有所助。三女既長征，堪兒又外鶩，致靜秋憔悴至極，今日腹瀉又胃痛，未進食，體溫高卅七度九。

十二月十號星期六（十月廿九）

以昨事，靜秋打罵予。予寫檢討。靜秋爲予取藥，并自到北京醫院診治。育宜、育陵來辭行。育宜到醫院尋其外祖母。

看報。沈慧中來借筆。張書琴來，囑將《語錄》寫上玻璃窗。

聽廣播《十六條》。十時許服藥眠，上午二時半醒。此後睡不實，六時醒。

　　昨日靜秋已病矣，傍晚余永誠來，叩予多端，予雖竭力少說，而面不阻人，終于説了一點。靜秋以予負罪之身，而彼尚以"權威"待予，予仍以"大師"自居，"爲學術而學術"，大背此次運動之意，昨夜今晨，兩次對予作劇烈之批評，加以武鬥，緊張既甚，胃痛及泄瀉加劇。今日出外治病，跌了兩交，至下午二時許猶不歸，予疑出事，囑育宜往尋之。幸得歸來，即就床眠。渠對政治甚有認識，而我故態復萌，至爲歉仄。

十二月十一號星期日（十月三十）

　　堪兒伴其母到北京醫院診治。予自辦朝餐。補記日記三天。看報。

　　未成眠。始服中藥。讀"老三篇"。看堪兒以紅漆在玻璃窗上寫毛主席語録。

　　聽廣播。十時半服藥眠，十二時醒。又眠，三時醒，五時醒，七時醒。

　　予生七十餘年，而自己做早飯，則今日爲第一次，即此足以説明予之階級成份，亦足以説明予實處于剝削人之地位。此以前所不能覺悟者也。

　　今日靜秋到東單醫院，坐于椅上，忽然暈倒，失去知覺半分鐘，其右眼四圍發青，蓋血管破裂也。護士扶起之，爲之打葡萄糖針。幸堪兒在旁，爲雇車歸。醫言靜秋病爲植物性神經失調，以此不能鎮定。

十二月十二號星期一（十一月初一）

　　看《人民日報》載尉鳳英《十個想一想》。鈔兩年前湲兒評家庭成分文入冊。

眠半小時許。到"東風"修面。看《語録》。

聽廣播《奪取新的勝利》。十一時服藥眠，上午三時醒。又眠，六時醒。

得自珍信，悉其長子育蘇到貴陽串連，因至自明家，悉自明之長子震堃在此次大運動中得神經分裂症。知在大風大浪中鍛煉，即在青年人亦有所不任也。

在理髮館中聞彭真在工人體育場被鬥。

葡萄牙殖民當局在美帝、蘇修及蔣匪之鼓動下，在澳門開槍殺害及打傷我愛國僑胞。幺麼小丑，竟敢如此，反徵反動勢力之尚不弱，不知我政府何以不竟收回此一塊土也。

十二月十三號星期二（十一月初二）

看《人民日報》社論《奪取新的勝利》。洪兒同學生慧來。

眠一小時。以紅筆加點《語録》，自第廿三章至卅三章，第三度訖。寫"滅資興無"四大字于窗。

看《古代社會摘要》。十時半服藥眠，上午二時醒，五時醒，七時半醒。

静秋病數日，水瀉，自今日始有糞，亦漸想吃。惟家務繁重，仍不得休息耳。

堪兒體亦不佳，而日日到校寫標語，或和衣在校睡。歸家則一睡至十一二小時乃醒。足亦如洪兒之爛。

日來予之大便中仍有血，惟不多耳。

《奪取新的勝利》一文，指導走資本主義之當權派如何自新，語氣緩和，恐係此次運動打擊面過廣，而參加運動者故意顛倒是非，鬧得糾結而不可分，亦欲分出其革命之真假也。

十二月十四號星期三（十一月初三）

補記日記三天。看王力等《無產階級專政和無產階級文化大革命》文，未畢。看《反共知識分子翦伯贊的真面目》（戚本禹等著），訖。

眠一小時。

八時，得湲兒自重慶來書，即寫復信，由靜秋增加，到東四郵局寄。十一時歸，十二時服藥眠。一時半，堪兒自校歸。五時醒。又眠，七時醒。

湲兒背包步行，自成都至樂至，傷足，出膿，痛不能忍，只得乘車。

此行凡十日，平均一日走八十里。靜秋以久不得彼輩來信，正在酷念中，忽得此函，神經一興奮，又泄瀉，甚哉，其母愛也！

我家三女均自費串連，走路既多，每人每日食至二斤以上，亟需糧票，靜秋自蕭風家借得四十斤，合己所有，拼成一百四十斤，又寄一百六十元去，將于明日由航空寄，不知彼輩尚留重慶否耳？

十二月十五號星期四（十一月初四）

再看《無產階級專政和無產階級文化大革命》，訖。靜秋及堪兒買鞋，航寄湲兒。

未成眠。看報。寫張汨信。

得湲兒電，即草覆電，堪兒往發。十時半服藥眠，翌晨七時醒。

昨晚得湲兒信，知于十日到重慶，住向陽路一三一號住宿點，而無潮、洪兩兒隻字。今晚又得湲兒電，索寄錢與糧票，而亦無潮、洪署名。此甚可疑，意者她們三人已走散耶？湲兒一人獨留渝耶？然來電索寄錢五十元，糧票一百四十斤，又不似彼一人事。因發電詢之。靜秋念她們皆無好鞋，今日買鞋三雙，航寄與之，寄費五元七角，預計十七日可到，不知她們能收到否？

十二月十六號星期五（十一月初五）

看報。看《紅旗》第十五期，未畢。

眠一小時。

十一時服藥眠，翌晨五時醒。又眠，八時醒。

今日天陰，似將作雪。

各地來京串連之革命師生限于二十日前返原地。

吳玉章先生于本月十二日逝世，年八十八。貫徹簡體字，渠爲中堅。

葡帝國主義澳門總督已屈服，全部接受廣東省委提出條件，賠償死傷者五百萬元。聞我國紅衛兵在澳門界上列隊，又有兵艦四艘開至海上，葡帝兵不過千，其官方眷屬相率逃避香港，其敢于啓釁，可謂螳臂擋車也。

十二月十七號星期六（十一月初六）

續看《紅旗》第十五期，摘鈔綱要，仍未畢。

略一朦朧，居民委員會人來，遂起。靜秋到延安幼兒園接國光，啓鏗、木蘭同來，留宿。

與啓鏗等談。十時半服藥眠，上午一時半醒，至四時後方眠，七時醒。

啓鏗言，中關村中，工人與黨委張勁夫鬥已久，今日尚開會，雖未武鬥，仍把他推來推去。又言衛一清問題嚴重，此人予在楓林村所識，驕傲透頂者也。

鬥爭彭（真）、羅（瑞卿）、陸（定一）、楊（尚昆）之大會正在籌辦中，此皆蓄意掀起宮廷政變者也。

艾思奇去年死，本出意外，今聞乃係被林楓逼死，故林楓亦在黑幫中。

十二月十八號星期日（十一月初七）

昨夜下雪，積一寸。伴陸國光玩。

眠一小時。趙錫麟來，未見。伴國光玩。

十一時服藥眠，上午一時半醒，起飲酒。二時後又眠，七時醒。

趙錫麟，四川人，以清華生留美得博士學位，歸國後曾任某造幣廠長，以不貪污爲屬員誣控，爲孔祥熙所撤職。其子已死，賴其妻協和醫院醫師，居于北京。近年其妻退休，賴退休金存活，苦于不給，時有怨言。前歲王姨丈卒，予始識之。曾與賀麟共作函致商務印書館作翻譯，然以其以思想文筆俱與現代脱節，未收其稿。此次運動中，其妻爲群衆鬥死，渠亦受監禁七十天，地方給予生活費十元，其神經已近瘋狂，静秋出而拒之。

十二月十九號星期一（十一月初八）

啓鏗一家離去。看《紅旗》第十五期畢，摘綱要。

眠一小時。看報。草向“文革”小組請假信。聽廣播。

十時半服藥及花雕眠，十二時醒。飲樂口福，又眠。

近兩夜中都是上午一時半醒，醒後即無睡意。前夜飲樂口福及牛奶粉，昨夜飲遠年花雕，勉强成眠。看來數種藥物已失效，不得不另覓他途矣。

陰了三天，今日太陽出來，精神一爽。

各地來京之紅衛兵及革命師生限于二十日前離去，各路電車、汽車照舊行駛，街上人頓少。

十二月二十號星期二（十一月初九）

到工農兵醫院，就馬子珍中醫師診。出買葡萄酒。十二時半雇車歸。自今日起，每日寫《語録》一條或二條于黑板，與靜秋共讀，以能背爲度。

眠一小時許。看報。讀《語録》第一、二、三章。煮飯及粥。聽廣播。

飲葡萄酒無效，十二時服劇性藥眠，翌晨七時醒。

昨夜得三兒自重慶來電，知潮兒今晨赴長沙，洪、湲兩兒則于昨晚返京。靜秋聞此大爲懊惱，然中學已在批判資產階級反動路綫，固當返校也。今早得三兒來信，知湲兒足疾已痊。

前兩夜飲酒，對睡眠略有效。今日買葡萄酒飲之，乃越睡越醒，不得已仍服烈性之藥，此病淹纏，欲解不得，真苦事也。

靜秋又患感冒病卧，予開始作飯，此亦一可紀念事。

十二月廿一號星期三（十一月初十）

讀《語録》第四章。寫"文革"小組信。看報。

眠一小時許。録《解放軍報・學習〈紀念白求恩〉》中"改造世界觀"一節入册。煮飯及粥。

聽廣播。服藥及窩窩頭，十二時後眠。上午四時半醒。又眠，七時醒。

此次各地紅衛兵及革命師生來京者一千餘萬人，解放軍爲之訓練者十萬人，其他服務人員一萬人。前日周總理等國家領導人在工人體育場開會慰勞之。

北朝鮮傾向到蘇聯現代修正主義方面去，對于美帝轟炸北越不出一聲，而勃列日涅夫六十作壽却去賀電，此金日成及其所領導之人民之恥也。

十二月廿二號星期四（十一月十一　冬至　一九）

與靜秋同背《語録》。寫自我批評一則，未完。看報。

未成眠。静秋爲予到所向"文革"小組請假。看清華大學所出《井岡山》報。理抽屜。煮粥及飯。

九時半，洪、湲兩兒歸，談旅行中事，十二時服藥及進點心眠。上午四時醒、六時醒、七時醒。

洪、湲兩兒到重慶後，一方面農機學院同學動議渠二人回京，一方面北京高中正將批判反動路綫及開展軍訓，故先歸。潮兒則如原議，將經雪峰山入湘西，走山道長程，而渠體不甚健，膀胱有病，小便頻數，甚祝其一路以鍛煉而平安也。

冬至已屆，大寒即來，予畏寒甚，雖穿毡鞋，而兩足如冰，必登床窩熱水袋方得安舒，此後三、四九中度必更甚。而今日静秋爲予請假，"文革"小組當局猶必以醫師證明爲據。下星期當往醫院與龔大夫商量。如不得請，則臘月中殊難過也。

十二月廿三號星期五（十一月十二）

看洪、湲兩兒帶歸文件。看報。

未成眠。元善來。看《矛盾論》第一、二兩章。煮粥。洪兒爲予洗澡。

聽廣播。爲堪兒故，服藥二次，至十二時始眠，上午二時醒。又眠，七時醒。

静秋病慢性腸炎已歷多年，今冬以無保姆相助，發得尤勤。元善謂可服"三焦引"治之。

近日各機關分別兩條路綫，日益清楚，彭真之上更有劉少奇，與毛主席背道而馳，直欲發動宮廷政變。至文藝方面，周揚爲黑綫之首，尤明白矣。

十二月廿四號星期六（十一月十三）

到"東單"理髮。到文淵閣買作文本。看報。看《矛盾論》

第三章。

眠半小時許。煮粥。

看《井岡山》報、《兵團戰報》等。十二時服藥眠，上午三時醒。又眠，七時醒。

堪兒在校任廣播等工作，晚八時始歸，歸後不與家人一同吃飯而看報，看畢方食，已近十時。又挾小説到廁所看，至十二時猶不出。自由主義發展至絶頂。

洪兒借到《井岡山》報等，覽之，知東城區、西城區、海淀區紅衛兵三司令部組織之糾察隊，殺人、打人、私設公堂審判，幕後均有指使者，地質部副部長何長工其一也。其他若周榮鑫、雍文濤亦是主謀。江青謂將予以鎮壓，若少年受蔽，則判死刑而緩期執行。

十二月廿五號星期日（十一月十四）

理信札。鈔《矛盾論》第三章。張汨來。

看報。眠一小時許。鈔洪兒《過年》文入册，用以自鏡。煮粥。

崔藝新來，與湲兒長談，至十一時始去。十二時服藥二次，不成眠。三時服藥口福，并進點心，乃眠。七時醒。

《毛選》中文字，以《矛盾論》爲最難讀，然不讀通即無由以理論結合實際，故予當下苦功，重鈔一過，每有心得即注其旁。

今日静秋與洪兒同洗衣，又大燒舊信，予搶得數札。

江青又謂劉少奇事可由黨内解決，王光美則群衆可以揪出，令其自行檢討。譚力夫等已加看管。又謂警察亦不純，應責令專管交通及消防，凡犯錯誤而看管者交公安部（謝富治主管），不交公安局。如此，則兩條路綫可以劃清。

十二月廿六號星期一（十一月十五　毛主席七十三歲誕辰）

續鈔《矛盾論》第三章，且作提綱。看報。

眠一小時許。

看《井岡山》等報。十一時半服藥眠，上午三時醒。又眠，七時醒。

洪兒携歸大專院校所出報，覽悉清華大學以有鐵工廠，糾察隊自打雙刃匕首甚多，因之被殺被傷之人甚難數計，至外埠來京串連者亦遭殃及。現在公安部已加逮捕。

劉少奇、鄧小平、薄一波等反黨大字報已貼出。其子女劉濤等則勸令檢舉其父母以自贖。反黨之大學生李洪山已加拘留，而糾察隊集合黨羽數千人到公安部劫奪，結果，爲首之數十人亦遭逮捕。此後北京無產階級大革命當入正軌，至各省市之亂猶不易遽息也。

十二月廿七號星期二（十一月十六）

續鈔《矛盾論》第三章，且作提綱。看報。

眠一小時半。續鈔《矛盾論》。

看《紅衛兵報》等。十時服藥眠，上午一時醒、四時醒、七時醒。

堪兒參加東方紅第二中學（即前燈市口中學）紅色造反隊宣傳組工作，常于夜中踏平板車上街貼大字報。自今日起，襆被住校。少年勇氣銳不可當，而予跼伏爐側，殊自慚也。

聞陳毅之子以參加糾察隊犯錯誤，挾貲遠遁，云將開發農場。又聞其母張茜亦以參加工作組紕誤。

今日工人體育場開會，鬥爭周榮鑫（國務院秘書長）、雍文濤（北京市委書記），洪兒往觀。

十二月廿八號星期三（十一月十七）

看報。寫銀行信，將我家所存股票及證據全數送交。鈔《矛盾論》第三章《矛盾的特殊性》訖，并作提綱。

未成眠。看報。煮粥。

讀"老三篇"。十一時服藥眠。上午二時醒。又眠，六時半醒。

今夜十二時廣播，我國又發射核爆炸導彈一枚，今年發射凡三次矣。公告謂"這次核爆炸的成功，把我國核武器的科學技術提高到一個新的水平"，未言此新水平爲何。

今日報載全國糧食生產獲得解放十七年來最大豐收，并云："今年農業戰綫出現了具有重大戰略意義的新情況：無論以種水稻爲主的南方地區，還是以種旱糧爲主的北方地區，都普遍增產；北方地區增產幅度明顯地大于南方，有相當一部分糧食長期不能自給的專區和縣，今年已做到自給或基本自給，有的已自給有餘。這就説明，旱糧作物完全能够高產，歷史性的'南糧北調'的局面完全可以改變。"此用毛澤東思想武裝起來的人是最強大的戰鬥力與生產力之明徵也。

十二月廿九號星期四（十一月十八）

作自我批評一則（年老，改造不能放鬆）。看報。

與静秋到工農兵醫院外科就診，取證明書。到井岡山食品店買水果、糕餅。到東單山貨鋪買煮藥罐。堪兒還家取物，晚餐後返校。

讀《反對本本主義》等。十一時服藥眠。上午四時醒。又眠，八時醒。

今日自醫院出，買物提歸，不勝其憊，甚矣，吾衰也！爲予診之醫生問予："已到這樣年齡，爲何不退休？"予答以科學院老年職員無退休制，故秉志、錢崇澍皆以八十高年終于位。歸後静秋責予失言，以在毛澤東時代老年人必當争取工作也。

十二月三十號星期五（十一月十九）

鈔《矛盾論》第四章未畢。看報。煮飯。

到北京醫院，就鄭劍暉女醫師取藥。草谷苞材料，答"文革"小組，由靜秋、湲兒改。

看《井岡山》報。十時半服藥眠，上午四時醒。又眠，七時醒。

鄭醫師言，Seconal 同仁醫院亦有，但每次只肯給一粒，以其爲進口貨也。

今日靜秋到所送醫院證明信，看大字報，知張德鈞亦被戴"反動權威"帽，以其發表文字多也。熊德基亦打入"資產階級當權派"中，周自強則定爲反革命，蕭良瓊亦受批判。

十二月卅一號星期六（十一月二十　　二九）

與靜秋打架。鈔《矛盾論》第四章訖，第五章未訖。看報。

堪兒洗澡，中煤氣。即抬出煤爐。

十時半眠。上午五時醒。又眠，七時醒。

檢舊出版物，得民生公司職員之揭露蔣政權差派輪船服役太多，而又不給修理費，以致他們每日還債，又每日借債，陷于癱瘓狀態，喜其可送政協文史資料會保存，正在觀覽，靜秋突來搶奪，予以一手掩之，彼乃用嘴咬，卒爲彼奪去，先撕散之，復投爐中，此一史料遂滅迹矣。予太有歷史觀念，靜秋太無歷史觀念，以"除四舊"爲名，恨不得將予一生積聚全付焚如。夫婦間之矛盾若是，家庭生活可謂苦矣。

一九六六、十二、廿八，《參考消息》載《美國新聞與世界報道》文云：

官方對赤色中國國内範圍廣泛的動蕩，估計……這是"世界舞臺上的最重要的一個政治事件。正在發生的情况所産生的意義深遠的影響將超過這十年内所發生的任何一個政治事件"。
這個政治事件的目的，是要使中國青年變得老練起來，用毛澤
東"長征"時期所教導的剛毅的品質教育他們，并使他們爲未
來的鬥爭作好準備。

此語出諸敵人之口，可見無産階級文化大革命及紅衛兵組織威力之
大，杜絕其"下一輩變質"的希望，亦使其認識我國青壯年，只要
毛主席一聲令下，便爲解放軍之後備隊，美帝雖自侈富强，而終必
淹没于廣大人海之中，如敢亂動，必自取滅亡。美國反動統治階
級，可以休矣。此外尚有非洲、法國、中東、拉美、北大西洋諸問
題，尤其是越南問題，嚴重存在。在其本國中，又有無産階級鬥爭、
失業問題、黑人問題，物價高漲、捐税苛雜，人民不得安生。此種種
矛盾之存在，固皆促使其資産階級壟斷集團之政權日陷于崩潰之中，
蔣匪前車可作其殷鑑者也。我雖衰老，或猶及見其垮臺乎？

一九六六、十一、十五，潮兒自成都來書云：

　　爸爸的病怎麽樣了？年紀大了，有點病也是常事，該休
息就好好休息，該學習就好好學習，決不能因爲生病而放鬆
改造，不能因身體有病，思想上的病更加厲害起來。不要因
爲生病，就整天考慮自己。你們看了紀念孫中山的文章了
吧？還是好好學習孫中山的革命精神吧！

同日洪兒來書云：

　　告訴爸爸，讓他老老實實接受改造，不要以爲現在可以
鬆口氣了。如果身體不好，可以在家好好改造思想，多看關
于文化革命的文件，思想上多想，這也累不着身體。不要老
爲自己表功，再這樣下去就是把自己擺到與人民爲敵的地
位了。

十二、十，溪兒自重慶來書云：

爸爸的事怎麼樣？你們可不要混日子，要活一天改造一天。

一九六七、一、八，潮兒自遵義來書云：

在貴州走了幾天，和同路的貧下中農聊了聊，深感農村還是一窮二白。一個壯勞動力辛辛苦苦勞動一年，才分六十元錢，還包括買口糧的錢在內。都是下雪天了，很多小孩還只穿一條破單褲。再看咱們家，過的是什麼生活，真是太不像話了。咱們家憑什麼要過這樣高級的生活啊！真是地地道道的修正主義的高薪階層！再不造反怎麼行！

一九六七年

一九六七年二月九日起，上午到所學習。

三月八日以予失言，爲靜秋所責，予下定決心，徹底改造。

三月廿三日，"文革"小組召開會，予突受刺激，血壓又高。

四月七日，讓出西屋三間，遷住東屋。

五月初，以脚心痛，請假兩星期。是月下半，血壓又高，極難入睡。

六月中旬腰痛甚，請假休息一星期。

八月中旬，感冒發燒，請假三天。

八月下旬，自覺精神恍惚，睡眠益難，西藥均失效。直至十月中始漸愈，請假近一個月。

自十月三十日起，讀艾思奇《辯證法講義》。

一九六七、一，十七，《井岡山》報載劉少奇政治勢力系統，如下表：

甲、一九四一年皖南事變以前的北方局：

一、晋察冀——彭真、劉仁、劉瀾濤、胡錫奎、楊秀峰、林鐵、蔣南翔、李昌、黃敬

二、晋綏——林楓、烏蘭夫、楊植霖、李雪峰

三、東北——歐陽欽

四、晋冀魯豫——鄧小平、薄一波

五、陝甘寧——高崗、習仲勛、楊尚昆、閻紅彦、王林、張德
　　生、賀龍、譚政

乙、一九四一年皖南事變以後的華中局（長江局）：

鄧子恢、黃克誠、周小舟、饒漱石、陳少敏、舒同

丙、一九四七年三月，解放軍撤出延安，由劉少奇、陳雲、彭
真等組成以劉少奇爲首的中央工作委員會于一九四八年五月所部署
之各方面書記：

華北局——劉瀾濤　　西南局——鄧小平

中南局——鄧子恢　　華東局——饒漱石

西北局——習仲勛　　東北局——高崗

丁、一九五六年劉少奇當選黨中央副主席，五九年擔任國家主
席、國防委員會主席，在劉少奇、鄧小平、陳雲控制下所部署之
人物：

一、中央書記處：鄧小平（總書記）、彭真（副總書記）、陸定
　　一、羅瑞卿、楊尚昆（以上三人在八届十中全會塞進）

二、北京重鎮：彭真、劉仁、鄧拓

三、解放軍總參謀長：羅瑞卿（陳賡逝世後接任）

四、最高人民法院院長：楊秀峰（接任謝覺哉）

五、西北大本營：劉瀾濤、楊植霖、汪鋒、胡錫奎、舒同、馬
　　紀孔、霍士廉、趙壽山（原國民黨十七路軍軍長）、鄧寶
　　珊（原國民黨軍閥）

六、中央高級黨校：林楓、楊獻珍

七、青年團中央：胡耀邦、胡啓立、胡克實、王偉

一九六七年二月一日《井岡山》報第十三、十四期合刊載南開
大學紅色造反團經過三個多月的調查，列出劉少奇大叛徒集團人物

表，如下：

薄一波°　彭真（此爲巨頭）

安子文°（中央組織部長）　李夢離（中央組織部副部長）　劉錫武（中央監委副書記）　楊獻珍°（中央高級黨校校長）　劉瀾濤°（西北局第一書記）　胡錫奎（西北局文教書記）　魏文伯（華東局第一書記）　徐冰（中央統戰部長）　田益（人民衛生出版社主任）　徐正榮（公安部副部長）　馬輝之°（交通部副部長）　劉有光（七機部副部長）　周仲英°（經委副主任）　孔祥楨（一輕部黨委書記）　劉子久（原勞動部長）　廖魯言（農業部長）　王德（中南局組織部長）　王鶴峰（東北局檢查組長）　胡敬一（中央第二檔案館館長）　劉甚之（華東局檢查組）　趙林（吉林省代理書記）　高仰雲（原西北黨校校長、南開大學黨委書記）　彭德（大連海運學院黨委書記）　吳運甫（山西省副省長）　唐方雷（陝西省農村工作部長）　傅玉田（廣東省副省長）　侯正業（福建省書記處書記）　楊實仁（上海人委秘書長）　馮基平（西安市公安局長）　朱則民（農業科學院副院長）　喬國橫、周鐵中（天津紡織管理局）　張振聲（鐵道部某工廠）　王心波（石油部大慶油田總指揮）　賀志年（農村辦公室）　劉尚志（農機部内然機廠廠長）　趙明轉（中國科學院華東分院書記）

　　凡加○者，皆一九三六年在國民黨監獄中，由劉少奇指示，作反共聲明，因而得釋者。溲兒云，此表所列盡是向國民黨投降、寫反共聲明的叛徒。此加○者，僅與安子文同時簽名者耳。又云：當時不受劉少奇指示簽字者有劉格平，今山西奪權者之首領也。藉此可知劉少奇在黨內勢力之雄厚。

　　同期《井岡山》報載有《劉少奇對抗毛澤東思想言論一百例》，説明他實在是一個修正主義者。

　　當大革命運動之際，北京東城、西城、海淀三區内之中學生各組織糾察隊，從事盲目之罪惡活動。其後合組爲"首都紅衛兵聯合行動會"，簡稱"聯動"，日以武器與革命造反派學生相鬥，致政府令解放軍介入，逮捕其首要，方有一批人逃亡國外，或散之四方，其勢方戢。今讀六七、二、十"首都中學生革命造反司令部宣傳部"主辦之《中學文革報》，始知其殘酷之一斑。爰選錄如下：北京六中一小撮人，創造了慘無人道的刑法刑具，如"澆、燙、燒"等，被打的人昏死過去之後，用涼水猛澆其身，使之清醒，然後繼續逼供拷打，是爲"澆"。用滾開之水向被打者頭部猛澆，使之頭皮脫落，全身受傷，是爲"燙"。以整盒火柴燒人臉、髮，是爲"燒"。又有"吊、踩、刺"者，以繩套住被打者之脖子，猛力踢倒其腳下之凳，使之懸空，及其將死，又將繩子猛鬆，使其重摔于地，再作人工呼吸，使之蘇醒繼續受刑，是爲"吊"。被打者躺在地上，數人輪流踩之，受害者内臟嚴重受傷，上吐下泄，大便不能自控，是爲"踩"。用木槍猛刺受害者，直至對方卧地爲止，是爲"刺"。又有"跪、剁"者，將凳子翻過來，令受害者跪凳上，長時間不得起來，有時令跪煤渣，致其鮮血直流，是爲"跪"。用刀剁人臀部，直至血滲出方罷，是爲"剁"。

　　又有"磕響頭"者，凶手令受害者對之磕響頭，如果不響，即以足猛踩其頭，受刑者大都病腦震蕩，記憶力衰退。又有徑致人于死者，九月廿八日，學生王光華被六中帶到"勞改所"，打翻在地，肋骨被打斷數根，活活打死，深夜送其屍體至東郊火葬場滅迹。退休老工友，年已七十六，于十月三日被西糾隊員陳、王二生帶至六中淋浴室，先用冷水潑身，老人不勝寒，又用開水向其頭上猛澆，并取笑之，云："今天讓你洗個痛快！"時頭皮已燙去一層矣。翌日拉至後院，令其吃屎、喝尿，最後堵住其嘴，曳至廁所吊死，揚言徐已上吊自殺矣。一中學生亦然，打死了人，還得讓"勞改犯"

（所謂“出身不好的人”）去和死人親嘴、握手，説：“兄弟，你先走一步，我隨後就到。”按今日之中學生皆解放後所生，所受者爲社會主義教育，獨不念毛主席諄諄告誡軍官，不得對士兵用肉刑，而乃殘酷滅絶人性如是，真是大可駭怪。此不獨超過資産階級思想，并超過封建主義思想，而入于奴隸主之林矣。

無産階級文化大革命的目的：（下略）
（一九六七年《紅旗》雜志第四期《我們魯迅兵團向何處去》）

一九六七、三、十三，《人民日報·聽吧，帝國主義的喪鐘敲響了!》（摘録，下略）

六七、一、廿二，洪兒與潮兒書云：
現在全國就是造反派的大聯合、大奪權。把一切黨、政、財權奪到造反派手中。這是自上而下的發展過程。没有奪就没有一切，光造反不奪權就是百分之百的糊涂蟲、修正主義。這是幾個月的經驗總結，是幾個月來造反派的一個飛躍。北航紅旗戰士對造反派工人説，奪權就是要造成短時期的恐怖，就是要火藥味濃。譬如奪黨權，不僅要把大印拿過來，還有權解散他們的黨支部，不許他黨員再聚會。總之，一切要聽造反派的。從上海農村的消息，知道農民也開始起來了。
中學運動差得很，人都走了。大學生都有組織、有計劃地下廠下鄉（要左派組織開證明）。工人很歡迎學生，我到了北京被服廠，造反工人非常信任我們。我們深知自己差得遠，一定要好好幹，和工人結合，奪取文化大革命的完全徹底勝利。

你們過去都是保守派的。前天晚上，湲湲找到陶祝娥、侯國衛，他們説你們之中有幾個是鐵杆保皇派的，八·一八紅衛兵早散了。你們應該説服那幾個頑固一些的人多和學校通信聯繫，早日認識錯誤，不要當小"工作組"。

我們在兩條路綫的鬥爭中，都不自覺地站到了毛主席路綫的反面，所以現在更要好好學習《毛選》，在兩條路綫中分清是非。不要被階級敵人利用。

一九六七年一月

一月一號星期日（十一月廿一　元旦）

洪兒赴木蘭家。張覺非來，長談。寫"文革"小組信，報告所知谷苞事。寫筆記一則，作自我批評。

未成眠。續鈔《矛盾論》第五章，訖。

與靜秋口角。十時半服藥眠，上午二時半醒。服樂口福無效。五時後眠，七時半醒。

地質部副部長何長工與毛主席同鄉，倚老賣老，稱主席爲"老毛"，稱總理爲"小周"，其行動之狂妄可知。此次爲地質學院之學生所揭發，每星期鬥二次。又地質學院之教授馮景蘭聚金條鈔票甚多，今亦被抄。

谷苞爲予抗戰起後到蘭州時所認識，同辦"老百姓社"，出版《老百姓旬刊》者。自此刊爲教廳長葛武棨封閉後，予久不見之，六三年學部擴大會議中始遇之于北京飯店，始知其已任科學院新疆分院副院長，亦不詳其來歷。今新疆分院來調查其反動歷史，予實無所知，只得依實告之。

一月二號星期一（十一月廿二）

鈔《矛盾論》第六、七章，訖。與靜秋同讀《人民日報》社論《把無產階級文化大革命進行到底》。

未成眠。爲選存信件事，又與靜秋口角。

聽廣播。十時湲兒自校歸，進食。十一時服藥眠。上午三時半醒。至五時眠，六時醒、七時醒。

聞八月中紅衛兵一車到溥儀家，溥儀出問"找誰"，答"找溥儀"。問"找哪個溥儀"，答"找做皇帝的溥儀"。溥儀説："那個溥儀早已死了，現在的溥儀是在毛主席身旁，聽毛主席話做事的。"紅衛兵無言而去。

半夜醒來，不復能入睡，長宵耿耿，實爲難過。每晨醒來，腰酸背痛，至不可耐。白日在地，兩足如冰，必待上床，以熱水袋窩之，方解此苦。凡此皆衰也，老也，不可謂之病。

一月三號星期二（十一月廿三）

續聽姚文元評周揚文。洪兒歸。將今日報載姚文元《評反革命兩面派周揚》閲讀兩遍。

未成眠。

靜秋與予口角，洪、湲助之。十一時服藥眠。十二時十分即醒，飲樂口福，一時半後成眠。五時醒、七時醒。

今日爲湲兒足十八歲之生日，成人矣。其缺點爲自恃聰敏，視事輕易，浮而不實，走向個人主義方面，厭倦爲人民服務，此亦作父母者"嬌生慣養"之結果也。

掏糞工人時傳祥，前數年受劉少奇接見，且選爲人大代表後，儼然成爲權威，每次演講必説"劉主席和我握手"，趾高氣揚，不可一世。今爲江青同志斥爲"工賊"矣。

一月四號星期三（十一月廿四）

到"東單"理髮，等待二小時，看《矛盾論》。看報。

金振宇來，長談。所中雍科長來。節録姚文元評周揚文，未訖。

讀"老三篇"。湲兒歸告失車，爲静秋所責。十一時服藥眠，翌晨五時半醒。又眠，七時半醒。

今晨得潮兒自貴州道真縣來函，知其于上月二十日從重慶出發，當日到永新，廿一日到百合，廿二日到興隆，廿三日到三泉，廿四日到大有，廿五日到道真，六天中走四百餘里，爬越十二座大山。最大者爲金佛山，高一千八百餘米。人行雪上，只能看到前邊三十米左右，一片白茫茫，有騰雲駕霧之感。所行均係小路，路滑風大，下坡時九人中有八人摔跤，渠摔兩跤，混身是泥，差一點就滑到山下去。函云："這些天來，我們都在山裏走，有時沿小路爬到山頂，有時走大路在崇山峻嶺中繞行。我現在越來越喜歡爬山，當時雖然很累，但翻過山，下了坡，就一點也不感到累了。……山間溪水可清了，我們還在三泉的温泉裏洗澡呢。山裏的風很大，呼呼的，跟北方冬天的西北風一樣。爬山，走小路，更主要的是可以鍛煉人的意志。現在我們都對走大路不感興趣了。……當我們走出山看到南川這一片平原時，太陽光剛剛從雲中射出，一道霞光把周圍的山都照紅了，把平原上的水田照得跟鏡子一樣，真讓人心胸開闊。南川周圍的山都有煤，走在山裏也看到了露天煤礦，山上的巖石都是黑的。那裏的煤，一分錢可買四斤。"自道真出，將過四川秀山縣而入湘西土家族苗族自治州。覽此生羡，自恨今生已無山行之資格矣。

其後來函，謂所經者爲屬于金佛山脉之山，高一千四百米。金佛山頂有虎、豹。

一月五號星期四（十一月廿五）

看報。續節録姚文元評周揚文，仍未畢。静秋到女附中，知湲兒車已找得。

略一朦朧。讀上月廿三日陳伯達與大中學生講話，因讀《毛選》中《關于糾正黨内錯誤思想》等三篇。

寫毛主席語備貼。十時半服藥眠，十一時半即醒。起服樂口福，約十二時半眠，七時醒。

一月六號星期五（十一月廿六　小寒）

以微事，静秋與予口角，以掃把批予左頰。看報。寫自珍信。

静秋到居委會學習。與静秋同到王府井，購茶葉、水果、樂口福及圖釘。歸，看江青上月廿三日對紅衛兵代表講話。

看静秋、湲兒寫與潮兒之信。讀"老三篇"。十二時服藥眠，上午四時半醒。又眠，七時半醒。

堪兒昨歸，述其已參加學校對門一鐵工廠，作鏇工，每日工作八小時。渠最喜金木工，得此機會，集體鍛煉，對其改正自由散漫之習慣，實爲有益。

予耳愈聾，今晨静秋告予以李仲英、馮國寶兩家事，予誤聯爲一事，彼即大怒，批予之頰。予老年之苦，與彼脾氣之躁，均即此可知。

王府井貼出炮轟劉少奇、鄧小平、陶鑄之大字報不少，并廣播劉濤揭發其父之反動行爲。

一月七號星期六（十一月廿七）

看報。静秋到所取工資，并看大字報。

略一朦朧。章元善來，長談。看《井岡山》報載劉濤揭發其父劉少奇文。

静秋到厚宣處。十一時半服藥眠，翌晨五時醒。又眠，七時醒。

爲揭發劉、鄧、陶之走反動路綫，所中同人專搞此一大問
題，本所鬥批改事暫擱。尹達無消息。侯外廬半身不遂。賀昌群
以心臟病畏寒，不到所。

聞八寶山所葬民主人士，除聞一多一塚保存，餘如羅常培等
皆爲紅衞兵所搗毀，以其爲假革命也。

聞劉少奇一生凡六娶，第一婦爲蘇聯人，第四婦名王前，嫁
劉時年僅十六，而劉已四十餘歲，生女濤及子允真，被出。第六
婦則王光美也，以其生于富家，而劉主北方局，爲光美所掩護，
遂易妻而娶之。當光美隨夫到東南亞各國時，與江青談，江青
謂，"我輩爲共產黨員，不當戴項鏈"，而彼不聽，衣服皆由香港
裁縫工人所製，一日數易，其爲資產階級固無疑也。毛主席要人
"千萬不要忘記階級鬥爭"，而劉夫婦皆力圖資產階級復辟，能不
使矛盾激化乎！鄧小平爲黨總書記，而遇事獨斷獨行，不請示主
席。陶鑄依違毛、劉間，爲兩面派，此次對于陶之揭發是由廣東
方面發動者。

一月八號星期日（十一月廿八）

看報。剝荸薺佐餐。堪兒歸飯。

湲兒爲洗浴。眠一小時許。煮粥。看《人民日報》譯載阿爾巴
尼亞《人民之聲報》社論。

閱阿社論訖。爲待家人洗衣，至十一時半服藥眠，翌晨六時
醒。又眠，八時醒。

今日星期，靜秋率洪、湲兩兒將積存累月之全家衣服洗訖。

《爲什麼帝國主義和修正主義聯合在一起瘋狂攻擊中國共產
黨和中國無產階級文化大革命》，此阿報社論題，文極長，看至
半天。

今日報上已將劉大年爲叛徒李秀成辯護及趙樹理之專寫農村

落後人物，抹煞無產階級文藝的階級性之反動本質揭出。

一月九號星期一（十一月廿九　三九）

補鈔《矛盾論》第一章《兩種宇宙觀》。看報。

眠一小時。看上海《造反》報批判石西民文字。

看舊作《西北考察日記》。十時三刻服藥眠。上午二時醒，飲樂口福無效，耿耿待旦。

今晚以前數日睡得不差，減少藥量，遂不成眠。藥之錮予也如是。

看上海《造反》報，知復旦校長陳望道亦被打入資產階級反動權威，石西民為前任上海市委、文化部長，主持《辭海》編纂者，蓋陸定一之黨徒也。

一月十號星期二（十一月三十）

與靜秋同到同仁醫院，靜秋治臂痛疾，予取請假條。十二時半歸。候診時看毛主席《在中國共產黨全國宣傳工作會議上的講話》。郎晶晶來，待溲兒。

補鈔《矛盾論》第二章《矛盾的普遍性》，未畢。看報。陳鶴生自上海來，長談至十時。

鴻鈞自徐州回，談至十一時。張汨來，與溲兒同眠。十二時服藥眠，翌晨八時醒。

街上滿貼劉少奇、鄧小平、李富春、薄一波、賀龍、陳毅、陶鑄、王光美等大字報。王光美訪問東南亞時諸醜態，亦從電影片中摘取印出。

鶴生言，言慧珠已自殺，她不如紅綫女之經得起考驗。言死時全身穿白，表示其為清白之身。

得潮兒來函，知其在道真縣中得幹部歡迎，欲知文化大革命事，留住三天。上月廿八日到該縣舊城區韓家溝，又被當地幹部留住，參加對于不法區長吳太國之鬥爭，至卅一日仍未行。彼地"四類分子"甚猖狂，解放前爲土匪窟穴，今日爲勞改犯之遁逃藪，爲吳所包庇者二三百人。卅一日抄吳之家，并砸破其生壙。静秋覽之，甚以串連者之安全爲慮。

一月十一號星期三（十二月初一）

鈔《矛盾論》第二章訖。看報。

服藥，眠半小時。看《井岡山》特刊劉濤《造劉少奇的反》。静秋責湲兒。

聽廣播。服藥兩次，約十二時眠。上午二時半即醒。良久不得入睡，四時半與静秋同眠，五時後得睡，八時半醒。

水合氯醛，Seconal，前皆極有效之藥也，而今亦不靈。天寒，又不敢出門散步，睡眠大成問題，如何如何！一夜睡不好，第二天精神即不佳，不能多做工作，真苦事也。

上海近日大亂，反革命分子鼓動工人罷工，以至停水、停電，火車停開，公路阻塞，碼頭停止活動。幸有上海工人革命造反總司令部等卅二個革命群衆組織起而制止，定出辦法十條，得中共中央、國務院、中央軍委、中央"文革"小組之電賀。

一月十二號星期四（十二月初二）

寫"文革"小組請假信。讀《矛盾論》首二章。看《井岡山》報中《智擒王光美》。

服藥，眠一小時半。看報。挂《毛主席語錄》條。

看《西北考察日記》。十二時服藥眠，上午三時醒。又眠，八時醒。

《井岡山》報載上海最近發生武鬥，工人赤衛隊竟出動數十

萬人，包圍柯慶施、張春橋家，企圖抄家，上海革命造反司令部
奮起保護，發生武鬥，造反派工人死傷五十餘人。又長沙在十二
月廿八—卅日的武鬥中，死傷二百餘人，其中有礦院東方紅、北
航紅旗、清華井岡山的戰士。成都地區卅日至卅一晨，打死八
人，傷六十五人，李井泉又欠下一筆血債。一月三日，上海赤衛
隊等組織在南京制造流血事件，死十一人，傷五百餘人。此均可
見外省之亂，革命固不能無犧牲也。

一月十三號星期五（十二月初三）

讀《矛盾論》第三章，并作提綱，未畢。到"東風"修面。
到文淵閣買作文本。

眠一小時許。看報。堪兒歸取米，旋去。看其持歸之《中共中
央關于學校教育改革的初步意見》。

看《井岡山》報等。十時半服藥，十一時半後眠。上午一時半
即醒。再服藥眠，五時半醒。又眠，八時醒。

自今日起，北京招待站所留住之外省市工作人員皆回家幹革
命。五個多月來，爲外地來京串連者之多，交通成問題，貨物之
供應亦成問題，此後當漸復常態，使服務工作者一輕負擔也。

此事歷一旬始生效。

自運動起後，出版界已不出圖書，故陳鶴生、黃振鯤、許志
濤皆來京串連，本說再來而今不至，殆亦强其歸去矣。據云上海
教育出版社，劉旦宅、方洞等均出問題。又云戈湘嵐已死三年，
否則彼即爲社中大目標矣。

一月十四號星期六（十二月初四）

讀《矛盾論》第三章，并作提綱，仍未畢。鴻鈞來，留飯。
未成眠。看報。

看近代歷史教科書。十時半服藥眠。上午四時醒。又眠，七時半醒。

鴻鈞本已隨其父母回徐州張集林場爲社員，近中央以此等逼回原籍生産爲紅衛兵所爲，非政府意，許其來京復任原工作，且臨時工、合同工亦許改爲正式工（江青發言），故來京接洽，免得在張集脫不了地主階級之帽子。惟現在各機關皆無確定負責人，只得住木蘭家等待。如彼能轉正，則雁秋夫婦亦可來也。

靜秋兩日來小腹作痛，疑是子宮頸炎。白帶多。

一月十五號星期日（十二月初五）

澆移室内之花草。讀《矛盾論》第一章，并作提綱，訖。

看報。

看歷史教科書。十時半服藥眠，上午二時半醒。又眠，三時半醒，六時半醒。

今日接潮兒自遵義來函，知其自道真縣出發，四天中步行四百十四里，經正安、綏陽兩縣，于七日達遵義，爲慶祝中共遵義會議卅二年周年紀念也，會畢後仍到韓家溝，再由湖南吉首縣赴韶山。此行所經爲芙蓉江流域，水清而綠。以所經皆峽谷，翻過一山頭又是一山頭，兩個山頭相距不過三十米左右，却要行四十多分鐘。所經各地，極受農民歡迎，而多訴苦，往往泣下，則偏僻之區仍受土豪之把持可知。一個壯勞動力，辛苦一年，才分得六十多元，還包括買口糧錢在内，其窮可知矣。

一月十六號星期一（十二月初六）

整理湲兒室中物品，爲去塵污。讀《矛盾論》第二章，作提綱，訖。

未成眠。補作第三章提綱，訖。將年來所書于手册中之筆記過録入新册，未畢。

看歷史教科書。十一時半服藥眠。上午三時半醒。又眠，七時醒。

洪兒自今日起，到宣武門外服裝三廠，勞動半天，學習半天，故未明即起，夜中始歸。大約一個月。該廠爲專製棉大衣者，一切工作皆機械化，北方每人需穿大衣，故有供不應求之概。

從廣播中，知滬寧、滬杭兩路已暢通，可見前些日子曾不通，以鐵路工人覺悟之早，而在此次運動中竟爲當權之反動派所利用，殊不可解。莫怪道真縣中有"此地尚未解放"之歎也。

一月十七號星期二（十二月初七）

到東單國藥店，爲静秋買咳嗽藥。到北京醫院，就曲以蘭女醫師診。遇孔玉紅護士。十二時，至崇文門雇車歸。謝剛主來訪，未晤。

服藥，未成眠。讀《矛盾論》第四章，未訖。唐守成來。尚愛松來，長談。

看《西北考察日記》。待静秋看報訖，十二時一刻服藥眠，翌晨七時醒。

護士小孔言，楓林村係去年八月底關閉。趙樸初等于彼時返城，此後病狀未識如何，渠亦未見到。

剛主言，所中鬥爭空氣已鬆，宋家鈺、胡一雅等俱將下鄉勞動，掃地者僅酈家駒、王毓銓二人。

愛松來，謂其妻參加美協鬥爭會，所鬥爭者爲蔡若虹、華君武、吳作人，皆兩人反掣其臂，一人壓其頭，作人、若虹皆患心臟病，至不能忍受。并云：抄吳作人家，搜出兩萬元，亦不爲多。蔡與華以黨員當權派故，已見報，吳非黨員，故報上未點名。

一月十八號星期三（十二月初八　四九）

到工農兵醫院挂中醫號，以已滿退出。穿東單公園，到王府井、東風市場，購新出書。步歸。

服藥，眠半小時許。填本冊日月，訖五月。看報。提煤。削土豆皮。

看《西北考察日記》。聽廣播。十一時半眠，翌晨五時二十分醒。又眠，七時半醒。

今日步行來往崇文門、王府井間，歸來憊甚，我真老矣。冬間穿棉衣，加大衣，負擔一重，便不可支。到所學習，在勢當延至三月間，方能輕裝上陣。到市場閱書，自覺視力更差。

街上所貼大字報，有"陳毅同志非兩面派"、"賀龍是反黨篡軍的大頭目"、"吳德應返吉林向人民低頭認罪"等。又有"好消息：頤和園封閉了"、"重封十三陵，砸爛舊世界"等。

街上行人擠甚，知"打回老家去，就地鬧革命"，雖有此號召，實未能行也。

一月十九號星期四（十二月初九）

讀《矛盾論》，作第四章提綱，未訖。卜蕙蓀來，留飯。

眠半小時許。吳世昌夫人來，以眠未見，静秋與談。看報。

看《首都紅衛兵》報，揭發陳里寧被劉少奇派迫害事。十一時服藥眠。十二時醒。又眠，六時半醒。

子臧自抗戰勝利後到英，任劍橋大學中文教授十餘年，本終身職，以愛國故，宣傳中國新建設，爲華僑稱爲"共產黨"。數年前堅決辭職歸來，外事局分配至文學研究所爲研究員，所得工資較在英時只八分之一耳。此次運動起，受批判甚嚴，至今仍與俞平伯同勞動，則以彼不瞭解放後形勢，依然五四以來作風，敢作文，敢發言，遂使青年人責爲放毒耳。

堪兒本到鐵工廠勞動，依廠規，每天得酬二角。自滬上風潮起，同學責其不當受"經濟主義"之腐蝕，遂不上工，專在學校內鬧革命，而以年幼不明方向，藏被視爲不革命者之自行車，今晚車主來我家告發。

一月二十號星期五（十二月初十）

整理報紙及傳單。作《矛盾論》第四章提綱訖，作第五章提綱未訖。堪兒歸取錢糧，旋去。

朦朧一小時。看報。

看《東方紅》、《西北考察日記》。十二時服藥眠，上午三時醒。又眠，七時半醒。

予左眼上月曾發炎，今日病又作，酸痛難張。予時咳，多痰，痰塞喉頭，幾于窒息。今冬不寒，而仍如此，何也？每晨醒來，滿身骨痛，若將解體。意者非骨痛而是神經痛乎？近日常一天大便二次，但糞正常，成條，諒無妨也。

靜秋家務固累，但神經緊張，精神負擔甚重。

鄧小平切腹自殺，未死。羅瑞卿上次跳樓，受傷，入院治好後歸家仍自殺，此可見階級鬥爭之尖銳。又聞薄一波服安眠藥，躺在澡盆內死。

聞北朝鮮有政變，金光俠欲奪金日成權，爲崔庸健所制止。北越武元甲欲奪胡志明權，未遂。何社會主義國家之多事也？

一月廿一號星期六（十二月十一　大寒）

看報。作《矛盾論》第五章提綱訖。

看報。

看《西北考察日記》畢。十時半服藥眠，上午四時醒。又眠，七時醒。

楊秀峰以剃刀刺喉，未死，送醫院縫好，仍到高教部受批判。此諒與劉鄧路綫有關。何偉兼高教、教育兩部長，聞亦以劉鄧路綫在批判中。

東糾、西糾、海糾三糾察隊被遣散後，復合組"聯合行動委員會"，數次衝入公安部、國防部。其爲首者已逮捕。

一月廿二號星期日（十二月十二）

讀《矛盾論》第六、七章，作提綱。全文訖。静秋到木蘭家。洪、湲到工人體育館批判"聯合行動委員會"。

自作食。高瑞蘭來，贈物，長談，爲代作晚餐。章元善來，取安神藥。

静秋歸。洪、湲歸。瑞蘭行，静秋送之，久不回，到門口待之。十一時服藥眠，上午四時醒。又眠，七時醒。

晨得潮兒十四日道真來函，悉其到舊城區石橋公社，此爲道真縣中最落後之地區，階級鬥争複雜。彼地農民在解放前幾都當過土匪（當然有些是被迫幹的），解放時曾有國民黨一個師在其地被打散，但所遺武裝至今未找到，土匪頭子亦未抓到，故土匪根子未絶。今年元旦去官壩、龍井抄家，彼處"地富反壞"占百分之二十，三橋之幹部直是土皇帝或其爪牙，貪污盜竊案推在群衆身上。供銷社失火不許群衆來救，彼輩則乘機大搶國家財物。貧下中農儘管受其迫害，却敢堅持原則，與之鬥争，農機院中同學爲之感動，願與同事階級鬥争，在大風大浪中鍛煉自己，擬在石橋住過春節再走。静秋覽函，恐其力不敵土匪致犧牲，欲洪、湲去函促其早歸。

一月廿三號星期一（十二月十三）

補記日記兩天。將近數月中事，就所記憶，作系統之記載于此册，藉存此一大時代之痕迹。

寫潮兒信。眠一小時。潮兒同學吳艷君、汪菊英等來，静秋見之。鈔舊筆記本上之隨感，入《古史雜記》册。

看《矛盾論》。静秋責湲兒。十一時服藥眠，上午五時醒，又眠，七時半醒。

昨日起，街車已大鬆，可得座位，知離京者之多也。渠等來京，服務站供食宿，無所事事，則日游頤和、動物諸園，或以經濟主義腐蝕之款搶購手表、自行車、呢絨綢緞。今諸園及百貨大樓之三樓已封，固可歸矣。

中關村中，自鬥張勁夫後，各研究所中之黨委無日不鬥。楊鍾健亦靠壁，渠自入黨而驕，亦固其所。竺可楨亦如聖陶然，不到院辦公，辦公者僅吳有訓耳。聞科學院中曾開上自然科學工作者應保護之名單，毛主席圈去"自然"兩字。

一月廿四號星期二（十二月十四）

看報。張汨等四人來。讀《矛盾論》。

眠一小時許。鈔一年來想到的古史問題入册。祝叔屏來。

看《史林雜識》。爲待湲兒歸，十二時始服藥眠。上午五時醒。又眠，七時醒。

湲兒同學張汨等四人到西郊某大廠勞動，中學生去者凡二十餘人。不知何故，被工人疑爲"聯動"分子，報告公安部，説成反革命，昨晚由公安部逮捕，查明冤枉，于今晨開釋。此亦群衆鬥群衆之一幕也。

今晚静秋到燈市口中學找堪兒，見其已繫"造反派紅衛兵"袖章，已有積極表現可知。洪、湲兩兒亦忙于開會造反，故歸來皆晚，湲兒至以十一時許歸，少年血氣方剛，自當如此。

今日廣播，人民解放軍已由毛主席下令，支持無產階級革命派。

一月廿五號星期三（十二月十五）

湲兒買米。"文革"小組劉、趙兩君來。到"東風"理髮。看《矛盾論》。

到工農兵醫院，至則不挂號，退出。看報。鈔《實踐論》，未畢。

到胡厚宣處談。湲兒又十一時歸。予服藥兩次，十一時半眠，翌晨七時半醒。

予于本月十日到工農兵醫院，開請假條兩星期，迄廿三日滿期。予以近日咳嗽頗劇，未即請醫師爲開續假條。今日劉、趙兩君來責問，如不經醫師證明者，本組當作處理。然下午往醫院，偏又停診，蓋院中亦忙于運動也。如此逼迫，叫我如何過關耶！

劉、趙兩君責予此次大革命尚未觸及靈魂，謂予鈔《矛盾論》無益處。靜秋責予對他們不自卑屈，不合被專政者之身份。予自念一生處順境，不曾向人低頭服小，故不能向主管者持卑躬屈節之態度。此真予之大病也。

一月廿六號星期四（十二月十六）

湲兒到石景山鋼鐵廠勞動，與郎晶晶俱。到工農兵醫院，挂號後靜秋來，就樂守玉大夫診。出，靜秋到所"文革"小組，送請假條。予取藥後歸。堪兒來取錢及糧票，渠已戴紅衛兵臂章。

正欲眠，章元善來，長談。看報。

十時半，服藥眠，忽腹痛，以熱水袋溫之，得眠。上午五時醒。又眠，七時醒。

靜秋到所送醫生准假兩周條，聞"文革"小組人言，予爲舊社會之政客，并告靜秋，予應寫檢討，由其派人來取。稱予爲政客，似乎看我有意爲政治活動，予實無此能力也。

近日天不冷，予願到所辦公。惟與田昌五同室，慮致齟齬，以此躊躇。予無事不可告人，而彼謂握得予之秘密，可哂也。

一月廿七號星期五（十二月十七　五九）

草自我批判《階級觀點》一章，未訖。

眠近一小時。看報。洪兒到蘇聯大使館示威。

十時半服藥眠。上午四時醒。又眠，七時半醒。

昨夜有微霰，今晨有小雪，仍不寒。

各省、地、縣等黨委書記多爲劉、鄧一派，今由工、農、兵聯合奪權，聞之一快。

廿五日，中國留學生六十九人，在回國途中經莫斯科，排隊到列寧、斯大林墓前致敬，并誦毛主席語録，爲蘇聯修正主義統治集團派軍、警、特務二三百人圍攻毒打，傷三十餘人，重傷四人，一人垂危。《人民日報》社論題爲《痛擊蘇修混蛋們的瘋狂挑釁》。

一月廿八號星期六（十二月十八）

看報。整理大運動中之傳單。

續寫昨文，静秋覽後以爲不可用。

湲兒自石景山歸。十時半服藥眠，晨四時醒。又眠，七時醒。

湲兒在石鋼任擔土挖土工作，消耗體力甚大，飯量隨之而高，致份飯吃不飽。

所中囑沈慧中送毛主席《新民主主義論》等四篇來，封面上寫"顧先生"，豈欲團結我耶？此後當奮勉。

洪兒携油印傳單歸，上有"毛主席在中央常委的四點指示"，云："（一）大家要挺身而出，同群衆見面，接受群衆的批評，進行自我批評，引火燒身。（二）大家要挺身而出，同群衆解釋政策。戴高帽子，擦黑臉，脱帽洗臉，立即主動上班。（三）從長遠利益出發，團結大多數。牛鬼蛇神就是地、富、反、壞、右，是少數。有些人就是犯嚴重錯誤，還得挽救他，使他改過自新，不然，怎樣團結百分之九十五以上的人呢？（四）説服幹部，使幹部懂得：不是人人過關搞得灰溜溜的，兩個'挺身而出'，不要'怕'字當頭。最大的問題也得解決。'怕'字當頭，□綫越來越高。"此文中恐有誤字、脱字，待鉛印者出再校正。

聞洪兒云：聯動學生有衝入軍事機關、欲奪回被捕之人者，已槍決數人。

一月廿九號星期日（十二月十九）

看報。整理報紙。堪兒歸，拆鷄棚，旋去。

洪兒爲洗浴。鈔《實踐論》，仍未畢。大掃除，予擦地板。

十時半服藥眠。上午四時醒。又眠，五時半醒。湲兒行後又眠，七時半醒。

堪兒被派至華僑大厦，任宣傳工作，住入彼地。

《井岡山》、《東方紅》諸刊，載賀龍係土匪出身，其姊亦爲匪，其勢遍播各軍。其子賀鵬飛仗父之勢，在此次大革命中胡作非爲。又載陳雲在三年灾荒期間，對總路綫、大躍進、人民公社三面紅旗大肆破壞，主張包産到户，提高物價。此兩個副總理勢必下臺矣。

一月三十號星期一（十二月二十）

六時，湲兒返石鋼。另起頭，寫批判文、未畢。

鴻鈞來，出鈔中央軍委命令，回後擬致潮兒電促歸。晚飯後返中關村。以静秋批判予態度不好，乘鴻鈞來，公開談之。潮兒停留道真，打土豪，與政令不合，故電催之，使歸家學習。

服藥兩次，十二時後眠。五時醒。又眠，七時醒。

又安已來京五六天，曾至西石槽何家，而不來我家，諒係彼回徐後累次求援而靜秋不許，有憾也。

一月卅一號星期二（十二月廿一）

續寫昨文，未訖。看報。

眠一小時。再與潮兒一電，予起稿，靜秋發之。讀《關于正確處理人民内部矛盾的問題》。

看《新民主主義論》。十時半服藥眠。上午四時三刻醒。又眠，七時半醒。

每早醒來，腰酸背痛，輾轉床褥，竟不能起，苦哉老年！

前昨兩日下雪，雖不大，而今日北風一起即甚寒。今日夜半，不得不與靜秋同衾。

中央統戰部及全國政協已爲中央民族學院革命造反派所接管，國務院所屬各部亦均分由各造反派接管，如地質部爲地質學院所接管，石油部爲石油學院所接管等，此後各機關當有徹底改變。

北京爲革命高級幹部薈萃之地，其子女或其孫兒孫女，未嘗經歷其父祖之艱苦生活，而惟受此高貴安樂之家庭陶冶，遂自以爲"高貴血統"與"精神貴族"，欲世襲其父祖之現成官職與産業。其所入皆有名學校，大學則北大、清華，中學則男四中、女附中。如考不取，亦可由其父祖之情面收之入校。在校中與其同學常比出身，或云"我的父親是你的父親之上司"，或云"這個天下是我的老子打出來的"，不肯認真學習，而惟以門閥自炫耀，成爲修正主義之社會基礎。及此次無産階級文化大革命起，彼輩乃組織第一、第二司令部及東城區、西城區、海淀區之糾察隊，亂抄、亂打、亂搶，以此致死者甚多。其在校也，對于凡非革命幹部家庭出身之同學則稱之曰"狗崽子"、"兔崽子"，使其不齒于人類。被其擯斥之學生欲自存于學校，則趨附之，俯首受其驅使，或組織"紅外圍"，或組織"紅戰友"，爲之附庸，此正毛主席所云之"奴隸主義"也。及彭、羅、陸、楊黑綫揭出，繼之以大頭目劉、鄧、陶、李（井泉），此一簇精神貴族勢窮力絀，于是非貴族之"造反派"崛起，又得中央"文革"小組之支持，然後一、二司及各糾察隊解散。反動勢力不願自行消滅，又合組爲"聯合行動委員會"，以與造反派相犄角，甚至貼出反對毛主席及中央"文革"小組之大字報，有"油煎江青"之刻毒語。又在蒙古地區製造若干匕首，衝入中南海及國防部，又闖至公安部，欲劫出被捕之譚力夫等不法分子。政府究查主使，則賀龍、陳雲也。以國務院副總理而作此包庇兒孫以破壞黨中央之威信，故政府益支持造反派，奪取反動派所掌握之各種權力。此種事大報所不記，就所發傳單觀之，得存其厓略于此。

　　毛主席前數年自以年高，故以國家主席一職讓與劉少奇，專任黨主席，以培養劉、鄧（黨總書記）之威望，庶接班有人。巨料劉、鄧得權後便恣睢自大，六年中獨斷獨行，任何事都不請示毛主席，竟使黨主席一職成爲虛懸。劉、鄧一方面勾結彭真、周揚，推行修正主義路綫，使四十年革命事業搖搖欲墜。三年前，毛主席曾告文化部負責人，謂文化部已墮落成"帝王將相、才子佳人部"，國家不需要有此機關，然周揚、夏衍、田漢等不能改也。前年，毛主席又告彭真，謂吳晗《海瑞罷官》劇應批判，而彭真陽諾陰違，未之聽也。毛主席不得已，乃囑上海市委姚文元發難，辯論半年而此政治陰謀乃逐漸發覺，直至揪出劉、鄧而後已。此足見毛主席之英明，使我國不有蘇聯修正主義集團之篡黨、篡軍、篡政之實現。縱一時動亂，若干人有些損失，然路綫正確，打敗帝、修，消滅資產階級，實現社會主義之社會，豐功偉績，因此世所鮮有，且爲全世界創一革命範例，實百世所不能忘也。

上海工業、交通方面之當權派，爲避免群衆之批評，以經濟主義腐化工人，用獎金及補發工資之名義，每人輒千數百元，令其到京告狀或到各處串連，以分散其力量，欲陷入停電、停水、停交通之局面。幸爲革命派所揭發，未致釀成大禍。今奪權矣，所發之錢責令退還。北京百貨大樓手表部四百元一枚之手表搶購一空，退錢固尚有待也。

一九六七年二月

二月一號星期三（十二月廿二）

將《關于正確處理人民內部矛盾的問題》讀畢。看報。

再打一電致貴州道真縣"文革"接待站，靜秋赴電局。

將上年寫入手册中之古史筆記轉寫入新册。十時半服藥眠，上午四時半醒。又眠，七時醒。

潮兒自上月十四日後未來過信，渠在僻地打土豪，而土豪即以往之土匪，有武裝。靜秋日日憂愁，恐被打死，三日中連發三電。今日覽報，悉貴陽四十革命團體合組爲"貴州無産階級革命造反總指揮部"，于上月廿五日起接管貴州省委、省人委、貴陽市委、市人委等黨、政、財、文化等一切領導權，則道真土豪當不敢行其暗害。

省、市之接管以山西爲最早，爲上月十二日夜，十四日發出第一號通告，見于是月廿五日《人民日報》。此後則上海、哈爾濱、青島等。

浙江之革命造反總指揮部于上月二十日發出《打倒農村中反革命經濟主義的緊急通告》，未接收省市之黨政權也。由此可見各城市中當權派之腐化墮落，已至不能不改造之地步。自解放軍介入奪權，遂得所向無敵，誠開國以來第一大事。

二月二號星期四（十二月廿三）

讀《在中國共產黨全國宣傳工作會議上的講話》訖。爲昨所讀文中"知識分子問題"作一表解。堪兒歸易衣，飯罷去。

將中南海造反團貼出之朱德大字報録入本册。看報。

聽廣播。十時半服藥眠。上午二時半醒。又眠，六時半醒。

二月三號星期五（十二月廿四）

將昨讀《宣傳會議講話》中關于知識分子者摘録出。看報。

讀《新民主主義論》未畢。

聽廣播。十時半服藥眠，上午四時半醒。又眠，夢小香水。七時半醒。

今日静秋到東四郵局打長途電話至道真"文革"接待站，雖未能親與潮兒通話，而知其已由石橋公社返道真，并將于明日翻山還重慶，遄乘火車還京，多日疑慮爲之一滌。

聞蘭州大學校長江隆基已于去年自殺。

二月四號星期六（十二月廿五　立春）

與静秋同讀《語録·思想方法與工作方法》節，未畢。看報。

未成眠。續讀《新民主主義論》，未訖。續寫自我批評。

聽廣播。九時半，湲兒由石鋼歸。十時服藥眠。翌晨四時半醒。又眠，七時半醒。

陳毅之子在運動中有行凶行爲，判死刑，緩刑二年。董必武之子亦已自首。此後革命派奪權當益順利，不至爲"高貴血統者"所摧殘矣。

今晚予咳醒，大約以重生爐子時開門之故。近來予每日大便，恒上、下午各一次，幸不稀。

　　靜秋臂痛甚劇，以家庭勞動太多也。眠亦不佳，今日服安神藥三次，雖得眠而覺頭暈。

二月五號星期日（十二月廿六　六九）

　　續寫自我批評近三千字。堪兒歸，早飯後去。

　　眠半小時。堪兒歸，晚飯後去。

　　看堪兒帶回之各種傳單。十時半服藥眠，翌晨四時半醒。又眠，七時醒。

　　數月來，予每晨醒來輒腰酸背痛，至無力起床，腰中如絕。可見予體之衰日甚。靜秋少于予十四歲，亦以家務勞累，兩手麻木，致不能旋轉水壺之蓋子。一對老夫妻相對無歡，奈何奈何！

　　蘇修集團指使流氓特務對我使館人員及留學生一再行凶，有意侮辱，又調出歐洲軍隊五萬人至中蘇邊境，躍躍欲試，為美帝反華開闢道路，其心可誅，其行可恨，以我解放軍之威力固無所懼，殺他一個痛快，亦足促起世界革命也。

二月六號星期一（十二月廿七）

　　鈔劉少奇勢力網入本冊。續寫自我批評二千餘字，靜秋以為不可用，全部作廢。

　　未成眠。鈔手冊中論古史文字入新冊。靜秋到高瑞蘭處商談。

　　看湲兒帶歸各報。十一時後服藥眠。上午四時醒。又眠，七時醒。

　　我在自我批評中盡心竭力地罵自己，但靜秋觀之，還以為我處處在吹捧自己。我自省，一生只有和胡適、魯迅、朱家驊三人的關係是我的大錯，其他時間或其他地方，我實是一個謹小慎微之人。

聞外交部工作人員鬥陳毅，爲之抹黑臉，戴高帽，打小鑼游行，令之喊："我是黑幫！"彼乃云："我是紅幫！是站在毛主席身邊的！不過做錯了某些事而已！"及周總理打電話，令其與外國人士交談，彼乃徑行，部中人又强之脱帽、洗臉而出。

二月七號星期二（十二月廿八）

看報。記筆記一則。元善來，長談。静秋爲我到同仁醫院驗血，因已乾結，未驗。

到"革命"理髮。到工農兵醫院化驗今日大便，雇車歸。静秋到木蘭處。重寫自我批評，約二千字。

爲《古史雜記》編目。服藥兩次，十二時後眠，翌晨五時醒。又眠，六時半醒。

近日大便忽又秘結，服大黄片。我的腸子真是不正常！今日化驗大便兩次，均無血。天又轉暖，決自後日起繼續上班。

静秋聞羅麗言，謂胡厚宣、賀昌群、張政烺、楊向奎四人俱無問題，則我與謝剛主、王毓銓、孫毓棠四人之有問題可知。羅謂可函康生，請其注意。静秋因此日夕不安，要我將自我批評寫得好，駡得自己痛，又要我寫康生的信。予以爲向中央"文革"請求寬恕，事殊不妥，惟有痛下功夫，自己改造耳。然静秋竟爲此事日夜不安。

二月八號星期三（十二月廿九　除夕）

看報。重寫自我批評千餘字，又受静秋改。

未成眠。

九時潮兒歸，談至十二時。十一時半服藥眠，上午三時醒。又眠，七時醒。

潮兒由貴州歸。此行除乘汽車、火車外，共步行二千里，屢在雪山跌交而竟未傷。歸來滿身虱子，亟易衣。在貴州時，曾在山上築公路五天。吾家有此壯女，殊自慰也。

二月九號星期四（正月初一　丁未春節　予虛歲七十五矣）

八時到所，向"文革"小組銷假。到會計科領薪。到厚宣處略談。與謝濟接洽書桌。看去年六月報紙論文。十二時出，一時乃得歸。

潮兒返校。三時，予就床，約得眠一小時。看《紅旗》本年第三期。

看林彪談彭、羅、陸夫婦、楊事。服藥兩次，十一時後眠，翌晨五時醒。又眠，七時醒。

今日到所銷假，所見者未知爲何人，予告以腸出血病已愈，今日起上班，惟以天氣尚寒，往返不便，擬每日來半天。渠不見許，謂半天亦須經醫生證明。予云："氣管炎本老年人通病，醫生未必肯出證明，且上月趙同志來，已向我說可上半天班。俟天氣暖和，自當全天上班。"渠頷之，謂容再商量。

我家離所四里，然交通甚不便，八、十一路無軌已不開車站，廿四路汽車，去時可乘兩站，歸時則須走至東單方能搭，若步至南小街外交部口搭，則只能度一站，步行須三里，予實走不動矣。

二月十號星期五（正月初二）

八時到所，重寫自我批評約二千字。遇楊向奎、謝剛主。

到東單中藥鋪購眠爾通等藥。到北京醫院，就蔣大夫診，取藥。遇王歷耕、王在同兩大夫。到東安市場購口袋及鋼筆。到稻香春買陳皮。到元善處，晤其夫婦及子保、孫兆真（上海徒步到京串連者），六時歸。

看《井岡山》報。以封爐子，靜秋與湲兒大衝突。服藥兩次，十二時後眠，上午五時醒。又眠，六時三刻醒。

今日量血壓，為170/90，以前總是140/80，分明高了許多，這大概是靜秋天天和我吵架所致。只得服降壓靈，希圖降低。

與王歷耕談予病，彼謂降結腸在結腸之上，當時少割了些，以致去年經過運動，勞累了些，以致復發。此後只要不過勞動，不割為宜，因年紀較高，每割一次即傷元氣也。

外埠到京串連者，自去年八月以來，數百萬人，造成交通及物資供應之嚴重壓力，又自恃為毛主席請來之客人，食高級飯，戀戀不去，而日徜徉于王府井大街及頤和園等處。政府三令五申，囑其回鄉就地鬧革命，行者固多，留者仍不少。今日起，廢除憑證乘車制，二十日起不許憑證上火車，彼輩便非走不可矣。

二月十一號星期六（正月初三）

八時半到所。讀昨報哈爾濱師院《在兩條路綫鬥爭中爭取和團結大多數》。讀《毛選》中《大量吸收知識分子》、《學習和時局》。

潮兒自校歸。眠一小時。看報。記筆記一則。尚愛松來，留飯，長談。

服藥兩次，十一時半眠，翌晨四時醒。又眠，六時半醒。

昨日走路較多，夜中又以母女吵鬧，睡遲起早，今日非常疲倦，自所歸家，雖中途雇得三輪，依然作喘。自慮不久人世矣！

自三月一日起，中、小學均復課，先上數、理、化諸課，并開會，在工廠、農村者均令歸來，一切事漸上軌道矣。聞教師言，"我輩已被學生打倒，威信盡失，如何上課？"戚本禹答："你們可自己為自己平反。"

二月十二號星期日（正月初四）

潮兒返校。張覺非來，留飯，長談。看覺非送來之首長講話。

眠一小時半。洪兒爲予洗浴。看報。飯後洗炊具。

續看首長講話。十時半服藥眠。十二時醒。又眠,翌晨五時半醒。

黃仲良(文弼)爲予北大同學,後又同任母校助教。自有"西北科學調查團"之組織,渠遂爲西北考古專家,屢次到羅布淖爾發掘。去年予從香山歸,曾遇之于東安市場。今乃知其于去年運動中嚇死,臨終時常言:"他們要把我鎮壓了吧!"徐旭生則殊坦然,年已八十,仍每日到考古所工作八小時,何其健康乃爾,眞可羨也。

聞仲良之死係心臟病,心肌梗塞所致。

余心清愛花,其院花木葱蘢。去年運動高潮時,群責其資產階級舊習慣,遂以身殉花矣。

二月十三號星期一(正月初五)

八時半到所,鈔陳伯達評陶鑄語入册,又鈔劉少奇違反毛主席語,未畢。看昨日《人民日報》論"去私"文三篇。

未成眠。鈔《實踐論》訖。看報。

服藥兩次,上午一時後眠。七時醒。

今日晴和,春到人間,而予兩足猶冷,需用熱水袋溫之乃安,上下血氣不通貫可知。走路雖不多,歸家已甚疲勞。較之旭生,强弱懸殊,可奈何!

"聯動"自恃高貴血統,日與"三司"尋仇,有"血洗北京城"及"在新華門前集體焚身"之反動號召,冀造成國際間之不良影響,其中女生且挾匕首夜中刺人,其所以敢如此猖狂者,爲其有强大之後臺也。軍隊中亦有不良分子,劉志堅爲其領袖。

二月十四號星期二(正月初六　七九)

八時半到所，讀《實踐論》，爲作提綱。到厚宣處。謝剛主還《桐橋倚櫂録》。

服藥，眠一小時許。將《實踐論》作表解，未完。

看報。服藥兩次，十一時後眠，上午四時醒。又眠，六時醒。

今日颳西北風，又寒，予咳較甚。

向覺明（達）治中西交通史，馮承鈞、張星烺逝世後僅有斯人。五七年不謹，列入右派，雖已摘帽，而去年大運動中舊案重提，未免打擊。聞以尿中毒逝世矣。前年李書城追悼會中，爲予與彼最後一面。覺明之死，聞在去年運動中判往十三陵勞動，體力不勝，帶病歸，竟以不起。

宋雲彬五七年定爲右派，嗣後任中華書局編輯，未聞其有大過，而此次運動中，局方同人竟將其夫婦褫上下衣，痛打一次。《十六條》中禁止武鬥，不審其何以致此也。

二月十五號星期三（正月初七）

八時半到所，續讀《實踐論》，作表解，未畢。十二時半歸。

邵恒秋來，長談三小時半，留飯。鴻鈞來，爲作家務勞動，留飯，夜歸。臥床，未成眠。看報上發表之劉少奇家書。

看報。服藥兩次，十一時後眠。翌晨五時醒。

恒秋來，縱談近事，始知此次運動中，民革方面死楚溪春、黃少竑、余心清三人。翁文灝爲其孫女告發，僅在附近胡同中游街一次。老舍之死，由於其到文聯看大字報，適此日開會鬥京劇院，有人見他，呼："把老舍揪出來！"擁至會場，令其下跪，渠不肯，與紅衛兵相持，在抗拒中踢紅衛兵一脚，遂被打一頓。第二日，紅衛兵又至其家打罵。第三日早，自沉于積水潭。在運動高潮中猶放不下面子、架子，宜其死也。謝冰心家，抄出皮大衣若干件，高跟鞋若干雙，及化妝品若干事。

二月十六號星期四（正月初八）

八時，乘老周車到所。續作《實踐論》表解，未畢。十二時半乘車歸。

服藥，眠近一小時。寫毛主席語錄一紙粘貼。讀《九評》中《蘇聯的特權階層和赫魯曉夫修正主義集團》一節。

湲兒與靜秋鬥口。服藥兩次，十一時半後成眠。翌晨五時醒。

湲兒早歲聰慧，最得父母憐愛，以此養成其驕傲習性。自四川串連回後，爲潮兒留黔，母欲其早歸，湲兒即去信，謂"你千萬不要聽媽媽的話，她總是怕字當頭、私字當頭的"。以此靜秋時與抑制，便常相爭吵矣。

胡喬木爲中共中央委員兼書記處書記，今不知以何事被定爲反革命修正主義者。又范長江爲國家科委副主任，今亦與彭真同鬥。田家英任主席辦公室秘書，今以其曾反對總路綫，被鬥後自殺。胡繩則以與彭真、周揚關係，亦被鬥。此等人之墮入黑幫，均爲出于意料者。

二月十七號星期五（正月初九）

八時半到所。續作《實踐論》表解略訖。十二時半雇車歸。

服藥，得眠半小時許。到聖陶處，長談兩小時許。五時半雇車歸。看報。

十時服藥眠。上午三時醒。又眠，六時醒。

北師大教授邵鶴亭不知以何事自殺，聞該校教授自殺者尚有數人。馮友蘭原居北大燕南園，今已逐出，開放其居屋爲"資産階級反動學術權威生活展覽館"，是則掃地出門可知矣。

今日接毓蘊來信，知德輝在滬，已予平反及道歉，想見運動初起時打擊面之廣。

蘇州觀前街已改名爲"東方紅大街"，臨頓路亦改爲"前進路"。

二月十八號星期六（正月初十）

八時半到所，補作表解，并將《實踐論》通讀一過。十二時半雇車歸。

記筆記一則。服藥，未成眠。看報。潮兒自校歸。

張覺非來，送參考資料來。十時半服藥眠。翌晨三時醒。又眠，六時半醒。

洪兒病頭痛，有低燒，臥床。潮兒一歸即事縫補，機聲軋軋至夜十二時方眠。

今晚予咳甚，雖得眠，猶時時咳醒。

聞榮高棠受監視，每日三班，一班八小時，防其自殺也。其他大官，庶亦如是。

榮毅仁，申新紗廠主人，公私合營後任紡織部副部長。樂松生，同仁堂藥鋪主人，任北京市副市長。在此次運動中俱被打，樂妻二人，其一被打死。

二月十九號星期日（正月十一）

到姚紹華處，長談。十一時半歸。李唐晏來談。

眠約一小時。看報。聽廣播《造反不分先後》。潮兒冒雪返校。

堪兒歸，旋去。九時半服藥眠。十二時醒。又眠，六時醒。

今日廣播昨日《文匯報》文《造反不分先後》，云："革命有早有遲，造反有先有後，這是符合人們認識客觀規律的。一個正確的認識，往往需要經過多次反復才能完成。有的人反復的時間長一些，認識過程曲折一些，這是可以理解的。"調子放得很低，爲我們犯事者開出一條生路。

洪兒仍有低燒，而爲同學所邀，到體育館出席一會，今日天陰作雪，勢必多休息數日方可愈。

堪兒已回學校住，燈市口中學本一千餘學生，近日來校不過什一，不知如何開學？

聞紹華言，起釪無大問題，蕭項平則至近日始抉出一些問題。至宋雲彬之被打，乃係中華眷屬中一些小孩所爲，非正式被鬥也。

二月二十號星期一（正月十二）

八時，冒雪出門，至東口雇老周車，八時半抵所。讀《矛盾論》一過。十二時出，乘九路車到東單，雇三輪車回。

服藥，眠一小時許。看報。鴻鈞來，爲我家裝燈，留飯。看《討孔專刊》。

沈慧中來，與靜秋談。十時半服藥眠。上午五時醒。又眠，六時半醒。

靜秋晨掃雪，感寒腹痛，臥床歇息。渠體已不勝勞累矣。靜秋晚間忽然吐血。

北師大紅衛兵赴曲阜，欲擣毀孔廟、衍聖公府，而曲阜師院紅衛兵不許，以國務院重點保護文物單位爲理由。以此，“全國紅衛兵樹立毛澤東思想絕對權威徹底打倒孔家店聯絡委員會”辦有《討孔戰報》，今已出至第六期，有十版之多。回憶六〇年、六二年山東史學會得科學院哲學社會科學部之支持，開了兩次“孔子討論會”，集合全國哲學、歷史學家，吹捧孔子，召余赴會而予不往，此事予站穩立場矣。

二月廿一號星期二（正月十三）

八時，踏雪泥至東口，乘老周車到所。將《實踐論》讀一過，錄章目入冊。到剛主室。乘九路車到東單，換廿四路車到祿米倉口，換三輪歸。

服藥，眠一小時許。鈔《文匯報》社論《造反不分先後》入冊。

看《古史辨》第一冊自序。十時半服藥眠，上午一時醒。又眠，六時醒。

今日靜秋到北京醫院透視，肺無病，諒以氣管偶破所致。洪兒亦往診，知其病爲淋巴腺發炎，爲疲勞及脚爛所引起，須休息。

二月廿二號星期三（正月十四）

八時一刻到所。草《矛盾論》章目，未畢。王芹白來。乘九路車到東單，雇三輪歸。

服藥，眠一小時。將《馬克思主義經典作家論資本主義以前諸社會形態》校樣殘葉整理，訖。看報。堪兒歸，飯後去。

看《九評蘇修》。十時半服藥眠。上午三時醒。又眠，六時半醒。

街上大字報載金日成俸額高出工農數百倍，以是傾向蘇修，嫌中國太左，不許其國人與中國往來，且誣中國之抗美援朝只爲自己"保家衛國"。此真喪盡天良，走向革命對象，欲持盈保泰，徒成幻想而已。

《參考消息》載蘇聯製有"電氣睡眠機"，爲醫治失眠症，且可將八小時之睡眠縮短爲三小時或三小時以下。不知我國亦能製造否？如可售得，我即可多做工作了。

今日西北風，甚寒。雖穿棉鞋，仍苦足冷。

二月廿三號星期四（正月十五）

八時一刻到所。草《矛盾論》章目，略訖。乘九路車到東單，雇三輪歸。

服藥，眠一小時。尚愛松來，長談。與靜秋同讀今日《人民日報》社論《必須正確地對待幹部》。

看《古史辨》自序。十時半服藥眠，上午一時醒。又眠，五時半醒。

小學已開學，而學生習于閑游，不上學者甚多。大、中學均將軍訓，湲兒數夜不歸，蓋任籌辦也。

讀今日社論，知政府對幹部犯錯誤者只要認錯，便可寬恕。

聞戚本禹甚注意舊文化，以舊書店已歇業，數千噸綫裝書送通州造紙廠作紙料，戚命收回。又聞渠到中華書局，問出何書，局中人謂已停止出版工作，戚云"如此不好，須繼續出版"。因此，燈市口之中國書店已重挂牌子收書，不知琉璃廠何如耳。

二月廿四號星期五（正月十六）

八時到所。看《紅旗》中《掌握鬥爭的大方向》及《必須正確地對待幹部》，并節鈔後一文，未畢。到厚宣處。

看報。丘衛材來談。記筆記三則。湲兒自校歸，聲啞。

十時半服藥眠，上午三時醒。又眠，六時半醒。

見《文藝戰報》，江青斥阿英（錢杏邨）爲叛徒。此可見老黨員有問題者之多。

予右腿上作痛已數日，初未注意，今日易褲，乃知軒挺上生有一瘡。靜秋爲塗消治龍藥膏。

今日報紙早來，予飯後盡看，竟未起溺，及丘君來，又談半小時。及其出門，予竟不能復忍，溺于褲中。

洪兒積勞，四個月來月經不調，每任家務時突覺暈眩，即就床卧。予勸其就婦科治，未應。

二月廿五號星期六（正月十七）

八時一刻到所。草《矛盾論》章目訖，將紅筆書于每章之首，未畢。乘九路轉廿四路車歸。堪兒自校歸，飯後去。

　　服藥，眠五十分鐘。續書《矛盾論》紅筆章首，訖。潮兒自校歸。湲兒自校歸，聲啞略好。記筆記二則。

　　鴻鈞來。看《百醜圖》。服藥二次，十一時半眠。翌晨六時醒。

　　洪兒同班同學生慧，其弟加入流氓團，被捕後供出同黨人名，因爲該團人所恨，某夜往尋釁，適其弟外出，生慧應門，遂被人以刃首擊其背，穿棉衣而入，創深三寸，幸非要害，赴醫院治療，今已拆綫。是則在"聯動"之外更有惡劣分子橫行社會者矣。

　　大、中學校均將軍訓，四兒回家時更少。静秋兩手麻木，不易勞動，而又無人相助。予每日下午在家，勸其往針灸，遲遲未能應也。

　　湲兒聰敏能幹，而個性太强，不易與人合作。此次返校鬧革命，與八人合組"東方紅紅衛兵"，不爲大團體承認，勒令解散，以是精神頹喪，以辯論故嗓音沙啞。有此挫折，正好鍛煉。

二月廿六號星期日（正月十八）

　　張覺非來，送首長講話資料，留早點。潮兒返校。鈔《矛盾論》擬目入册，訖。堪兒歸，飯後去。

　　史先聲來，留飯，討論自我批判問題，長談四小時。洪兒爲洗浴。湲兒返校。

　　理書及抽屜。九時半服藥眠，十二時半醒。又眠，六時醒。

　　今晨静秋驗予大便，尚有黏液與血絲，如此坐車少走路而猶如此，其終難救藥乎？

　　黄國璋任教陜西師範大學地理系，當去年運動初期，夫婦同時自殺，未識何以致此。

　　街上大字報載烏蘇里江對岸，蘇聯軍一營來襲，爲我軍一連擊潰，優待其俘虜，并予釋放，蘇軍感激稱謝而去。

　　堪兒前夜十二時後，押送壞分子八人至公安部，同往者六十餘人，地點在廠橋。

二月廿七號星期一（正月十九）

到所，將《必須正確地對待幹部》文鈔訖。重讀《新民主主義論》。

服藥，眠五十分鐘。搬煤球入室。到寶泉堂理髮。續讀《新民主主義論》。

鈔毛主席語粘門上。十時半服藥眠，上午一時半醒。又眠，六時半醒。

聞越南南方人民欲徹底將美帝逐出，而北方人民則以屢遭猛炸，願言和談。胡志明主席欲抗美到底，而其他人則不願。但北越如與美帝言和，則中國軍隊為援南越計，勢必經過北越，以此北越亦不敢遽言和。此皆不敢反修之所致也。

日本共産黨宮本顯治、野坂參三等均走入蘇修路綫，野坂在日本侵略中國時曾到延安，今乃有此叛變，殊出意料。然此等特殊階層終居少數，大多數人則衷心向最紅太陽之毛主席也。

二月廿八號星期二（正月二十）

八時到所，將《新民主主義論》續訖。重作自我批評一千字。湲兒歸取鋪蓋。鴻鈞來，為代寄三姨鋪蓋與玉華，留飯。羅麗來。

服藥，眠五十分鐘。到同仁醫院，就王家斌大夫治腿疾。出，到井岡山食品店買水果及餅餌。看重慶中美合作所罪行簡介。

十時服藥眠。十二時半醒。又眠，五時半醒。

聞潮兒言，渠在重慶看大字報，知群衆抄李井泉家，《毛選》、《語錄》、毛主席照片、石膏像一切無有。以黨中負西南局重責之人，乃至如此，宜其償事也！

聞上星期六，所中"文革"小組傳尹達到所，訓斥了一頓，以此知前傳尹達被保護于中南海，不合事實。静秋常以彼在運動初期作《必須將史學革命進行到底》一文爲有功，而不知彼作是篇，固逆探中央要批判翦伯贊而爲之，特倒填其著作于兩年前以迷惑人耳。

陶鑄的黑幫：

張際春（中宣部副部長）　熊復（中宣部副部長）　錢信忠（衛生部部長）　何偉（教育部部長）　蕭望東（文化部部長）

以上諸人皆于本月十三日至廿一日被鬥。

陶鑄是舞迷，花費四百多萬元修建了一個跳舞廳。陶鑄一家三口（女兒還在外），占有一幢三層的樓房，計大小房間卅九間，高級椅子、沙發五十六把，彈簧床五張。陶鑄與其妻曾志，在三年困難時期，有一年吃了一萬多元的人參。

二月一日，静秋到東四郵局發電，鈔得一張大字報，其文如下：

大軍閥、大野心家的滔天罪行

朱德是混進黨内的一個大軍閥、大野心家，是埋在毛主席身邊的一顆定時炸彈，現在被挖出來了。這是在毛主席英明領導下，全黨全國人民的又一偉大勝利。

朱德一貫反對毛主席，其罪惡滔天：

（一）井岡山時代，他反對毛主席，造成湘南失敗。

（二）紅四軍九次大會以前，他反對毛主席，企圖篡黨、篡軍。

（三）王明的第三次"左"傾路綫，第五次"圍剿"失敗，他是後臺。

（四）抗戰初期，他和彭德懷又合伙支持王明的右傾機會主義路綫。

（五）一九五三年，他直接參加高、饒、彭反黨集團，支持高崗的輪流坐莊的叛黨陰謀。

（六）一九五七年，他説：我（們）的歷史就是軍史，你們要研究軍史，就要研究我（們）的歷史。他貪天之功，和毛主席分庭抗禮。出了《毛澤東選集》，他就千方百計地要出《朱德選集》，沒有搞成，就出了《詩選》。

（七）一九五九年，彭、黃、張反黨集團把矛頭直接指向偉大領袖、偉大統帥毛主席，朱德就大肆活動，説：吃大鍋飯糟了，公社辦早了，還説彭德懷如何艱苦等，妄圖保下來，等機再起。還説：不要怕"左"了右了的，有什麼話就説。我們這些人不説誰説，誰還敢説。

（八）一九六三年，他鼓吹單幹，説：要單幹就讓他們單幹吧，社會主義也不會垮了。他主張山區不要組織生產隊。

（九）他宣揚階級息滅論，説我們無產階級掌了權，資本家還有什麼可能復辟。

（十）他只宣傳蘇聯修正主義的教科書，三十本書，從來不宣傳毛澤東思想。他還故意貶低毛主席著作，如在一九六五年説：這些歷史，我們親身經歷過，一看就懂。

這僅僅是一部分罪行。

敬愛的領袖毛主席和黨中央，對他的批評教育，真是耐心到了極點，但是他死不悔悟，每次作檢查都是被迫的，都是假的。檢查以後，總是懷恨在心，對黨對毛主席懷着刻骨仇恨，從不低頭認罪，頑抗到底。

中南海紅色造反團整理

中國人民大學東方紅公社紅衛隊、紅衛兵轉鈔

静秋又聞大卡車上以喇叭呼喚，聲討朱德。按朱德于一九二七年率師上井岡山，與毛主席會師，自此爲總司令。其時國民黨反動

派報紙，每記中共動向，輒曰"朱毛"。我輩不參加革命者仰爲天人，承認其訓練解放軍以解放全中國之豐功偉績。而據今日揭發，則爲與毛主席奪權者之一。彼年已八十餘，何以會得如此熱中？從知挾功而驕，必然墮落爲反革命分子，在此革命大潮流中不進則退，退即爲時代所拋棄。此事真觸動了我的靈魂，我自省亦有"倚老賣老"之私心，且自恃少壯時代苦學之成就，以爲今日青年不瞭解我，他日我去世後必有思我之人，觀此可以自儆。此後惟有聽毛主席話，讀毛主席書，以毛主席解放全人類之心爲我之心，庶可在此大時代中獻其一得之微長也。

二月二日，頡剛記。

朱德囑劉白羽（前文化部副部長）爲作《朱德將軍傳》，成第一分冊，此爲一九四〇年事，其中歪曲黨史、軍史，將領導革命之功盡歸于己，抹煞毛主席之正確指導，靦然自稱爲"紅軍的父親"。其書雖未通行，而其篡黨、篡軍之野心則可見。今日打倒反動權威，自宜一整。

一九六七年三月

三月一號星期三（正月廿一）

到所，寫自我檢討初稿，約成兩千字。歸家，静秋以予檢討中寫舊家庭事，與予打吵。堪兒歸取糧票及錢，飯後去。

看報。寫自我檢討魯迅部分一千六百字。静秋又與予打罵，予負氣出門，飯于王府井烤鴨店。

看"老三篇"。服藥兩次，十時半眠。上午一時醒。又眠，三時醒。覺心頭不舒，起坐。四時許又眠，五時半醒。

北越派出高級代表團至仰光，以何文樓上校爲首，將與聯合國秘書長吳丹商談和談，此不獨出賣南越，亦與中國之反帝修以不利。今日環中國者皆爲帝修所收買，國際形勢頗與中國不利，然最後勝利必屬于人民固無疑也。

静秋昨天洗了兩件衣服，今日腕痛至不能舉，因到東單三條針灸。然予一歸來，又以檢討魯迅事與予鬧，舉腕不痛矣。其氣矜之隆如此，予血壓又上升矣，此豈教育之道乎！

今日起，各大、中學校俱開始軍訓。

三月二號星期四（正月廿二）

八時到所，續作《新民主主義論》綱要，至第五節。續寫自我檢討教學部分千餘字。

服藥，未成眠。寫毓蘊信。看《新民主主義論》。澆花。煮粥。看報。

看《關于領導方法的若干問題》。服藥兩次。十時半眠，翌晨六時醒。

静秋本性易怒，一怒即野性大發，動手打人。我的問題，本所"文革"小組遲遲未作處理，即爲彼心頭的一個負擔，又因家務操勞，無人相助，遂盡在予身上出氣。昨日中午予回家時已吵一次，飯後又吵一次，晚飯前又吵一次。我究竟是七十以上人，受不了這種橫逆，只得出外吃飯，夜中遂不易眠，三時醒來，覺心臟軟弱（即昔人所云"心搖搖如懸旌"），恐犯心臟病，欲起床，又爲静秋所阻，由彼拍睡一小時。今午服藥仍不成眠，知血壓又高矣。如此焦躁，直欲將予逼死。可奈何！想不到我老來之苦至于如是！

三月三號星期五（正月廿三）

大風。八時半到所。寫自我檢討《我和朱家驊的關係》二千餘字。冒風歸。

服藥，得眠一小時許。看報。看《兵團戰報》。寫毛主席語一條粘壁。

讀毛主席《論十大關係》。十時服藥眠，十二時起溺，摔跤。又眠，七時醒。

今日本組在外室開會，令我到内室工作，豈將批判我，故不令我聞之乎？

大風吹人欲倒，鼓大勇氣出門，終至咳嗽。今晚多吃了一片眠爾通，致半夜起溺時摔了一跤。翌晨起身又覺頭暈。

聞北越派何文樓至仰光事係出謠傳，其抗美態度不變，聞之喜甚。

三月四號星期六（正月廿四　九九）

在家讀《在延安文藝座談會上的講話》，作提綱，未畢。看報。

服藥，眠近一小時。湲兒自校歸，看其所帶回之《井岡山》、《紅旗》等小報。

仍看小報。十時半服藥眠，上午一時醒。三時又醒，尿濕褲。又眠，七時醒。

今日仍大風，約六級，予對此氣候已無抵抗力，故留家未出。

湲兒咳嗽仍未愈，惟嗓音已不啞。

靜秋赴東單三條針灸後，臂痛頗愈。惟睡眠仍難，而又不肯多服藥，流入神經衰弱。

聞孫蜀丞（人和）已于去年逝世。渠籍鹽城，家係富商。挾資到京求學，收書較予爲早，所得善本頗多。著有《論衡舉正》等書。解放後任職中華書局，前年退休，所藏書不知歸何處，抑竟散佚，甚以爲念。

三月五號星期日（正月廿五）

張覺非來。看《無產階級文化大革命運動中首長講話選編》。堪兒歸，飯後去。

到北京醫院，以停診退出。看《在延安文藝座談會上的講話》，作提綱，未畢。湲兒飯後返校。

續看劉濤揭發其父文。服藥兩次，十時半後眠，上午一時半醒。又眠，六時醒。

前聞邵恒秋言，張振漢家已封。今日由覺非證實其已逮捕，其妻是否同逮，尚未確知。此人最會投機，本爲國民黨師長，在洪湖作戰時爲紅軍所擄，挾之至延安，以其有些軍事知識，得爲軍校教官。其妻鄧道生，湖南人，臂上累累套金鐲。到延安與之逃白區，在重慶經商，發國難財，置大房產。勝利後，蔣政權任命王懋功爲江蘇省主席，渠夤緣爲連雲市市長，請雁秋爲秘書長，又安爲警察局長，而己居滬經商如故。當淮海戰役時，蔣方俘得若干兒童團員，又安一一縱之，渠乃謂何不以之填海，其狠心如此。及解放之局已成，彼乃偕妻赴湘，投入程潛、唐生智幫，共同起義。其後“鎮反”運動，雁秋、又安同被捕，靜秋到湘求其設法，彼竟絕不負責，坐令此二人爲之作替罪羊。三屆全國政協，張爲委員，鄧亦入地質部任職，恃其豐姿，得入紫光閣，與高級領導跳舞，每星期設宴于家，籠絡安子文，自謂可長居富貴矣。不料此次大革命中，渠竟盡喪其所有，不亦快哉！

三月六號星期一（正月廿六　驚蟄）

八時半到所，入厚宣室，續寫自我檢討《我與朱家驊的關係》千餘字，訖。到會計科取工資。遇魏明經、楊向奎。

到東安門買乘汽車月票。到王府井買藥，步至北京醫院，由鄭劍暉女大夫診。遇三機部陳繼常。候診時看《十六條》。乘六路車歸。

服藥二次，十時半眠。翌晨三時醒。又眠，六時醒。

今日量血壓，爲150/80，又接近正常矣。

見有貼翟福辰大字報者，謂其爲尹達走狗，得爲總務科長。當六四年，渠承尹達之命，勸我勿遷，并縷述修理有種種好處。及至去年八月，渠乃以我住屋原圖及修改圖張出，指爲我浪費國家資財。小人行徑，反復無常，宜其有此揭發也。

三月七號星期二 （正月廿七）

八時前到所。續作《新民主主義論》綱要，至第十節。

服藥，朦朧半小時。金振宇來，長談三小時。作《新民主主義論》第十一節綱要。

服藥二次，十時半後眠，上午一時半醒。又眠，六時醒。

葉盛章業武丑，六二年春曾與予同在從化休養。前聞其逝世，未詳其故。頃聞其住龍潭集體宿舍，與鄰居不睦。在運動高潮中，居民委員會與鬥，夫婦同自沉湖中。其弟盛蘭則無事。

北朝鮮完全倒向蘇聯，猖猖罝華。即金日成本身一代已變質，修正主義之可畏若此。

日本共產黨親蘇派對中國學生施行暴力襲擊，其進步人士，如黑田壽男等，則紛紛集會，憤怒聲討日修。

三月八號星期三 （正月廿八）

八時到所。續作《新民主主義論》綱要，至第十五節，訖。

看報。靜秋到本胡同居民委員會聽報告歸，因我説錯了話，大打罵。看五十二中女教員鄭兆南死事。寫劉起釪信未畢，爲靜秋所撕。

以火滅，重生爐，至九時乃飯。服藥二次，約十一時半眠，翌晨四時三刻醒，遂待旦。

今日下午，静秋開會歸，予詢其到會人多否，渠謂住本胡同者幾全到，惟季淑仙未至。予云："季淑仙之大字報比我還多。"蓋季任本胡同東頭居委會主任，去年八月中帶頭抄人家，凡被誤抄者今正貼大字報與之理論也。静秋云："你的大字報比她還多，你不能説人家。"我云："我的大字報有些是青年人開我玩笑的。"彼聞此言大怒，斥我不信群衆，即要到"文革"小組檢舉。予急謝失言，彼乃打罵不休。噫，以我之年與病，一死何足惜，但想不到竟死于静秋之手耳。

三月九號星期四（正月廿九）

八時到所。重作自我批判二千字。雇車歸。

服藥，眠半小時。到"人民"（藝華）修面。修改上午所作文。

聽廣播。洪兒九時半始歸。十時半服藥眠。上午三時醒。又眠，六時醒。

昨日静秋與予鬥，將予與彼二十年前通信盡付一炬，此事使我有刺心之痛，深認自己錯誤，致彼爲了劃清界綫，毀却結婚紀念物。自今日起，予下定決心，改造思想，以應毛主席之期望，重新又正確地爲人民服務。

昨日一鬥，予小便增多，本來每天上午兩次，今日則四次，可見其影響于身體也。

女十二中，"聯動"仍在活動，印傳單，唱《抬頭看見北斗星》歌，今晚六時爲老師發現，報告公安部逮捕，故洪兒晚歸。

三月十號星期五（正月三十）

八時到所。重寫昨作，得三千字。雇車歸。堪兒歸，飯後去。

服藥，未成眠。到工農兵醫院，就王家斌診腿疾。記筆記一則。讀《論革命的三結合》。

聽廣播。十時服藥眠，上午三時醒。良久又眠，六時醒。

予右腿軒挺上生瘡，月餘不愈。今日往院，換一種藥，不知有效否。

今日頗暖，出外可不穿大衣，惟有四級風耳。

街上貼"炮轟譚震林"之標語，渠以副總理掌農林，聞其常騙周總理。

《毛主席語録》在華盛頓暢銷，在英亦供不應求，西方工人之覺悟必能推動世界革命。毛主席的書真成了全世界人民的精神原子彈。此無他，有正確之立場，有對敵我雙方之精密之分析，有革命實踐之勇氣，有援外之物質與精神，方能發生此絶大效果也。

三月十一號星期六（二月初一）

八時一刻到所。修改昨作，續寫八百字。到謝剛主處，并晤孫毓棠。到胡厚宣處。

木蘭來，留飯。未成眠。看《我們魯迅兵團向何處去》。趙錫林來，静秋拒之。

湲、潮兩兒自校歸，述軍訓狀況。十一時半服藥二次眠，上午六時醒。

潮兒在農業機械化學院，洪兒在女十二中，堪兒在燈市口中學，在此次軍訓中，批判反動路綫，俱甚正常。惟湲兒在師大女附中，該校爲高幹之女兒所集中（劉、鄧之女均在），依然以"高姿態"出現，對軍訓不重視，對解放軍開玩笑，在思想上與"聯動"吻合，而工農子女則無有，湲兒欲以革命派自居，而響應之者絶少，形成孤立，希望轉學他校，滿肚子委屈。聞八一學校已解散，女附中恐將陷于同一結果也。

三月十二號星期日（二月初二　九九畢）

將室内花盆移置廊中。章元善來。張覺非來。擦地板，澆花。堪兒歸，飯後去。

到東單買藥。到王姨母處問疾，并晤王儼。姜淑忍偕其婿鄧世明及女、外孫女來。洪兒爲予洗澡。

静秋到淑忍處，十時歸。十一時服藥眠，翌晨六時許醒。

聞廣濟寺佛像已被砸毀，巨贊法師不知到何處去。自去年運動，清真寺已爲回教青年所砸，基督教會已改爲辦公機關，今佛教亦然，從此中國境内宗教絶迹，欺人迷人者不再存在，人盡致力于科學，不亦快哉！

又安事，以農場已被奪權，不可復留，明日復回徐州。到京月餘，失望而歸，此足爲留戀都市者誡也。

三月十三號星期一（二月初三）

八時前到所。鈔去年《紅旗》雜志社論《政治是統帥，是靈魂》入册，并作按語。歸車中遇朱家源。

服藥，眠洪兒床，朦朧半小時。看《東風報》駁"出身論"諸文，摘鈔入册。鴻鈞來。

以爐熄，重生，至九時許始進食。十一時服藥眠，上午一時半醒。又眠，六時許醒。

今日大街上又貼出"火燒余秋里"之大標語。譚震林管農業，渠管礦業。大慶石油之開發，彼時聞余頗有功，不知今日犯了何等錯誤。

凡見我者無不訝我瘦，自捫胸前，只有皮包骨了。凡見静秋者無不訝其老，臉瘦且腫，皺紋條條。昨淑忍來，乍睹其容，竟至哭出聲來。我近日飯量不佳，食欲不振，静秋雖買鷄相餉，依然得食便飽。

三月十四號星期二（二月初四）

八時前到所。修改上星期所作自我批判，續寫千餘字。雇車歸。

看報。鴻鈞來，取核桃樹交又安携歸徐州，交雁秋復種。看《新北大》報《篡黨篡軍大野心家朱德的自供狀》。

出，遇陶景蘧。到稻香春買水果、陳皮。看《批陶戰報》等。十時服藥眠，上午四時醒。良久，朦朧至六時。

景蘧告我，孫照係孫毓汶之孫，其家十三代任大官，未嘗敗落，故其家有二百餘間，所用木器皆堅緻。解放後經處理尚有四十餘間，去年運動高潮中爲人所鬥，服藥自裁。今將開一地主資産階級展覽會，孫家器物亦在陳列中，當往觀之。又言楊東蓴有潔癖，不食人家茶飯，不願與人握手，好享受，民進開大會時包一房間，日費租金十餘元而又不去，對毛主席之"長期共存、互相監督"有歪曲之解釋，今在民進掃厠所，亦足除其驕、嬌二氣也。

三月十五號星期三（二月初五）

八時十分到所。續寫自我批判約二千字。南開大學派俞君來詢問陳序經事。

服藥，眠一小時許。看報。修改上午所作。翻看前數年之日記。静秋吵一次。

洪兒十一時始歸。十時許服藥眠。上午二時醒。又眠，五時醒。

今日報載侯寶璋于本月十二日在反帝醫院，以心肌梗塞症逝世，年七十四。予于一九三九年在成都齊大與之相識，同住一舍。六二年，渠由香港返京，又與之在從化相遇。到京後只見數面，最後一次爲前年國慶節天安門觀禮。渠以病理學專家任中國醫科大學副校長，然以病不常去，近年政協又少開會，以此殊不易見。老友又弱一個，爲之惻然。

昨晤景蘧，知馮賓符已于今年一月逝世，民進失此幹材，可惜也。

清華體育教師馬約翰，聞于去冬死，年八十餘矣。

三月十六號星期四（二月初六）

八時前到所，續寫自我批判千餘字，并修改昨作。謝濟、張德鈞來，問訊予近數年講學事。

湲兒歸，旋去。服藥，眠一小時許。到燈市口買拔毒膏等藥。看報。煮粥。續修改昨作。

看報。十時服藥眠。十二時醒。又眠，五時半醒。

近日正在鬥尹達，諒予受批之日已不遠。遙聞蕭良瓊言："尹達將顧某之學習交給民進是不對的。"這即是他有意疏遠我，不顧黨的"團結——教育——團結"政策之明證。

近日李先念之大字報亦出，聞其對醫學界說話有錯誤，故大字報責令辯論。

楊尚昆任中共中央書記，而裝機偷聽毛主席說話，周總理欲見毛主席，亦須憑證請其允可，此真魏忠賢之流也。

三月十七號星期五（二月初七）

八時十分到所。續寫自我批判約一千六百字。到二樓、三樓前看爲尹達所貼大字報。

看報。服藥，眠一小時許。到"革命"理髮。到回民食堂買燒餅。鈔毛主席論知識分子語入册。

聽廣播。十時半服藥眠。上午二時醒。又眠，五時醒。

看首長講話，知去年二月，彭、羅、陸、楊諸人確擬發動宮廷政變，首先破露者爲羅瑞卿，其次則彭真。當去年六月間，劉、鄧又欲不利于毛主席，故毛主席到外埠兩月以避之。劉、鄧便在此時搞工作組，打擊革命派。以十七年來政治之上軌道，工農生產之不斷發展，中國在世界上威望之提高，而彼輩乃欲篡軍、篡政、篡黨，務欲爲赫魯曉夫之所爲，可謂喪心病狂到極點，宜其失敗也。我輩生于此世，惟有祝毛主席長壽，社會主義陣營方可鞏固，帝國主義方可消滅。

三月十八號星期六（二月初八）

八時前到所。續寫自我批判二千八百字。看大字報。晤蕭風。

看報。服藥，眠近一小時。到井岡山食品店買水果及點心。續鈔毛主席文。

湲兒自學校歸。十時半服藥眠。上午二時半醒。又眠，六時半醒。

今日見北京圖書館、中國書店、故宮博物院、科學院圖書館、歷史博物館諸文化機關造反派共同署名之大字報，勸人們保護古書及字畫，勿事毀壞，俾得留存精華，批判糟粕。此當是戚本禹所建議者。而此一年中被毀者之多亦可見矣。

聞廣州黃花岡七十二烈士墓去年已被拔，今更重修。此事可與保存古文物一事合看，歷史固不可割斷也。

聞班禪在京，屢次被鬥，以糞便納入其口，蓋活佛大便，藏人視爲至寶，將綢子包好，置入神龕，風乾時每日撮少許納飯中，自謂沾得佛氣。今以此令自食，亦破除迷信之一道。

三月十九號星期日（二月初九）

燒浴水。看報。張覺非來，送學習資料。鈔毛主席論知識分子語入冊，兼及《九評蘇共公開信》論資産階級知識分子特殊階層語。堪兒自校歸，飯後去。

服藥，眠一小時。以足疾，未入浴。

湲兒返校。看首長講話。十時半服藥眠。上午二時醒。又眠，六時半醒。

今日爲越南抗美十七周年紀念。以一小國而能與美帝周旋如此之久，大量消耗敵人之人力物力，行將促進美國人民之革命，人的力量洵不可低估也。

予右足之瘡稍好，而左足復發，此倘亦"孝瘡"之類乎？

洪兒寡言，而工作終日不息，就眠前始看報，此將來之好幹部也。湲兒矜才使氣，作事不切實，言浮于行，與洪兒適反。

三月二十號星期一（二月初十）

八時到所。續寫自我批判二千四百字。出，遇謝剛主。

看報。服藥，眠一小時半。續鈔毛主席論知識分子語。看洪兒帶歸之《井岡山》報等刊物。

看師大一附中鬥争事件。十時服藥眠，翌晨六時醒。

今日陰，有風，予又咳嗽。"乍暖還寒時候，最難將息"，只得謹慎穿衣。

静秋針灸已十餘次，左臂較能活動，然家務繁瑣，操勞過甚，有日泄瀉至三次，醫謂是神經紊亂所致，面色憔悴，宛然病人，以予將受批判，緊張尤甚。

静秋得一印刷品，記毛主席與林彪、陳伯達談話，謂郭沫若、范文瀾講歷史，亦是帝王將相派，但他們注重史實，當保，與處理翦伯贊、吳晗、羅爾綱不同，并謂尚有應保者數人。

三月廿一號星期二（二月十一　春分）

八時十分到所。續寫自我批判二千八百字。雇車歸。

看報。服藥，眠半小時許。續鈔毛主席論知識分子語。

看《實踐論》。十時服藥眠。十二時醒。又眠，上午六時醒。

今日陰，有風，較昨更寒。

聞文學研究所鬥争，令人跪，及喚之起，則陳翔鶴、余冠英二人已癱瘓在地，起不來了。

小提琴專家馬思聰，十年前聽其在南寧演奏，今聞其已逃到外國去矣。叛國之徒，其心可誅也。

三月廿二號星期三（二月十二）

七時三刻到所。將前、昨二日所寫統改一遍，續寫八百字。雇車歸。

看報。服藥，久不成眠，三時後始得朦朧。到人民路（王府井）買黃連素及茶葉。到瑞金路（東四南大街）回民食堂買燒餅。

看報。十時服藥眠，上午一時半醒。又眠，六時醒。

昨晚靜秋肚子不舒，用熱水袋溫之無效。今晨竟起不來，亦不想吃。下午二時，始吃一燒餅。渠多愁多累，以至于此。

美總統約翰遜與南越傀儡阮文紹、阮高其會于太平洋之關島，作出戰争升級決定，戰争很快就將加緊進行，揚言將使中國與蘇聯俱不敢干涉，迫使北越俯首乞和。美帝凶手臘斯克、麥克納馬拉、威特摩蘭均到會。此一決戰，是約翰遜爲了明年的總統選舉所下的更大的侵略賭注。

三月廿三號星期四（二月十三）

七時三刻到所。續寫自我批判二千字。孟祥才來。以田昌五批評予，謝濟囑至厚宜室工作，因與談。十一時半，雇車歸。

二時到所，入“文革”小組辦公室開會，聽批判尹達語。五時出，在東單遇袁翰青。到“革命”理髮。

將舊日記作提要，成三册。靜秋到瑞蘭處談，至十一時半方歸。十二時服藥眠，翌晨五時醒。

今日上午，靜秋水泄三次。爲解放軍戰士在居民委員會開

會，談地、富、反、壞、右的居留與遣返問題，不得不去。晚間
又以鴻鈞事及予事到瑞蘭處，不遑休息，如何支持，爲之愁絶。

今日同會：胡厚宣　楊向奎　張政烺　王毓銓　謝國禎　孫
毓棠　張德鈞　魏明經　趙友文　　"文革"小組領導人傅崇蘭

"文革"小組中人指出我兩點：（1）反魯迅即是反共，（2）研究
生十年讀書單，是爲什麼人服務的。第一件未免提得太高，彼時魯
迅是一小説家，有進步性，尚非黨員也。後一事係劉導生交予擬出
者，予只就歷史所第一組（商周史組）言之耳，固非强全所中人必
如此爲之也。此二事均足説明我是資産階級反動學術權威者。

三月廿四號星期五（二月十四）

七時四十分到所。另草自我檢討，突出要點，寫二千字。遇王
毓銓。

服藥，未成眠。二時半到北京醫院，先至皮膚科，就金凡大夫
換藥。繼至腦系科，就蔣大夫診，待甚久。五時半歸。

將舊日記作提要，成二册。十時半服藥眠，翌晨五時醒。

今日午後服藥而不得眠。及往診，量血壓，則爲 150/100，
上壓尚可，而下壓特高，當是昨會刺激所致。以後實行批判時，
不知予將突然中風否耳。

三月廿五號星期六（二月十五）

七時四十分到所。鈔一九五八年予在民進四中大會上發言，檢
討自我，得四千字，尚未畢。

服藥，未成眠。將舊日記作提要五册。爐滅，予生火，不成，
洪兒歸乃得生。湲兒自校歸。

静秋到木蘭、啓鏗處談。十時半服藥眠，翌晨四時半醒。

予翻舊日記，知一九五八年反右整風，歷時八月，予思想上

確起變化，願意改造。特自五九年以來，以研究《尚書》，精神
太集中，致又放鬆學習耳。"時不我予"，必當奮起直追，業務只
得放手矣。

今日潮兒應歸取錢糧而竟不至，湲兒打電話往問，則云正在
開會。洪、湲、堪三兒在中學，每日開會討論"三結合"事，亦
甚忙。

今日下午靜秋外出，火滅，予竟生不着。足見予無生活技能。

三月廿六號星期日（二月十六）

班書閣、李延增來談。另寫自我檢討一千二百字。堪兒歸，飯
後去。洪兒爲予洗澡。

張覺非來談。將舊日記作提要六册。湲兒返校。

因事又與靜秋爭。十時半服藥眠。上午一時醒。又眠，四時
半醒。

予理近年日記，知無月不病，亦無月不工作，如此勤懇，而
不爲世諒。靜秋謂予立場不改，則一切工作等于白做。予不能
忍，因與辯，爭又起。予自恨性情倔強，不能隨時屈申，成爲頑
固堡壘，不知經此批判後，能否如冰之釋，使予能在社會主義社
會中不埋没一生工力否也。

批判將作，而予寫檢討太多，不合格，只得重寫，求其簡
化。自我批判，首須注重立場，予以前所寫，敘述事實太多，亦
不宜也。

三月廿七號星期一（二月十七）

七時四十分到所。續寫自我檢討二千六百字。雇車歸。

飯後又與靜秋爭論。服藥，未成眠。歷史所紅衛兵三人來查房
屋，仍封閉。將舊日記作提綱三册。

鈔王静安先生四十年前與我之信入册。十時半服藥眠，上午一時醒。又眠，六時醒。

洪兒云："在歷史舞臺上無觀衆。"此語足爲予逃避現實之針砭。

紅衛兵三人來，遍視各室，不知其意云何，若令予家遷入小屋，俾得與工人看齊，則幸矣。

静秋檢出予所存信札，欲盡焚之，予謂其中有王國維與我論《顧命》信，求其爲我留下，得允。

三月廿八號星期二（二月十八）

七時四十分到所。續寫自我檢討二千五百字。雇車歸。

看報。服藥，眠一小時許。將舊日記作提綱三册。讀毛主席《將革命進行到底》一文。

看舊日記。十時半服藥眠，上午一時醒。又眠，六時醒。

洪兒被選爲女十二中之紅衛兵，堪兒被選爲燈市口中學之紅衛兵，皆可喜事。

自一九五四年後之日記，至今日作提綱訖。將來有暇，當作一年譜，以資循省。

昨日下午五時，地震，約歷一分鐘止。後知中心區在滄州。

三月廿九號星期三（二月十九）

七時三刻到所。續改前日自我檢討，重鈔，近三千字。雇車歸。

看報。服藥，眠一小時許。續鈔前日自我檢討。作舊日記提綱一册。静秋到愛松家，予煮粥。

十時服藥眠，上午二時醒。又眠，六時醒。

近日無新出大字報，惟"炮轟譚震林"、"打倒余秋里"特多耳。

愛松夫人謂靜秋，予事可直接寫信給毛主席，予意此非今日事也。

今日讀中央統戰部東方紅公社印出之《徹底摧毀劉少奇在統一戰綫工作方面的反革命修正主義路綫》一冊，知中央統戰部在反革命修正主義分子李維漢、徐冰、劉述周等把持下，頑固堅持劉、鄧的修正主義路綫，把黨的統一戰綫變成了保護資產階級，向無產階級專政的工具。閲之自慚，予自五四年參加政協後，受其優惠多矣，此予之資產階級本性所以久久而不思改也。

三月三十號星期四（二月二十）

七時四十分冒雨乘車到所。續寫自我檢討約四千字。謝濟以王宇信歸，囑予自今日起遷至厚宣室辦公。向奎來。

服藥，眠一小時。

服藥兩次，十一時後眠。上午四時半醒，遂不寐。

作《紅巖》之羅廣彬，聞重慶白色恐怖時爲人打死，擲屍下樓，謊説其自殺。聞各處鬧白色恐怖者甚多，不知有若干人冤死！

三月卅一號星期五（二月廿一）

七時四十分到所。看壁報論余秋里事。修改前昨所作，續寫一千字。

服藥，眠半小時許。尚愛松來，長談五小時，嫌予自我檢討不够深刻，決明日重寫。留飯去。

看報。十時半服藥眠。上午二時醒。又眠，六時醒。

予在舊社會中，存好心，做好事，愛國，愛人民，愛人才，不做官，不做校長，而惟努力爲學術工作。故處處得人稱譽，我自己也看不出真實面目。但至今日，無產階級當政，則舊社會所謂"好人"皆是封建地主、資產階級、特殊階層之保護者，其道德當然是封建道德與資本主義道德，而予遂爲反動統治者的幫凶，降爲不道德之人物。階級鬥爭，所以觸及靈魂，即此立場之轉變。而予不瞭此，名爲"檢討"，實多表揚，此愛松之所以囑我重寫也。

予思想改造，應注意下列各事：

一、向工農兵看齊，生活勿特殊化。

二、勿戀舊，以舊人、舊事、舊物均從封建社會、資産階級中來也。

三、雖不能走快，然不能無"緊跟"之心。

四、"念念不忘階級和階級鬥爭，念念不忘無産階級專政，念念不忘突出政治，念念不忘高舉毛主席偉大紅旗。"尤其要念念不忘"破私立公，滅資興無"八字。

五、我家所有一切物皆由間接剝削而來，應儘量繳公，減輕負擔。

六、堅持"晚節"，作事必求有益人民。

上海、天津兩地，紅衛兵兩度抄家。聞李芾甘（巴金）家抄出三十餘萬元，以其作《家》與《春》、《夏》、《秋》、《冬》，所得稿費不貲也。張茂鵬之父爲大資本家，茂鵬以是不任機關工作，被抄後每人發生活費月八元，嗣又打了八折，月六元四角，致電車、寄信之費皆不能出。此等人一貫享福，今遽從天墜淵，可見革命之徹底矣。

胡喬木、田家英，皆毛主席所培養、所信任之秘書也，而胡喬木與劉少奇接近，恃其掌握報紙之勢力，爲劉製造輿論而壓低毛主席。田家英則黨同楊尚昆，在毛主席房間裝偷聽機以遂其篡黨陰謀。如此之敵對行爲如何容得！

一九六七年四月

四月一號星期六（二月廿二）

七時五十分到所。重寫自我檢討四千餘字。

看今日《人民日報‧愛國主義還是投降主義》一文，并聽廣播。潮兒以游行歸，以早四時即起，歸後眠。

湲兒回家。看《新北大》報，揭劉鄧反動事。

今日發表戚本禹文，藉《清宮秘史》電影批判，揭露劉少奇之反共、反人民行爲。文長，廣播達八十餘分鐘，將義和團事件，清室之賣國思想，結合今日劉少奇之種種反黨行爲，直宣判其死刑，可謂淋漓盡致。

兩腿生瘡，已近兩月。塗同仁醫院及張覺非介紹之珍珠散俱無效。自上月下旬塗北京醫院之藥，居然生效，今皆結蓋矣。

四月二號星期日（二月廿三）

張覺非來。終日寫自我檢討四千字，全文訖。堪兒歸，搭葡萄架。到"人民"理髮。

潮兒晚返校。看周總理對財貿部造反派發言。十一時半服藥眠，翌晨六時醒。

今晚潮兒看予所作檢討，仍謂表揚多而批判少。予自謂臉已塗黑，而猶得是評，予在檢討會上之通不過可知。

今日爲我家六人同聚之一日，久無此矣。

聞北大已定批判三個反動學術權威，其人爲翦伯贊、馮定、馮友蘭。

四月三號星期一（二月廿四）

　　湲兒返校。七時五十分到所。改前、昨所作，鈔一千字。大風中雇車歸。

　　看報。續鈔改三千字。湲兒回，飯後去。

　　十時服藥眠，上午四時醒。又眠，六時醒。

　　今日各校，爲戚本禹揭發劉少奇，游行全市，呼"打倒劉少奇、鄧小平、陶鑄"之口號。

　　周自强在海陽縣搞"四清"時，寫"肯定國民黨"、"帝國主義萬歲"之口號，今日開除出所。青年人有此反動思想，殊不可解。

四月四號星期二（二月廿五）

　　八時到所，鈔改前日所作，約二千八百字。與静秋商修改事。

　　看報。續寫二千字，全文畢。

　　洪兒爲寫大字報，終夜未歸。十一時服藥眠。翌晨五時半醒。

　　街上處處列隊游行，敲鑼打鼓，呼"打倒黨內最大的走資本主義路綫的當權派劉少奇！"

　　見有"火燒陳毅"之大字報。又有"陳毅必須向毛主席低頭認罪"之大字報，不知其在外交口出了什麼事。又有書"火燒葉劍英"之大字報，不詳其事。又有"打倒伍修權"之大字報，以其爲彭真黑幫也。

四月五號星期三（二月廿六　清明）

　　八時到所。將静秋所改予文重鈔，得二千字。紅衛兵招至三樓，談讓房事。

　　未成眠，血壓上升，多尿。看毛主席《論本本主義》。紅衛兵三人來看屋。將静秋改寫者鈔訖。

　　聽廣播，睡去，静秋呼醒。反不成眠。服藥二次，約十一時眠，翌晨二時即醒。又服一次，六時醒。

今日清明，中學生將往八寶山掃烈士墓，周總理以其爲舊風俗，不許往。

學部以結婚青年無屋同居，擬將予所居屋分出一部分，住入兩三家。看來予家須遷入東頭，如此方合理也。

今日見一大字報，謂尹達所編《中國史綱》，不獨將堯、舜、禹未定是神是人的寫上，即黃帝、顓頊已確定爲神的亦寫入歷史，是爲封建思想的抬頭。按，我初到所，尹達即謂我疑古太過，爲帝國主義服務。而今得此揭發，可見我的疑古，青年人亦未以爲非也。大字報的題目是"唯心史觀的破産"。

四月六號星期四（二月廿七）

八時到所，看革命歷史所及近代革命史所合撰之《徹底鏟除〈修養〉這株大毒草》一文，歷二小時方竟。到會計科領工資。看六一年予所擬之《歷史所一組培幹學程表》，備批判。

堪兒携鋪蓋歸，此後不住校。服藥，約眠半小時。紅衛兵劉君來，東屋啓封。到東風市場及百貨大樓購物。寫潮兒信。

搬運書物到東屋。十時半服藥眠，不成睡，又服藥，約十二時眠，六時半醒。

自去年八月杪封屋後，至今日啓封，歷七個多月，全家局促于三間屋中。今讓出西頭三間，移住東屋六間，便覺寬廣逾分。實則前屋三間改造時已拆去，較未改建時面積縮小多矣。此後當將書物逐漸讓出，使將來可住集體宿舍，向一般人看齊，不復自恃"權威"，要求特殊化，庶可安居于社會主義社會中也。

現在街上，不見有燙髮之婦女，即留辮女兒亦僅齊肩，移風易俗，即此可知。若蘇聯婦女則競向巴黎看齊，奇裝異服層出不窮矣。

四月七號星期五（二月廿八）

八時到所。寫批判爲本所第一組培幹事所開書目表，二千餘字，未潤飾。歸，則住屋已遷出，几案縱橫，站立進食。

服藥，眠一小時許。到新遷入之周家，理書物。鴻鈞來，與洪、堪兩兒同搬物件，留飯。

聽廣播。看報。十時半服藥眠。十二時醒。又眠，三時醒。又眠，六時醒。

今日午刻歸來即整理書物，飯後覺疲倦，居然得一佳眠。醒來再理，前後房多跑幾次，即感疲勞萬狀，足心發痛，此可見我已無勞動力。

新來之周家，夫妻兩口外又有丈人、丈母，故住最西頭一間，將厨房拆去。尚有兩室，人家看了都不願住，以面積僅十五平方米，又無衛生間，實不適于居家也。

四月八號星期六（二月廿九）

到所，續改前昨所作。雨中雇車歸。鴻鈞來，助移物。與洪兒偕爲之。

擦桌子，整理什物、書籍。看李敦白《中國文化大革命打開了通向共產主義的航道》一文，甚受感動。

潮、湲兩兒歸，理床鋪。十二時服藥眠，一時一刻即醒。再服藥眠，六時醒。又眠，七時醒。

歸家，見所遷雜物散亂，竟無插足之處。又以封閉七月，塵封如入墟墓，不能不參預一分勞力，略加整理，惟此體已不勝任，兩足發痛，如六五年上天安門觀禮臺時，大懼舊疾復發，不得不停。《聊齋志異》曾寫一貪吏死後入冥，冥王令將貪污所得化爲銅液，悉令飲之。予性貪多務得，積稿太多，稍一整理即極費事也。

四月九號星期日（二月三十）

張覺非來。整理所鈔筆記及其他稿件置入後房。靜秋將多餘木器出售。鴻鈞來，與四兒同理書物。

洪兒爲予洗澡。鈔美國革命家李敦白所著《中國文化大革命打開了通向共産主義的航道》。

潮兒返校。十時半服藥眠。上午四時醒。又眠，六時半醒。

我家木器及衣服、瓷器、銅錫器等，先祖傳與我父，未嘗斥賣，又加發展。我父傳與我，亦未嘗斥賣，更加發展，以致充斥一所大屋。今當過好社會主義關，靜秋發狠，凡非經常應用者盡賣之，予亦任其所爲。惟彼將文化遺産，如真定大佛寺攝影銅版亦以廢銅出賣，則甚拂予心，以政府對于舊文化亦予保存，以供批判接受之用，本非徹底破除也。

自今日起，予住廳西工作室中，靜秋住廳東諸兒室中，以予中夜起溺，恒將彼吵醒，輒致待旦，妨礙其休息，而予亦得自由處置就寢時間，不必等待也。

四月十號星期一（三月初一）

八時到所。賀昌群來談。續寫檢討一千字。看學部鈔外語學院關于陳毅之大字報。

飯後覺倦，眠一小時。鴻鈞來理書物。予理所居室書物。復看昨鈔李敦白文。

爲鴻鈞講《毛主席詩詞》。服藥二次，十一時眠。上午二時醒。又眠，六時醒。

昨日靜秋出售木器于拍賣行中，得三百餘元，其中琴桌二張爲先父遺物，本已由又曾售出，靜秋追回，今售八十元。

昌群患心臟病，發得愈勤，幾每星期一次，面色憔悴，既瘦且黑，爲之不怡。

看爲陳毅所揭諸點，實爲心直口快諸語，特在運動中，爲小將們抓住耳。其中言毛主席曾被人禁止發言十五年，恐不確，自共産黨成立至遵義會議不及此數也。

四月十一號星期二（三月初二）

八時到所。校所鈔李敦白文。續寫檢討千餘字。木蘭來，留飯。

看報。眠一小時。寫張茂鵬信。到"革命"理髮。到東單買藥及鎖。疲勞，休息。

服藥兩次，十時半眠。上午一時醒。又眠，五時醒。

昨日清華大學開鬥争王光美大會，彭真、陸定一、薄一波、蔣南翔四人陪鬥，每歷二十分鐘休息一次。王光美穿塑料長袍，戴以乒乓球製成之項鏈，令其跪于毛主席像前，初不肯，强而後可。

今日出門兩小時許，兩足心已作痛，尤苦内急，幸于新開路口找得厠所。

厚宣謂予，昨在汽車中遇王伯祥，詢其近况，答以"待死"。老年之苦，至于如是。予積極性尚存，終當通讀馬列主義，不愧爲今世人也。

四月十二號星期三（三月初三）

洪兒在校一夜未眠，今晨六時歸就卧，八時即去。八時到所。續寫檢討千餘字，訖。歸，以静秋買物未歸，門鎖，坐階上看《語録》。

看報。服藥，朦朧一小時許。看吳傳啓、王恩宇評劉少奇《論修養》文。記筆記一則。

堪兒以貼大字報，徹夜未歸。十時半服藥眠。十二時半醒。又眠，上午四時醒。又眠，六時醒。

　　近日報紙、廣播、大字報均在反對劉少奇及其所著《論共產黨員的修養》，以其主要思想爲"吃小虧，占大便宜"，實爲市儈思想，絲毫無共產主義氣息也。渠主張和平演變，要工商界做"紅色買辦"，且主張"三自一包"、"三和一少"，與毛澤東思想太不相容。又提倡奴隸主義，要黨員與人民皆爲其"馴服工具"，即明知領導人有錯亦不當反抗，此則流入法西斯主義矣。如此人物，竟領導黨至四十年之久，宜其令被捕黨員寫自首書，不恤爲叛徒也。

四月十三號星期四（三月初四）

　　八時到所。鈔清靜秋改稿千餘字。記筆記一則。復看姚文元評周揚文。

　　到北京醫院，就女醫師馮二娟診，遇陳建晨。待診時看毛主席《在全國宣傳會議上的講話》。到井岡山食品店買肉鬆。看報。煮粥。

　　看《蔡永祥》小册。靜秋改予所作。十時一刻服藥眠，十二時醒。久久不成眠，服食點心，二時後又眠，六時醒。

　　今日量血壓，爲100/70，較之上月廿四日，何其不正常之甚也？將謂"降壓靈"真有如此之功效乎？

　　東單公園中，榆葉梅盛發，惜已無心看花柳，"存在決定意識"，固不許重度楓林村之生活矣。

　　在街看墻報，知胡喬木接近吳晗、鄧拓，《海瑞罷官》一劇本由其改寫。宣布其十二大罪，未能細看，但知其牽涉胡愈之耳。又見有"打倒徐向前"之大字報。

　　本所五級研究員萬斯年久病，此次運動中未見其參加，詢之厚宣，謂已于去年自殺，未詳其所以致此之因也。姚家積亦五級研究員，去年派赴非洲，今已歸來。

四月十四號星期五（三月初五）

八時到所。重鈔檢討二千餘字。歸，理印章。

眠一小時。記筆記一則。修改上午所作五百餘字，即鈔清。煮粥。湲兒歸。

看《胡適論學近著》。十時半服藥眠。上午二時醒。又眠，六時醒。

邇來小便，恒致急不容解褲，膀胱功能之衰可知。

靜秋將雜紙賣去，得三十餘元，我家數十年來賬本、禮簿盡矣。

成都、重慶一帶仍在白色恐怖中，林副主席之力所不及也。

四月十五號星期六（三月初六）

湲兒返校。八時前到所。重鈔檢討二千餘字。木蘭來，留飯。

眠一小時許。元善來，長談二小時。讀毛主席《抗日戰争勝利後的時局和我們的方針》。

湲兒自校歸。十時半服藥眠，上午四時醒。又眠，六時醒。

吳傳啓事，去年已鬧了半年，結果定爲左派。自本月十二日在《光明日報》上發表《論修養》後，學部廣場又見"打倒摘桃派吳傳啓"大標語，另一處却寫"吳傳啓是堅定的左派"。聞學部紅衞兵有"縱隊"、"聯隊"兩派，聯隊擁吳，縱隊反吳，反吳者且牽及潘梓年。其是非殊難遽斷。

聞北大中亦分兩派，一派擁護聶元梓，另一派則反聶。又地質學院東方紅衝入北大，武鬥起來。中學中亦多分兩派，皆自謂革命派而互相攻擊，團結之難如是。

四月十六號星期日（三月初七）

張覺非偕其孫張新來。爲靜秋檢出抽屉櫃中之信札，以廢紙出賣，予欲稍留一些，遂至鬥争。

服藥，未成眠。尚愛松來，長談四小時，看我家所藏明清人尺牘，并看予所開書單，所作檢討，提意見。

看魯迅《兩地書》。十時半服藥眠，翌晨六時醒。

聞劉伯承派往越南，指揮戰爭。此一好消息也。前傳武元甲掀起政變，準備降美，其事殆不可信。

前年看北大之春，去年看香山之春，今年則有花而不得觀矣。

看魯迅集，具見其思想之進步，如《老調子已經唱完》中說："生在現今的時代，捧着古書是完全沒有用處的了。"又說："中國的文化……和現在的民衆有甚麽關係、甚麽益處呢?"他雖讀舊書，而能跳出來，從"用"字着眼。我則未能，所以致彼不滿，視我若仇。

四月十七號星期一（三月初八）

八時到所。重鈔檢討二千五百字。

服藥，未成眠。木蘭、鴻鈞來，長談四小時，留飯。

看《兩地書》。十時半服藥眠，翌晨六時醒。

今日忽感頭暈，不知是否因于感冒。近兩日夜眠甚佳，而午睡雖服藥仍不能入眠，不詳其故。

鴻鈞來此三月，始終報不上户口，公安局與居委會均勸其回徐州，因定于兩三日内去。羊肉胡同木器均借自我家，靜秋囑其賣出充路費。從此生離死別，兩不相知矣。

四月十八號星期二（三月初九）

八時一刻到所。將檢討整飾一過，續寫八百字。

服藥眠一小時許。馮君實來談，爲聽心臟。看報。續草檢討八百字。

看《兩地書》。九時半服藥眠，翌晨四時醒。又眠，六時醒。

　　馮大夫聽予心臟，云無病。近日困頓，倘以天氣不正常故耶？抑即所謂"春困"也？

　　吳世昌勞動歷八個月，今以其歷史已調查清楚，實爲愛國歸僑，不但解除其勞動，且付以審查資料之任務，殊堪慰也。

　　中央"文革"小組以批判劉鄧反動路綫，人力不足，想起去年"史紹賓"之一組，故林甘泉、宋家鈺、胡一雅等悉予解放。

四月十九號星期三（三月初十）

　　八時到所。續寫檢討兩千字。看報。

　　服藥，朦朧半小時。改作檢討約兩千字，全文畢。煮粥。

　　看《兩地書》。十時半，服藥眠，上午一時半醒。再服藥眠，五時醒。

　　一九六五年冬，劉少奇、鄧小平、彭真、羅瑞卿、陸定一、楊尚昆等即擬發動"二月政變"，儲糧、布兵于城郊，裝聽筒竊聽毛主席言語，凡報社、廣播電臺等均爲所據。毛主席知之，故赴上海，而其時劉少奇赴新疆，鄧小平赴陝西，均聯絡其黨羽，事未成而發覺，故羅瑞卿跳樓自殺。此"宮廷政變"之一幕，至近日始行揭出，見于大字報。并云事成後以鄧拓爲中宣部長。此真喪心病狂也！

四月二十號星期四（三月十一）

　　八時到所，看大字報。將檢討全文統整一過。看報。

　　羅麗來。服藥，朦朧一小時。看魯迅《集外集拾遺》。吳世昌夫人來，長談三小時。

　　看吳則虞《共工觸不周山疏證》。十一時服藥眠。翌晨五時半醒。

　　愛松、厚宣均言，歷史方面之反動學術權威，中央"文革"小組定四人，翦伯贊、侯外廬、劉大年、黎澍。黎雖無寫作，而與舊中宣部之關係密切。哲學方面亦定四人，楊獻珍、馮友蘭、馮定、朱光潛。文學方面七人，中有何其芳、俞平伯，其他五人未能質言，當是夏衍、田漢、周揚、陽翰笙等。對于歷史所之"反動學術權威"如予與厚宣等，不過作内部批判，不載于報紙者也。

四月廿一號星期五（三月十二　穀雨）

八時到所。將檢討再行修改一過。楊向奎來。

服藥，眠一小時。看報。到"立新"（寶泉堂）修面。到金魚胡同，看關于劉少奇夫婦及鄧小平之長篇大字報。

鈔《辭海》一則。十時服藥眠，上午二時醒。又眠，六時半醒。

北京市革命委員會宣告成立：主任委員：謝富治。副主任委員：吳德、鄭維山、傅崇碧、聶元梓。常委：劉錫昌、徐鎧、王景瑞、魯文閣、苗永昆、鄧萬田、羅瑞華、張桂福、黄作珍、劉紹文、范普權、牟立善、譚厚蘭、蒯大富、韓愛晶、李冬民、周景方、劉建勛、丁國鈺、高揚文、牛連璧、涂武生。

游行隊伍，敲鑼打鼓，終日不斷。街上所貼標語，有"絞死彭、羅、陸、楊"，"槍斃劉少奇"等。

四月廿二號星期六（三月十三）

八時一刻到所。鈔檢討清稿二千字。將衛生間重粉一過。

服藥，眠近一小時。鴻鈞來，移什物。愛松來，將予檢討全文看一過，提出若干修改意見。潮兒歸。湲兒歸。

八時飯。鈔《辭海》文二則。十時半服藥眠，翌晨六時半醒。

前日吳世昌夫人來長談，歸家後又與楊向奎夫婦談，不知説了何事，昨日楊向奎即向"文革"小組報告，"文革"小組即將胡厚宣訓斥一過。今日厚宣見予，表示對予夫婦不快。又堪兒在校，説："我的爸爸是反動學術權威，他的學生也都是反動學術

權威。"大約爲向奎之子楊大士轉述于其父母，一併爲向奎所報
告，故"文革"小組斥厚宣時并及之。險哉此人，渠爲開脫自己
計斥賣師友一至于此。幸而我對世昌夫人未多説話，尚未陷于大
戾，然而她也太喜歡説話了。予本寡言，此後當更少説話，庶不
爲一班小人所媒孽也！

　　近日天氣暖至二十度，然一脱棉褲，痰咳又作。昨日上街看
大字報，站立一小時，脚心又作痛。此體如此不濟，奈何奈何！
所幸者，每日大便正常，屁中夾屎不多，腸疾不作耳。然每晨到
所，車資三角，午間回來，以直送家門，又至四角，每天七毛
錢，嫌浪費也。來回八里路，已走不動，回想少壯之年何等勇
健，今乃一衰而至此，真不堪回首矣。

四月廿三號星期日（三月十四）

　　看林彪副主席三月二十日在軍以上幹部會議上的講話，以油印
本校之。洪兒爲洗浴。今日西屋周、張、周三家俱遷入。

　　服藥，眠三刻鐘。張覺非來。

　　略鈔檢討。十時半服藥眠，上午一時半醒。遂不能寐，直至天
明時始一朦朧。

　　　林副主席講話，使我懂得主流與支流。此次運動，主流爲杜
絕修正主義根株，爲無産階級革命大勝利。至于支流，則爲錯
鬥、錯殺。各地之亂，死人雖多，尚不及一戰役也。

四月廿四號星期一（三月十五）

　　潮、湲兩兒返校。八時前到所。續鈔檢討約五千字，静秋又爲
修改。木蘭來，留飯。

　　服藥，眠一小時。

　　洪、堪兩兒以開大會，徹夜未歸。十時服藥眠，翌晨五時醒。

予作檢討已有萬餘字，静秋以爲繁瑣，宜删；又觀點有不正確處，宜改。兩月以來，稿五易矣。我一次一次寫，静秋一次一次改，誠不知何日可成定稿。

今日印尼反動政府宣布中國駐印尼大使館臨時代辦姚登山及總領事徐仁爲"不受歡迎的人"，中國除提强烈抗議外，亦宣布印尼駐華大使館臨時代辦巴倫及參贊蘇馬爾諾爲不受歡迎的人，限令于四月三十日離開中國之境，兩國等于絶交矣，不知在彼國之華僑能盡數歸國否。

四月廿五號星期二 （三月十六）

八時到所。讀《毛選》第四卷首二篇。重鈔檢討千餘字。與厚宣談。冒雨歸。

服藥，眠一小時許。静秋到木蘭處，與鴻鈞别。將所鈔檢討整理一過。予自作飯，自吃。

洪、堪兩兒徹夜未歸。十時半服藥眠，翌晨六時半醒。

聞北大上課，以學生教學生，而教員旁聽之。教授、副教授、講師等名義咸取消，統稱之曰"教員"。工資今雖未定，將來當以實際需要爲斷，資産階級統治學校之事從此永絶，大足稱快。

聞王力在北大教員中被評爲重點，以其著作中大捧乾嘉學派，其于近代則又欣賞羅振玉、王國維也。我輩寫作，恒從資料中歸納出史實，而不先正其觀點與立場，此所以犯錯誤也。考據學者不分主次，不别大小，一例待遇，是故流于玩物喪志，不得爲科學。戒之哉！

四月廿六號星期三 （三月十七）

八時一刻到所。讀毛主席《論人民民主專政》等篇。重寫檢討第三章千餘字。

服藥，眠半小時許。元善來，長談兩小時許。湲兒歸，取錢買《白毛女》芭蕾舞票。

看《喻世明言》。十時半，服藥眠。翌晨五時半醒。

近日予兩腳腳心痛甚劇，不知是否腎病所致，以此意境頹唐。元善勸以"勇、闖、受"，肅清黃昏思想。

今日靜秋至王府井，正值青年兩派鬥爭，店鋪皆關門。

洪兒所在之女十二中，分四三、四四兩派，有左右之別，日在鬥爭中。堪兒在燈市口中學，參加三司造反隊，日與"聯動"鬥，以是常以深夜出，不克歸臥，白天假寐片刻，即懷一饅頭出。其生活之忙亂可知矣。

四月廿七號星期四（三月十八）

八時到所。重鈔檢討二千字。看《毛選》。

堪兒昨夜歸家，睡至今午後一時方醒。服藥，眠一小時。看報。

洪兒未歸。靜秋爲予改第四章，至上午一時訖。看《明言》。十時半服藥眠。上午一時半醒。二時半又醒，五時半醒。

聞被捕之"聯動"已釋出，先到人大會堂開會，皆哭，江青亦哭，周總理亦垂淚。

宋任窮之女宋彬彬，與湲兒同校，去年八月毛主席第一次接見紅衛兵時，渠在主席側，聽主席語改名"要武"，就此與異派鬥，受其傷害者至二十餘人，判處死刑，緩刑十年，今釋出矣。

到印尼大使館示威者，前日爲大學生，昨日爲中學生，今日爲小學生。印尼在華留學生亦參加。蘇哈托、納蘇蒂安之反動政權，終必爲其本國之革命人民所推翻，而美帝、蘇修之慫恿與援助，徒然落空而已。

四月廿八號星期五（三月十九）

八時到所。將静秋删改之檢討第三章鈔畢。洪兒未歸飯。

服藥，朦朧半小時。鈔静秋所删改之檢討第四章，未完。看報。記筆記一則。

後院郭大媽等來。木蘭送鴻鈞上車後來，留宿。看《明言》。服藥二次，無效，一時起，三時又起。四時後似得朦朧。六時起。

近日脚痛雖少愈，但仍疲乏。今晚失眠，似因終日寫作之故。此文作就，必當好好休息，晚間出外散步。

聞内蒙古自治區軍隊槍殺三司學生，周總理昨有報告。烏蘭夫固不可恃，殆與包爾漢同。

今日《光明日報 · 新史學》中載有應永深、田昌五所譯《戰國策》中《觸聾説趙太后》一章，原文中兩見"重器"字，譯者不瞭，漫以"權力"譯之，而不悟即下文子義所謂"金玉之重"也。如此刊出，豈不爲識者所笑！

四月廿九號星期六（三月二十）

洪兒晨歸。八時到所。鈔改檢討第四章，未訖。木蘭回其家。看報。大便兩次。

略眠一刻。出，遇虞嫂。到"革命"理髮。續鈔檢討。潮兒歸。湲兒歸。

看《明言》。静秋爲予改文至上午一時半。十時服藥眠。十二時醒。再服藥。三時醒，進點。六時醒。洪、堪兩兒俱未歸。

今日予脚心痛特劇，晚飯後只得卧床。

街上貼有"打倒廖承志"之標語，與前些日子"打倒李葆華"同，皆烈士之子也。

從理髮師口中，知溥伒（雪齋）已于去秋失踪。按今日有户口、糧食諸限制，無術遁世，殆效申徒狄之故事，故無人知其死所也。此人能書、善畫，好操琴，與世無争，何必出此下策爲！

四月三十號星期日（三月廿一）

潮兒爲予到工農兵醫院挂號。堪兒晨歸。八時，到工農兵醫院，到東單公園憩息。十時還院，由吳兆祥大夫診，轉內科由馮允章大夫診。十二時取藥歸。疲甚，眠一小時。待診時看陳里寧《狂人日記》。

二時起飯。三時半與靜秋同到中關村，訪啓鏗夫婦及國光，雜談。洪兒亦至，同晚飯。

看電視芭蕾舞《白毛女》。十時服藥眠，旋以木蘭入室醒。又服藥。十一時眠，翌晨六時半醒。

今日量血壓，爲 160/100，較十三日又高矣。較上月廿四日亦微高，此所以不得安眠也。

予之脚痛，中醫謂是腎病，西醫謂是血管硬化，未詳孰是。馮醫爲開兩星期假條，可稍得安養。以四小時之活動，疲極得眠，竟未服藥。

閱《科技消息》，知科學院張勁夫、裴麗生兩副院長，都已打入反革命修正主義分子。

自去年八月以來，未嘗行遠路，今日爲第一次。

我邇來身體情況：

一、脚心痛，只能坐，不能站，亦不能多走路，直如犯刖刑。

二、出汗，行半里路即一身汗，且作喘。夜間輒盜汗。

以上二事當是體虛所致，虛甚則脫，不知住世尚有幾時。

三、失眠，有時服劇藥亦不能睡，以此白天工作不能過多。血壓時高時低，以是睡眠忽好忽壞。

四、氣管炎，寒溫偶有變化，即咳嗽、多痰、打噴嚏。入冬則畏寒如虎。

五、口中乾渴，且膩，多喝茶。

此皆衰老之常態，不可謂之病。然而舉動如此不自由，如何可以鼓起積極性來？

希望此次運動完了之後：

一、許我退休，俾得整理宿稿，不管能否刊出，總是了一心事。

二、除必用書留三五千册外，餘均捐獻國家。

三、易住集體宿舍，有煤氣、暖氣，減輕勞動力。

四、好好地學習馬列主義與毛澤東思想，尤其注意改造史學觀點。

五、儘量減少參加集體活動，避免緊張，以適應體力。

　　如此以終天年，我無恨矣！然終恐無此福分耳。

五月十日，《人民日報》載有胡萬春《大立毛澤東文藝思想的絕對權威》一文，中云：

　　　　在這次無產階級文化大革命中還揭發出：過去被周揚、夏衍等人捧爲"五四以來有國際影響的大作家"、"一貫靠近黨的左派老知識分子"××，是最典型的資產階級精神"貴族"。他光是錢就有將近三十萬元之巨，大大小小各種各樣的半導體收音機就有十多只，住的是三上三下的花園洋房，大草坪、大客廳、大書房，富麗堂皇。他過着寄生蟲、吸血鬼的生活，寫的却是反黨反社會主義的大毒草，甚至不惜寫毒草文章爲美聯社、臺灣的《中央日報》提供炮彈，攻擊無產階級專政，反對毛澤東思想。

按此××即巴金也。渠寫小說，在舊社會中流行甚廣，故得富有，此一點尚可恕；但其爲美聯社及臺灣《中央日報》寫文，則直是叛國，決不可恕。予家存款只五千元，半導體收音機一只也無，固不能與之比擬，但爲五四以來之精神貴族則無二致。且居滬之日，賃袁氏屋，爲三間之花園洋房，亦有大草坪，生活差同。五四年到京後，住乾麵胡同大屋，凡大屋六間，小屋三間，學部向房管局租來（連西頭三間）爲百二十元，而予僅出四十元，直是吸人民之血，覽此大可警惕。他日將書籍處理，移居集體宿舍，兒輩漸長，一個個飛出去，予夫婦生活變爲簡單，便可向工農看齊，庶不至如十餘年中"在貧民窟中住皇宮"，使前後院之住户作不平鳴也。

一九六七年五月

五月一號星期一（三月廿二）

洪兒返城。在啓鏗家，兩次依沙發眠。與國光同出散步。

眠一小時。三時半，與靜秋同返，啓鏗夫婦與國光送至站。四時許歸家。眠一小時。

崔藝新來。藍志平（劍秋子）來，未見。張覺非來。十時半服藥眠。上午二時醒。又眠，七時醒。

今日一天睡至四次，爲從前所未有，實在到中關村一次便覺太累了，以交通之方便尚且如此，則以後便無出門之望了。想以前我怎麽能走，今竟頹唐至此，當然會有死的預感。

累，可以致眠，只是脚痛受不了。休息，可以使脚痛減輕，但睡眠又須多服藥物。如此矛盾，如何處理？

五月二號星期二（三月廿三　予七十四足歲）

早餐後又卧，十一時醒。看《明言》。張覺非來，留飯。

眠一小時。足痛卧床，看《明言》。看江青對軍事委員會人之發言。

未藥眠，不成。十二時起服藥，至二時醒。再服藥，六時醒。

前日中醫給我"金鷄虎補丸"、"養血安神丸"各一瓶，覺非謂其中即有"夜交藤"諸安眠藥，可不服西藥。今晚試之，不驗，蓋中藥性緩，未可驟致也。

爲到中關村一次，今日還是疲倦，此身直如廢人。

聞覺非言，張席褆已于去秋逝世，其病爲肺癌。

潮兒歸家三日，惟事縫紉，除爲自己做棉襖外，并爲同學補綴破衣。

五月三號星期三（三月廿四）

潮、湲兩兒返校。寫所"文革"請假信。九時到北京醫院，就蔣景文大夫診，以人多，歷三小時方輪到。出，到王府井買藥。十二時歸，遇羅麗。

服藥，眠兩小時。看報。看劉少奇《論共産黨員的修養》。

十時服藥眠。上午二時半醒。又眠，六時醒。

今日街上大字報，有"打倒反動學術權威茅盾"，爲文聯所貼。雁冰自解放後未嘗作文，文化部長亦無權，而終不免一貼，洵乎人之不可以知名也。

今日血壓爲150/90，又較低矣。

報上勸各機關不要"打擊一大片，保護一小撮"，而要"團結一大片，打擊一小撮"，看來風頭漸轉，倘以各處打風太甚故耶？

五月四號星期四（三月廿五　五四運動四十八周年）

看報。將静秋所改予檢討文重鈔一過，約四千字。

服藥，眠一小時許。看《恒言》。

十時服藥眠。上午二時醒。又眠，五時醒。又眠，七時醒。

静秋要我將爲蔣匪作《九鼎銘》事寫出我内心的希望。然彼時我對蔣匪實已稔其惡迹，絶不存私人希望，不過却不過孔祥嘉之話，做一篇應酬文章而已。

日來美機三次襲擊廣西寧明縣等處，皆被我空軍打下，舉國稱快，美帝誠紙老虎也。

五月五號星期五（三月廿六）

將檢討第三、四兩章鈔補訖。看報。

服藥，眠一小時。愛松來，請其將予檢討再看一次，并取書畫數種與覽。記筆記二則。

看《恒言》。服藥兩次，十一時後眠。翌晨七時醒。洪兒一夜未歸。

今日靜秋又將卡片櫃一，紅木方桌一，冰箱一出售，得八十二元。

今晚飲龍井茶，精神又興奮不能成眠，此後當以爲戒。

近日中學在“整幹”，以是洪兒特忙。小學則每日只上兩節課，一節毛主席語録，一節算術也。

愛松到中山公園，見花房已封，無産階級非不賞花者，何必如是。

五月六號星期六（三月廿七　立夏）

謄清檢討，未畢。整理書籍。

服藥，眠一小時。湲兒回家。看《恒言》。

張覺非偕其外孫何華來。十一時服藥眠。上午三時醒。又眠，六時半醒。

藤榻一只，贈與覺非。從前物品惟恐其少，今日則惟患其多。此亦辯證法也。

靜秋家務過勞，左手三指麻木不仁，予爲結衣紐。

“八一八”（去年毛主席第一次在天安門接見紅衛兵之日，因以爲隊名）與二十八中（在天安門西）動武，揭瓦爲武器，傷者甚多，未詳其故。所謂"八一八"者，聯動之變相也，然亦呼"打倒聯動"之口號以迷惑人。

五月七號星期日（三月廿八）

續鈔檢討，仍未畢。洪兒爲洗浴。

服藥，眠一小時半。記筆記一條，論"后"字義，一千八百字。看報。

十時服藥眠，上午五時醒。又眠，七時半醒。

予讀社會發展史，知母權氏族制時代，男女分工，女性主要任務在于種植，因疑后稷爲女神。而"后"、"毓"同字，更可作證。久蓄于心，以書室被封，未能爲也。今日始得寫出，爲之一快。

予每日可食主食七八兩，夜眠又酣，然多動即勞，脚心仍作痛，衰年不可望健，只望衰得較慢耳。

五月八號星期一（三月廿九）

湲兒返校。續謄檢討近四千字，全文訖。木蘭來，留飯。

服藥，未成眠。看《性命古訓辨證》。記筆記一則。

看《恒言》。十時服藥眠，上午二時醒。又眠，六時半醒。

檢討，自二月廿八日寫起，至今七十日矣。寫而改，靜秋、愛松助之，改而又寫，寫而又改，稿三四易，迄今日乃成，凡一萬二千字。欲再壓縮，則辭氣不足，只得任之。此解放後所作之長文也。

今日午飯後，試不服藥，欲睡輒醒，竟不成眠。起而服藥，已無濟于事矣。

聞前晚成都工人組織與川大學生大打，死百餘人，傷三千人，此真可駭！今日街上貼有"槍斃李井泉"之標語，李真不可赦也。

五月九號星期二（四月初一）

點王國維《殷禮徵文》一卷訖。

服藥，眠一小時許。看報。翻《王靜安先生遺書》。金擎宇夫人來。到寶泉堂理髮。買燒餅。

十時服藥眠。上午一時三刻醒。又眠，六時半醒。

余步履已不便，兼之眼花耳聾，此後勢不能任職，然學習之積極性則未減。此後還當多讀書，計分兩類：

一、馬列主義書——先讀《政治經濟學教科書》，次讀《辯證唯物主義》，期得毛澤東思想之源。

二、甲骨金文書——先讀《殷虛文字類編》、《金文編》、《說文》，然後讀各家考證文字歷史之書，將《尚書》廿八篇譯出。

五月十號星期三（四月初二）

到工農兵醫院挂中醫號，以已滿退出。到回民食堂買燒餅。將《觀堂遺書》四集題封面。寫會計科信，交洪兒取工資。

服藥，眠一小時許。看報。開始點讀《政治經濟學教科書》。靜秋改予檢討第四章，又鈔之。

看《恒言》。十時半服藥眠，十二時半醒。又眠，三時醒。又眠，六時三刻醒。

要看中醫，須早六時半去挂號。因此覺悟從前所享生活之特殊化，實爲精神貴族之生活，不能與工農兵看齊之咎戾由此而來。非有此革命運動，將終我之身以爲當然矣，真正之人民生活將必不能知之矣！

昨聞金太太言，其鄰居有學于女附中者，爲言湲兒在校甚活躍，彼有才氣，故敢說敢闖。有人打電話，問她：“你是誰？”答云：“是皮鞭。”

五月十一號星期四（四月初三）

將靜秋所改予檢討重鈔一過，訖。

服藥，眠一小時半。看報。謄清檢討三頁。

看《恒言》。十時服藥眠。上午二時醒。又眠，六時醒。

天氣大熱，日中如火，溫度達卅三攝氏度。予精神非常疲倦，脚心仍隱隱作痛。

近日報紙及廣播均作"三結合"之宣傳，三結合者，一革命群衆，一解放軍，一領導幹部也。必如此，然後可以遏制當權派走上修正主義道路。

五月十二號星期五（四月初四）

六時湲兒歸，整裝，七時出門。記巴金事于本册。謄檢討三千餘字，但靜秋仍不滿意，爲修改，明日起須重謄。

服藥，未成眠。看報。點《政治經濟學教科書》第一章訖。

到王府井散步。看《恒言》。十時半服藥眠，翌晨六時醒。

李井泉任黨西南局主委，兼成都軍區主委，屬于劉少奇系，仗其勢力，組織保皇派，與革命派鬥，釀成六日流血事件。蜀人既來京告狀，各校亦開追悼會（北京派到成都者有六人死難），湲兒投筆而起，今日前往支援。然保皇派有武器，而革命派及支援者則無有，殊爲危險，因此靜秋爲之流泪。然以毛主席之英明，當不致使反動派長期負隅作亂也。潮兒近日寫信與玉華，迄不得其復書，當以身在軍區，無通訊之自由。湲兒敢闖，此行真可謂"經風浪，見世面"矣。

五月十三號星期六（四月初五）

七時，湲兒自車站歸。重謄檢討二千餘字。

服藥，未成眠。燈市口中學老師王寶祥及學生二人來。到工農兵醫院，就張天慧女醫師診。到井岡山食品店購物，雇車歸。

看《恒言》。十時半服藥眠。上午二時半醒。又眠，六時半醒。

湲兒激于義憤，欲到成都與反動派作鬥爭，但不爲中央"文革"所許，昨日四川綫火車竟不開，在車站過夜，被勸回家。

王寶祥來，爲言堪兒已在校改名爲"顧民"，此甚好，以"德"字排行輩本是舊習慣也。

洪兒昨夜到清華聽蒯大富講話，至十二時始返校，以此未歸。女十二中每晨讀《毛選》一小時，名爲"天天讀"。此法甚好，予亦當如此。

張醫謂予脚底痛係老年衰徵，口渴、舌苔厚則内熱過甚所致。

五月十四號星期日（四月初六）

續謄檢討四千字。覺非來。洪兒爲予洗浴。

服藥，未成眠。湲兒又携行李上車站。

看《恒言》及溥儀《我的前半生》。服藥兩次，十一時後眠，翌晨六時半醒。

河南省仍有保皇派與造反派之爭，湲兒聽來京告狀者二七公社成員之言，結合同伴十餘人，又欲赴鄭州。静秋與其同學説理，不聽。

昨日海陸空三軍文工團在展覽館演劇，忽然因派別異同打架，踩死一人，傷者無數。然受傷演員仍復登場，可見其頑强戰鬥。聞樓上有將人擲下者。

聞北京警察大抵換過，以是新舊警察亦成兩派，時有鬥争。

五月十五號星期一（四月初七）

續謄檢討三千字。湲兒退歸。

服藥，眠一小時許。元善來，觀予所作檢討，爲予提意見。

看《恒言》。服藥兩次，十一時後眠。上午三時醒。又眠，六時醒。

北京市革命委員會今日出布告，停止串連，凡外省來京者即日歸去，到外省者即日回京。以此湲兒走不成，仍退還。此亦取得一經驗也。"亂而後治，人不厭其治"，此後當漸就平靜矣。

近日串連學生有幾種心理，本身在校犯有錯誤，欲藉此出外躲避，一也。欲出外立功，二也。在校無事，閑得慌，出外走走，三也。湲兒個人英雄主義頗強，屬于欲立功一派。兩次逢到挫折，當識得組織紀律性矣。

五月十六號星期二（四月初八　中央"文革"小組成立一周年）

湲兒返校。續謄檢討一千七百字，訖。翻《齊魯學報》楊寬所作《月令考》。

服藥，眠一小時許。元善爲予檢討尚有應改者，再來商酌。看尹達《必須把史學革命進行到底》。

看《恒言》。十一時服藥眠，上午二時醒。又眠，四時以盜汗醒，遂不寐。

香港英警爲人造花廠勞資糾紛，逮捕工人，在澳門事例之後，又掀起此風波，以帝國主義就衰之際，中國民氣方盛，尚能爲昔日之威風乎！可謂蠢極。今日北京學生到英代辦館抗議，洪、堪兩兒皆預。

予近日甚感衰老，不獨睡眠更難，且夢中常流盜汗，氣力毫無，百事無興，甚慮死期已近。然正當運動之際，不克休息，只得委心任運，聽其自然之消亡。元善勸勿氣餒，然精神體力如此不濟，如之何可以不餒也！

五月十七號星期三（四月初九）

八時到所。將所作檢討，如元善説，修改一過。厚宜之子來。

服藥，眠一小時。記筆記一則。到文淵閣買漿糊。到寶泉堂修面。得元善信，反復觀之。

與静秋談。十一時服藥及食點心眠，上午一時醒、三時醒、六時醒。

學部中，大貼"打倒潘梓年"、"揪出吳傳啓窩藏叛徒盧正義"之大字報。今日所中鬥争酈家駒。

元善爲我檢討，來函囑我去掉一切自負自諒之情緒；注意避免受愚及委屈气味；不做自白書，上降表，評論得透，二者即在其中；應將全文的精神，一條紅綫貫串到底；不要自諱，更不可自譽；不要給自己扣上大而不當的許多空洞抽象的大帽子。如此又當重寫一過。真良友也。

五月十八號星期四（四月初十）

八時到所。將元善信録出。改作檢討首尾約二千字。

服藥，未成眠。看報。記筆記一則。理書。看《光明日報·史學必須爲無産階級政治服務》一文。

看楊樹達《小學金石論叢》。十時服藥眠，上午二時醒。又眠，六時醒。

静秋到王府井購物，見街道兩側皆貼陳毅之大字報，其一謂彼不滿意稱朱德爲軍閥，賀龍爲土匪，謂是"過河拔橋"。然過河而革命自當不拔，過河而不革命則必當拔云云。此可見陳毅之直爽，遂爲群衆所不滿。

洪兒言，有人統計，單是北京一地，自去年運動開始至今，所用于大字報之漿糊紙張，已達十二億。

堪兒言，四川産業工人在李井泉指示下，在宜賓武鬥，死者四百餘人。

五月十九號星期五　（四月十一）

八時到所。看關于潘梓年之大字報。摘鈔《史學必須爲無産階級政治服務》文。修改檢討。

服藥，眠一小時。記筆記一則。又安女姜魴來，張仁杰子弘讓來，留飯。看報。

與静秋伴魴魴到天壇路鄧世民家，與淑忍等談。十時，魴魴留，予與静秋歸，十一時到家。十二時服藥眠，三時醒。又眠，七時醒。

姜魴自常州來，張弘讓自洛陽來，均以訛傳毛主席于十六日在天安門接見青少年，故趕來，孰知非是，故明日即歸。爲言天寧寺天王像，龍門石窟魏唐造像均于去年打壞，政府禁止，時已無及，不勝可惜。

淑忍爲魴魴姑母，住在天壇路，地較僻，尋四十分鐘乃到。姑侄相見痛哭，以十餘年未見也。

潘梓年爲上海流氓頭子潘漢年之兄，爲北新書局股東，在蔣匪叛變後，在《北新》上撰文，對蔣匪多恕詞，抗戰中在重慶《新華日報》撰文亦然，故稱之曰"大叛徒"。

五月二十號星期六　（四月十二）

八時半到所。看尹達《必須將史學革命進行到底》。修改檢討。

服藥，眠一小時半。看報。煮粥。記筆記一則。潮兒、湲兒歸。

看《韓非子》。服藥，進點，十二時眠，上午三時醒。又眠，七時半醒。

長期以來，李井泉將四川省當作他的獨立王國，堅決執行劉、鄧反動路綫。五月六日，成都一二三廠發生武鬥，李之死黨用衝鋒槍、手榴彈等對革命群衆進行屠殺，北京地質學院學生李全華中彈死，北京學生爲開追悼會。中央已作出决定，撤消李井泉本兼各職，任張國華爲成都軍區第一政治委員，與梁興初、劉

潔挺、張西挺等組織四川省革命委員會籌備小組。聞宜賓地區死
人更多，被蒙蔽之軍隊逃上山去，準備過流寇生活，然其必歸于
失敗固無疑也。

五月廿一號星期日（四月十三）

張仁杰之女榮讓、子峰來，留飯。到元善處，看其所積存之各
種小報，并請其將我所作檢討再提意見。

未服藥，眠一小時許。看《韓非子·説林、内儲説》等篇。
看報。

翻舊筆記。十時半服藥眠。上午四時醒，遂不寐。

今日午後未服藥而得眠，以到元善處往返一次也。即此可知
只要運動便易促睡。恨脚心作痛，未能健步耳。

在元善處覽《討瞿戰報》，爲專批瞿秋白。瞿爲國民黨捕獲
後，在獄所作詩詞多低沉之音，其《多餘的話》謂自己對政治已
無興趣，不啻乞降，有類李秀成。今其"烈士墓"已剗平矣。

聞民盟亦在整風，其鬥争對象爲胡愈之。九三亦在整風，其
對象爲孫承佩，皆當權派也。

五月廿二號星期一（四月十四　小滿）

潮兒返校。八時到所。將檢討文再修改一次。看大字報。

到北京醫院，就馮二娟女醫師診，費三小時。候診時看《語
録》。步歸，一路看大字報。翻前數年筆記。

記筆記一則。服藥二次，十時半後眠。上午二時醒。又眠，六
時醒。

歷史所在傅崇蘭主持之會議上，決定揪出十人：一、漢
奸——王竹樓、高志辛、謝國禎、謝家。二、叛徒——侯外廬、
王毓銓。三、階級異己分子——酈家駒、姚家積、翟福辰。四、

右派——孫毓棠。

今日量血壓，爲 180/100，久未如此高過，醫囑多服"降壓靈"。

遵義兵團竟要炮轟周總理，得群衆之斥責。

哲學所揪出叛徒楊一之，經濟所揪出叛徒楊堅白。堅白，民進中委也。

五月廿三號星期二（四月十五　毛主席《在延安文藝座談會上的講話》二十五周年紀念）

八時到所。看黨中央六六年五月十六日通知。將檢討文鈔清一千五百字。遇李蔭棠。

服藥，未成眠。讀《韓非子》，記筆記一則。剝豌豆，元善來，同剝。

聽廣播。看報。服藥二次，十二時眠，翌晨七時醒。

翟福辰，地主成份，蒙混入黨，諸事尹達，得爲總務科長。一九六四年，予欲遷居建國門外新建宿舍，而尹達不欲，令翟來説，住平房好，且近東安市場，買物方便，予遂聽其言，接受改修。及去年運動起，彼乃以予居屋圖樣兩份，一未修時狀，一已修時狀，貼于三樓門外，并言花費一萬二千元，歸獄于予，予遂負浪費國家公款之罪。今黨揪出翟爲階級異己分子，真"小人枉自作小人"，假革命終爲人戳破也。

五月廿四號星期三（四月十六）

八時半到所。讀《語録》。鈔清檢討一千六百字。

服藥，眠兩小時。理東頭書及雜紙。木蘭來，留飯。四時，邀静秋到中關村看電視《海港》，静秋留宿未歸。

看《十批判書》。十一時服藥眠。上午二時醒。又眠，五時半醒。

静秋欲將東頭後房清出，俾潮兒住，且放衣箱。因于今日起，逐漸清理。

今午大熱，歸後疲勞，因得酣眠。午後雷聲殷殷，西城下雨頗大，且夾雹子。東城則僅小雨耳。

蒙修受蘇修唆使，將烏蘭巴托華僑小學三教師王治雲、陳陸、左貴義驅逐回國。到車站送行之使館人員、華僑協會人員、新華社人員被拳打腳踢，非法逮捕。蘇修畏我文化大革命，不擇手段如此。

五月廿五號星期四（四月十七）

八時一刻到所。鈔檢討兩千字。

服藥，眠一小時半。記筆記二則。讀戚本禹《毛主席〈在延安文藝座談會上的講話〉是無產階級文化大軍的建軍綱領》。

服藥兩次，約十一時眠。三時醒。又眠，七時醒。

王國維之弟子，以徐中舒爲最篤實，發見亦最多，今聞其在川大中列爲重點，頗爲不平，諒中央“文革”小組當爲平反也。

静秋永爲我未被解放而緊張，成爲歇斯的里的患者，其實，此次運動的目標，是要找出代表資產階級之當權派，以及在黑幫組織中者。我既不當權，又未參加任何黑幫，固套不上所謂“反動”也。

五月廿六號星期五（四月十八）

八時十分到所。鈔檢討二千餘字。

服藥，眠一小時許。理物。四時，與静秋同出，遇愛松及其幼子元，同到王府井購物。到“義利”冷飲。予到“革命”理髮。看報。

服藥一次，食點一次，十一時眠，翌日三時醒。又眠，六時醒。

　　港九愛國同胞與英帝鬥爭，英帝自恃有力，逮捕千人，并分別判定刑期。美帝趁此機會，派特務到港活動者達三千人，然我英勇同胞之鬥爭益強，彼奈我何哉！

　　看張茂鵬爲我整理之《戰國史事勘》，脫漏甚多，且只有死鈔，不能活用，又不能作批判。此事非自己動手不可，正與尹如潛爲予整理書籍與筆記所編出之目錄，錯誤累累，不可以示人也。

五月廿七號星期六（四月十九）

　　八時到所。鈔檢討一千六百字。看李希凡等批俞平伯《〈紅樓夢〉研究》文。

　　服藥，眠一小時半。理稿件入櫃。元善來談。潮兒歸。看《〈修養〉的要害是背叛無產階級專政》。

　　看《古史辨》第二册。服藥，進點，十一時後眠。上午五時醒。又眠，七時半醒。

　　本月八日，報紙登出《〈修養〉的要害是背叛無產階級專政》一文，指出馬克思主義不但要階級鬥爭（這是在馬克思以前已有人説過的，而且是資産階級所能接受的），而且要引導到無産階級專政。劉少奇所作《修養》一書，凡引馬克思文，皆將"無產階級專政"之語删去，這就見得他想走修正主義道路，準備行資本主義復辟。這文擊中了劉氏的要害，所以他對毛主席説："我吃不消了！"

　　今日大熱，可穿單衣矣。

五月廿八號星期日（四月二十）

　　看《古史辨》第二册。看一九五四年中批評俞平伯《〈紅樓夢〉研究》文字。

　　四兒遷物，至三時方飯。服藥，未成眠。記筆記五則。

看報。服藥兩次，十二時後眠。五時醒。又眠，七時三刻醒。

予屋既騰三間，遷入三家，潮兒歸來，無下榻處，今日乘四兒俱在家，將東頭北屋舊置雜志者一間騰出，置榻及衣櫃于此，而予書稿又亂堆于書櫃之頂，予不克自理矣。予一生爲資料所束縛，至今日而顯現其貪得無厭之害。

予之居室，九間爲一單位，自裝水表、電表，與他人無與也。自兩周一張家遷來，則電費、水費互相牽涉。予家如少出，則見其剥削他家。如多出，則又嫌其自恃高薪。總之，我昔日排場，正爲今日被批鬥之對象準備條件，予無先見之明，陷入其中，大有不能自脫之苦，而静秋爲直接交涉之人，自更難堪耳。

五月廿九號星期一（四月廿一）

潮兒返校。九時到所。鈔檢討一千三百字。以天將雨，十一時半出，乘街車回。

一時半，到工農兵醫院，以號滿退出，步歸。高級黨校革命造反派金松林、鄒廣紅（女）來，瞭解趙紀彬問題，談兩小時。記筆記一則。

徒步往返東單公園。十一時，服藥二次眠。上午三時半醒。飲樂口福。四時後又眠，六時半醒。

日來予每日大便二次，幸不稀。夜眠仍極難入眠，惟已入睡後則又不易醒耳。予睡眠之劣，當由血壓之高。

今日街上大字報有寫"打倒聶榮臻"者，又有寫"聶榮臻是毛主席的好學生"者。又知廿六日鄭州大武戰，死傷不可勝計。又有"打倒李先念"之大字報。

五月三十號星期二（四月廿二）

八時一刻到所。鈔檢討兩千字。與厚宣談。午飯時與静秋口角。

服多量藥，得眠二小時半。到北海，飯于工農兵食堂，看報。散步。八時半歸。

搬書。服藥三次，十二時後眠。上午二時半醒。又服藥，四時得眠，六時半醒。

予日來入眠益難，今夜至服藥四次，久未有此，得無血壓益高耶？初意到公園休憩當較好，而終無效，何耶？如此生活，予何能久。

今早由洪兒到工農兵醫院爲予挂號，而已額滿，看病之難如此。

不去北海，倏將一年。今日往，則一切舊文學之扁額均已拆除，如牌坊上之“堆雲”、“積翠”已改爲標語。雙虹榭、永安寺、閱古樓等均卸扁，此在稱謂上甚不便。仿膳則改爲工農兵食堂，只有五六種聽選，飯菜均須自己搬，城鄉差別幾無存矣。

五月卅一號星期三 （四月廿三）

寫張仁杰信。八時半到所。鈔檢討八百字，全文完，統看一過，改正誤字。木蘭挈國光來，留飯留宿。

未成眠。記筆記一則。元善來談。與國光玩。

多服藥，至十一時眠，終夜未醒，至翌晨八時半始醒。

多宵未得佳眠，今晚發狠，增加藥量兩倍，乃得酣寢。然起身後渾身無力，不但不能上班，即看書亦無勁矣。

國光有鼻炎，今日到工農兵醫院挂號，須待午刻方診，以天氣酷熱，木蘭不能耐，故至吾家住一夜，待明日一早前往。該院診病者太多，早四時已排班，昨洪兒爲我挂號，以七時半往，則已無號矣。

老去猶存年少情，纏綿萬種飽懷春。可堪咫尺天涯地，竟是無從問死生。

同步山林卅載餘，或離或即總躊躇。倘逢紅燭高春讌，好取此箋作證書。

一九六七年二月三日晨四時，夢見健常來我家，惟我一人在，與話至夜，勸其留宿，不拒，醒而枕上作詩以紀之。健常居屋爲自産，又于五七年陷于右派，雖已摘帽，而去年大風浪中不會不抄家，其生死存亡莫卜。予亦挂誤，不便外出探詢。今年一月一日晨，夢與静秋至其家，彼一點頭，穿衣竟出，若懷去夏退欖之恨者，兩夢情緒不同。*

天津陝西路二二六號　　吳家瑛
蘇州桐橋東街廿一號　　華訓義

[原件]

　　　　　　　文革中抒感
宇猶是也宙疑非，柳暗花明頓展眉。知耻嫌遲終近勇，芳菲爛漫笑叢梅。（本毛主席詞意。國猶是也，自己思想落後，人間正道是滄桑，正再生之可慶，何隔世之生嘆。首二句故云。）
頡兄　　粲教
　　　　　　弟善呈草　一九六七年五月廿七日

　　　元善長予一歲，而精神積極若是，予何敢後！
　　　　　　　　　　六月一日，頡剛記

---

* 此箋貼于《日程》第四十九册之封底折頁中。

窩頭頌　　　　　一九六一年十一月作

團黍成饝隔水蒸，窩頭自昔飫斯民。養生豈賴珍饈食，志學能甘素豆羮。謀己雖云遭歲歉，爲人未忘恤鄰情。盤中朵朵金黃色，分外風光淡亦馨。

元善作；此正三年灾荒時也。如此樂觀，予亦作此想。

元善又告予四不：

一、不自負

二、不自諒　消極的

三、不自憐

四、不自卑——積極的

從一小報上見到中央決定下階段在中央報紙上點名批判黨内的走資派，有：薄一波、呂正操、林楓、安子文、楊秀峰、蔣南翔、張聞天、韓光。在地方報紙上點名批判的，有：西北局——劉瀾濤、習仲勛、胡錫奎，東北局——馬明方，上海——陳丕顯、曹荻秋、楊西光，天津——于曉塘、張準三，河北——林鐵，河南——文敏生、趙文南，廣東——趙紫陽，江西——方志純（女，方志敏之堂姊，江西省委書記），四川——廖志高，吉林——趙林，寧夏——楊靜江、馬玉槐，山西——陶魯笳、衛恒、王謙。

北京市批判資産階級反動學術權威聯絡站設在人民大學，由中央文革直接領導，各學科的批判對象是：經濟界——薄一波、薛暮橋、孫冶方、許滌新、于光遠、王亞南，哲學界——楊獻珍、馮定、馮友蘭、朱光潛、周谷城，歷史界——翦伯贊、黎澍、劉大年、吳晗、胡華、侯外廬，文藝界——周揚、邵荃麟、何其芳、劉白羽、馮至、齊燕銘，教育界——陸定一、戴伯韜、劉光年、蔣南翔，新聞界——胡喬木、吳冷西。

九月二十日記

一九五八、三、廿三，毛主席對上海化工學院兩個右派分子的大字報的批語：

> 有資産階級的自由，就沒有無產階級的自由；有無產階級的自由，就沒有資産階級的自由。一個滅掉另一個，只能如此，不能妥協。更多地、更徹底地滅掉了資産階級的自由，無產階級的自由就會大爲擴張。這種情況在資産階級看來，就叫做這個國家沒有自由。實際是興無滅資。無產階級的自由興起來了，資産階級的自由就被滅掉了。

這話的實踐，就是這回無產階級文化大革命運動的實現，是推進革命的必然形勢！

中國共産黨第八屆中央委員會第十一次全體會議公報說：

> 毛澤東同志是當代最偉大的馬克思列寧主義者。毛澤東同志天才地、創造性地、全面地繼承、捍衛和發展了馬克思列寧主義，把馬克思列寧主義提高到一個嶄新的階段。毛澤東思想是在帝國主義走向全面崩潰，社會主義走向全世界勝利的時代的馬克思列寧主義。毛澤東思想是全黨全國一切工作的指導方針。

敬愛的偉大領袖毛主席萬歲！戰無不勝的毛澤東思想萬歲！偉大的毛主席是世界革命人民心中的紅太陽！

林彪同志說：大海航行靠舵手，干革命靠毛澤東思想！

共同市場（六月四日《人民日報》）（下略）

帝國主義集團正在加速四分五裂（同日）（下略）

一九六七年六月

六月一號星期四（四月廿四）

六時，洪兒爲我到工農兵醫院挂號。靜秋伴木蘭、國光就醫。遲起，疲甚。立日記新册。看報。

服藥，眠一小時許。開病歷。到工農兵醫院，就馮元章大夫（常熟人）診。出，到"井岡山"買點心。沿街看大字報。六時歸。記筆記一則。

服藥二次，十二時後眠。翌晨八時醒。

今日量血壓，爲164/84，較上月廿二日頗低矣，得無昨晚進多量之藥，眠了九小時半之故耶？午後能睡而晚間終不易睡，苦甚，藥亦吃得太多矣。

日前田昌五在公共汽車上，被三個"聯動"搶去錢包。予欲在晚間到公園散步，堪兒謂不可，以"聯動"恒于夜間在公園集會也。

近日學校、機關之革命派，恒析爲二，互相打架。"工代會"亦分兩派，洪振海、姜大千各霸一方，循環報復。燈市口中學打架時，看錯了人，打了自己一派。

六月二號星期五（四月廿五）

九時到所。讀《論持久戰》未畢。看童書業、李長之批判胡適文字。無車，步歸。

服藥，眠一小時許。理書。看報。

看《觀堂遺書》。十時服藥眠。上午二時醒。又眠，六時半醒。

今日上午，大中學校學生數千人，乘數十輛大卡車到學部，大呼打倒潘梓年之口號，其中一口號爲"潘梓年是武訓的孝子賢孫"。此中當有政治背景，我輩不知之耳。

　　書套，予前在燕大時所作者，每個三角。五四年到京，以書箱不能容，去套而藏書。靜秋嫌其無用，收舊貨者又不要，乃于今日將數百枚浸于浴缸中，欲以其布爲擦地之拖把，予良心有不忍。

六月三號星期六（四月廿六）

　　八時到所。鈔華北局《無産階級革命和中國赫魯曉夫的和平過渡論》，未畢。

　　看報。眠一小時半。上街看大字報，到寶泉堂理髮。看《韓非子》。

　　服藥兩次，十時半眠。上午二時醒。又眠，六時半醒。

　　街上貼有鉛印之"通緝潘梓年"之招貼，謂其已逃，詳開其容貌聲音。歸告靜秋，謂或是被保護在某處也。按潘與陶鑄甚有關係，其受群衆之圍剿或以此故。

　　又見揭發鄧、薄之大字報，謂其以經濟利益灌輸資本主義毒素。例如周信芳到廣播電臺唱三小時，即給以三千元之酬金。周本來每月工資二千元，入黨後減爲一千六百元。其他資本家及技術專家之在工廠者，工薪有高至一千元、八百元、五百元者。如此花錢，安得不墮入修正主義！

六月四號星期日（四月廿七）

　　記筆記一則。張覺非來。理雜志。

　　服藥，眠一小時許。看報，節録兩則入筆記。上街看大字報。

　　看《觀堂遺書》。十時半服藥眠，上午二時半醒。又眠，六時半醒。

　　街上貼打倒廖承志之大字報甚多。又知中僑委紅色兵團及歸僑學生井岡山組糾合三百餘人逾垣至國務院外事處武鬥，打傷解放軍四十七人，職工八人。如此革命，真是走到反面去了。

英國開航空母艦來，欲以此恫嚇香港反英之華人，可謂奇拙。昨日《人民日報》發表《堅決反擊英帝國主義的挑釁》社論，支持彼地反英鬥爭，不知港督戴麟趾何以處之。中國已非舊中國，而英帝猶欲以武力壓制，看它騎虎難下之醜態！

六月五號星期一（四月廿八）

八時半到所。鈔史紅兵《用戰無不勝的毛澤東思想占領史學陣地》，未畢。今日大熱。

服藥，眠一小時許。續鈔史紅兵文。李民來，留飯。元善來。

雷雨，不大。李民談至十時去。十一時服藥眠，上午二時半醒。又眠，四時半醒，迷離至六時半起。

李民爲鄭州二七公社成員，被公安公社所武鬥，到京告狀，住地質學院。據云曾到中華書局，知蕭項平亦已被揪出，黃先義成爲革命派之首，起釪之母已回原籍。廿四史仍在標點，調張政烺等前往工作。

鄭州大學欲揪反動學術權威，而苦于無可揪，以該校本無所謂"名教授"也。

朝陽門外工業學校革命派與保守派相鬥，革命派遵照《十六條》，以絕食爲抗議。今日洪兒往參觀，絕食者數百人，已歷三日，不知將如何解決。

六月六號星期二（四月廿九　芒種）

七時五十分到所。摘鈔《中國的大革命和蘇修的大悲劇》。領工資。

朦朧一小時。靜秋爲予洗浴。到北京醫院，就劉梓榮大夫診。

到琉璃廠、大柵欄購物。七時歸。遇梅汝璈，談。

看戚本禹文。十時服藥，十一時進點眠，翌晨五時三刻醒。

今日天陰凉，始能外出活動。自虎坊橋起步行，至琉璃廠買筆記本，經楊梅竹斜街、煤市街，到大柵欄買雨衣，到前門站上車，雖脚心作痛，尚可支。

血壓，今日 160/90，猶高。

自昨日上午起，美帝走狗以色列對阿聯、叙利亞、伊拉克、約旦、黎巴嫩諸阿拉伯國家掀起戰爭。各國早已嚴陣以待，數小時中即擊落敵機四十二架。美帝爲欲推行其新殖民主義，奴役阿拉伯人民，不惜出錢出槍扶助傀儡政權，侵略南越已狼狽不堪，今又開闢另一戰場，其必敗無疑。

六月七號星期三（四月三十）

冒雨出門，八時到所。續鈔史紅兵文。南京大學派王旺才等二人來詢韓儒林之歷史。十二時，冒大雨，乘老馬車歸。今日天氣陡寒，可穿棉衣。

服藥，朦朧一小時。看報。記筆記一則。鈔畢史紅兵文。

看蒙文通《周秦少數民族研究》。服藥兩次，十一時半眠。上午二時半醒。又眠，四時半醒。

今日上午大便兩次尚好，下午一次則拉黏沫，飄于水上，甚慮腸疾之復發也。

阿聯、叙利亞、阿爾及利亞三國政府宣布同美英斷絕外交關係。（一九六五年，英國支持南羅得西亞白人殖民政權，阿爾及利亞已與英國斷絕外交關係。）

阿拉伯各國，阿聯、叙利亞、巴勒斯坦解放組織、也門、阿爾及利亞、蘇丹、科威特等，均采取軍事行動，宣布同以色列處于戰爭狀態。

北京市革命委員會已嚴禁"内戰"，此後打風當可消除；又令停止串聯，各就原崗位，在四十八小時内堅決執行。

六月八號星期四（五月初一）

八時到所。看戚本禹《沿着毛主席的革命文藝路綫闊步前進》文，摘鈔其中關于知識分子語數段入册。崔悦秋（李炳塆之甥媳、胡庭槐夫人）來，留飯。

服藥，未成眠。尚愛松偕其次子小明來。元善來。四時半，與静秋同到"紅星"，看電影《南征北戰》、《全世界人民熱烈擁護毛主席》。七時散。

看江青談話記要。服藥二次，十二時後眠。翌晨六時三刻醒。

予夢見毛主席已不止一次，而昨夜之夢特長，毛主席來我家，温語良久，同出散步。此固幻象，但足徵予參加運動十個月，對毛澤東思想已漸能接受，思想改造已有端倪，彌可喜也！孔子以不夢見周公而自嘆其衰，予今體已就衰而志則甚壯，是則聞道雖晚，當不至朝聞夕死，不措之于實用也。

近日入眠愈難，自覺血壓上升，恐已不止一百八十。

六月九號星期五（五月初二）

八時一刻到所。續鈔《毛主席語録》。學部開鬥争劉導生大會。木蘭來，留飯。

到工農兵醫院，以無號退出。到"井岡山"買芝麻餅。歸，得眠半小時。看報。將本册日子填訖。元善來。

到東單散步。看《世界文庫》。十一時服藥眠，上午三時半醒。又眠，六時半醒。

鬥劉導生會，予在窗口聽之，其第一件反動事即爲到山東開孔子討論會事，而輔佐之者則提出馮友蘭、周予同、劉節三人。

昨夜特凉，蓋兩被。今日轉晴，突熱，故能不藥而眠，可見外出散步之必要。

聞近日昆明、長沙等處打風甚盛，而徐州則有反動分子矇騙農村人民，携鐮刀入城市作巷戰，死傷至千餘人。堪兒在家磨刀，母問其何所爲，知北京學生有進入人家作鬥者，爲自衛計也。

六月十號星期六（五月初三）

八時到所。看青海省司令員劉賢權《無限忠于毛主席的革命路綫，忠于人民》，并摘鈔入冊。木蘭來送蝦仁，留飯。

服藥，未成眠。到"立新"（寶泉堂）修面。到東單中藥店買藥。看報。潮兒歸。堪兒下鄉割麥。

早服藥，九時覺倦就寢。十一時一刻醒，進點。又眠，四時醒。又眠，六時半醒。

今日上午在所讀報，陡覺心臟疲弱，此心似已跳出了腔子，恐因學習緊張，鈔寫較急所致，猶之一九三〇年爲作《五德終始說》一文而得怔忡症也。此體已不容我努力，奈何！

美、英助以色列，以利比亞爲其飛機基地，自西襲擊阿聯，蘇修旁觀不助。阿聯願接受聯合國安理會之停火要求，納賽爾宣布辭職，由副總統毛希丁繼任，阿聯議會與內閣決議不接受，全國人民亦不許。然阿拉伯諸國武力不如英、美，而以色列已將耶路撒冷之約旦區占領。帝國主義之生命固已不長，而被壓迫之阿拉伯人民力亦不強，未知結果將如何？

六月十一號星期日（五月初四）

看去年《新建設》。閱報。洪兒爲予洗浴。

服藥，眠一小時。看《世界文庫》。到王府井大街買草帽等。到東安門大街買麵包。

兼服中西藥，九時半眠。上午三時半醒。又眠，五時半醒。六時起。

數日來兩目昏花，視字如隔重霧。倘此是我衰老之一種，則此後之學習與寫作便將大受妨礙矣。

天氣如此熱，身體如此劣，而在運動中不得不上班，我其撐得下去乎？

中、西藥搭配着吃，不要等待睡眠時方吃，易于發生作用。只要睡得好，心就不慌了。

六月十二號星期一（五月初五　端午）

潮兒返校，即將參加勞動。八時到所。看年來所鈔《語録》及報紙語。改作檢討第一節。

服藥，眠一小時半。看《世界文庫》。記筆記二則。元善來。

十時服藥，十一時起吃點眠。翌晨三時醒。又眠，六時醒。

兩夜得佳眠，精神振作不少。可見予心痿痹，由神經緊張來，非心臟病也。

元善作詩十絶，予爲改其兩句云："蒼蠅碰壁空孤泣，螞蟻緣槐謾自誇。"

聞安徽以八個月不雨，農業歉收，當地當權派不給農民口糧，勸令到滬寧、滬杭兩路各市作難民，以致蘇浙等處秩序溷亂。元善謂三年灾荒中尚未有此現象，今水庫增多，而反有之，明是走資産階級道路之當權派故意與無産階級大革命相鬥争也。

六月十三號星期二（五月初六）

湲兒赴昌平割麥。八時到所。看王若水《清除胡適的反動哲學遺毒，兼評俞平伯研究〈紅樓夢〉的錯誤觀點和方法》，并鈔入册。

看報。服藥，眠一小時半。看康士坦丁諾夫《歷史唯物主義》，以問答體鈔之。

九時半服藥眠。上午四時醒。又眠，六時醒。

聞厚宣言，一九五○年，陳毅聘予爲上海市文物管理會委員後，曾有意辦一研究所，以予爲主任，厚宣副之。此事李亞農曾爲厚宣言之，其後有人進言，予在“大中國”爲出版商，事乃中止。

有一小報名《追窮寇》者，云一九三一年蔣政權設“江蘇反省院”于蘇州，被捕之共產黨員以投降反動派而得釋者多人，其中有管文蔚（今江蘇副省長）、匡亞明（南京大學校長）、章漢夫（外交部副部長）、曹荻秋（上海市副市長）、徐邁進（國務院文辦副主任）、廖沫沙（北京市委宣傳部長）、盧正義（教育部副司長）、丁瓚（心理學研究所副所長）、葉以群（上海中蘇友協負責人）、陳白塵（中國作家協會黨組成員）等，此等人皆以寫悔過書而得釋，至于今日皆以“叛徒”論矣。

六月十四號星期三（五月初七）

洪兒赴朝陽區割麥。八時到所。續鈔王若水文。看報。學部開批判潘梓年大會。

服藥，眠一小時半。與靜秋將湲兒所理舊雜志置書架頂。看錢靜方《小説叢考》。鈔《歷史唯物主義》目録。

十時服藥，十時半進點眠。上午二時醒。又眠，六時醒。

四兒全去割麥。今日下午雨，殊與收割不利。

自今日起，忽然腰酸背痛，不知何疾。看病如此困難，又以天熱憚于出門，聽之而已。

六月十五號星期四（五月初八）

八時十分到所。續鈔王若水文。續改予所作檢討。看報。

服藥，眠兩小時。記筆記二則。看《小説叢考》。

服藥兩次，十一時眠。上午三時醒。又眠，六時半醒。

近日頗能睡，料想血壓已降。此後當勉自抑制緊張，使無重發。

聞昌群心臟病發得寖劇，輒二三日一作，連報紙都不能看，殊可慮。予欲往問疾，靜秋以予未解放，不許也。

數月以來，各機關內戰及街頭宣傳均用廣播車與高音喇叭，其聲震耳欲聾。今日《人民日報》主張取消，以其浪費汽油，直接影響工農業生產與交通運輸也。聞北京市革命委員會已決定停止使用。

六月十六號星期五（五月初九）

八時十分到所。續鈔王若水文。修改檢討。厚宣之子胡振宇來。

看報。眠一小時許。讀林杰《打倒奴隸主義，嚴格地服從無產階級的革命紀律》。元善來。看阿英《小說二談》。

看關鋒《莊子內篇譯解和批判》。堪兒自鄉回。服藥二次，十一時眠。上午二時醒。又眠，六時三刻醒。

腰痛依然。《齊物論》云：“民濕寢則腰疾偏死，鰌然乎哉。”近日常有雨，倘濕氣作怪耶。

堪兒下鄉割麥，早四時便起，而近日天氣寒燠倏更，遂發燒，熱高至四十度，今夜借車送歸，聞同行者尚有五六人得病。

六月十七號星期六（五月初十）

八時半到所。續鈔王若水文。修改檢討。與厚宣談。

服藥，以大風振撼門窗，未成眠。鈔王柏《家語考》入冊。潮兒歸，以其手有濕氣，不適勞動故。

十時服藥眠。上午二時醒。又眠，六時半醒。

姜魴還常州後來書云：“形勢的緊張在于革命造反派與保守

派之間的鬥爭已到了短兵交鋒的時刻，尤其近來，小小的常州竟發生了規模較大的武鬥事件。看《人民日報》社論、《紅旗》社論一篇篇下來，常州是多麽跟不上形勢。但是，我們始終認爲不解決‘革’與‘保’的問題，不取得兩條路綫鬥爭的徹底勝利，也就談不上根本把常州市的無產階級文化大革命進行到底。由于三月份是常州資本主義反革命復辟的一個月，但是也恰是軍管的一個月，因此，有些問題就勢必涉及到軍管會，這樣鬥爭就更複雜化了。現在，全國各地大專院校赴常調查的學生很多（如清華井岡山等），他們都堅決站在革命造反派一邊。在鬥爭越來越尖銳的這幾天，清華等七八個調查組也集體加入了常州工人革命造反派組織，這也説明一些問題。”按常州如此，他處亦如此，所以來京告狀者之多，大街上貼滿了“十萬火急”及“血！血！血！”之大字報也。

六月十八號星期日（五月十一）

讀《大戴記・本命》。静秋來搶書。張覺非來。記筆記一則，約一千一百餘字。

服藥，眠一小時半。潮兒返校。洪兒自朝陽區歸。

湲兒因病，自昌平縣歸。十時一刻服藥眠，翌晨四時醒。又眠，六時半醒。

昨日，在我國西部，發放氫彈成功，此又一對于“帝、修、反”表示之威力也。兩年半中，原子彈、導彈、氫彈，我皆有之，此皆毛澤東思想所培育也。

予腰痛依然，坐下後竟站不起來。

湲兒與堪兒同，均犯腸炎而歸，堪兒昨至北京醫院治療後，今日已愈。

六月十九號星期一（五月十二）

八時半到所。鈔王若水評胡適思想訖。改檢討訖。趙幼文來談。

服藥，眠一小時半。看關鋒《莊子內篇譯解和批判》及《警世通言》。

十時半服藥眠，上午三時半醒。又眠，六時半醒。

前日爆炸第一顆氫彈後，全世界被壓迫民族無不歡躍。僅美帝、蘇修集團以及各國反動派爲之鬱鬱不怡耳。此中國革命之勝利，亦全世界革命之勝利也。

北朝鮮器小易盈，稍一安定即忘革命。金日成當國，即安插其家族姻戚于重要崗位，奪崔庸健之權，金光俠生死不明。所謂"千里馬"運動者實爲欺人之談，糧食迄未過關，布匹亦極粗糙。追隨蘇修，賴以自存，可謂與蒙修爲難兄難弟矣。

六月二十號星期二（五月十三）

八時半到所。鈔毛主席《關于正確處理人民內部矛盾的問題》二千餘字。與厚宣談。

洪兒爲予洗澡。服藥，未成眠。到"革命"理髮。到工農兵醫院，就陳璧娟女醫師診。到"井岡山"買食物。七時歸。

十時服藥眠。翌晨四時醒。又眠，七時醒。

到醫院看病大難。今晨洪兒晨六時許爲予挂號，定下午四至五時診，予準四時前往，則病人已坐滿，直待至五時方喊號，五時半後方就診。所喜血壓爲160/90，尚不爲高，驗尿亦無病，至腰痛之原因則醫亦未能確言，但給一周之假。到"井岡山"買物，又站立三刻鐘，歸後疲勞不堪，徑就床眠。老年之苦一至于是，非少年人所可想象也。

嵇文甫爲予北大舊友，死于鄭州大學校長任上，數年矣。今經查出，渠兩次入國民黨，又兩次入共產黨，乃一投機分子。今墓已拔矣。

六月廿一號星期三（五月十四）

寫所"文革"信，請假。讀《孔子家語》、《大戴禮記》等書，
記筆記四則。

服藥，眠一小時半。元善來，重看其《"文革"述聞》二十絕。

服藥兩次，十二時後眠。翌晨四時醒。又眠，七時半醒。

今日請假在家，又弄古籍，作些研究，而晚間又不成眠，甚
矣，予體之不合于予之所好也。

贊比亞總統卡翁達今日下午到京，洪、湲兩兒俱往迎，見周
總理兩鬢霜矣。此一年中之辛苦使然也。

正值柯西金到華盛頓，將與約翰遜勾搭，在國聯發言之際，
而我國于十七日爆炸氫彈，使之處于尷尬境地，而全世界被壓迫
民族及被壓迫人民則皆額手稱慶矣。

六月廿二號星期四（五月十五　夏至）

看報。金振宇來談。看《孔子家語》等書，記筆記二則。

服藥，眠二小時。看報。

十時半服藥眠，翌晨六時半醒。

近日睡眠頗好，而腰、腳兩痛，睡了爬不起，坐了站不起，
兩腿無力，走路搖搖欲倒，豈末日之將臨耶？大便不正常，昨一
日三次，但不稀。

天熱，至三十攝氏度。

北京工代會有兩個頭子，姜大千與洪振海，爭霸互打，此次
發生已多日，而兩方互貼大字報相攻擊，迄今不止，工人階級好
戰之性于此見之。

六月廿三號星期五（五月十六）

題范家相《三家詩拾遺》、《家語證僞》，孫志祖《家語疏證》。鈔靜秋爲予修改之檢討一千六百字。

服藥，眠近兩小時。看報。續鈔檢討一千六百字。

服藥兩次。十一時後眠，上午四時半醒。又眠，七時半醒。

自上星期六爆炸氫彈後，全世界各國無不爲之震動，或則以喜，或則以懼，而最尷尬者爲美、蘇，爲其不能以超級大國控制世界也。最怕者爲印度，爲其依附美、蘇，不得不反華，而疆土相去又近，當彈下時，其廣播爲之停止也。

《參考消息》載法國報紙云："人們還沒有確切瞭解中國炸彈的威力。美國的初步估計是五百萬噸級。據日本專家説，是從飛機上扔下來的這顆氫彈，等于扔在廣島原子彈威力的三百倍。"

六月廿四號星期六（五月十七）

傾盆大雨。記筆記一則。鈔檢討七百字，第二章訖。又重作第三章七百字。

服藥，眠一小時半。看報。看《古史辨》第四册。

服藥兩次，十二時後眠，翌晨六時半醒。

近日大便又不正常，或一日三次，或必服藥始下，看來腸中還是有病。又每飯時必放屁，亦其一徵。

聞人大代表、電影演員白楊實爲間諜，今已被捕，人之善惡固不易辨也。又聞白楊之母爲日本人，故易裏通外國。

六月廿五號星期日（五月十八）

看《古史辨》第六册。看報。鈔檢討一千五百字。

潮兒自校歸。始吃西瓜。服藥，眠一小時許。爲出售地圖底本事，與靜秋吵。記筆記一則。看《通言》。

服藥兩次，十一時半眠，翌晨五時半醒。又眠，七時半醒。

予在燕大時，延吳志順于家，繪地圖底本，以便加墨插入地理著作中。月付工資三十元，以三年之力繪成四十餘幅。印刷初就，日寇已來，予遂不能行用。今作《古代地名彙考》及《周公東征史迹初探》，正需草底，而靜秋以爲無用，盡賣與販舊貨者，使予不得不發怒。雖收回若干，而損失者固已多矣。（前數年三女兒每得一新書，輒取此圖包書皮，已失若干。）噫，予不知以何冤孽而竟得此怨偶也！

六月廿六號星期一（五月十九）

潮兒返校。將檢討第三章鈔訖，靜秋又不滿意，由渠再改，我再鈔。

服藥，未成眠。看《通言》。記筆記一則。看孫子書《滄州集》。

服藥，十時半眠。翌晨四時半醒。又眠，七時半醒。

戚本禹同志在二七工廠發言，謂運動開始時當然有一番大亂，但現在要"三結合"，毛主席已把舵轉過來了。殺人者要償命，搶劫者要退贓，退不出者要扣工資，三個月內要完全弄清楚。

此次運動，由彭真謀叛黨國引起，而羅瑞卿、陸定一、楊尚昆等佐之，恐將處刑。劉少奇則爲思想問題，罪當減等。

六月廿七號星期二（五月二十）

點讀《孔叢子》。鈔檢討第三章畢，靜秋更與商量再改。

服藥，眠一小時半。續點《孔叢子》。看《通言》。

服藥兩次，十二時後眠。翌晨四時半醒。又眠，八時醒。

打、砸、搶、扎、抄，爲一年來亂象，中央"文革"小組所公認。以此，靜秋不令我夜中出門散步。湲兒所騎自行車亦曾挨一刀。

本月十六日《外事風雷》載外交部鬥陳毅時，陳絕不屈服，發言甚憨直，故遭批甚劇，外交部大門上即寫"打倒陳毅"四大字，此對國際恐生不良影響。其妻張茜，以當工作組長，戴高帽游街。以陳實際上負國家責任之重，得毛主席、周總理倚畀之深，在國際上威望之高，猶不能免，我輩受些冤屈，又算得了什麼！

六月廿八號星期三（五月廿一）

九時到所。重鈔檢討三頁。與厚宣談。

服藥，未成眠。看報。重鈔檢討三頁。元善來。看《崔東壁遺書》。

静秋搶予筆記，與之鬥，撕破其衣。服藥兩次，十一時眠。上午四時醒。又眠，八時醒。

予一生記筆記殆近二百冊，十載以來，極思整理以貢獻于後人，此亦文化財產也。今日與元善談之，隨手抽出六冊，而静秋禁予嚴，若將荒廢政治學習者，其實所以要學習，正要業務做得好也。晚飯後静秋來招聽廣播，見予正覽此冊，怒而挾諸東屋，且身臥其上，堅不與予，予怒甚，毆之，彼急起逃出，予牽其衣，衣碎裂，彼乃遁至後屋，經懇求，乃返予，實《愚修録》之一至六冊也。

六月廿九號星期四（五月廿二）

九時到所。看昨日《人民日報》，注意《正確對待群眾》一篇。

服藥，眠一小時半。到"革命"理髮。静秋爲予洗浴。重鈔檢討三頁。

看《崔東壁遺書》。服藥兩次，十一時後眠，四時醒。又眠，七時醒。

緬甸政府禁止華僑青年懸毛主席章，縱容暴徒到中國大使館亂砸亂打，殺害中國專家劉逸等。蓋彼國本爲美殖民地，今以香港抗英事件，藉此報復也。街上已貼有"絞死奈溫"、"槍斃奈溫"之標語。此人前數年對中國頗表示好意，且常來游，且聞其爲中國種。今乃居然作帝國主義之走狗矣。

得練青信，要于七月中旬來京，同時請其弟吳祥泰挈其二子自西安來會。此何時也，而可隨便住人家乎！

六月三十號星期五（五月廿三）

八時一刻到所。爲吳練青來京事，寫信向"文革"小組請示，當面交林同志。看昨日報紙。

未服藥，眠一小時半。到北京醫院，就劉澤榮大夫診。看報。元善來。重鈔檢討三頁。

十時半服藥眠。上午三時半醒。又服藥及點卧，七時醒。

《香港夜報》云："你們醒醒，你們看到三十英里以外有什麽？這裏已有三師解放軍，還有裝甲部隊，白雲機場的人民空軍已經不准休假，珠江艦隊已經調到虎門口。"可知我方已備戰矣。

今日量血壓，爲160/85，又稍高。近日頗覺頭暈，眠起尤憊。

聞北大教授汪籛自殺。此人脾氣甚怪，又病多年矣。

予兩月前以十二元五角，買一高級鋼筆，取其墨水不致驟竭也。今日乘公共汽車到北京醫院取藥，下站後又看大字報，及歸探囊，則此筆無有矣。不知予于無意間掉之耶？則有綠色硬壳套，墜必有聲也。將是被人竊去耶？據兒輩言，近日小偷甚多，公共汽車中以人擠更易施其伎倆，此一假設頗可能也。日前予欲在晚飯後出步公園，堪兒勸止之，謂一批壞人在夜間活動尤甚，輒搶人手表而逸，不意社會風氣墮落至此！

元善言："中國文化大革命影響全世界，于美、蘇兩國尤甚。

彼輩寄其希望于我國之第二、第三代，以爲我國工農業一經發展，資産階級思想便易滋長，與資本主義國家必有和平共處之一日也。執意文化革命一起，挖除資産階級根子，不再有演化爲修正主義之希望。彼輩無可奈何，故鼓動印度、印尼、蒙古、緬甸諸國反華，使中國人在他國不再有活動之可能。但流氓雖能收買，統治階級亦可利誘，然人民生活不可改善，則勢必有爆發革命之一日。觀各國青年皆喜佩戴毛主席徽章，讀毛主席小紅書，可見各國反動派之不可長占政權，人民革命爲期已不遠也。"按蘇聯自赫魯曉夫叛變革命後，資本主義復辟，工農業生產日益減低，其自身尚難保，乃欲以"援外"之力虛張其大國之風，甚至柯西金跑至美國，向約翰遜乞憐，到古巴，又受卡斯特羅之冷遇，其塌臺諒不在遠。今日報載，蘇聯有一老人，懷抱炸藥，自殺于列寧墓前，其國內人心之不安可知矣。至中國情勢，從表面看來，固似四面楚歌，除越南、阿爾巴尼亞外幾無友邦，然我國人民既能自立更生，毛主席之光焰又普照世界，爲被壓迫人民與被壓迫民族視爲最紅最紅的太陽，以長遠觀點看來，固必勝無疑也。美、蘇反動統治之倒，我雖衰老，或尚能見之，故書此以自祝！

　　印度西孟加拉邦屬于"非國大黨的人民政府"，爲叛徒丹吉所控制。大吉嶺爲其屬縣，其地爲印度北部具有戰略意義之山區。縣中有地名納薩爾巴里，離尼泊爾只四英里，離錫金三十英里，離東巴基斯坦十四英里，離中國西藏六十英里。五月中，武裝鬥爭從那裏發動了，農民武裝占領了地主、種植園主和反動政府的土地，割取稻子，奪取糧食和槍支彈藥，向地主徵收錢糧。他們建立"人民法庭"，審判和懲辦頑抗的土豪劣紳。各村男女都組織起來，手持弓箭，日夕守衛，在警察逼近村子時，即打響警鐘，發出警報，使"進剿"的反動軍警損兵折將，狼狽逃竄。在五月下旬幾次衝突中，拔除了三個鄉的警察營地。印共革命派領導的農民武裝鬥爭地區的出現，標志着印度人民近年來日益發展的反抗印度反動統治的斗爭正在進入一個新的階段。它預示着，一場偉大的人民大革命即將在印度來臨，而其反動政權的潰敗亦將如我國之蔣匪幫一樣。代表印度大地主大資產階級的國大黨政府，一貫對外投降帝國主義，對內殘酷壓迫勞動人民，把五億人民趕到了饑餓和死亡的邊緣，如無此暴烈之革命、燎原之烈火，便將無以爭生存也。光輝的毛澤東思想，快些照亮了全印度人民的心吧！

一九六七年七月

七月一號星期六（五月廿四）

今日終日大雨，天氣陡涼。乘新八路車，八時一刻到所。爲練青到京事，赴"文革"小組接洽兩次，未得確實答覆。修改檢討。

服藥，未成眠。看報。重鈔檢討四頁。

十時服藥眠。上午三時醒。又服藥，四時後眠，八時醒。

今日爲慶祝黨之四十六周年誕辰，席棚中開大會，而口號喊得最多者，則爲"打倒潘梓年"！聞學部聯隊分兩派，一反潘、吳，一保潘、吳（傳啓），于今日下午作大辯論，反派較多，當占勝利也。

李四光先生長予五歲，任地質部長，近看《地質東方紅報》，記周總理語云："李某年紀大了，歷史問題已成過去，可不必參加學習。"知此次運動中彼亦受打擊，甚以其健康爲念。

七月二號星期日（五月廿五）

與靜秋討論重寫檢討第四段事。重寫檢討第四段三千餘字，訖。即交靜秋修改。

服藥，未成眠。看報。潮兒歸。

十時半服藥眠，上午四時醒。朦朧至七時起。

睡眠時間雖以服藥而多，究竟頭暈。又以文未完成，不能出外散步，使精神鬆弛。此文從本年二月末寫起，迄于今日，已歷四個月，爲靜秋故，改了寫，寫了又改，永不能完成，實爲今生第一遭也，直使我有"江郎才盡"之感。

肯尼亞蕞爾小國，今亦無理宣布我臨時代辦爲不受歡迎的人，此非受美、蘇唆使而何！亦正可見我國文化大革命之威力也。

聞近日市上"降壓靈"缺貨，當是以運動故，血壓高者數太多也。

七月三號星期一（五月廿六）

潮兒返校。八時到所。看《紅旗》本年第十期。與厚宣談。剛主來。看大字報。

未服藥，眠兩小時。看報。鈔檢討一頁。爲靜秋改得太亂，鈔不下去。

到東四散步。服藥二次，十一時後眠，四時半醒。又眠，七時醒。

學部反潘派貼大字報，謂潘梓年聽予言，搜羅未刻遺稿，爲反動分子服務，指予在學部中心小組學習中曾推薦張國淦之《方志考》等書也。又謂潘信任呂澂，辦佛學講習所于南京，亦爲反動行爲。其中心小組直是貝多菲俱樂部之流亞。如此批評，非使人走向毛主席所斥之"謹小慎微"不止。

七月四號星期二（五月廿七）

八時到所。途中遇伯祥。續看《紅旗》第十期。與厚宣談。買稿紙。

未服藥，得眠兩小時。看報。記筆記一則。以靜秋尚未改好，續作筆記二則。

在米市大街散步。服藥二次，十一時許眠。翌晨六時醒，又朦朧至七時起。

聞地球物理研究所所長趙九章，查出係叛徒，故給以開除處分。又聞章乃器以多年頑强反黨，去年八九月間被街道居民打死。此皆咎由自取也。

聞武漢大學李達本患胃病，僅能食粥，而王任叔鬥之，逼令吃飯，及進醫院，又令院中不給粥，以致死亡。資産階級當權派，害人致此！

七月五號星期三（五月廿八）

八時一刻到所。看任立新《做徹底的無産階級革命派》。續看《紅旗》第十期。到會計處領工資。

未藥，眠二小時。尚愛松來，長談。看報。看《説文詁林》。到王府井購物。

聽廣播。十時半服藥眠，翌晨六時醒。

予之房租，本爲每月四十元。今以退出西屋三間，自本月起減爲廿八元七角二分，西頭三家則合出十一元二角八分。

予于四五年前，曾在學部中心小組中發言，各所在學術研究上有聯繫，而除中心小組開會外不易相見，許多互相有關之問題無從討論，最好擇一中心地點設一俱樂部，每星期見一次面，各人提出問題，大家討論。今日見批判潘梓年之大字報，揭予此語，然此實必要，惜潘氏不能行耳。

七月六號星期四（五月廿九）

八時到所。看昨日《北京日報》。與厚宣談。

未成眠。記筆記一則。寫吳練青信，静秋不讓發。看報。

與静秋到燈市口中學，看大字報。十時半服藥眠，上午五時醒。又眠，七時半醒。

《文匯報》在上海爲民主黨派報紙，實權則操于黨中當權派，以劉少奇爲後臺，大量搜集封建殘餘與資産階級分子，從事知識化與趣味化，藏垢納污，直至今年一月始行改組，于此知陸定一之罪狀與平心之所以自殺之故。

中華所出《文史》與《中華文史論叢》皆陸定一、周揚等用以延攬資産階級張其黑軍者，故今皆停刊。

聞中央"文革"決定，真正的"資産階級反動學術權威"只有廿八人，其中文藝界占十二人，歷史界四人，則翦伯贊、侯外廬、劉大年、黎澍是也。又聞北大將于七月十五日起放暑假。此皆運動行將結束之象。

七月七號星期五（五月三十　中國人民抗日戰争三十周年）

八時一刻到所。看昨日《北京日報》及《進軍報》之謝芳《我要控訴，我要革命》等文，摘鈔入册。遇剛主。

未成眠。看報。看錢静方《小説叢考》。到寶泉堂買理髮票。元善來。

到寶泉堂修面，九時歸飯。十一時許服藥兩次眠。上午三時醒，又服藥，四時眠，八時醒。

今日上午，本所開會鬥劉導生，以我所在學部爲彼所管也。鬥在三樓，其口號聲傳至二樓。

後知實鬥者爲潘梓年，故劉導生竟能在場瞌睡。

本月三日晨三—四時，中央"文革"小組接見文藝院校代表，由戚本禹、金敬邁等發言，勸各校鬧革命，業務不可廢。談話中説及林甘泉在運動初期雖犯錯誤，但今已改造，仍可作文。高亨著書甚多，雖被人定爲反動權威，但毛主席説他是革命權威。我們應當分析地看問題，不可一例打倒也。據此，則高在山東大學必曾受打擊可知。渠研究古書，不能謂其不破"四舊"也。又楊榮國亦被提出，可見中山大學中亦以彼爲鬥爭對象也。

七月八號星期六（六月初一　小暑）

八時半到所。看昨日《北京日報》中《人民戰爭無敵于天下》、《全國夏收豐產》等文。

服藥，眠二小時。靜秋到西四幼兒園，與木蘭同到中關村。看蔣瑞藻《小說考證》，寫筆記二則。煮粥。

十時半服藥眠，翌晨三時半醒。又眠，八時醒。

小學生不上課，或已開學而不上班，成爲"逍遙派"，漸作壞事，上星期予在電車中失去一鋼筆。今日靜秋在東單菜市失去一錢包（內存二十餘元），可畏也。

七月九號星期日（六月初二）

李蔭棠來，靜秋斥去之。與靜秋到中關村，晤啓鏗、木蘭、國光，同飯。

未成眠。湲兒來。四時半與靜秋挈國光歸，與同玩。元善來。

看報。服藥兩次，近十二時眠。翌晨六時半醒。

國光下月足三歲，甚聰穎，到處注意，善發問，惜身體不健，常有病耳。他今天堅決要到我家，住一夜，父母禁之不可，足見其個性之強。其母又懷孕，大約于本年冬生育。

在陸家看武漢大學出版之《革命有理》報，知武漢市有大規模之武鬥，主之者武老譚，由其驅遣之學生、工人數千，號爲"百萬雄師"，亂殺亂砍，市中心區成爲戰場。又聞鄭州火車不通，知彼處武鬥尚未止也。

七月十號星期一（六月初三）

漉兒送國光到西四幼兒園。八時到所。讀前日報載印尼共產黨聲明及自我批評，未畢。將靜秋答練青書送"文革"小組，孟祥才送回，即到瑞金路郵局發出。

服藥，眠一小時半。擦地板。鈔檢討一千餘字。靜秋爲予洗浴。看報。記筆記一則。

十時半服藥眠，十二時醒。又服藥，并進點。上午一時後眠，六時半醒。

北京航空學院首先復課鬧革命，諸大、中學校繼之，運動漸上軌道。所謂復課者，非復業務之課，乃按班級進行"鬥、批、改"也。

今日靜秋又賣去兩個舊書架，才得三元。

今日學部中貼出一大字報，批評劉導生者，又提我名，謂中心小組討論培幹時，予曾説："拔尖要緊，犯些個人主義亦不妨。"此語予所未出，或他人之言敷之于予，或故意寫此以增予罪，均不可知。

七月十一號星期二（六月初四）

八時到所。續看印尼共產黨自我批評，未訖。將所鈔檢討統讀一過。

未藥，眠一小時半。看報。記筆記一則。剝豆，并洗之。續改檢討。看《盧太學詩酒傲公侯》。

十時服藥，不能眠，十一時起再服藥，并進點，伏案眠。二時，靜秋扶上床，四時，起就厠。又眠，六時半醒。

今晚未做甚事，忽然不能成眠，服藥量較多，乃未及上床而即眠着。靜秋見予室燈不閉，乃挾之上床。晨醒後無氣力，覺頭暈。靜秋因此，竟夜未成眠。

夏菊花，武漢雜技團中之翹楚也。聞渠係王任重所提拔，竟爲“百萬雄師”之頭頭。王任重之罪與李井泉同，殺人不知其多少。

七月十二號星期三（六月初五）

看報。與靜秋同到工農兵醫院，就吳玉燕女醫師診。遇袁翰青。木蘭來，送物，留飯。

得眠一小時。寫“文革”請假兩天信，即發。路遇馮君實。鈔改檢討千餘字。看《孔子家語》。

服藥，不能眠，飲樂口福。約十二時睡。翌晨六時醒。

德新社電云：“美國總統約翰遜認爲，共產黨中國終有一天將在國際大家庭内獲得一個受人尊敬的席位。”這個一嚮以中國爲死敵的人肯説出這句話來，足見中國威信日高，不能不説出這句内心痛苦的話。

今日血壓爲160/90，較前又稍高。

自今晚起，予改睡東屋，靜秋防予多服藥中毒也。湲兒睡予書室，洪兒眠于客廳。

七月十三號星期四（六月初六）

鈔改檢討約三千餘字，訖。理書。

略一朦朧。看《孔子家語》。記筆記一則。

出門，以雨將作，即歸。靜秋爲洗浴。十時半服藥眠。上午二時三刻醒，遂待旦。

今日大熱，晚黑雲作，以爲將下雨矣，乃一經風吹，便即消散。

檢討又鈔一次矣，而猶不愜于靜秋之心。

昨美帝飛機在我廣西東興縣發射導彈兩枚，打傷解放軍戰士四人，炸毀房屋一間，旋即逸去。

近日每天下大便兩次。

明日各校學生將到中南海，向劉少奇、鄧小平示威。

七月十四號星期五（六月初七）

四時起，續看《孔子家語》。八時前到所。鈔檢討一千字。趙幼文來，長談。謝剛主來。下車，看大字報。今日室內爲九十度，室外當在百度上。

眠一小時半。看報。又眠一小時許。與靜秋商量修改檢討。

看《孔子家語》。十一時服藥眠，翌晨五時半醒。

幼文，成都人，爲言李井泉是劉、鄧嫡系，把持蜀政十七年，所爲多不法，故在此次運動中，先下手爲强，將川大教師不論級別悉數關起，又武鬥殺人。中央先派張國華去治其事，力不足，又派謝富治、王力前往矣。

見大字報，悉當溥儀釋放後，彭真、廖承志、方方等即竭力捧之，表示共産黨能將一個皇帝改造得好，以示階級鬥爭可不再談。拍一《中國末代皇帝——溥儀》之電影，在國外演放。當《我的前半生》未正式出版時已由英、德文翻譯，行銷全世界，蓋其看人改造若此其易也。此與《不夜城》寫資産階級之易于接受改造，同爲修正主義思想。

七月十五號星期六（六月初八　初伏）

八時前到所。鈔檢討二千字。

眠兩小時。看報。看《孔子家語》訖。

靜秋出游行（反劉鄧），遇急風暴雨，衣盡濕。服藥兩次，十一時後眠。三時醒。又眠，六時醒。

厚宣云：南方入伏爲盛暑，北方入伏則較凉爽，以梅雨期過，不致悶熱也。今晚有七八級大風，挾電與雨而至。

蘇、美在中東事件中的勾結：美帝——侵略戰爭中的罪魁禍首，阿拉伯人民最凶惡的敵人。蘇修——出賣阿拉伯人民的大叛徒，美帝的頭號幫凶。

七月十六號星期日（六月初九）

出覓理髮，皆以擁擠退出。看報。續鈔檢討二千字。

未成眠。看阿英《小說二談》。記筆記三則。看《韓非子》。

湲兒同學崔藝新、張燕多來。靜秋爲洗浴。十一時服藥眠，上午三時一刻醒。又眠，六時半醒。

今年我國不但糧食豐收，即瓜果亦俱豐收。市上一大堆西紅柿，僅售一二分錢。荔枝、西瓜亦多，消暑佳品，盡人得享受，此非黨之領導正確，不能有也。反觀蘇聯、印度、緬甸，糧食俱歉收，而狂呼反華，亦見其不自量而已矣。

北京各中學中，有四三、四四兩派，四四較左。洪、湲二人俱屬四三，今正求大聯合，清理課堂，準備上課，兩派同工作而各不理。此名號之由來，以四月三日及四日，中央“文革”曾接見兩次故也。

七月十七號星期一（六月初十）

八時前到所。續鈔檢討一千二百字，訖。十一時出，到“立新”（寶泉堂）取理髮券。

二時，到“立新”理髮。三時，到北京醫院，就劉梓榮大夫診。四時半，雇車歸。疲甚，臥床休息。看報。

看《韓非子》。服藥，十一時後眠，上午三時醒。又眠，六時半醒。

李立三之女在女十二中肄業，以此洪兒知其父已自殺，母蘇聯人，已被捕，蓋犯國際間諜罪也。

近數日中進行革命大批判的黨內最大的一小撮走資本主義道

路的文藝界當權派：陸定一　周揚　林默涵　夏衍　齊燕銘　田漢　陽翰笙　蕭望東　陳荒煤　張致祥　邵荃麟

今日量血壓爲145/80，低矣。

七月十八號星期二（六月十一）

大雨中，八時一刻到所。左眼發炎，勉强看昨日《光明日報》。十一時半晴，到東單買眼藥。

眠一小時半。看報，看劉少奇向建築工業學院所作檢討及《東方紅報》所作批評。摘豇豆角三斤。

洗浴。十時半服藥眠。上午三時醒。又眠，七時醒。

去年七月上半月，毛主席不在北京，黨中央由劉少奇主持，分遣工作組到各校，不許學生鬧革命。劉于八月初親到建工學院兩次，宣傳"老子英雄兒好漢，老子反動兒混蛋"之反動血統論，企圖製造宗派，攪亂階級陣綫，造成師生間之對立情緒，從而達到其對抗無產階級革命路綫之目的。上月該院革命派令其檢討，渠乃于本月九日作一假檢討，輕描淡寫，意圖反撲，故近一旬中各機關到會批判及游行示威者極多，必將之批倒、批臭。

七月十九號星期三（六月十二）

八時前到所。謄清檢討二千字。剛主來。

眠一小時半。看報。看《小兵張嘎》小説。元善來。到米市大街買西瓜。

十一時服藥眠，上午四時一刻醒。又眠，六時醒。

元善談，去年六月一日發表《橫掃一切牛鬼蛇神》後，毛主席即離京。于是劉少奇主持黨中央，派出工作組。及七月十八日毛主席還京，貼出第一張大字報，而後劉少奇之罪行遂顯。毛主席之以黨交劉，恐是引蛇出洞之計，以劉之走修正主義路綫已久，非此不足以發揮其本質，爲人民所共見也。

經過此次對于革劉少奇之大批判，知其最大錯誤是放棄階級鬥爭，不要無產階級專政，只想和平演變，與資產階級眉開眼笑地進入社會主義。電影《不夜城》即爲此種思想之具體表現。自解放以來，我輩所以不覺得有所變化，也就是不感到有改造思想之必要，實由劉少奇及其徒黨鄧小平、陸定一、周揚、夏衍、徐冰等所蔭蔽，自居于精神貴族，傳衍舊排場之結果。直至去年大運動起，取消特殊化，打倒舊風俗，方知十七年來不認真學習，實爲階級未變，故思想亦不變。今則強迫改造矣，自當安心接受，以更無劉少奇等爲我等靠山也。方運動突起時，不知其目的所在，故猶有所疑。今則洞若觀火，知念念不忘階級鬥爭，念念不忘無產階級專政，實爲最重要之信條，非如此不能達到社會主義也。

七月二十號星期四（六月十三）

八時前到所。看《小兵張嘎》訖。謄檢討八百字。歸，倦眠。

眠一小時。看報。看《電影風雷》及《討瞿戰報》。看《韓非子》。

看鄭奠等《古漢語語法學資料彙編》。十一時許服藥眠。翌晨四時醒。又眠，七時醒。

接吳練青信，爲我家不招待她，生氣了。彼不知道文化大革命後，一切生活要改變了。

七月廿一號星期五（六月十四）

八時二十分到所。看瞿秋白《多餘的話》及批評諸文。趙幼文來。謝剛主來。歸，莊彩鳳來。

眠一小時許。看報。記筆記五則。大雷雨。

看《韓非子》。服藥兩次，十二時後眠。翌晨六時半醒。

瞿秋白爲蔣匪軍所捕後，寫《多餘的話》，自承認入黨爲"歷史的錯誤"，對于政治無興趣，軍事更不嫻，身體衰弱，不能工作，無非宛轉求生。今其墓已掘，在革命歷史館之像已毀，以爲叛黨者戒。計其竊得"烈士"虛名者卅二年矣。

七月廿二號星期六（六月十五）

八時前到所。謄檢討二千字。與厚宣談。

眠一小時許。看報。潮兒自校歸。與靜秋同學習《語錄》及《爲人民服務》。記筆記一則。出門散步，遇吳世昌夫人。買糖。

看《韓非子》。十一時半服藥眠，約上午三時起溺，濕褲。又眠，八時醒。

武漢市"百萬雄師"與革命派相仇殺，湖北軍區司令陳再道、湖北第一書記王任重，實爲幕後指揮人。日前聞在長江游泳之革命派，一上岸即爲"百匪"所殺。今日聞政府派去之謝富治正與革命派一同游行時即被匪戳了一刀，王力則被其綁架。無法無天，至于對毛主席派去之人且如此，則在地方上之亂殺人可知。聞彼輩言，"毛主席受人蒙蔽"，則其站在劉少奇方面又可知。

北京各校及人民團體連日到中南海要求揪出劉少奇來鬥，建工學院且以絕食作要求，恐不久即將到廣場與革命派見面也。

七月廿三號星期日（六月十六　大暑）

看報。張覺非來。洪兒爲洗浴。點《韓非子》，記筆記一則。

眠一小時許。看報。摘豆。點《韓非子》。到人民路（王府井）買扇及肉鬆，看街上所貼大字報。

聽廣播。十一時許服藥眠，上午三時醒。又眠，六時醒。朦朧至七時起。

謝富治與王力已光榮歸來，聞周總理曾到武漢，不知信否。

謝之兩衛士已在游行中犧牲。王力則戴了高帽游行三次。陳再道已到（或謂招之開軍事會議而來），扣留之住西山，將開軍事法庭裁判。聞前所云"武老譚"，即陳之譚名也。

景山公園中住四川來京告狀學生四百人，不服從政府命令，不肯歸去。今日有一女生往貼大字報，川人與之辯論，不勝，又起武鬥，各校學生往支持，遂大鬥，警備司令往，勸勿鬥，一生直前摣其胸，司令脫帽曰："請刺我頭。"洪、堪兩兒往觀，直至十一時許方回，鬥尚未止。渠等拾磚瓦以擲，傷者甚多。此等青少年，已成瘋狂心理，奈何！

七月廿四號星期一（六月十七）

潮兒返校。八時到所。謄檢討千五百字。趙幼文來，長談。

眠一小時半。與靜秋同讀《人民日報》社論《把革命的大批判進行到底》。點讀《韓非子》。姜書齡、陳繼榮自蚌埠來。

看陳奇猷《韓非子集釋》。十時半服藥眠。上午二時醒、四時醒、六時醒。

姜書齡爲又安之族侄，服務于蚌埠之郵電局，以蚌埠兩派相持不下，來京告狀。同來者二十人。聞安徽境內，以李葆華領導不善，各處武鬥，其保皇派之失利者則群趨大別山以自保。此山當豫、鄂、皖三省之交，故三省中不逞之徒有聯爲一體之勢。又四川與鄂接境，故亦合爲一，其中有若干軍人，携有武器，安撫殊不易也。

堪兒兩夜皆往景山，搬運磚瓦，助五中學生鬥四川學生。

七月廿五號星期二（六月十八　中伏）

八時前到所。謄檢討千餘字訖。趙幼文來，長談。與靜秋打架。

眠近兩小時。點《韓非子》。記筆記一則。摘豇豆角。元善來談。

聽廣播。服藥兩次，十一時許眠。上午四時醒。又眠，六時半醒。

今日下午五時天安門開大會，諸兒皆往。到者約百萬人，爲支援武漢革命派也。一致表示堅決打倒中國的赫魯曉夫，打倒黨内、軍内一小撮走資本主義道路當權派，打倒"百萬雄師"中堅持資產階級反動路綫的一小撮頭頭。

聞幼文言，北京地質學院學生到四川串連時受侮，故景山之鬥實含有報仇性質。

聞王力在武漢被打受重傷，眼中出血，腿骨亦打壞，惟尚能勉强支持耳。

聞譚震林誘農民入城武鬥，每進城一天，給予四十五工分。經濟挂帥，一至于此！

七月廿六號星期三（六月十九）

八時到所。摘鈔《把革命的大批判進行到底》。趙幼文來談。木蘭來，留飯，傍晚去。疲甚，眠一小時。

飯後未成眠。到"東風"理髮。看《古代的羅馬》。記筆記二則。摘豇豆角。看報。與靜秋同讀"老三篇"。

洗身。十時半眠藥眠，上午四時醒。又眠，六時半醒。

幼文爲成都人，言其妻與之信，七月二日發出，直至七月廿四日始收到，道路之阻厄可知矣。

又安之母在山西長治病危。其病爲神經痛，與外姑無殊。

日來到京避難者至四萬人。此間物品供應之多，即緣交通之屢阻，故盡在本地發售。西瓜尤便宜，四五分一斤。

聞陳再道爲賀龍部下，王任重則依附劉少奇者，故有此猖狂之舉。前所記的"武老譚"實指陳再道，非別有其人。

七月廿七號星期四（六月二十）

八時到所。將王若水評胡適一文校讀一過，并作提綱。趙幼文來。靜秋與木蘭同訪淑忍。

眠近兩小時。看報。記筆記一則。到瑞金路買藥，兼看大字報。到王姨母處問疾，并晤大琪、大玫等。

看《井岡山》報。洗身。服藥二次，十二時半眠。三點一刻醒。又眠，六時醒。

在街看大字報，知李井泉已在成都揪出，此大快人心之事。但長沙、長春等地武鬥又起，晉中地區則反對陳永貴，知反動殘餘勢力猶未熄滅也。

湲兒以太勞，連日有熱，喉痛，買消炎片服之。

王姨母今年虛歲七十九，去年在院中跌一交，臥床數月。今年勉强能起床，乃上月又跌一交，行動不便，取物不能，老境頹唐，真可矜也。

七月廿八號星期五（六月廿一）

八時到所。讀空軍政治部紅愚公《把大無畏的革命精神同嚴肅的科學態度結合起來》。謝剛主來。趙幼文來。

眠一小時許。看報。記筆記二則。摘豇豆角。看《韓非子》。大雨。

擦身。十時服藥眠。上午二時醒。又眠，五時半醒。

《參考消息》載反動分子"錢穆博士"因香港抗英風潮起，感到不安，已携眷到臺灣，準備買地造屋，大概把"新亞書院"也遷去了。將來臺灣解放，看他怎樣？即此，可見親美親蔣之香港居民已大量流轉臺灣。

美國黑人抗暴鬥爭自底特律起，浪潮波及全國，已有十五個城市爆發暴動，爲美國黑人運動史上規模最大的一次，爲約翰遜執政以來面臨的最大政治危機，使得他惶惶不安，徹夜失眠，雖派大批軍警鎮壓，亦無濟于事。軍火生產減少，侵越力量更薄弱矣。

七月廿九號星期六（六月廿二）

八時到所。看報。與厚宣談。看學部總隊與歷史所"文革"小組互相攻訐之大字報。

眠半小時。記筆記一則。翻《北京圖書館善本書目》。看報。剝毛豆。

擦身。服藥兩次，十二時後眠，早四時醒。又眠，六時半醒。

湖北"百萬雄師"雖因失去總頭頭陳再道，及中央宣布"受蒙蔽者無罪，反戈一擊者有功"而起義者紛紛，武漢方面已為革命派戰勝，然執迷者尚北向跑入河南，豫省不能寧也。

聞廣州市中，革命派被趕上一樓，走資派挾刃而上，或剜目，或割耳，或劓鼻，死者不少，傷者更多。前聞粵中無劇鬥，今乃不然，勢必陶鑄一派泄其私忿也。

七月三十號星期日（六月廿三）

擦地板。大雨。終日看《史林雜識初編》，訖。

未成眠。

靜秋為洗浴。十時半服藥眠。翌晨五時醒。又眠，七時醒。

聽廣播，紀念建軍四十年，已將彭德懷、羅瑞卿兩人斥名，謂其為野心家、大軍閥。五三年高饒事變，彭即參預，其後廬山會議，彭又反對三面紅旗，故予以免職。

昨與厚宣談，渠謂所中青年對《史林雜識》不滿意，就是"一段段的"，"講些什麼"。因今日休假，翻覽一過。自謂此種體裁，承接宋清考據家言，實為民族形式。青年們看不慣，看不懂，則自為予之不合時宜也。

七月卅一號星期一（六月廿四）

八時十分到所。續鈔空軍政治部文，仍未完。謝剛主來。

朦朧一小時。記筆記一則。看報。

十時半服藥眠。上午三時半醒。又眠，六時半醒。

聞熊佛西已死于上海，紅綫女已死于廣州，皆以鬥爭激烈之故。此次運動，對藝術界人最嚴，我輩在科學界，尚被保護，兹可感也。又聞民盟副主席史良，亦受劇鬥，須兩人扶之乃得行動。舊社會爲萬惡淵藪，我輩在舊社會能生存，必然與反動統治者有聯繫。例如梅蘭芳，歷清代、袁世凱、北洋軍閥、國民黨諸反動統治，聲譽日高，蜚聲國外，都緣反動派捧場，幸前數年死去，否則殆矣。

聞陳再道之後臺爲徐向前。又聞“百萬雄師”中有兩個壞頭頭都是女子，一雜技團中名角夏菊花，一電影演員王玉珍（即演《洪湖赤衛隊》中之韓英者），皆王任重之所玩弄者也。

徐向前之罪惡爲嚮屬于張國燾一派，反對毛主席者。兹作全軍“文革”小組組長，而反軍中之革命派，扶植反革命派，故陳再道遂敢于以人命爲兒戲，成此空前慘劇。

摘鈔《紅旗》一九六七年第十三期社論《徹底摧毁資産階級司令部》（下略）

一九六七年八月

八月一號星期二（六月廿五）

八時前到所。鈔空軍政治部文訖。

眠一小時半。記筆記兩則。看報。翻《白雪遺音選》。

洗身。看報。十時半服藥眠。上午三時醒。又眠，六時半醒。

大字報數齊白石之罪惡為獻媚反動統治階級，以此成名，以此得利。解放後為劉少奇、鄧小平、廖承志等所捧，大量印出其畫，作國外宣傳，致蘇、德諸國聘為通信院士。死後，周揚等為之作百歲紀念，表揚之為世界名人。今日揭出其底，只是一"反動文人"耳。覽此，知凡在舊社會中享有大名者，今日皆在清洗之列，此後不當再有特出人才，惟安心做一普通人，即是偉大國家中一個小螺絲釘，即盡工人階級本分矣。

八月二號星期三（六月廿六）

八時前到所。鈔《毛主席論人民戰爭》。幼文來。

眠一小時半。到東風市場及人民路購物，到"立新"修面。看報。

洗身。看報。十一時眠。上午四時醒，溺褲。又眠，六時醒。

靜秋自今日起病傷風，家事煩勞，不容休息，又以兒輩參加運動，歸家甚晚，非至十一時不能休息。回想舊日生活，始知出身剝削階級之有罪也。

街上大字報有書"絞死大賣國賊陳毅"者。陳固說話有錯，何至犯死罪；且其反帝如此劇烈，何至戴上"大賣國賊"頭銜。此實侮蔑黨中央及人民政府矣。

八月三號星期四（六月廿七）

八時十分到所。續鈔《毛主席論人民戰爭》。看"革命大批判司令部"與學部聯絡委員會鬥爭大字報。

眠一小時半。將"老三篇"大幅懸挂牆上，與靜秋共讀。四時，到北京醫院，就劉梓榮大夫診。五時取藥出。一路看大字報。六時歸。擦身。

服藥二次，十一時後眠。三時半醒，溺褲。又眠，六時半醒。

今日量血壓，爲 140/80，正常矣。

在街看大字報，知蘇南常州反革命暴動，殺傷者以千數，延及無錫、蘇州等地，慘死者亦多，此亦保皇派垂死之挣扎也。常州至懸八人首級于城門，豈非軍閥作風。

今日下午六時半，數百單位在天安門開群衆大會，批判劉少奇，指出其第二次檢討爲新反撲。連日到中南海西門示威者甚多，看來非揪出中南海鬥争不可。

鼠子作虐已久，昨日由湲兒在同學家乞得一小猫來，從此鼠輩可絕迹矣。

八月四號星期五（六月廿八　中伏後十天。此爲元善所説，檢曆書，今日仍是末伏第一日。）

八時一刻到所。續鈔《毛主席論人民戰争》。剛主來。

眠一小時許。看報。記筆記一則。元善來。

洗身。

傅崇蘭、王恩宇，去年運動初起，即合力打擊侯外廬、酈家駒，而遭到軟禁者，皆革命派也。但去冬王恩宇被選入學部聯絡委員會，乃與吳傳啓結成一黨，今春且同發表文章。吳既與潘梓年爲一派，王亦不得不與傅分立爲兩派，以致引起武鬥，可見在革命過程中團結之不易。

被我驅逐回國之蘇修記者科修科夫在《新時代》上大爲我國造謡，至云：“許多中國人既吃不到肉也喝不到牛奶，甚至不敢看一看糖、鷄蛋和油——這些對他們來説過于昂貴的食物。”以我國市場供應之豐富與價格之低廉，而竟説成此反面話，大可休矣。

八月五號星期六（六月廿九）

七時五十分到所。續鈔《毛主席論人民戰争》訖，擬一提綱，未訖。幼文來。

眠一小時半。看報。看格拉内《古中國的跳舞與神秘故事》。煮粥。

看馬林糯斯基《巫術、科學、宗教與神話》。十一時服藥眠。上午三時三刻醒。又眠，六時醒。

昨今兩日，集隊到中南海西門及天安門示威，要求揪出劉少奇鬥爭者不少。聞周總理、戚本禹曾出講話。

今日天陰有微雨，氣候轉涼。今年雨多，墻頭地上青苔不少，宛然江南矣。

聞我國駐印尼大使館被反動派所焚，故我國人民今晚到東四禮士胡同將印尼大使館焚燒，以事報復。

八月六號星期日（七月初一）

冒雨到聖陶處，與元善會，長談，并晤至善夫婦及其孫女佳。十一時，與元善同出。鄧世民夫婦及淑忍來，未晤。潮兒返家。

眠近兩小時。看報。看《武訓和〈武訓傳〉批判》。元善來。洗浴。十二時，服藥兩次眠，翌晨六時半醒。

聖陶左腿病丹毒已歷一個半月，中西醫兼治，今已起坐。

聞京廣綫近日只通至武漢，津浦綫只通至蚌埠，可見南方武鬥之劇烈，此皆賀龍、徐向前、葉劍英等走資派之罪也。

潮兒發燒，但仍負病歸家，爲同學補衣。渠又將出門，到長春支援革命派，惟尚未得車票耳。潮兒食量甚差，不及我，靜秋甚爲憂慮。

八月七號星期一（七月初二　中共八屆十一中全會召開一周年紀念）

八時前到所。看昨報陳永貴《大寨是在同中國赫魯曉夫的鬥爭中前進的》及中國革命博物館《堅決清算中國赫魯曉夫篡改黨史的滔天罪行》。楊向奎來。領工資。

眠近兩小時。看報。看周慶基《新編世界史》四章。潮兒返校。

看余嘉錫《四庫提要辨證》。十一時服藥眠。晨四時醒。又眠，六時醒。

看陳永貴文，知大寨公社在合作化運動中，艱苦奮鬥，取得高產，劉少奇即發下黑指示，先不許辦大組，繼而以豐產爲“虛夸”，强迫其减低產量，將六〇年畝產六百二十斤報成五百八十斤，又將全年向國家繳售糧食二十四萬斤報成二十二萬斤，對貧下中農大潑冷水。六四年冬，又借“四清”運動機會，妄圖拔掉大寨紅旗，派去之工作隊定大寨爲有嚴重問題之三類隊，要查“黑地”，說糧食未扣除水分，然查不出作弊憑據而去。劉之陰謀乃徹底破産矣。此人如此陰險，真可恨也。

八月八號星期二〔七月初三　立秋〕

七時三刻到所。看《紅旗》第十三期社論《徹底摧毀資産階級司令部》及《人民日報》評論員文章《宮本集團的背叛》。看《嘉慶一統志》索引。十一時，潮兒上站，到長春支左。

眠近兩小時。記筆記一則。尚愛松來，長談。看報，并看《紅旗》、《東方紅報》。

看報。十時半服藥眠。上午四時醒。又眠，六時半醒。

天熱甚，如果步行回來，非暈倒不可。看青年們一隊隊到印尼大使館示威，真羨慕其爲八九點鐘的太陽也。若我者，非三輪車接送，簡直無法走路，應深感老王同志之爲我踏車也。

愛松見大字報，知上海方面提出之反動權威，爲巴金、周信芳、沈尹默、袁雪芬等八人，其次爲郭紹虞等若干人。紹虞向來膽小謹慎，乃亦陷入，是可儆矣。

昨日“聯動”打死一半工半讀之學生，今日革命派爲此游行，并持有武器，所謂"文攻武衛"也。

《東方紅報》記廣西革命派六月的浴血奮戰。云黨内軍内的走資派掀起大屠殺，死傷及被捕者甚多，其事爲韋國清、歐志富、徐其海所挑起。予于五六年到廣西，曾見韋國清，覺其恂恂然，想不到他竟會幹此一套！

八月九號星期三（七月初四）

八時到所。鈔《偉大的里程碑》訖。鄭樞强與高耀玥來，留飯。

眠一小時半。看報。煮粥。擦地板。鈔《種族問題實質上是階級問題》訖。

十一時半，服藥兩次眠。翌晨六時半醒。

得自珍南京來信，係本月三日發出者，走了一星期，可見津浦路之有阻。

新疆在黨、軍走資派王恩茂、張希欽等指使下，對紅二司以刺刀、手榴彈、燃燒彈等作大殺戮。許多人説，今年八月是兩條道路決戰的一個月。

八月十號星期四（七月初五）

八時，冒雨到所。看報。寫自珍信。與厚宣談。歸，看報。

未成眠。到東風市場買物。到北京眼鏡店（大光明）配眼鏡。到"革命"理髮。看街上大字報。

看報。十時半服藥眠，翌晨四時醒。又眠，六時醒。朦朧至七時。

終日大雨，突寒。

看大字報，知北京財貿尖兵領導人洪振海、姜大千等到處激起武鬥，自謂可以號召一萬人，僅東風市場、百貨大樓已鬥十餘次，而中央"文革"不予取締，不詳其故。

聞厚宣言，昨晚燈市口二十五中學生列隊到東堂子胡同二十四中，先念毛主席語録"下定決心……"，衝進彼校搶物，二十四中學生亦念語録，與之鬥争，然以無準備，卒歸失敗。歸詢之堪兒，果有此事，蓋前一日二十五中被某校學生所搶，故失之于彼而收之于此也。此真是原始社會中部落戰争之復現矣。

八月十一號星期五（七月初六）

七時四十分到所。看報。始鈔林彪《人民戰争勝利萬歲》。

眠近兩小時。看報。看《新編世界史》。元善來。

看報。十時半服藥眠。翌晨六時醒。

昨蒙古大使館館員駕車到東華門友誼商店購物，其車中以毛主席像置于腳踏板上，以示侮辱。爲我市民所見，强其出來認罪，渠不肯，其車爲人推翻，汽油流出，遂舉火焚之。其人跳下，被捕送派出所，寫服罪書，始縱之去。我外交部已與蒙使館交涉，逐其人歸國。因此，今日到三里屯蒙使館示威者甚衆，此真小丑跳梁也。

雲南盈江縣與緬甸接境，鄉民常相往來，奈温反動政府見有來者，動輒殺害。好在緬共人民武裝捷報頻傳，反動政權之倒塌已不遠耳。

八月十二號星期六（七月初七）

八時前到所。續鈔《人民戰争勝利萬歲》。幼文來。看外交部批陳大字報。

眠一小時半。淑忍、木蘭行。静秋伴淑忍游頤和園，宿木蘭家。看報。煮粥。

看《井岡山》等報。服藥兩次，十一時後眠。上午二時醒、四時醒、六時醒、七時半醒。

清華《井岡山》載訃告二，一爲李磊落，死于常德，爲敵人機槍掃射，于八月七日晨死。一爲蕭化時，死於八月一日參加武漢市革命造反派組織之横渡長江活動中，爲"百萬雄師"在其將上岸時所槍殺。皆優秀生也。

陳毅被批判，固由其出言不謹，想到就説，以致爲他人抓住話柄，而外交路綫確有不正確之處，故爲姚登山（前印尼領事）所檢舉。昨在人民大會堂開會批判，周總理、謝副總理等皆到，無甚大鬥，陳向會場群衆三鞠躬。

八月十三號星期日（七月初八）

收拾屋子。張覺非來。静秋偕啓鏗、國光來。木蘭繼至，同飯。偕國光玩。

眠一小時。與静秋同到"紅星"，看今年五一節毛主席與中外革命者在天安門會晤電影。元善來。飯後啓鏗夫婦及其子歸。

看報。十時半服藥眠。十二時一刻醒。又眠，二時醒、四時醒、六時醒、七時醒。

聞本月十五日及十八日將有大亂，須注意。

周總理對學生言："非不讓你們出外支左，乃是各地是非尚未大明，憑着一股勇氣前往，恐有失出失入之處，徒增紛亂耳。"故串聯事將停止。

各校前雖已標榜"復課鬧革命"，但在今日各處武鬥之際，實在安不下心來，故此口號亦暫時收起。

出外，見大字報，長春告急，謂賀匪吉祥發大量武器與保守派，將與革命派掀起大武鬥。潮兒行六日矣，迄未來一函，不知其在彼是否平安也。

八月十四號星期一（七月初九　末伏）

八時到所。續鈔《人民戰爭勝利萬歲》。幼文來談。

眠一小時半。看抗戰前所編《禹貢》講義。記筆記一則。到人民路看大字報。到東風市場買水果。淑忍返徐州。

靜秋爲洗浴。看新出小報。十時半服藥眠。上午四時醒。又眠，七時醒。

西單商場武鬥已數日，死者十二人，傷者數百人。有些人乘機搶物，使國家受大損失。有兩男子裝女裝，藏于女廁所，有就廁者奪其手錶。及爲警察所捕，檢其身，則一臂貫六錶。國都如此，誠所不料。

民族學院前日武鬥，以少數民族之勇猛，其受害者可知。聞民族研究所亦波及。

長春武鬥爲七日事，潮兒于八日動身，九日方到，或不至罹其凶焰也。

八月十五號星期二（七月初十）

八時十分到所。續鈔《人民戰爭勝利萬歲》。楊向奎來。趙幼文來。

眠一小時半。記筆記一則。到瑞金路（米市大街）郵局爲靜秋寄信，買水果。看大字報。

聽廣播。十二時服藥兩次眠。上午四時一刻醒。又眠，六時半醒。

昨日北京市革命委員會發通知六條，嚴禁武鬥，且令停止串聯，已出者即歸，來京者速去。此事爲中央"文革"所批准，并得毛主席同意。

今日在所看大字報，乃知民族學院之武鬥，爲哲學社會科學部中洪濤所挑起者，洪固潘吳之黨也。

聞我所"文革"小組以意見不齊，勢成渙散。

蘇州武鬥，死傷千二百人。柳州告急。

八月十六號星期三（七月十一）

八時到所。看王光美長篇檢討書。續鈔《人民戰爭勝利萬歲》。蓆棚中開鬥爭張聞天會。

眠一小時半。六機部王維國由政協介紹來見，談大革命時上海事，未能答，轉介紹之至伯祥處。記筆記一則。

看報。十一時服藥眠，上午四時醒。又眠，六時半醒。

北京工代會有真假兩組織，假工代會之頭頭爲崔緒龍、洪振海、姜大千，西單商場之戰，彼輩兼召地下鐵道"東方紅"派爲之，吳德到場禁止不住，幾被砸傷。政府派軍隊前往包圍始止，然玻璃窗櫃已盡打碎，大量物資被搶，損失不貲矣。又有人説姜大千、洪振海是真工代會人，街上所寫污蔑之大字報均假工代會人造謠。此中是非，日久方能分曉也。

看大字報，知各地軍區司令大量罷免，庶絕武鬥根源。李井泉、陳再道，其尤甚者也。

文藝界已準備批判梅蘭芳，骨已朽矣，仍須批倒，想見除舊布新工作之難也。

聞九月一號起，各中學均復課。

今日下午，文學研究所開會鬥黄克誠之妻唐棣華，該所副所長也。

八月十七號星期四（七月十二）

洪兒爲予到工農兵醫院挂號。看周慶基《新編世界史》。

眠近兩小時。與静秋同到工農兵醫院，就吳玉蘭女醫師診。

十時半服藥眠，上午四時醒。又眠，六時半醒。

服合霉素，多汗，得安眠。血壓 140/90。

昨午十二時歸家，熱甚，將單衣褲脱去，獨穿汗衫、短褲，坐沙發上看報，以疲勞故，旋即睡去。至一時開飯，爲家人喚醒。旋覺不舒服，以寒熱表量之，有熱半度。至今日而升至一度。可見老年人感熱時不能驟脱衣，脱衣後亦不能打瞌睡。

八月十八號星期五（七月十三）

發"文革"小組請假信。眠兩小時。看周慶基《新編世界史》。眠兩小時。看報。

十時服藥眠，上午一時起溺，未醒，直至七時方醒。

民族叛徒馬思聰逃亡出國，到蘇聯後，站海岸上，將毛主席像撕碎，擲入海中。蘇聯報紙登載其事，引起我國人民公憤。昨晚有蘇使館汽車一輛，停在友誼商店外，爲群衆所焚。

今日温度爲卅七度—卅八度。

熊佛西死于滬，無親屬，屍腐朽，鄰人斂之。其子小平肄業中央美院，正在杭州作畫也。

八月十九號星期六（七月十四）

早餐畢又眠，直至十二時方醒。

午餐畢又眠，直至五時方醒。煮粥。看報。

十時半服藥眠。上午四時醒。又眠，六時半醒。

天氣悶熱，下午雨，但仍熱。

今日幾眠一整天，豈合霉素亦有安眠之作用耶？美哉此睡，久久不可得者也。今日體温卅七度，無熱矣。今日大便閉結，服大黃丸三次不下。

潮兒出門十二日矣，迄無一書來，而長春續有武鬥，不知其平安否也。

湲兒每日騎自行車往返女附中，經天安門，常見有打架者，而軍警不加阻止，未詳其故。

八月二十號星期日（七月十五）

潮兒自長春歸。眠兩小時。續看《新編世界史》。

眠兩小時許。看報。讀“老三篇”。

洗身。服藥兩次，十一時後眠。上午二時醒、四時醒、六時醒。

潮兒在長春十天，支援彼地造反派。而賀吉祥匪幫時肆侵襲，每夜槍聲四起，某夜有一槍子落其臥室桌上，虧得是夜臥于地下，未受害。聞長春市中亂得不成樣子。

今日取到眼鏡，牆上所貼“老三篇”已看得清，此後每日至少讀一遍，縱記憶力衰，日日爲之，終當熟讀能背也。

煤炭部内哄日甚，戚本禹往，令其大部分皆下礦井工作，年老者勞動每日一小時，餘則半天勞動，半天學習。

八月廿一號星期一（七月十六）

潮兒返校。七時五十分到所。以灌水不慎受斥。看五月十六日黨中央通知及《偉大的歷史文件》。看大字報。

讀“老三篇”。眠一小時許。到“東風”理髮，待兩小時。看《毛主席論黨的建設》。看報。讀“老三篇”。

静秋爲洗浴。十時半服藥眠，翌晨四時醒。又眠，六時醒。

予在所中，爲先厚宣到，即持暖壺前往鍋爐前取水。而目力不濟，注滿時往往不能立即截住龍頭，致開水冲散，今日爲守爐人所呵，此後當戴眼鏡去灌矣。

今日下午静秋與居民委員會同人巡視附近各胡同，爲禁止武鬥作示威游行，見各處房屋打爛者甚多，料想他區亦必如是，傷人亦必不少。希望從此減少武鬥，從事正規化之鬥與批，以符合《十六條》之宗旨也。

理髮之所以久待，以理髮師之半調外作鬥也。

八月廿二號星期二（七月十七）

八時到所。看中共中央通知及《偉大的歷史文件》訖。看大字報。

眠兩小時。煮綠豆。看報及各小報。

服藥二次，十一時後眠。晨六時醒。又眠，七時半醒。

定本月廿五日放假，十月一日，各小學開學。

紅成（成都紅衛兵），本革命派也，而到北京後，倚政府供應，逍遙市街，遂成流氓，偷搶自行車及手錶等。日前運自行車回蜀，爲司運輸者所疑，拒之，遂起打局，將運輸人員打傷。政府日遣其回四川，又堅不接受。聞人數達四千，與"聯動"皆爲社會之蠹也。

洪兒邀同學五人來家，自行學習半天。

靜秋云：近日售貨員皆有一包氣，故對客恒不遜，此則武鬥之所致也。

八月廿三號星期三（七月十八）

八時十分到所。看《毛主席論黨的建設》。趙幼文來談。

眠兩小時。看《偉大日子裏的故事》，訖。煮綠豆。看報。

靜秋爲洗浴。十時服藥眠，十二時許即醒。久不成眠，乃與靜秋同衾，三時後眠，七時半醒。

昨閱報，知陸定一與陶鑄所犯錯誤，皆爲對于高級知識分子儘量照顧，任其成名成家，統而不戰，以思想改造放在腦後，成爲投降主義。我輩身在其中而不自知，視爲固然，遂謂新社會與舊社會無別，因之爲"走資派"之社會基礎而無絲毫之警惕矣。須知昔日之"士"爲四民之首，而今日之"資産階級知識分子"則是無産階級專政之對象也，否則何以成其爲革命！

八月廿四號星期四（七月十九　處暑，出伏）

八時半到所。鈔《毛主席論黨的建設》目錄及《語錄》目錄。楊向奎來。

眠一小時。看報。到北京醫院，以全院爲畢業生檢查體格，停止門診，退出。到人民路、東風市場購物。步歸。看所購書報。

八時倦眠，九時半醒。十時服藥眠。翌晨六時醒。

予少年時即患性神經衰弱，昨夜竟不能舉，年已七五，陽竭固宜，但仍有精耳。

孫實君去年因病死于滬。予解放前後買其書頗多。

南開大學衛東編輯部所作《要大膽使用革命幹部》一文，日前已爲《人民日報》轉載。今日廣播明日發表之社論《一個極其重要的方針性問題》又論此事。蓋此次運動來勢太猛，打擊面太廣，如果聽憑革命小將之處理，老幹部將無一可用，固不得不撥轉馬頭，走團結之路也。

八月廿五號星期五（七月二十）

七時五十分到所。續鈔林副主席《人民戰爭勝利萬歲》。與厚宣談。

眠兩小時。以雨，未出，看"聯動"資料及《雞血療法簡述》。看報。元善來。

看各小報。十時半服藥眠，上午二時醒。飲樂口福，又眠，七時半醒。

雞血療法，盛傳已久，今日靜秋向劉珺借得北醫所出《八一八戰報》，乃知此術已發明數年，只緣爲城市老爺衛生部所扼殺，迄未推行。今年一月在上海開批判衛生部及上海市衛生局之大會，乃將此案揭出。此法能促進大腦皮質起平衡作用，從而恢復天然療能，使機體有自力更生之能力。所能治愈之病甚多，其中關于我者，爲神經衰弱、慢性支氣管炎、便血、盜汗、多汗、畏冷、老花眼、重聽，皆是也。但此須常打針，無此方便耳。

八月廿六號星期六（七月廿一）

八時一刻到所。續鈔《人民戰爭勝利萬歲》，并將前所鈔者校對一過，劃出其重點。

眠兩小時。看馬、恩、列、斯《論共產主義社會》。看《鬥批改》。看報。

潮兒歸。十一時許服藥眠，上午二時醒。飲樂口福，又眠，四時醒、六時醒、八時醒。

傅崇蘭派貼出之大字報，竟誤在"戚本禹"上打了紅杠，因此潘吳派又大加攻擊，斥其反中央"文革"。即此可知參加運動者定不下心，寫大字報後不加校勘，增加內戰條件。

民盟主席楊明軒于廿二日逝世，年七十七。憶一九五六年，予到廣西，與之同車，觀其體已甚衰，而竟能延至十一年之久，殊不易也。

我國文化大革命運動影響全球，馬里人民已起而革資本家之命！

八月廿七號星期日（七月廿二）

九時許，到北京醫院，待至十一時半，得就潘明之女大夫診。待診時看去年五月中共中央通知，遇李國偉夫人。十二時許取藥出。雇三輪歸，至巷口覆車，未傷。

眠半小時。潮兒返校。到瑞金路看關于賀龍、陳毅之大字報。與靜秋同到"紅星"看毛主席第七次接見電影。

洪兒爲洗浴。看報。十二時，服藥及樂口福眠，翌晨六時醒。

血壓 150/90，又稍高。

天氣悶熱，汗下如瀋。憶去年今日不如是也。

"五一六"者，陰謀組織也，表面爲攻周總理，實則反中央文革。

看去年十一月毛主席第七次接見紅衛兵之電影，有喜極而哭者，亦有歡樂而笑者，毛主席對之亦悲喜無端。整個長安街砌成人墻，"毛主席萬歲!"之聲上徹雲霄，主席亦呼"人民萬歲!"以報之，真古今中外所未有之團結也!

八月廿八號星期一（七月廿三）

八時到所。續鈔《人民戰爭勝利萬歲》。木蘭來，留飯。

眠二小時。看《叢書集成》序録。

爲湲兒找書。服藥二次，十一時後眠。上午四時醒。又眠，六時醒。

聞北京歷史學界準備批判之反動權威爲下列十人：一、翦伯贊（主張讓步政策者）　二、鄧拓　三、吳晗（皆"三家村"人物）　四、侯外廬（以"常談"筆名爲"三家村"鼓氣者）　五、邵循正（吳晗助手，北京史學會副主席）　六、白壽彝　七、劉大年　八、黎澍（舊中宣部人）　九、胡華　十、何幹之（皆與舊中宣部黑幫有聯繫者）　此十人，皆黨員也。

八月廿九號星期二（七月廿四）

八時到所。續鈔《人民戰爭勝利萬歲》。與厚宣談。

未成眠。理書，汗大出，心虛，乃止。到瑞金路修面，看大字報，爲静秋買藥。歸途遇馮君實。看報。

服藥二次，服樂口福一次，又由静秋椎拍，約于十一時成眠，上午四時半醒。又眠，六時半醒。

去年聶元梓在北大貼出第一張馬列主義之大字報，爲毛主席所獎。曾幾何時，渠與孫蓬一朋比，爲全校所痛恨，貼出無數大字報以斥之，推出北大紅代會，單保存其市革委會委員矣。現在主北大工作者爲周培源。

在瑞金路看得一九五九年廬山會議時彭德懷上毛主席書，始知其誣蔑總路綫、大躍進、人民公社三面紅旗之罪證。

在大字報中，知"聯動"有"革命的打、砸、搶萬歲"之荒謬口號。

八月三十號星期三（七月廿五）

八時到所。續鈔《人民戰爭勝利萬歲》。

未成眠。看昭槤《嘯亭雜録》。記筆記一則。看報。

服藥兩次，十時後眠，上午三時醒。飲樂口福，四時後眠。五時醒。又眠，六時醒。

民族研究所武鬥傷人，且搶人錢物。今日上午學部開會批判，指出其主使人爲洪濤。

太平洋颱風餘波刮至華北，今日天陰雨，驟覺凉爽。

近日報紙大事宣傳擁軍愛民，正以各地軍民間有失調情况。聞新疆軍區司令王恩茂正躍躍欲試，有"萬木無聲待雨來"之况。四川則逃來者更多。

八月卅一號星期四（七月廿六）

八時到所。續鈔《人民戰爭勝利萬歲》。

木蘭來。服藥兩次，迄不得眠。看報。二時半出，乘十一路車到北海，參觀毛主席圖片展覽。看上海報。六時後歸。遇吳世昌夫人。

服藥兩種，十時眠，上午一時五十分醒。服樂口福，迄不得眠。六時後略一闔眼，六時半醒。

西藥各種均失效矣。睡眠日難，精神憊甚。雖到公園，亦無效驗。早晨又多盜汗，陰虧益著。誠有不知命在何時之嘆！

前日晚九時，有兩人從隔院上墻，入我院屋頂遙望，爲羅麗所見，昨晚爲静秋言之，頗感緊張，因將錢物放開，以免全數被搶。近日外路人以武鬥故，逃至北京者甚多，衣食無所，固宜有此現象也。

廿八日，湲兒欲覓一世界近代史讀之，予助之覓未得。廿九日，又到書庫檢覓不得，累出一身大汗，心搖搖如懸旌，蓋怔忡之疾又作。加以午後不能成眠，精神更興奮。究竟"年紀到把了"，恐不久人間。國家已强盛，兒輩亦長大，予又何憾。所惜者，埋頭七載之《尚書》工作未作一結束，五十年之筆記未整理，有負于人民之爲我服務而我終無以報之也。一旦奄忽，惟有寄其望于童書業、張政烺、胡厚宣、劉起釪諸同志之爲我補苴成編耳。書此，以當遺囑。

叢法滋大夫爲予所開方：煆龍骨五錢　次生地五錢　雲苓五錢生牡蠣五錢　當歸三錢　何首烏四錢　炒白芍四錢　遠志三錢　女貞子七錢　夜交藤一兩　柏子仁五錢　五味子三錢　辰砂一錢　磁石粉三錢麥門冬三錢　硃蓮心一錢三分

以此方與張覺非看，彼云：辰砂可去　雲苓及遠志可加硃　煆龍骨可改生龍骨

杜士梅大夫爲予所開方：龍齒三錢　赤芍三錢　苓皮三錢　硃砂一錢沖　生薏仁三錢　生牡蠣三錢　當歸三錢　琥珀一錢沖　生地二錢胆草三錢　硃遠志三錢　柴胡三錢

兩方相校，大同小異，惟後方以有琥珀，價較貴耳。

一九六七年九月

九月一號星期五（七月廿七）

五時，湲兒爲予到工農兵醫院挂號。大雨，未出，卧床，看姚文元《評"三家村"》。

未成眠。元善來。四時，與靜秋同到工農兵醫院中醫部，就叢法滋大夫診。步歸。

食硃砂安神丸。十二時，飲西藥，得眠約一刻鐘即醒。上午四時得眠，五時三刻醒。

今日抄林杰家，搜出黑資料，要打倒周總理、陳伯達、康生，顯然有政治陰謀，必須窮究其後臺。

九月二號星期六（七月廿八）

八時到所。續鈔《人民戰爭勝利萬歲》。謝剛主來。楊拱辰來。

未成眠。始服中藥。木蘭來。卧床休息。看報。

以溫水沃足，加溫兩次。服西藥。十時，由湲兒拍眠，翌晨五時三刻醒。又眠，七時半醒。

五夜不成眠，中午亦不能暫闔眼，精神緊張異常，兩手時作顫抖，一如末日將臨者。今日幸得安眠。

九月三號星期日（七月廿九）

到元善家，與其夫婦談，晤其姻戚瞿良。十一時半歸。靜秋爲潮兒事到木蘭處商談。

服西藥，略一朦朧，旋醒。靜秋爲潮兒事，與湲兒同到農業機械學院。卧床，看岑仲勉《兩周文史論叢》。

十時後成眠，翌晨五時醒。

昨晚得一佳眠，緊張頓時消歇，宛如得解放然。藥物，誠不可不依賴，奈何！

昨晚洪兒住木蘭家，今晨到農機院訪潮兒，據其同室者云，已于昨晚回家，歸後述之，靜秋大急，疑其戴手錶走路，為人所劫（此等事近日常有），以致喪命也。上下午出兩次，最後乃知其于昨晚到清華看了一夜大字報，今乃在睡眠中也。其同室非一派，故欺以返家云。

九月四號星期一（八月初一）

八時到所。續鈔《人民戰爭勝利萬歲》。剛主來。

略一朦朧。到東單國藥店買叢大夫所開方藥。看大字報。乘二十路車到天安門，游中山公園，由端門出。雇車回東單取藥，步歸。累甚，臥床休息。

洪兒到師大看大字報回，大講至十時，予遂不能睡。十一時再服西藥得眠，上午二時半醒，待旦。

今夜之失眠，其因有三，予出門步行太多，腳心作痛，一也。洪兒看師大大字報歸，大聲講話過久，二也。湲兒十時後始浴，開燈，三也。總之，此體日衰，不能適應環境矣。

今日在東單看大字報，始知陳毅在紅軍時代，曾反對毛主席，說："有毛無朱，有朱無毛。"製造裂痕。又猛攻城市，違背毛主席以農村包圍城市之指導，犯"左"傾冒險主義，致使紅軍受甚大損失。

九月五號星期二（八月初二）

到北京醫院，就□從簡大夫診。遇徐近之、鄒秉文、周亞衛。十時半歸。

臥床，休息。元善來，以《雷峰塔經》贈之。看劉節《古史考存》。看報。

木蘭來，留宿。九時半服藥眠，翌晨五時醒。

亞衛勸我用氣功法治病，當試爲之。今日覺得精神恍惚，恐非佳象。

《雷峰塔經卷》，係我父購贈，而請章式之先生題詞者，爲我家所藏古物之首選。今以我生命已至最後階段，故以贈式之先生之子元善，以爲紀念。

九月六號星期三（八月初三）

八時到所。續鈔《人民戰爭勝利萬歲》。剛主來。

眠一小時。拉稀。到"東風"理髮。看報《假"四清"，真復辟》（王光美桃園經驗）。

九時服藥眠，上午一時醒。二時又服藥眠，五時醒。大出虛汗。

服北京醫院新藥，得一夜佳眠，至今日又不濟矣。兼以氣管支炎又作，又拉稀，使此體更覺軟弱不堪，了無生趣。

讀報，知王光美桃園蹲點，實有意與毛主席"農業學大寨"立異，欲自樹一幟，大量供應水、電、肥料，藉爲爭勝資本，而去賢親佞，揚武耀威，亂幹一氣，徒然耗費國家財産，壓制好幹部，使我看清了資産階級復辟對于人民之不利。

九月七號星期四（八月初四）

八時到所。續鈔《人民戰爭勝利萬歲》。桂瓊英來，知厚宣有病。十時歸，臥床，得眠一小時。

飯後臥床休息，看岑仲勉《兩周文史論叢》及《嘯亭雜錄》。看報。

看《風雷》報，抨俞平伯文。十時半服藥眠。上午三時醒。又眠，六時醒。

近日白天吃中藥，晚上吃西藥，將神經安定下來。此後當力戒興奮。

到今方始知道，一九六三年的哲學社會科學部的擴大會議，是劉少奇要操縱文化界的陰謀，故由周揚發言作討論根據，劉自己亦在懷仁堂發言，而綜合全國之高級知識分子（除自然科學方面）于一堂。

九月八號星期五（八月初五　白露）

六時，洪兒爲挂號。八時到所。續鈔《人民戰爭勝利萬歲》。十一時歸，臥床，看報。

得眠一小時。與靜秋同到工農兵醫院，就吳玉英女大夫診。看姚文元《評陶鑄的兩本書》。

十時服藥眠。上午四時醒。又眠，六時醒。

兩夜得安眠。今精神較好。今日起停服中藥，惟服硃砂安神丸及補心丹。今日量血壓，爲150/80，殊不高。只是身子軟，脚下若履水綿耳。

陶鑄主管中南地區，負責甚重，而充滿資産階級反動思想，喜捧名流，又是兩面派，欺騙黨中央。其所著《理想、情操、精神生活》及《思想、感情、文采》，附庸風雅，揮發毒素，得姚文元同志深徹的揭發，直判決其死刑。

九月九號星期六（八月初六）

八時到所。鈔《人民戰爭勝利萬歲》訖。與厚宣談。到會計科領工資。倦眠。

眠近兩小時。看報。靜秋到工農兵醫院，爲予掛神經科號。

十時半服藥眠。上午四時醒。又眠，六時醒。

昨夜十二時，工代會壞頭頭洪振海被捕。今晨大字報貼出，大快人心。

　　學部中貼出大字報，責令王恩宇交出潘梓年、吳傳啟，以兩人今皆逃匿也。

　　工農兵醫院中亦有神經科，惟以醫師少，不公開。昨得吳醫師指導，今日下午掛號，定于後日前往診治。

九月十號星期日（八月初七）

　　潮兒自校歸。張覺非來。終日臥床，看岑仲勉《兩周文史論叢》。眠片刻。

　　未成眠。看報。

　　十時服藥眠，上午三時醒。飲樂口福，又眠，六時醒。

　　作字時仍覺心跳手顫，神不守舍。不能工作，生又何爲！使在平時，易地療養即可痊愈。今衛生部保健科已取消，革命小組亦不可能容我逍遙，只有委心任運而已。

　　岑仲勉以聾故，一生安心治學，寫作孔多，雖嫌文筆粗糙，然新得畢竟不少。其論兩周歷史，謂周爲狄族，所接受之伊斯蘭文化及語言甚多，此爲一可能之猜測，他日必有證成之者。

九月十一號星期一（八月初八）

　　八時到所。閱讀《人民戰爭勝利萬歲》半篇。與厚宣談。謝剛主來。

　　約眠一小時。看周總理、江青等講話記錄稿。由靜秋伴至工農兵醫院神經科，就女醫師張樹一診。乘三路車至東風市場購物。七時歸。

　　十時服藥眠。上午一時醒。飲開水，繼飲樂口福，終夜在半睡半醒狀態中。

　　今日印度兵又在中、錫邊界乃堆拉山口起釁開炮，我國兵士傷亡三十六人，不得已回擊，印軍遺尸若干而退。印反動派政府托庇于美帝、蘇修，爲欲得其伙助，不得不反華以取媚也。

今日量血壓，乃是 170/90，無怪難眠也。因服降壓靈。明日決向"文革"小組請假休息。

九月十二號星期二（八月初九）

出辭王明德車。寫"文革"小組請假信。重開中藥方。臥床。看報。

未成眠。臥床，續看岑仲勉《兩周文史論叢》。看報。

十時服西藥眠，上午一時醒。服樂口福成眠，三時醒。良久又眠，五時醒。遂待曉。

今日北京中級法院在工人體育場上動員十萬人，宣布反革命殺人犯四人立即執行死刑。又有死刑緩刑十年者，有徒刑終身者，此對于罪惡分子當有所警戒，打、砸、搶、抄之風可以稍已乎？

覽《人民日報》，悉蘇修集團推行新殖民主義于蒙古人民共和國，其所謂"援助"之"優惠貸款"，實爲蒙古人民永遠償不清之高利貸，使之平均每一人負債五千五百舊盧布。其榨取牲畜，一天一萬五千頭，一月四十五萬頭，一年五百五十萬頭。其貿易號爲等價交換，而蒙方付出一匹馬，只能換回蘇方一雙皮鞋；付出一頭羊，只能換回兩個肉罐頭。此明明是弱肉強食，使人憤慨。

九月十三號星期三（八月初十）

與靜秋同到東風市場，排隊撮藥。到"義利"飲涼牛奶。仍步歸。臥床，看報。木蘭來，留飯。

眠一小時許。到立新浴池修面。木蘭與靜秋同出，予煮粥。愛松來。看報。

眠半小時。服中藥。十一時眠，十二時三刻醒。飲樂口福。又眠，三時醒。良久，又眠，五時半醒。又眠，六時半醒。

今日午後，不藥自眠。晚九時覺倦，又自眠，私心竊喜，以爲終宵可安眠矣。乃既眠不及兩小時即醒，此後支離破碎，屢眠屢醒，醒後一身盜汗，依然疲乏，爲之奈何！

愛松告我，劉永濟、汪辟疆（國垣）兩先生俱已逝世，聞訊憮然。

今晨六時許，囑湲兒到北京醫院挂腦系科號，至則號已盡，蓋每日只限五十號也。到藥店購藥，則購補心丹、安神丸者特多，蓋此次運動，日期太長，一般人多興奮緊張矣。予爲神經質人，平時亦恃藥以眠者，其不能睡固勢有必至也。

九月十四號星期四（八月十一）

臥床，看報。看《新北大》所編《劉少奇、鄧小平反革命罪惡史》。

眠一小時。看報。看《兩周文史論叢》。到永仁堂買安神丸。看大字報。

十時服藥眠。上午三時醒。飲樂口福，又眠，六時醒。

静秋謂予近來瘦得很了。以日常見面之人，而識予瘦，可見予此次之病實不輕。

王力在武漢受困，方載譽歸來，而今日忽被革命分子打倒，街上貼出"王×罪狀"八條矣。

九月十五號星期五（八月十二）

終日臥床，看報。略看《兩周文史論叢》。

眠近一小時。外孫李育宜來。李民來。

九時許服藥眠，終夜未醒，直眠至翌晨八時。

静秋小便不暢，且痛，已歷數日，今日往北京醫院診治，知爲急性膀胱炎，須休息一星期再診。予又無力，只得命三個孩子多幹一點家務勞動了。

今夜睡眠如此其久，中藥之力歟？西藥之力歟？

育宜爲欲參觀國慶節天安門慶祝典禮，又到北京，期于望見毛主席也。

九月十六號星期六（八月十三）

終日臥床，看報。看劉節《古史考存》。眠一小時。

朦朧半小時。看《文匯報》社論《以我爲核心》。

十時服藥眠。上午三時醒。四時後復眠，六時半醒。

昨夜眠得太好了，乃今日又極疲倦，不知何故。

北航，翔空，故謂之"天派"，北師大屬之。地質學院，務在鑽地，故謂之"地派"，清華屬之。此兩派不能聯合，故北京之"三結合"尚有待。

劉子植在古史學上實能提出新問題，其學問之博足以解決若干問題。惟有時有好奇之過，如將任何古語說成貉族語是也。

九月十七號星期日（八月十四）

終日臥床，看《古史考存》。看報。

未成眠。步至燈市東口，看大字報。元善來談。看江青九月五日談話。

十時服中藥，十一時半服西藥，十二時後眠，上午五時醒。又眠，七時醒。

一走路就覺得脚底痛，我其終爲刖足人矣。

靜秋服藥後較好。今日本可休息，由洪兒做飯，湲兒洗衣，堪兒擦窗，但她仍不肯不動。

蘇聯出兵蒙古，名爲加增邊防，實欲南侵，以與美帝、蔣幫

相應。然以我解放軍之舉世無敵，以及全國人民之團結，國際無
産階級之同情于我，看它敢動手否。

九月十八號星期一（八月十五　中秋）

卧床，看《古史考存》。

眠一小時許。出，遇育宜，同到北京醫院，遇静秋。予就劉澤
榮大夫診，與育宜同游東單公園。歸談。看報。

與静秋在附近胡同"走月亮"。十時半服藥眠。上午四時醒。
良久又眠，七時醒。

今日血壓 150/90。

育宜勸予與静秋俱打胰島素針，謂南京有人在大革命運動中
精神失常，打此針後得愈。

北京醫院醫師謂此後將不給 Seconal，此對于予爲一大打擊，
予恃此以眠十餘年矣。無已，只得常服中藥，俾將西藥戒去耳。

九月十九號星期二（八月十六）

育宜偕其同學高坪來，同到天壇公園，予在皇穹宇前茶館看毛
主席文。彼輩遍游全園。十二時出，欲吃烤鴨，而人多無站足處。
乃至煤市街，飯于回民食堂。

育宜與高坪送予歸。木蘭偕國光來。眠一小時。伴國光上街看
車。看報。

十時半服藥眠。上午四時醒。又眠，六時醒。

予今日試步，除在茶館内休息二小時外，約行四里，尚不爲
累，比前有進步。惜無伴游之人，使我每日能到公園呼吸新鮮空
氣，以緩和神經衰弱耳。

看街上大字報，知"五一六兵團"之頭頭有徐向前、陳家
康。陳任駐阿聯大使多年，去年歸國，乃投身于反動組織，猜想

其想做外交部長耳。姚登山以駐印尼代辦，有反抗反動軍人之光榮歷史，乃凭此一點政治資本，遽攻陳毅，才作外交部長四天，即已被人攻擊下臺。陳家康之妄想，亦猶是耳。

九月二十號星期三（八月十七）

伴國光上街看車。十時半，木蘭國光回家。看報。看《世界史》。

眠一小時。看《紅樓夢》十回。看報。

九時半服藥眠。上午五時醒。又眠，七時醒。

《紅樓夢》一書，已四十年不觀。以今日頭暈，且取此消遣。其中許多情節已多忘却，直如初讀矣。

國光將三歲足，以鼻血來同仁醫院診，在我家住一天，活潑可愛，但桌上一切悉被弄亂，不得不費一番工夫收拾耳。

九月廿一號星期四（八月十八）

整理桌子，擦之。上街找理髮處，皆以人多退出。看《紅樓夢》十回。

未成眠。到"革命"理髮。買棒子麵。

服藥後在半睡狀態中。十一時、上午一時、三時俱起。四時後成眠，七時醒。

連日服中、西藥，又疲矣。午眠夜眠，成極難事。作字手顫甚。恐是血壓又高。衰態日甚，老年之苦如此。

本市各機關、工廠、學校響應毛主席號召，實行大聯合，從此停止內戰，一心服從毛主席領導，報喜隊伍，鼓樂喧天。此一絕大振奮人心事也。

九月廿二號星期五（八月十九）

育宜、高坪來，同到中山公園，游行一周，茶于來今雨軒。遇何思源、馬曼青。出，觀午門。步至廣東飯店及立新飯店，皆以人多退出。歸家飯。

聽靜秋與育宜等談話。又不成眠。脚冷，以熱水袋暖之。洪兒到潮兒處。看《紅樓夢》七回。

十時半服藥，無效。十一時半再服藥，上午一時許即醒。自是在半睡狀態中。

育宜等此次來京，并無正確任務，只是想在國慶節望見毛主席，而今日情勢，乃是督促外省人"回鄉鬧革命"，不欲其逗留京市。彼欲住其胡表兄家，恐亦無此方便。

今日上午步行路上較久，竟不能致眠，更感痛苦，直似死神臨頭。

毛主席最近指示云："經書不可不讀，不讀就會受人家的欺騙。"我自省能揭發其欺騙實據，而無此時間，爲之悶損。

九月廿三號星期六（八月二十）

到燈市口北國藥店（原永仁堂），就中醫杜士梅診。到人民路買維他命 B_2。回國藥店取藥歸。

又不成眠。看《紅樓夢》八回。洪兒爲到工農兵醫院挂號。潮兒自校歸。

十一時服藥眠。十二時三刻即醒。又服藥，良久成眠。四時醒。朦朧至六時。

靜秋患急性膀胱炎，醫囑休息，而渠家務勞動量過大，今日預定至醫院，而偏因兒輩慫恿，到天安門看擺花陣演習，下午又被街道邀去開會，聽國慶前應準備各事。因此溫度稍高。渠平日脈搏約六十八，今日減至六十二，溫度平日爲卅六，今日則爲卅七點二。

九月廿四號星期日（八月廿一　秋分）

七時，到北京醫院挂號。歸餐。九時，與靜秋同到醫院，就劉澤榮大夫診。到"井岡山"買食物。十一時歸。車中遇周亞衛夫人劉連城。

服杜醫藥，得眠一刻鐘。看《紅樓夢》五回，上册訖。看報。

育宜來，宿。十時半服藥眠，上午三時五十分醒。又眠，七時半醒。

今日四兒均在家，爲移西頭書室作予與靜秋卧室，又大掃除。少年勞動力殊可貴，不禁自慚。惟經此一移，許多書又將找不到耳。

劉醫囑我一切寬心，謂如此精神緊張，更加造成失眠，如此失眠，更造成緊張，成爲惡性循環。此事予實無法壓制。

今日得一佳眠，如償夙債。

九月廿五號星期一（八月廿二）

看朱偰《玄奘西游記》十回。靜秋偕育宜到喜鵲胡同派出所報户口。

未成眠。居民委員會來查清潔。到工農兵醫院，就張樹一女醫師診。唐守正來。

九時半服藥眠，上午四時醒。又眠，七時醒。

朝鮮民主共和國當政集團追隨蘇修，反對中國，置抗美援朝之血誼于不顧，將我國志願軍之坟墓盡數拔去。聞守正云，昔日延邊一帶，兩國人民可互相往來，今已禁斷。

兩夜得佳眠，此心一壯，失眠疾拉得轉矣。日來以服藥過多，倒了胃口，致飯量減至一兩許。只要能眠，便將中藥停止，以其過苦也。天氣一凉，即咳。

九月廿六號星期二（八月廿三）

潮兒返校。伴育宜到東四商場。遇方白夫人閻力行。出，至美術館外林中小坐。

眠一小時。看《玄奘西游記》十回。看報。與靜秋到"紅星"看《鷄毛信》、《擁軍愛民》兩電影。

張覺非來，爲靜秋及予按脉。十時服藥眠。上午三時醒。又眠，六時半醒。

晤力行，知李效厂在北碚師範學院任教，以患肺氣腫病來京治療。本月十二日病沒反帝醫院（前協和醫院）。醫云：如在蜀不動，尚可延一兩年，今坐火車來京，走五天，太累，所以入院五天即死。方白等爲辦後事，葬八寶山，年六十二，此通俗讀物編刊社同事也。

予前讀《大唐西域記》及《慈恩三藏法師傳》，苦于人名地名之佶屈聱牙，不易尋其端緒。朱偰此書，以上二書爲本，而加以西方學者之考證，確定其今地，又出以通俗之筆，遂使頭緒分明，讀者得一真切之印象。"言須通俗方行遠"，洵不誣也。予以研究《禹貢》不能不牽涉我國西北及中央亞細亞一帶地理，又以研究古代社會，不能不牽涉亞洲古國之風尚，玄奘二書在所必讀，得朱氏此書，可作引導矣。

九月廿七號星期三（八月廿四）

高坪來，與育宜同出，游景山、北海等處，予以風大未出。看《玄奘西游記》十四回。

眠近一小時。與靜秋出，欲到天安門觀彩排，以途塞不通，到人民路購物。飲酸牛乳。大雨，雇車歸。煮粥。看報。

湲兒住校未歸。十時服藥眠。十二時醒。又眠，六時半醒。

迎接國慶，大街上所貼大字報限今日下午六時前盡數滌去，然張貼重重，除用水澆外，更須用刀刮矣。

編《李雙雙》之李準，本以此一躍成名，作人大代表，今以其含有階級熄滅論，亦被評爲修正主義分子。

九月廿八號星期四（八月廿五）

看《玄奘西游記》六回，本書訖。看胡愈之譯法國倍松《圖騰主義》。

服藥，暖脚，眠三刻鐘。續讀《圖騰主義》。到東單買藥，到燈市口買燒餅。遇吳世昌。

九時半服藥眠。十二時半醒。又眠，五時醒。又眠，七時半醒。

自兼服中西藥，又與静秋遷居西屋，不致爲兒輩之工作及看報遲睡所累，四日來夜夜得眠，減却精神負擔，便覺此心大安，寫字手亦不顫矣。此次發病，幾及一月，後當慎之！

日前覺非爲我按脉，謂病只是虚。今日天氣晴朗，身上亦不冷，而兩脚却甚冷，其即虚之徵兆耶？

九月廿九號星期五（八月廿六）

木蘭來，邀往，謝之。看倍松《圖騰主義》訖。

服藥，暖脚，未成眠。看《紅樓夢》五回。元善來。與静秋、育宜到東單菜市買過節菜。

服藥兩次，飲樂口福兩次，于十二時後得眠。翌晨七時醒。

昨夜眠時可謂長矣，而今日精神仍不快，脚亦更冷，何也？今夜失眠，未詳其故。倘藥已失靈耶？

爲過好國慶節，東單菜市擁擠甚，每購一物，即須排長隊，此在昔日視作廢時失業者，今日則爲接近工農群衆。洵乎人生觀之不可不改也。

九月三十號星期六（八月廿七）

與育宜到"東風"排隊領號。歸飯後又到糧食店買棒子麵。與育宜游東交民巷，遂錯過理髮時間。

育宜回其表兄胡家，辭出。居民委員會來查戶口。眠近二小時。看報。

看姚際恒《詩經通論》。服藥，飲樂口福，十二時後入眠。翌晨七時醒。

今晨與育宜到"東風"取號，待理髮。取得之號爲79、80。十一時往，僅理至37號，意謂尚須待一小時以上，遂與同游交民巷。孰知半小時後往，已理至100號，蓋多不能留待，竟至越號者也。書此以志予性卞急之過。既已排隊，便不當"挾策亡羊"。此我不守新社會秩序之一端，所當檢討者。

得又安信，悉二姨在山西長治其次女淑華家，患脊髓癌病，年高不能割治，已暈厥數次。後事俱已準備，淑忍亦已前往。

慶祝中華人民共和國成立十八周年口號（九月廿四日宣布）

一、熱烈慶祝偉大的中華人民共和國成立十八周年！

二、熱烈歡呼我國無產階級文化大革命的偉大勝利！

三、熱烈歡呼我國社會主義革命和社會主義建設的偉大勝利！

四、熱烈歡呼毛主席無產階級革命路綫的偉大勝利！

五、緊跟毛主席的偉大戰略部署，牢牢掌握革命鬥爭大方向！

六、高舉毛主席的無產階級的革命批判的旗幟，把黨內最大的一小撮走資本主義道路當權派批倒批臭！

七、把革命的大批判同本單位的"鬥批改"結合起來！

八、無產階級革命派聯合起來！革命的紅衛兵團結起來！加強革命的大聯合和革命的"三結合"!

九、堅決響應毛主席"擁軍愛民"的偉大號召!

十、向偉大的中國人民解放軍致敬!

十一、堅決響應毛主席"抓革命、促生產"的偉大號召! 大力促進工農業生產的發展!

十二、加強無產階級專政! 堅決鎮壓國內外階級敵人的破壞活動!

十三、高舉毛澤東思想偉大紅旗,把無產階級文化大革命進行到底!

十四、把活學活用毛主席著作的群眾運動推向新高潮!

十五、把全國辦成毛澤東思想的大學校!

十六、全世界無產者聯合起來! 全世界無產者同被壓迫人民、被壓迫民族聯合起來!

十七、打倒以美國爲首的帝國主義!

十八、打倒以蘇修領導集團爲中心的現代修正主義!

十九、堅決支持越南人民偉大的抗美救國戰爭!

二十、堅決支持亞洲、非洲、拉丁美洲各國人民的革命鬥爭!

廿一、堅決支持世界各國人民的革命鬥爭!

廿二、一定要解放臺灣!

廿三、全國各族人民的大團結萬歲!

廿四、中華人民共和國萬歲!

廿五、偉大的、光榮的、正確的中國共產黨萬歲!

廿六、戰無不勝的毛澤東思想萬歲!

廿七、我們偉大的導師、偉大的領袖、偉大的統帥、偉大的舵手毛主席萬歲! 萬歲! 萬萬歲!

一九六七年十月

十月一號星期日（八月廿八）

四時半，静秋呼洪、堪兩兒赴校列隊，上天安門。整理桌上物件。静秋請鄰居來看電視，予就床，眠一小時。看陳序經《猛族初探》。

録慶祝口號入册。洪、堪兩兒歸述參加天安門國慶節典禮情狀。看《紅樓夢》十回。

望天安門放禮花。看電視《秋收起義》。服藥兩次，十二時眠。翌晨七時醒。

洪兒云：望見周總理兩鬢已白，可以想見此一年運動中之辛勞。

毛主席最近指示，要"鬥私、批修"。林副主席申其義，謂"就是用馬克思列寧主義和毛澤東思想同自己頭腦裏的'私'字作鬥争，同黨内一小撮走資本主義道路的當權派作鬥争。這兩件事情是互相聯繫的，只有很好地鬥掉了'私'字，才能更好地把反修鬥争進行到底"。

十月二號星期一（八月廿九）

覓理髮鋪，皆休息，或人擠，退出，直至鼓樓，方得一小鋪理之。吳家瑛及其子承懋來，趙之華來，史先聲來，皆留飯，長談。

二時客散，就寢，未成眠。元善來。金竹安來，長談。静秋偕兒輩到"紅星"看電影，抱病歸卧。

先聲別去。看電視《海港》。服藥，飲樂口福，十一時半眠，上午一時醒。又服藥，眠至六時半。

今日出門，檢錢袋不得，蓋三十日與育宜乘無軌電車赴東交民巷，在人擠時爲人所盜也。此與前月在車中失去一枚好鋼筆，同爲悵惘之事。亦見此次大運動中北京秩序之不安。

家瑛内弟尚是一九四四年所見，今日乍見，直不相識矣。渠一家均在工廠中，承懋則在順義維尼龍廠。

静秋今日看電影，爲毛主席第八次接見紅衛兵，以劇中數十萬人搖小紅書，使目中眩亂，又見青年見主席時或喜或哭，觸動感情，幾在影院中暈去。歸來即服藥眠。渠之神經衰弱有過于我也。

十月三號星期二（八月三十）

洪兒爲予洗浴。看報。到王姨母處問候，并晤大琪夫婦。出，遇袁翰青。

飯後與静秋及潮、湲、堪三兒到木蘭家，晤啓鏗及其堂弟啓韶。同到操場照相。洪兒後至。

看電視阿爾巴尼亞歌舞團表演節目。九時，洪、湲、堪歸，予等留宿。服藥二次，十二時眠，翌晨六時醒。

予云：“擬在運動完畢後請求退休。”王儼聞之云：“陳伯達曾言，退休是蘇修的制度，我們應當一直幹下去，你不可輕于申請。”然予自省，既有劇烈之失眠症，又手顫不易作字，多走路又足心作痛，實已成爲廢人，虛糜國家厚禄，心實不安也。

阿爾巴尼亞“一手拿槍、一手拿鎬”業餘歌舞團來京表演，能唱中國歌。

十月四號星期三（九月初一）

潮兒返校。八時進食後，與静秋同携國光到頤和園，在長廊飲茶。到排雲殿看劉鄧對外宣傳罪行展覽。出，到食堂進飯。上石舫看游船。乘渡船到龍王堂。登十七孔橋，玩銅牛，經長堤到知春亭飲汽水。三時半，送國光至木蘭處，予與靜秋上卅一路車轉十一路，五時許到家。歸後倦甚，飲茶休息。

看報。服藥二次，十一時眠。翌晨六時醒。

頤和園多時未去，今日天氣好，又携孩子，環游七小時。自幸足力尚可，惟歸後則癱在沙發上耳。

園中所有匾額、對聯、古物盡皆除去，使人不能名其處。

聞上月鈔判刑之四個美帝間諜，其三為科學院化學研究所工作人員，其為首者袁姓，已槍決，餘判無期徒刑或十五年徒刑。此真喪心病狂之人也。

國光三足歲，很懂事且能走路，興致極好。

十月五號星期四（九月初二）

七時，到北京醫院，掛腦系科號。九時歸，早餐。看《紅樓夢》五回。

約眠一刻鐘。到北京醫院，就馮而娟大夫診，三時往，五時歸。遇王德明。看報。

看《紅樓夢》。服藥及樂口福，不生效，終夜約眠二小時。

靜秋兩夜未得安眠，今日又為洪、湲、堪三兒將下鄉勞動，為縫被褥，不得休息，憔悴見于面。我則忙于醫療，必腦系科才發 Seconal，為求此藥，非早起挂號不可。排隊之長，前所未見。

今日血壓 150/90，不高。Misturae Jedativae，此藥予久未服矣，今日得一瓶。

今夜為看書，致一宵不能睡熟，因知夜中雖小說亦不當讀，除休息及早眠外無別法。

十月六號星期五（九月初三）

整理書桌。終日看《紅樓夢》，迄七十回。育宜來辭行。

服藥，眠一小時許。看報。

休息。服藥，九時眠。上午二時醒。又眠，六時三刻醒。

潯兒今日赴清河勞動，收稻種麥。洪、堪兩兒俱赴順義勞動，但相距二十餘里。約歷半月或兩旬歸來。

今夜不作事，先服安神藥，再服安眠藥，又早眠，果然得一佳睡，幾閱十小時。

聞上海不但資本家全抄家，即大學教授、副教授，亦幾無一幸免。

十月七號星期六（九月初四）

擦地板。整理報紙。看報。看《紅樓夢》七回。

未成眠。讀《詩經》，記筆記一則。看報。

移住西屋。服藥二次，十時眠，翌晨一時半醒。又眠，六時半醒。

靜秋爲兒輩出外勞動，縫衣服及被褥。昨至十二時方眠，晨四時即起，幾于未睡，可見母愛之深。

近日寫字手顫，這是我工作的一個極大障礙。

看《紅樓夢》，此書真非同小可。《左傳》一書，保存封建制社會初期史料，《紅樓夢》則保存封建制社會末期史料，其中寫貴族階級及爲貴族服務之奴隸階級，俱有充分之描寫，惜以前"紅學家"不知抉出也。

十月八號星期日（九月初五）

爲爐熄，與靜秋到紅旗食堂進早餐。遇夏滿子。潮兒自校歸。看《紅樓夢》至八十回。

到"立新"理髮。與靜秋、潮兒到美術館，看毛主席及無産階級文化大革命的圖畫、泥塑、刺繡等藝術展覽會。以人擠相失。

出，到李唐晏處，未晤，與其子寶鏗談。歸家，静秋等尚未回，出至元善家，亦未晤，與其夫人張紹璣談。歸，元善適出。

看報。服藥二次，十時半眠。上午二時半醒。起草致“文革”小組信。再服藥，良久入眠，六時二十分醒。

今晨遇滿子，始知聖陶于上月下旬突患急性心肌梗塞，醫斷病危，住入協和醫院，其次子至誠已自南京喚至，分日夜兩班陪侍。現在尚不能與説話。此當是數十年來飲酒過度所致。予與聖陶相識尚在私塾中，迄今已六十六年，聞訊惘然者久之。

今日走路雖多，而眠仍不佳，蓋以看此戰鬥性强、革命成就大之展覽會，過度興奮故也。予爲身體所限，一至于此，豈不可嘆！

十月九號星期一（九月初六　寒露）

乘王德明車到所。與厚宣談。改寫與本所革委會書，即當面送去。領工資。繳醫療證。看報。

服藥，未成眠。到工農兵醫院，就聶振華大夫診。静秋旋至，同到反帝醫院視聖陶疾，見其兩孫。到人民路買物。

看報。服藥，九時眠。十時半醒。又服藥，終夜在半睡眠狀態中。

今日寫領導信，請求減低工資，實緣我身體衰弱，工作量既不高，而又不能按時上班，不當取此高薪，又兒輩日長，將陸續下鄉下廠，開銷亦日益省也。

聞周予同因運動中精神過于緊張，已癱瘓。

聞潘梓年逃至海中一小島，派飛機捕獲，自明日起開鬥爭會。學部中，潘、吳（傳啓）、林（聿時）、洪（濤）、王（恩宇），定爲五個反黨分子。

十月十號星期二（九月初七）

到所，讀《紅旗》第十五期論文《大立毛澤東思想的偉大革命》。校前鈔《人民戰爭勝利萬歲》，未訖。看揭露潘梓年等之大字報。遇向奎、剛主。

服藥，眠一小時許。看《對立統一規律一百例》。看報。煮粥。

與靜秋同運蜂窩煤。聽廣播。服藥兩次，十時後眠。翌晨四時醒。天明略一朦朧。

昨量血壓，爲 130/90，實不高。醫言此疾由于血管硬化，是老年人自然規律，應以樂觀主義精神赴之，一切事勿緊張也。

厚宣告我，軟化血管以水果爲最有效。此事便易。

今日下午，學部鬥爭潘梓年，上午揭出若干大字報，始知潘、吳、林、洪、王與趙易亞（《解放軍報》總編輯）、穆欣（《光明日報》總編輯）、林杰（《紅旗》雜志副總編輯）有勾結，以極"左"面目出現，收集黑材料，目標在打倒周總理及國務院、中央"文革"小組、解放軍指揮員，爲劉鄧路綫服務。此真不可恕之罪。學部聯隊從此休矣！

十月十一號星期三（九月初八）

到所，讀周總理在武漢歡迎阿爾巴尼亞黨政代表團大會上講話及謝胡答詞。十一時，出看大字報。

未成眠。看斯大林等著《回憶列寧》。到人民路、燈市口買主食及葷素副食。遇沈從文。看報。

大雨。自九時至十時半服藥三次方眠。翌晨五時醒。五時半起。

今日上午，大蓆棚中開會歡迎南海海軍英雄（擊下美機兩架者），因係廣播，樓上聞之甚悉，予正讀報，耳目兩用，一時又覺神不居舍，似心臟又萎弱者，實即神經衰弱之表現。

昨日會上，聞鬥潘梓年時，王恩宇、周慈敖（女，民族學院

幹部，吳傳啓之死黨）陪門。又聞潘係在太湖中某峰捕到者，由
解放軍以吉普車押來。吳傳啓由河南南陽捕到，林聿時由山西昔
陽縣捕到，另日鬥之。

十月十二號星期四（九月初九）

六時半到北京醫院排隊掛號。遇陸殿棟。歸飯。與靜秋到北京
醫院，予在東單公園看《回憶列寧》一小時。到院就王新德大夫
診。取藥出。與靜秋到"井岡山"買物。歸車遇鄭效洵夫人。

略一朦朧。看高爾基《列寧》。點讀《對立統一規律一百例》。
點孫詒讓《古籀拾遺》。

到附近街巷散步。自九時起，服藥三次，十時半後成眠，翌晨
五時醒。又眠，七時醒。

今日血壓爲156/80，何較前日迥不同耶？

今夜出外散步，本已疲倦，上床後越來越清醒，血往上升，
身出虛汗，乃倚床而眠，竟得久睡。

得又安訊，悉其母已于十月四日逝世，葬于長治市東郊公
墓，與其夫姜修卿合壙。自發病臥床至死，歷四個多月。我與彼
年事相仿，然在大革命中死，逃避改造，此不願爲者也。

十月十三號星期五（九月初十）

八時一刻到所。點讀毛主席《論持久戰》，未畢。楊拱辰來，
長談。謝剛主來。到人事科，不遇。

服藥，眠一小時許。看報，細讀三軍革命派對劉少奇《中國革
命的戰略與策略問題》一文的怒斥。到東風市場、百貨大樓購物。

服藥，八時三刻上床，九時許入眠。翌晨上午二時醒。又眠，
六時醒。

毛主席于今年七、八、九三個月到華北、中南、上海各地視

察，回京後曾有一次發言，今日街道傳達，靜秋預聽，歸後述其大意，約有下列各點：（一）文化大革命普及全國各地，爲前所未有，自童稚至老耄，無不談此一問題，而把家常事務放開。（二）此次運動，嚴肅、緊張有餘，活潑、團結不足。（三）亂，是反動分子的亂，一般群衆則得到了鍛煉。（四）此次打擊面過廣，我們應允許幹部犯錯誤，并允許他反復，但必須認識錯誤，認識了就改正。

十月十四號星期六（九月十一）

與靜秋將土箱搬出。八時一刻到所。續點《論持久戰》。以蓆棚開會，到學部看大字報一小時半。遇宋家鈺。

服藥，約眠半小時。到“東風”刮臉。到立新食堂（原“康樂酒家”）買饅頭。看報。

潮兒歸。看電視《年四旺》。周立來觀。服藥，九時半眠。上午三時半醒。又眠，五時半醒。

周總理及江青同志指示學部，勿將潘梓年鬥死、滅口。

前傳聞毛主席言：“很遺憾，寫第一張馬列主義大字報的人乃不是一個馬列主義者！”今日看大字報，乃知爲周慈敖放出之謠言，以攻訐聶元梓者。政治陰謀，可畏也已！

白天爲王恩宇作七律一首，譏其自詡爲“自來紅”而急劇墮落爲反革命分子。王恩宇自入學部，即與趙、林、穆反黨集團發生聯繫，爲之各處開黑會，以打倒周總理及李富春、李先念、余秋里等爲目標，宜其失敗也。

十月十五號星期日（九月十二）

湲兒自清河歸。記筆記二則。理書櫃二格。湲兒爲洗浴。

服藥，以血壓上升，未成眠。三時許，步至勞動人民文化宮，內外兩周。出，步至王府井，雇車歸。洪、堪兩兒自順義歸。

看《古代的羅馬》。十時半服藥眠。翌晨三時醒。又眠，六時醒。

寫筆記時已感手顫，理書籍時又覺心岩，此身直如廢人。老來之苦如是。幸而尚能步履，出門一走，在公園小坐，便覺鎮定。

三兒本定勞動半個月或二十天歸，今以復課鬧革命事迫切，故早歸。昨日黨中央及國務院下命令，大、中、小學一律上課，并即籌備招生。教員中除"地、富、反、壞、右"外，大部分是好的，可一面上課，一面進行批判。

十月十六號星期一（九月十三）

到所，續讀《論持久戰》。到人事科取醫療證。看揭發潘梓年任用匪人之大字報。愛松來，未晤。木蘭來，留飯。爲我家人整修毛衣，經宿去。

寫趙孟頫信，即寄。到工農兵醫院挂號。到反帝醫院視聖陶疾，并晤其孫永和。讀《古代的羅馬》兩章。

看劉節《古史考存》。十時半服藥眠。上午三時半醒。又眠，六時一刻醒。

木蘭懷孕，將于十二月杪或明年一月初臨盆。其父母已返徐州，屆時只得由靜秋爲之分勞。

聖陶病似較瘥，但醫生不令其有所活動，僵臥爲苦耳。

今日下午，又鬥潘梓年一次，到者一萬人，將學部蓆棚塞滿，不足，又將學部前後院塞滿，知外單位之到者多矣。聞吳傳啓在軍部拘留，正當審訊中。林聿時押于衛戍區，皆未至，由王恩宇獨自陪鬥。

十月十七號星期二（九月十四）

到所，續讀《論持久戰》。楊向奎來。到學部大院中看大字報。

　　未服藥，朦朧半小時。到工農兵醫院，就穆小馥女醫師診。歸，整理藥品。讀《古代的羅馬》一章。

　　看《清平山堂話本》。服藥二次，十時眠。翌晨三時半醒。又眠，六時醒。夜，鄭二姐自徐州來投宿，翌晨即去。

　　大字報汪洋如海，看了一小時半，知吳傳啓、林聿時、洪濤等不但聯繫首都各報，指揮寫作，并有步驟地摧毁政府各部門組織，如在《進軍報》（他們自辦）上拼命攻擊薛暮橋，非其目標在薛暮橋也，在其後臺副總理李先念也。他們計劃打倒各個副總理，然後打倒周總理。例如攻擊陳毅，即與反陳毅之姚登山勾結。此等縱橫捭闔，簡直超過國民黨時代之爛污政客，其受劇烈之批鬥，宜也。

　　今日血壓 130/92，下壓嫌高，上壓則前所未有也。

十月十八號星期三（九月十五）

　　鄭二姐去西郊。到所，鈔昨日《北京日報》中《毛主席教導我們要鬥私批修》文入册。

　　服藥，眠半小時許。到工人文化宮散步，看《古代的羅馬》一章。步歸，遇常任俠。歸，看所買小報。

　　看月全蝕。服藥二次，十一時眠，上午四時半醒。又眠，六時二十分醒。

　　王力、關鋒，中央"文革"成員也。王力到武漢，爲陳再道之"百萬雄師"所縛以游街，且被打傷者，其人之爲革命派似無何問題矣。今乃知王、關二人俱爲"九一六"兵團之後臺，大字報已貼出，謂王曾入國民黨而隱瞞身份，解放後做陸定一之走卒。列身中央"文革"後，又竊弄權柄，許姚登山作外交部長。關則與林杰有密切關係，白雲蒼狗，倏忽變幻，真可訝也。

　　周景方，本學部中人，北京市革委會改組，渠任黨委書記，取得監視謝富治行動之便利，學部爲之大貼大字報。

十月十九號星期四（九月十六）

到所。點讀毛主席《論持久戰》訖。

未成眠。看《電影革命》中《評電影〈怒潮〉的反動實質》并劇本《怒潮》。元善來，長談。鄭二姐之女莊克華來。到人民路南口買小報。

看《文藝革命》小報。服藥三次，十一時後眠。上午五時半醒。又朦朧一小時。

五四年，毛主席親自發動批判俞平伯《〈紅樓夢〉研究》及胡適反動的唯心論。但至六三年八月，周揚等資産階級當權派辦起"曹雪芹逝世二百周年紀念展覽"，儘量渲染封建生活，竟至發掘東郊司辛莊曹家大墳，結果一無所得。又大量印行《紅樓夢》，數年間銷至十餘萬部。助周揚者爲齊燕銘、王冶秋、劉英、鄧拓、何其芳，而領導周揚者爲劉少奇。今晚看《文藝革命》，詳細揭發，此真對于毛主席之一次大反撲也。

十月二十號星期五（九月十七）

到所。將昨日《北京日報》所載《毛主席論革命大聯合》文鈔入册中。大門不開，到謝剛主室小坐，看《蒲松齡文集》。潮兒回家，飯後去。

服藥，未成眠。到"革命"理髮。到人民路新華書店買馬列主義書。看報。

聽廣播。服藥，十時半眠。翌晨四時醒。遂待旦。

今日毛里塔尼亞總統達達赫到京訪問，歡迎者自機場到迎賓館不斷，長安街上列隊歡呼，學部大門關上，因遲歸。其國在非洲撒哈拉大沙漠西部，大西洋東岸，面積一百十六萬九千平方公里，人口一百萬。居民主要是摩爾人。我國禮之隆重如此，即孟子所云"惟仁者爲能以大事小"也。其國于一九六〇年獨立，兩年前，爲津巴布韋革命，與英國斷交。最近，又以支持阿拉伯人民反以色列侵略，與美國斷交。蓋亦敢于戰鬥者也。

今日報載溥儀于本月十七日逝世，年六十歲。病係腎癌、尿中毒，與履安同。

又聞元善言，俞寰澄已于今年逝世，年近九十矣。

十月廿一號星期六（九月十八）

到所，讀列寧《馬克思主義的三個來源和三個組成部分》訖。又讀馬、恩《共產黨宣言》第一章。木蘭來，留飯。

鈔檢討二千字。到王府井南口買小報。遇吳覺農。看小報。

服藥三次，十一時後眠。上午四時醒。又眠，六時醒。

今年八月七日，王力在外交部發言，批鬥陳毅，毛主席評爲"大大大毒草"。

我所"大無畏"組織爲保潘、吳者，而沈慧中加入之，故渠近日已由革命者轉化爲革命對象，無復當時囂張氣象矣。

十月廿二號星期日（九月十九）

獨游動物園，到暢觀樓附近休息。到豳風堂廊下吃燒餅、飲茶。周歷全園而出。四時許歸家。

記筆記二則。看報。

服藥，九時眠。上午三時醒。又眠，六時醒。

予以多日入眠極難，常服藥至二三次，故決于今日改變生活，游園一日。結果確實有效，得一佳眠。惜此種機會不可常得，今後天冷，又不易爲耳。

暢觀樓爲光緒卅二年載振築以獻西太后者。

在車窗中，見廣濟寺正開"宗教迷信罪行展覽會"。北海公園已改名"工農兵公園"，景山公園已改名"紅衛兵公園"。

聞范烟橋已于去年逝世。此亦草橋舊友，較予約小兩歲。

十月廿三號星期一（九月二十）

到所，鈔清華《井岡山》中《政治挂帥，到群衆中去》及《解放軍報》社論《從教育着手解決幹部問題》入冊。欲爲洪兒借書，到圖書館，未見人，退出。

朦朧半小時。到北京醫院，請預約挂號，未許，退出。到人民路南口買小報。到反帝醫院視聖陶疾。歸，看報。

看《剪燈新話》。服藥，十時眠。上午三時醒。又眠，六時半醒。

昨乘三路無軌車歸家，中途有人驚呼曰："剛才停車時覺得有人在我身上一碰，現在發現我的錢包丟了，這怎麽好！"今日上老王車，在口袋内摸錢，則已空無所有，知在車中亦同時被竊矣。憶十八日游文化宫時，有一外地青年向我討糧票油票，我答以身上未帶，想見流蕩北京市上之人不少。此輩人混日子，無固定收入，只得學偷兒伎倆，在擠車時乘人不備，竊取財物。今年予已遇三次矣。以一不常坐街車之人尚如此，則每日必坐街車者將如何！此交通事故之一端也。

聖陶初起病時，血壓極低，今卧床四星期，已漸高，至150/60。

十月廿四號星期二（九月廿一　霜降）

到北京醫院挂號。到所，爲《毛主席論人民戰争》作提綱，訖。到圖書館。看大字報（爲尹達靠角站請求解除）。

未成眠。到圖書館，借《赫魯曉夫主義》。到北京醫院，就姜森大夫診。取藥歸，木蘭來，留飯及宿。

九時半服藥眠。上午三時半醒。又眠，六時半醒。

今日血壓爲 150/90。

近日復課鬧革命聲浪甚久，洪兒所在之女十二中定于廿七日開學，湲兒所在之師大女附中定于十一月一日開學，堪兒所在之燈市口中學定于三十日開學。

潘梓年、吳傳啓、林聿時三人爲三軍所獲，今皆繫軍中。吳、林罪重，正由軍人審理，故未即送還鬥爭。洪濤以搶奪統戰、化工兩部檔案，因于衛戍區。王恩宇罪輕，閉于近代史所。以此，累次開鬥爭會，惟潘與王到場耳。

十月廿五號星期三（九月廿二）

到所，與厚宣談。鈔檢討一千六百字。歸，看報。

服藥，眠半小時。續鈔檢討一千二百字。到崇內大街買稿紙。到燈市口買作文本。

看《第二次世界大戰畫史》。服藥二次，十時許眠。上午二時醒。又眠，六時半醒。

印度與緬甸，地土肥沃，生產大米，輸出并多。今以國大黨與奈溫當政，對內發展壟斷資本主義，對外投靠美帝、蘇修，嚴重摧殘農業生產，發生空前糧荒，將人民推向死亡邊緣。印度五億人，每年有一千萬人餓死。緬甸當亦有此例。

美國本土及其僑民皆列隊游行，抗議侵越戰爭，而約翰遜不顧，自謂不顧騎虎之危。以南越解放陣綫之勇敢，使美兵有去無歸，此局胡可久也。

十月廿六號星期四（九月廿三）

大雨。到所，與厚宣談。鈔檢討一千二百字。讀《十六條》。

謝剛主來。翻饒宗頤《殷商貞卜人物通考》。

服藥，未成眠。到東單買藥，到東風市場買書。歸，看《鄧小平反毛澤東思想言論一百例》。

看《剪燈餘話》。服藥二次，十一時後眠。翌晨四時三刻醒。又眠，六時半醒。

聞楊東蒪在中共三進三出，故不能逃譴。趙樸初則直定爲反革命分子。此皆民進之漂亮人物也。

昨洪兒到北大看大字報，知侯仁之被鬥。今日與厚宣言之，乃知陸平當校長時，以周培源、侯仁之、周一良、季羨林四人爲既紅且專之人物。去年運動起，四人皆加入"井岡山"兵團，周培源且繼陸平爲校長，此四人者遂皆爲人揭底，仍是資産階級知識分子，屛于"井岡山"，周之校長亦不存在矣。

十月廿七號星期五（九月廿四）

到所，鈔廿三日《北京日報》所載《毛主席論幹部問題》入冊，訖。

服藥，眠半小時。元善來談，同到百貨大樓買電動剃鬚刀等，到元善家試剃。出，遇申光。

看《剪燈餘話》。服藥，十時眠。翌晨三時半醒。又眠，六時半醒。

電動剃刀，予久聞之，苦非中國所有。今上海電器四廠已仿製成功，元善來告，即到百貨大樓，以九元三角買得之。此後可減少到理髮館刮臉之時間與金錢矣。

元善接到民建函，自本星期六起開始學習，然則經過此次運動，民主黨派依然存在也。

元善批評我"自負"，予以少年作文得盛譽，故有此病。今當批判資産階級知識分子時，應自覺地改正。

十月廿八號星期六（九月廿五）

到所，與厚宣談。鈔毛主席《反對折衷主義》文，未訖。續鈔檢討，亦未訖。

出，遇鄭效洵夫人。到工農兵醫院挂號，遇王大琬表妹。歸，卧床，未成眠。看報。鈔毛主席文訖。

潮兒自校歸。看《剪燈新話》。十時服藥眠。終宵在半醒狀態中。三時三刻醒後，直至天明始略一矇矓。

學部中本分總隊、聯隊兩派，至于武鬥。今聯隊已改組爲"大批判指揮部"，而與總隊仍不相協，團結爲難，其中關係複雜，非我輩簡單頭腦所可瞭解。

學部貼出大字報"關帝廟中的惡鬼"名單，趙、穆、林（杰）集團及潘、吳、林（聿時）、洪、王集團咸在，此外尚有教育部之盧正義、農業部之秦化龍，中宣部之胡繩等等羅列三十餘人，可見關鋒黑手之長也。

今夜所以不得佳眠者，以鈔毛主席文過急，且在傍晚也。此後當力戒在此時間用功。

十月廿九號星期日（九月廿六）

到廣濟寺，欲看"宗教反動罪行展覽會"，值其閉館，退至何叙父家談，并見其孫女承紅與其同學謝琪。歸，鄭二姐來。靜秋率四兒搬書櫃，裝東屋爐子，忙了一天。

爲吃飯遲，記筆記一則。三時飯，四時就寢，未成眠。張覺非來。到瑞金路買燒餅，人民路買茶葉、點心。在大風中行。

洪兒爲予洗浴。看報。服藥，十一時眠。四時醒。又眠，六時半醒。

天尚未寒，而予氣管支炎已作，鼻涕與痰皆吐不盡，然則至大寒時將如何！予體虛多汗，每走路至二里外即濕透襯衣，以是易感冒。

叙父年八十，久病心臟疾，臉腫，行動不自由，而尚健談。告予，謂見去年大運動初起時之當局指示，因保存戊戌變法之資料而得保護者，康同璧是也。因參加同盟會及辛亥革命而得保護者，章士釗、葉恭綽及彼是也。因參加五四運動而得保護者，郭沫若、范文瀾及予是也。所保者人數甚少云。

十月三十號星期一（九月廿七）

潮兒返校。到所，讀艾思奇爲科學院所講之《辯證唯物主義是馬克思列寧主義黨的世界觀》一講，訖。

朦朧一小時。看報。到工農兵醫院，就穆小馥大夫診。出，欲訪聖陶，以門閉未入。到人民路買小報。到東風市場買食物。歸，看小報。尚愛松來，未晤。

看走資當權派罪行各小册。服藥，十時眠。上午二時醒。又眠，七時一刻醒。

醫謂我失眠疾已成神經官能症，加之年老，血管硬化，已不可能治愈。只有多散步，不緊張，方可稍舒耳。

靜秋滿面病容，已歷相當時日，近以裝兩爐，遷移什物，疲勞尤甚。昨夜十二時上床，及予四時起則彼亦醒，只睡三小時。今日愛松來，促之就醫，又不肯，終日對予發氣，動輒跳起來，又如何得健康也？

十月卅一號星期二（九月廿八）

到所，看昨報同濟大學《以"鬥私、批修"爲綱，掀起教育革命的新高潮》。鈔檢討千餘字，訖。

未服藥，得眠一小時。到東風市場，爲靜秋買藥。遇楊崇瑞。元善來談。看報。

看報。服藥，十時後眠。十二時醒。又眠，五時醒。又眠，六時半醒。

今日洪兒發燒，高至卅九度三。幸夜間出汗。渠埋頭做家務工作，既勞且受寒，故病。

翻全國政協第四屆委員名單，犯錯誤者不少，殊可警惕。

九月十二日致本所革命委員會籌備小組函云：（下略，見《顧頡剛書信集》）

十月九日，又致書云：（下略，見《顧頡剛書信集》）

諺云：“身上背曆本。”謂人隨節候而病也。此中滋味，嚮所不解。今臨年矣，始知其正確性，然而真不好受也。

老畫師陳半丁，下筆甚俗，其人亦滿身市儈氣。徒以老資格故，政府吸收入全國政協。六五年開會，渠未參加，久之始知其有政治原因，而亦不詳其故。頃覽《財貿戰報》，始知民族飯店開張後，渠爲作大幅畫，題詩云：“紅白蓮花開共塘，兩般顏色一般香。恰如漢殿三千女，半是濃妝半淡妝。”渠不能詩，此詩不知從那處抄來。依今日政治觀點言之，即是階級調和論，即是合二而一論，作此者即是“三反”分子，故爲政協所除名也。其人多妻，有兩公館，俱裝電話，今日度其不能再賣畫矣。予在會場中，説話不自檢點，恒受責斥，書此以自警焉。

看美術界小報，揭發陳半丁許多反動事實，其私人道德亦極糜爛。安徽督軍陳調元在北京買房置妾，交六萬兩金子與他，囑其照管，其後調元死，半丁遂吞滅之，故半丁在京有兩所房子，兩個姨太太，兩個電話。當此大運動中，想都被抄矣，此亦快事也。

一九六七年十一月

十一月一號星期三（九月廿九）

到所，將艾思奇第一講重讀一過。到人事科，請換醫療證。與厚宣談。看《新北大》揭發侯仁之親美反共罪行。

服藥，未成眠。三時半出，到東四北"紅日"照相。到尚愛松處，并見其次子明明，三子元元。到東安市場買水果。

看報。服藥二次，十一時眠。上午三時醒。又眠，六時半醒。

聞王力野心甚大，欲推翻周總理而自爲之，以關鋒爲副總理兼外交部長，爲毛主席所發覺，故黜出中央"文革"小組，又給陳毅四個月假，回來仍任外交部長，且將對外文委并入外交部。

侯仁之在燕大時與司徒雷登交往密切，其留英亦由司徒資助，故燕大復校，組織委員會，侯爲五人之一。其在抗戰中所發表文字，提及中共，亦隨國民黨稱爲"共匪"。此種隨時變化之人物，今日失敗宜也。

十一月二號星期四（十月初一）

振宇來，未晤。到所，讀艾思奇第二講《馬克思主義辯證法是認識世界和改造世界的科學方法》訖。歸，莊克華來。

揀豆，歷四小時訖。看報。讀《人民日報·揭開"國防戲劇"的反動本質》一文。

以静秋病，八時半即服藥上床，迄十一時不睡，起服藥，旋眠。上午一時半醒。又眠，六時醒。

家中有大豆一甕，歷時已久，生蟲。静秋令予分別良窳，下午盡于此事，亦以輕微勞動佐予改造之一法也。

今日静秋到北京醫院内科診病，大夫説是神經官能症，給鎮

定及安眠劑若干。渠服藥早眠，果得成睡。然予上午一時半起
溺，就驚醒了她，又耿耿到曉。彼近日感到時冷時熱，有如瘧
疾，又以天涼傷風，種種之疴集于一身。幸有洪、湲在家，家事
可少作，而湲兒以上課，又將住校。一家兩個爐子，殊不簡單也。

十一月三號星期五（十月初二）

到所，讀艾思奇第三講第一章。與厚宣談。看小報載謝富治與
學生談話。

未成眠。到反帝醫院視聖陶疾。到王府井買小報及水果。歸，
看《外事戰報》（論王力）。木蘭來，留飯及宿。

服藥二次，十一時後眠，翌晨七時醒。

又聞關鋒野心比王力更大，直欲作副主席。黨中有四個"黑
秀才"，胡繩、關鋒、鄧拓、胡喬木是。恃其能作文，得聲譽，
便思篡黨、篡軍，真太不自量矣。又聞毛主席評陳毅爲"光明磊
落，忠心耿耿"，特"信口開河，犯了錯誤"。此後中央聯絡部
亦將歸之。

得孟輻書，知起潛嫂已在滬逝世，但未説明其時日。

看謝富治談話，知對于黨員有三個衡量標準：（一）是否投
敵變節，（二）是否爲黑幫死黨，（三）是否蜕化變質。如皆無
之，則是一好黨員也。

十一月四號星期六（十月初三）

到所，讀艾思奇《辯證唯物論》第三講第二至第四章訖，又讀
第四講第一章。謝剛主來。

未成眠。理日記。水電部張習斌、王志榮來，調查 CC 系侵入
教育界事。到元善家，與其夫婦談。看報。郎晶津來，與湲兒別。

看《二刻拍案驚奇》一篇。十時服藥眠。翌晨六時醒。

静秋多日膀胱作痛，小便頻數，今日到北京醫院診病，經大夫判斷，爲腎臟炎，嫌其就醫遲，給予多種藥物，不知服後能愈否也。

郎晶津姊妹決定休學，赴北大荒勞動，今日來，與其好友溪兒別。

在元善家見上海出版之《打豐戰報》，知豐子愷在漫畫中放毒，實爲不可掩蓋之事實。例如《船裏看春景》一幅，狀數人在舟中，望見隔岸有桃樹，倒影入水，桃旁村落，區上寫"人民公社好"。此爲攻擊人民公社如水中花，不可捉摸。上題詩云："船裏看春景，春景像畫圖。臨水種桃花，一株當兩株。"此與彭德懷語相同，謂公社成績"誇大"耳。宜其于今年八月十六日爲工農兵所狠鬥，同時陪鬥者，有黨内走資派徐平羽等，上海美術界反動權威王个簃、程十髮、謝稚柳等。程十髮即專作假畫欺人者，聞在其家抄出古代真畫若干車。豐氏身爲國畫院院長，竟敢如此放毒，刊諸報章，以作"弦外之音"，其罪殊堪髮指。

十一月五號星期日（十月初四）

洪、溪兩兒到木蘭家裝爐。溪兒歸，發燒，臥。拆被窩綫備洗。工作至黃昏。何叙父來，長談，留飯。到美術第二門市部，送叙父上車。

看《二刻拍案驚奇》三篇。

八時半服藥上床，迄不寐。十一時再服藥乃眠。翌晨六時一刻醒。

叙父高年病心臟，隨時可死，乃雇三輪來我家，爲之震驚。飯後送之上車，已而想到彼到東安市場，人多路窄，大爲不妥，急步往尋，得之于榮寶齋，俟其買物訖，又送上車。

十一月六號星期一（十月初五）

到所，續讀艾思奇第四講第二、三章。到會計科，無人，退出。爲何叔父寫陳器伯信。

二時出，乘十一路無軌，至崇文門外。步至所，爲王會計未到，翻柳詒徵《中國文化史》。四時，領薪。步歸。看《沿着十月社會主義革命開闢的道路前進》。

看《二拍》三篇。十時服藥就床，十一時再服藥眠。翌晨五時三刻醒。

今日上十一路無軌電車，原欲至車站，乃改開至崇文門外。步至車站，乃見二事：其一，地下鐵路在此處開工，蓋爲備戰之用。其二，船板胡同中美帝文化侵略之遺迹，即舊協和大學、慕貞女學等遺址，予從未走到者。

十一月七號星期二（十月初六　俄國十月革命五十周年紀念日）

到所，鈔《沿着十月社會主義革命開闢的道路前進》。看艾講義第四講第四章及第五講第一章。

略一矇矓。與靜秋到北京醫院，予就蔣景文大夫診，渠就内科診，檢查尿質。到“井岡山”買食物。歸，看報。讀林彪同志昨日講話及劉少奇在天津放毒情況。

看《二拍》三篇。十時半服藥眠，翌晨六時半醒。

靜秋小便時常覺膀胱作痛，今日驗尿，知有微量蛋白質及中量白血球，當連續診治，以免成病。

近日天冷，予支氣管炎又作，咳多痰多，聲音亦啞。

得見《動態報》所揭出之“故宮改建的黑幕”，知彭眞一伙想盡拆故宮，改天安門爲“新檢閱臺”，太和門爲“中央門廊”，太和等三殿爲“黨中央辦公大樓”，乾清宮爲主席府，南河沿一帶爲“中央首長高級小住宅區”。此不但造費龐大，即拆費亦是一筆大開支，而其動機則是欲捧劉少奇作皇帝耳，真是野心太大了！

十一月八號星期三（十月初七　立冬）

到所，續鈔紀念俄國十月革命文。看艾講義第五講第二章。剛主來。

到"紅日"取相片。到錢糧胡同口"人民"理髮。到東四人民市場買物。歸，看報。記筆記一則。

看《二拍》四篇。待靜秋縫帽。十一時許服藥二次眠。上午三時醒。又眠，七時醒。

今日六級大風，予從隆福寺出，欲向西行乘十一路車，經航空大樓後，幾被吹倒，只得退回，向東走。此後刮風時，勿忘帶杖，我已到了"弱不禁風"之階段！

十一月九號星期四（十月初八）

到所，讀艾氏講義第五講三至五章。到人事科送照片四次，未開門，插函出。楊向奎來。北大地理系學生黃承富、何維翔來調查林超歷史。

未成眠。到反帝醫院視聖陶，頗愈。到東風市場買物。路遇梅汝璈及崔明山。歸，看報及小報。

看《二拍》二篇。服藥兩次，十二時眠。翌晨七時醒。

所中正忙于揪出"五一六兵團"人物。潘、吳、林、洪、王集團爲五一六兵團之一分支。凡接近此五人者，皆有屬于此一兵團之可能也。

聖陶定本星期日出院。

街上甚多揪出張本之大字報。去年七八月間，科學院革命派在人大會堂揪出走資派時，張本（女，國家科委一局長）大鬥科委第一副主任（主任爲聶榮臻）韓光之資本主義，爲周總理所深獎，而今日大字報上却説張本爲韓光死黨，不禁駭然。此事有二可能：其一，張本得勝驕縱，如王恩宇一般變質；其二則張本敵人貼大字報以破壞其聲望。此兩事均有可能，記此以觀其究竟。

十一月十號星期五（十月初九）

到所，讀艾著講義第六講《發展即對立的鬥爭》第一、二章。續鈔紀念十月革命文。

以暖水袋温足，略一朦朧。看報。讀鍾宣造《從〈魏徵傳〉的出籠看陸定一的反革命嘴臉》。

看《二拍》四篇。服藥二次，十二時眠。翌晨六時醒。

三年來，越南北方已擊落美帝飛機兩千五百架，俘獲若干飛賊，使敵方人機兩缺，陷于進退維谷之境。帝國主義之崩潰，在越戰中已見徵兆，可喜也！

室中今日氣温只九度，開始生火。

學部革命派貼出大字報，揭發五一六兵團分子，一號樓四壁俱滿。聞我所"大無畏"兵團亦有此嫌疑，正在查察中。

十一月十一號星期六（十月初十）

到所，讀艾著第六講第三章訖，第四章未訖。鈔任立新《形勢比以前任何時候都好》未訖。謝剛主來。與厚宣談。

未成眠。看報。讀艾著第六講第四章訖。看《二拍》四篇。

看《二拍》三篇。洪兒爲洗浴。十一時半服藥眠，上午四時醒。又眠，七時醒。

美國《新聞週刊》載德國科學院院士梅赫納特語云："正當共產黨中國在地球上幾乎没有朋友的時刻，毛突然成了各大洲一部分激進青年的思想領袖。"此可見毛澤東思想在西歐影響之巨大。

　　美國五萬人發表宣言書，譴責美帝侵越爲不道德，此人民覺悟之聲也。此後將發展爲對于反動統治之武裝反抗。

十一月十二號星期日（十月十一）

　　補讀艾著六講四章訖。補鈔任立新文，訖。看《二拍》七篇。張覺非來，留飯。

　　未成眠。記筆記一則。潮兒歸。史先聲來，留飯。

　　先聲談至九時去。堪兒與母哄。服藥兩次，十二時眠。翌晨六時醒。

　　前數日大風、下雪，氣候突寒，予咳劇、痰多。今天日出矣，而予疾不減，亦見此爲老年人冬日通病，故服"復方茶鹼片"終無效也。

　　"任立新"爲《人民日報》若干編輯者之集體創作之筆名，黨之政策由其發揮，向全國人民指出毛澤東思想之正確方向，爲我輩"聽、跟、走"作基本教材。此次之文，要我們在此次運動中認清主流，看出成績，勿在支流上看黑暗面。

十一月十三號星期一（十月十二）

　　爐滅，作飯遲，到所近九時。讀艾著第六講第五章訖，第六章未訖。到人事科取醫療證。歸，將艾著第六講讀訖。

　　潮兒返校。到同仁醫院掛明日號。到廣濟寺領參觀"宗教罪行展覽會"票，門者以已發至十二月底對，遂歸。在瑞金路買橘紅丸。剃鬚。擦地板。看報。

　　看凌濛初《宋公明鬧元宵》雜劇。十時半服藥眠，上午三時醒。又眠，六時半醒。

　　靜秋犯腎臟炎症，就醫後較好，便說："我好了！"便盡力勞動。今日就醫，化驗小便，又不好了！醫云："你不曾全好，一勞動又壞了！"此後我當多爲家事分工，庶她不致又蹈履安覆轍。

静秋今日在北京醫院遇劉連城，詢知張振漢在去年被捕，其屋被封，妻子不知何處去。此人一貫投機，本是國民黨軍官，作戰中爲紅軍所捕，便在延安軍校教書。其妻鄧道生往尋，又相約逃出。抗戰中在重慶作生意，發國難財。勝利後夤緣王懋功，任連雲市長，拉雁秋作秘書長，而自己却騰出身子，在上海利用職權作生意。解放前夕，到湖南，隨程潛起義，因之，五一年捕反革命分子，彼脱然無事，而雁秋則代彼受過，入獄數年。我每不平，謂豈有官不負責而使幕僚負責者。静秋爲此事到湘，彼竟無動于中，不爲雁秋出一錢。其後到京，復鑽入安子文門下，得其提挈，爲全國政協委員，其妻亦到地質部工作，常到紫光閣跳舞，接近最高領導。自欣有托，雖路遇雁秋，亦只説句敷衍話，而對安子文則每星期必請吃飯。我常慨嘆，謂新社會中那裏容得舊社會的一套。此次運動中，果然逃不掉了，爲之一快！

十一月十四號星期二（十月十三）

爐火又滅，待餐，整理各桌。九時到所，讀艾著第七講第一、二章。看報。

到同仁醫院，就神經科女醫師穆小馥、内科女醫師趙佩琴診。步歸，遇六級風，全身流汗，卧床休息。將《二拍》閲畢。看閻長貴《資産階級反革命的戰略與策略》（批判劉少奇）文。

看《初拍》兩篇。服藥二次，十一時半眠，上午四時醒。又眠，六時半醒。

予咳疾服茶鹼片及橘紅丸後頗愈，今日特到醫院一聽肺部，知尚無大損。所苦者，失眠疾益劇，不但已失去自由入眠，即服

Seconal 亦無效，非服水合醛醛不可耳。

十一月十五號星期三（十月十四）

到所，讀艾著第七講第三章，全書訖。温第一講，訖。看報載同濟大學復課閙革命通訊。

看報。擦地板、桌子、窗檻。張覺非來送藥。看《初拍》五篇。

看《初拍》三篇。服藥兩次，十一時半眠。翌晨六時醒。

艾思奇同志爲黨内哲學家，我早知之。五七年予在青島療養院時，值彼獨賃一屋在休養區，時時路遇，彼此點頭而已。去年五月，聞其在京逝世，并聞爲高級黨校校長林楓所害（渠有心臟病，有意加以刺激，并不令有適當療養）。今讀其書，爲之惻然。

十一月十六號星期四（十月十五）

到所，温艾著第二講訖。王貴民來，囑寫字樣。上海科技大學程德勝、吳興之來，瞭解王兆震及其所參加之“西北考察團”。

看報。爲上海科技大學寫段承澤辦西北考察團資料，翻一九三七年日記。與靜秋到瑞金路服裝加工部改先父中裝大衣爲西裝大衣。遇馮仲實。

看《初拍》三篇。服藥兩次，十二時眠，翌晨六時半醒。

王兆震，抗戰前在燕大歷史系上學，曾參加段繩武與予合辦之“西北考察團”，到過五原農場，爲證明其歷史，上海科技大學派人來詢問。予雖在燕大任教，但已不省記王兆震其人，只有在日記上查看予與段繩武之關係。

爲有人以鋼板印刷之萬言書攻擊解放後歷次運動，所有職工須查對筆迹，予亦書一紙待勘。原書未見，據云其人通曉政治、經濟、外文諸科，字亦寫得好，猜想爲五十左右人。不知此人亦五一六分子否？

此事稱爲"一〇・八事件"，以這個文件發出于本年十月八日也。聞其中有九個綱領，其一爲"黨由集體領導"，用以抵抗毛主席之英明領導。其二爲"與民主黨派長期共存，互相監督"，則爲資産階級專政作基礎。其三爲"訂立民法、刑法"，則爲舊"六法觀點"復辟。其四爲"凡在歷屆運動中受冤屈的人平反"，則爲"反、壞、右"分子張目。尚有五條，言者不詳。又聞此件由北京發寄各省市者，而發出之郵筒爲前門、東長安街、東華門、外交部内四處。外交部内非隨便可至，故尤爲可疑。謝富治云："此事若不能查出，公安部可廢，我也死不瞑目。"日前《參考消息》載蔣經國語，謂"大陸上殘酷殺我派去之工作人員"，可見蔣匪特務鑽進大陸者之多，不知此事與之有關否？

十一月十七號星期五（十月十六）

到所，温艾著第三講數頁。看《新北大》批判侯仁之文續編。與厚宣談。重寫《我所知道的段承澤》，待取。

爲寫段繩武事，覽《日程》第十三册，在首頁作提綱。看報。

看《初拍》一篇。服藥二次。十一時後眠，翌晨七時醒。

一九三六——一九三七年，爲予最忙亂的時期，爲了維持和發展通俗讀物編刊社及禹貢學會，到處宣傳及募捐，以至自然而然地走入蔣政權，内心固出于愛國，但自己無力，終至倚人，此予個人英雄主義所必有之境界也。

十一月十八號星期六（十月十七）

到所，温艾著第三講，未畢。與厚宣談。程德勝、吳興之來，取件去。剛主來。看報。

洪兒發燒。静秋到木蘭家。將一九三六年"南歸日記"寫入《日程》第十二册，未畢。元善來。覺非來。

静秋歸。看《古書疑義舉例》。服藥二次,十二時眠,翌晨七時醒。又眠,八時半醒。

去年運動初期,潘梓年等一小撮走資派以形"左"實右的面目出現,打擊一大片,保護一小撮。據大字報揭載,在學部所屬各所內,打擊面大至 71.1%,但哲學所中不過寥寥數人。此可見其用心。

十一月十九號星期日(十月十八)

遲起,九時進食。溫艾著第三講訖。看報。

服藥就寢,得眠半小時。鈔一九三六年二月日記入《日程》第十二冊,訖。

看《初拍》二篇。服藥,十時後眠,翌晨五時醒。又眠,七時醒。

美帝在侵越戰爭中,每天要用二百五十萬美元。每天在北越投下的炸彈,平均是七萬噸。又聞美國在南越飛機有五千架,一千架用于戰鬥,四千架用于運輸。如此大量消耗,安得不成紙老虎!

元善云:"日本政府所以敢向蘇聯索還庫頁島,敢向美國索還沖繩島者,實以中國之強,美、蘇有所不遑顧也。日本賴華而又排華,此之謂忘本。"

十一月二十號星期一(十月十九)

洪兒燒退。到所。溫艾著第四講訖。

未成眠。到東風市場買水果。看《初拍》三篇。

看《初刻》一篇。上冊訖。服藥二次,十一時後眠。上午五時醒。又朦朧到六時半起。

人民大學武鬥,又有死人,傷者數十。不知有如何怨仇,如此解釋不得，竟至違抗毛主席號召。

凌濛初所作《拍案驚奇》，文筆活潑，曲盡世態，此爲明代大文學家，而清代鮮見表章。予知其名，僅由姚際恒《古今僞書考》中知其有"傳詩適冢"，誤信豐坊僞書，知其說經之作遠不及其所作小説。

宋、元、明三代話本，其略見于馮夢龍"三言"。自"三言"盛行，乃有凌濛初之《拍案驚奇》與天然癡叟之《石點頭》等擬話本，皆文人所作之短篇小說。此中有寫商人者，有寫豪家者，亦有寫貧苦人家者，實爲此數百年中之社會史料之寶庫，不可輕視也。

十一月廿一號星期二（十月二十）

到北京醫院掛號。到所，讀艾著第五講，未畢。寫潮兒、陳懋恒信，到南小街郵局寄。木蘭來，留飯。

到北京醫院，先爲静秋掛內科號，上樓，就神經科王新德大夫診。歸，過録一九三六年三月日記入册。看《石點頭》三篇。

看報。服藥，十時半眠。十二時半醒。又眠，五時半醒。又眠，七時醒。

今日静秋驗尿，尿中已無蛋白質，惟尚有紅、白血球。

英鎊價值，一九三一年從五美元貶至四點零三元，一九四九年貶至二點八零元，今天貶至二點四零元，以此引起英國內混亂與不滿，在西歐引起巨大震動。但美元亦在不穩中。

十一月廿二號星期三（十月廿一）

到所，温艾著第五講，訖。看大字報。翻《馬克思恩格斯全集》第一册。

未成眠。過録一九三六年三月至四月"南旋日記"入册，訖。

看報。看《石點頭》一篇。服藥兩次，十一時眠。上午五時醒。又眠，七時半醒。

學部資料組組長朱西崑，發言狂妄，稱毛主席爲"上帝"，云"報紙上文不必都看，看一篇即可，因爲内容一致，只是排列有異"，又謂此次運動只是"定調子，對口徑"。故今日鬥之。

一九三六——一九三七年，爲我一生中最忙的時期，既任燕大及北大課，又任北平研究院之歷史組主任及中央研究院通信研究員，負有實際責任。又爲通俗讀物社、禹貢學會兩組織募捐，僕僕京滬道上。又以父病，到杭州省親，又爲學術刊物作文，又與邊疆人士聯繫，真是三頭六臂也顧不來。

十一月廿三號星期四（十月廿二　小雪）

洪兒病愈，上學。到所。溫艾著第六講，未畢。看江青對文藝界發言。

窩脚，得眠半小時。看《毛澤東思想萬歲》上册。看報。元善來談。

服藥二次，十一時眠。翌晨五時醒。又眠，七時一刻醒。

昨日下午下雪。所中以今年原煤生產少，須十二月一日始生火，坐至上午十一時，足冷不可堪，惟有默念毛主席"下定決心，不怕犧牲，排除萬難，去爭取勝利"以克服之耳。

江青同志告文藝界，編演一齣樣板戲不是容易的，不可急躁。

聞"一〇·八事件"已在天津破案，詳情不知，想來當是一反動組織所爲，其人到北京來寄與外埠，其考慮可謂周到。然而，若要人不知，除非己莫爲，孫悟空雖善翻筋斗，終離不開如來佛的掌心，聞之一快！

十一月廿四號星期五（十月廿三）

到所，溫艾著第六講，仍未畢。剛主來。

窩腳，得眠一小時。看《毛澤東思想萬歲》上冊。選豆。看《中國農村兩條道路的鬥爭》。

服藥，十時眠。上午五時醒。又眠，六時半醒。

元善云：英鎊貶值，牽動了美金。現在美國支撐英鎊，爲期三個月，即此引起法國大量以美金換黃金，美國黃金本已大量外流，必然因此使美金貶值，引起資本主義世界的大崩潰。

《毛澤東思想萬歲》一書，凡三冊，輯錄毛主席自解放後至本年之文章、演講、批示而成。今日從頭看來，倍覺親切，以其政策皆在我輩身上實現者也。予以前常感到年老多病，而又業務煩忙，有改造爲徒勞之錯誤思想。由此書觀之，則毛主席固日日盼我先紅而後專也。

十一月廿五號星期六（十月廿四）

到所。重讀《中國農村兩條路綫的鬥爭》。溫艾著第六講，仍未畢。遇剛主。

未成眠。到東風市場買糖、果、點心。到天義順買醬。看報。看《日程》第十一冊。

洪兒爲洗浴。看《日程》第十一冊。十時半服藥眠，翌晨七時醒。

今日爲我買甜面醬及黃醬之第一次。此等事爲之不難，只是向日爲了“面子”，不去做耳。今已放下架子，撕破面子，便覺與工農分子合流，即此便是改造。

蘇州諺云：“做秀才，斷了手。中舉人，缺了腿。”謂秀才不肯自己提携，舉人出必乘轎也。吾在舊社會之地位已超過舉人，而在新社會中則作秀才所不屑爲之事，此固由階級地位之變化，實亦受毛主席之教育，使無手成爲有手，使舊人化爲新人，所當歡欣接受者。

十一月廿六號星期日（十月廿五）

看《毛澤東思想萬歲》。擦桌及窗檻。作《日程》第十一冊提綱，訖。張覺非來，留飯。

未成眠。潮兒歸家。

看《毛澤東思想萬歲》。服藥二次，十一時後眠，翌晨五時半醒。又眠，七時許醒。

聞潮兒言，北京各大學復課者，現僅地質、航空兩院及農業大學。若鋼鐵學院，則十七日宣戰，門窗玻璃均打碎，師生紛紛逃難，有歸家者，有避至他校者，農機學院亦留住數人。

聞清華中學學生宣言，所謂"復課鬧革命"，即是"復舊反革命"，抵制上課。今日《人民日報》社論《再論大中小學校都要復課鬧革命》云："復課鬧革命，就是要一邊進行教學，一邊進行改革。在教學的實踐中，貫徹實行毛主席的教育革命思想，逐步提出教學制度和教學內容的革命方案。"又云："各學校的教師和幹部，大多數是好的或比較好的。除了地、富、反、壞、右分子以外，有些人過去犯了錯誤，只要他們能夠認識錯誤，改正錯誤，就應該讓他們站出來工作。廣大革命的教師和幹部……不能把它同資產階級知識分子統治我們學校的現象等同起來。"言之諄諄，不知學生能接受否耳。

十一月廿七號星期一（十月廿六）

到所。楊向奎來談。溫艾著第六講，仍未畢。發取暖費十六元。看報。

潮兒返校。暖足，得眠半小時。作《日程》第十二冊提綱，未畢。

看《石點頭》一篇。服藥二次，十一時眠。上午三時起就厠。良久又眠，七時醒。

今日半夜，又拉黏沫。

靜秋覺腰間不舒，明日將就醫決之。

予今夜就眠，忽然血上涌，急起披衣坐，其後服水合氯醛後，仍倚衣而眠。

十一月廿八號星期二（十月廿七）

到所，讀毛主席《矛盾論》，未畢。北大地理系學生金玉瑎、王志瑋來，詢問侯仁之事。

暖足，未成眠。到"革命"理髮。到百貨大樓買文具。歸，看《毛澤東思想萬歲》。

覺非來。十時服藥眠，上午三時半醒。良久，又眠，六時半醒。

一九五八年一月，毛主席在最高國務會議上講話，云："知識分子不失敗一次，不會翻身。我們黨失敗過多次，從右的到'左'的兩大錯誤的教訓，就全面了。……我們都是舊社會來的，人要經過嚴格考驗，才能取得教訓。"此言可以箴予。予一世處順境，故自謂無翻身之必要。此次運動，才真給我當頭棒喝，今後可以翻身矣！

靜秋到北京醫院檢查，小便內有蛋白質、白血球、紅血球。以彼勞頓，又易怒，恐釀成實病，奈何？

十一月廿九號星期三（十月廿八）

到所，將艾著第六講讀畢。人民大學"新人大公社"余景清來，詢問何思敬事。

暖足，未成眠。看報。看《石點頭》二篇。鈔《人民日報》中《英鎊三次貶值》。

服藥，十二時和衣倚床眠，上午四時半醒，遂待旦。

今晚服藥三次，乃得成眠。想以傍晚鈔寫之故。予爲身體所限若此！

英鎊貶值，美元不穩，資本主義世界搶購黃金白銀成風。在此次風潮中，美國已損失了六億美元的黃金，相當于今年八月份黃金流失量的十倍。

美帝在南越作戰，越賭越輸，越輸越賭。美國國防部宣布明年一月份徵兵人數增至三萬四千人，亦徒然作炮灰而已。

十一月三十號星期四（十月廿九）

到所，讀艾著第七講，未畢。剛主來。十時歸，與静秋同到展覽館。湲兒來。

參觀首都紅衛兵革命造反展覽會，十二時入，下午二時半出。三時半歸。四時許飯。看報。

看《石點頭》一篇。服藥二次，且進點心。十二時眠。翌晨六時三刻醒。

今日參觀，凡分四館，第一館爲紅衛兵業績，第二館爲以劉少奇爲首之走資派各種表現，第三館爲社會上各種牛鬼蛇神之表現，第四館爲偉大的毛澤東思想給予全世界之影響。凡此皆可見毛主席指導之正確與青年之勇敢。

湯薌銘，袁世凱時代之湖南都督，大殺革命黨人者，年已八十餘，住北京，從展覽中知其去年曾被鬥，爲之一快。

孔子與東嶽大帝像頭，均爲紅衛兵拉下，"萬世師表"扁額則火焚之。

反革命陰謀集團簡表

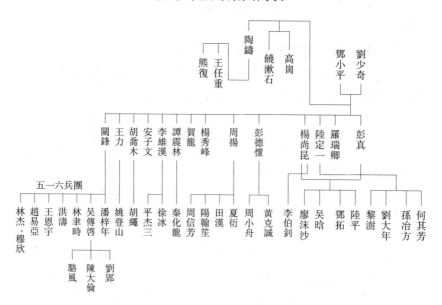

（此表只凭予記憶爲之，必當有誤）

"黑書"與"黑戲"簡目

論共産黨員的修養（劉少奇）

魏徵傳（陸定一）

燕山夜話（鄧拓）

海瑞罷官（吳晗）

李慧娘（廖沫沙）

謝瑤環（田漢）

塞北江南（陽翰笙）

賽金花（夏衍）

海瑞上疏（周信芳）

理想、情操、精神生活（陶鑄）

思想、感情、文采（陶鑄）

　　　　劉、鄧的荒謬話

剝削有功。

不管白貓、黑貓，只要捉住老鼠就是好貓。

包産到戶，責任到戶，分田到戶。

農民對集體經濟喪失了信心。

階級鬥爭熄滅論。

三自一包。

四大自由。

桃園經驗。

保存富農經濟。

　　劉少奇黑話：

　　　　反對毛主席，只是反對個人。（一九六二年，擴大中央
工作會議上）

　　　　要有反對派，人民中間也好，黨內也好，要有公開的反
對派。（同）

　　　　現在剝削是救人，不准剝削是教條主義。現在必須剝削，
要歡迎剝削。（一九五〇、一、廿三，給安子文等人的指示）

　　　　雇工，單幹，應該放任自流。流出點富農來好。（同上）

　　　　三馬一犁一車的農戶，在數年後應發展到百分之八十。
保存富農的政策，是一種長期的政策。（同上）

　　陸定一黑話：

　　　　魏徵，是唐太宗的死對頭，提意見很尖銳。（鍾宣造文引）

　　　　反對派講話，聽起來味道是不那麼好的，不是什麼英明

領導之類，而是戴點帽子，打點棍子。（同）

　　唐朝的魏徵，還是應該提倡……我們爲什麼不如魏徵？（同）

　　中學語文教材中，每冊開頭都是毛主席的文章……真是卑躬屈膝。（同）

　　不要群衆路綫，只搞階級路綫。……黨没有群衆路綫，就像國民黨。名爲共産黨，實際是國民黨，以黨治國，一個黨，一個領袖，一個主義，一個政府。（同）

　　逃亡地主也應該團結……包括牢裏的囚犯。（同）

　　不要打仗，不要殺生不要奢侈，不要動員過多民役。静就安，動就亂。（同）

此種語言，真荒謬到極點，與現代修正主義者之口如出一轍。使此輩陰謀得逞，資産階級專政無疑，人民又重陷于水深火熱中矣。號爲老黨員，且爲當權派，而竟要抽掉階級觀點，污蔑我偉大主席，簡直是反動至極。

　　聞陸定一將地契、房契等藏入上海某銀行之保險櫃中，每年前去檢查一次，且放些樟腦粉以防霉爛，可謂特級之地主思想。以如此之人而作宣傳、文化兩部部長，焉得不爲封建資本主義復辟導夫先路！

一九六七年十二月

十二月一號星期五（十月三十）

　　到所，鈔上海工人《千條萬條，突出政治第一條》文。温艾著第七講訖。與厚宣談展覽會中所見。

　　暖脚，未成眠。到兩處國藥店，欲置酸棗仁等安眠藥，皆無有。到紅星電影院，與静秋同看《列寧在十月》片。空軍學院吴國安、韓文高來，詢問趙紀彬、王真事。木蘭來，留宿。

看《石點頭》兩篇，本書畢。服藥二次，十一時眠。上午一時半醒，直至四時後復眠。五時覺腹痛，六時就廁，七時又一次。

所中今日起生火，但上午只燒一小時許即停，故至十一時兩足又凍矣。

今夜腹痛，大解兩次，想是連日受寒，又晚上飲牛乳之故。睡眠越來越難，西藥已失效，中藥又買不到，真愁人！

趙紀彬、王真兩人，皆老黨員也，而來詢其歷史者甚多，想以與國民黨有聯繫，疑其為叛徒耳。

李一非在鐵道學院，解放後從未晤面。今日吳、韓兩君來，乃知其已于去年以心臟病去世。

十二月二號星期六（十一月初一）

静秋送木蘭上車。在家，點艾著第一講訖，第二講未訖。

未成眠。元善來，長談。看報及小報。

飲遠志、五倍子湯。十時上床，至十二時迄不得眠。服藥二次，得睡。翌晨七時半醒。

前聞潮兒言，農機學院畢業之學生，派赴新疆工作者，竟為該地反動派所殺。近又聞通至新疆之鐵路，竟被拆毀軌道若干里。又聞雲南武鬥亦劇。

遠志、五倍子湯，苦極，澀極。然不眠之苦則更過于此。

十二月三號星期日（十一月初二）

到元善家，與之同步行到中山公園，憩于來今雨軒。又到其家進午餐。

歸，看報。看《世界史》。翻《辭海》及《世界年鑑》。

飲遠志、五倍子湯。服藥二次，十二時眠。上午三時一刻醒。

又眠，七時醒。

今午同餐：元善夫婦　章元淑（善次妹）　　章珠（善次女）
章保（善少子）

今日天氣甚暖，無風，在公園曬太陽，洵一樂也。

靜秋聞何緒明言，燈市口中學之學生號爲上課，而一部分竟
在講堂上公然打撲克。今日堪兒日夜在校開會，討論如何上好課。

今日晨起，兩手十指俱麻。下午，右手仍麻，不知是何徵兆。

十二月四號星期一 （十一月初三）

到所，點讀艾著第二講訖，第三講未訖。到同仁醫院掛號。

二時半，到同仁醫院，遇魏明經。就神經科穆小馥大夫診。又
到中醫科，就孔嗣伯大夫診。購物。步歸。

看《通言》一篇。服藥兩次，十二時眠。翌晨七時醒。

以前本所冬季配煤二百噸，而今年只有五十噸，減少四分之
三，因之取暖大成問題。不是硬着身體挺，便是并在三樓辦公，
二樓封閉。此問題尚未解決。

上月廿三日，《人民日報》發表《中國農村中兩條路綫的鬥
争》，此在農村地區猛烈興起反修運動也。以前文化革命風暴只
在城市，自此將波及農村之五億農民，消除劉少奇在農村中的惡
劣影響。所提五點，即是農村革命運動之總方針。

十二月五號星期二 （十一月初四）

到所，讀《矛盾論》。領工資。到同仁醫院取中藥。

發燒，熱高卅七度七，臥床。

飲粥。十時服藥眠。上午二時十分醒。從此朦朧到曉。

冬天來了，病就生了。病有兩種，一是氣管發炎，咳嗽、多
痰，多鼻涕，發燒。一是腸病，下屎多次，進爲拉黏沫，又進爲

拉血。此是數年以來予體在冬季中的規律。

十二月六號星期三（十一月初五）

九時，無熱，起床。看昨日報。

未成眠。鈔《人民日報》中《看蘇修吹噓的"全民福利"是什麼貨色》入冊。看《毛澤東思想萬歲》。

服藥，十時眠。十二時十分醒。又眠，六時半醒。

兩腳總是冷，不要説所中只燒一小時暖氣，到上午十時左右就坐不下去，就是在家裏爐子燒得旺旺的，還是一股冷氣從腿貫下，這是血液循環的毛病。

十二月七號星期四（十一月初六）

到同仁醫院掛號待診，温習艾著。十二時，由謝醫生診。雇車歸。

未成眠。看報。鈔《〈革命家庭〉販賣了人性論黑貨》入冊。點艾著第三講訖。看《毛澤東思想萬歲》。

看《恒言》二篇。服中藥。服藥兩次，上午一時眠。翌晨七時醒。

今晚所以不易成眠者，以晚飯後我正在翻覽《醒世恒言》，而静秋猛來搶奪之所致也。她只知道這是閑書，今日不當看，而不知此正是絶好之社會史料，且我只在睡前隨便翻翻，藉以鬆散精神，正如蘇州聽説書然，并未以正常時間耗費于此中也。她到處干涉，徒然使我精神緊張，一發難睡而已！

予所買電動剃鬍刀，今晚使用後，洪兒好意爲我去灰，乃掉入火爐中。渠急到百貨大樓櫃上詢問，知零件惟有上海廠中能配，則暫時仍只能上理鬍館矣。

十二月八號星期五（十一月初七　大雪）

到所，點讀《矛盾論》訖。朱家源來。歸，門未啓，步至東風市場購物。

眠近二小時。點艾著第四講，訖。鈔英國科利爾女士《自立更生的精神遍及全中國》入冊。

看《恒言》一篇。服藥二次，十二時方眠。翌晨七時醒。

所中仍在批判尹達，學部大院中大書"尹達破壞'三結合'，罪責難逃"。渠既已靠壁站矣，何能破壞"三結合"？詢之厚宣，渠雖參加開會，亦不能解，但謂此中複雜，非但看表面現象所能知也。現在學部總隊（畢求自、葉維鈞主之）與大批判司令部（傅崇蘭等主之）形成對立局面，大聯合尚未能，"三結合"更說不到矣。

十二月九號星期六（十一月初八）

算王明德車賬。到所，讀《實踐論》一過。到同仁醫院取藥。

未成眠。元善來，長談。看報。潮兒自校歸。

看《恒言》一篇。湲兒爲洗浴。十時半服藥眠。翌晨三時半醒。又眠，七時醒。

元善言，陳叔通、黃炎培二人真死得及時，若不死，定劃爲大右派。

潮兒言，農機學院已上課，但仍在打架中。

聞元善言，政協委員中，董竹君、秦德君均被捕，未知其故。文史資料會中，沈醉亦被捕，則以其本是國民黨特務也。

十二月十號星期日（十一月初九）

點艾著第五講，未訖。

看《韓非子》，記筆記四則。看報。

與潮兒整理毛綫。服藥，十時半眠。翌晨五時醒。

今日潮兒在家草大字報數千字。她寫得暢通。

十二月十一號星期一（十一月初十）

到北京醫院掛號。到所，看《新北大》中《看舊北大竟是誰家天下》長文。楊向奎來。

靜秋到木蘭家，留宿。到北京醫院，就王新德大夫取藥。歸，檢信。看報。上海市公安局王輝、張立新來，詢問梁寄凡事。

看《韓非子》。與湲兒共看《世界知識年鑑》。服藥二次，十一時眠，朦朧至上午一時，又服藥眠，七時一刻醒。

洪兒借得《新北大》三期來，覽之，知北大年來分兩派：一爲"新北大公社"，革命左派聶元梓、孫蓬一主之。一爲"井岡山兵團"，周培源、牛輝林主之。後一派走資產階級方向，今已被批倒。

舊北大受劉少奇、鄧小平、彭真之直接控制，封建主義、資本主義、修正主義三毒俱全，資產階級黨閥、學閥聯合專政，反對學習毛主席著作，淘汰工農家庭出身之學生，使學校成爲培養資產階級精神貴族之園地。今日一反積習，徹底改造世界觀，必可當好革命接班人也。

十二月十二號星期二（十一月十一）

到所，讀毛主席《中國的紅色政權爲什麼能够存在》。與厚宣談。楊向奎來談。靜秋自中關村歸。

未成眠。到"革命"理髮。到王府井購物。看報。記本年世界大事。記筆記一則。

服藥二次，又食點心，約十二時成眠。翌晨五時醒，又朦朧至六時半。

厚宣云：抗戰前，胡適作北大文學院長時，本欲聘呂思勉到歷史系任教，以其在《白話本國史》中爲秦檜辯護，有符于胡氏之意也。嗣以呂氏説老子在孔子後，大拂其意，乃止聘。此事可見舊社會中學閥風氣。

李文忠烈士云："個人的事再大也是小事，國家的事再小也是大事。"此語可爲予針砭。

十二月十三號星期三 （十一月十二）

到所，鈔昨日《北京日報》所載之毛主席教育革命語録，未畢。木蘭來，留飯及宿。

堪兒始滑冰。記筆記二則。足冷，就床一小時許。點艾著第五講訖，第六講未訖。看報。

看《恒言》一篇。十時許服藥眠。上午四時醒。又眠，七時醒。

日本《毛澤東思想研究》月刊載大塚有章之文云：毛主席把共產黨員之品質規定爲：第一是革命性，第二是科學性，第三是組織紀律性。又謂翻開《毛選》之任何一頁，每句話都充滿着革命的氣魄。

十二月十四號星期四 （十一月十三）

木蘭返家。到所，將毛主席"教育要革命"語録鈔訖。楊升南來，令列活動年表。張覺非來，留飯。

將平生所記《日程》整理一過，計缺一册。元善來，長談。

看一九四六年日記。九時半服藥眠，翌晨六時醒。

楊升南來，要我一年一年地寫出一生的事迹來，直要我自定年譜，這不是短期的工作，却要我下星期一交稿，就使我不得不趕了。

十二月十五號星期五 （十一月十四）

到所，草活動分類年表，未畢。

翻看各年日記，補充年表。看報。

服藥二次，十二時眠。翌晨七時醒。

我幸有日記，然而四十餘年的日記分量太多了，翻看一下究非易事。

十二月十六號星期六（十一月十五）

到所，續草活動分類年表，仍未訖。

在家，檢《日程》，再補年表，仍未訖。服中藥。張覺非送靜秋藥來，未見。

看解放後日記。服藥，十一時半眠，翌晨五時醒。又眠，七時醒。

十二月十七號星期日（十一月十六）

洪兒到西郊，送被子與潮兒，并到木蘭家。謄清《我的社會活動年表》，約六千字，未畢。

服中藥。張汨來，問胡志濤事。

王儼同楊洋來。服藥，十一時許眠，翌晨七時醒。

近來每日下午必大便一次，成條。每日兩下，甚懼舊疾之復作也。口愈乾，舌愈燥，想見內熱之甚。

女附中學生張汨等來，詢我以女附中校長胡志濤在抗戰初加入二隊事，我簡直一點不知道。張汨，即去年來我家鬧革命，焚毀我積年照片及信札者也。

十二月十八號星期一（十一月十七）

八時一刻到所，十一時三刻回家。續作《我的社會活動年表》，迄不獲靜秋同意，竟至寫不下去，要她改又不肯，使我無法對待。

元善偕其侄章熊（元美子，北大附中教師）來談。

服藥兩次，十一時半後眠，上午五時醒。又眠，七時醒。

靜秋對我檢討永遠不滿意，請她替我改，甚至寫幾個字都不肯。我反復改，她反復挑眼，直將把我逼死。因擬只寫綱要，不作批判，可以早日交去。

十二月十九號星期二（十一月十八）

八時半到所，十一時一刻回家。重作《我的學習、工作和社會活動年表》，略訖。

服中藥。

看《明言》一篇。十時許服藥眠。翌晨六時醒。

今日下午拉一次，乃是黏沫，但無血。翌晨起床小便，大便隨出，污褲。拉下的又是黏沫，腹有些痛，意者腸疾又發歟？將以近日工作太緊張而致然歟？

十二月二十號星期三（十一月十九）

重作《我的學習、工作和社會活動年表》，未訖。

看報。

看《明言》一篇。十時服藥眠。上午三時醒。又眠，六時醒。

予病乾渴，已歷多年，中醫謂之内熱，西醫謂之糖尿病，究不詳其所以。近日此疾尤甚，每晨醒來，舌頭至不可屈伸，有如大旱之後土地龜裂然，吃一橘子乃稍瘥。此亦老年之苦痛也。

十二月廿一號星期四（十一月二十）

續作《我的學習、工作和社會活動年表》訖。靜秋覽之，略爲删改。

看報。

看《古史辨》第七册。十時服藥眠。十二時醒，又服藥眠，三時醒。又眠，七時醒。

今夜之眠雖分三截，而夢却只有一個，夢見予與吾父同到顏家巷王佩諍家，觀書籍、古物，僕役趨走執事。予訝曰："何今日猶能保持昔日場面也？"其家藏物綦多，直看一夜方訖。其中有予少年時手鈔一部叢書。此可見予對于舊文化的眷戀，必須痛改思想。

今日静秋檢查予大便，仍有一點血。

十二月廿二號星期五（十一月廿一　冬至）

到同仁醫院掛號。到所，楊升南來，囑予歸家，檢出日記，交所審查。歸，理出日記四十八册（自一册至四十九册，内缺第三十册）。楊升南、孟祥才來，取去，并取走殘存信札若干。

重鈔年表六頁。與静秋同到同仁醫院，由袁甲元女醫師診。遇賀昌群。予先雇車歸。看報。

看《古史辨》第七册。十時三刻服藥眠，上午二時醒。又眠，五時三刻醒。

予之日記，自一九二一年起，大致不缺。今本所"文革"爲要批判我，全部取去。自省此數十年中，惟一九四一——一九四六年間與反動政權發生關係，而大部時間仍爲治學，除朱家驊外亦未與别人發生關係也。

今日量血壓，爲 160/100，較前爲高。

十二月廿三號星期六（十一月廿二）

與静秋同到同仁醫院，就外科大夫陳紹來診。給假一星期，囑轉北京醫院診。歸後鈔年表。

續鈔年表至十四頁。看報。看《第二次世界大戰史》。

潮兒歸。洪兒爲予洗澡。十一時眠。上午五時醒。

予十日來大便常每日兩次，有黏沫，又有些少血。今日到同仁醫院，則彼處設備已壞，囑轉北京醫院照相。

十二月廿四號星期日（十一月廿三）

寫所"文革"請假一周信。看《古史辨》第七册。記筆記一則。未成眠。續鈔年表至十八頁。與靜秋談。

看《古史辨》第七册。服藥兩次，十一時眠。翌晨五時醒。又眠，七時半醒。

靜秋臉腫，當是休息不够。木蘭後日來我家待產，其所用保姆擬來我家工作，靜秋拒之，恐運動期間爲人説話也。

天氣晴和多日，今日轉陰，恐將下大雪。予不怕批判，特怕在大風大雪中出門，使我降結腸氣囊腫加劇耳。

十二月廿五號星期一（十一月廿四）

潮兒返校。洪兒爲予到北京醫院掛號。續鈔年表至廿二頁。

與靜秋同到北京醫院，先到神經科請劉護士照開前方，再到外科吕紹俊大夫處診。驗血。雇車歸。遇袁翰青。看報。

木蘭定于明日進城，住我家，其產期爲一月八日，屆時入產科醫院。有一徐州張集人潘嫂願爲幫助產後管孩子，渠擬帶來我家，助靜秋管家務，惟靜秋畏人言，未敢也。

十二月廿六號星期二（十一月廿五　毛主席七十四歲壽辰）

續鈔年表至廿七頁，訖。約計共兩萬字，費十三日之力。

又大便，但無血。木蘭偕潘嫂來。將所草年表復看一遍。

張覺非來。看《古史辨》第七册。十時服藥眠。上午四時醒。五時後又朦朧，六時醒。

瘟神約翰遜到梵蒂岡與羅馬教皇會談，説："我們願意停止轟炸，并立即進行認真的、有成果的討論。"又云："徹底結束暴力將是我們的緊急目標。"可見其力量已窮，只得乞靈于此宗教偶像矣。

今年，全國出版的漢文版、少數民族版、外文版的《毛澤東選集》已達八千六百四十多萬部，《毛主席語録》三億五千萬册，《毛澤東著作選讀》四千七百五十多萬册，《毛主席詩詞》五千七百多萬册。偉大的毛澤東思想照耀全中國、全世界！

十二月廿七號星期三（十一月廿六）

江蘇某機關杜坊、陳德林來詢武仁杰事，因轉介至傅振倫處詢問。勘年表原稿與定稿。

勘年表原稿與定稿訖。與静秋同到"東風"理髮。看報，摘鈔《農業大豐收》入册。

看師大《井岡山報》。看葉群論毛主席文，未訖。十時許服藥眠。上午三時三刻醒。良久又眠，六時半醒。

武仁傑，曾在一九四五年到北碚修志館任幹事，今已入黨，在江蘇工作。渠之機關以爲我可證明他的該一階段，故就我問詢。然時已隔二十餘年，此後絶未有任何聯繫，故腦筋中没有一點印象，只得轉介至傅振倫處詢問。

今年農業空前大豐收，是偉大的毛澤東思想鼓舞的農民與解放軍"抓革命、促生産"的群衆力量的表現。

十二月廿八號星期四（十一月廿七）

看葉群同志所講《革命人民所以稱毛主席爲偉大的導師、偉大的領袖、偉大的統帥、偉大的舵手的原因與事例》。重草檢討第三章。

堪兒爲人打傷。杜坊來，爲簽字于記錄稿上。就床，未成眠。以年表與木蘭看，請其批評。改寫一頁。將《毛主席語錄》林彪所寫《再版前言》鈔出粘補。看報。

洪兒伴堪兒到中關村住。看清華《井岡山》。服藥二次，十時半眠，翌晨六時醒。

讀葉群同志此文，使我對于毛主席的歷盡艱苦，領導革命人民，取得偉大的勝利，得有深刻的瞭解。惜原文油印，有許多字看不清楚。我在解放前，對革命形勢太沒有認識了，對于毛主席的領導革命也太沒有認識了，所以犯下了許多罪行。

燈市口中學，兩派迄未聯合。堪兒所屬爲"驅虎豹組"，其對立面爲"老紅衛兵"，即所謂"聯動"。後一派常打人，前一派爲貼大字報。今日前一派到二中開會，而堪兒不知，到校後惟彼一人在教室，遂爲前一派二三十人所圍毆，打得鼻青臉腫，由解放軍送還。靜秋令住啓鏗家以避其鋒。

十二月廿九號星期五 （十一月廿八）

洪兒偕潘嫂來。重寫昨作，未畢。堪兒之同學及其師王寶祥來慰問。記筆記一則。

就床窩脚，未成眠。看報。人民教育出版社董振邦、郭桂蘭來，調查葉聖陶在一九五一年參加來今雨軒茶會及一九五七年擬辦同人刊物事。

看《五洲風雷》報。十時服藥眠，十一時半即醒。再服藥眠，翌晨六時醒。又朦朧一小時。

報載邵力子先生于本月廿五日因病逝世，享年八十六歲，昨日在八寶山舉行追悼會。他原名仲輝，雖紹興籍而居宜興，曾在蘇州高等學堂肄業，考中浙江舉人。予去年一遇之于新華書店，又遇之于北京醫院，不期遂爾永訣！

今早洪兒歸，云堪兒今晨頭暈，已在中關村醫院爲掛號。

今日静秋爲我到同仁醫院取腸的照片，但只取到去年的，沒取得前年的。

今晚予説話發音過低，木蘭囑服人參。幸有朝鮮科學院前所贈之一盒在，即煎服。該院以李址麟由我指導研究古朝鮮史，故以此爲贈。今該國已追隨蘇修，予亦不敢再與李址麟通信矣。

十二月三十號星期六（十一月廿九）

將檢討第三、四章均改訖。寫蕭新祺信。静秋再爲予到同仁醫院找腸照片。

就床，未成眠。到東風市場買稿紙。遇謝剛主。雇車歸。與木蘭談。看報。

看《古史辨》第七册。十時許服藥眠，上午四時半醒。良久又眠，七時醒。

通往韶山的紅色鐵路建成了！我不知能于今生再去一次否？

何叙父來一長函，我無暇答，而彼托蕭新祺來問，故去函囑其轉告何公，請于運動完畢後再往還。

十二月卅一號星期日（十二月初一　二九）

重寫《我對魯迅先生犯下的罪行》及《我在解放後所犯的錯誤》兩章。請木蘭提意見。

看報。

看《古史辨》第七册。服藥兩次，十一時後眠。上午四時醒。良久，略一朦朧，待旦。

《我和反動派胡適的關係》一章，静秋、木蘭俱説不必要，以胡適所作的政治活動我悉未參加也。因之本篇檢討只存三章，約一萬字。

Vit. K 能止血，予服後便血竟好了。然亦近日休養在家，爐子生得旺，故能然耳。大風、大雪尚在後邊，下一個月不知怎樣才可過得。

一九六七年世界大事：

一、越南戰爭的擴大與加劇，對北方的轟炸已發展至河内、海防。美帝侵越着着失敗，由軍事轉至經濟，大量增稅（今年與防務有關之開支將達一千億美元，即全國不分男女老幼，每人分攤五百美元以上），因之民怨沸騰，勢必造成國内革命。

二、中國無產階級文化大革命，影響全世界，大樹特樹毛澤東思想之絕對權威。毛主席不但爲中國革命領導，亦爲全世界革命領導。全世界被壓迫人民與民族，對毛主席均有無窮之眷戀與擁護。

三、多年來阿拉伯各國與以色列之對立，六月中突然爆發爲中東戰爭。此一戰爭，雖以美帝之助以及蘇修之旁觀，使以之閃電戰獲勝，但蘇修之僞善面貌爲中東及非洲各國所看破，大損其威望。而蘇彝士運河之封鎖，直使英鎊爲之貶值，且將波及美元地位。帝國主義經濟勢力日益不振。

四、中國于六月中成功地進行了氫彈試驗，對周圍國家是一個極大衝擊，美國之遠東戰略因此不得不作改變。美、蘇裝備反彈道導彈，表示其恐怖。

五、黑人暴動發展到整個美國，形成極大之社會問題及民族問題，促進美國統治力量的動搖與衰亡。聯繫其國内反戰運動之高漲，各地不斷發生逃避兵役、槍殺軍官與各界示威事件，使統治階級亦爲之四分五裂（如麥克納馬拉之辭國防部長，戈德堡之辭聯合國大使），真成爲一隻紙老虎。

六、緬甸、印度、馬來西亞、印度尼西亞等國之反華，徒然表現其爲美、蘇走狗之反動力量，且其自身均缺乏糧食，有賴于美帝救濟，美帝之力愈來愈縮小，此等反動國家之統治階級自必爲之殉葬。彼輩只能欺騙華僑，不能動中國本土一根毫毛。

七、印度糧食奇缺，餓斃者累累。各地發生搶糧暴動。西孟加拉邦革命派組織"毛澤東突擊隊"，喀拉拉邦革命派組織"武裝民兵"。六二年中印戰事中被我國俘虜過之印軍士兵，以受我教育，覺悟較高，自動參加革命隊伍。此一階級鬥爭必然走向勝利。

總之，中國在毛主席領導下，已在全世界起主導作用，而美帝、蘇修及一切反動階級霸住的政府則一天天走向衰亡，終至爲各該國之人民所推翻。正如下棋然，雖全局未終，而勝負之勢則已定。

一九六七年《我國農業生產獲得空前未有的全面大豐收》（《人民日報》十二月廿七日）摘要

（下略）

江蘇、浙江、福建、廣東、廣西、上海、山西、內蒙古、青海、新疆等主要產鹽區，今年鹽的產量一般都比國家計劃增產了百分之十到百分之五十以上。質量亦普遍提高。遼寧、河北、山東、江蘇四個北方海鹽區的職工改進操作方法以適應各個時期的天氣變化，亦得增產。內地湖、井、礦鹽產區亦增加產量，提高質量。（一九六七、十二、三十，《人民日報》）

周遠廉　張澤咸　周宜英　陳友業
海淀區中關村 40 樓 107 號陸啓鏗
北京西四東斜街廿二號吳承懋（承慈、承志在西寧）
天津陝西路二二六號吳家瑛
蘇州東花橋巷十八號吳碧澄夫人

［原件］

　　1967 年 12 月 22 日取走顧頡剛日記肆拾捌本
　　（從第一到四九本，缺第三十册）

　　　　　　　　　　　　　　　　　　　楊升南

　　　　　　　　　　　　　　　　　　　12、22